"十二五"普通高等教育本科国家级规划教材

普通高等教育"十一五"国家级规划教材

普通高等教育精品教材

铁路选线设计

（第四版）

TIELU XUANXIAN SHEJI

易思蓉　主编

何华武　主审

本书荣获：

"四川出版奖　图书奖"一等奖

"全国高校出版社优秀畅销书"一等奖

西南交通大学出版社

·成　都·

内容简介

本书主要阐述铁路选线设计的基本理论和方法，界定了路网铁路的分类与等级划分，分析了铁路主要技术标准选择的影响因素。围绕客货列车共线运行、客运专线和货运专线三大铁路类，本书详细介绍了铁路能力、牵引计算、线路平面和纵断面设计、铁路定线、方案比选、车站设计、铁路运输能力与工程设施加强和既有线改建与增建复线设计；同时，为适应铁路发展方向和城市轨道交通发展的需要，本书还介绍了城市轨道交通规划与线路设计等内容。本书在内容编写上以培养21世纪高级专门人才为宗旨，改革旧的教学内容，尽可能纳入铁路选线设计中的新理论和新方法，更加注重内容体系的科学性和合理性。

本书可作为高等院校土木工程、道路与铁道工程、交通运输、交通土建、铁路航测、采矿等专业的本科教材，也可作为相关专业大专课程的选用教材，并可供有关工程技术人员学习、参考。

图书在版编目（CIP）数据

铁路选线设计 / 易思蓉主编. —4版. —成都：
西南交通大学出版社，2017.2（2019.1重印）
"十二五"普通高等教育本科国家级规划教材
ISBN 978-7-5643-5289-9

Ⅰ. ①铁… Ⅱ. ①易… Ⅲ. ①铁路选线 - 设计 - 高等学校 - 教材 Ⅳ. ①U212.32

中国版本图书馆CIP数据核字（2017）第033113号

"十二五"普通高等教育本科国家级规划教材
铁路选线设计
（第四版）

易思蓉 主编

*

责任编辑 姜锡伟
助理编辑 张文越
封面设计 何东琳设计工作室
西南交通大学出版社出版发行
四川省成都市二环路北一段111号西南交通大学创新大厦21楼
邮政编码：610031 发行部电话：87600564
http://www.xnjdcbs.com
成都中永印务有限责任公司印刷

*

成品尺寸：185 mm × 260 mm 印张：24
字数：601千字
2017年2月第4版 2019年1月第20次印刷
ISBN 978-7-5643-5289-9
定价：56.00元
审图号：GS（2017）2703号

课件咨询电话：028-87600533

第四版前言

《铁路选线设计》自2001年出版以来，伴随着中国铁路的建设与发展，内容不断更新，质量不断提高。2009年获批为普通高等教育“十一五”国家级规划教材，2012年获批为普通高等教育“十二五”国家级规划教材，2011年获评为国家级精品教材。这些都是对我们最大的鼓励，同时也对我们提出了更高的要求，鞭策我们在已有的基础上再接再厉，继续前进。

2010年以来，中国铁路进入新的大发展时期，铁路选线设计理论，尤其是高速铁路设计理论更加完善，设计方法更加科学。在工程实践中，我们也发现了原有方法不尽合理之处。近几年来，作者基于承担的高速铁路规划和空间线形标准课题研究成果，对选线设计理论与设计方法做了进一步充实和完善。

《铁路选线设计》(第四版)在第三版的基础上重点对铁路等级划分原理、空间线形设计原则等内容进行了修改。结合我国铁路多模式运输体系的发展，本书(第四版)系统阐明了铁路等级划分原理和方法，新增了最新的移动设备资料。结合高速铁路空间线形课题成果和国内外高速铁路工程实践，本书(第四版)完善了空间线形设计理念和方法，提出了最小夹直坡段设计和空间线形变化点分布模式的新原则。除此之外，《铁路选线设计》(第四版)采用了最新的数据和相关建设方面的资料。

《铁路选线设计》(第四版)由国家级教学名师、西南交通大学土木工程学院教授易思蓉主编，工程院院士、铁路总公司总工程师、西南交通大学特聘教授何华武主审。易思蓉负责本书的全面修订；何华武指导制定了本书的内容体系和编写理念，并对全书做了认真细致的审阅。

本书在编写过程中，得到了铁路管理与勘测设计企业专家的指点，他们提出了许多宝贵意见，在此特致谢意。

本书在编写中参考、引用了《高速铁路设计规范》、《铁路线路设计规范》、《铁路线路设计手册》、《牵引计算规程》、各种速度等级的客运专线铁路设计暂行规定、《铁路站场与枢纽设计规范》、《铁路主要技术政策》、《铁路统计公报》等文献的数据和资料，在此一并表示感谢。

编　者

2016年9月

第三版前言

《铁路选线设计》自2001年出版以来，得到了许多读者的垂青，被不少学校选作教材，并于2004年荣获“第六届全国高校出版社优秀畅销书”一等奖，2006年荣获“四川出版奖　图书奖”一等奖。这些都是对我们最大的鼓励，同时也对我们提出了更高的要求，鞭策我们在已有的基础上再接再厉，继续前进。

近几年来，随着铁路跨越式发展和建设和谐铁路战略的实施，我国铁路建设取得了突出的成绩，铁路建设事业取得了突飞猛进的发展。截止到2008年年底，经过六次大面积提速改造和客运专线建设，线路技术条件满足时速120 km及以上的线路延展里程达到2.4万km；时速160 km及以上线路延展里程达到1.6万km；时速200 km及以上线路延展里程达到6 415 km，其中时速250 km线路延展里程达到1 207 km，时速350 km线路延展里程达到185 km。年发送旅客达14.5亿人次，发送货物达33亿吨，位居亚洲第一位、世界第三位。与实施建设和谐铁路发展战略相适应，近几年铁路规划与选线设计的理念、方法及相应规范等各个方面也发生了较大变化。为了适应我国铁路建设事业和教学发展的需要，使教材充分反映当前学科发展水平，我们在维持原书基本体系的基础上，对《铁路选线设计》作了全面的修订。

《铁路选线设计》(第三版)在参考国内外高速铁路技术的研究与工程实践资料的基础上，结合我国高速客运专线建设的特点，对高速铁路选线设计知识进行了归纳和提炼，并将其以基本原理和方法的形式融入到全书的各个章节中。为了适应既有铁路能力加强和客运提速建设的需要，本书（第三版）将铁路运输能力和工程设施加强独立成章，系统介绍了既有铁路能力和工程设施加强的对策及其加强方案的拟订，同时还介绍了既有铁路客运提速、兴建高速铁路、发展重载运输的实施方案和技术条件。为了适应我国在复杂地质条件区域修建铁路的需要，本书（第三版）在介绍不良地质条件下的定线方法时，不再以概略形式介绍，而是分滑坡地区、泥石流地区……地震地区等十类不良地质区域，详细介绍其选线原则和方法。除此之外，《铁路选线设计》(第三版)采用了最新的数据和相关建设方面的资料。

《铁路选线设计》(第三版)由国家级教学名师、西南交通大学土木工程学院教授易思蓉主编，工程院院士、铁道部总工程师、西南交通大学特聘教授何华武主审。易思蓉负责本书的全面修订；何华武指导制定了本书的内容体系和编写理念，并对全书做了认真细致的审阅。

本书在编写过程中，得到了铁路管理与勘测设计企业专家的指点，他们提出了许多宝贵意见，在此特致谢意。

本书在编写中参考、引用了《铁路线路设计手册》、《牵引计算规程》、《铁路线路设计规范》、各种速度等级的客运专线铁路设计暂行规定、《铁路站场与枢纽设计规范》、《铁路主要技术政策》、《铁路统计公报》等文献的数据和资料，在此一并表示感谢。

编　者

2009年6月

第二版前言

《铁路选线设计》自2001年出版以来，得到了许多读者的垂青，被不少学校选作教材，并于2004年荣获“第六届全国高校出版社优秀畅销书”一等奖。这些都是对我们最大的鼓励，同时也对我们提出了更高的要求，鞭策我们在已有的基础上再接再厉，继续前进。

近几年来，随着铁路跨越式发展战略的实施，我国铁路建设取得了突出的成绩，铁路建设事业取得了突飞猛进的发展。截至2004年年底，全国铁路营业里程达7.3万km，年发送旅客10多亿人次，发送货物20多亿吨，位居亚洲第一位、世界第三位。与实施铁路跨越式发展战略相适应，近几年铁路规划与选线设计的理念、方法及相应规范等各个方面也发生了较大变化。为了适应我国铁路建设事业和教学发展的需要，使教材反映当前学科发展水平，我们在维持原书基本体系和内容的基础上，对《铁路选线设计》作了局部修订。

为了与中国技术标准发展战略的总体思想相适应，同时考虑到中国铁路多模式发展的特点，《铁路选线设计》（第二版）对第二章第二节作了较大改写。在涉及规范条文引用的内容上，尽量避免使用《线规》的用词，而改为“制定相应线路设计规范与规则”；在线路平面设计中，平面技术条件标准由原来的“一般”、“困难”，改为“推荐”、“最小”；对于延续了近50年的“系列半径”的提法，改为“常用半径”，并给出相应的“推荐半径”和“常用半径缓和曲线长度”参考值。除此之外，《铁路选线设计》（第二版）采用了最新的数据和相关建设方面的资料。

本书在编写过程中，得到了西南交通大学邓域才教授、郝瀛教授的指点，他们提出了许多宝贵意见，在此特致谢意。

编　者

2005年1月

前　言

本教材是根据“铁路选线设计”课程教学大纲，在1987年由西南交通大学主编、由中国铁道出版社出版的《铁路选线设计》教材的基础上，参阅近年来出版的有关规范、设计手册和书籍等编写的。

“铁路选线设计”是一门面向多专业教学的专业课程，需要一本满足不同专业、不同层次教学要求的教材。1987年由中国铁道出版社出版的《铁路选线设计》教材已不再版，该教材的选材、体系结构基本符合铁路选线设计教学的要求，但是随着技术的发展，该教材中有的内容已显得陈旧，有的内容需要修改；本教材在体系上继承了1987年版《铁路选线设计》教材的体系结构，在内容编写上采用了最新的数据资料，增加了近年来发展起来的新技术、新知识。为了提高教材的时间延续性，本教材在编写中重点阐明铁路选线设计的基本原理、基本知识和基本方法，避免直接引用规范的条款。书中还扼要介绍了铁路选线设计中的新理论、新技术，以启迪学生的思路；结合我国铁路的发展动向，书中还编入了客运提速、高速铁路和重载运输的基础知识。为了适应未来城市轨道交通系统的发展，书中介绍了城市轨道交通系统的基本概念、线路规划与线路设计的基本知识。本教材在内容编写上以培养21世纪高级专门人才为宗旨，改革旧的教学内容，尽可能纳入铁路选线设计中的新理论和新方法，更加注重内容体系的科学性和合理性。

本教材适用于各高等院校交通运输领域的道路与铁道工程专业、交通土建工程、铁路航测、交通运输等专业，矿业学院的采矿等专业的本科、大专教学用书。对于铁路航测等学时较少的专业，方案比选、车站设计和既有线改建设计等内容可以少讲或不讲。

本教材由西南交通大学易思蓉教授主编，郝瀛教授主审。参加编写的有：易思蓉（绪论、第二章第二节，第三章第一、二、五、六节，第五章，第六章第一、三、四节，第八章及全书统稿）、王齐荣（第一章，第二章第一、三、四、五、六节）、李远富（第三章第三、四节，第六章第二节，第七章）、刘万明（第四章）。

本书以1987年版《铁路选线设计》的体系和内容为基础，在此向该书的主编郝瀛教授和有关的编写者表示衷心的感谢。本书还参考、引用了《铁路线路设计手册》、《牵引计算规程》、《铁路线路设计规范》、《铁路站场与枢纽设计规范》、《铁路主要技术政策》等文献的数据和资料，以及其他有关的参考书籍和资料，在此一并表示衷心感谢。

编　者

2001年4月

目　　录

绪　论

第一节　世界铁路的由来与发展

铁路是现代文明的一项巨大工业成就，它随着科学技术的不断发展而发展。19 世纪 20 年代，随着铁轨和蒸汽机车这两种主要设备的发明及人们对二者的配合运用，世界铁路史的第一页便被揭开。

铁路科技界通常把 1825 年 9 月 27 日建成并通车的英国斯托克顿至达林顿的 32 km 标准轨铁路作为世界上正式营业的第一条铁路，这一年也就成为世界铁路的诞生年。世界铁路已有 190 多年的历史，它的发展过程大体上可划分为四个阶段。

一、初建时期

世界铁路的产生和发展是与科学技术的进步和大规模的商品生产分不开的。1804 年，英国人特雷维西克试制了第一台行驶于轨道上的蒸汽机车；1825 年，英国在达林顿到斯托克顿之间修建了世界上第一条铁路，长 32 km。此后，欧、美比较发达的资本主义国家竞相仿效，法国（1828 年）、美国（1830 年）、德国（1835 年）、比利时（1835 年）、俄国（1837 年）、意大利（1839 年）等国纷纷修建铁路；到 19 世纪 50 年代初期，亚、非、拉地区也开始出现了铁路，如印度（1853 年）、埃及（1854 年）、巴西（1854 年）、日本（1872 年）等国。自 1825 年开始到 1860 年间，世界铁路已修建了 105 000 km。

二、筑路高潮时期

自 1870 年到 1913 年第一次世界大战前，铁路发展最快，每年平均修建 20 000 km 以上。主要资本主义国家将大部分投资用于修建铁路，大量钢材用于轧制钢轨，如美国从 1881 年到 1890 年的 10 年间，每年平均建成 10 000 km 铁路，其中 1887 年一年就建成 20 619 km 铁路，而当年钢产量仅 339.2 万吨。到 1870 年，世界铁路营业里程为 21.0 万 km，1880 年为 37.2 万 km，1890 年为 61.7 万 km，1900 年为 79.0 万 km，1913 年为 110.4 万 km，绝大部分铁路集中在英、美、德、法、俄五国。19 世纪末叶，英、美、德、法、俄等国利用其掌握的铁路技术，开始在殖民地、半殖民地国家修建铁路。

在此期间，铁路公司之间为了提高声誉，已开始用提高速度进行竞争。1895 年，英国西海岸铁路伦敦至阿伯丁 868 km，直达速度 101.6 km/h；英国东海岸铁路由伦敦至亚伯丁 842 km，平均直达速度 97 km/h。1893 年，美国纽约中央铁路最高速度达到 181 km/h；1902 年，美国宾州铁路平均直达速度为 61.0 km/h；1903 年，德国 Siemens-Halske 公司制造的电动车创下了 210 km/h 的最高速度。

三、基本稳定时期

第一次世界大战后到第二次世界大战前的 20 多年间，主要资本主义国家的铁路基本停止发展，而殖民地、半殖民地、独立国、半独立国的铁路则发展较快。到 1940 年，世界铁路营业里程达到 135.6 万 km。

第二次世界大战中，西欧各国的铁路受到战争破坏，直至 1955 年前后才恢复旧貌。战后，公路和航空运输发展较快，主要资本主义国家的铁路与公路、航空的竞争更为激烈，铁路客货运量的比重日益减少，很多铁路无利可图、亏损严重，不少国家不得不将铁路收归国有。美、英、德、法、意等国继续封闭并拆除铁路，例如：美国的铁路营业里程自 1916 年的 40.8 万 km，到 1980 年为 31.8 万 km，缩短了 9 万 km；英国铁路的营业里程自 1929 年的 3.28 万 km，到 1980 年为 1.77 万 km，缩短了 1.51 万 km，相当于减少了 46% 的营业里程；法国铁路的营业里程自 1937 年的 6.48 万 km，到 1980 年为 3.39 万 km，缩短了 3.09 万 km，相当于减少了 47% 的营业里程。

20 世纪 30 年代至 60 年代初，一方面，资本主义国家的铁路营业里程有所萎缩，另一方面，亚、非、拉与部分欧洲国家的铁路营业里程有所增长，所以世界铁路营业里程基本保持在 130 万 km 左右。

四、现代化时期

20 世纪 60 年代末期，世界铁路的发展又开始复苏。特别是 70 年代中期世界石油产生危机后，因为铁路能源消耗较飞机、汽车低，噪声污染小，运输能力大，安全可靠，作为陆上运输的骨干地位被重新确认,很多国家都确定以电力牵引为铁路发展方向。近 30 年的时间内，先进技术被广泛采用，如牵引动力的改革，集装箱和驮背运输的发展，通信信号的改进，轨道结构的加强，以及管理自动化的迅速发展。更值得注意的是高速铁路方兴未艾，重载运输日新月异。

目前，世界上有铁路运营的国家和地区约 140 个，铁路总营业里程约 120 万 km（未含城市轨道公交系统），其中：美洲铁路约 45 万 km，占总里程的 37.5%；欧洲铁路 37 万 km，占 30.8%；亚洲铁路 25.1 万 km，占 20.9%；非洲和大洋洲铁路 12.8 万 km，约占 10.8%。世界电气化铁路总里程已达 24 万 km，约为世界铁路总营业里程的 20%。

据最新资料统计，到目前为止，铁路营业里程最长的 10 个国家是：美国 22.8 万 km，中国 12.1 万 km（不包括我国地方铁路），俄罗斯 8.5 万 km，印度（国有铁路）6.4 万 km，加拿大 5.2 万 km，德国 4.3 万 km，澳大利亚 3.97 万 km，阿根廷 3.4 万 km，法国 3.0 万 km，巴西 2.94 万 km。

第二节　中国铁路建设与规划

中国铁路，从第一条营业铁路 —— 上海吴淞铁路（1876 年通车），或是从自建的第一条铁路 —— 唐胥铁路（1881 年通车）之时算起，迄今也已有 100 多年的历史。

百余年来，中国的铁路事业经历了新旧两个根本性质不同的社会，无论从政治上还是从经济上，这都决定了它在其发展历程中必然会遭遇到两种迥然不同的命运和前途。

旧中国的铁路事业，虽是史无前例的产业，但却带有半殖民地半封建的性质。它的建设、发展和经营都被控制在帝国主义、封建主义和官僚资本主义的手里，其发展之缓慢和经营之惨淡，自不待言。新中国的铁路事业，虽以旧中国的铁路设备为其物质基础，但由于在共产党和人民政府领导下，一贯坚持自力更生、艰苦奋斗、勤俭建国的方针，特别是在 20 世纪 70 年代后期执行改革开放政策，不仅迅速而彻底地改变了旧铁路的半殖民地半封建性质，而且取得了前所未有的辉煌成就。

当然，新中国的铁路事业在长达 60 年的发展历程中，也不是一帆风顺的。它经历了由小到大、由少到多和由弱变强的渐进过程，在其前进的道路上不乏平坦与坎坷、欢欣与痛惜、经验与教训、胜利与失败。

一、旧中国铁路的特点

19 世纪后期，帝国主义国家开始对我国进行经济、政治、军事侵略。1865 年，英国商人杜兰德在北京宣武门外修建了长约 0.5 km 的窄轨铁路试行小火车，清政府以“见者骇怪”为理由，命令拆除；1876，年英国怡和洋行在上海—吴淞之间修建了长 15 km、轨距为 762 mm 的窄轨铁路，清政府又出银 28.5 万两将铁路赎回拆除。直到 1880 年，清政府才同意英商在唐山—胥各庄（今丰南）之间修建一段长为 9 km 的铁路，以运送唐山开滦煤矿的煤，但只允许用骡马牵引。这段铁路 1881 年竣工，轨距为 1 435 mm，这一轨距以后被广泛采用，成为我国铁路的标准轨距。1882 年，该铁路改用机车牵引。这台机车由旧锅炉改造而成，时速 32 km，可牵引 100 多吨，是我国制造的第一台蒸汽机车。

1840 年至 1900 年，帝国主义国家接连发动侵华战争，迫使清政府割地赔款，订立种种不平等条约，在我国划分势力范围，夺取筑路特权。于是，在 1900 年前后，帝国主义掠夺中国的“筑路高潮”形成，如帝俄修建的中东铁路，德国修建的胶济铁路，比利时修建的京汉铁路，英国修建的沪宁铁路，日本修建的安奉铁路，法国修建的滇越铁路。这些用中国劳动人民血汗修建起来的铁路，却成了帝国主义对我国进行经济掠夺和军事侵略的工具，铁路过处，主权尽失。在全国舆论“保路”“赎路”的压力下，清政府才自行筹款，修建了京张、株萍等少量铁路。到 1911 年清朝皇帝退位时，全国铁路通车里程约 7 800 km。

国民党统治时期，我国先后建成了粤汉路株（洲）韶（关）段、陇海、浙赣、同蒲、江南（南京—芜湖）、淮南（田家庵—裕溪口）等铁路。1931 年“九一八”事变后，日本帝国主义侵占东北，为了经济掠夺和军事侵略，先后修建了吉（林）长（春）、四（平）洮（南）、四（平）辑（安）、图（们）佳（木斯）、锦（州）承（德）、叶（柏寿）赤（峰）等铁路。到 1937 年抗日战争爆发前夕，东北铁路通车里程达 8 300 km，全国铁路通车里程达 19 000 km。

抗日战争时期，铁路员工利用撤退时拆卸的铁路器材，修建了湘桂路的衡（阳）来（宾）段、黔桂路的柳（州）都（匀）段、叙（府）昆（明）路的昆（明）沾（益）段，以及宝（鸡）天（水）线、綦江线（猫儿沱至三江）。抗日战争末期（1945 年），在国民党统治区内勉强通车的铁路只剩下了 1 409 km。

旧中国的铁路，自 1881 年兴建唐胥铁路到 1949 年新中国成立前夕，如果将所有通车的铁路都计算在内，里程为 21 800 km（台湾地区未计入）。在这 69 年间，平均每年兴建铁路才 320 km，发展速度非常缓慢。

旧中国的铁路多为帝国主义修建，为它们的侵略服务，因此铁路分布极不合理，多集中于东北地区与沿海各省，而西北、西南的广大地区却几乎没有铁路。

旧中国的铁路，设备简陋，标准低。全路拥有的机车车辆，不但数量少而且破损不堪，机车有 120 多种型号，钢轨竟有 130 多种类型。粤汉线最小曲线半径仅 194 m；沪宁、沪杭线的最短坡道长度仅 152 m；浙赣线某些路段无信号设备，未铺设道砟；宝天线绝大部分隧道没有衬砌，坍方断道事故经常发生。旧中国铁路的凋零残破、千疮百孔，给新中国成立后铁路的恢复和改建造成了很大困难。

二、新中国的铁路建设

新中国的铁路事业，是以旧中国铁路的技术设备为物质基础，在人民政权不断接管、修复既有铁路的有利条件下创建起来的。

1949 年，新中国成立以后，铁路建设有了很大的发展。特别是改革开放以来，我国更是把铁路建设放在发展国民经济的重要地位。因此，我国铁路无论在路网建设、线路状况，还是技术装备和运输效率等方面，都取得了巨大的成就。

1. 路网建设

到目前为止，我国基本建成了贯通东西南北的铁路路网。南北干道有：哈大、京沈、津沪、京九、京广、太焦—焦枝—枝柳、宝成—成昆、成渝—川黔—黔桂—湘桂（柳州至友谊关）等线；东西干道有：滨洲—滨绥、京秦—京包—包兰、石太—石德—胶济、新焦—新菏—兖石、陇海—兰新、沪杭—浙赣—湘黔—贵昆、广梅汕—三茂等线。围绕七大经济区域的铁路网构架已基本形成，高速客运网建设已全面启动。

1）东北经济区

东北经济区包括东北三省及内蒙古自治区东部，面积 124.0 万 km^2，是中国的能源、钢铁、木材和粮食生产基地。其铁路营业里程 15 212.2 km，占全国铁路营业里程的 13.4%；路网密度 122.7 km/万 km^2，其中，滨洲—滨绥、哈大和沈山组成“才”字形主通路，加上平齐、大郑、沈吉、长图、哈佳、京通、京承锦、集通、通让等 30 多条干线，路网结构基本完善。但东北地区不少主要干线运输能力紧张，相关线路客货分线和强化改造前期工作仍在紧张进行。

2）环渤海经济区

环渤海经济区包括北京、天津、河北、山西、辽宁、山东和内蒙古自治区中部，面积 133.5 万 km^2，是中国经济较发达的地区，其铁路干线是中国铁路网的中心，大量主要干线经由本区，如煤运通道的大秦线、石太—石德—胶济线、邯长—邯济线、侯月—新月—新菏—菏兖日线，南北通道的京山—沈山—哈大线、京沪线、京广线、京九线、南北同蒲线，以及京通线、集通线、京承锦线、丰沙大线、京原线等。该区铁路营业里程 23 904.7 km，占全国铁路营业里程的 21.4%；路网密度 179.1 km/万 km^2，路网布局基本趋于完善。鉴于该地区铁路主要干线在路网中的特殊地位，铁路建设速度继续加快：烟大轮渡以及京沪、胶济线电气化改造等一批项目相继建成投产；石太客运专线等项目进展顺利；张家口至集宁、石家庄至德州、大同至包头完成了电气化改造相继开工建设。

3）长江三角洲及沿长江经济区

长江三角洲及沿长江经济区包括上海、浙江、江苏、安徽、江西、湖南、湖北、四川和重庆七省二市，面积 148.4 万 km^2，区内长江中下游地区是中国经济最发达的地区之一。铁路营业里程 21 953.1 km，占全国铁路营业里程的 19.60%；路网密度 147.9 km/万 km^2。经由本区的铁路除浙赣、襄渝、汉丹、武大、合九、西合等线外，主要为南北向铁路干线，主要通道运输能力紧张。浙江省沿海经济较为发达，但由于缺少横向联系，其经济再升级受到影响。新建沪汉蓉铁路通道中的武合、合宁铁路已建成开通运营。东南沿海通道中的甬台温、温福铁路建成通车，浙赣、沪杭、京沪线电气化改造完成。

4）东南沿海经济区

东南沿海经济区包括福建、广东、海南三省，面积 29.9 万 km^2。该地区地理环境优越，比邻港、澳、台，是中国改革开放的门户，经济发展居全国领先地位。该区已形成京广、京九南段及广深、鹰厦、外福、横南、三茂、广梅汕和赣龙等干线组成的区域铁路网，营业里程 6 747.7 km，占全国铁路营业里程的 5.9%，路网密度 225.7 km/万 km^2。随着区域经济的快速发展，福建省缺乏大能力铁路通道，广东既有主要干线运输能力紧张更为突出，需要加快京广客货分线步伐，加快厦深、向莆铁路以及珠江三角洲地区城际铁路的建设。武广、广深、广珠客运专线和福厦、厦深、龙厦、向莆铁路等建成通车。

5）中部五省经济区

中部五省经济区包括安徽、江西、河南、湖南、湖北五省，地处中国腹地，面积 87.1 万 km^2，属经济、交通较发达地区。该区已形成京广、京沪、京九、焦柳四条南北运输通道和陇海、浙赣—湘黔、新月—新菏兖、西安—合肥、襄渝—汉丹—武大五条东西运输通道组成的主骨架，铁路营业里程 16 128.2 km，占全国铁路营业里程的 14.3%，路网密度 185.2 km/万 km^2，布局趋于完善。目前的问题是京广、京沪和陇海等主要繁忙干线运能紧张，沪汉蓉通道、沿江铁路尚未形成。应加快沪汉蓉通道和沿江铁路的建设，繁忙通道应尽快实施客货分线，相关项目正有序推进。

6）西南及华南部分省区

该地区包括四川、贵州、云南、广西、西藏、海南、重庆七省（市、自治区）及广东部分地区，面积 261.0 万 km^2，占全国土地面积的 27.2%。该区域内经济不发达和贫困地区多，地形复杂和交通不便是制约该地区经济发展的重要因素。遂渝、渝怀铁路建成投产，极大加强了川渝地区与东南沿海等地区的经济联系。2006 年 7 月 1 日，青藏铁路格拉段建成通车，结束了西藏无铁路的历史。至 2014 年年末，该区铁路营业里程 14 080.6 km，占全国铁路营业里程的 12.5%，路网密度 53.9 km/万 km^2。该地区东部铁路网骨架虽已形成，但襄渝、焦柳、渝怀线间及湘桂线以南大片地区无铁路，西南的北口和广西壮族自治区尚无大能力对外运输通道，西南与西北交流及西南与东南亚交流缺少便捷通路，川西地区铁路仍为空白。黔桂扩能、永州—玉林（茂名）、宜昌—万州铁路仍在紧张施工；国际通道、西南西北通道、西南华南通道的贵广铁路、南广铁路、南昆增二线、湘桂增二线以及相关地区开发性铁路和既有线扩能改造工程正抓紧进行。

7）西北经济区

西北经济区包括甘肃、青海、陕西、宁夏、新疆五省区及内蒙古西部，面积 344.0 万 km^2，占全国土地面积的 36%。该地区经济基础薄弱，属经济不发达地区，交通基础设施比较落后，铁路营业里程 13 823 km，占全国铁路营业里程的 11.6%，路网密度 40.2 km/万 km^2，是中国铁路唯一未成网的地区，甚至连骨架都未形成。新疆、青海仍为“一线牵”省区。2006 年，作为该区域主要运输通道的兰新线兰州—武威段增二线、武威—嘉峪关电气化改造工程建成投产；兰州至西宁增二线开工建设，临河至策克、太（中）银铁路正加快建设；国际通道、西北西南通道以及相关地区开发性铁路和既有线改造项目前期工作也在抓紧进行。

8）快速铁路网建设

为适应我国城镇化发展需要，满足大流量、高密度、快速便捷的客运需求，自 1990 年起，我国开始了以高速铁路、区际干线、城际铁路和既有线提速线路有机结合的快速铁路网络建设。

1997 年以来，中国铁路进行的五次大面积提速取得了显著成绩。2007 年实施的铁路第六次大提速，提速线路延展长度达到 2.2 万 km，京沪、京广、京九和陇海线部分区段，京哈、胶济、浙赣、武九、广深等延展长度约 5 300 km 的线路实现了时速 200 km 的运行目标。2003 年以来，为适应我国城市化建设飞速发展和快速旅客运输的需要，客运专线建设全面展开。京津城际客运专线于 2008 年 8 月 1 日正式运营。我国铁路客运专线网和铁路提速线路规划符合新建铁路列车最高运行时速不低于 250 km、改建铁路列车最高运行时速不低于 200 km 铁路的集合，即形成我国快速铁路网。截至 2015 年年底，我国已开通运营的设计时速（含预留）250 km 以上的高速铁路线路 40 多条，包括：秦沈、合宁、济青、京津、广莞深、石太、合武、甬台温、温福、武广、郑西、福厦、成灌、沪宁、昌九、沪杭、海东、长吉、广珠、京沪、广深、汉宜、郑武、合蚌、哈大、京郑、宁杭、杭甬、盘营、津秦、西宝、厦深、武咸、南柳、沪昆高铁长怀段、贵广高铁、兰新高铁、南广高铁、成绵乐等。

自 2004 年《中长期铁路网规划》实施以来，我国铁路发展成效显著，对促进经济社会发展、保障和改善民生、支撑国家重大战略实施、增强我国综合实力和国际影响力等发挥了重要作用，受到了社会的广泛赞誉和普遍欢迎，成为现代化建设成就的重要展示。

我国铁路基础网络初步形成。中西部地区铁路加快建设，跨区域快速通道基本形成，高速铁路逐步成网，城际铁路起步发展，路网规模不断扩大，保障能力明显增强，“四纵四横”快速铁路网主骨架粗具规模，中国高铁已连接全国 28 个省份。2011 年 6 月，世界上一次建成线路最长、标准最高的京沪高铁建成投产。它贯穿 7 省市，连接环渤海和长三角两大经济区，全长 1 318 km。

2. 线路及技术装备

线路技术条件　到目前为止，我国铁路已形成速度为 160 km/h 以下、160 km/h、200 km/h 客货共线铁路和速度为 200 ~ 250 km/h、300 ~ 350 km/h 客运专线铁路技术标准体系。截止到 2015 年年底，我国铁路营业里程达到 12.1 万 km，里程长度位居世界第二。其中，高速铁路里程达 1.9 万 km，位居世界的第一；全国铁路复线里程约 4.8 万 km，复线率 46.6%；全国电气化铁路里程 5.6 万 km，电气化率 54%。经过六次大面积提速改造，线路技术条件满足时速 120 km 及以上的线路延展里程达到 3.5 万 km。时速 160 km 及以上线路延展里程达到 2.6 万 km，时速 200 km 及以上线路延展里程达到 1.6 万 km。线路装备的改善，为提高铁路的输送能力奠定了基础，为行驶大型机车车辆和提高行车速度创造了条件。

机车车辆 新中国刚成立时，全路仅有蒸汽机车 4 096 台，后陆续建成了制造蒸汽、内燃和电力机车的工业体系。截止到 2013 年年底，全国铁路机车车辆拥有量达 2.08 万台，电力机车保有量占机车总数的 52.1%，内燃机车保有量占机车总数的 47.8%，主要干线全部实现电力、内燃机车牵引，其中和谐型大功率电力机车 7017 台。电力、内燃机车完成的客货总重吨公里已超过总运量的 90%。全国铁路客车保有量为 5.88 万辆，其中空调车 4.86 万辆，占客车总数的 82.6%；“和谐号”动车组 1 308 组、10 404 辆，货车保有量为 68.8 万辆，标准轨货车的平均标记载重已达 59.6 t。

3. 运输效率

随着我国复线、电气化和内燃化水平的提高，铁路运输效率也随之提高，有的技术指标也已进入世界先进行列。2014 年，全国铁路完成货运总发送量 38.13 亿吨，完成货运总周转量 27 530 亿吨公里。全国铁路完成旅客发送量 23.57 亿人，完成旅客周转量 11 605 亿人公里。自 2007 年 4 月 18 日时速 200 km 及以上的“和谐号”动车组列车开行以来，其以安全、快速、舒适、方便的运输品质，开创了我国铁路旅客运输的新局面。

三、我国铁路建设规划

铁路是国民经济的大动脉，在社会主义建设中发挥着重大作用。但是我国铁路的密度仍然较低，按人口计算，人均约 9.3 cm，在世界上排在 100 位之后；按国土面积计算，路网密度 116.7 km/万 km^2，每 km^2 约 11.7 m，在世界上排在 60 位之后。为适应国民经济持续稳定、快速增长的需要，铁路应有一个历史性的大发展。

铁路建设要服从和服务于国民经济和社会发展的战略需要；在适应社会主义市场经济体制和扩大对外开放的形势下，要确立超前发展的战略思想；以建立大能力通道作为战略重点，以打通限制口为突破方向。为适应全面建设小康社会的目标要求，铁路网要扩大规模，完善结构，提高质量，快速扩充运输能力，迅速提高装备水平。

自 2004 年国务院批准实施《中长期铁路网规划》以来，我国铁路实现了快速发展。为加快构建布局合理、覆盖广泛、高效便捷、安全经济的现代铁路网络，更好发挥铁路骨干优势作用，推进综合交通运输体系建设，支撑引领我国经济社会发展，2015 年，国务院在深入总结原规划实施情况的基础上，结合发展新形势新要求，修编了《中长期铁路网规划》。修编后的规划是我国铁路基础设施的中长期空间布局规划，是推进铁路建设的基本依据，是指导我国铁路发展的纲领性文件。规划期为 2016—2025 年，远期展望到 2030 年。图 0-1 为我国中长期铁路网规划示意图。图 0-2 为我国中长期高速铁路网规划示意图。

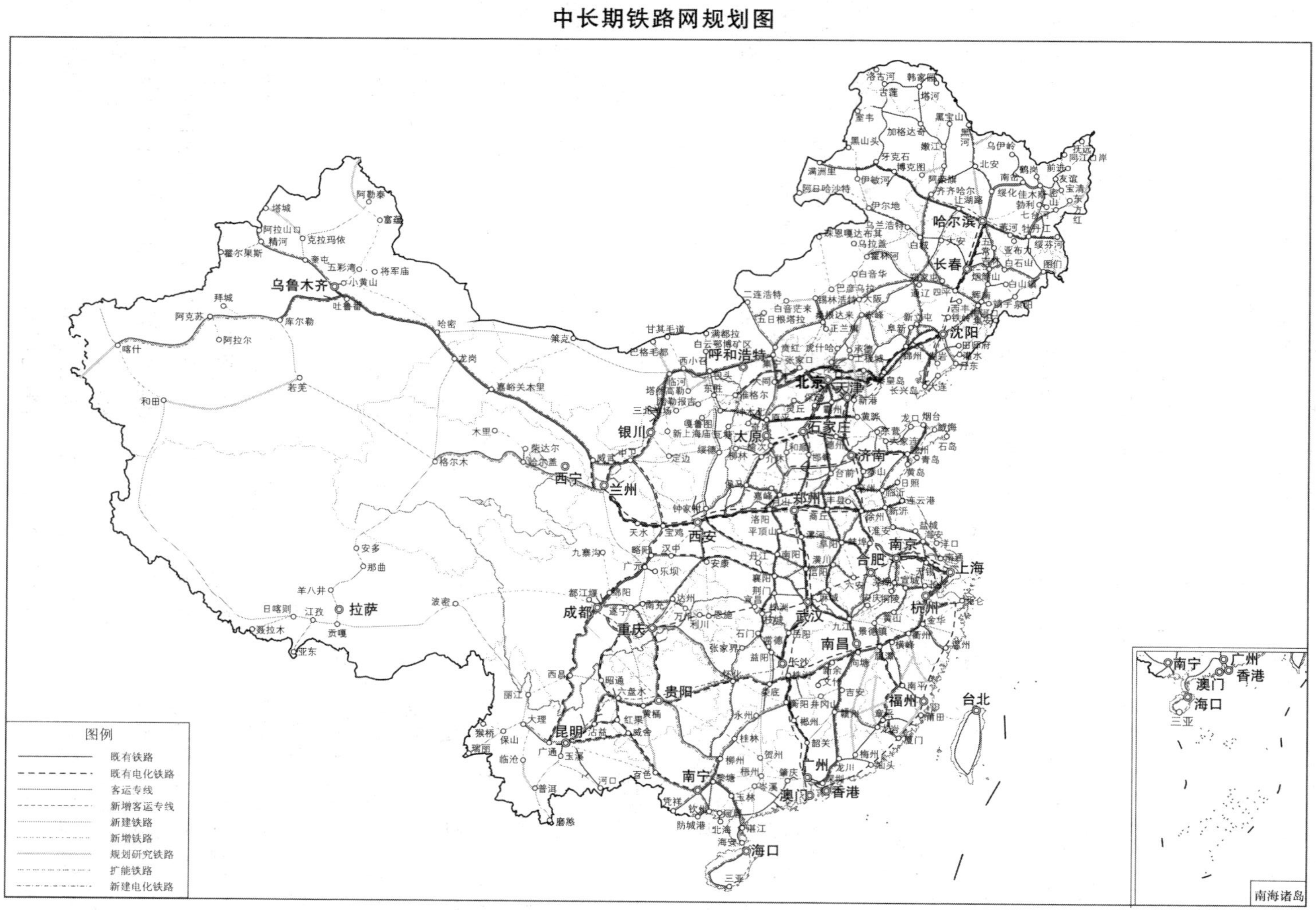

图 0-1　我国中长期铁路发展规划示意图

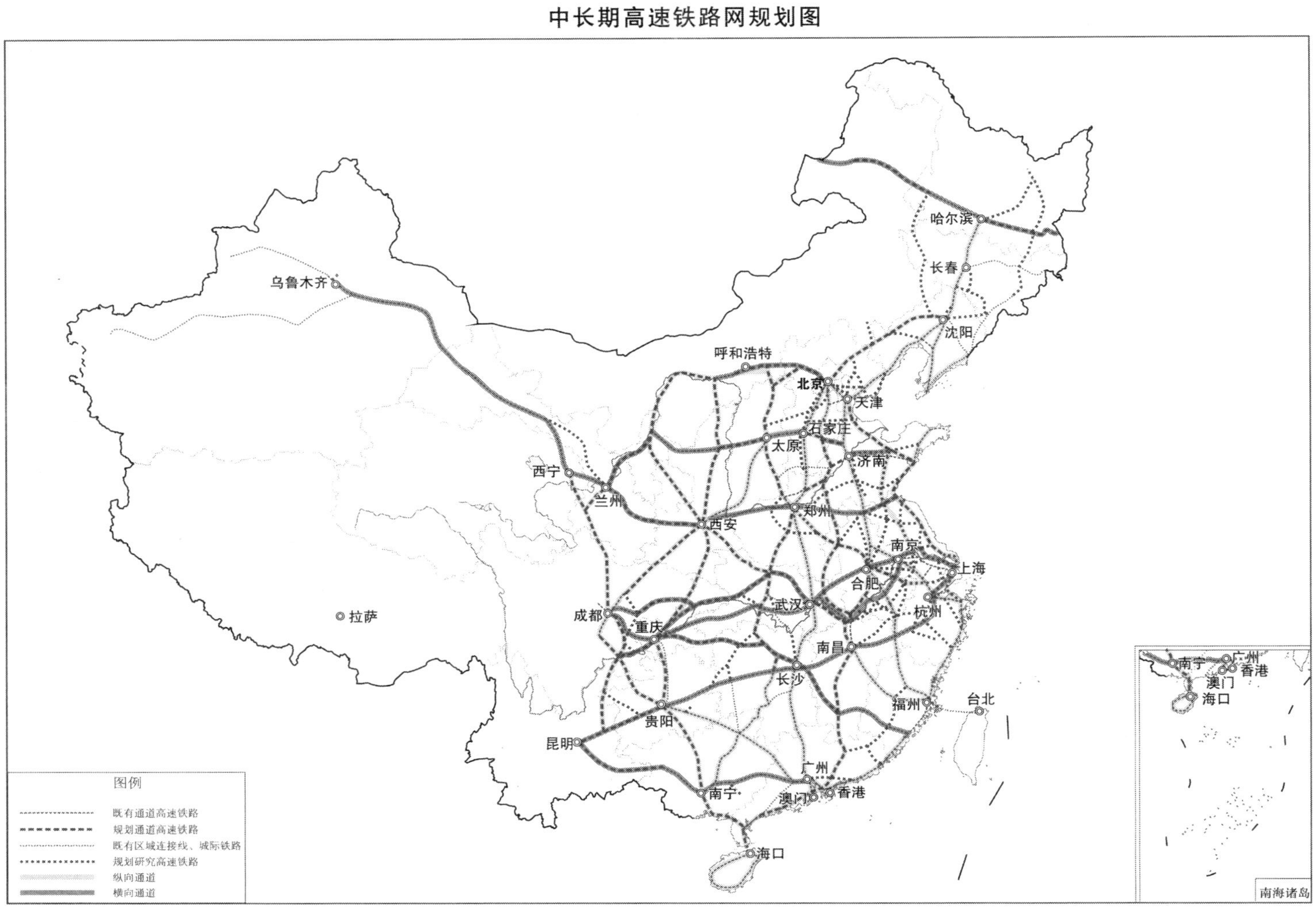

图 0-2　我国中长期高速铁路发展规划网示意图

（一）规划目标

按照修编后的中长期铁路网规划目标，到 2020 年，一批重大标志性项目建成投产，铁路网规模达到 15 万 km，其中高速铁路 3 万 km，覆盖 80%以上的大城市，为完成“十三五”规划任务、实现全面建成小康社会目标提供有力支撑。到 2025 年，铁路网规模达到 17.5 万 km，其中高速铁路 3.8 万 km 左右，网络覆盖进一步扩大，路网结构更加优化，骨干作用更加显著，更好发挥铁路对经济社会发展的保障作用。展望到 2030 年，基本实现内外互联互通、区际多路畅通、省会高铁连通、地市快速通达、县域基本覆盖。

——完善广覆盖的全国铁路网。连接 20 万人口以上城市、资源富集区、货物主要集散地、主要港口及口岸，基本覆盖县级以上行政区，形成便捷高效的现代铁路物流网络，构建全方位的开发开放通道，提供覆盖广泛的铁路运输公共服务。

——建成现代的高速铁路网。连接主要城市群，基本连接省会城市和其他 50 万人以上大中城市，形成以特大城市为中心覆盖全国、以省会城市为支点覆盖周边的高速铁路网。实现相邻大中城市间 1 ~ 4 h 交通圈，城市群内 0.5 ~ 2 h 交通圈。提供安全可靠、优质高效、舒适便捷的旅客运输服务。

——打造一体化的综合交通枢纽。与其他交通方式高效衔接，形成系统配套、一体便捷、站城融合的铁路枢纽，实现客运换乘“零距离”、物流衔接“无缝化”、运输服务“一体化”。

（二）规划方案

修编后的中长期铁路网规划了三个路网方案，即高速铁路网、普速铁路网和综合交通枢纽。

1. 高速铁路网

为满足快速增长的客运需求，优化拓展区域发展空间，在“四纵四横”高速铁路的基础上，增加客流支撑、标准适宜、发展需要的高速铁路，部分利用时速 200 km 铁路，形成以“八纵八横”主通道为骨架、区域连接线衔接、城际铁路补充的高速铁路网，实现省会城市高速铁路通达、区际之间高效便捷相连。

因地制宜、科学确定高速铁路建设标准。高速铁路主通道规划新增项目原则采用时速 250 km 及以上标准（地形地质及气候条件复杂困难地区可以适当降低），其中沿线人口城镇稠密、经济比较发达、贯通特大城市的铁路可采用时速 350 km 标准。区域铁路连接线原则采用时速 250 km 及以下标准。城际铁路原则采用时速 200 km 及以下标准。

1）构筑“八纵八横”高速铁路主通道

（1）“八纵”通道。

沿海通道：大连（丹东）—秦皇岛—天津—东营—潍坊—青岛（烟台）—连云港—盐城—南通—上海—宁波—福州—厦门—深圳—湛江—北海（防城港）高速铁路（其中青岛至盐城段利用青连、连盐铁路，南通至上海段利用沪通铁路），连接东部沿海地区，贯通京津冀、辽中南、山东半岛、东陇海、长三角、海峡西岸、珠三角、北部湾等城市群。

京沪通道：北京—天津—济南—南京—上海（杭州）高速铁路，包括南京—杭州、蚌埠—合肥—杭州高速铁路，同时通过北京—天津—东营—潍坊—临沂—淮安—扬州—南通—上海高速铁路，连接华北、华东地区，贯通京津冀、长三角等城市群。

京港（台）通道：北京—衡水—菏泽—商丘—阜阳—合肥（黄冈）—九江—南昌—赣州—深圳—香港（九龙）高速铁路；另一支线为合肥—福州—台北高速铁路，包括南昌—福州（莆田）

铁路。连接华北、华中、华东、华南地区，贯通京津冀、长江中游、海峡西岸、珠三角等城市群。

京哈—京港澳通道：哈尔滨—长春—沈阳—北京—石家庄—郑州—武汉—长沙—广州—深圳—香港高速铁路，包括广州—珠海—澳门高速铁路，连接东北、华北、华中、华南、港澳地区，贯通哈长、辽中南、京津冀、中原、长江中游、珠三角等城市群。

呼南通道：呼和浩特—大同—太原—郑州—襄阳—常德—益阳—邵阳—永州—桂林—南宁高速铁路，连接华北、中原、华中、华南地区，贯通呼包鄂榆、山西中部、中原、长江中游、北部湾等城市群。

京昆通道：北京—石家庄—太原—西安—成都（重庆）—昆明高速铁路，包括北京—张家口—大同—太原高速铁路，连接华北、西北、西南地区，贯通京津冀、太原、关中平原、成渝、滇中等城市群。

包（银）海通道：包头—延安—西安—重庆—贵阳—南宁—湛江—海口（三亚）高速铁路，包括银川—西安以及海南环岛高速铁路，连接西北、西南、华南地区，贯通呼包鄂、宁夏沿黄、关中平原、成渝、黔中、北部湾等城市群。

兰（西）广通道：兰州（西宁）—成都（重庆）—贵阳—广州高速铁路，连接西北、西南、华南地区，贯通兰西、成渝、黔中、珠三角等城市群。

（2）“八横”通道。

绥满通道：绥芬河—牡丹江—哈尔滨—齐齐哈尔—海拉尔—满洲里高速铁路，连接黑龙江及蒙东地区。

京兰通道：北京—呼和浩特—银川—兰州高速铁路，连接华北、西北地区，贯通京津冀、呼包鄂、宁夏沿黄、兰西等城市群。

青银通道：青岛—济南—石家庄—太原—银川高速铁路（其中绥德至银川段利用太中银铁路），连接华东、华北、西北地区，贯通山东半岛、京津冀、太原、宁夏沿黄等城市群。

陆桥通道：连云港—徐州—郑州—西安—兰州—西宁—乌鲁木齐高速铁路，连接华东、华中、西北地区，贯通东陇海、中原、关中平原、兰西、天山北坡等城市群。

沿江通道：上海—南京—合肥—武汉—重庆—成都高速铁路，包括南京—安庆—九江—武汉—宜昌—重庆、万州—达州—遂宁—成都高速铁路（其中成都至遂宁段利用达成铁路），连接华东、华中、西南地区，贯通长三角、长江中游、成渝等城市群。

沪昆通道：上海—杭州—南昌—长沙—贵阳—昆明高速铁路，连接华东、华中、西南地区，贯通长三角、长江中游、黔中、滇中等城市群。

厦渝通道：厦门—龙岩—赣州—长沙—常德—张家界—黔江—重庆高速铁路（其中厦门至赣州段利用龙厦铁路、赣龙铁路，常德至黔江段利用黔张常铁路），连接海峡西岸、中南、西南地区，贯通海峡西岸、长江中游、成渝等城市群。

广昆通道：广州—南宁—昆明高速铁路，连接华南、西南地区，贯通珠三角、北部湾、滇中等城市群。

2）拓展区域铁路连接线

在“八纵八横”主通道的基础上，规划建设高速铁路区域连接线，进一步完善路网、扩大覆盖。

东部地区：北京—唐山、天津—承德、日照—临沂—菏泽—兰考、上海—湖州、南通—苏州—嘉兴、杭州—温州、合肥—新沂、龙岩—梅州—龙川、梅州—汕头、广州—汕尾等铁路。

东北地区：齐齐哈尔—乌兰浩特—白城—通辽、佳木斯—牡丹江—敦化—通化—沈阳、赤峰和通辽至京沈高铁连接线、朝阳—盘锦等铁路。

中部地区：郑州—阜阳、郑州—濮阳—聊城—济南、黄冈—安庆—黄山、巴东—宜昌、宣城—绩溪、南昌—景德镇—黄山、石门—张家界—吉首—怀化等铁路。

西部地区：玉屏—铜仁—吉首、绵阳—遂宁—内江—自贡、昭通—六盘水、兰州—张掖、贵港—玉林等铁路。

青银通道：青岛—济南—石家庄—太原—银川高速铁路（其中绥德至银川段利用太中银铁路），连接华东、华北、西北地区，贯通山东半岛、京津冀、太原、宁夏沿黄等城市群。

3）发展城际客运铁路

在优先利用高速铁路、普速铁路开行城际列车服务城际功能的同时，规划建设支撑和引领新型城镇化发展、有效连接大中城市与中心城镇、服务通勤功能的城市群城际客运铁路。

京津冀、长三角、珠三角、长江中游、成渝、中原、山东半岛等城市群，建成城际铁路网；海峡西岸、哈长、辽中南、关中、北部湾等城市群，建成城际铁路骨架网；滇中、黔中、天山北坡、宁夏沿黄、呼包鄂榆等城市群，建成城际铁路骨干通道。

2. 普速铁路网

扩大中西部路网覆盖，完善东部网络布局，提升既有路网质量，推进周边互联互通，形成覆盖广泛、内联外通、通边达海的普速铁路网，提高对扶贫脱贫、地区发展、对外开放、国家安全等方面的支撑保障能力。到 2025 年，普速铁路网规模达到 13.1 万 km，并规划实施既有线扩能改造 2 万 km 左右。

1）形成区际快捷大能力通道

推进普速干线通道瓶颈路段、卡脖子路段及关键环节建设，形成跨区域、多径路、便捷化大能力区际通道。结合新线建设和实施既有铁路扩能，强化集装箱、快捷、重载等运输网络，形成高效率的货运物流网，提高路网整体服务效率，扩大有效供给。

（1）京津冀—东北通道：利用京哈、津山、沈山、哈大、集通等铁路，实施京通、平齐等铁路扩能，构建北京（天津）—沈阳—哈尔滨—绥芬河（同江）、北京（天津）—通辽—齐齐哈尔—满洲里等进出关通道，连接京津冀、辽中南、哈长城市群。

（2）京津冀—长三角、海峡西岸通道：利用京沪、京九、华东二通道、皖赣、金温、赣龙等铁路，建设阜阳—六安—景德镇、衢州—宁德、兴国—永安—泉州等铁路，实施皖赣等铁路改造，构建北京（天津）—济南—上海（杭州、宁波）、北京（天津）—商丘—南昌—福州（厦门）通道，连接京津冀、长三角、长江中游及海峡西岸城市群。

（3）京津冀—珠三角、北部湾通道：利用京广、京九、湘桂、焦柳、大湛等铁路，建设龙川—汕尾等铁路，实施焦柳、洛湛南段扩能改造，构建北京—武汉—广州（南宁）、北京—南昌—深圳通道，连接京津冀、中原、长江中游、珠三角及北部湾等城市群。

（4）京津冀—西北（西藏）通道：利用京包兰、临哈、南疆以及京广、石太、太中银、兰青、青藏等铁路，实施青藏铁路格拉段、南疆铁路等扩能改造，建设柳沟—三塘湖—将军庙铁路，构建北京（天津）—呼和浩特—乌鲁木齐—喀什、北京（天津）—石家庄—太原—兰州—西宁—拉萨通道，连接京津冀、兰西城市群及西藏地区。

（5）京津冀—西南通道：利用京广、沪昆、南北同蒲、西康、襄渝、成昆、内昆等铁路，构建北京—西安（长沙）—川、渝、黔、滇通道，连接京津冀与滇中城市群。

（6）长三角—西北通道：利用京沪、陆桥以及宁西铁路等，实施西平铁路、宝中铁路平凉至中卫段扩能、三门峡经禹州至江苏沿海港口铁路，构建长三角—西安—乌鲁木齐—阿拉山口（霍尔果斯）通道，连接长三角、中原、关中平原、兰西城市群。

（7）长三角—成渝通道：利用京沪、宁西、宁启、铜九、武九、武襄渝、达成、成渝等铁路，实施南京—芜湖—铜陵—九江铁路等扩能改造，建设九江—岳阳—常德、黔江—遵义—昭通—攀枝花—大理铁路，规划研究沿江货运铁路，构建上海—南京（合肥）—武汉—重庆—成都沿江通道，连接长三角、长江中游、成渝城市群。

（8）长三角—云贵通道：利用沪昆、金温铁路等，建设宁波（台州）—金华、温州—武夷山—吉安、赣州—郴州—永州—兴义铁路，实施衡茶吉铁路扩能，构建长三角、长江中游至云贵地区通道。

（9）长三角—珠三角通道：利用沪昆、京九、京广等铁路，实施赣韶铁路扩能，连接长三角、珠三角城市群。

（10）珠三角—西南通道：利用京广、沪昆、渝黔、广茂、黎湛铁路等，建设柳州—梧州—广州、韶关—贺州—柳州—百色铁路，实施渝怀、黔桂、南昆铁路扩能，构建珠三角至西南地区通道。

（11）山东半岛—西北通道：利用胶济、石德、石太、太中银、兰新铁路等，建设平凉经固原至定西等铁路，构建山东半岛西向联系通道。

（12）西北—西南通道：利用兰新、陇海、宝成、包西、兰渝、西康、襄渝、渝黔、成昆、内昆等铁路，建设库尔勒—格尔木、格尔木—成都等铁路，构建西北（含呼包鄂榆）至西南地区通道。

同时，利用大秦、神朔、朔黄、张唐、新菏兖日、山西中南部、宁西等铁路，建设蒙西至华中地区、庆阳—黄陵、庆阳—平凉、神木—瓦塘等铁路，构建西煤东运、北煤南运、海（江）铁联运大通道，完善煤炭集疏运系统，提升煤运通道能力。

2）面向“一带一路”国际通道

推进我国与周边互联互通，完善口岸配套设施，强化沿海港口后方通道。

西北方向：规划建设克拉玛依—塔城（巴克图）、喀什—伊尔克什坦、喀什—红其拉甫、阿勒泰—喀纳斯（吉克普林）、阿勒泰—吉木乃等铁路及满都拉、乌力吉、老爷庙等口岸铁路。

西南方向：实施南宁—凭祥铁路扩能，规划建设芒市—猴桥、临沧—清水河、日喀则—吉隆、日喀则—亚东、靖西—龙邦、防城港—东兴等铁路。

东北方向：实施集宁—二连浩特铁路扩能，规划建设伊尔施—阿日哈沙特、海拉尔—黑山头、莫尔道嘎—室韦、古莲—洛古河、虎林—吉祥、密山—档壁镇、南坪—茂山、开山屯—三峰、长白山—惠山、盘古—连崟等铁路。

沿海方向：以大连、秦皇岛、天津、烟台、青岛、连云港、上海、宁波—舟山、福州、泉州、厦门、汕头、深圳、广州、茂名、湛江、海口等沿海城市及重要港口为支点，畅通港口城市后方铁路通道及集疏运体系，构建连接内陆、铁海联运的国际交通走廊。

3）促进脱贫攻坚和国土开发铁路

扩大路网覆盖面：建设安康—恩施—张家界、赣州—郴州—永州—兴义、阜阳—六安—景德镇、温州—武夷山—吉安、兴国—永安—泉州、黔江—遵义—昭通—攀枝花—大理、宁德—南平、瑞金—梅州、建宁—冠豸山、韶关—贺州—柳州—百色、黄陵—庆阳—平凉—固原—定西、额济纳—酒泉、汉中—巴中—南充、贵阳—兴义、黄桶—百色、涪陵—柳州、泸州—遵义、师宗—文山、临沧—普洱等铁路。

完善进出西藏、新疆通道：建设川藏铁路雅安—昌都—林芝段、滇藏铁路香格里拉—邦达段、罗布泊—若羌—和田、成都—格尔木、柳沟—三塘湖—将军庙、西宁—玉树—昌都铁路，研究建设新藏铁路和田—日喀则段，形成进出西藏、新疆、青海及四省藏区的便捷通道。

促进沿边开发开放：建设韩家园—黑河、孙吴—逊克—乌伊岭、鹤岗—富锦、创业—饶河—东方红、东宁—珲春等东北沿边铁路，芒市—临沧—文山—靖西—防城港等西南沿边铁路。

4）强化铁路集疏运系统

以资源富集区、主要港口及物流园区为重点，规划建设地区开发性铁路以及疏港型、园区型等支线铁路，形成干支有效衔接、促进多式联运的现代铁路集疏运系统，畅通铁路运输的“最先一公里”和“最后一公里”。

上述路网方案实现后，远期铁路网规模将达到 20 万 km，其中高速铁路 4.5 万 km 左右。

3. 综合交通枢纽

统筹运输网络格局，按照“客内货外”的原则，优化铁路枢纽布局，完善系统配套设施，修编铁路枢纽总图。创新体制机制，统筹建设运营，促进同步建设、协同管理，形成系统配套、一体便捷、站城融合的现代化综合枢纽。研究制定综合枢纽建设、运营、服务等标准规范。构建北京、上海、广州、武汉、成都、沈阳、西安、郑州、天津、南京、深圳、合肥、贵阳、重庆、杭州、福州、南宁、昆明、乌鲁木齐等综合铁路枢纽。

1）客运枢纽

按照“零距离”换乘要求，同站规划建设以铁路客站为中心、与其他交通方式有机衔接的综合交通体，特大城市要强化铁路客运枢纽、机场、城市轨道交通的便捷连接。实施站区地上地下立体综合开发，打造高效便捷的综合客运枢纽和产城融合发展的临站经济区。同步强化客运枢纽场站设施，完善动车段（所）、客运机车车辆以及维修设施，完善客运枢纽（高铁车站）快件集散等快捷货物服务功能设施。

2）货运枢纽

合理布局铁路物流中心、铁路集装箱中心站及末端配送服务设施，扩大货物集散服务网络。按照“无缝化”衔接要求，完善货运枢纽多式联运、集装箱运输、邮政快递运输、国际联运以及集疏运等“一站式”服务设施，提升枢纽集散能力和服务效率。优化货运枢纽编组站，完善货运机车车辆设施。布局建设综合维修基地、应急救援基地以及配套完善铁路战备设施等。以发展枢纽型园区经济为导向，推进传统货运场站向城市物流配送中心、现代物流园区转型发展。

第三节　世界高速铁路与重载运输的发展动态

一、高速铁路发展动态

1. 高速铁路发展概况

高速行车是铁路现代化的重要标志，行车速度指的是正规运营中实现的速度而非试验速度。自 1964 年日本建成世界上第一条高速铁路东京至大阪高速铁路，50 多年来，高速铁路从无到有，迅速发展。21 世纪的铁路运输业将会出现轮轨系统高速铁路的全面发展，全球性高速铁路网建设的时期已经到来。高速铁路的发展可以分为三个不同的阶段，即 20 世纪 60 年代至 80 年代末的第一次建设高潮，90 年代初期形成的第二次建设高潮，以及 90 年代中期以后形成的第三次建设高潮。

1）高速铁路建设的第一次高潮（20 世纪 60 年代至 80 年代末期）

1964—1990 年是世界高速铁路发展的最初阶段。在这期间建设并投入运营的高速铁路有：日本的东海道、山阳、东北和上越新干线；法国的东南线、大西洋线；意大利的罗马—佛罗伦萨线以及德国的汉诺威—维尔茨堡高速新线，高速线里程达 3 198 km。这期间，日本建成了遍布全国的新干线网主体结构。除了北美以外，世界上经济和技术最发达的日本、法国、意大利和德国推动了高速铁路的第一次建设高潮。

第一次建设高潮时期，高速铁路呈现出如下特征：由于采用了新技术，铁路的竞争力增强，铁路旅客运输在市场中所占的份额出现回升，经济效益开始好转；解决了运输能力紧张的问题；推动了沿线地区经济的均衡发展，促进了相关产业的建设；节省能源，降低对环境的污染。新建项目带动了既有铁路网的技术改造，使国家既有设施得到整治并从中受益。

2）高速铁路建设的第二次高潮（20 世纪 80 年代末至 90 年代中期）

高速铁路建设在日本和法国所取得的成就影响了很多国家。20 世纪 80 年代末，世界各国对高速铁路的关注和研究酝酿了第二次建设的高潮。第二次建设高峰于 90 年代在欧洲形成，所涉及的国家主要有法国、德国、意大利、西班牙、比利时、荷兰、瑞典和英国等。1991 年，瑞典开通了 2000 摆式列车；1992 年，西班牙引进法、德两国技术，建成了 471 km 长的马德里—塞维利亚高速铁路；1994 年，英吉利海峡隧道把法国与英国连接在了一起，开创了第一条高速铁路国际连接线；1997 年，从巴黎开出的欧洲之星又将法国、比利时、荷兰和德国连接在了一起。

在该时期内，日本、法国、德国以及意大利对发展高速铁路进行了全面规划。

在第二次建设高潮时期，高速铁路所表现出的特征体现在：已建成高速铁路的国家进入了高速路网规划和建设的年代；高速铁路的建设已经不仅仅是铁路部门的需要，修建高速铁路网成为地区之间相互联系的政治需求；能源和环境的要求呼吁发展无污染的高速铁路，出现了全国的和跨越国境的高速铁路网。

3）高速铁路建设的第三次高潮（20 世纪 90 年代中期至今）

高速铁路的建设与研究自 20 世纪 90 年代中期形成了第三次高潮，这次高潮波及亚洲、北美、大洋洲以及整个欧洲，形成了交通领域中铁路的一场复兴运动。自 1992 年以来，俄罗斯、韩国、中国、澳大利亚、英国、荷兰等国家和地区均先后开始了高速铁路新线建设。据不完全统计，为了配合欧洲高速铁路网的建设，东部和中部欧洲的捷克、匈牙利、波兰、奥地利、希腊以及罗马尼亚等国家正在进行干线铁路改造，并全面提速。此间修建高速铁路新线的国家和地区达到 12 个，修建新线总长约 19512 km，其中，中国已建成投产高速客运专线达 19 000 km。

除了以上这些已经开工建设的项目，对高速铁路开展前期研究工作的国家还有土耳其、中国、美国、加拿大、印度、捷克等。

与以前所不同的是，参与第三次高速铁路建设高潮的各个国家所表现出的特征主要体现在以下几个方面：

① 大多数国家在高速铁路新线建设的初期即拟订了修建高速铁路的全国规划；

② 虽然建设高速铁路所需资金巨大，但从社会效益、节约能源、治理环境污染等诸方面分析，修建高速铁路对整个社会具有很好的效益，这一点得到各国政府的共识；

③ 高速铁路促进地区之间的交往和平衡发展，欧洲国家已经将建设高速铁路列为一项政治任务，各国呼吁在建设中携手打破边界的束缚；

④ 高速铁路从国家公益投资转向多种融资方式筹集建设资金，建设高速铁路出现了多种形式融资的局面；

⑤ 高速铁路的技术创新正在向相关领域辐射和发展。

4）欧洲高速铁路网规划

1991 年，欧洲议会批准了泛欧高速铁路网的规划。1994 年 12 月，欧洲铁路联盟通过了在 2020 年内建成泛欧高速铁路网的规划，规划的目标是新建 10 000 km、可以满足列车以 250 km/h 以上速度运行的高速铁路，改造 15 000 km 既有线，形成 25 000 km 的高速铁路网，以连接欧洲所有的主要城市。

5）截止到 2015 年世界高速铁路网总规模及在建规模

据不完全统计，截止到 2015 年 12 月，全世界运营中的高速铁路营业里程总长达 28 890 km，这些线路分布在 11 个国家和地区（见表 0-1）。

表 0-1　截止到 2015 年底世界高速铁路运营里程

国　别	中国	日本	德国	西班牙	法国	韩国	意大利	英国	比利时	瑞典	丹麦
高速铁路里程（km）	19 000	2 388	2 331	2 230	2024	420	254	122	88	18	15

2. 其他高速交通系统研究与发展概况

1）气垫车

黏着铁路很难实现 500 km/h 的最高速度，为此需研制新的运输工具。20 世纪六七十年代，一些国家开始着手研制气垫车。

气垫车一般用燃气轮作动力产生高压喷气，在导轨与车辆间形成气垫使车辆浮起，并用喷气机驱动车辆前进，英、法两国研制 10 年，制成试验车。法国试验的飞行列车，车长 26 m，质量 20 t，可载客 80 人，用 530 kW 的燃气轮机产生气垫，用 2 956 kW 的动力驱动，在 18 km 长的高架轨道试验线上试运转时，最高时速达 422 km。1974 年能源危机时，为紧缩开支，且因喷气机污染环境、噪声太大，取消了研究计划。苏联、美国都曾对气垫车进行过研究，未取得显著成就而停顿。从 20 世纪 70 年代起，技术先进的国家，都先后停止了气垫车的进一步探索，转而研制磁悬浮车。

2）磁悬浮车

磁悬浮（Magnetic levitation），通常缩写为 Maglev，是当今世界最新的地面交通运输技术。磁悬浮技术彻底摆脱了轮轨关系的束缚，因而使速度、运量、功率、轴重、舒适度和安全等达到了更好的结合。目前，世界上达到工程实用化程度的有三种磁悬浮车，分别是：日本超导斥力型磁悬浮列车 MLU，德国常导吸力型磁悬浮车 TR 和日本常导吸力型磁悬浮车 HSST。

（1）常导体吸力型磁悬浮车。

如图 0-3 所示，常导磁悬浮车的车辆跨座在导轨上，车上安装的集电设备向供电轨供电，导轨相应部位安装感应轨，利用两轨间磁场的吸引力将车辆吸起 10 mm 左右，然后利用线性电动机驱动车辆前进。

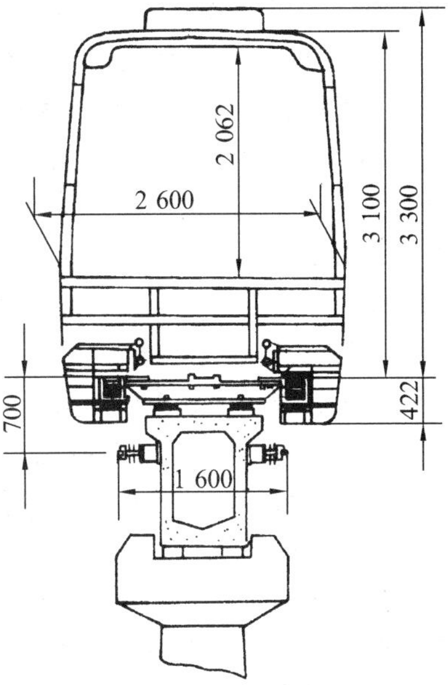

图 0-3　常导磁悬浮车示意图

美国 1974 年 8 月曾在普通轨道中心加铺铝感应轨，用线性电动机驱动，起动时用喷气机驱动，最高时速达 410 km。

英国伯明翰在机场到铁路车站之间的 0.4 km 距离内，建成了磁悬浮高架线路，并正式投入商业运行。由于距离太短，最高时速限制为 50 km，全程需时 1.5 min。每辆车载客 40 人，可运送旅客 1 500 人/h，目前已经停用。

德国研制的向地面功能件供电的常导 TR 磁悬浮车，其行车速度可不受取流设备的限制；1987 年，德国蒂森公司耗资 8 亿马克修建了在可与实际应用相似的条件下，用于长期运行的有两个环、总长 31.5 km 的试验线，并开始研究设计目标最高速度为 500 km/h 的应用车。最新的 TR08 型磁悬浮车，载客 200 人，试验速度达 505 km/h。

日本在 20 世纪 90 年代研究的常导吸力 HSST 型磁悬浮车，最高时速可达 200 km，其研究目的主要用于城市内的轨道交通线路，和市间直达快速交通线。为配合 2005 年 3—9 月召开的日本国际博览会而建设的东部丘陵线采用 HSST 型常导磁悬浮。该磁悬浮铁路与名古屋市名东区的市营地铁东山线在藤丘站连接，到达万博会正门的爱知青少年公园站，全长 7 km，运行时间需要约 13 min。该线已于 2005 年 3 月正式建成运营。

我国西南交通大学、国防科技大学等单位于 20 世纪 90 年代初试制出载人磁浮车，并修建了一定长度的试验线，进行工程实用化研究。

我国修建的上海磁悬浮铁路示范运营线于 2003 年 1 月正式运营。该线引进德国先进技术，是世界上第一条高速磁悬浮铁路运营线。上海磁悬浮高速铁路线路正线全长约 30 km，双线折返运行，设两个车站、两个牵引变电站、一个运营控制中心。设计最高速度为 430 km/h，总投资约 89 亿元人民币。西南交通大学派出的专家在该线的建设工作中发挥了重要作用，并指导完成了该线的选线设计工作。中国完全自主知识产权的长沙磁浮线路于 2015 年 12 月 26 日正式建成投入运营。

（2）超导体相斥式磁悬浮车。

超导磁悬浮车的车辆跨坐在导轨上，车上装置超导电磁线圈，超导体线圈一般由铌钛合金制成，浸入 −268.8 °C 的氦溶液中，线圈电阻即接近于零，一旦有电流通过，即可持续通电，不需再供电。车下导轨相应部位也安装线圈，当车辆通过时，导轨上的线圈产生感应电流出现磁场。超导体线圈的磁场与导轨上线圈的磁场产生相斥力，可使车辆浮起 100 mm 左右，适合于高速运行。超导磁悬浮车采用的仍是线性电动机驱动车辆前进。

1979 年 12 月，日本在宫崎县 7 km 的试验线上实现了 517 km 的最高时速；1980 年，日本又对磁悬浮车的车型和导轨进行了改进，1982 年载人运行，最高时速达 262 km；1987 年 2 月，日本研制的磁悬浮车最高时速达到 375 km 和 408 km，磁悬浮技术已接近实用阶段。

1996 年，日本在山梨县又修建了 18.4 km 的试验线，其中隧道总长 16 km，最小曲线半径为 8 000 m，最大坡度为 40‰，复线线间距为 5.8 m；他们制造的 MLX-01 号超导磁悬浮列车，两端头车长 28 m，中间车一辆长 21.6 m，列车宽 2.8 m、高 2.65 m。列车长度为 77.6 m，质量为 80 t，可载客 146 人。为减轻质量，车体采用铝合金的筒形结构，具有流线型外形、客室密闭。该车最高试验速度达到 550 km/h。当速度小于 100 km/h 时，用胶轮支承车体运行；速度大于 100 km/h，车体浮起与轨道保持 100 mm 间隙；停车时将胶轮放下，利用盘形制动使列车停止。

3）管道磁浮

地面高速运输要克服巨大的空气阻力。当速度超过 500 km/h 后，空气阻力将非常大，所以产生了管道磁浮线路的设想。将磁浮车系统置于空气稀薄的管道中，时速几乎可以无限制地提高。美国兰德公司设想一种管道高速运输系统，预计在 21 世纪可能成为现实。

该设想的轮廓是：由纽约到洛杉矶修建一条长 3 950 km 的横贯美国东西的地下隧道，隧道内抽成相当于 1‰ 个大气压的真空，将磁浮系统安装在隧道内，悬浮力和驱动力都由超导电磁形成。速度受 3 950 km 的加速与减速距离限制，3 950 km 的一半用于加速，一半用于减速，中间速度最高为 22 500 km/h；若采用中速 13 000 km/h，则平均速度为 6 750 km/h，由纽约到洛杉矶也只要 36 分 30 秒 的旅行时间。隧道当然不宜转弯，转弯时曲线半径需为 700 ~ 800 km。据当时（20 世纪 80 年代）估算，隧道造价要 1 850 亿美元，包括磁浮系统总费用约需 2 500 亿美元。

二、世界重载运输的发展概况

（一）国外铁路重载运输的发展概况

货运重载化是世界铁路发展的重要方向之一。从 1978 年第 1 届国际重载运输大会在澳大利亚柏斯城召开至今已有 23 年，重载运输从概念的提出到蓬勃发展经历了一个技术不断进步的过程。

1. 各国发展重载运输的主要模式

技术比较先进的国家，重载运输大致形成三种不同的方式，即北美式重载单元列车、苏联超长超重列车和合并列车、加拿大式的由几个车组编成的始发直达重载列车。

自 20 世纪 60 年代起，美国远距离运送煤炭大宗货物多采用万吨以上重载列车，运行在煤矿、发电站或港口之间。这种列车采用同型大轴重大容量货车、大功率机车、双机或多机牵引，固定编组、在固定的始终站之间循环直达运输。1966—1967 年间，美国东部宾夕法尼亚中央铁路与诺福克西方铁路曾进行超重列车的竞赛。前者开行了总质量 32 000 t、总长 2.9 km、挂车 341 辆的铁矿石列车；后者开行了一列总质量 48 584 t、挂车 500 辆的创纪录超重列车，由 6 台 2 650 kW 的内燃机牵引，头部 3 台，300 辆之后挂补机 3 台，运行速度为 48 km/h。单一货种的重载运输开始于 1985 年的美国南太平洋铁路，由矿区运送铁矿石直达钢厂，运程 272 km，列车由载重 90.7 t 的矿石车 85 辆组成，总质量达 10 000 t。

南非在一些以运送矿石、煤炭为主体的线路上，开行由 6~7 台内燃机车牵引 200 余辆车皮、载重 2.0 万吨的重载列车，列车全长 2.2 km。1989 年 8 月，在一条矿石专用铁路上，他们创造了开行重载列车的 4 项记录：列车长度最长 ——7 300 m，编组车辆数最多 ——660 辆，列车牵引吨数最重——71 232 t，以及行驶距离最远——861.5 km。

澳大利亚哈默斯利和纽曼山重载铁路，均开行专门运送矿石的单元列车。纽曼山铁路于1969年建成，由矿山惠尔巴克山至黑德兰港，全长490 km，开行单元列车固定车底循环运输。列车编组150辆，总重1.9万吨，用3台2 868.45 kW（约3 900马力）的电传动内燃机车牵引。该线的年运量达3 000万吨。

加拿大铁路的重载运输，除开行单元列车外，还发展了由几个车组编成或几个短小列车编组而成的重载列车。这种列车每个车组前多有机车，列车在到达站，车组连同机车分别摘解后驶向各自货主的专用线。

1969年，加拿大太平洋铁路西段在罗伯茨班港（温哥华南边）至卡尔格里间，长约500 km。为了增加向日本出口煤炭，加拿大在该段铁路上将牵引吨数由7 500 t提高到12 300 t，列车由载重91 t的105辆货车组成，采用2 200 kW的内燃机车牵引，头部4台，全长2/3处有无人驾驶的补机2～4台，由主机无线电遥控。通过22‰的陡坡时，列车尾部再加4～5台有人驾驶的补机推送。

加拿大东部拉布拉多半岛上运送铁矿砂的铁路，长640 km，由矿区至圣劳伦斯河口装船，采用组合重载列车，车辆荷载90.9～101.6 t，最大轴荷载为30 t。最重列车由260辆编成，总重达30 000 t，由5台2 200 kW的内燃机车牵引，3台在头部，2台在列车2/3长度处，由无线电遥控操纵。

俄罗斯重载运输始于苏联，其特征是行驶超长超重列车、组织合并列车，发展直达运输。苏联莫斯科铁路局于1979年年初开始试验、组织超长列车的运行。超长列车是在通过能力接近饱和的区段，挖掘潜力提高输送能力的一种措施。这种列车利用起讫编组站的较长股道进行编发与到达，中间站站线有效长度不足时，一般不停车通过。从1979年开行第一列6 000 t运煤重载列车时起，列车质量分别逐年增加到10 000 t、16 000 t，以至达到3.4万吨。

西欧各国和部分亚洲国家在运送矿石、煤炭等大宗货物时，也积极创造条件开行牵引质量为4 000～5 500 t的直达超重列车。如联邦德国自1977年起，在由汉堡至派纳和萨尔茨吉特钢厂间的200 km线路上，用两台6轴电力机车牵引5 400 t的矿石列车；又如，瑞典为了出口铁矿石，也在北部干线上组织重载专列运输，东去波罗的海的牵引吨数为3 800 t，西去挪威海口的牵引吨数可达5 200 t；再如，日本积极组织散装货物的直达专列运输，完成的运量约为总运量的1/3。

2. 世界铁路重载运输发展的新水平

重载运输发展40多年来，世界各国重载铁路借助于高新技术，促使重载列车牵引质量不断增加。2001年6月21日，澳大利亚西部的BHP铁矿集团公司在纽曼山—海德兰重载铁路上创造了重载列车牵引总重99 734 t的世界纪录。2004年，巴西CVRD铁矿集团在其经营的卡拉齐重载铁路上，开行重载列车的平均牵引质量已达39 000 t。南非Orex铁矿重载线是窄轨铁路（1 067 mm轨距），开行重载列车的平均牵引质量为25 920 t。美国最大的一级铁路公司联合太平洋铁路（UP）经营的铁路里程为 5 4000 km，其所有列车的平均牵引质量已达14 900 t，一般重载列车的牵引质量普遍为2万～3万吨，其复线年货运量在2亿吨以上。2005年，国际重载运输协会（IHHA）在巴西年会上已对重载运输的定义作了新的修订：重载列车牵引质量至少达到8 000 t（以前为5 000 t）；轴重（或计划轴重）为27 t（以前为25 t）及以上；在至少150 km线路区段上年运量超过4 000万吨（以前为2 000万吨）。

重载运输技术在越来越多的国家得到推广应用。不仅在幅员辽阔的大陆性国家（如美国、加拿大、澳大利亚、南非等国）重载铁路上大量开行重载列车，而且目前在欧洲传统以客运为主的客货混运干线铁路上也开始开行重载列车。德国铁路从 2003 年开始在客货混运的既有线路（如汉堡—萨尔兹特）上开行轴重 25 t、牵引质量 6 000 t 的重载列车，最高运行速度 80 km/h（重车），同时开行速度为 200 ~ 250 km/h 的旅客列车。从 2005 年 9 月开始，法国南部铁路正式开行 25 t 轴重的运送石材的重载列车。芬兰铁路正在研究开行 30 t 轴重的重载列车。欧盟经过研究认为，欧洲铁路客运非常发达，每年运送 90 亿人次、6 000 亿人公里。但欧洲铁路货运同样也很繁忙，货运量占全世界铁路货运总量的 30%，而且每年还以 4.4% ~ 7.5%的速度增加。欧洲铁路的货运量中有 30%的重载运输潜力。2001 年，以欧洲铁路为主体的国际铁路联盟（UIC）以团体名义加入国际重载运输协会（IHHA），成为团体理事成员。

美国已在高速既有铁路东北走廊上开行 30 t 轴重重载列车。2003 年，美国在东北走廊高速铁路的巴尔的摩和 Rerryville 间不仅开行 240 km/h 的 Acela 高速列车，还同时开行轴重为 30 t、平均速度为 80 km/h 的重载列车。Acela 高速列车的动力车轴重为 25.5 t，高速客车轴重为 15.9 t。这是世界既有线高速铁路同时开行重载货物列车轴重最大的一条铁路，其年货运量达 3 700 万吨，年客运量 2 650 万人，每天开行 122 列客货列车。

（二）我国铁路重载运输发展概况

同世界各国相比，我国铁路重载运输起步较晚，1984 年经国务院批准，决定在北京局管辖的丰沙大和京秦电气化铁路试验开行重载列车，从此开始了我国的铁路重载运输。我国铁路重载运输经历了三个阶段：

第一阶段（1984—1990 年）为改造旧线、开行组合式重载列车模式阶段。1984 年 11 月在大同—沙城—丰台—秦皇岛间首次开行了由两列普通货物列车合并的重载列车，随后又在沈山线、石德线和平顶山—江岸西间开行了 7 000 ~ 7 600 t 的组合列车。

第二阶段（1990—1992 年）为新建大秦铁路，开行单元式重载列车模式阶段。1992 年，我国建成了全长 653.2 km 的大同—秦皇岛铁路。它是我国第一条双线电气化重载单元列车的运煤专线，单元列车的质量达到了 10 000 t。这是中国铁路重载运输发展的重要标志。

第三阶段（1992 年以后）为逐步改造既有繁忙干线，开行整列式重载列车模式阶段。为了在全国既有路网推行重载列车技术，铁道部有计划、分步骤地在一些主要干线（包括京广线、京沪线、京哈线等）繁忙区段组织开行了 5 000 t 级的整列式重载列车。这种扩能效果显著的重载运输方式，已成为中国发展重载运输的主要方式。

进入 21 世纪以来，我国的重载运输技术取得了突破性的进展。2002 年，大秦铁路的年运量已达到 1 亿吨的设计能力。为最大限度发挥大秦铁路的作用，有效缓解煤炭运输的紧张状况，从 2004 年起，铁道部对大秦铁路实施持续扩能改造。2004 年 12 月 12 日，大秦线进行 2 万吨列车牵引试验，并取得圆满成功。

2007 年 6 月 2 日，第一台由我国自主研制的和谐型大功率交流电力机车在大秦线投入使用。同年 8 月，大秦线成功开行两台和谐型机车牵引 2 万吨重载组合列车，开创了世界铁路重载史的新篇章。2007 年、2008 年，大秦线年运量分别突破 3 亿吨、3.4 亿吨。

通过系统集成创新，我国铁路已掌握两台和谐型机车牵引 2×10 000 t 重载组合列车的成套技术，掌握了 4 台韶山 4 型机车牵引 2×10 000 t 和 4×5 000 t 重载组合列车的成套技术。

目前，我国京广、京沪、京哈、陇海等繁忙铁路干线在大量开行时速 200～250 km“和谐号”动车组，列车速度大幅提升、列车密度大幅增加的同时，已经普遍开行 5 000～6 500 t 重载货物列车。这种客货共线运行，速度、密度、载重三者并举的运输组织模式，是世界铁路运输的一项重大创举。

第四节　铁路总体设计

一、我国铁路设计工作的发展过程

我国铁路兴建之初，管理权为外人把持，设计工作也为外人包办。1905—1909 年，由詹天佑任总办兼总工程师的京张铁路建设，开了中国人自己建设铁路的先河。

京张铁路由北京丰台经西直门至张家口，翻越燕山山脉，工程非常艰巨。勘测时，詹天佑在西直门沙城间选出了三条比较线：第一条由西直门经南口进入关沟，穿居庸关，越八达岭，过康庄、沙城、宣化而到达张家口；第二条由西直门经昌平、明陵，出得胜口，过延庆沿妫水到达沙城；第三条由西直门西行，经石景山、三家店，沿永定河河谷到达沙城。当时投资有限，第三条比较线虽然直短，但工程大，造价高，而第二条比较线又迂回太远，因而选定第一条比较线进行勘测设计。该线路走向顺直、节省造价，是当时情况下的最佳决策。

京张铁路由南口至康庄的关沟段，穿越八达岭，地形困难，纵坡陡峻。詹天佑创造性地采用了 2-8-8-2 型双节蒸汽机车与 33‰ 的最大坡度，并引进国外的自动车钩车辆；利用青龙桥车站设计了人字形展线。这样的精心设计，减少了工程数量，仅隧道总延长就较英国人选定的线路缩短 2 000 m，使工程造价大大降低。在施工组织过程中，詹天佑编制了隧道施工组织规划，并在长达 1 091 m 的八达岭隧道施工中，开挖两个竖井，以加快施工进度。他还亲自进行精密测量，亲自指导工人打眼放炮；在怀来河大桥的架梁中他决定预先就地拼装，加快了施工进度。他还采取措施，克服了资金不足、材料机具缺乏、技术工人不足等困难，使这条铁路比原计划提前两年建成，工程费结余白银 28 万两。詹天佑坚持在京张铁路采用 1 435 mm 的轨距，并建议作为全国的标准轨距，这是很有远见的。詹天佑还编定了“京张铁路标准图”和“行车、养路、机车、电报”等规则共 33 章，可谓我国最早的设计规范与管理规程。

辛亥革命后，我国的铁路工程师勘测设计了不少铁路，其中粤汉路株（洲）韶（关）段的选线和浙赣路钱塘江大桥的修建，誉满中外。

中华人民共和国成立以后，铁道部成立了专门的勘测设计总队，以后逐步发展为地区性和专业性的设计院。目前，我国拥有几万人的勘测设计队伍，使铁路勘测设计的理论和实践都有了长足的进步。

为了统一全路的设计标准，提高勘测设计质量，铁道部颁布并多次修订了铁路设计规范，编制了一系列指导勘测设计的基本文件，建立了各个设计阶段鉴定审批的工作程序。在有关规定中和勘测设计的实践中，铁道部门体现了总体设计思想，并制定了总体设计负责人和专业负责人的岗位责任制，强调勘测中要重视地质情况和水文条件，明确了设计铁路要根据国家运输要求，有的放矢地设计铁路能力。设计方案的选定，要经过技术经济比较。航空勘测、遥感技术和计算机辅助设计技术已在勘测设计中广泛采用，基于计算机及其辅助设备的铁路勘测设计一体化正在逐步实现，铁路勘测设计智能化技术正在抓紧研究。这些措施，有力地推动了设计质量的提高。

二、铁路选线设计的基本任务

铁路建设是一项牵涉面大、影响因素多、技术层次高的复杂的系统工程，是一项以线路为纽带，包括经济、行车、桥梁、隧道、轨道、路基、站场等有关专业或工程，以及站后通信信号、机车车辆、电力、给排水、房屋建筑、施工组织、概预算等多学科、多工种、多专业综合运行并联合开展工作的庞大的系统工程。所以，总体设计实质是针对一条铁路建设（新建或既有线改建）的系统规划设计。在这个系统规划指导下，铁路整个设计过程要达到协调最好、周期最短、成本最低，并得到最优的设计成果。总体设计负责人（或称项目总工程师）的工作，除了担负线路的定线插旗、确定线路技术标准和空间位置外，主要是制订全部设计计划，协调以线路、站场为主体的各专业关系，做好技术管理，提出作业的文件要求，按计划完成外业和内业工作，提高设计成果质量。

综合性的铁路选线设计即铁路总体设计，是一项关系到全局的总体性工作，其工作目标是提出质量可靠的设计文件，以保证铁路投资的经济效益。铁路设计是一项涉及面广、技术比较复杂的工作，必须按照规定的程序进行勘测，提供设计所需要的资料。

铁路设计所需要的资料包括经济资料（如设计线的客运量、货运量、地方运量与直通运量的比重、车站装卸量等）与技术资料（如铁路沿线的地形、地质、气象等）两类。经济资料与技术资料分别通过经济勘察（即经济调查）与技术勘测获得。

铁路选线设计的基本任务是：

（1）根据国家政治、经济、国防的需要，结合线路经过地区的自然条件、资源分布、工农业发展等情况，规划线路的基本走向，选定铁路的主要技术标准。

（2）根据沿线的地形、地质、水文等自然条件，村镇、交通、农田、水利设施等具体情况，设计线路的空间位置（平面、立面），并在保证行车安全的前提下，力争提高线路质量，降低工程造价，节约运营支出。

（3）与其他各专业共同研究，布置线路上各种建筑物，如车站、桥梁、隧道、涵洞、路基、挡墙等，并确定其类型或大小，使其总体上互相配合，全局上经济合理，为下一步单项设计提供依据。

铁路选线设计工作必须从国家的全局出发，统筹兼顾，正确处理铁路与工农业的关系、近期与远期的关系。要做好铁路建设与水利、公路、航运以及城乡建设的配合；要贯彻“以农业为基础”的方针，节约用地，少占良田，保证农业灌溉，方便农村交通，并结合工程改地造田。

铁路选线设计工作要坚持勤俭节约的原则，既要防止标准过高，又要照顾到将来的发展。要因地制宜，就地取材，力求节约人力、物力和财力。要加速实现铁路现代化，积极而慎重地采用新技术、新结构、新设备、新材料。

铁路选线设计必须讲究经济效益，既要考虑铁路的部门效益，又要考虑全局的社会效益，在拟订设计决策和评选原则方案时，更应着眼于社会效益。

在铁路选线设计中，设计人员要认真进行调查研究工作，切实做好经济调查和地形、地质、水文的勘测工作；要从大面积着手，由面到带，逐步接近，实事求是地评选比较方案，选定合理的线路位置。

三、铁路基本建设程序

1998 年铁道部制定的《铁路基本建设工程设计程序改革实施方案》和 2007 年 8 月发布的《铁路建设项目预可行性研究、可行性研究和设计文件编制办法》规定：铁路大中型建设项目应在决策阶段开展预可行性研究和可行性研究。在项目实施阶段开展初步设计和施工图设计。小型项目或工程简易的建设项目可适当简化，可不编制预可行性研究文件，设计可按一阶段设计，即施工图设计，文件深度应满足项目决策和工程实施的要求，同时加强铁路建成后的后评估工作。

1. 预可行性研究

预可行性研究文件是项目立项的依据，应按铁路建设的长远规划，充分利用国家和行业资料，经调查踏勘后编制。在预可行性研究中，要从宏观上论证项目的必要性，为项目建议书提供必要的基础资料。其内容和深度主要包括：系统研究建设项目在路网及交通运输中的意义和作用，论证项目的必要性；解决拟建规模、线路起讫点和线路走向方案（改建铁路则应针对其运能与运量不相适应的薄弱环节拟订改建初步方案，铁路枢纽则应结合总图规划拟订研究年度的建设方案）；提出主要技术标准、各项主要技术设备设计原则的初步意见和主要工作内容；对相关工程和外部协作条件作初步分析；提出建设时机及工期、主要工程数量、投资估算、资金筹措设想；初步进行经济评价；从宏观上分析对自然和社会环境的影响。

预可行性研究中，对影响线路走向方案选择的长距离、大面积地质条件极其复杂的地区，应开展遥感工作，编制遥感地质报告，对线路走向方案作出地质评价。

地形、地质特别复杂的地区，线路可能方案较多；范围较大的地区，应在预可行性研究中提出加深地质工作的具体意见，经审查后，在初测前安排加深地质工作，确定初测方案，指导后续地质工作。

2. 可行性研究

可行性研究是项目决策的依据，应根据批准的项目建议书，从技术可行性、经济合理性上进行全面深入的论证，采用初测资料编制。其内容和深度主要包括：解决线路方案、接轨点方案、建设规模、铁路主要技术标准和主要技术设备的设计原则（改建铁路则应解决改建方案、分期提高通过能力方案、增建二线的第二线位方案，以及重大施工过渡方案；铁路枢纽则应解决主要站段方案和规模、枢纽内线路方案及其铁路主要技术标准、重大施工过渡方案；铁路特大桥则应解决桥址方案，初步拟订桥式方案）；进一步落实各设计年度的客货运量，提出主要工程数量、主要设备概数、主要材料概数、用地及拆迁概数、建设工期、投资估算、资金筹措方案、外资使用方案、建设及经营管理体制的建议；深入进行财务评价和国民经济评价；阐明对环境与水土保持的影响和防治的初步方案，以及节约能源的措施。可行性研究的工程数量和投资估算要有较高的精度。

3. 初步设计

初步设计文件是项目建设的主要依据，应根据批准的可行性研究，采用定测资料编制。

其内容和深度主要包括：解决各项工程设计原则、设计方案和技术问题；提出工程数量、主要设备数量、主要材料数量、用地及拆迁数量、施工组织设计及总概算；确定环境保护和水土保持措施。初步设计文件经审查、修改、批准后，作为控制建设总规模和总概算的依据，应满足工程招标承包、设备采购、征用土地和进行施工准备的需要。初步设计概算（静态）与国家批复的投资估算（静态）差额不应大于10%。

4. 施工图设计

施工图文件是工程实施和验收的依据，应根据已审批的初步设计和补充定测资料编制。施工图为施工提供需要的图表和必要的设计说明,详细说明施工时应注意的具体事项和要求，并编制投资检算。

5. 工程施工和设备安装

建设单位根据设计文件，进行工程施工和设备安装。

6. 验交投产

建设完成后，建设单位应会同设计、施工和铁道部有关单位组织验收，验收合格后，铁路交管理局投入运营，基本建设阶段结束。

7. 后评估

在铁路运营若干年后，建设单位应会同有关部门对立项决策、设计决策、设计质量、施工质量、技术经济指标、投资和经济效益等进行后评估，以总结经验，提高决策水平。

四、总体设计负责制

铁路建设是国家基本建设的重要组成部分。按照设计程序，设计单位根据铁道部下达的任务，首先指派专人对建设项目进行调查研究，编制《预可行性研究报告》，作为铁道部编制建设项目计划任务书（或设计任务书）的基础资料。设计单位以下达的计划任务书为依据，任命总体设计负责人（简称“总体”）负责设计的总体性管理工作。同时，任命专册负责人（简称“专册”）。专册包括的专业有：① 经济与运量；② 行车组织；③ 地质；④ 线路、路基及轨道；⑤ 桥涵；⑥ 隧道；⑦ 站场；⑧ 机务设备；⑨ 车辆设备；⑩ 给水排水；⑪ 通信；⑫ 信号；⑬ 电力；⑭ 房屋建筑；⑮ 施工组织及概算。

总体设计负责人主要负责事项：编写《可行性研究报告》；进行勘测设计的准备工作，拟定必要的勘测设计阶段；对建设项目的主要技术标准、线路主要方案的比选、车站分布等技术问题直接负责，并对设计文件的总体性、完整性和统一性负责；施工阶段亲临现场领导现场设计组配合施工，直到完工交付运营为止。

专册负责人在勘测设计过程中，对专业设计方案、设计原则推荐的正确性、经济合理性以及专册文件的总体性、完整性和统一性负直接责任。

五、铁路设计中应遵循的规程与规范

《铁路线路设计规范》（简称《线规》）属于国家标准（现行标准为 GB 50090—2006）。《线规》是线路设计的依据，与本课程有密切关系，内容包括：总则、术语、符号、线路的平面和纵断面、车站分布、铁路与道路的交叉、正线轨道等。《线规》将随着铁路技术装备的更新和行车组织方式的改进，而不断地修订和完善。从事铁路选线设计工作的人员应掌握制定标准的理论基础，创造性地运用《线规》。

《高速铁路设计规范》用于指导时速大于等于 250 km 的新建高速铁路设计；《城际铁路设计规范》用于指导服务于相邻城市间或城市群，旅客列车设计时速 200 km 及以下的快速、便捷、高密度客运专线铁路的设计。由于我国高速铁路、城际铁路处于发展初期，相关设计规定和标准还需要经历实践的验证和修正。工程技术人员应按照“以人为本、服务运输、强本简末、系统优化、着眼发展”的铁路建设理念，结合工程具体情况，因地制宜，充分发挥主观能动性，积极采用安全、可靠、先进、成熟、经济、适用的新技术，不能照搬照套标准。

《铁路技术管理规程》（简称《技规》）是为铁路各部门和各工种安全、迅速、准确、协调地进行生产活动而制定的基本法规，所有铁路工作人员都必须严格遵守执行。铁路线路养护维修应符合《技规》的规定。

《铁路线路修理规则》（简称《修规》）是为指导铁路线路修理、保证线路质量、实现科学管理、确保铁路运输安全生产而制定的基本法规。

此外，设计人员在设计工作中还应遵守由中国铁路总公司（原铁道部）颁布的信号、桥涵、隧道、路基工程等设计规范，以及《列车牵引计算规程》（简称《牵规》）、《铁路车站及枢纽设计规范》（简称《站规》）等。

第一章　铁路能力与建设标准

第一节　铁路运量与设计年度

一、客货运量的意义

新建与改建铁路，设计前必须进行经济调查，以明确设计线的政治、国防和经济意义，确定设计线在铁路网中的地位和作用，并提供铁路总体设计和各种设施设计所需要的客货运量资料。客货运量的重要意义如下：

（1）客货运量是设计铁路能力的依据。客货运量是选定铁路主要技术标准的依据，而主要技术标准又决定着客货运输装备的能力，它不应小于调查或预测的客货运量，以满足国家要求的运输任务。

（2）客货运量是评价铁路经济效益的基础。客货运量决定铁路的运营收入、运输成本、投资偿还期等经济效益指标。客货运量大，则收入多、成本低、投资偿还期短。修建铁路要讲究经济效益，就应当十分重视客货运量的调查和预测。

（3）客货运量是影响线路方案取舍的重要因素。铁路选线设计应通过对不同线路方案的技术经济进行比较，选择出较好的方案。若运量大，则投资大的方案，因运营支出低于投资小的线路方案，故投资大的方案中选的可能性增加；若运量小，则投资大的方案中选的可能性降低。可见，客货运量大小是影响线路方案取舍的重要因素。

总之，客货运量在铁路设计中具有重要作用。若调查或预测的客货运量偏大，则铁路标准偏高，技术装备能力也偏高，投资较大的方案中选，增大投资。但铁路运营后，若实际运量偏小，则铁路能力闲置，投资浪费，而运营收入偏少，铁路投资效益必然降低。若调查或预测的运量偏小，虽初期投资省，但铁路运营后，能力会很快饱和，引起铁路过早改建，追加投资增大，也不经济合理。因此，铁路设计必须十分重视客货运量的调查和预测工作。

二、客货运量的调查和预测

设计线客货运量的确定，首先要划定设计线的吸引范围，然后在吸引范围内进行经济调查，以确定近期的客货运量，并根据吸引范围的建设规划和经济统计资料，预测远期的客货运量。

（一）划定吸引范围

设计线的吸引范围是设计线吸引客货运量的区域界限，设计线客货运量的调查和预测都是在吸引范围内进行的。吸引范围按运量性质划分为直通吸引范围和地方吸引范围两种。

1. 直通吸引范围

直通吸引范围是路网中客货运量通过本设计线运送有利的区域范围。因为铁路运价是按里程计算的，所以直通吸引范围可按等距离的原则划定吸引范围，即在直通吸引范围内的运量，通过设计线要比其他路径运程短。直通吸引范围需按上、下行分别勾画，如图 1-1 所示。

初步勾画出直通吸引范围后，需根据以下具体情况加以修正，如：充分利用铁路能力富余的线路，绕过限制区段；充分利用线路平纵断面条件较好的线路，以降低运输成本；考虑直通列车牵引定数划一，力争中途不换重；充分利用空车，减少排空运输等。

2. 地方吸引范围

地方吸引范围是在设计线经行地区内，客货运量要由设计线运送的有利区域范围。其运量包括运出、运入和在本线装卸的货物。

地方吸引范围可按运量由设计线运送运价最低（运距最短）的原则来确定。可先作设计线经济据点（城市、工矿区等）与邻接铁路经济据点的连线，再连接各连线的中点，即可粗略画出吸引范围，然后再考虑公路、水运的布局与运价情况，山脉、河流等自然条件及行政区划等具体情况加以修正。若某线吸引范围边界附近的经济据点，不能确定是否属于设计线吸引范围时，可根据货流方向计算不同径路的运价（包括公路、铁路运费与装卸费用），并考虑倒装次数、运送时间等利弊加以确定。图 1-2 中的虚线即为设计线 *AB* 的地方吸引范围示意图。

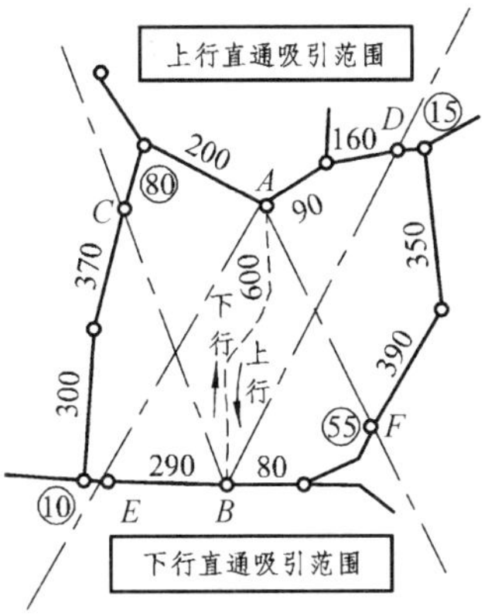

图 1-1　直通吸引范围

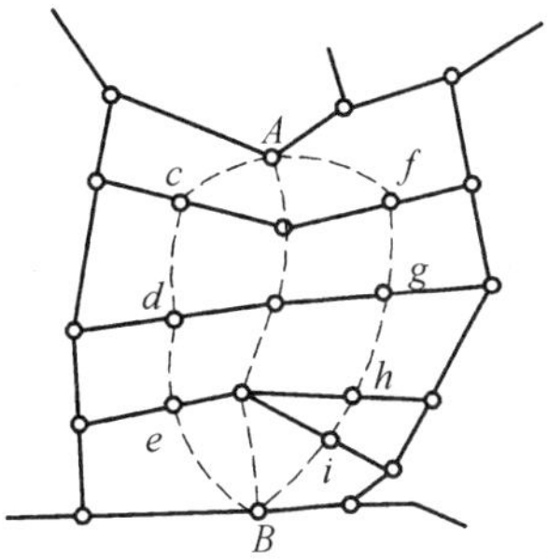

图 1-2　地方吸引范围图

（二）货运量的调查和预测

直通货运量可根据国家计划部门制订的地区间物资交流规划，分析直通吸引范围内的物资供求情况，分上、下行汇总得到。

地方货运量可按产销运平衡法，估算各运品的铁路运量。如粮食的运量，可根据播种面积乘平均亩产量得到，产量为口粮、饲料粮、种子粮、酿造业、食品加工用粮和储备粮之和，总运量为产量与销售量之差（正值为运出量，负值为运入量）。再从总运量中扣除公路、水运等其他运输方式承担的运量，即可得到铁路的粮食运量。将各运品的运量汇总，即可得到铁路上、下行的货运量。

设计线远期运量的预测尚缺乏成熟经验，一般多比照条件接近的既有铁路，用曲线拟合办法或多元回归等办法，结合设计线近期的调查运量来预测远期运量。

通过调查和预测，将直通货运量和地方货运量汇总，可绘出货流图，如图 1-3 所示。从货流图中可以看出各路段的货运品种、数量和流向，以及各大站的货物装卸量。

（三）客运量的调查和预测

直通客运量占客运总量的比重一般并不很大，可进行客流的典型调查，找出直通客流量和地方客流量的比值，根据地方客运量估算直通客运量。

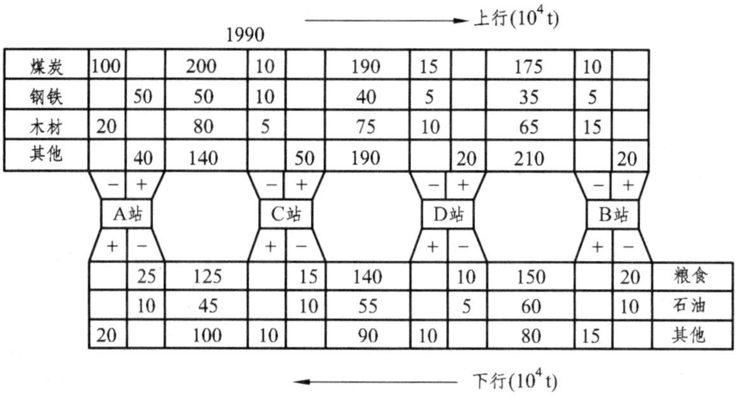

图 1-3 货流示意图

地方客运量与吸引范围内的人口总数、工矿企业职工人数比重、人均收入、内迁工厂多少、早期移民数量、旅游地多少等因素有关，可用乘车率（每人每年的平均乘车次数）或多元回归法预测。

将客流量汇总后，可按每列车定员估算旅客列车数；亦可比照和设计线条件相近的既有线，拟定设计线的旅客列车数。

三、铁路选线设计所需要的运输指标

（一）铁路运量

铁路运量包括货运量和客运量。

货运量 C 是设计线（或区段）一年内单方向需要运输的货物吨数，应按设计线（或区段）分上、下行，分别由下式计算

$$C=\sum C_i \quad (10^4\,\text{t/a}) \tag{1-1}$$

式中 C_i——某种货物的年货运量（10^4 t/a）。

客运量 A_{K} 是设计线（或区段）一年内单方向需要运输的旅客人数，应按设计线（或区段）分上、下行方向，采用客流量预测方法预测确定。对于城际客运专线，应分别按高峰季节客流量和平日客流量统计客运量资料。

（二）运输周转量

铁路运输周转量包括货物周转量和客运周转量，是衡量铁路运输生产能力的重要指标。

货物周转量 C_{HZ} 是设计线（或区段）一年内所完成的货运工作量，可由上、下行方向一年内各种货运量 C_i（10^4 t/a）与相应的运输距离 L_i（km）按下式计算

$$C_{\text{HZ}}=\sum_{\text{上行}}(C_i\times L_i)+\sum_{\text{下行}}(C_i\times L_i) \quad (10^4\,\text{t}\cdot\text{km/a}) \tag{1-2}$$

客运周转量 A_{KZ} 是设计线（或区段）计算时间内（一年或者一天）所完成的客运工作量，按年客运量计算时，可由一年内的客运量 $A_{\text{K}i}$（10^4 人/a）与相应的运输距离 L_i（km）的乘积来计算

$$A_{\text{KZ}}=\sum[(A_{\text{KS}}+A_{\text{KX}})\times L_i] \quad (10^4\,\text{人}\cdot\text{km/a}) \tag{1-3}$$

式中　A_{KS}，A_{KX}——上、下行各区段的年客运量（10^4 人）。

按每天旅客列车对数 N_K 计算，则有

$$A_{KZ} = 2\times 365\sum(N_K \times M_K \times \alpha_K L_i)/10^4 \quad (10^4\ 人\cdot km/a) \tag{1-4}$$

式中　N_K——各类旅客列车每天的对数；

M_K——各类旅客列车定员数（人）；

α_K——客座利用率，可取 0.85 ~ 0.90；

L_i——各类旅客列车在规划线上的运行距离（km）。

（三）货运密度

货运密度 C_M 是设计线（或区段）每 km 的平均货物周转量

$$C_M = \frac{C_{HZ}}{L} \quad [10^4\ t\cdot km/(km\cdot a)] \tag{1-5a}$$

式中　C_{HZ}——设计线或各区段的货物周转量（10^4 t · km/a）；

L——设计线（或区段）的长度（km）。

（四）客运密度

客运密度 A_M 是设计线（或区段）每 km 的平均旅客周转量

$$A_M = \frac{A_{KZ}}{L} \quad [10^4\ 人\cdot km/(km\cdot a)] \tag{1-5b}$$

（五）货流比

设计线上、下行方向的货运量不均衡时，应区分为轻车方向和重车方向。货流比 λ_{QZ} 是轻车方向货运量 C_Q 与重车方向货运量 C_Z 的比值，即

$$\lambda_{QZ} = \frac{C_Q}{C_Z} \tag{1-6}$$

（六）货运波动系数

由于生产和消费的季节性等原因，设计线的货运量在一年内各月份并不相等。一年内最大的月货运量和全年月平均货运量的比值称为货运波动系数，以 β 表示。设计线必须完成运量最大月份的运输任务，所以在计算铁路能力时，应考虑货运波动系数的影响

$$\beta = \frac{一年内最大的月货运量}{全年月平均货运量} \tag{1-7}$$

（七）客流波动系数

由于节假日等原因，设计线的客流量在一年内各月份或一月内的各天并不相等，旅游旺季和淡季的客流有时会有较大差别,通常以月间客流波动系数来衡量设计线客流的波动情况。高峰日最大客流量与平日平均客流量的比值称为月客流波动系数，以β_K 表示。对于高速铁路、城际客运专线必须完成高峰日的客运任务，所以在计算铁路客运能力时，应考虑月客运波动系数的影响。

$$\beta_K = \frac{高峰日最大客流量}{平日平均客流量} \tag{1-8}$$

若以平日客流为设计依据，则客运波动系数β_K为 1.0。

（八）铁路列车种类

铁路列车种类主要取决于牵引种类、机车车辆（动车组）类型、线路建设与养护水平、运输系统和系统效益等。

铁路列车分为普通货物列车、零担列车、摘挂列车、快运货物列车和旅客列车。

零担列车是运送地方零散货物的列车，在中间站办理零担货物的装卸，一般运行于一个区段内。

摘挂列车是运送地方整车货物的列车，在中间站办理货车甩挂和到货场取送车作业，一般运行于一个区段内。

快运货物列车是运送鲜活或易腐货物的列车。为缩短旅途时间，这种列车很少停站，其他普通货物列车要停站待避，使其不停车通过。

旅客列车是运送旅客的列车。旅客列车按运行要求、运输组织模式、旅行速度和编组情况的不同，可分为特别旅客快车、直通旅客快车、直达旅客快车、普通旅客列车和市郊列车等。

这些列车的对数，应根据经济调查资料分析确定。

四、设计年度

设计线交付运营后，客货运量是随着国民经济的发展逐年增长的，设计线的能力必须与之适应。铁路设计年度是指铁路设计线交付运营后，设计线的能力与之相适应的年度。上述运量参数，也需分设计年度提供。一般分为近、远两期：近期为铁路交付运营后第十年；远期为铁路交付运营后第二十年；必要时，也可增加初期，初期为交付运营后第五年。各期运量均采用预测运量，应通过经济调查确定。

铁路设施的设计标准应使铁路设施的能力与运量增长相适应，既能满足日益增长的运输要求，又可节约铁路建设的初期投资。铁路基础设施及不易改、扩建的建筑物和设备，应按远期运量和运输性质设计，并适应长远发展的要求；对于易改、扩建的建筑物和设备，可按近期运量和运输性质设计，并预留远期发展的条件。

随运输需求变化增减的机车、车辆等运营设备，可按交付运营后第 3 年或第 5 年的运量进行设计。

动车组的配置数量及变压器的安装容量等随运输需求变化而增减的运营设备，可按交付运营后第 5 年运量进行设计。

第二节　铁路区间通过能力

铁路通过能力是指该铁路线在一定的机车车辆类型和一定的行车组织方法的条件下，根据其现有固定设备，在单位时间内（通常指一昼夜）最多能够通过的列车对数或列车数。通过能力也可以用车辆数或货物吨数来表示，客运专线通过能力还可以用旅客人数来表示。

铁路通过能力的大小，主要受区间内的正线数目、区间长度、线路平纵断面、机车类型、信号、连锁、闭塞设备、线路及供电设施日常保养维修的机械设备以及行车组织方法等因素影响。铁路能实现的通过能力，取决于上述设备中最薄弱环节限制的通过能力。设计铁路时，一般根据区间通过能力来设计其他各种设备的能力，使之相互协调，且不小于区间通过能力。

一、列车运行图

列车运行图是用以表示列车在铁路的区间运行及在车站到发或通过时刻的技术文件，它规定各车次列车占用铁路区间的程序、列车在每个车站的到达和出发（或通过）时刻、列车在铁路区间的运行时间、列车在车站的停站时间等，它是组织铁路各部门共同完成国家运输任务的基础。列车运行图是运用坐标原理对列车运行时间、空间关系的图解表示，是对列车运行时空过程的图解，如图 1-4 所示。在列车运行图上，横轴表示时间，每 10 min 画一竖线；纵轴表示距离，每一分界点中心画一横线。两分界点间的斜线为列车在该区间的运行线，斜率越陡，说明列车走行速度越高，走行时分越短。斜线与相邻两横线的交点分别表示列车出发、通过和到达时间；斜线与相邻两横线交点间的时段，表示列车在该区间的走行时分。例如，图 1-4 中的 1248 次列车通过 C 站的时间是 0 时 06 分，到达 B 站的时间是 0 时 20 分，其间走行时分为 14 min。运行图上还显示出列车在站停留时间，例如 1248 次列车在 B 站从 0 时 20 分到达至 0 时 27 分发车，共停站 7 min。

运行图中的列车编号：离北京渐远方向的列车编号为单数，称为下行列车；向北京渐近方向的列车编号为偶数，称为上行列车。

铁路运营采用的是非平行运行图（见图 1-4）。因为在铁路上开行的旅客列车、直通货物列车、摘挂列车和零担列车的速度各不相同，所以在运行图上各种列车在同一区间的运行线互不平行。非平行运行图只在实际运营中使用。

铁路设计采用的是平行成对运行图（见图 1-5）。这种运行图假定在线路上运行的都是直通列车，往返成对且同一区间同一方向的列车运行速度相同，故其运行线相互平行。采用平行成对运行图，便于直接计算通过能力。

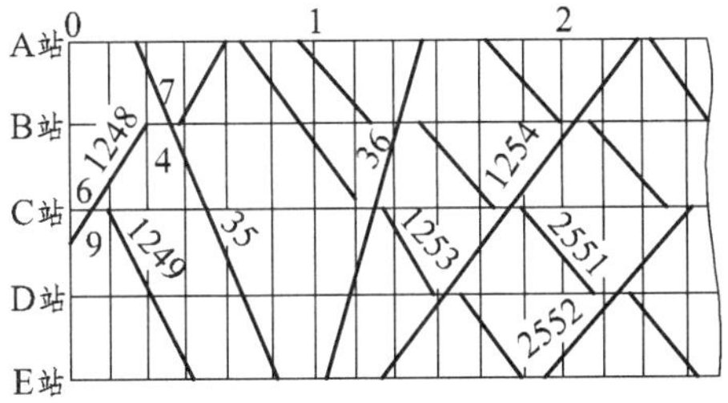

图 1-4　单线非平行运行图

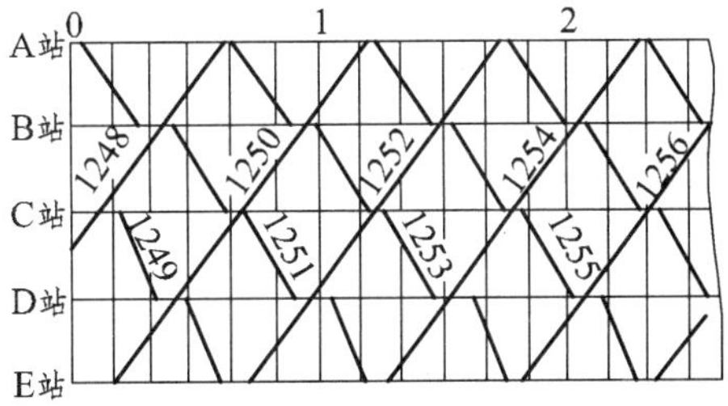

图 1-5　单线平行成对运行图

平行成对运行图是研究各种类型运行图性质和规律性的基础。计算区间通过能力时，一般是首先计算平行运行图的区间通过能力，然后，在平行运行图区间通过能力的基础上，再根据其他各种列车规定的开行数量和相应的扣除系数计算非平行运行图的区间通过能力。

二、列车运行速度

铁路选线设计中所涉及的列车运行速度有下列几种：

1. 设计速度

铁路设计速度是根据运输需求、铁路等级、正线数目、地形条件、机车类型、线路平纵断面条件所确定的旅客列车最高行车速度。它是确定设计线各种与客车速度有关的建筑物和设备标准的基本参数。设计线各路段中的旅客列车设计速度（简称路段设计速度或路段速度）的最大值定为设计线的设计速度，以 V_{max}（km/h）表示。

2. 走行速度 V_Z

它是指普通货物（或旅客）列车在区段内运行时，按所有中间车站不停车通过所计算的区段平均速度，可由牵引计算得到。

3. 技术速度 V_{JS}

它是指普通货物（或旅客）列车在区段内运行时，计入中间车站停车的起停附加时分所计算的区段平均速度，也可由牵引计算得到。

4. 旅行（区段）速度 V_L

它是指普通货物（或旅客）列车在区段内运行时，计入中间车站停车的起停附加时分和中间车站停车时分所计算的区段平均速度。旅行速度在选线设计中用途广泛。运营部门可根据绘出的非平行运行图，用区段内普通货物（或旅客）列车的旅行时分推算，设计部门则用旅速系数推算。

旅速系数 β_L 是旅行速度 V_L 和走行速度 V_Z 的比值，故 $V_L = \beta_L \cdot V_Z$。在选线设计时，β_L 可采用如下经验数据：单线铁路，内燃与电力牵引均取 0.70；双线铁路，内燃与电力牵引分别取 0.80 和 0.85。

三、区间通过能力

区间通过能力按平行列车运行图计算。

（一）平行运行图周期

在平行运行图上，同一区间内同方向列车的运行速度相同，并且上下行方向列车在同一车站上都采取相同的交会方式，因而同方向列车的运行线相互平行。从这种平行图上可以看出，任何一个区间内的列车运行线，总是以同样的铺画方式周期性地一组一组地反复排列着。这组列车占用区间的总时间，称为该种运行图的周期，以 T_Z 表示，如图 1-6 所示。

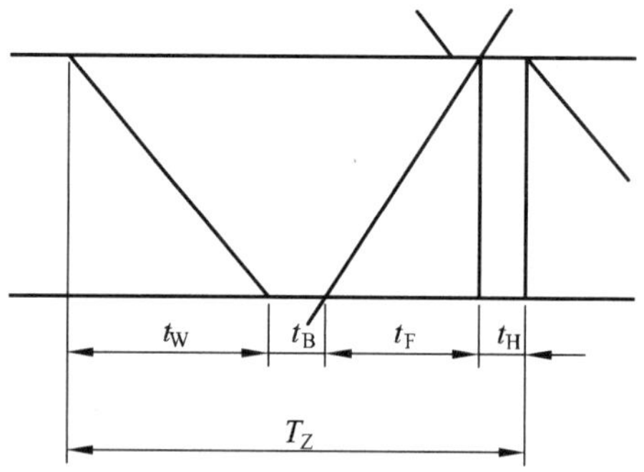

图 1-6　平行成对运行图周期

全线（或区段）的各个站间，其站间距离、行车速度各不相同，车站间隔时分也不相同，故一对直通普通列车在各站间的运行图周期也互有差异，各站间的通过能力也有大有小。运行图周期值最大的站间，通过能力最小，全线（或区段）的通过能力要受到它的控制，称为控制站间。全线（或区段）的通过能力，应按控制站间的运行图周期计算。

（二）单线平行成对运行图通过能力

单线铁路通过能力按平行成对运行图考虑时，用一对普通货物列车占用区间的总时分（称运行图周期 T_Z）来计算，如图 1-6 所示。它包括一对列车在区间的往、返走行时分 t_W、t_F，以及两

端车站接发列车的车站作业间隔时分 t_B、t_H。单线平行成对运行图的通过能力 N 可用下式计算

$$N=\frac{1\,440-T_T}{T_Z}=\frac{1\,440-T_T}{t_W+t_F+t_B+t_H}\ （对/d） \tag{1-9}$$

式中 1 440 —— 每一昼夜的分钟数；

T_T —— 日均综合维修“天窗”时间（min）：电力牵引取 90 min，内燃牵引取 60 min；

t_W，t_F —— 站（区）间往、返走行时分（min），与站间距离、平纵断面情况、牵引质量以及机车类型和制动条件等因素有关，可通过牵引计算获得；

t_B —— 对向列车不同时到达的间隔时分（min），即一列车到达车站中心起到对向列车到达或通过车站中心的最小间隔时分；

t_H —— 车站会车间隔时分（min），即一列车到达或通过车站中心起到该车站向原区间发出另一列车时的最小间隔时分。

t_B 和 t_H 与车站信联闭类型、股道数目和作业性质等因素有关，选线设计时，可采用表 1-1 中的数据。

表 1-1　车站作业间隔时分（min）

闭塞方式	t_B	t_H
电气路签（牌）	5 ~ 6	3 ~ 4
半自动闭塞	4 ~ 6	2 ~ 3
自动闭塞	3 ~ 5	1 ~ 2
自动闭塞与调度集中	3 ~ 5	0.5 ~ 1.0

（三）双线平行运行图通过能力

双线铁路通过能力按平行运行图考虑，因上、下行的列车分线单向运行，所以通过能力应分方向计算，单位：列/d。

1. 半自动闭塞

采用半自动闭塞时，同向列车可连发运行，如图 1-7（a）所示，通过能力 N 为

$$N=\frac{1\,440-T_T}{T_Z}=\frac{1\,440-T_T}{t+t_L}\ （列/d） \tag{1-10}$$

式中 T_T —— 日均综合维修“天窗”时间（min）：电力牵引取 120 min，内燃牵引取 70 min。

t —— 普通货物列车站间单方向走行时分（min）。

t_L —— 同向列车连发间隔时分（min）：若前后两列车都通过前方邻接车站，则 $t_L=4\sim6$ min；若前一列车通过，后一列车停站，则 $t_L=2\sim3$ min。

2. 自动闭塞

采用自动闭塞时，同向列车可追踪运行，如图 1-7（b）所示，通过能力 N 为

$$N=\frac{1\,440-T_T}{T_Z}=\frac{1\,440-T_T}{I}\ （列/d） \tag{1-11}$$

式中 I —— 同向列车追踪间隔时分，其数值根据运营条件决定，一般采用 $I=8\sim10$ min。

T_T —— 意义及取值同公式（1-10）。

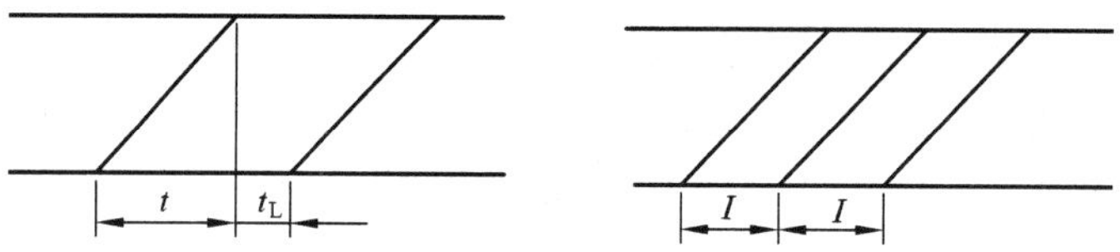

（a）连发　　（b）追踪

图 1-7　双线平行运行图

第三节　铁路输送能力

铁路输送能力是铁路单方向每年能运送的货物吨数。设计线各设计年度的输送能力不应小于经济调查得到的相应年度的货运量。

输送能力 C 可用下式计算

$$C=\frac{365N_{\mathrm{H}}\times G_{\mathrm{j}}}{10^6\beta}\ (\mathrm{Mt/a}) \tag{1-12}$$

式中　G_{j}——普通货物列车净载（t）；

β——货运波动系数，由经济调查确定，通常取 1.15；

N_{H}——折算的普通货物列车对数（对/d），按公式（1-13）计算。

快运货物列车、零担列车、摘挂列车的牵引吨数通常较普通货物列车小，需要将这些列车的对数按装载的货物质量折算为普通货物列车对数。折算的普通货物列车对数 N_{H} 为

$$N_{\mathrm{H}}=N_{\mathrm{PT}}+N_{\mathrm{KH}}\times\mu_{\mathrm{KH}}+N_{\mathrm{L}}\times\mu_{\mathrm{L}}+N_{\mathrm{Z}}\times\mu_{\mathrm{Z}}\ (对/\mathrm{d}) \tag{1-13}$$

式中　N_{PT}，N_{KH}，N_{L}，N_{Z}——普通货物、快运货物、零担、摘挂列车对数（对/d）；

μ_{KH}，μ_{L}，μ_{Z}——快运货物、零担、摘挂列车的货物质量与普通货物列车的货物质量的比值，称为满轴系数，其值可根据设计线的具体情况拟定，一般取 $\mu_{\mathrm{KH}}=0.75$，$\mu_{\mathrm{L}}=0.5$，$\mu_{\mathrm{Z}}=0.75$。

每天可能通过的普通货物列车对数 N_{PT}，应在站间通过能力 N 的基础上考虑一定的通过能力储备量，再扣除旅客列车、快运货物列车、零担和摘挂列车占用的通过能力。

当设计线或区段内没有直达旅客列车通过时，普通货物列车对数可用下式求得

$$N_{\mathrm{PT}}=\frac{N}{1+\alpha}-(N_{\mathrm{K}}\times\varepsilon_{\mathrm{K}}+N_{\mathrm{KH}}\times\varepsilon_{\mathrm{KH}}+N_{\mathrm{L}}\times\varepsilon_{\mathrm{L}}+N_{\mathrm{Z}}\times\varepsilon_{\mathrm{Z}})\ (对/\mathrm{d}) \tag{1-14a}$$

当设计线或区段内有直达旅客列车通过，且直达旅客列车数为 N_{KZD} 时，普通货物列车对数可用下式求得

$$N_{\mathrm{PT}}=\frac{N}{1+\alpha}-(N_{\mathrm{K}}\times\varepsilon_{\mathrm{K}}+N_{\mathrm{KH}}\times\varepsilon_{\mathrm{KH}}+N_{\mathrm{L}}\times\varepsilon_{\mathrm{L}}+N_{\mathrm{Z}}\times\varepsilon_{\mathrm{Z}})-N_{\mathrm{KZD}}\varepsilon_{\mathrm{KZD}}\ (对/\mathrm{d}) \tag{1-14b}$$

若直达旅客列车的扣除系数 $\varepsilon_{\mathrm{KZD}}$ 取 1，则普通货物列车对数可用下式求得

$$N_{\mathrm{PT}}=\frac{N}{1+\alpha}-(N_{\mathrm{K}}\times\varepsilon_{\mathrm{K}}+N_{\mathrm{KH}}\times\varepsilon_{\mathrm{KH}}+N_{\mathrm{L}}\times\varepsilon_{\mathrm{L}}+N_{\mathrm{Z}}\times\varepsilon_{\mathrm{Z}})-N_{\mathrm{KZD}}\ (对/\mathrm{d}) \tag{1-14c}$$

式中　N——通过能力（对/d）。

α——通过能力储备系数；其作用为：保证国民经济各部门及军列的特殊运输需要；保证列车晚点和车站堵塞时及时调整运行图，恢复正常运行秩序；保证线路经常维修与大修工作不干扰列车正常运行的需要。其数值：单线$\alpha=0.20$，双线 $\alpha=0.15$。

N_K，N_{KZD}，N_{KH}，N_L，N_Z——旅客、直达旅客、快货、零担、摘挂列车对数（对/d）。

$_{K}$，$_{KZD}$，$_{KH}$，$_{L}$，$_{Z}$——旅客、直达旅客、快货、零担、摘挂列车的扣除系数。

扣除系数是开行 1 对（或 1 列）旅客、快货、零担、摘挂列车，在平行运行图上占用的时间与 1 对（或 1 列）普通货物列车占用时间的比值。因旅客列车与快运货物列车速度较快，且停站次数少，普通货物列车要停站待避其越行或交会；而零担和摘挂列车停站次数多、停站时间长，故扣除系数值均大于 1。其值主要取决于正线数目和闭塞方式，也与各种列车的数量、运行图铺画方式、各种列车的速度差及区间不均等程度等因素有关，一般采用表 1-2 所列数值。

将式（1-14a）代入式（1-13）得

$$N_H=\frac{N}{1+\alpha}-\left[N_K\times\varepsilon_K+(\varepsilon_{KH}-\mu_{KH})N_{KH}+(\varepsilon_L-\mu_L)N_L+(\varepsilon_Z-\mu_Z)N_Z\right]\text{（对/d）}\quad(1\text{-}15)$$

表 1-2（a）　扣　除　系　数（min）

正线数目	闭塞方式	旅客列车	快货列车	零担列车	摘挂列车	附　注
单　线	自　动	1.0	1.0	1.5～2.0	1.3～1.5	
	半自动	1.1～1.3	1.2	1.5～2.0	1.3～1.5	3 对以上取 1.3
双　线	自　动	见表 1-2（b）	2.0～2.3	3.0～4.5	2.5～3.0	N_Z>3 时，取相应的低限值
	半自动	1.3～1.5	1.4	2.0～3.0	1.5～2.0	

注：其他闭塞方法，可参照半自动闭塞的扣除系数。

表 1-2（b）　三显示自动闭塞区段旅客列车扣除系数（min）

N_K（列）	I（min）						
	6	7	8	9	10	11	12
5～10			2.3～2.4	2.15～2.3	2.05～2.2	1.95～2.1	1.9～2.0
11～20			2.3～2.35	2.15～2.2	2.05～2.1	1.92～2.0	1.8～1.9
21～30		2.4～2.45	2.2～2.25	2.05～2.1	1.95～2.0	1.85～1.9	1.7～1.8
31～40	2.5～2.55	2.3～2.35	2.1～2.15	1.95～2.0	1.85～1.9	1.75～1.8	1.6～1.7
41～50	2.4～2.45	2.2～2.25	2.0～2.05	1.85～1.9			
51～60	2.3～2.35	2.1～2.15	1.9～1.95				
>61	用图解法确定						

注：四显示双线自动闭塞区段，用图解法并参照本表取值确定。

第四节　高速铁路运输能力

一、高速铁路通过能力

高速铁路的通过能力主要受运输模式、运行速度、列车种类、停站次数及时间、运行图铺画方式、站间距离、天窗设置等因素的影响。

高速铁路通过能力可采用扣除系数法计算。扣除系数法是沿袭传统的非平行运行图通过能力计算法，以一种列车占用能力为标准，确定其他列车与该标准列车在能力占用中的当量关系，从而将不同列车的能力占用归一化为标准列车的数量，确定出通过能力的理论计算值。

在各客流区段中可能存在两种不同的列车扣除系数：在高速列车之间，办理停站作业的高速列车由于额外占用列车运行图，从而产生高速列车扣除系数ε_G；在高速列车与中速列车之间，由于旅行速度不同而产生中速列车扣除系数ε_{ZK}。

高速铁路的线路通过能力按客运区段计算，并以最高速度等级的列车对（列）数表示，可按下列方法估算：第一步，估算平行运行图通过能力；第二步，估算全部为高速旅客列车的非平行运行图通过能力；第三步，估算高、中速旅客列车混合运行的非平行运行图通过能力。

1. 高速铁路平行运行图区间通过能力估算

$$N=\frac{1440-T_T}{I}-\frac{60\times S}{V\times I}=\frac{1}{I}\left(1440-T_T-\frac{60\times S}{V}\right)$$

或

$$N=\frac{1440-T_T-T_W}{I} \tag{1-16}$$

式中　N——平行运行图通过能力（对/d 或列/d）；

T_T——综合维修天窗时间（min），取 240 ~ 360 min；

I——追踪列车间隔时间（min）；

S——客运区段长度，如天窗开设长度小于客运区段，则为天窗开设长度（km）；

V——列车运行速度（km/h）；

T_W——列车运行图无效时间（min），包括非客运时段、三角区时段等。

客运区段是指有大量始发终到列车或跨线旅客列车产生的两节点间构成的铁路区段。

2. 全高速旅客列车非平行运行图区间通过能力估算

由于高速旅客列车在区段内有停站与不停站等不同情况，因此，停站（包括不同的停站次数）与不停站高速旅客列车旅行速度之差将产生高速旅客列车本身的扣除系数。

全高速列车的区间通过能力按下式估算

$$N_G=\frac{1}{I\varepsilon_G}\left(1440-T_T-\frac{60\times S}{V}\right)\text{或}N_G=\frac{N}{\varepsilon_G}=\frac{1\,440-T_T-T_W}{I\varepsilon_G}\quad\text{（对/d 或 列/d）} \tag{1-17}$$

全高速列车的小时区间最大通过能力为

$$N_G^h = \frac{60}{I\varepsilon'_G}\text{（对/h 或 列/h）} \tag{1-18}$$

全高速列车的区间使用能力为

$$N_G^u = N_G K_S\text{（对/d 或 列/d）} \tag{1-19}$$

式中 N_G——全高速列车的区间最大通过能力（对/d 或列/d）；

ε_G——高速列车扣除系数，一般取 1.4 ~ 1.6；

ε'_G——计算时间内高速列车扣除系数，ε'_G=1 ~ ε_G；

K_S——区间通过能力使用系数，一般取 0.9。

3. 不同速度等级列车混合运行的非平行运行图区间通过能力估算

对于采用“高、中速列车共线运行”运输组织模式的高速铁路，其通过能力可按下式计算

$$N_m = N_{G1} + N_{ZK} = N_G - N_{ZK} \times \varepsilon_{ZK} + N_{ZK} = \frac{1\,440 - T_T - T_W}{I\varepsilon_J} \tag{1-20}$$

式中 N_m——不同速度等级列车混运条件下区间最大通过能力，等于高速列车数和中速列车数之和（对/d 或列/d）；

N_{ZK}——指定铺画的中速列车数（对/d 或列/d）；

ε_{ZK}——中速列车扣除系数；

N_{G1}——在铺画指定数量的中速列车的条件下，最多能铺画的高速列车数（对/d 或列/d）；

ε_J——高、中速列车的平均扣除系数，$\varepsilon_J=\varepsilon_{ZK}\times\gamma_Z+\varepsilon_G\times(1-\gamma_Z)$，可按表 1-3 取值；

γ_Z——列车运行图中的中速列车比重；

其余符号意义同前。

表 1-3　中速列车不同比例条件下的 ε_{ZK} 和 ε_J

γ_Z		0.00	0.10	0.20	0.30	0.40	0.50	0.60
ε_{ZK}	$r_Z=0$		4.57	3.89	3.28	2.98	2.79	2.47
	$r_Z=0.2$		4.90	3.80	3.47	3.18	3.02	2.62
ε_J		1.40	1.75	1.88	2.02	2.11	2.21	2.13

注：表中 r_Z 为高速列车在途中站的停站比。

$$N_m^u = N_G^u - N_{ZK}\varepsilon_{ZK} + N_{ZK} = N_G K_S - N_{ZK}\varepsilon_{ZK} + N_{ZK} \tag{1-21}$$

式中 N_m^u——不同速度等级列车混运的区间使用能力（对/d 或列/d）。

二、高速铁路客运能力（线路输送能力）

高速铁路客运能力是指在一定技术设备和行车组织条件下，高速铁路一年能够运送的旅客人数。

一列旅客列车的年运量 A_L 为

$$A_L = \frac{365 \times \alpha_L \times \varphi_Z}{10^4 \beta_K}\text{（万人/a）} \tag{1-22}$$

式中 β_K——月间客流波动系数。

α_L——列车平均定员（人/列），对于 200 km/h、300 km/h 及以上级别列车的定员，长编组可按 1 200 人考虑，短编组可按 600 人考虑。

φ_Z——列车平均载客率，即客座利用率：300 km/h 及以上级列车的载客率，一般取 0.8 ~ 0.85，高峰时段可取 0.95；200 km/h 及以上列车的载客率，按长编组列车定员计算。

根据不同种类旅客列车的年输送能力，可求得全年客运总能力 A_N。

（1）全高速列车运行的线路输送能力：

$$A_N = N_G \times K_S \times A_L^G \text{（万人/a）}$$

式中 N_G——高速列车的区间最大通过能力（对或列）；

K_S——区间通过能力使用系数，一般取 0.9；

A_L^G——一列高速列车的年输送能力。

（2）不同速度等级列车混运的线路输送能力：

$$A_N = N_{G1}A_L^G + N_{ZK}A_L^Z + N_{PK}A_L^P \text{（万人/a）} \tag{1-23}$$

式中 N_{G1}，N_{ZK}，N_{PK}——不同速度等级列车混运条件下高速、中速和普通列车的使用能力（对或列）；

A_L^Z，A_L^P——一列中速和普通列车的年输送能力。

三、高速铁路通过能力的利用

高速铁路通过能力的利用与常规铁路有较大不同，主要表现在以下几个方面：

（1）旅客出行的规律特征，往往形成客流高峰、平峰及低谷的不同时段，造成高速铁路昼夜能力利用的不均衡性进一步扩大，这与常规铁路力求组织均衡运输，充分利用区间通过能力的运营要求有较大不同。

（2）理论上，高速铁路运行图可以铺画较多的列车运行线，而实际上，各条运行线由于所处的实际时段不同，所能吸引并完成的旅客输送量也大不相同。

（3）与常规铁路相比，高速铁路整体形成的实际输送能力与理论计算能力之间的差距较大。为完成同样的旅客运输量，高速铁路通常需要更大的后备能力。

（4）由于高速铁路有长、短线能力之分，在运程较大的客流区段，特别是高、中速列车共线运行的区段，往往出现长线能力相对不足与短线能力相对富余并存的现象，长线能力可以分段使用，转化为短线能力，而短线能力却不能组合为长线能力。

第五节　铁路等级与主要技术标准

一、铁路等级

铁路等级是根据铁路线在铁路网中的作用、性质和远期客货运量，以及最大轴重和列车速度等条件，对铁路划定的级别。

铁路等级是铁路的基本标准，也是确定铁路技术标准和设备类型的依据。设计铁路时需先确定铁路等级，然后选定其他主要技术标准和各种运输装备的类型。

铁路等级划分可根据单项指标和多项指标进行。这些指标包括：铁路自身的技术特征和参数，设计线在铁路网中的地位和意义，以及设计线担负的客货运量等。

（一）铁路等级划分的意义

我国疆域辽阔，地形复杂，人口、资源分布很不平衡，工农业生产布局也不均衡，各地区经济、文化发展水平差异甚大，因此经行不同地区的铁路的经济、文化和国防意义及其在路网中的地位和作用不同，运量也各异，所担负的运输任务、安全与旅客舒适度要求也不同。划分铁路等级的重要性在于体现国家对各级铁路的运营质量和运行安全等的不同要求，有区别地规划不同铁路的运输能力，经济合理地制定相应的技术标准和设备类型，使国家资金得到合理的利用。铁路等级高，要求设计标准高、输送能力大、运营质量好、安全舒适性强，同时铁路的造价也高。因此，铁路等级划分具有重大经济意义。

（二）划分铁路等级的依据

划分铁路等级的依据世界各国略有不同，但基本上依据机车车辆的轴重、列车运行最高速度、设计线建成后所要担负的客货运输量、线路意义等来划分铁路等级。

1. 机车车辆轴重

轴重的大小是世界各国普遍重视的问题。轴重是确定设计荷载标准的主要依据。机车轴重影响机车的功率，车辆轴重影响列车每延米重，且桥梁荷载和轨道类型等也受轴重控制。

目前，我国普通铁路机车车辆轴重一般为 21 ~ 23 t，25 t、28t、30t 等轴重的大型低动力货车仅在大秦线等煤运专线投入运营。我国铁路除个别重载运煤专线是固定车底外，在绝大多数客货列车共线运行铁路上，机车在一定的交路内运转，而货车则全路通用。轴重大小对各级铁路的影响是相同的，故按轴重划分铁路等级意义不大。我国目前运行于提速线路和客运专线铁路上的动车组，轴重一般为 14 ~ 16 t，变化不大，一般客运专线不以轴重作为划分铁路等级的依据。

2. 列车运行的最高速度

铁路线上列车运行最高速度影响着旅客及货物的在途时间，是铁路运输质量的重要标志之一，关系到铁路的运输能力和机车车辆运用等一系列运营指标，也关系到工程投资、机车车辆购置费、客货在途损失、列车能时消耗、运输成本、投资效益等一系列经济指标。行车速度受机车功率，机车车辆构造，线路平、纵断面与轨道标准，通信信号设备水平，运输调度，行车组织等一系列因素的制约，也对这些设备标准产生一定影响。最高行车速度是确定线路平面最小曲线半径、缓和曲线长度、夹直线和圆曲线最小长度以及竖曲线半径等标准的主要技术参数，也是确定轨道类型的主要依据之一。随着社会主义市场经济的发展、人民物质文化生活水平的提高、时间价值观念的增强，人们对提高列车速度、节约旅行时间的要求日益强烈。同时，铁路面对其他运输方式的激烈竞争，提高行车速度也是谋求自身发展的需要。近 10 多年来，我国铁路技术装备水平和机车车辆技术的进步也为提高行车速度提供了物质基础。1994 年，广深准高速铁路开通运营；1996 年以来，全国主要干线经过多次提速后，相继开行快速列车，运营最高速度为 140 ~ 200 km/h。随着秦沈客运专线的建成和京津城际铁路开通运营，通过工程实践，我国已掌握了修建 200 ~ 350 km/h 高速铁路的线路、桥涵、路基、轨道等配套技术。根据铁道部制定的规划，到 2020 年建成总规模为 30 000 km 的快速客运网，客货共线铁路的旅客列车最高时速为 160 ~ 200 km。为适应在 2020 年前我国全面建设小康社会的要求，铁路把“扩大路网规模，完善路网结构，提高路网质量”作为今后发展的主攻方向。

提高铁路运输质量是铁路发展的主要宗旨。以货运为主的铁路，提高铁路运输质量的含义主要是提高其货运通过能力；以客运为主的铁路，提高铁路运输质量的含义主要是提高其旅客列车行车速度；对于客货列车共线运行的铁路，提高铁路运输的质量，既要提高货运通过能力，同时又要兼顾提高旅客列车行车速度。因此，无论是何种运输模式的铁路，旅客列车设计行车速度均是铁路等级划分的主要影响因素之一。

英国、日本等铁路发达国家把列车运行最高速度作为划分铁路等级的主要指标之一。德国、法国、日本等高速铁路发达国家以速度作为高速铁路等级划分的主要指标之一，将速度大于 200 km/h 的铁路定级为高速铁路。近年来，我国逐渐把速度作为划分铁路等级的主要指标之一。

3. 年客货运量

年客货运量是世界各国划分铁路等级的主要依据之一。修建铁路的主要目的首先是满足运输要求，更好地为运输服务。而且，列车-线路相互作用力的大小、位移、变形乃至设备的寿命主要取决于年客货运量。年客货运量是设计铁路能力的主要依据，对设计线的工程投资、运输成本和运输收入有很大影响。因此，在保证同样使用寿命的条件下，大运量就要采用高标准的技术装备。

4. 线路意义及路网作用

铁路在内陆运输中占有重要位置，为了发展经济，在部分待开发、客货运量不很大的地区修建一定等级的铁路必将带动本地经济的快速发展，诱发社会客货运量的持续增长，进而提高铁路运输的经济效益。因此，应将线路意义和路网作用也作为划分铁路等级的一项重要因素。按修建铁路的作用和意义划分铁路等级必然与国家对全国各地区经济发展的规划相联系。一般来讲，在路网中起骨干作用的铁路，对于联通国家大经济区（包括连接和跨越国家大经济区）、促进经济区间的经济和文化交流及发展将起重要作用，特别是对于经济较为落后的地区，更具有开发的意义，这类铁路都将成为我国铁路网中的骨干铁路。联通经济发达地区的铁路是指联通沿海经济发达地区或具有较强经济实力的大城市（如直辖市、大工业城市等）的铁路，这类地区经济发达、人口众多，客货运量往往都很大，故应一次修建双线铁路或至少按一次修建双线铁路设计。连接重要城市的铁路一般是指连接省会城市或经济发达的地级市的铁路，如果该铁路本身运量就较大，应当按高等级铁路修建。但在西部地区的一些省会城市或地级市，如西宁、拉萨等，虽然其年客货运量相对较小，但考虑到线路意义及路网作用，也可修建为高等级铁路。

可见，将线路意义作为我国铁路等级划分的一项重要因素是符合我国国情的，可结合经济发展规划、铁路在路网中的作用，以及对连接城市、发展地方经济、繁荣区域文化的影响等情况加以描述线路意义。

（三）铁路等级划分方法

铁路等级划分可根据单项指标和多项指标进行。这些指标包括铁路自身的技术特征和参数，设计线在铁路网中的地位和意义，以及设计线担负的客货运量等。

按划分铁路等级的依据不同，铁路等级划分方法可分为轴重划分法、速度划分法、运量划分法和多指标划分法。

德国、法国和国际铁路联盟均按运行车辆的轴重将铁路划分为若干等级：法国按运行车辆的轴重（16 t、18 t、20 t）将铁路划分为三级，德国按最大允许轴重（16 ~ 22.5 t）和最大允许每米车重（5.0 ~ 8.0 t/m）将铁路划分为 10 级，国际铁路联盟按运行车辆的轴重（16 ~ 20 t）将铁路划分为三级。

美国按货运密度（货运量）（1 ~ 20 Mt·km/km）将铁路划分为四级；苏联按客货运量（5 ~ 20 Mt）将铁路分为四级。

英国、日本等国以多项指标为依据，将铁路划分为若干级。英国按列车速度（80 ~ 200 km/h）和运量（2 ~ 12 Mt）将铁路划分为 16 级；日本窄轨铁路按运量（5 ~ 20 Mt）、行车速度（85 ~ 110 km/h）和轴重（14 ~ 18 t）将铁路划分为四级。

2000 年以前，我国铁路除广深准高速铁路以外，其余的铁路大多为客货列车共线运行铁路，《线规》将铁路按客货运量、路网中的作用和性质划分为三个等级。2000 年以后，随着我国客运专线和高速铁路的规划和建设，我国铁路的运输性质也从单一的客货列车共线运行模式发展为客货列车共线运行和客运专线等多种模式。我国铁路依据客货运量、运输性质和速度等多项指标划分等级。

（四）我国铁路分类分级方法

目前，我国铁路根据运输性质的不同，将铁路分为客运专线铁路、客货共线铁路和货运专线铁路三类，根据其在路网中的作用、性质、主要运输任务、旅客列车设计行车速度和客货运量划分为七级，并为每一级铁路规定了旅客列车最高设计速度和（或）货物列车最高设计速度。

1. 客运专线铁路

铁路网中专门用于旅客运输、列车在主要区间能以 200 km/h 及以上速度运行的标准轨距铁路，称之为客运专线铁路。新建客运专线铁路（或区段）的等级，根据其在铁路网中的作用、性质、旅客列车设计行车速度可分为高速铁路和快速铁路两级。

1）高速铁路

在客运专线网中起骨干作用，或最高设计行车速度为 250 km/h 及以上的客运专线铁路，称为高速铁路。

高速铁路通常建于经济特别发达、人口很稠密、客运量很大的地区，连接国家重要政治、经济中心城市，具有特别重要的政治、经济意义。高速铁路的主要任务是运输旅客，列车在主要区间能以 250 km/h 及以上速度运行，列车最小行车间隔可达 3 min，列车密度可达每小时 20 列，列车定员可达 1 600 余人/列，每小时最大输运能力可达 2×32 000 余人，能够实现大量、快速和高密度运输。

高速铁路应采用本线旅客列车和跨线旅客列车混合运行的运输组织模式：对于新建 300 ~ 350 km/h 高速客运专线，本线旅客列车应采用运行速度 300 km/h 及以上的动车组，跨线旅客列车应采用运行速度 200 km/h 及以上的动车组。

2）快速铁路

在客运专线网中起联络、辅助作用，为区域或地区服务且最高设计行车速度不高于

250 km/h 的客运专线铁路，称为快速铁路。

我国目前修建的快速铁路，根据其在铁路网中的作用和服务区域的不同，通常可分为快速客运干线铁路和城际铁路。

（1）快速客运干线。

快速客运干线铁路通常建于经济发达、人口很稠密、客运量很大的地区，连接省会城市及大中城市，具有重要的政治、经济意义。快速客运干线铁路的主要任务是运输旅客，列车在主要区间能以 200 km/h 及以上速度运行，列车最小行车间隔可达 3 min，列车密度可达每小时 20 列，列车定员可达 1 600 余人/列，每小时最大输运能力可达 2×22 000 余人，能够实现大量、快速和高密度运输。

快速客运干线铁路应采用本线旅客列车和跨线旅客列车混合运行的运输组织模式：对于新建时速 200 ~ 250 km/h 客运专线，跨线旅客列车运行速度不应小于 160 km/h。

（2）城际铁路。

城际铁路通常建于某经济发达区域，连接区域内存在经济旅客运量需求的中心城市，列车在主要区间能以 160 km/h 或 200 km/h 及以上速度运行。

城际铁路通常有单式城际铁路和复式城际铁路两类。单式城际铁路是指连接两个城镇的铁路线上只存在彼此之间唯一一对经济旅客运量需求的铁路；复式城际铁路是指连接多个城镇的铁路，同时每两个城镇之间也可能存在着经济旅客运量需求。

在市场经济改革中形成的具有较高经济活力的环渤海、长江三角洲、珠江三角洲等经济区，区域内城市群的产业一体化整合进程大大加快，这必将在区域内城市群之间形成强大的客货运输需求。为了更有效地利用区域内的土地资源，保护生态环境，分担公路运输和城市枢纽的压力，要求建设连接城市群的大容量快捷公共交通——城际铁路系统已成为满足区域内经济发展的需要。

2. 客货共线铁路

铁路网中旅客列车和货物列车共线运行的铁路称为客货共线铁路。根据旅客列车设计速度的不同，客货共线铁路又分为快速铁路和普速铁路。

1）客货共线快速铁路

铁路网中建于经济发达，客运量大，又有一定货运量的平原或丘陵地区，以客运为主、客货列车共线运行，旅客列车设计最高速度 200 km/h，货物列车设计行车速度 120 km/h 的标准轨距铁路，称为客货共线快速铁路。

2）客货共线普速铁路

铁路网中客货列车共线运行、旅客列车设计行车速度等于或小于 160 km/h、货物列车设计行车速度等于或小于 120 km/h 的标准轨距铁路，称之为客货共线普速铁路。

新建和改建客货共线（普速）铁路（或区段）的等级，应根据其在铁路网中的作用、性质、旅客列车设计行车速度和客货运量确定，并应符合下列规定：

Ⅰ级铁路　铁路网中起骨干作用的铁路，或近期年客货运量大于或等于 20 Mt 者；

Ⅱ级铁路　铁路网中起联络、辅助作用的铁路，或近期年客货运量小于 20 Mt 者且大于或等于 10 Mt 者；

Ⅲ级铁路　为某一地区或企业服务的铁路，近期年客货运量小于 10 Mt 且大于 5 Mt 者；

Ⅳ级铁路　为某一地区或企业服务的铁路，近期年客货运量小于 5 Mt 者。

以上年客货运量为重车方向的货运量与客车对数折算的货运量之和。每日一对旅客列车按 1.0 Mt 年货运量折算。

客货共线铁路的等级可以全线一致，也可以按区段确定，如线路较长，经行地区的自然、经济条件及运量差别很大时，可按区段确定等级。但应避免同一条线上等级过多或同一等级的区段长度过短，使线路技术标准频繁变更。

3. 货运专线铁路

铁路网中专门用于货物运输，轴重 25 t 及以上、列车牵引质量 10 000 t 及以上、年输送能力 1 亿吨及以上的标准轨距铁路，按货运专线铁路建设。

货运专线铁路重点围绕煤炭、矿石等资源外运地区运输需求建设，用于运载大宗散货，供总重大或轴重大的列车、货车行驶，通常行车密度和运量特大。货运专线铁路实际上是客货共线铁路客车对数为零、牵引质量大于 10 000 t 的特例，通常按重载运输考虑。重载铁路的列车单列运输量至少在 5 000 t 以上，总重可达 1 万～2 万吨，轴重可达 30 t，行车密度可达 10 000 t · km/km。

货运专线铁路等级：目前，世界各国广泛采用根据铁路运量来划分铁路等级的方法，例如美、日、德以及苏联等国都是将客货运量作为划分铁路等级的主要指标或主要指标之一。我国根据近年来重载列车开行的实践经验，以通过线路的总密度作为划分依据，并以每年单方向通过总重作为划分重载铁路等级的标准，提出以下重载铁路划分方法：

Ⅰ级重载铁路——每年每千米通过总量大于 8×10^7 t · km/km；

Ⅱ级重载铁路——每年每千米通过总量为 $6\times10^7\sim8\times10^7$ t · km/km；

Ⅲ级重载铁路——每年每千米通过总量为 $4\times10^7\sim5\times10^7$ t · km/km。

目前，货运专线铁路设计按客货共线铁路的重载铁路级的标准进行设计。

二、铁路主要技术标准

铁路主要技术标准是指对铁路输送能力、工程造价、运营质量以及选定其他有关技术条件有显著影响的基本标准和设备类型。客货共线铁路的主要技术标准包括：正线数目、限制坡度、最小曲线半径、到发线有效长度、牵引种类、机车类型、牵引质量、机车交路和闭塞类型。客运专线铁路的主要技术标准包括：设计速度、正线线间距、最大坡度、最小平面曲线半径、到发线有效长度、动车组类型、列车运行控制方式、行车指挥方式和列车最小行车间隔。这些标准是确定铁路能力大小的决定因素。一条铁路的能力设计，实质上是选定主要技术标准。同时这些标准对设计线的工程造价和运营质量有重大影响，并且是确定设计线一系列工程标准和设备类型的依据。

其中：正线数目、最大坡度（限制坡度）、最小曲线半径、到发线有效长度属工程标准（固定设备标准），建成后很难改变；其他项目则属技术装备类型，可随着运量的增长逐步进行更新改造。铁路主要技术标准是确定铁路建筑物和设备的类型、能力和规模的基本标准，对铁路能力、运营安全、运输效率、投资规模、经济效益和社会效益有重要影响，而且主要技术标准之间联系密切，相互影响。主要技术标准应根据其在铁路网中的作用、输送能力和运输需求、旅客列车设计行车速度、沿线自然与环境条件和确定的铁路等级在设计中综合考虑，经技术经济综合比选确定，以保证技术上先进、经济上合理、标准间协调。

1. 设计速度

设计速度是设计线各路段中的旅客列车设计行车速度的最大值，以 V_{max}（km/h）表示，是确定设计线各种与速度有关的建筑物和设备标准的基本参数。高速铁路、城际铁路项目的设计速度应根据项目在铁路快速客运网中的作用、运输需求、工程条件进行综合技术经济比较确定，应符合旅行时间目标值的要求；客货共线铁路的设计速度应根据运输需求、铁路等级、正线数目、地形条件及机车类型、线路平纵断面运营条件进行综合技术经济比较确定。

2. 正线数目

正线数目是指连接并贯穿车站的线路的数目。按正线数目可把铁路分为单线铁路、双线铁路和多线铁路。单线铁路是区间只有一条正线的铁路，在同一区间或同一闭塞分区内，同一时间只允许一列车运行，对向列车的交会和同向列车的越行只能在车站上进行。双线铁路是区间有两条正线的铁路，分为上行线及下行线，在正常情况下，上下行列车分别在上下行线上行驶，但在同一区间或同一闭塞分区的一条正线上，同时只允许一列车运行。多线铁路是区间有多于两条正线的铁路。

单线和双线铁路的通过能力悬殊。单线半自动闭塞铁路的通过能力一般为 42 ~ 48 对/d；双线自动闭塞则为 144 ~ 180 对/d。双线的通过能力远远超过两条单线的通过能力，而双线的投资比两条平行单线少约 30%，双线旅行速度比单线高约 30%，运输费用低约 20%。可见，运量大的线路修建双线是经济的。

平原、丘陵地区的新建铁路，远期年客货运量大于或等于 35 Mt/a，山区新建铁路远期年运量大于或等于 30 Mt/a 时，宜按双线设计，分期实施；近期年客货运量达到上述标准者，宜一次修建双线。远期年客货运量虽未达到上述标准，但按国家要求的年输送能力和客车对数折算的年客货运量大于或等于 30 Mt/a 的，宜预留双线。

客运专线一般修建在具有较大客运量的地区，列车开行方式要求高密度、小编组、安全、准时、快速，因此应当按一次修建双线铁路设计。

3.正线线间距离

铁路并行修建双线时，区间相邻两正线中心线间的距离称为正线线间距离（简称线间距）。正线线间距应根据设计行车速度、运输组织模式、行车安全和旅客舒适要求等因素，综合比选确定。

4. 最大坡度（限制坡度）

最大坡度是铁路线路纵断面坡度允许采用的最大值。在一定自然条件下，线路的最大坡度不仅影响线路走向、线路长度和车站分布，而且直接影响行车安全、行车速度、运输能力、工程投资、运营支出和经济效益，是铁路全局性的技术标准。

客货共线铁路，线路最大坡度是由货物列车运行要求确定的，单机牵引地段的最大坡度称为限制坡度。限制坡度是单机牵引普通货物列车，在持续上坡道上，最终以机车计算速度等速运行的坡度。它是货物列车的牵引质量的确定依据。设计线（或区段）的限制坡度（最大坡度）应根据铁路等级、地形类别、牵引种类和运输需求比选确定，并应考虑与邻接线路的牵引定数相协调。

客运专线铁路，列车采用大功率、轻型动车组，牵引和制动性能优良，能适应大坡度运行。高速列车质量不是限制线路最大坡度的主要因素。客运专线铁路的最大坡度允许值，应根据运输组织模式和地形条件确定。我国客运专线铁路一般采用高速列车与跨线中速混运模式。高速动车组的动力比较大，一般在较大的坡度上均可以达到最高允许速度，而且可以根据速度目标的差异选择相应的功率配置，所以最大坡度主要受跨线旅客列车牵引特性和列车编组条件控制。

5. 最小曲线半径

最小曲线半径是设计线采用的曲线半径最小值。最小曲线半径不仅影响行车安全、旅客舒适等行车质量指标，而且影响行车速度、运行时间等运营技术指标和工程投资、运营支出和经济效益等经济指标。

最小曲线半径应根据铁路等级、路段旅客列车设计行车速度和工程条件比选确定。

6. 到发线有效长度

到发线有效长度是车站到发线能停放最长到发列车而不影响相邻股道作业的最大长度。

1）客货共线铁路

对客货共线铁路，到发线有效长度对货物列车长度（即牵引吨数）起限制作用，从而影响列车对数、运能和运行指标，对工程投资、运输成本等经济指标也有一定影响。货物列车到发线有效长度应根据运输需求和货物列车长度确定，且宜与邻接线路的货物列车到发线有效长度相协调，并应采用 1 050 m，850 m，750 m，650 m 等系列值。

改建既有线和增建第二线的货物列车到发线有效长度采用上述系列值引起较大工程时，可根据实际需要计算确定。

近期货物列车长度一般较远期为短，若近期到发线有效长度按远期铺设，则不但增加初建期投资，而且增大初、近期调车作业行程，增加运营支出，故近期有效长度应按实际需要铺设。

2）客运专线铁路

目前，我国的客运专线铁路的运输组织模式采用本线列车和跨线列车共线运行的模式，本线旅客列车均采用动车组。到发线有效长度必须满足该线路最长到发列车停车的需要。到发线有效长度由站台长度、安全防护距离、警冲标至绝缘节的距离组成。

根据列车最大编组的要求，确定的站台长度为 450 m；考虑测速测距误差、司机确认停车点距离及动车组过走防护距离，确定的安全防护距离应不小于 95 m；根据目前第一轮对距离车头的距离最长为 4.85 m，确定警冲标至绝缘节的距离为 5 m，因此到发线有效长度 = 2×（5+95）+450=650（m）。

因此，高速客运专线的到发线有效长度不应小于 650 m。

若考虑站台两端的安全过走距离取 125 m，则客运专线车站到发线有效长度为：450+2×125=700（m）。

7. 牵引种类

牵引种类是指机车牵引动力或动车组动力的类别。用于铁路的牵引种类有电力、内燃、蒸汽三种，不同的牵引种类具有其不同的特点，对铁路运输能力、行车速度、运营条件及工程与运输经济具有重要的影响。蒸汽机车已停产多年，次要线路和地方铁路仍在使用。今后牵引动力的发展方向为大功率电力和内燃机车。

1）电力牵引

电力牵引不仅是铁路的发展方向，是建设环保型、资源节约型交通运输方式的需要，也是实现列车高速运行的动力需求。电力机车热效率高，火力发电为 14%～18%，水力发电可达 60%，整备一次走行距离长，不需燃料供应和中途给水，机车利用率高。机车功率大、速度高、牵引力大，可显著增大铁路能力。除噪声外，不污染环境，且乘务员工作条件好。与内燃机车相比，机车造价低，但需用接触网供电，机车独立性稍差，且投资大。

对于客货共线铁路，我国电力机车已构成不同轴数和轴式的韶山型机车系列，可根据不同运营条件选用。

对于客运专线，国外高速铁路全部采用电力牵引，我国目前正在使用和开发的动车组也全部是电力牵引动车组。

2）内燃牵引

内燃机车热效率为 22%～28%。机车不需供电设备，独立性好。其缺点是需要消耗贵重的液体燃料，且机车构造复杂、造价较高。高温、高海拔地区，内燃机车牵引功率降低，使用效率低。

对于客货共线铁路，中国内燃机车已构成不同轴数和轴式的东风型机车系列，可据不同运营条件选用。

3）蒸汽牵引

蒸汽机车构造简单，制造、维修技术简易，造价低廉，但热效率低，仅 6%～8%，且需每 40～60 km 设置给水站，机车整备时间长，利用率低，机车功率小，输送能力低，乘务员工作条件差。中国已于 1988 年停产蒸汽机车，主要干线上蒸汽机车已被电力和内燃机车取代，新建铁路除极少数低等级铁路可能采用蒸汽牵引过渡外，路网铁路均采用电力或内燃牵引。

牵引种类应根据路网与牵引动力规划、线路特征和沿线自然条件以及动力资源分布情况，结合机车或动车组类型合理选定。运量大的主要干线，大坡度、长隧道或隧道毗连的线路上应优先采用电力牵引。高速客运专线铁路应按电气化铁路设计。

8. 机车（动车组）类型

机车（动车组）类型系指同一牵引种类中机车或动车组的不同型号。它对铁路运输能力、行车速度、运营条件及工程与运输经济具有重要的影响。20 世纪 80 年代以来，我国机车工业有很大发展，蒸汽机车停产，大功率电力、内燃机车发展迅速，已形成了 4，6，8，12 轴数系列和 B-B，Bo-Bo，Bo-Bo-Bo，Co-Co，2（Bo-Bo），2（Co-Co）轴式系列（B，C 分别表示二轴和三轴转向架，o 表示电力传动），客、货运机车轴功率电力分别达到 900 kW 和 800 kW，内燃分别达 613 kW 和 532 kW，机车的牵引性能和动力制动性能大大提高。我国电力与内燃部分主型机车的主要技术参数如表 1-4 所示。

表 1-4　我国电力与内燃部分主型机车的主要技术参数

牵引种类	机车类型	用途	轴　式	轴距 (m)	功率 (kW)	持续速度 (km/h)	最高速度 (km/h)	持续牵引力 (kN)	起动牵引力 (kN)
电力	SS_1	客货	Co-Co	4.60	3 780	43	95	301.2	487.3
	SS_3	客货	Co-Co	2.3+2.0	4 350	48	100	317.8	470
	SS_4	货	2（Bo-Bo）	3.00	6 400	51.5	100	431.6	649.8
	SS_{4B}	货	2（Bo-Bo）	2.90	6 400	50	100	449.3	628
	SS_{6B}	客货	Co-Co	2.3+2.0	4 800	50	100	337.5	485
	SS_7	客货	Bo-Bo-Bo	2.88	4 800	48	100	351	485
	SS_{7D}	客	Bo-Bo-Bo	2.88	4 800	96	160	171	245
	SS_8	客	Bo-Bo	2.90	3 600	99.0	177	124.4	190
	SS_9	客	Co-Co	2.88	4 800	105	170	165	215
	HXD_1	货	2（Bo-Bo）	2.90	**9600**	70/65	120	494.0/532.0	760.0
	HXD_2	货	2（Bo-Bo）	2.90	10000	70/65	120	510.0/550.0	700.0/765.0
	HXD_3	货	Co-Co	2.88	7200	70/65	120	370.0/380.0	485.0/520.0

续表 1-4

牵引种类	机车类型	用途	轴 式	轴距 (m)	功率 (kW)	持续速度 (km/h)	最高速度 (km/h)	持续牵引力 (kN)	起动牵引力 (kN)
内燃	DF_4	客 货	Co-Co	1.8+1.8	2 426	24.0 20.0	120 100	251.6 302.1	346.3 401.7
	DF_{4B}	客 货	Co-Co	1.8+1.8	2 426	29.0 21.8	120 100	235.2 313.0	325.3 442.2
	DF_{4E}	货	2（Co-Co）	1.8+1.8	4 860	22	100	630	850
	DF_6	货	Co-Co	1.8+1.8	2 941	22.2	118	360	435
	DF_8	货	Co-Co	1.8+1.8	3 309	31.2	100	307.3	442.2
	DF_{10D}	货	2（Bo-Bo）	1.8+1.8	4 260	27.7	100	455	718
	DF_{11}	客	Co-Co	2.0+2.0	3 680	65.6	170	160	253
	HXN3	货	Co-Co	2.0+2.0	4660	20.0	120	598.0	620.0

为了实现高速运行，把动力装置分散安装在每节车厢上，使其既具有牵引力，又可以载客，这样的客车车辆便称为动车，而动车组就是几节自带动力的车辆加几节不带动力的车辆编成一组。带动力的车辆称动车，不带动力的车辆称拖车。动车组的分类有多种：按照传动类型，可分为电动车组和内燃动车组；按照动力形式，可分为动力集中型和动力分散型；按照传动方式，又可划分为电传动和液力传动两种类型。内燃动车组通常两端是动力车，部分带客室。电力动车组分为动力集中型和分散型。

我国动车组的生产制造经历了从内燃到电力，从低速到高速，从动力集中到动力分散，从“交直”传动到“交直交”传动的技术发展过程。我国先后自主研发并投入商业运营的动车组有：“春城”号、“大白鲨”号、“中原之星”号、“蓝箭”号、“先锋”号、“中华之星”号、“长白山”号等。由于载客量低，轴重大等原因，目前这些动车组已基本上没有运营了。

2004 年起，我国分别从加拿大庞巴迪、日本川崎重工、德国西门子、法国阿尔斯通等引进技术，联合生产了时速 200 km 及以上的 CRH 系列动力分散式电动车组。目前，我国已研制并生产出时速 300 km 以上的具有自主知识产权的高速动车组。另外，在充分消化吸收国外动力分散式电动车组生产技术的基础上，2010 年左右研制开发了 160 km/h 的城际（市郊）动车组。

我国部分动车组的主要技术参数如表 1-5 所示。

表 1-5 我国部分动车组的主要技术参数

项 目	车 型				
	CRH_1	CRH_2	CRH_3	CRH_5	CRH380
编组形式	2×[2M+1T]+[1M+1T]	[4M+4T]/[6M+2T]	2[2M+1T]+2T	[3M+1T]+[2M+2T]	[3M+1T]+[2M+2T]
定员（人）	668	610	610	620+2	610
编组质量（t）	420.4	359.7	380.0	451.0	380.0
编组长度（m）	213.5	201.4	200.0	451.0	201
运营速度（km/h）	200	200/300	350	200	350
车头车辆长度（mm）	26 950	25 700	25 675	27 600	25 700
中间车辆长度（mm）	26 600	25 000	24 775	25 000	3 380
车辆宽度（mm）	3 328	3 380	2 950	3 200	3 700

续表 1-5

项　目	车　型				
	CRH_1	CRH_2	CRH_3	CRH_5	CRH380
车辆高度（mm）	4 040	3 700	3 890	4 270	3 700
动车轴式	Bo′-Bo′	Bo′-Bo′	Bo′-Bo′	Bo′-Bo′	Bo′-Bo′
转向架固定轴距（mm）	2 700	2 500	2 500	2 700	2 500
转向架中心距（m）	17.500	17.500	17.375	17.500	17.500
转向架轮径（mm）	915 ~ 835	860 ~ 790	860 ~ 790	890 ~ 810	860 ~ 790
轴重/整备重（t）	≤16	≤14	≤14	≤17/16	≤14
总牵引功率（kW）	5 500	4 800/7 200	2 400	5 500	5 500
单电动机功率（kW）	275	300	500	550	550
吨均功率（kW/t）	13.08	13.34	21.05	12.19	21.0
起动牵引力（kN）	325	237	300	300	300
起动加速度（m/s^2）	0.5	0.406	0.406	0.6	0.6
紧急制动距离（m）	≤2 000	≤1 800	≤1 800	≤2 000	≤2 000

机车（动车组）类型应根据牵引种类、运输需求以及与线路平、纵断面技术标准相协调的原则，结合车站分布和邻线的牵引质量，经技术经济比选确定。时速 200 km 的旅客列车应优先选用动车组，动车组类型应与旅客列车行车速度相适应。

9. 牵引质量

牵引质量就是机车牵引的车列质量，也称牵引吨数。线路（区段）方向上规定的列车牵引质量标准，常称为牵引定数。列车牵引质量的水平，通常作为货物列车的发展标志。牵引质量标准的确定，涉及众多的运营、技术和经济因素。

货流条件　牵引质量的大小与货流条件有密切关系。主要以重质的大宗散装货物为运输对象的铁路，应取较高的牵引质量标准。牵引质量标准应综合货物品类、批量大小、产供销关系以及装卸和存储设备的条件等综合分析确定。

机车牵引能力　当设计线最大坡度一定时，机车牵引能力和车辆载重能力是确定货物列车牵引质量标准的主要技术因素。提高牵引质量需要有相应的牵引能力的机车，并有足够的制动能力。提高机车的牵引能力的途径有两个：一是采用大功率机车；二是采用中等功率的机车多机牵引。

到发线有效长度　当车辆延米重一定时，牵引质量的大小受到发线有效长度限制。提高牵引质量，需要适当的到发线有效长度相配合。我国主要干线的到发线有效长度，已基本形成 850 m 的系统，其对应的普通货物列车牵引质量为 3 000 ~ 4 000 t。若牵引质量大于 4 000 t，则需要进一步延长到发线有效长度；对于 5 000 t 的重载运输，应当采用 1 050 m 的到发线有效长度。

机车的牵引能力、车站到发线有效长度、限制坡度等技术标准，是影响牵引质量的主要因素，应当结合设计线的运输任务、地形条件采用多指标综合优化的方法确定各项技术标准。

轨道结构强度　在到发线有效长度一定的前提下，提高列车牵引质量，可以采用大型车辆以提高车辆延米重。但车辆大型化的措施即增加车辆轴重，相应需要采用重型轨道结构和提高桥梁的活载等级，从而影响移动设备和固定设备的维修和装卸条件，从而增加工程运营成本。

牵引质量标准的选择，还应考虑与邻线标准的统一和配合。

10. 闭塞方式

铁路线路以车站（线路所）为分界点划分为若干区间。区间的界限，在单线铁路上以两个车站的进站信号机柱的中心为车站与区间的分界线；在双线铁路或多线铁路上，分别以各线路的进站信号机柱或站界标的中心线为车站与区间的分界线。为了提高线路通过能力，在自动闭塞区段又将一个区间划分为若干个闭塞分区，以同方向两架通过信号机柱为闭塞分区的分界点。

铁路为了保证行车安全、提高运输效率，利用信号设备等来管理列车在区间运行的方法，称为闭塞方式，简称闭塞；办理闭塞所用的设备叫作闭塞设备。

行车闭塞需由车站值班员来完成。列车司机必须由车站值班员给出行车凭证后才能占用区间。列车占用区间的凭证通常为车站出站信号机和区间通过信号机的准许显示。为了保证列车在区间内的运行安全，提高区间的通过能力，对上述凭证的取得，一方面必须保证区间空闲，在单线区段上必须杜绝正面冲突事故的可能性；另一方面，还必须迅速地办理闭塞手续和发出凭证，以缩短列车间隔时分。在用信号的准许显示作为凭证时，当列车进入区间后凭证应自动取消，即信号机自动关闭准许显示。只有列车完全出清区间并再次办理闭塞时，才能再一次开放准许显示。

闭塞方式决定车站作业间隔时分，从而影响通过能力。实现闭塞的方法有三种，即人工闭塞、半自动闭塞和自动闭塞。

1）人工闭塞

这是一种采用电气路签、路牌或路票作为列车占用区间的凭证，由接车站值班员检查区间是否空闲的闭塞方法。

电气路签闭塞是在一个区间两端的车站上，各装设一个路签机，彼此间有电气锁闭关系。列车进入区间的凭证是配备属于该区间的路签，该区间两端任一车站如需取出路签，必须是区间空闲，并得到另一站同意后才可能。当已取出路签后，任一车站都不能再从路签机中取出路签，这就保证了区间内只有一趟列车。这种方式在我国已经很少使用。

2）半自动闭塞

半自动闭塞是闭塞机与信号机发生联锁作用的一种闭塞装置，是人工办理闭塞手续，列车凭信号显示发车后，出站信号机自动关闭的闭塞方法。因为既要车站值班员的操纵，又需要列车自动动作，所以叫作半自动闭塞。列车进入区间的凭证是出站信号机显示绿灯，但出站信号机受闭塞机的控制，只有在区间空闲、双方车站办理好闭塞手续之后，出站信号机方能再次显示绿灯。

采用半自动闭塞时，因列车进入区间的凭证是信号机的显示，省去了向司机递交路签的时间，从而缩短了列车在车站的接发车作业时分，提高了通过能力。

3）自动闭塞

自动闭塞是一种根据列车运行及有关闭塞分区状态，自动变换通过信号机的显示，司机凭信号显示行车的闭塞方法。自动闭塞时，区间被分为若干闭塞分区（见图 1-8），进一步缩短了同向列车的行车间隔距离。由于信号的显示完全由列车本身通过轨道电路来控制，所以称自动闭塞。

一般铁路的区间自动闭塞有两种方式：其一是三显示自动闭塞，它有红、黄、绿三种显示，如图 1-8 所示。红色灯光表示前方的闭塞分区被占用，列车需要停车；黄色灯光表示前方只有一个闭塞分区空闲，要求列车减速。绿色灯光表示前方至少有两个闭塞分区空闲，列车可以按规定速度运行。其二是四显示自动闭塞，它是在三显示基础上再增加一种显示，即除红、黄、绿三种显示外，再增加一种黄绿显示（或黄闪）。黄绿显示的含义是列车以全速越过绿色信号机后，司机以常用制动方式开始减速，使列车减速到规定的速度通过黄、绿及黄灯信号机，并保证列车在下一个红灯信号机前停车。或者列车以全速通过黄绿信号机后，超速防护系统用紧急制动方式，使列车在规定的速度下越过黄灯信号机，然后在下一个红灯信号机前停车。因此，四显示自动闭塞的制动距离为下一个闭塞分区。对于既有线改造成的高速铁路，一般尽量利用原有的信号设备，只是增加一些满足高速行车需要的配套设备。比如我国在既有铁路进行 160 km/h 和 200 km/h 提速改造时，就是在传统的三显示系统基础上进行三显示向四显示信号系统的相应改进，采用四显示自动闭塞系统。

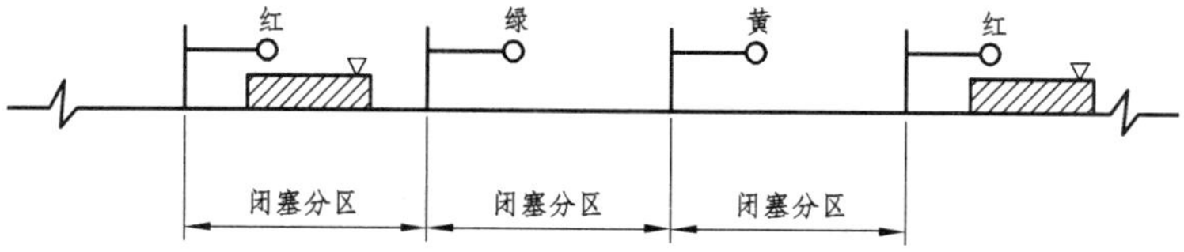

图 1-8　自动闭塞分区

单线铁路使用自动闭塞，可以提高通过能力，但效果不甚显著；双线铁路采用自动闭塞可使两同向列车的间隔时分缩短到 8 ~ 10 min，通过能力达 100 列/d。

单线铁路远期应采用半自动闭塞，双线铁路应采用自动闭塞。当旅客列车设计速度大于 120 km/h 时，双线区段应采用速差式自动闭塞，单线区段宜采用自动闭塞或自动站间闭塞。一个区段内应采用同一闭塞类型。

11. 列车运行控制方式

随着干线铁路速度的提高和行车间隔的缩短，依赖色灯信号机实现闭塞的方式已不能适应铁路发展的需要，因此需要发展列车自动运行控制系统。

为了保证高速铁路的高安全和高效益，必须采用新的高度自动化的信号设备。在现代铁路上，信号系统首先通过固定闭塞分区来保证列车之间的间隔。速度大于 200 km/h 的高速客运专线铁路，信号系统应采用自闭式的自动控制系统，行车运行控制方式应当采用自动控制。

自动运行控制系统通过计算机控制、计算机网络、通信及信息处理等先进技术与列车、牵引、线路及道岔等设备或系统相连，完成对列车运行的控制、安全防护、自动运行及调度管理等任务。所以，运行控制系统在整个铁路系统中起一个对列车运行进行自动控制与安全防护的核心地位。

我国铁路目前主要采用通用型机车信号和主体机车信号与列车运行监控记录装置相结合的中国铁路列车控制系统（CTCS 系统）。

高速铁路应采用列车运行控制系统（CTCS），车载信号作为列车运行的凭证。根据我国目前铁路发展现状，客运专线一般采用 CTCS-2 级 “目标-距离”连续速度控制模式，高速铁路列车运行控制方式应采用基于轨道电路传输的 CTCS-2 级列控系统或基于 GSM-R 无线通信传输的 CTCS-3 级列控系统。当采用 CTCS-3 级列控系统时，CTCS-2 级列控系统作为后备模式。

12. 运输调度（行车指挥）方式

铁路运输生产部门为了控制运输生产状态、组织日常工作和对日常运输生产进行指挥、监控所进行的运输生产活动，统称为运输调度。为了对日常运输生产进行统一指挥、有效监控，铁路运输系统必须实行集中领导、统一指挥。调度中心是铁路运输生产日常管理的指挥中心，而行车调度是调度机构的核心工作。

为了提高客运专线的运输调度指挥效率和自动化水平，实现运营调度系统的信息共享，减轻运输生产人员的劳动强度，客运专线应采用调度集中控制系统（CTC）。

调度集中是调度中心（调度员）对某一区段内的信号设备进行集中控制，对列车进行直接指挥、管理的技术装备。将调度区段内各中间站的继电集中联锁及区间的自动闭塞设备结合起来，建立一个由列车调度员直接操纵的信号通信与遥控的综合系统，称为调度集中系统。

调度集中既是先进的技术装备，也是新型的运输组织方式。调度集中通过集中控制，提高行车调度的自动化程度，为铁路运输提供安全和效率的保证，从而充分运用线路的通过能力，提高劳动生产率和改善劳动条件。

自动闭塞与调度集中配合，可使所有车站的道岔和信号，均由调度员实行远程集中控制，从而加强了行车组织的计划性和灵活性，使行车更为安全，并能提高通过能力。

在调度集中的基础上，利用电子计算机进行列车调度工作，构成行车调度自动控制系统，称为行车指挥自动化。在列车对数大量增加和行车速度不断提高的情况下，行车指挥自动化对提高通过能力和保证行车安全，均具有显著的优越性。

13. 最小行车间隔

在自动闭塞区段，凡一个站间内同方向有两列以上列车以闭塞分区为间隔运行，称为追踪运行。追踪运行的两列车之间的最小间隔时间，称为追踪列车最小行车间隔时分，简称最小行车间隔。

最小行车间隔，取决于自动闭塞信号的制式、列车长度、列车运行速度以及闭塞分区长度等因素。

根据安全行车的要求，列车的追踪时间间隔包括下列情形：

① 区间列车最小追踪时间间隔；

② 前方列车正线停站时的追踪时间间隔；

③ 前方列车侧线停站时的追踪时间间隔；

④ 列车出站追踪时间间隔。

实际运行中的列车追踪时间间隔，应同时满足上述各项追踪时间间隔要求。

最小行车间隔，对铁路通过能力有很大影响。对于双线铁路，若追踪列车间隔时分取 8 min，通过能力约为 168 列/d，追踪列车间隔时分取 4 min，通过能力可达 340 列/d。

目前，我国客货共线铁路采用三显示自动闭塞的铁路，设计时按货物列车间最小容许追踪间隔时间为 6 ~ 10 来划分闭塞分区和配置信号机。对于高速铁路，最小行车间隔应按照运输需求研究确定，宜采用为 3 ~ 4 min。

14. 机车（动车组）交路

铁路上运转的机车（动车组）都在一定区段内往返行驶。机车（动车组）往返行驶的区段称为机车（动车组）交路（以下简称交路），其长度称为交路距离。客货共线铁路交路两端的车站称为区段站；客运专线交路两端的车站通常是动车段（所）所在的中间站，类似于客货共线铁路的区段站。区段站都设置一定的机务设备（动车组运用检修设施）。交路距离影响列车的旅途时间和直达速度。

客货共线铁路的区段站按工作性质和设备规模分为机务段（基本段）和折返段。机务段配属有一定数量的机车，担任其相邻交路的运转作业，并设有机车整备和检修设备，配属本段的机车在此整备、检修，隶属本段的机车乘务组在此居住并轮换出乘。折返段设在机车返程站上，不配属机车，机车在折返段进行整备和检查，乘务组在此休息或驻班。此外，机务设备还有担任补机、调机或小运转机车整备作业的机务整备所和担任折返机车部分整备作业的折返所。

客运专线根据动车组维修和停放需要，在靠近始发终到动车组较多的客运站附近设置动车段或动车所。客运专线的动车组运用检修设施分为三种类型，即高速动车段、高速动车运用所和高速动车存车场。动车段配属动车组，承担动车组的一、二级和三级及以上修程、临修作业以及整备（含客运整备）和存放任务；动车运用所承担所在客运站始发、终到动车组的客运整备、一二级修、临修和存放作业；动车存车场承担动车组存放，根据需要可设置整备（含客运整备）设备。

交路由于交路类型、运转方式和乘务制度不同，而有多种形式，如图 1-9 所示。其交路距离也各不相同。

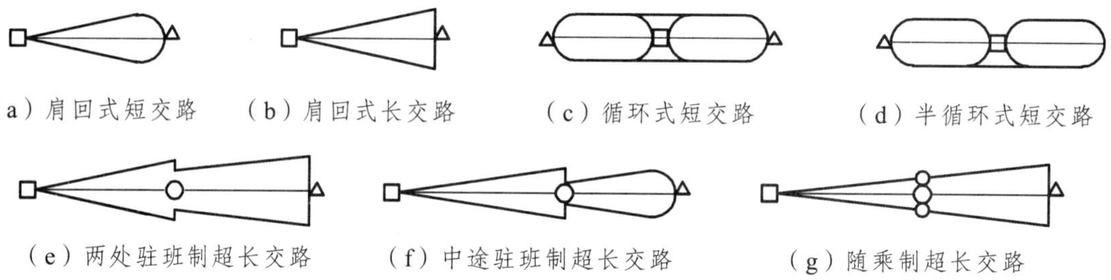

图 1-9　机车交路

1）交路类型

长交路：一个单程交路由一班乘务组承担。

短交路：一个往返交路由一班乘务组承担。

超长交路：一个单程交路由两班乘务组承担。

2）机车（动车组）运转方式

肩回式：机车（动车组）返回区段站均要入段整备。

循环式：机车（动车组）在相邻两个短交路内往返行驶，在区段站上机车不摘钩在到发线上整备。

半循环式：机车（动车组）在相邻两个短交路内往返行驶，每一循环入段整备一次。

3）乘务制度

包乘制：机车（动车组）由固定的乘务组驾驶称为包乘制，原则上是三班包乘（图 1-9 的随乘制要四班包乘），若乘务组全月工作时间超过规定，则用三班半制调节。

轮乘制：机车（动车组）不固定包乘组，由不同乘务组分段轮流驾驶，相应采用超长交路，适用于电力和内燃牵引。采用超长交路和轮乘制，可以缩短机车（动车组）在区段站非生产停留时间，加速机车车辆周转，机车（动车）日车公里客运可提高 40% 以上，货运可提高 8% 以上，运用机车也可减少，运输成本有所降低。目前，我国正积极推行这种乘务制度。

4）交路距离

交路距离主要由交路类型决定，并与机车（动车组）乘务组连续工作时间和列车旅行速度有关。乘务组实际驾驶机车（动车组）的工作时间一般不少于 6 h，不大于 9 h；乘务组连续工作时间包括在本段或外段作业停留时间和出、退勤时间。

根据我国铁路的运输情况，机车交路距离，短交路一般为 70 ~ 120 km，长交路一般为 150 ~ 250 km，超长交路为 300 ~ 500 km，采用轮乘制距离更能加长。

机车交路应根据牵引种类、机车类型、车流特点、乘务制度、线路条件，结合路网规划、机务设备布局，经技术经济比选确定。我国铁路应大力推行机车长交路，实行长交路、轮乘制，客运机车交路一般为 500 ~ 1 000 km，货运机车交路一般为 350 ~ 500 km。

高速动车组交路采用循环运转制，动车组运行至定检公里方入段检修。

三、铁路主要技术标准的比选

铁路主要技术标准的选择涉及面广，影响深远，一般在预可行性研究中初步拟定，在可行性研究中经过比选最后确定。

主要技术标准比选是一项复杂的工作，一般是在保证完成运输任务的前提下，根据设计线在路网中的作用、运输量的大小及性质、沿线地形和地质等自然条件、资源分布状况、地区经济的发展及人口密度、相邻铁路的主要技术标准等，提出所有可能的主要技术标准方案，然后对所有可能的方案从路网布局、地区经济发展、技术经济的合理性、主要技术标准之间的协调性、环境保护等方面加以论证，选出最佳方案。主要技术标准选择应遵从以下原则。

1. 主要技术标准间应相互协调

各项主要技术标准之间要相互协调配套，使设计线的列车质量、行车速度和列车对数（或列数）合理匹配。

协调配套应从技术可行和经济合理两个方面来考虑。随着科学技术的进步，设备的更新和行车组织方式的改善，协调配套的途径也在不断发展更新。

从投资效益来看，修建铁路投资巨大，其中土建工程造价要远远大于设备类投资。根据对我国铁路建设项目投资分析，土建类固定资产原值约占总投资的 85%，设备类固定投资原值仅占 15%，其中机车车辆约占 12%，通信信号约占 3%。

所以，经济合理的协调配套应该是：在满足运输要求的前提下，力争采用先进的机车车辆和通信信号设备，而使线路工程标准适应地区自然条件，争取减少土建工程，节约基建投资，提高经济效益。

2. 主要技术标准应远、近期相结合

设计线的运输能力与客货运量的增长相适应。主要技术标准的选择既要满足近期运量的需要，又要有利于随着运量的增长而逐步加强，既要节省初期投资，又要使得将来的改建工程量最少。

铁路建设中，线路工程投资大，线路的基本标准如最大坡度（限制坡度）、最小曲线半径、到发线有效长度等建成后改动困难，如选择不当，将会引起大量废弃工程，干扰铁路的正常运营，故应按远期运输的需求拟定。机车（动车组）为运营期的分期投资，改换机型或牵引种类相对来说费用较低，影响面较小，应当考虑逐步加强。初期列车质量小，列车长度短，到发线的铺设长度可缩短。此外，初期运量小，需要的通过能力低，车站可分期开放、闭塞类型也可后期更新。采用这些措施，有利于降低初期投资，提高经济效益。

3. 主要技术标准选择应注意点、线结合

新线设计要考虑到路网的发展，要解决好路网能力的协调，点、线能力的协调，以及设计线与既有线间联络通道的通畅。

设计线的通过能力，一般按线路区间通过能力控制来设计，使其他设备的能力与线路区间的能力相适应，如车站的能力、电力牵引供电设备的能力、机务段的机车检修能力、有关编组站的解编能力等应与线路区间运输能力相互协调，否则能力过小的设施要限制其他设施能力的发挥，能力过大的设施要造成闲置和积压投资。

4. 注意在路网中的作用和运量

主要技术标准的选择要考虑路网规划。在路网中起骨干作用，以直达运输为主的铁路，主要技术标准的选择要重视与相邻铁路列车质量、最高速度和通过能力协调，减少列车改编作业，保证路网通畅。

客货运量大的铁路，宜选用标准较高的主要技术标准，使铁路具有较大的列车质量、较高的运行速度、较大的通过能力，以提高运营指标，改善运营条件，降低运输成本。

若设计线客运量比重较大，应选用较大的最小曲线半径、功率较大和制动能力较强的机车，以提高旅客列车的运行速度，并应力争缩小客货列车的速度差，以利于保证旅客舒适及减轻轮轨磨耗。

为地区经济服务、客货运量不大的铁路，应选用更能适应地区自然条件的最大坡度（限制坡度）和最小曲线半径，以减少工程投资；车站分布除满足运输能力的需要外，更应满足地区经济发展的需要。

5. 结合沿线自然条件

最大坡度（限制坡度）大小对线路适应地形，克服高程障碍有较大影响，应选用适应地形、地质等自然条件的最大坡度（限制坡度）。对地形困难地区，最大坡度（限制坡度）偏小，将增加线路长度和工程数量，不仅会造成大量人工展线，还会破坏沿线自然条件，给今后安全运营带来困难，甚至需投入大量资金进行改建、养护和维修。

若设计线较长，各区段自然条件相差较大或运量悬殊时，可分区段选用不同的主要技术标准。

6. 注意新设备新技术的应用

科学技术是第一生产力，要修建铁路，扩大运能，降低造价，提高经济效益，主要靠科学技术。新型的建筑材料和结构类型，先进的施工机具和施工方法，使得修建高桥、长隧成为可能，这些都为缩短线路长度、减缓最大坡度（限制坡度）创造了条件。先进的通信信号设备不仅可提高通过能力，而且使列车运行更加安全可靠。机车车辆构造的改进，功率的增大，制动能力的增强，使铁路运行速度、通过能力随之提高。科学技术的进步，为主要技术标准的选择提供了新的依据，为修建铁路开辟了新的前景，也促进了设计思想的变化。

四、铁路主要技术标准综合优化方法

（一）主要技术标准综合优化方法的特点

传统主要技术标准选择是单因素（标准）选择法，单独选择诸多标准中的某一项标准，且基于手工进行方案比选，故仅能在数个方案中选择相对经济的可行解，经济效果不显著。

实际上，许多标准间是相互关联的，例如限制坡度、机车类型、到发线有效长、站间距离（或时分）、闭塞方式等，它们都对运输能力有直接影响，从而相互联系在一起，综合对工程量、运营费及运输能力起作用。综合优化方法的基本出发点在于：以最少的投入（工程费、运营支出）获取最大的产出（运能），以取得最佳的综合经济效益。这种方法可一次优选出相互匹配的多项标准，且以计算机为工具，以最优化技术自动选优，故可提高决策效率。

（二）主要技术标准综合优化方法的基本思路

主要技术标准中有的属于固定设备（土建工程）的标准，如正线数目、限制坡度、最小曲线半径、到发线有效长、站间距离（或时分）等；有的属于移动设备标准，如机车类型、闭塞方式等。前者投资昂贵，后者投资低廉，它们对运能的影响程度有较大差异，即投入产出率不同，两者的协调配合无疑是提高经济效益的关键。

过去我国移动设备落后，蒸汽机车占主导地位，电力、内燃机车数量少，且品种单一，在复杂的地形条件下，不得不以提高固定设备标准（如采用小限坡等）的高昂代价来迁就落后的移动设备，以满足运能需要。这种设计思路导致在困难山区大量展线，增大工程投资和运营支出，经济效益差。

我国已于 1988 年停产蒸汽机车，目前，电力、内燃机车已分别形成不同轴数与功率的系列，并逐步取代蒸汽机车；车辆性能改善；先进的闭塞方式日渐被普遍采用。移动设备的技术进步，为铁路设计奠定了雄厚的物质基础。设计思路应不失时机地转变为：“线路标准适应地形，固定设备与移动设备协调配套”的新思路。

（三）主要技术标准综合优化方法的基本原理

综合优化方法是实现“固定设备与移动设备协调配套”新思路的手段。

1. 变量选择

首先根据系统工程的方法，在系统分析基础上，确定对工程费、运营费及运输能力影响大的因素（标准等）作为设计变量。如铁路等级、正线数目、机车类型、机车台数、有效长度、站间距离（或时分）、闭塞方式等。地形类别对工程费影响显著，也可引为变量。取值范围小的标准，如铁路等级、正线数目、闭塞方式及地形类别等可取作参变量。

2. 建立工程费、运营费的数学模型

（1）土建工程费数学模型：土建工程费与变量密切相关，可运用多元统计分析建立数模。土建工程费 A_T 应包括多项土建工程及与变量有关的附加工程费，如避难线工程费、陡坡地段轨道加强费用、与半径有关的轨道加强费及电力牵引接触网附加工程费等。

（2）机车、车辆购置费与货物延滞损失费：机车、车辆购置费 A_J 和 A_C 是运行时间的函数，与相关标准有关，可通过牵引计算建模。货物延滞损失费 A_y 除与运行时间有关外，还与具体线路的货物品种构成有关，可采用牵引计算方法建模，根据具体情况决定是否计入该费用项目。

（3）运营费：运营费 E 包括走行费、起停费及与线路标准有关的附加运营费（如与坡度有关的闸瓦磨耗费、轨道附加维修费、限速时间损失费、事故损失费和车辆集结费等，与半径有关的轮轨磨耗费、限速费、附加阻力费、轨道附加维修费及事故损失费等），以及固定设备维修费等。其数学模型可根据牵引计算方法和运营资料统计方法建立。

（4）展线系数：展线系数 λ 与曲线坡度减缓、小半径黏降坡度减缓、隧道坡度折减及设站坡度损失有关，也与采用的限坡大小及地形的适应程度有关，是多项土建标准的函数，可通过分析计算与统计方法建模。

3. 建立目标函数数学模型

目标函数即评价经济效益目标的指标，是设计变量及运能的函数。最简单的目标函数是以换算工程运营费为经济评价指标，将一次性投资与常年性支出联合计量，即

$$F=[\varDelta\left(A_{\mathrm{T}}+A_{\mathrm{J}}+A_{\mathrm{C}}+A_{\mathrm{y}}\right)+E]\lambda \tag{1-24}$$

式中　$\varDelta$—— 投资效果系数。

4. 建立约束条件的数学模型

约束条件即技术与功能对变量的限制条件，对变量的取值范围（可行域）起限制作用。

（1）技术约束：技术对变量取值的几何要求。如限坡 i 的上下限、最小半径 R 上下限、到发线有效长 L 的上下限及站间距离 S 的上下限等。可根据地形条件、运能要求、安全与舒适条件及规范规定等确定。

（2）功能约束：设计线的运输需求。与机型、台数、限坡、站距、闭塞方式等标准有关，可对它们起综合约束作用。通常要求线路的可能能力 C_{KN} 大于或等于需要能力 C_{xy}。

5. 建立综合优化问题的数字模型

综上所述，可得标准综合优化问题的数学模型如下

$$\min\quad F=[\varDelta\left(A_{\mathrm{T}}+A_{\mathrm{J}}+A_{\mathrm{C}}+A_{\mathrm{y}}\right)+E]\lambda \tag{1-25}$$

$$\text{s.t.}\quad \left.\begin{array}{l} i_{\min}\leqslant i\leqslant i_{\max} \\ R_{\min}\leqslant R\leqslant R_{\max} \\ L_{\min}<L\leqslant L_{\max} \\ S_{\min}\leqslant S<S_{\max} \\ C_{\mathrm{xy}}\leqslant C_{\mathrm{KN}} \end{array}\right\} \tag{1-26}$$

6. 优化方法的选择

优化方法应根据数模的性质、变量的多少及解法的稳定性等条件选用。鉴于本优化问题模型极为复杂，属非线性混合离散变量的约束优化问题，因函数求导困难，变量数目不多，故可选用直接解法。为求全局最优解，利用计算机作穷尽搜索。

第二章 牵引计算

牵引计算是研究列车在各种外力作用下，一系列与行车有关的实际问题，包括列车运行速度和时间、牵引质量、机车（动车）能耗、列车制动距离等问题的计算与解算。这些指标在铁路新线设计及既有线改建中，是计算铁路的通过能力、输送能力、车站分布、线路纵断面坡段、机车交路、运营支出等的基本出发资料，也是评比各设计方案优劣的主要依据。

牵引计算是以力学为基础，结合科学试验、在运营实践的基础上得出的；很多计算公式及参数采用经验公式及试验数据。列车运动中，实际受力非常复杂；在牵引计算中，只研究对列车运动产生影响的外力，并将列车视为质点集中于列车中心，进行分析计算。

第一节 作用于列车上的力

作用于列车上的力有牵引力、列车运行阻力及列车制动力。

一、牵引力

牵引力是与列车运行方向相同并可由司机根据需要调节的作用在列车上的外力。

（一）牵引力的形成

图 2-1 为电力机车（或电传动内燃机车）的传动部分牵引力形成过程示意图。机车动轴上装有牵引电动机，通过齿轮传动装置将转矩传给动轴。由图可知，动轮上的转矩 M 对机车来说是内力，不能使机车前进。以力偶 F_1F_2 代替转矩 M，$F_1=F_2=M/R$，R 为机车动轮半径。F_2 作用于动轮中心（即轮轴的轴承上），而 F_1 作用于钢轨上企图推移钢轨。但钢轨是固定不动的，因而轮心 O 点及轮轨接触点 A 必然产生一反力矩，其大小与 M 相等而方向相反。力 F_3 为轴承作用于轮轴的反作用力，F 为钢轨作用于车轮的反作用力。就整个机车来说，F_3 为内力，轴承以力 F_3 作用于动轮轮轴，而轮轴也以大小相等、方向相反的力 F_2 反作用于轴承，二者相互平衡。显然，F 是作用于机车上的唯一外力，也就是使机车前进的牵引力。F 是依靠轮轨间的黏着产生由钢轨作用于动轮轮周上的反作用力。这种由钢轨作用于动轮轮周上的切向外力之和，即为轮周牵引力，简称牵引力。

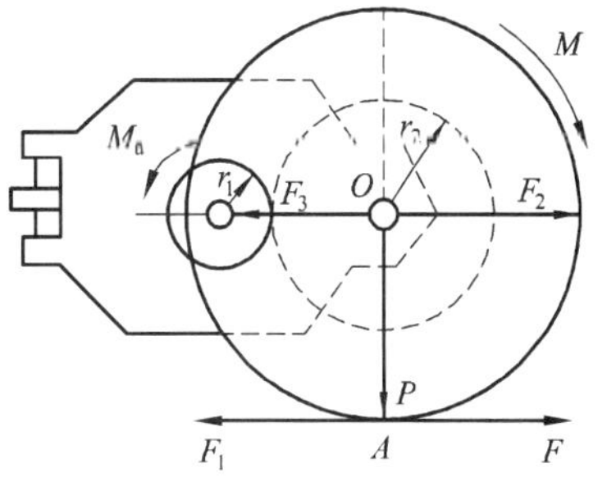

图 2-1 电力机车及电传动内燃机车牵引力的形成

我国《列车牵引计算规程》中规定：牵引力以轮周牵引力为计算标准，即以轮周牵引力来衡量和表示牵引力的大小。车钩牵引力（或称挽钩牵引力）是指机车（动车）用来牵引列车的牵引力，其值等于轮周牵引力减去机车（动车）全部运行阻力。

（二）轮轨黏着与黏着牵引力的限制

1. 轮轨间的摩擦与黏着

根据刚体平面运动的分析，对于沿钢轨滚动的车轮，车轮和钢轨的接触点在它们接触的瞬间是没有相对运动的，轮轨之间的纵向水平作用就是物理学上所说的静摩擦力，其最大值——“最大静摩擦力”是一个与运动状态无关的常量，它等于钢轨对车轮的垂向支持力与静摩擦系数的乘积。这是一种难以实现的理想状态。

实际上，车轮和钢轨在很大的压力作用下都有变形，轮轨间接触非点接触，不存在理想的瞬时转动中心；而车轮踏面又是圆锥形，加之列车运行中不可避免地要发生冲击和各种振动，所以，车轮在钢轨上滚动的同时必然伴随着微量的纵向和横向滑动。即实际不是纯粹的“静摩擦”状态，而是“静中有微动”或“滚中有滑”，轮轨间纵向水平作用力的最大值比物理的“最大静摩擦力”要小得多。

因此，铁路牵引和制动理论在分析轮轨间的纵向力问题时，不用“静摩擦”这个名词，而以“黏着”来代替它。相应的，黏着状态下轮轨间纵向水平作用力的最大值就称为黏着力，而把黏着力与轮轨间垂向载荷的比值称为黏着系数。

当轮轨间的纵向水平作用力超过了维持黏着状态的极限值——黏着力时，轮轨之间就会发生相对滑动，动轮在强大的力矩的作用下快速转动，但列车运动速度并不高；轮轨间的纵向水平作用力变成了滑动摩擦力，其值比黏着力要小得多，此时车轮的状态称为“空转”。在“空转”状态下，不仅牵引力急剧减小，钢轨和车轮也会受到严重的磨损，因此应该极力避免“空转”状态的发生。

2. 黏着牵引力的限制

黏着牵引力是受轮轨间黏着力限制的机车（动车组）牵引力，其最大值为动轮荷载的重力乘轮轨间的黏着系数。黏着牵引力 F_{μ} 可表示为

$$F_{\mu}=1\,000\times P_{\mu}\times g\times \mu_{\mathrm{j}}\ \text{(N)} \tag{2-1}$$

式中 P_{μ}——机车（动车）黏着质量（t），常用机车的黏着质量见表 2-1、表 2-2，动车黏着质量见表 2-5；

g——重力加速度（$\mathrm{m/s^2}$）；

μ_{j}——机车（动车）的计算黏着系数。

机车（动车）的轮周牵引力不能大于机车（动车）所能产生的黏着牵引力，称为黏着牵引力限制。

轮轨间黏着系数 μ_{j} 则受很多因素影响，包括气候、动轮踏面和钢轨材质与表面状况、行车速度、动车有关部件状态等，难以用理论方法计算，只能通过专门试验得出的试验公式表达。试验公式表示在正常黏着条件下计算黏着系数和列车运行速度的关系。

- 机车计算黏着系数

各种机车的计算黏着系数 μ_{j} 的试验公式为

国产各型电力机车 $$\mu_{\mathrm{j}}=0.24+\frac{12}{100+8V} \tag{2-2}$$

国产各型电传动内燃机车 $$\mu_{\mathrm{j}}=0.248+\frac{5.9}{75+20V} \tag{2-3}$$

式中　V——行车速度（km/h）。

● 高速铁路动车组计算黏着系数

我国高速铁路客运专线处于发展初期，尚无针对高速动车组的黏着性能的专门试验资料。我国目前投入使用的 CRH 系列动车组是在引进国外先进技术的基础上发展起来的；动车牵引特性参照国外相关技术标准。国外高速列车动车组的计算黏着系数 μ_j 的试验公式为

$$\text{日本（干轨）} \quad \mu_j = \frac{27.2}{85+V} \tag{2-4}$$

$$\text{日本（湿轨）} \quad \mu_j = \frac{13.6}{85+V} \tag{2-5}$$

$$\text{德国（干轨）} \quad \mu_j = 0.116 + \frac{9}{42+V} \tag{2-6}$$

$$\text{德国（湿轨）} \quad \mu_j = 0.7 \times \left(0.116 + \frac{9}{42+V}\right) \tag{2-7}$$

式中　V——行车速度（km/h）。

（三）牵引特性曲线

牵引特性曲线是表示轮周牵引力（纵轴）与运行速度（横轴）相互关系的曲线，通常由试验得到。牵引特性曲线因牵引种类而异，牵引种类相同时，多种机车（动车）类型的牵引特性曲线大同小异。我国《牵规》附录中，列有各类常用机车的牵引特性资料及牵引特性曲线图。以下按电力机车、内燃机车、高速动车组进行分述。

1. 电力机车牵引特性曲线

1）概　述

电力机车系由接触网取得电能。我国铁路电力牵引采用工频单相交流供电，接触网的高压交流电经机车受电弓进入机车的变压器变为低压交流电，再经整流器整流后变为直流电，供给牵引电动机。牵引电动机与机车动轮轮轴之间用齿轮啮合，使动轮得到产生牵引力所必需的旋转力矩。最后通过轮轨间的黏着作用产生机车牵引力。

电力机车上的牵引电动机，目前均采用直流串激电动机。这种电动机的机械特性曲线与双曲线相近，适合于机车牵引特性的需要。

2）电力机车的牵引特性曲线分析

图 2-2 为韶山 3 型电力机车的牵引特性曲线图。电力机车的电能由发电厂供应，所以对每一台机车来说不会受到供电能力的限制。因此，电力机车的牵引力主要受牵引电动机功率和轮轨黏着力的限制。

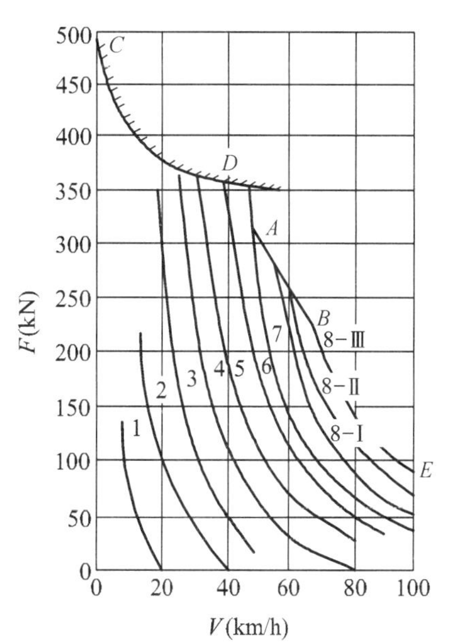

图 2-2　韶山 3 型电力机车牵引特性曲线

黏着牵引力：图中阴影线为韶山 3 型电力机车受轮轨间黏着力限制的牵引力曲线，是根据公式（2-1）和公式（2-2）计算得出的。

电动机牵引力：图中注有 1，2，…，8-Ⅲ的类似双曲线的一组曲线，表示电力机车牵引电动机功率所决定的牵引力，由牵引电动机电机特性换算到机车动轮轮周后求出。

机车运行中，根据运行需要，希望机车牵引力和速度能在相当大的范围内变化。仅有一条 $F=f(V)$ 曲线是不够的。干线机车一般采用改变电动机端电压和磁通量（削弱磁场）来进行速度调节。韶山 3 型机车有 8 个调压级，故有 8 条 $F=f(V)$ 曲线。在 8 级位上又有 8-Ⅰ，8-Ⅱ，8-Ⅲ共 3 个削弱磁场级，分别称Ⅰ，Ⅱ，Ⅲ级削弱磁场。

电动机允许电流限制的牵引力，即受电机发热条件所限制的牵引力。根据电机发热条件的不同，电机容许电流可分为持续电流、小时电流和最大电流。持续电流是指电机长时间运转而不致使电机超过容许温度的电流值。小时电流是指电机在这种电流下运转 1 h 而不致超过容许温度的电流值。最大电流是指在短时间（1 min）运转而不致出现火花引起电机破坏的电流值；此种电流只用于列车起动，所以称为起动电流。与上述电流相应的牵引力分别称为持续牵引力、小时牵引力和起动牵引力。

图 2-2 中斜线 *AB* 表示受电机持续电流发热条件限制的牵引力曲线。

3）机车牵引力取值及有关参数

• 不同速度下的牵引力取值

《牵规》规定电力机车牵引力取持续制。对于韶山 3 型机车，自起动至机车构造速度，牵引力分别取黏着牵引力（*CD* 段）、电动机牵引力（*DA* 段、*BE* 段）和电动机持续电流限制的牵引力（*AB* 段）。

• 计算速度和计算牵引力

计算速度是计算列车牵引质量所依据的速度,其所对应的牵引力称为计算牵引力。《牵规》规定以最高级位满磁场牵引特性上持续电流所决定的速度和牵引力作为最低计算速度和最大计算牵引力。图 2-2 中 *A* 点对应的速度与牵引力，即为韶山 3 型电力机车的最低计算速度（V_{jmin}）与最大计算牵引力（F_{jmax}）。

• 计算起动牵引力

起动牵引力是在起动条件下机车所能发挥的最大牵引力。《牵规》规定的机车起动牵引力是根据限制条件计算或经过专门试验确定的，称为计算起动牵引力。多数货运机车的计算起动牵引力都是受黏着条件的限制；客运机车则基本上受起动电流的限制。韶山 3 型机车进行起动检算时，取速度为零时的黏着牵引力为计算起动牵引力（F_q）。少数机型则取起动电流限制的牵引力为计算起动牵引力。

• 电力机车牵引性能参数

我国干线铁路电力机车有交直流机车和交直交流机车两种传动方式机车。交直流货机主要有韶山 1（SS_1）、韶山 3（SS_3）、韶山 7（SS_7）系列；交直流客机主要有韶山 8（SS_8）、韶山 9（SS_9）系列；交直交流货物机车主要有和谐电力 1（HXD_1）、和谐电力 2（HXD_2）、和谐电力 3（HXD_3）。韶山 4 型电力机车见图 2-3，我国常用电力机车牵引性能参数见表 2-1。

图 2-3　韶山 4 型电力机车

表 2-1　电力机车牵引性能参数表

机　型	V_{jmin}（km/h）	F_{jmax}（kN）	F_q（kN）	P、P_μ（t）	V_g（km/h）	L_J（m）
SS_1	43.0	301.2	487.3	138	95	20.4
SS_3	48.0	317.8	470	138	100	21.7
SS_4	51.5	431.6	649.8	2×92	100	32.8
SS_7	48.0	353.3	487.3	138	100	22.0
SS_8	99.7	127.0	230.0	88	177	17.5
SS_9	99.0	169.0	286.0	126	170	21.0
HXD_1	70/65	494.0/532.0	760.0	2×92/2×100	120	2×17.616
HXD_2	70/65	510.0/550.0	700.0/765.0	2×92/2×100	120	2×18.975
HXD_3	70/65	370.0/380.0	485.0/520.0	138/150	120	20.846

注：表中 P 和 P_μ是机车质量和机车黏着质量，L_J是机车长度。

2. 内燃机车牵引特性曲线

1）概　述

内燃机车的动力是机车上的内燃机（柴油机）提供的。因为用内燃机直接驱动机车动轮转动方式的 $F=f(V)$ 曲线不是理想的恒功双曲线形式，不能适应机车牵引特性要求，所以要将内燃机发出的功率经传动装置传给机车动轮，并通过轮轨间黏着作用产生机车牵引力。因此，内燃机车的牵引力受内燃机功率、传动装置及轮轨间黏着力的限制。传动装置有机械传动、电传动、液力传动三种方式。东风 8 型电传动内燃机车如图 2-4，我国铁路干线机车多采用电传动。

图 2-4　东风 8 电传动内燃机车

2）电传动内燃机车牵引特性曲线分析

电传动内燃机车是机车上的内燃机带动一主发电机，主发电机产生的电流驱动动轮轮轴上的牵引电动机，牵引电动机与轮轴齿轮啮合，使动轮轮对得到产生牵引力必需的旋转力矩。主发电机可用直流式或交流式，而牵引电动机目前多为直流式。图 2-5 为东风（DF）4B（货）型电传动内燃机车的牵引特性曲线图。该机型为交直流电力传动方式，用以说明电传动内燃机车牵引特性曲线的基本概念。

黏着牵引力　图中带有阴影的曲线，按公式（2-1）和公式（2-3）计算。

机车柴油机和传动装置的牵引力　柴油机功率随燃料供入量变化，柴油机功率（转速）决定着发电机功率，一种转速就有一条 $F=f(V)$ 牵引力曲线。东风 4B（货）型机车柴油机有 4 种转速，相应就有 4 条 $F=f(V)$ 曲线。

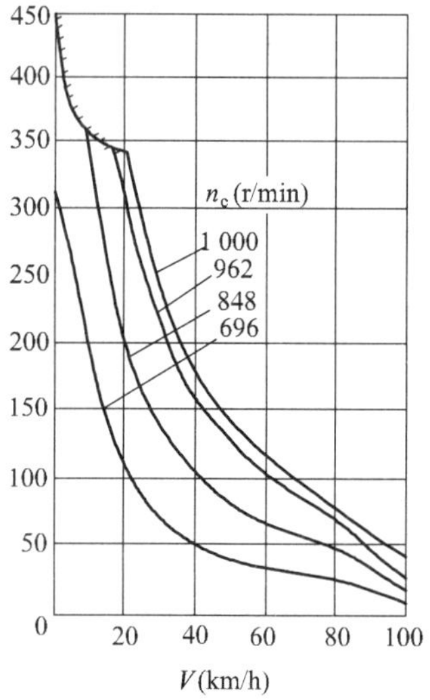

图 2-5　DF4B（货）型内燃机车牵引特性曲线

电传动内燃机车上的牵引电动机也是直流串激电动机，像电力机车那样，也可采用削弱磁场方法调节。图中的每一条 $F=f(V)$ 曲线均由 3 段组成：低速范围是满磁场；中速范围是一级削弱磁场；速度更高时为二级削弱磁场。图中没有表示出磁场转换过程，而是将其转换过程速度范围内的牵引力平均值绘成圆滑曲线。

起动电流限制的牵引力　列车起动是由静态向动态的转变过程，列车是逐辆起动，在守车起动时，机车的速度约为 2.5 km/h。内燃机车的起动牵引力按此计算。有的机型受黏着力限制，有的机型受起动电流限制。

内燃机车的最小计算速度 V_{jmin} 及与之对应的最大计算牵引力 F_{jmax}，一般取持续速度与持续牵引力。常用干线内燃机车牵引性能参数见表 2-2。

内燃机车的柴油机有效功率与进入汽缸的空气量有关。当在大气压力较低的高原或高温地区运用内燃机车时，机车功率会有所降低。此时，应对机车牵引力进行修正，修正系数由试验确定。修正后的机车牵引力 F_x 按下式计算

$$F_x = F \times \lambda_h \times \lambda_p \times \lambda_s \tag{2-8}$$

式中 λ_h——周围空气温度修正系数（见表 2-3）;

λ_p——海拔修正系数（见表 2-4）;

λ_s——隧道影响的牵引力修正系数：DF4B 型客、货运机车，在长度大于 1 000 m 时，单机或双机重联的第一台机车取 0.88，双机重联的第二台机车取 0.85。

表 2-2 干线内燃机车牵引性能参数表

机 型	V_{jmin}（km/h）	F_{jmax}（kN）	F_q（kN）	P、P_μ（t）	V_g（km/h）	L_J（m）
DF_4（货）	20.0	302.1	401.7	135	100	21.1
DF_4（客）	24.0	251.6	346.3	135	120	21.1
DF_{4B}（货）	21.8	313.0	442.2	138	100	21.1
DF_{4B}（客）	29.0	235.2	325.3	138	120	21.1
DF_{4C}（货）	24.5	301.5	442.2	138	100	21.1
DF_8	31.2	307.3	432.6	135	100	22.0
DF_{11}	65.6	160.0	253.0	135	170	21.3
HXN_3	20.0	598.0	620.0	150	120	22.250

注：DF_{4B}（货）、DF_{4C}（货）、DF_8 型机车的 F_q 受黏着限制；其他机型受起动电流限制。

表 2-3 周围空气温度修正系数 λ_h

机 型	周围空气温度（°C）					
	30	32	34	36	38	40
DF_4	1	0.985	0.958	0.930	0.904	0.877
DF_{4B}	1	0.982	0.952	0.921	0.892	0.864
DF_{4C}	1	0.987	0.954	0.920	0.886	0.853
DF_8、DF_{11}	1	0.984	0.950	0.913	0.877	0.841

表 2-4 海拔修正系数 λ_p

海 拔（m）		500	1 000	1 500	2 000	2 500	3 000	3 500	4 000
大气压力（kPa）		95.23	89.64	84.32	79.40	74.61	70.22	65.97	62.85
DF_4		1	0.933	0.855	0.780	0.707	0.638	0.569	0.503
DF_{4B}	45GP802-A 增压器	1	0.940	0.880	—	—	—	—	—
	ZN310 增压器	—	—	0.885	0.823	0.758	0.697	0.634	0.569

3. 高速动车组牵引特性曲线

1）概 述

世界各国已投入运营的 200 km/h 以上的高速列车普遍采用动车组牵引方式。牵引模式基本上分为两类：动力分散型动车组和动力集中型动车组。

动力分散型动车组由动车和拖车组成。动车是指既具有动力，又可载客的车辆；拖车是只载客而无动力装置的车辆。这类高速列车以日本新干线为代表。

动力集中型列车在其头尾两端配置动力车，而中间全部为拖车。动力车是不载客的动车。欧洲许多国家的高速列车都采用这类牵引模式，如法国的 TGV 和德国的 ICE 高速列车。

我国通过全面技术引进，最终实现国内制造的 CRH 系列动车组，为动力分散、交流传动的电动车组。CRH 系列动车组均采用三相交流异步电力电机，运行速度为 200 km/h 以上；当牵引质量和速度目标值相同时，所需要的列车总功率相近。图 2-6 所示为 CRH380B/BL 型动车组。

图 2-6　CRH380B/BL 型动车组

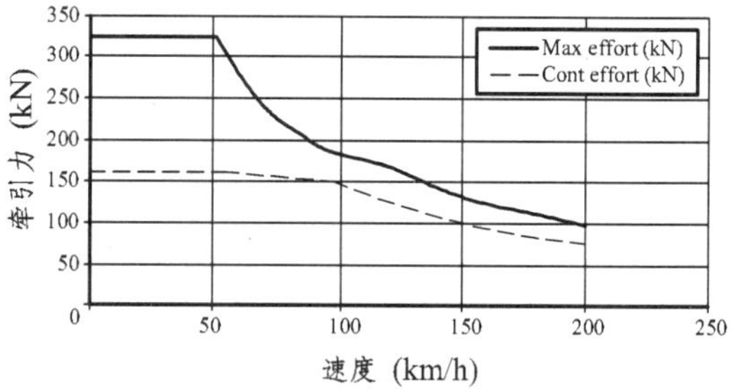

图 2-7　CRH_1 动车组牵引特性曲线

2）高速动车组的牵引特性曲线分析

高速动车组的牵引力大小取决于动车组总功率；而动车组所需功率可根据牵引质量和速度目标值的大小，通过配置相应的动车组合来提高。动车组通常采用固定编组形式。

动车组牵引力的计算可根据牵引特性曲线取值。不同的生产厂家给出的动车组牵引特性曲线形式有所不同，有的以单辆车牵引特性曲线的方式给出，有的以全列车特性曲线的方式给出。图 2-7 为 CRH_1 动车组的牵引特性曲线。在低速范围内，动车组的牵引力受起动电流的限制，如 CRH_1 动车组在 0 ~ 50 km/h 的速度范围内，动车组牵引力受起动电流限制为一定值 325 kN；当速度大于一定值后，动车组牵引力受牵引电机功率的限制，随着速度的升高而降低。

我国生产的 CRH 系列高速动车组的牵引性能参数如表 2-5 所示。

表 2-5　CRH 高速动车组牵引性能参数表

机　型	V_s（km/h）	F_s（kN）	F_q（kN）	P（t）		V_m（km/h）	车长（m）	
				动车	拖车		头车	中车
CRH_1	200	87	325	≤16	≤16	250	26.96	26.60
CRH_2	200/300	132/83	237	≤14	≤14	250/330	25.70	25.00
CRH_3	200/350	160/92	300	≤14	≤14	250/380	25.70	25.00
CRH_5	200	95	300	≤17	≤16	250	27.60	25.00
CRH380AL	380	193	300	≤15	≤15	400	26.5	25.0
CRH_6	200	99	230	15.5	15.5	220	25.45	24.5

注：V_s 为最高运营速度，F_s 为对应于最高运营速度时的牵引力。

二、列车运行阻力

（一）概　述

列车运行时，作用在列车上的阻止列车运行且不能由司机控制的外力，称为列车运行阻力，简称列车阻力，以 W 表示。列车阻力 W 是机车阻力 W' 和车辆阻力 W'' 之和。

试验表明，作用在机车、车辆上的阻力与其质量成正比，故在牵引计算中采用单位阻力来计算总阻力。单位阻力即单位机车或车辆质量所受的阻力，单位为 N/kN；它乘以机车或车辆质量（t），即得机车或车辆所受总阻力（N）。

根据阻力的性质，将阻力分为以下三类：

（1）基本阻力，列车在空旷地段沿平直轨道运行时遇到的阻力，该力在列车运行中总是存在的。基本阻力方向与列车运行方向相反。

（2）附加阻力，列车在线路上运行时受到的额外阻力，如坡道阻力、曲线阻力、隧道阻力等。附加阻力的种类随列车运行的线路平、纵断面情况而定。

（3）起动阻力，列车起动时的阻力。

（二）基本阻力

1. 构成基本阻力的因素

基本阻力由轴颈与轴承间的摩擦阻力、车轮与钢轨的滚动摩擦阻力、车轮在钢轨上的滑动摩擦阻力、轨道不平顺与车轮踏面擦伤等引起的冲击和振动阻力以及空气阻力构成。影响基本阻力的因素复杂，难以用纯理论公式求算，只能用通过大量试验综合得出的试验公式来计算。试验公式都用单位阻力 w_0 的形式表达，其形式为

$$w_0 = a + bV + cV^2 \text{（N/kN）}$$

式中，常数 a，b，c 由试验确定；V 为列车运行速度（km/h）。我国的基本阻力公式是在运行速度不小于 10 km/h、外温不低于 − 10 °C、风速不大于 5 m/s 的条件下试验得出的。

2. 机车单位基本阻力

我国常用机车的单位基本阻力 w_0' 试验公式如下：

1）电力机车

韶山 1、韶山 3、韶山 4 采用公式：

$$w_0' = 2.25 + 0.019\,0V + 0.000\,320V^2 \quad \text{（N/kN）} \tag{2-9}$$

韶山 7：
$$w_0' = 1.40 + 0.003\,8V + 0.000\,348V^2 \quad \text{（N/kN）} \tag{2-10}$$

韶山 8：
$$w_0' = 1.02 + 0.003\,5V + 0.000\,426V^2 \quad \text{（N/kN）} \tag{2-11}$$

HXD_1：
$$w_0' = 2.37 + 0.0101V + 0.000306V^2 \text{（N/kN）}$$

HXD_2：
$$w_0' = 1.40 + 0.038V + 0.000300V^2 \text{（N/kN）}$$

HXD_3：
$$w_0' = 0.84 + 0.012V + 0.000313V^2 \text{（N/kN）}$$

2）内燃机车

DF4（客、货）、DF4B（客、货）、DF4C（货）、DF7D 等型：

$$w_0' = 2.28 + 0.029\,3V + 0.000\,178V^2 \quad \text{（N/kN）} \tag{2-12}$$

DF8:　$w_0' = 2.40 + 0.002\,2V + 0.000\,391V^2$　(N/kN)　(2-13)

DF11:　$w_0' = 0.86 + 0.005\,4V + 0.000\,218V^2$　(N/kN)　(2-14)

HXN:　$w_0' = 1.20 + 0.0065V + 0.000279V^2$　(N/kN)

3. 车辆单位基本阻力

1）客车单位基本阻力计算公式

客车在运用中载重量变化不太大，所以客车不需要分空车、重车；而且中国铁路干线客车已全部是滚动轴承。客车单位基本阻力公式如下：

$V \leqslant 120$ km/h 时，21、22 型　$w_0'' = 1.66 + 0.007\,5V + 0.000\,155V^2$　(N/kN)　(2-15)

$V \leqslant 140$ km/h 时，25B、25G 型　$w_0'' = 1.82 + 0.010V + 0.000\,145V^2$　(N/kN)　(2-16)

$V \leqslant 160$ km/h 时，快速单层客车　$w_0'' = 1.61 + 0.004V + 0.000\,187V^2$　(N/kN)　(2-17)

快速双层客车　$w_0'' = 1.24 + 0.003\,5V + 0.000\,157V^2$　(N/kN)　(2-18)

2）货车单位基本阻力计算公式

重车：滚动轴承　$w_0'' = 0.92 + 0.004\,8V + 0.000\,125V^2$　(N/kN)　(2-19a)

滑动轴承　$w_0'' = 1.07 + 0.001\,1V + 0.000\,236V^2$　(N/kN)　(2-19b)

空车：　$w_0'' = 2.23 + 0.005\,3V + 0.000\,675V^2$　(N/kN)　(2-20)

4. 高速动车组单位基本阻力计算公式

CRH 系列动车组的单位基本阻力可按下列公式计算：

CRH_1　$w_0'' = 1.12 + 0.005\,42V + 0.000\,146V^2$ (N/kN)　(2-21)

CRH_2　$w_0'' = 0.88 + 0.007\,44V + 0.000\,114V^2$ (N/kN)　(2-22)

CRH_3　$w_0'' = 0.66 + 0.002\,45V + 0.000\,132V^2$ (N/kN)　(2-23)

CRH_5　$w_0'' = 0.69 + 0.006\,3V + 0.000\,15V^2$　(N/kN)　(2-24)

CRH_6　$w_0'' = 0.54 + 0.009\,8V + 0.000\,163V^2$　(N/kN)　(2-25)

5. 列车基本阻力与列车平均单位基本阻力

1）普通列车

列车基本阻力 W_0 为机车基本阻力 W_0' 与车辆基本阻力 W_0'' 之和，即

$$W_0 = W_0' + W_0'' = (P w_0' + G w_0'') \times g \text{ (N)} \tag{2-26}$$

式中，P，G 分别为机车质量、牵引质量（t）。

列车平均单位基本阻力 w_0 是列车基本阻力 W_0 与列车质量（$P+G$）或 M 之比值，即单位列车质量的列车基本阻力，按下式计算

$$w_0 = \frac{W_0}{(P+G)\times g} = \frac{P\times w_0' + G\times w_0''}{P+G} \text{ (N/kN)} \tag{2-27}$$

2）动车组

$$W_0 = M \times w_0'' \times g \text{ (N)} \tag{2-28}$$

式中，M 为动车组质量（t）。

列车平均单位基本阻力等于车辆单位阻力，即 $w_0 = w_0''$（N/kN）。

（三）附加阻力

附加阻力取决于线路情况（坡道、曲线、隧道）及气候条件（大风、严寒等）。气候条件引起的附加阻力目前尚无可靠计算方法。因此，附加阻力仅计算坡道附加阻力、曲线附加阻力、隧道空气附加阻力。

1. 坡道附加阻力

列车在坡道上运行时，其重力产生垂直于轨道的和平行于轨道的两个分力，垂直于轨道的分力被轨道的反力平衡，平行于轨道的分力即为列车坡道附加阻力。列车上坡时，坡道附加阻力方向与列车运行方向相反，阻力是正值；列车下坡时，坡道附加阻力方向与列车运行方向相同，阻力是负值。坡道附加阻力计算公式推导如下。

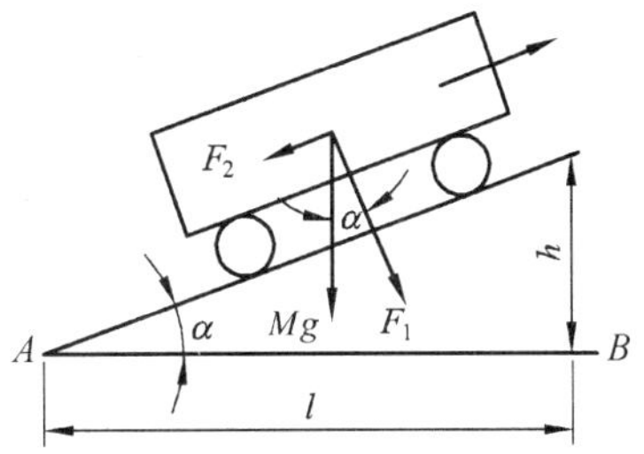

图 2-8　坡道附加阻力

在图 2-8 中，设列车的质量为 M（t），则其在坡道上运行时的重力为 $M\times g$（kN），平行于轨道的分力 F_2 即为坡道附加阻力

$$F_2 = M\times g\times\sin\alpha \text{（kN）}$$

因为α角一般都很小（线路坡度 $i = 34.9$ ‰ 时，$\alpha = 2°$），可令 $\sin\alpha \approx \tan\alpha$，并考虑列车质量 M 的单位换算，于是得

$$F_2 = 1\,000M\times g\times\tan\alpha \text{（N）}$$

线路坡度 i 系用千分率表示，$i =（h/l）\times 1\,000 = 1\,000\times\tan\alpha$（‰），即 $\tan\alpha = i/1\,000$，故

$$F_2 = M\times g\times i \text{（N）}$$

因单位阻力的定义为单位质量阻力，故单位坡道附加阻力 w_i 为

$$w_i = \frac{M\times g\times i}{M\times g} = i \text{（N/kN）} \qquad (2\text{-}29)$$

式中，i 为坡度值（‰），上坡为正值，下坡为负值。

可见，单位坡道附加阻力等于坡度的千分率。例如，列车在 6‰的上坡道上运行时，其单位坡道阻力为 6 N/kN；若为下坡，则单位坡道附加阻力为 − 6 N/kN。

2. 曲线附加阻力

1）引起曲线附加阻力的因素

列车在曲线上运行比在直线上运行的阻力大，增大的部分称为曲线附加阻力。引起曲线附加阻力的因素主要是，机车、车辆在曲线上运行时，轮轨间的纵向和横向滑动、轮缘与钢轨内侧面的摩擦增加，同时由于侧向力的作用，上、下心盘之间以及轴承有关部分摩擦加剧。由这些原因增加的阻力与曲线半径、列车运行速度、外轨超高、轨距加宽量、机车车辆的固定轴距和轴荷载等诸多因素有关，故难以用理论公式计算，通常采用试验方法，得出以曲线半径 R 为函数的试验公式。

2）曲线附加阻力计算式

由试验得到普速列车的单位曲线附加阻力 w_r 的计算公式为

$$w_r = \frac{600}{R} \text{（N/kN）} \qquad (2\text{-}30a)$$

分析《京沪高速铁路线、桥、隧主要技术参数研究》的相关成果得到的高速客运专线的单位曲线附加阻力 w_r 的计算公式为

$$w_r = \frac{2\,000}{R} \text{ (N/kN)} \tag{2-30b}$$

如果用圆曲线长度 L_y（m）与曲线转角 α（°）表示半径，则 $R = 180L_y/(\pi\alpha)$（m），式（2-30a）可写成

$$w_r = \frac{10.5\ \alpha}{L_y} \text{ (N/kN)} \tag{2-31a}$$

式（2-30b）可写成

$$w_r = \frac{34.9\ \alpha}{L_y} \text{ (N/kN)} \tag{2-31b}$$

式中 R，α，L_y——曲线半径（m）、曲线转角（°）、曲线长度（m）。

3）普速列车平均单位曲线附加阻力

设列车长度为 L_L（m）且列车质量按长度均匀分布，列车延米质量为 q（t/m），则有：

（1）$L_L \leqslant L_y$ 时，列车全长均受到曲线附加阻力的作用，列车受到的总的曲线附加阻力为

$$W_r = \frac{600}{R} \times g \times L_L \times q \text{ (N)}$$

列车平均单位曲线附加阻力为

$$w_r = \frac{600}{R} \text{ (N/kN)} \tag{2-32}$$

或

$$w_r = \frac{10.5\ \alpha}{L_y} \text{ (N/kN)} \tag{2-33}$$

（2）$L_L > L_y$ 时，列车仅有 L_y 长的一部分受到曲线附加阻力的作用，所以

$$W_r = \frac{600}{R} \times g \times L_y \times q \text{ (N)}$$

列车全长平均单位曲线附加阻力为

$$w_r = \frac{600}{R} \times \frac{L_y}{L_L} \text{ (N/kN)} \tag{2-34}$$

或

$$w_r = \frac{10.5\alpha}{L_L} \text{ (N/kN)} \tag{2-35}$$

（3）如果列车同时位于多个曲线上，且列车全长范围内的曲线转角总和为 $\sum\alpha$，则列车平均单位曲线附加阻力 w_r 为

$$w_r = \frac{10.5\sum\alpha}{L_L} \quad (\mathrm{N/kN}) \tag{2-36}$$

3. 隧道空气附加阻力

列车在隧道内运行时，由于空气受隧道约束，不能向四周扩散，产生活塞现象，造成头部正压与尾部负压的压力差，产生阻碍列车运动的阻力。同时，由于车辆外形结构的原因，隧道内的空气产生紊流，造成空气与列车表面及隧道表面的摩擦，也对列车产生阻力。因此，列车在隧道中运行时，作用于列车上的空气阻力远较空旷地段大，增加的空气阻力称为隧道空气附加阻力。

隧道空气阻力试验表明，行车速度、列车长度、列车迎风面积、列车外形、隧道长度、隧道净空横断面积、隧道表面粗糙度等是影响隧道空气附加阻力的主要因素。速度越高，列车通过隧道时产生的空气阻力越大；隧道空气阻力 w_S 与空气压力差 Δp 、隧道净空横断断面面积 A_S 的关系可表示为

$$W_s = \Delta p A_s \tag{2-37}$$

其中，$\Delta p = K\frac{\rho}{2}(v-v_0)^2$

$$K = \frac{NL_L}{(1-A_L/A_s)^2} = \frac{86\times10^{-4}L_L}{(1-A_L/A_s)^2}$$

式中　K 为活塞压力作用系数；ρ 为空气密度，取 1.2 kg/m^3；v 为列车速度（m/s）；v_0 为活塞风速（m/s）；N 为隧道表面粗糙度；L_L 为列车长度（m）；A_L 为列车横断面面积，取 12.6 m^2。

单位隧道空气阻力为

$$w_s = \frac{\Delta p A_s}{(\mathrm{P}+G)g} \tag{2-38}$$

式中　g 是重力加速度，取 10 m/s^2；P 为机车轴重（t）；G 为牵引质量（t）；

为简化计算，隧道净空横断面积可按表 2-6 取值。

表 2-6　不同设计行车速度下隧道净空横断面最小面积　　m^2

机车种类	线路种类	≤120 km/h	≤160 km/h	200 km/h	250 km/h	350 km/h
电力	单线	37	39（42）	50	58	70
	双线		67（76）	80	90	100
内燃	单线	31	32（42）	50	58	70
	双线		58（76）	80	90	100

注：未考虑双层集装箱要求。

活塞风速由下式计算

$$v_0=\frac{v}{1+\sqrt{\zeta_s/K}}\ \text{(m/s)} \tag{2-39}$$

其中 $\zeta_s=\sum\zeta+\lambda\frac{L_s-L_L}{d}$

式中 ζ_s 为隧道总阻力系数，$\sum\zeta$ 为隧道出入口局部阻力系数之和，取 1.5；λ 为隧道内摩擦系数，取 0.025；L_s 为隧道长度（m）；d 为隧道当量直径（m），$d=4A_s/R_s$，R_S 为隧道净空横断面周长，可按表 2-7 取值。

代入上述参数，可得隧道总阻力系数为

$$\zeta_s=1.5+0.00625(L_s-L_L)\frac{R_s}{A_s} \tag{2-40}$$

表 2-7 不同设计行车速度下隧道净空横断面周长 m

线路种类	≤160 km/h	160 km/h <V≤200 km/h	200 km/h <V≤250 km/h	250 km/h <V≤350 km/h
单线	22.5	26.5	28.0	32.0
双线	31.5	34.5	35.0	37.5

根据上述公式及参数的取值，可推导出列车通过隧道时的单位空气压力差计算公式为

$$\begin{aligned}\Delta p&=K\frac{\rho}{2}(v-v_0)^2=0.5K\rho v^2\left(1-\frac{1}{1+\sqrt{\zeta_s/K}}\right)^2\\&=0.5\times\frac{0.008\,6L_L}{(1-A_L/A_s)^2}\rho v^2\left(1-\frac{1}{1+\sqrt{\left[1.5+0.062\,5(L_s-L_L)\frac{R_s}{A_s}\right]/[0.008\,6L_L/(1-A_L/A_s)^2]}}\right)^2\\&=0.004\,3\frac{\rho L_L v^2}{(1-A_L/A_s)^2}\left(1-\frac{1}{1+\sqrt{\left[174.419+0.726\,7(L_s-L_L)\frac{R_s}{A_s}\right]\frac{(1-A_L/A_s)^2}{L_L}}}\right)^2\end{aligned} \tag{2-41}$$

由于我国铁路列车速度通常使用 km/h 单位，因此将上式的速度单位从 m/s 换算为 km/h，则式（2-41）变为

$$\Delta p=0.000\,331\,8\frac{\rho L_L V^2}{(1-A_L/A_s)^2}\left(1-\frac{1}{1+\sqrt{\left[174.419+0.726\,7(L_s-L_L)\frac{R_s}{A_s}\right]\frac{(1-A_L/A_s)^2}{L_L}}}\right)^2 \tag{2-42}$$

式中：V 为以 km/h 为单位的列车速度。

相应的单位隧道空气阻力计算式为

$$w_s = \frac{\Delta p A_s}{(m_P + m_{G_X})g}$$

$$= \frac{0.000\,033\,18 \times 1.2 \times A_s}{(1 - A_L / A_s)^2} \frac{L_L V^2}{(P+G)} \left(1 - \frac{1}{1 + \sqrt{\left[174.419 + 0.726\,7(L_s - L_L)\frac{R_s}{A_s}\right]\frac{(1 - A_L / A_s)^2}{L_L}}}\right)^2$$

$$= \frac{0.000\,039\,8 \times A_s}{(1 - A_L / A_s)^2} \frac{L_L V^2}{(P+G)} \left(1 - \frac{1}{1 + \sqrt{\left[174.419 + 0.7267(L_s - L_L)\frac{R_s}{A_s}\right]\frac{(1 - A_L / A_s)^2}{L_L}}}\right)^2 \quad (2\text{-}43)$$

令 $a = \frac{0.000\,039\,8 A_s}{(1 - A_L / A_s)^2}$，$b = 174.419(1 - A_L / A_s)^2$，$c = 0.726\,7(1 - A_L / A_s)^2 \frac{R_s}{A_s}$，则式（2-43）可表示为

$$w_s = \frac{a L_L V^2}{(P+G)} \left(1 - \frac{1}{1 + \sqrt{\frac{b + c(L_s - L_L)}{L_L}}}\right)^2 \quad (2\text{-}44)$$

由于上式尚存在一定不足，且计算也较复杂，《牵规》建议采用下列公式来计算隧道内单位空气附加阻力：

隧道内有限制坡道时　　$w_s = L_s \times V_s^2 / 10^7$（N/kN）　　（2-45）

隧道内无限制坡道时　　$w_s = 0.000\,13 \times L_s$（N/kN）　　（2-46）

式中　L_s—— 隧道长度（m）；

L_L—— 列车长度（m）；

P—— 机车计算质量（t）；

G—— 牵引质量（t）；

V_s—— 列车通过隧道的运行速度（km/h）。

4. 附加阻力换算坡度及加算坡度

1）附加阻力换算坡度

根据单位坡道附加阻力的计算公式（2-29），若将曲线附加阻力和隧道空气附加阻力分别视为由坡度 i_r 和 i_s 产生的阻力，即令

$$w_r = i_r\ (\text{N/kN}),\ w_s = i_s\ (\text{N/kN})$$

则我们把 i_r，i_s 分别称为曲线、隧道附加阻力换算坡度，或称为曲线、隧道当量坡度。

2）加算坡度及列车平均单位阻力

加算坡度 i_j 是指线路纵断面上坡段的坡度 i（上坡）与该坡道上的曲线、隧道等附加阻力换算坡度之和，即

$$i_j = i + i_r + i_s\ (‰) \quad (2\text{-}47)$$

对应的单位加算阻力为

$$w_j = w_i + w_r + w_s\ (\text{N/kN}) \quad (2\text{-}48)$$

列车总阻力为

$$W = W_0 + W_j = [P \times w_0' + G \times w_0'' + (P+G) \times i_j] \times g \times 10^{-3} \text{（kN）}$$

或

$$W = W_0 + W_j = (M \times w_0'' + M \times i_j) \times g \times 10^{-3} \text{（kN）}$$

普通列车平均单位阻力为

$$w = \frac{W}{(P+G) \times g} = w_0 + w_i + w_r + w_s \text{（N/kN）} \tag{2-49}$$

高速动车组列车平均单位阻力为

$$w = \frac{W}{M \times g} = w_0'' + w_i + w_r + w_s \text{（N/kN）} \tag{2-50}$$

5. 其他附加阻力

除了上面所述各种附加阻力外，还有因大风或严寒等气候条件所引起的阻力。

由于机车、车辆的基本阻力公式是在一定的气候条件下进行试验求得的，所以气候条件变化时，列车的基本阻力亦将发生变化。风向与列车运行方向相反时列车阻力增大；风向与列车运行方向相同时则阻力减小。如果大风从列车侧面吹来，将使列车表面加大摩擦，并使车轮轮缘紧靠钢轨一侧，发生较大摩擦；同时，轴承摩擦以及轮间的滑动也会加剧，列车越长时这种附加阻力就越大。因此，这种侧向大风对列车运行是不利的。

严冬季节，气温很低的地区将使列车运行增加额外阻力。由于轴承之间的润滑油黏度随着气温下降而增大，摩擦系数和摩擦阻力也随之增加；同时气温降低时，空气密度增大，空气阻力也有所增加。

由以上两种条件的变化而额外增加的阻力应由专门试验来确定，或者采用适当减少牵引质量的措施进行修正。

（四）起动阻力

普通货物列车的机车、车辆停留时，轴颈与轴承之间润滑油被挤出，油膜减薄；同时，轴箱内温度降低，油的黏度增大，故起动时，轴颈与轴承的摩擦阻力增大。此外，车轮压在钢轨上产生凹形变形比运行时大，增加了滚动阻力。同时，列车起动时，要求有较大的加速力以克服列车的静态惯性力。《牵规》将起动加速力也包括在起动阻力中考虑。因此，应另行计算列车起动时的阻力。

根据我国试验结果，列车的起动阻力计算采用如下公式，其中已包括了起动时的基本阻力及起动附加阻力。

（1）机车单位起动阻力 w_q'：

内燃和电力机车　　$w_q' = 5$（N/kN）　　（2-51）

（2）货车单位起动阻力 w_q''：

滚动轴承货车　　$w_q'' = 3.5$（N/kN）　　（2-52）

滑动轴承货车　　$w_q'' = 3 + 0.4 i_q$（N/kN）　　（2-53）

式中，i_q 为起动地段的加算坡度值（‰）。

滑动轴承货车当 w_q'' 的计算结果小于 5 N/kN 时，按 5 N/kN 计算。

三、列车制动力

人为地制止列车运动，包括其减速、阻止其运动或加速，均可称为制动。反之，对已施行制动的列车，解除或减弱其制动作用，均称为缓解。为使列车施行制动和缓解而安装在列车上的一整套设备，总称为制动装置。

由制动装置产生的与列车运行方向相反的外力称为制动力，它是人为的阻力，比列车运行中由于各种原因自然产生的阻力要大得多。所以，尽管在制动过程中列车运行阻力也起作用，但起主要作用的还是列车制动力。

（一）制动方式分类

1. 按动能的转移方式分

在制动方式上，按列车动能转移方法，中国铁路目前主要使用摩擦制动、动力制动和磁力制动。

1）摩擦制动

目前常用的摩擦制动方式有闸瓦制动和盘形制动两种。

• 闸瓦制动

闸瓦制动又称踏面制动，它以机车上装置的空气压缩机产生的压缩空气为动力，推动机车车辆上的制动闸瓦压紧车轮轮箍，通过闸瓦与车轮踏面的机械摩擦，把列车动能转变为热能消散于大气，并产生制动力。这种方式可以产生较大的制动力，因其利用压缩空气为动力，故称空气制动。

• 盘形制动

盘形制动原理与闸瓦类似。盘形制动是在车轴上或车轮辐板侧面安装制动盘，制动时用制动夹钳使两个闸瓦紧压制动盘侧面，通过闸瓦与制动盘侧面的机械摩擦来产生制动作用，将列车动能转变成热能消散于大气。

与闸瓦制动方式相比，盘形制动主要有下列优点：

① 可大大减轻车轮踏面的热负荷和机械磨耗；

② 可按制动要求选择最佳“摩擦副”；

③ 制动平稳，几乎没有噪声。

因此，与闸瓦制动相比，盘形制动更适合于高速动车组。

2）动力制动

动力制动是让机车或动车的车轮带动其动力传动装置，使它产生逆作用，从而消耗列车动能，产生制动作用。例如，液力传动内燃机车的液力制动，电传动内燃机车、电力机车和电动车组的电阻制动，电力机车和电动车的再生制动等，都属于动力制动的范畴。

• 电阻制动与再生制动

利用电机的可逆原理，将电力机车或电传动内燃机车动轴上的电动机转换为发电机使用，动轮在列车惯性力作用下，带动传动齿轮，使电动机转子旋转而发电，从而产生反转力矩，阻止车轮转动以达到制动目的。因电机发出的电能消耗在机车特设的电阻中，故称电阻制动；如将电能反馈给电网加以利用时，则称再生制动。

再生制动比电阻制动更加经济。因此，20 世纪 90 年代后再生制动在各国的动车组上得到了广泛应用。

• *液力制动*

在液力传动的内燃机车上，利用机车动轮惯性运动，通过传动齿轮带动制动器内的转子在工作油中旋转，工作油在转子中被加速而在定子中被减速，产生对转子的反扭矩。这个反扭矩传递到机车动轮上，形成液力制动力。

电阻制动力受牵引电动机最大制动电流等限制；液力制动力受制动功率等限制。在机车运行速度较高时，制动力都随速度增大而降低；当运行速度低于最小发电速度或低于产生反扭矩速度时，动力制动不起作用；当运行速度趋于零时，制动力即消失。因此《牵规》规定，动力制动仅作为列车运行时的调速制动使用；当检算列车在下坡道运行的最高允许速度或计算列车进站制动时，均不应将动力制动计算在内。

3）电磁制动

电磁制动利用转向架上的电磁铁和电磁感应体的相对运动引起电涡流产生电磁力而形成制动力。

电磁制动包括磁轨制动和涡流制动。

• *磁轨制动*

磁轨制动是在转向架两个侧架下面同侧的两个车轮之间各安装一个电磁铁，制动时将它放下并利用电磁吸力紧压钢轨，通过电磁铁上的磨耗板与钢轨之间的滑动摩擦产生制动力，把列车动能变为热能消散于大气。

磁轨制动的制动力不是通过轮轨黏着产生，不受轮轨之间黏着力的限制，因而能在黏着力以外再获得一份制动力。与其他制动方式配合，可共同产生较高的制动力。在紧急制动时使用，可满足高速动车组对制动距离的要求。

• *涡流制动*

涡流制动包括轨道涡流制动和旋转涡流制动两种方式。

① 轨道涡流制动与磁轨制动相似。但轨道涡流制动的电磁铁在制动时只下放到离轨面几毫米处，而不是与钢轨接触。它利用电磁铁和钢轨相对运动产生的电磁吸力作为制动力。电磁铁和钢轨的相对运动使钢轨感应出涡流，从能量调度看，轨道涡流制动是将列车的动能转换为电能，再转换为热能消散于大气。

② 旋转涡流制动是在车轴上装有金属盘，制动时金属盘在电磁铁形成的磁场中旋转，盘的表面感应出涡流并产生电磁吸力，从而产生制动作用。旋转涡流制动的能量转换过程与轨道涡流制动类似。旋转涡流制动广泛应用于日本新干线 100 系、300 系和 700 系动车组的拖车上。

摩擦制动能产生较大的制动力，当速度为零时，也能产生制动作用，因此是应用最广泛的制动方式，也是中国最主要的制动方式。

电磁制动属于非黏着制动，其制动力不受轮轨间黏着力限制，而是用电磁力进行制动，被广泛用在高速列车上。

2. 按制动力的操纵控制方式分

按制动力的操纵控制方式，列车制动力所采用的制动方式可分为空气制动、电制动和电空制动三类。

1）空气制动

空气制动以机车上装置的空气压缩机产生的压缩空气为动力，推动机车车辆上的制动闸瓦压紧车轮轮箍，由摩擦产生制动，故称为空气制动。这种方式可以产生较大的制动力。

2）电制动

操纵控制和原动力都用电的制动方式称为电磁制动，简称电制动，如电阻制动和再生制动。因电制动具有能够提供强大的制动力和其他诸多优点，已成为各种电力机车、电传动内燃机车和高速动车组的主要制动方式。

3）电空制动

电空制动是电控空气制动的简称，它是在空气制动机的基础上，每辆车加装电磁阀等电气控制部件而形成的。电空制动的特点是制动作用的操纵控制用电，制动作用的原动力还是用压缩空气；当制动机的控制失灵时，仍可实行空气压强控制，临时变成空气制动机。

电空制动机通过电气指令控制每辆车电磁阀的开闭，来控制制动管的充/排风（增/减压），进而使三通阀动作，实现全列车的制动和缓解。因此，与空气制动机相比，它大大改善了列车前后制动和缓解的一致性，从而显著减轻了列车的纵向冲击，缩短了制动距离，电空制动本质上也是空气制动。我国高速动车组通常采用电空制动。

（二）制动力计算

1. 空气制动力计算

1）空气制动原理

空气制动是由机车车辆上装置的制动机实现的。其原理可用图 2-9 来说明。

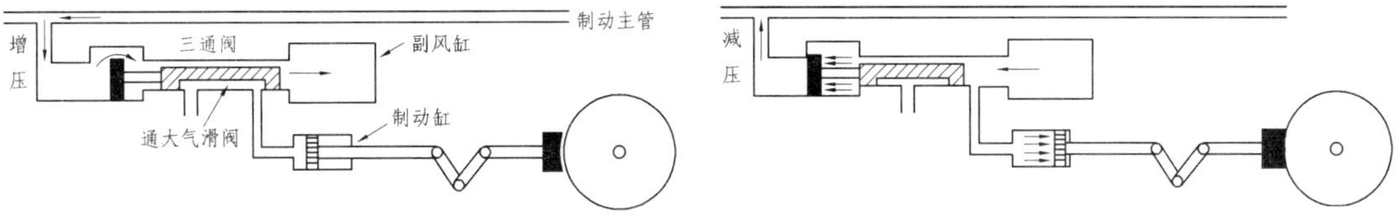

（a）制动机缓解　　　　（b）制动机制动

图 2-9　自动制动机工作原理

缓解时，司机将制动阀置于缓解位，使压缩空气由总风缸经过制动主管、三通阀至副风缸储存。此时制动缸内无压缩空气，闸瓦不接触车轮，故称为充风缓解状态。

制动时，司机操纵制动阀遮断总风缸通路，同时列车制动主管与大气连通放气减压，此时副风缸内储存的压缩空气进入制动缸，驱使活塞杠杆，使闸瓦压紧车轮，故称减压制动。闸瓦压力的大小与制动主管减压量大小有关。

2）制动力的产生与限制

空气制动力是由于闸瓦对轮对产生的阻力矩引起的。与牵引力产生的原理类似，当闸瓦以压力 K 压向车轮或制动盘时，产生的制动力为

$$B_{\mathrm{i}} = K \times \varphi_{\mathrm{K}} \tag{2-54}$$

式中，φ_{K} 为闸瓦与轮箍或制动盘间的摩擦系数，其值与许多因素有关，主要有制动初始速度、运行速度、闸瓦压力、闸瓦和车轮或制动盘的材质等。

与牵引力相似，制动力也受轮轨间黏着条件的限制，即

$$(K \times \varphi_{\mathrm{K}})_{\max} \leqslant P \times g \times \mu \tag{2-55}$$

式中 μ——轮轨间的黏着系数；

g——重力加速度（m/s^2）；

P——每一轮对上的荷载（t）。

由此可得

$$K \leqslant \frac{P \times g \times \mu}{\varphi_{\mathrm{K}}} \ (\mathrm{kN}) \tag{2-56}$$

用单位轴荷载上的闸瓦压力表示为

$$\frac{K}{P \times g} \leqslant \frac{\mu}{\varphi_{\mathrm{K}}} \times 10^{-3} \ (\mathrm{N/kN}) \tag{2-57}$$

$\frac{K}{P \times g}$为单位闸瓦压力，用υ表示。设计机车车辆的制动装置时，应满足上式的要求。

3）列车制动力的计算

列车中各制动轴产生的制动力的总和，称为列车制动力，即

$$B = \sum (K \times \varphi_{\mathrm{K}}) \ (\mathrm{kN}) \tag{2-58}$$

计算列车制动力的方法有实算法和换算法两种。在铁路设计中，常采用换算计算法。

换算法假定闸瓦摩擦系数与闸瓦压强无关，用一个不随闸瓦压强而变的换算摩擦系数φ_{h}代替实算摩擦系数φ_{K}，以简化计算。

根据我国目前各种车辆的闸瓦压力的平均值，采用闸瓦压力为 25 kN，得换算摩擦系数公式为

中磷闸瓦
$$\varphi_{\mathrm{h}} = 0.356 \times \frac{3.6V + 100}{14V + 100} + 0.000\,7 \times (110 - V_0) \tag{2-59}$$

其中，V和V_0分别为列车速度、制动初速（km/h）。

在解算列车运行时分或绘制单位合力曲线图时，使用带有制动初速度修正项的换算摩擦系数计算公式会造成很大困难。为此，可使用中磷闸瓦换算摩擦系数的简化公式

$$\varphi_{\mathrm{j}} = 0.356 \times \frac{0.4V + 100}{4V + 100} \tag{2-60}$$

盘形制动闸片的换算摩擦系数按每块闸片实算闸片压力K等于 20 kN 并折算到车轮踏面的K值计算，即

$$\varphi_{\mathrm{h}} = 0.358 \times \frac{V + 150}{2V + 150} \tag{2-61}$$

采用换算摩擦系数后求得的制动力应与实算值相等。因此，实算的闸瓦压力K也应换算为换算闸瓦压力K_{h}：$K_{\mathrm{h}} \times \varphi_{\mathrm{h}} = K \times \varphi_{\mathrm{K}}$，即$K_{\mathrm{h}} = K \frac{\varphi_{\mathrm{K}}}{\varphi_{\mathrm{h}}}$。

每一车辆的换算闸瓦压力按下式计算

$$K_{\mathrm{h}} = 1.8 \times \frac{K + 100}{5K + 100} \times K \ (\mathrm{kN}) \tag{2-62}$$

中磷闸瓦按上式求出的运用中的中国铁路机车、车辆每辆车紧急制动时的换算闸瓦压力 $\sum K_h$ 如表 2-8 所示。

表 2-8　中国铁路机车、车辆每辆车紧急制动时的换算闸瓦压力

<table>
<tr><th colspan="3">机车、车辆类型</th><th colspan="2">列车管空气压力（kPa）</th></tr>
<tr><td colspan="3" rowspan="3">120 型或 103 型制动机，高摩合成闸瓦，标记载重 61 t</td><td>500</td><td>600</td></tr>
<tr><td>重车位 310</td><td>350</td></tr>
<tr><td>空车位 180</td><td>210</td></tr>
<tr><td colspan="3" rowspan="2">GK 型、120 型或 103 型制动机，标记载重 50 t 及其以上</td><td>重车位 250</td><td>280</td></tr>
<tr><td>空车位 160</td><td>160</td></tr>
<tr><td rowspan="2">K2 型制动机</td><td colspan="2">标记载重 50 t 及其以上</td><td>160</td><td>190</td></tr>
<tr><td colspan="2">标记载重 40 t（包括载重 25 t 及不满 40 t 的冷藏车）</td><td>140</td><td>170</td></tr>
<tr><td colspan="3">K1 型制动机，标记载重 30 t</td><td>120</td><td>140</td></tr>
<tr><td colspan="3">守　车</td><td>90</td><td>110</td></tr>
<tr><td colspan="3">L3、GL 型制动机（关闭附加风缸）、104 型制动机</td><td>—</td><td>330</td></tr>
<tr><td colspan="2" rowspan="2">104 型及 F-8 型制动机，盘形制动装置，高摩合成闸片</td><td>单层客车</td><td>—</td><td>200</td></tr>
<tr><td>双层客车</td><td>—</td><td>240</td></tr>
<tr><td colspan="3">DF，DF_{H3}</td><td colspan="2">550</td></tr>
<tr><td colspan="3">DF_2，DF_{H2}，NY_6，NY_7</td><td colspan="2">500</td></tr>
<tr><td colspan="3">DF_4，DF_{4B}，DF_{4C}，DF_{4D}，DF_{4E}，DF_5，DF_7，DF_8，DF_{11}</td><td colspan="2">650</td></tr>
<tr><td colspan="3">DF_{7B}，DF_{7C}，DF_{7D}（均为低摩合成闸瓦）</td><td colspan="2">720</td></tr>
<tr><td colspan="3">DF_{8B}（粉末冶金闸瓦）</td><td colspan="2">450</td></tr>
<tr><td colspan="3">SS_1，SS_3，SS_6</td><td colspan="2">700</td></tr>
<tr><td colspan="3">SS_{3B}，SS_{6B}（高摩合成闸瓦）</td><td colspan="2">300</td></tr>
<tr><td colspan="3">SS_4，8K（高摩合成闸瓦、按单节计算）</td><td colspan="2">200</td></tr>
<tr><td colspan="3">SS_7</td><td colspan="2">840</td></tr>
<tr><td colspan="3">SS_8（粉末冶金闸瓦）</td><td colspan="2">280</td></tr>
</table>

列车制动力为

$$B=\varphi_h\left(\sum K_h'+\sum K_h''\right)\ (\text{kN}) \tag{2-63}$$

式中　$\sum K_h'$ ——列车中的机车换算闸瓦压力之和（kN）；

$\sum K_h''$ ——列车中的车辆换算闸瓦压力之和（kN）；

其余符号意义同前。

4）列车单位制动力与列车换算闸瓦压力

依据换算闸瓦压力和换算摩擦系数计算列车单位制动力 b 可得

$$b=\frac{B\times10^{3}}{M\times g}=1\,000\varphi_{\mathrm{h}}\times\frac{\sum K_{\mathrm{h}}}{M\times g}=1\,000\varphi_{\mathrm{h}}\vartheta_{\mathrm{h}}\ (\mathrm{N/kN})\tag{2-64}$$

式中 M——列车质量（t），普通列车为 $P+G$。

φ_{h}——闸瓦与轮箍间的换算摩擦系数（因闸瓦材质而异，解算中磷、高磷及低摩合成闸瓦混编列车的运行时间时，可采用中磷闸瓦的换算摩擦系数）。

ϑ_{h}——列车换算制动率（其物理意义是列车换算闸瓦压力与列车所受重力的比值，即平均分配到每千牛列车重力上的闸瓦压力；按《铁路技术管理规程》，ϑ_{h} 不得小于：货物列车为 0.28，普通旅客列车为 0.58，盘形制动、高摩合成闸片的快速旅客列车为 0.32。一般货物列车计算坡度在 20‰以内坡道时，允许按 $\vartheta_{\mathrm{h}}=\dfrac{\sum K''_{\mathrm{h}}}{G\times g}$ 计算。

紧急制动时，列车换算制动率 ϑ_{h} 应取全值；而在解算列车进站时，ϑ_{h} 一般取全值的 0.5；计算固定信号机的距离时，取全值的 0.8。

2. 动力制动力计算

动力制动具有与空气制动很不同的性能：在高速时制动力随速度的降低而增大，而在低速时制动力随速度的降低而减小。在长大下坡道上，采用动力制动可使列车安全地以较大速度行驶，提高线路通过能力；通过站场或在缓行区段，使用动力制动减速，可节省轮、瓦的磨耗。但是，动力制动只是在机车和动车上才有，所以它并不能代替空气制动而只能作为一种辅助的制动。由于低速时动力制动力随速度而降，列车在低速和停车时还必须依靠空气制动来控制。

动力制动力的计算与牵引力类似，一般是参考制动特性曲线，运用线性内插法或曲线拟合法进行值求解。下面以电制动为例，介绍动力制动的计算方法。

1）电制动原理

电制动是利用列车在下坡道上运行中的下滑惯性力带动牵引电动机电枢旋转，使牵引电机变为发电机运行，由轮对驱动，将列车的动能转换成电能。电阻制动通过制动电阻将电能变成热能后散逸掉，再生制动将电能反馈回电网再利用。图 2-10 为电阻制动的电路示意图。切断牵引电动机 D 的输入电源，并与制动电阻 R 接成回路。串激电动机改为他激电机，励磁绕组串联后由另一电源供给励磁电流，其大小可以调节，即可调节制动力，从而控制列车运行速度。

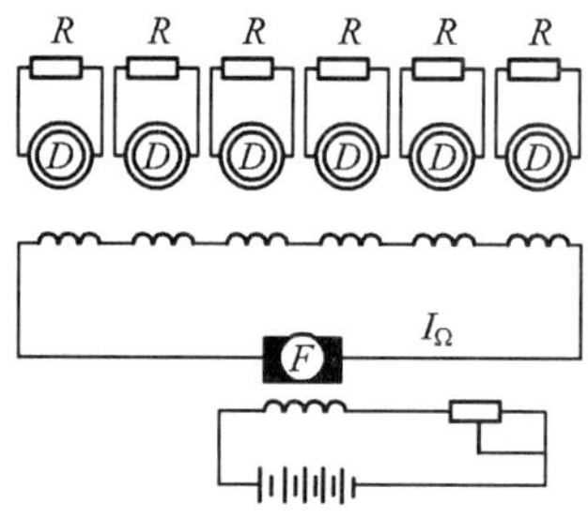

图 2-10 电阻制动原理电路

2）电力机车电阻制动特性曲线

图 2-11 为韶山 3 型电力机车电阻制动特性曲线的外包线。图中左端直线为最大励磁电流限制线；右端曲线为最大制动电流（电机电枢电流）限制线，制动电流太大会破坏电机安全整流。因为励磁电流是无级调节的，所以在上述限制线的范围内可根据运行需要，提供必要的制动力。

3）内燃机车电阻制动特性曲线

图 2-12 为东风 4B（货）型内燃机车电阻制动特性曲线的外包线，其对应的柴油机转速为 850 r/min。其他转速也对应有各自的特性曲线，以提供列车运行所需要的制动力。

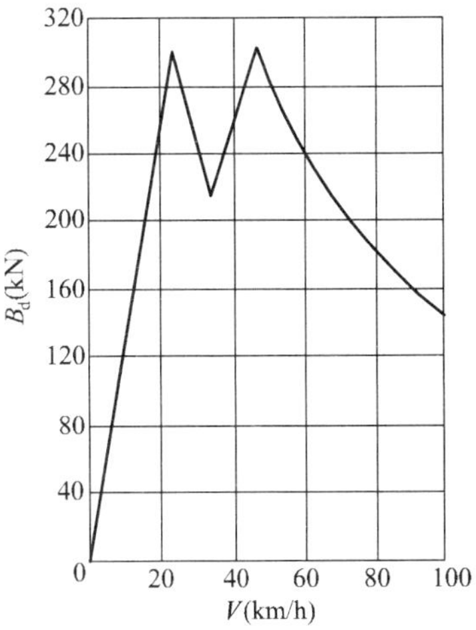

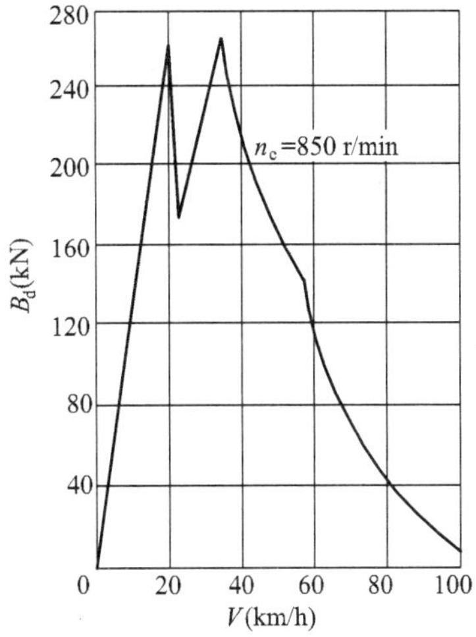

图 2-11　韶山 3 型电力机车电阻制动特性曲线　　图 2-12　东风 4B（货）型内燃机车电阻制动特性曲线

4）高速动车组再生制动特性曲线

图 2-13 为 CRH_2 动车组每辆动车的再生制动性能曲线。CRH_2 动车组所有动车的车轴上都具有电制动，其电制动系统由受电弓、牵引变压器、牵引变流器及牵引电机组成。CRH_2 动车组的常用制动设 1 ~ 7 级，常用制动时按速度-黏着特性曲线控制，并具有空重车载荷调整功能，可按载重来调节制动力。当列车运行速度较低时，电制动急剧衰减，因此，在 15 km/h 以下时不使用电制动。15 ~ 70 km/h 的速度范围为 VVVF 控制的恒力（或力矩）区。当速度在 70 ~ 250 km/h 时，制动力受电机功率的限制，随着速度的升高而减小。再生制动在最高级位常用制动时的减速特性如下：70 km/h 以下为 0.747 m/s^2，118 km/h 时为 0.619 m/s^2，200 km/h 时为 0.505 m/s^2。

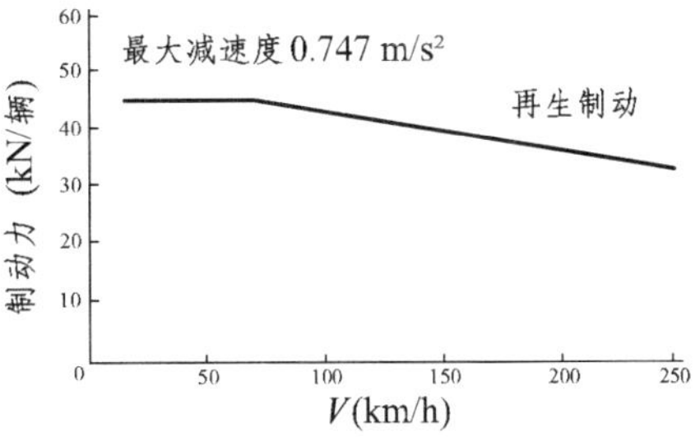

图 2-13　CRH_2 动车组再生制动特性曲线

5）电制动力需要值的确定

如果采用电制动控制，即按某一限制速度恒速下坡，根据合力为零的条件，可以求出所需要的电制动力 $B_{d(x)}$。

由 $[(P+G)\times i_j - Pw_0' - Gw_0'']\times g - B_{d(x)} = 0$，得

$$B_{d(x)} = [(P+G)\times i_j - Pw_0' - Gw_0'']\times g \quad (\text{N}) \tag{2-65}$$

式中　$B_{d(x)}$——需要的电制动力（N）；

w_0'，w_0''——按限速计算的机车、车辆单位基本阻力（N/kN）；

i_j——列车运行坡道的加算坡度绝对值（‰）。

求得 $B_{d(x)}$ 后，可按机型查相应的电制动特性曲线图，若 $B_{d(x)}$ 在图中的使用范围内，说明可以用电阻制动控制列车按限速保持恒速下坡；如果超出使用范围，说明除采用电制动力外，还需辅以空气制动，使列车不超限速运行。

【例 2-1】 客货共线铁路，韶山 3 型电力机车，机车质量 $P = 138$ t，牵引质量 $G = 2\,620$ t，牵引滚动轴承货车；在坡度为 9‰ 的下坡道上运行，限速为 77 km/h，试求采用电阻制动能否控制列车按限速保持恒速下坡。

【解】 $w_0' = 2.25 + 0.019 \times 77 + 0.000\,32 \times 77^2 = 5.610$（N/kN）

$w_0'' = 0.92 + 0.004\,8 \times 77 + 0.000\,125 \times 77^2 = 2.031$（N/kN）

$B_{\text{d(x)}} = [(138 + 2\,620) \times 9 - 138 \times 5.610 - 2\,620 \times 2.031] \times 9.81 = 183\,707.9$（N）

查图 2-11 知：$V = 77$ km/h 时，最大能提供 188 000 N 的电阻制动力，$B_{\text{d(x)}}$ 在使用范围内，故仅用电阻制动即可控制列车不超限速运行。

第二节 列车运动方程式

第一节分析了机车或动车牵引力、列车运行阻力、列车制动力的形成及其计算方法；本节将进一步分析这三种力作用于列车时，合力与列车加（减）速的数学关系，即列车运动方程式。然后即可应用列车运动方程式解算牵引质量、列车运行速度、运行时分、列车制动等实际问题。

一、列车运动状态分析

列车运行状态（加速、等速、减速）取决于作用在列车上的合力，合力大小与机车工况及线路平、纵断面条件有关。机车有三种工况：

（1）牵引运行。此时作用于列车上的力为牵引力 F 和运行阻力 W，其合力 C 为

$$C = F - W$$

（2）惰力运行。此时作用于列车上的力仅有运行阻力 W，故合力 C 为

$$C = -W$$

（3）制动运行。此时作用于列车上的力为运行阻力 W 和制动力 B，故合力 C 为

$$C = -(W + B)$$

因 F，W，B 均随速度而变化，故合力 C 也随速度变化。当 $C > 0$ 时，列车加速运行；当 $C = 0$ 时，列车等速运行；当 $C < 0$ 时，列车减速运行。

二、列车运动方程式

（一）列车运动方程式的一般形式

列车运动可以看成由两部分组成：全部质量集中于质心的平移运动和某些部分（如轮对等）的回转运动。所以列车的动能 E_{d} 亦由两部分组成，即

$$E_{\text{d}} = \frac{mv^2}{2} + \frac{\sum J\omega_R^2}{2}$$

$$= \frac{mv^2}{2} + \frac{\sum Jv^2}{2R_{\text{a}}^2} = \frac{mv^2}{2}\left(1 + \sum \frac{J}{mR_{\text{a}}^2}\right) = \frac{mv^2}{2}(1+\gamma)$$

式中　m—— 列车全部质量（kg）；

v—— 列车运行速度（m/s）；

J—— 回转部分的转动惯量；

ω_h—— 回转部分的角速度（弧度/s）；$\omega_h=\dfrac{V}{R_h}$，R_h为回转部分的回转半径（m）；

γ—— 回转质量系数，根据我国所作实验，普通列车一般取 0.06，动力集中式动车组取 0.06 ~ 0.08，动力分散式动车组取 0.08 ~ 0.11。

如视列车为刚性系统，则其动能增量为

$$\mathrm{d}E_d = m(1+\gamma)v\mathrm{d}v$$

根据动能定律,刚性系统动能的增量等于所有作用于该系统的力在这段时间中所做的功。而这段时间内作用于列车的合力 C 所做的功为 $C\times v\times \mathrm{d}t$，故

$$m(1+\gamma)v\mathrm{d}v = C\times v\times \mathrm{d}t$$

$$\frac{\mathrm{d}v}{\mathrm{d}t}=\frac{C}{(1+\gamma)\times m}\quad (\mathrm{m/s^2})$$

实际中，列车质量 M 通常以吨（t）计，列车速度以 V（km/h）计，将列车质量 $m=M\times 1000$（kg）带入上式，得：

$$\frac{\mathrm{d}V}{\mathrm{d}t}=\frac{C}{(1+\gamma)\times M}=\frac{g}{1\,000\times(1+\gamma)}\times\frac{C}{M\times g}=\frac{g}{1\,000\times(1+\gamma)}\times c$$

式中，$g\approx 9.81\ \mathrm{m/s^2}=127\,000\ \mathrm{km/h^2}$；$c$ 为单位合力（N/kN）。故

$$\frac{\mathrm{d}V}{\mathrm{d}t}=\frac{127\,000}{1\,000\times(1+\gamma)}\times c=\frac{127}{1+\gamma}\times c$$

令 $\dfrac{127}{1+\gamma}=\varsigma$，称为加速度系数，代入上式得出列车运动方程式的一般形式为

$$\frac{\mathrm{d}V}{\mathrm{d}t}=\varsigma\times c$$

上式即为列车运动方程式的一般形式。加速度系数 ς 的值取决于回转质量系数 γ 的值，因机车车辆类型不同而异。若取 γ=0.06，则 ς 近似等于 120，则列车运动方程式可写为

$$\frac{\mathrm{d}V}{\mathrm{d}t}=120c\quad(\mathrm{km/h^2})\tag{2-66}$$

对式（2-66）积分，得列车运行时分为

$$t=\int\frac{\mathrm{d}V}{120c}\ (\mathrm{h})=\int\frac{0.5\mathrm{d}V}{c}\ (\mathrm{min})=\int\frac{30\mathrm{d}V}{c}\ (\mathrm{s})\tag{2-67}$$

运行距离为

$$S=\int\mathrm{d}S=\int V\cdot\mathrm{d}t=\int\frac{V\mathrm{d}V}{120c}\ (\mathrm{km})=\int\frac{8.33V\mathrm{d}V}{c}\ (\mathrm{m})\tag{2-68}$$

单位合力 c 与工况、线路条件（曲线阻力、坡道阻力等）有关。合力中的牵引力、基本阻

力、制动力虽然是速度的函数，但曲线和坡道等附加阻力值仅与列车某时段所处位置有关，并非速度的函数。因此，单位合力 $c=f(V)$ 是因时、因地而异的。解答公式（2-67）及（2-68）的方法有直接积分法和近似积分法两种。近似积分法是目前广泛采用的方法。

（二）近似积分法解算列车运动方程式

将式（2-67）和（2-68）中的积分上、下限间划分为若干更小的速度间隔 ΔV，假定每一个有限小的速度间隔内的单位合力 c 为常数（取 ΔV 范围内平均速度时的单位合力 c_p），并设 ΔV 间隔内的初、末速为 V_1 和 V_2，则可解得列车运行时分和运行距离的近似积分公式。

1）运行时分

$$\Delta t=\int_{V_1}^{V_2}\frac{0.5\mathrm{d}V}{c_p}=\frac{V_2-V_1}{2c_p}\ (\text{min}) \tag{2-69}$$

$$t=\sum\Delta t\ (\text{min}) \tag{2-70}$$

2）运行距离

$$\Delta S=\int_{V_1}^{V_2}\frac{8.33V\mathrm{d}V}{c_p}=\frac{4.17\times(V_2^2-V_1^2)}{c_p}\ (\text{m}) \tag{2-71}$$

$$S=\sum\Delta S\ (\text{m}) \tag{2-72}$$

ΔV 取得越小，计算结果越精确。手工计算时，ΔV 一般取 10 km/h；计算机计算时，可根据精度要求取值。

在不同工况下，因列车受力组成不同，故式（2-69）和（2-70）中的列车受力 c_p 组成可有不同的形式：

牵引运行　$c_p=f-w$

惰力运行　$c_p=-w$

制动运行　$c_p=-(w+\beta_b\times b)$

式中　f —— ΔV 间隔内的平均单位牵引力，$f=\dfrac{F}{M\times g}=\dfrac{F}{(P+G)\times g}$，$F$ 按 $V_p=\dfrac{V_1+V_2}{2}$ 查牵引性能图；

w —— ΔV 间隔内牵引运行的平均单位阻力，$w=w_0+w_i+w_r+w_s$，其中 w_0 及 w_s 按 V_p 计算；

b —— 单位列车制动力，根据 V_p 按公式（2-64）计算；

β_b —— 单位列车制动力取值系数，紧急制动时取 1.0，进站制动时取 0.5。

第三节　牵引质量计算与检算

牵引质量就是机车牵引的车列质量，也称牵引吨数。在新线设计以及运营线上，一般情况下均是按列车在限制上坡道上，以机车的计算速度作等速运行为条件来确定牵引质量；快速线上按列车在平直道上以最高速度运行，并保有一定加速度余量为条件来确定牵引质量。

一、牵引质量计算

1. 按限制坡度上以机车计算速度等速运行为条件

根据列车运动方程式，列车作等速运行时合力为零，即 $F-W=0$ 或 $F=W$。

设机车计算速度为 V_j，对应的计算牵引力为 F_j，则列车在限制坡道 i_x 上的合力（N）为0的条件为

$$\lambda_y F_j - P(w_0' + i_x)\times g - G(w_0'' + i_x)\times g = 0$$

得

$$G = \frac{\lambda_y F_j - P(w_0' + i_x)\times g}{(w_0'' + i_x)\times g}\ (\mathrm{t}) \tag{2-73}$$

在多机牵引或补机推送时

$$G_{JL} = \frac{\left(1+\sum\lambda\right)\lambda_y F_j - \sum P(w_0' + i_{JL})\times g}{(w_0'' + i_{JL})\times g}\ (\mathrm{t}) \tag{2-74}$$

式中 G，G_{JL}——单机和加力牵引质量（t），舍取为10 t的整倍数；

P，$\sum P$——机车计算质量或其和（t）；

F_j——机车计算牵引力（N），常用机车查表2-1与表2-2；

λ_y——机车牵引力使用系数，取0.9；

i_x、i_{JL}——限制坡度、加力牵引坡度（‰）；

w_0'，w_0''——计算速度 V_j 下的机车、车辆单位基本阻力（N/kN）；

$\sum\lambda$——多机牵引或补机推送时，重联机车或推送补机牵引力利用系数之和（电力与内燃机车的 λ 取值为：重联牵引操纵时取1；分别操纵时第二台及以后各台均取0.98；推送补机取0.95）。

2. 按列车在平直道上以最高速度运行并保有一定的加速度余量为条件

设列车最高速度为 V_{max}（km/h），此时机车牵引力为 F_g（N）、机车和车辆的单位基本阻力分别为 w_{0g}' 和 w_{0g}''（N/kN），保有的加速度余量为 a（m/s²），牵引质量为 G_g（t），则扣除加速度余量后的机车牵引力 F 为

$$F = F_g - 1\,000\times(P+G_g)\times(1+\gamma)\times a\ (\mathrm{N})$$

列车运行阻力 W 为

$$W = (P w_{0g}' + G_g w_{0g}'')\times g$$

列车等速运行时合力 $C=F-W$ 应为零，即 $F=W$，当取 $\gamma=0.06$ 时，得

$$G_g = \frac{F_g - P\times g\times w_{0g}' - 1\,060P\times a}{g\times w_{0g}'' + 1\,060a}\ (\mathrm{t}) \tag{2-75}$$

《牵规》规定：旅客列车最高速度 V_{max} 分别为120 km/h，140 km/h，160 km/h时，加速度余量 a 分别为0.01 m/s²，0.015 m/s²，0.02 m/s²，货物列车 $a=0.005$ m/s²。

【例2-2】 客货共线铁路，韶山3型电力机车，牵引滚动轴承货车，求线路限制坡度 $i_x=9$‰ 时的单机牵引质量。

【解】 查表 2-1 得：$V_j = 48$ km/h，$F_j = 317\ 800$ N，$P = 138$ t。所以

$$w_0' = 2.25 + 0.019 \times 48 + 0.000\ 32 \times 48^2 = 3.899\ (\text{N/kN})$$

$$w_0'' = 0.92 + 0.004\ 8 \times 48 + 0.000\ 125 \times 48^2 = 1.438\ 4\ (\text{N/kN})$$

$$G = \frac{0.9 \times 317\ 800 - 138 \times (3.899 + 9) \times 9.81}{9.81 \times (1.438\ 4 + 9)} = 2\ 622.61\ (\text{t})，取\ G = 2\ 620\ \text{t}。$$

【例 2-3】 客货共线铁路，韶山 8 型电力机车牵引准高速单层客车，在平直道上最高速度为 160 km/h，求保有加速度余量为 0.02 m/s^{2}时的牵引质量。

【解】 韶山 8 型电力机车 $P = 88$ t，$V_{max} = 160$ km/h 时，$F_g = 74\ 100$ N。

$$w_{0g}' = 1.02 + 0.003\ 5 \times 160 + 0.000\ 426 \times 160^2 = 12.49\ (\text{N/kN})$$

$$w_{0g}'' = 1.61 + 0.004 \times 160 + 0.000\ 187 \times 160^2 = 7.04\ (\text{N/kN})$$

$$G_g = \frac{74\ 100 - 88 \times 12.49 \times 9.81 - 1\ 060 \times 88 \times 0.02}{7.04 \times 9.81 + 1\ 060 \times 0.02} = 680.82\ (\text{t})，取\ G_g = 680\ \text{t}。$$

二、牵引质量检算

应检算所计算的牵引质量是否受下列条件限制：

① 起动条件的限制；

② 车站到发线有效长的限制；

③ 车钩强度限制。

如果受到上述某一条件限制，应采用降低牵引质量或其他技术措施。

1. 起动检算

列车起动时，起动阻力较大，故应检算所求牵引质量是否能在车站上起动。

受起动条件限制的牵引质量 G_q，可按机车计算起动牵引力 F_q 等于列车起动时总阻力 W_q 的条件求出，即由 $\lambda_y F_q = P(w_q' + i_q)g + G_q(w_q'' + i_q)g$，得

$$G_q = \frac{\lambda_y F_q - P(w_q' + i_q)g}{(w_q'' + i_q)g} \quad (\text{t}) \tag{2-76}$$

式中 F_q—— 机车计算起动牵引力（N），常用机车查表 2-1 或表 2-2；

w_q'—— 机车单位起动阻力（N/kN），电力、内燃机车为 5 N/kN；

w_q''—— 货车的单位起动阻力（N/kN），按式（2-52）和式（2-53）计算；

i_q—— 起动地段的加算坡度值（‰）。

当 $G_q \geqslant G$ 时，列车可以起动；当 $G_q < G$ 时，列车不能起动，应根据具体情况降低牵引质量 G，或减小站坪设计坡度。

【例 2-4】 见例 2－2，已知 $G = 2\ 620$ t，起动地段加算坡度 i_q =1.83‰，试检算列车在该站能否起动。

【解】 查表 2-1 得计算起动牵引力 $F_q = 470\ 000$ N，则

$$w_q' = 5.0\ (\text{N/kN}),\quad w_q'' = 3.5\ (\text{N/kN})$$

由式（2-76）得

$$G_q = \frac{0.9 \times 470\ 000 - 138 \times (5.0 + 1.83) \times 9.81}{(3.5 + 1.83) \times 9.81} = 7\ 913.08\ (\text{t})$$

因 $G_q > G$，故列车在该站能起动。

2. 车站到发线有效长检算

已知车站到发线有效长度为 L_{yx}，则可按下式检算到发线长度允许的牵引质量 G_{yx}

$$G_{yx} = (L_{yx} - L_a - N_J L_J) \times q \text{ (t)} \tag{2-77}$$

式中 L_a——安全距离（m），一般取 30 m，重载线路可酌情增大；

L_{yx}——到发线有效长度（m）；

L_J——机车长度（m），见表 2-1 或表 2-2；

N_J——列车中机车台数；

q——列车延米质量（t/m），取 5.677 t/m。

如果 $G_{yx} \geqslant G$，则牵引质量不受到发线有效长度限制。

【例 2-5】 见例 2-2，已知车站到发线有效长为 650 m，检算牵引质量是否受到发线有效长限制。

【解】 $G_{yx} = (650 - 30 - 21.7) \times 5.677 = 3\,390 \text{ (t)} > 2\,620 \text{ (t)}$

所以，牵引质量不受到发线有效长度限制。

3. 车钩强度检算

在加力牵引的上坡道上，如果机车用重联方式牵引，第一位车辆的车钩所受拉力可能超过车钩允许强度。车钩强度限制的牵引质量 G_c 按下式计算

$$G_c = \frac{F_c}{g(i_{JL} + w_0'')} \text{ (t)} \tag{2-78}$$

式中 F_c——车钩允许拉力（N）；

i_{JL}——加力坡度（‰）；

w_0''——按在 i_{JL} 坡上的列车均衡速度计算的车辆基本阻力（N/kN）。

如果 $G_c < G$，则应采用补机推送方式。

【例 2-6】 根据例 2-2 计算，牵引定数 $G = 2\,620$ t，$w_0'' = 1.438\,4$ N/kN，货车车钩为 13# 车钩，检算在双机坡度 $i_{JL} = 18.4‰$ 的坡度上，能否采用双机重联牵引。

【解】 13# 车钩允许拉力 $F_c = 562\,500$ N，则

由式（2-78）得 $$G_c = \frac{562\,500}{(18.4 + 1.438\,4) \times 9.81} = 2\,890.32 \text{ (t)}$$

由式（2-74）得 $$G_{JL} = \frac{(1+1) \times 0.9 \times 317\,800 - 2 \times 138 \times (3.899 + 18.4) \times 9.81}{(1.438\,4 + 18.4) \times 9.81} = 2\,629.11 \text{ (t)}$$

因 $G_c > G_{JL}$，故可采用双机重联牵引。

三、牵引辆数、牵引净载及列车长度计算

在确定了列车牵引质量后，可进一步计算牵引辆数、牵引净载和列车长度。

（一）一般计算方法

1. 货物列车牵引辆数

包括守车在内的牵引辆数 n 可按下式计算

$$n=\frac{G-q_s}{q_p}+1\text{（辆）} \tag{2-79}$$

式中　q_s——守车质量（t），四轴守车为 16 t，两轴守车为 9 t；

q_p——每辆货车平均总质量（t），取 78.998 t。

2. 货物列车牵引净载

货物列车牵引净载 G_J 按下式计算

$$G_J=(n-1)\,q_J\text{（t）} \tag{2-80}$$

式中，q_J 为每辆货车平均净载（t），取 56.865 t。

3. 货物列车长度 L_L

货物列车长度 L_L 按下式计算

$$L_L=L_J+(n-1)\times L_p+L_s\text{（m）} \tag{2-81}$$

式中　L_J—— 机车长度（m），见表 2-1 和表 2-2；

L_p—— 每辆货车平均长度（m），取 13.914 m；

L_s—— 守车长度（m），四轴守车为 8.8 m，两轴守车为 7.7 m。

（二）新线设计中的简化计算

货物列车牵引辆数

$$n=\frac{G}{q_p}\text{（辆）} \tag{2-82}$$

货物列车牵引净载

$$G_J=K_J\cdot G\text{（t）} \tag{2-83}$$

式中　K_J——货车净载系数，取 0.72。

货物列车长度

$$L_L=L_J+\frac{G}{q}\text{（m）} \tag{2-84}$$

式中　q——货物列车平均延米质量，取 5.677 t/ m；

四、牵引定数的确定

为了减少直通货物列车在区段站或编组站的改编作业，提高铁路运输能力，加速车辆周转，需要把一条或几条同方向铁路的牵引质量作一个统一的规定。这就叫作确定牵引定数。

牵引质量的确定是一个综合性的技术经济问题，影响的因素很多，应在分析线路纵断面和各种技术措施的基础上，确定合理的牵引定数。确定牵引定数应考虑以下原则：

（1）相邻区段或邻接线路的牵引定数应尽量统一，否则应考虑区段站或枢纽站改编列车的能力。如果区段站或枢纽站不能胜任每次列车的改编作业，则应选定较小的牵引定数。

（2）制定牵引定数应同时考虑上、下行列车对数的平衡及空、重车流向合理安排等问题，还要考虑整个区段或线路的运输任务和通过能力。

（3）制定牵引定数，除进行一系列计算和校验外，还需进行列车运动仿真分析，以检查线路纵断面设计与列车运行的动态合理性。

由于机车、车辆基本阻力的经验公式是在外温不低于 -10°C、风速不大于 5 m/s 条件下试验得到的，没有考虑严寒和大风引起附加阻力的影响。所以，在严寒或大风地区或季节，允许将牵引定数降低 10%～20%，但区间的运行时间和能耗仍按原牵引定数计算。

第四节　运行速度与运行时分

列车在区间的运行速度和运行时分，是铁路的重要运营指标之一，也是评价线路设计优劣及估算运营支出的一项重要指标。解算列车运行速度及运行时分的方法，实际上就是结合线路情况解算列车运动方程式。单位合力 $c=f(V)$ 是解算列车运动方程式的基础。故先介绍合力曲线图的绘制及其特性，再介绍求算运行速度及运行时分的方法。

一、合力曲线图及其应用

合力曲线图是表示机车各种工况下作用在列车上的单位合力与速度关系的坐标图。

（一）单位合力曲线图

因坡道、曲线、隧道等阻力是因地而异的，绘制单位合力曲线图时，可先不计入这类附加阻力，而按列车在空旷平直道上运行考虑；待具体应用时，再根据列车运行地段的线路具体情况，计入加算坡道阻力值。

通常先列表计算出列车在三种工况下各种速度时的单位合力，再绘成单位合力曲线图，以便使用。

1. 单位合力的计算

表 2-9 为一具体算例，列出了计算内容及顺序，现将计算要点说明如下：

（1）速度 V：由零开始，列至平坡限制速度，每隔 10 km/h 取值，并将机车牵引性能曲线及动力制动曲线上各转折点的对应速度列入。$V=0$ 时的 F，w_0'，w_0'' 按 $V=10$ km/h 计算。

（2）机车牵引力 F：与各栏速度 V 相应的 F 值可先从机车牵引性能曲线图或表上查出，采用外包线时，应乘以牵引力使用系数 λ_y（0.9）。内燃牵引时应先按式（2-8）计算，再乘以 λ_y。

（3）空气制动时的单位制动力 b：单独使用空气制动时，按常用制动取 $0.5b$；与电阻制动配合使用时，取 $0.2b$。

（4）电阻制动力 B_d：根据机车电阻制动特性曲线图或表取值。

2. 下坡限制速度计算

单位合力曲线图上还绘有列车在下坡道上的限速线，供解算下坡道上列车运行速度及运行时分时应用。

在列车指定制动距离、换算制动率和坡度等条件时列车有一个最大速度，称为制动限速。制动限速的解算，实际上需要用计算制动距离试凑，这可以很方便地用电算完成。

表 2-9　韶山 3 型电力机车单机牵引货物列车的单位合力曲线计算表

（$i_x = 9‰$，$P = 138\ t$，$G = 2\ 620\ t$，$V_j = 48\ km/h$，$F_j = 317\ 800\ N$，$\vartheta_h = 0.28$）

运行工况	栏别	计算式	速度（km/h）													
			0	10	20	23.6	30	33.5	40	47	47.5	48	60	66	70	80
牵引运行	1	F（N）	373 680	373 680	348 750		335 430		327 240	323 100		286 020	229 590	209 250	180 090	127 980
	2	w_0'（N/kN）	2.47	2.47	2.76	2.88	3.11	3.25	3.52	3.85	3.87	3.90	4.54	4.90	5.15	5.86
	3	w_0''（N/kN）	0.98	0.98	1.07	1.10	1.78	1.22	1.31	1.42	1.43	1.44	1.66	1.78	1.86	2.10
	4	$c = \dfrac{F - W_0}{(P+G)g}$（N/kN）	12.514	12.514	11.516		10.913		10.470	10.201		8.839	6.557	5.687	4.536	2.392
惰行	5	$c = \dfrac{W_0}{(P+G)g}$（N/kN）	1.035	1.035	1.129	1.169	1.249	1.297	1.395	1.514	1.523		1.768	1.900	1.994	2.248
空气制动	6	φ_h	0.356	0.264	0.214	0.181		0.159	0.157		0.142		0.130			0.112
	7	$b = 1\ 000\varphi_h\vartheta_h$（N/kN）	92.56	68.64	55.64	47.06		41.34	40.82		36.92		33.80		31.20	29.12
	8	$c = 0.5b + w_0$（N/kN）	47.315	35.355	28.949	24.699		21.967	21.805		19.983		18.668		17.594	16.808
电阻制动	9	B_d（N）		127 800		301 700		213 200			302 100		239 400		206 000	180 500
	10	$c = \dfrac{B_d + W_0}{(P+G)g}$（N/kN）		5.669		12.108		9.027			12.477		10.448		9.463	8.793
空气制动与电阻制动	11	$c = 0.2b + b_d + w_0$（N/kN）		19.397		21.520		17.295			19.861		17.208		15.703	14.617

注：① 第 3 栏 w_0'' 按滚动轴承重货车计算；

② 第 7 栏 φ_h 按原《牵规》中磷闸瓦简化计算式 $\varphi_h = 0.356 \times \dfrac{0.4V + 100}{4V + 100}$ 计算。

司机施行制动，从移动闸柄到列车完全停车为止，列车所走行的一段距离为制动距离 S_b。紧急制动时，我国目前规定允许的最大制动距离如表 2-10 所示。计算下坡限速即求保证列车能在紧急制动距离内安全停车的制动初速。线路条件一定时，制动能力越高，允许的限速就越高。列车的制动距离是制动空走距离 S_k 和有效制动距离 S_c 之和，即

$$S_b = S_k + S_c \tag{2-85}$$

表 2-10　列车紧急制动距离限制值

铁路类型	客运专线				客货共线铁路			
设计速度（km/h）	350	300	250	220	160<V≤200	140<V≤160	120<V≤140	≤120
紧急制动距离（m）	4 500	3 500	2 700	1 700	2 000	1 400	1 100	800

1）空走距离 S_k 的计算

空走距离 S_k 指从司机移动闸柄到闸瓦发生作用时为止，列车所走行的距离，即

$$S_k = \frac{1\,000V_{ch} \times t_k}{3\,600} = \frac{V_{ch} \times t_k}{3.6} \text{（m）} \tag{2-86}$$

式中　V_{ch}—— 紧急制动初速（km/h）；

t_k—— 紧急制动空走时间（s），可按下式计算：

旅客列车：

紧急制动　$t_k = 3.5 - 0.08 i_j$（s）

常用制动　$t_k = (4.1 + 0.002\gamma \cdot n)(1 - 0.03 i_j)$（s）

货物列车：

紧急制动　$t_k = (1.6 + 0.065n)(1 - 0.028 i_j)$（s）

常用制动　$t_k = (3.6 + 0.00176\gamma \cdot n)(1 - 0.032 i_j)$（s）

式中　i_j—— 加算坡度，当 i_j>0 时，按 i_j=0 计算；

γ—— 列车管减压量（kPa），取 50~200kPa；

n—— 牵引辆数；

单机运行时不分类型，空走时间均按紧急制动的 2.5s 计算。

2）有效制动距离 S_c 的计算

有效制动距离 S_c 指闸瓦发生作用到列车完全停车时的走行距离。由公式（2-68）得

$$S_c = \int_{V_{ch}}^{V_{mo}} \frac{8.33V\mathrm{d}V}{c} \text{（m）} \tag{2-87}$$

式中　V_{ch}，V_{mo}——制动初、末速（km/h）；

c——单位合力：

$$c = -(w_0 + \beta_b \times b \pm i_j) = -(w_0 + 1\,000\vartheta_h \times \varphi_h \times \beta_b \pm i_j) \text{（N/kN）}$$

其中，β_b 为制动力利用系数，见《牵规》表 4。

如用近似积分法，则由公式（2-72），c_p 按制动工况考虑，得

$$S_c = \sum \frac{4.17 \times (V_2^2 - V_1^2)}{c_p} \text{（m）} \tag{2-88}$$

式中　V_1，V_2——在初速 V_{ch}、末速 V_{mo} 的上、下限内所取各速度间隔的初、末速；

c_p——按每次速度间隔的平均速度 $V_p=\dfrac{V_1+V_2}{2}$ 计算的单位合力（N/kN）。

3）求算限速

因为制动距离 S_b 为已知，末速 V_{mo} 要求为零。按上述公式求得初速 v_{ch}，即为所要求的限制速度。将 $S_k=\dfrac{V_{ch}\times t_k}{3.6}$ 和 S_c 代入公式（2-85），即得

$$S_b=\frac{V_{ch}\times t_k}{3.6}+\sum\frac{4.17\times(V_2^2-V_1^2)}{-(w_0+1\,000\vartheta_h\times\varphi_h\times\beta_b\pm i_j)} \tag{2-89}$$

根据公式（2-89）的计算结果,《技规》制定了使用自动制动机的货物列车及混合列车闸瓦压力表，如表 2-11 所示。工作中可根据列车的换算制动率 ϑ_h 直接查得下坡限速。也可近似按下式计算

$$V_x=85+0.8i\text{（km/h）} \tag{2-90}$$

例如，平坡时 $i=0$，限速 $V_x=85$ km/h；10 ‰ 下坡的限速 $V_x=77$ km/h。

表 2-11　货物列车及混合列车制动限速表（km/h）

（计算制动距离 800 m，高磷闸瓦）

坡度（‰）	每百千牛列车质量的换算闸瓦压力（kN）（机车的质量及其制动机可除外）													
	24	26	28	30	32	34	36	38	40	42	44	46	48	50
0	80	82	85	87	88	90	92	94						
1	79	82	84	86	88	89	91	93	94					
2	78	81	83	85	87	89	90	92	94					
3	78	80	82	84	86	88	90	91	93	94				
4	77	79	81	83	85	87	89	91	92	94				
5	76	78	80	83	85	86	88	90	91	93	94			
6	75	77	80	82	84	86	87	89	91	92	94			
7	74	77	79	81	83	85	87	88	90	92	93	94		
8	73	76	78	80	82	84	86	88	89	91	92	94		
9	72	75	77	79	81	83	85	87	89	90	92	93	94	
10	72	74	76	79	81	83	84	86	88	89	91	92	94	
11	71	73	76	78	80	82	84	86	87	89	90	92	93	94
12	70	72	75	77	79	81	83	85	86	88	90	91	92	94
13	69	71	74	76	78	80	82	84	86	88	89	90	92	93
14	68	71	73	75	78	80	81	83	85	87	88	90	91	92
15	67	70	72	75	77	79	81	83	84	86	88	89	90	92
16	66	69	71	74	76	78	80	82	84	85	87	88	90	91
17	65	68	71	73	75	77	79	81	83	85	86	88	89	90

续表 2-11

坡度（‰）	每百千牛列车质量的换算闸瓦压力（kN）（机车的质量及其制动机可除外）													
	24	26	28	30	32	34	36	38	40	42	44	46	48	50
18	64	67	70	72	74	77	79	81	82	84	86	87	89	90
19	64	66	69	71	74	76	78	80	82	83	85	86	88	89
20	64	66	68	71	73	75	77	79	81	83	84	86	87	89
22	62	65	68	70	73	75	77	79	81	83	84	86	87	89
24	60	63	66	68	71	73	75	77	79	81	83	85	86	88
26	58	61	64	67	69	72	74	76	78	80	82	83	85	86
28	56	59	62	65	68	70	72	75	77	78	80	82	84	85
30	54	58	61	64	66	69	71	73	75	77	79	81	82	84

3. 单位合力曲线图绘制

根据表 2-9 的计算结果，按一定比例尺绘制的单位合力曲线图如图 2-14 所示。取纵轴为速度轴，取横轴为单位合力轴，原点左侧为正，右侧为负。按表 2-9 中第 4 栏数值绘出的为牵引运行的单位合力曲线 $f-w_0=f(V)$；按第 5 栏数值绘出的为惰力运行单位合力曲线 $w_0=f(V)$；按第 8、第 10、第 11 栏分别绘出空气制动 $0.5b+w_0=f(V)$、电阻制动 $b_d+w_0=f(V)$、空气与电阻制动合用 $0.2b+b_d+w_0=f(V)$ 曲线。这些曲线统称单位合力曲线。

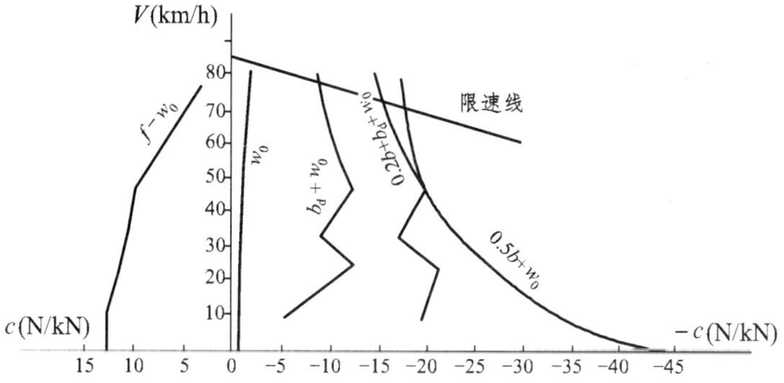

图 2-14　单位合力图

（二）单位合力曲线特性

1. 有加算坡道时的应用

单位合力曲线图是按列车在空旷地段平直道上运行情况计算的，即 $i_j=0$。如果有加算坡道时，单位合力应扣除加算坡道的阻力，即 $c=f(V)-i_j$，故只需将图 2-14 中合力曲线图的纵轴移动一个 i_j 值即可。i_j 为正值时，纵轴向左移动；i_j 为负值时，纵轴向右移动。这时原来各条 $c=f(V)$ 曲线对新的坐标轴关系，就是列车在 i_j 坡道上运行时的单位合力曲线。

2. 均衡速度的确定

在合力曲线图上，考虑加算坡道纵轴移动后，速度轴与各工况 $c=f(V)$ 曲线相交处单位合力 $c=0$，这时列车就以该点所对应的速度作等速运行，该速度称为该加算坡道的均衡速度 v_{jh}；线路情况不同（即加算坡道 i_j 不同），则均衡速度不同。机车操作有不同工况，也有相应的均衡速度。例如，在图 2-14 中，列车在 $i=4‰$ 的上坡道上运行（此时纵轴左移数值为 4 N/kN），$c=0$ 时，$V_{jh}=73$ km/h。

3. 判断列车运行状况

在任何坡道上，列车运行速度低于所采用工况在该坡道上的均衡速度时，列车受到的单位合力为正值，列车将加速运行，直到均衡速度为止；如列车运行速度大于均衡速度，列车受到的单位合力为负值，列车将减速运行，直到均衡速度。仍以图 2-14 来说明。

1）牵引运行时

例如，列车以速度 $V = 45$ km/h 牵引运行，到达 $i = 4‰$ 的上坡道后，因列车在该坡道的均衡速度应为 $V_{jh} = 73$ km/h，所以列车应加速运行。

2）惰力运行时

例如，列车以速度 $V = 50$ km/h 惰力运行，到达 $i = -2‰$ 的下坡道后，因列车在该坡道上惰力运行的均衡速度 $V_{jh} = 67$ km/h，故列车要加速运行。同样情况下，列车到达 $i = -1.5‰$ 的下坡道，因列车在该坡道上的惰力运行均衡速度为 $V_{jh} = 44$ km/h，所以列车要减速运行。

4. 确定按限速运行时的机车操作状态

1）牵引运行时

例如，列车在 $i = 0$ 的坡道上运行时，8-Ⅲ手柄位的均衡速度为 100 km/h（图 2-14 中未绘出），如果要求限速为 82 km/h，则应采用 8-Ⅲ以下手柄位操作。

2）空气制动时

例如，列车在 $i = -18‰$ 的下坡道上运行，要求限速为 70 km/h，图 2-14 中的纵轴右移到 $c = -18$ N/kN 处，按 $V = 70$ km/h 在空气制动（$0.5b + w_0$）的单位合力曲线上，查得 $c = -20$ N/kN，说明列车要减速。所以需采用机车、车辆交替制动（周期制动），使列车不超限速运行。

3）电阻制动时

例如，列车在 $i = -5‰$ 的下坡道上运行，要求限制速度为 80 km/h，图 2-14 中的纵轴右移到 -5 N/kN 处，如用惰行，单位合力大于零，列车加速运行要超过限速；如用空气制动，单位合力小于零，列车要减速。如果采用电阻制动的某一级位，可使单位合力为零，列车按限速 80 km/h 恒速运行。

二、运行速度与运行时分计算

解算列车运行速度及站间运行时间的方法，从计算精度上可分为基于列车运动方程式的精确解法和基于均衡速度的粗略解法两类；从计算手段上可分为图解法和电算法（数值法）。随着电子计算机的普及，无论是精确解法还是均衡速度法，均已利用数值解法并采用计算机求解。以下简要介绍基于列车运动方程式的数值解法及均衡速度法。建设项目前期工作阶段或精度要求不高的概略计算时，可先化简线路纵断面坡度。

（一）线路纵断面坡度化简

1. 化简坡度 i_h

化简坡度 i_h 按下式计算

$$i_h = \frac{H_2 - H_1}{l_h} \times 1000 \text{（‰）} \tag{2-91}$$

式中　H_1，H_2——化简坡段的始、终点高程（m）；

l_h ——化简坡段的长度（m），$l_h=\sum l_i$，l_i 为化简坡段中各坡段的坡长（m）。

2. 化简坡度的检查

化简坡段中任一坡道的坡长 l_i 必须符合下列经验公式

$$l_i \leqslant \frac{2\,000}{\Delta i}\ (\text{m}) \tag{2-92}$$

式中　2 000 —— 经验常数（m）；

Δi —— 化简坡度与化简坡段中任一坡道坡度差的绝对值，即 $\Delta i=|i_h-i_i|$（‰）。

3. 化简坡度注意事项

为减小因化简坡度造成的计算误差，站坪坡、动能坡或需校验牵引质量的坡道，不得与其他坡道一并化简。逆坡也不应一并化简。

4. 化简后的加算坡度 i_{hj}

化简后的加算坡度 i_{hj} 按下式计算

$$i_{hj}=i_h+i_r+i_s\ (‰) \tag{2-93}$$

式中　i_r，i_s ——曲线附加阻力和隧道空气附加阻力的折算坡度（‰）；

$$i_r=\frac{10.5\sum\alpha}{l_h}\ (‰),\quad i_s=\frac{\sum(w_s\times l_s)_i}{l_h}\ (‰)$$

$\sum\alpha$ —— 化简坡段范围内曲线转角之和（°）；

$\sum(w_s\times l_s)_i$ ——化简坡段范围内，各隧道的单位空气附加阻力及其隧道长度乘积之和。

加算坡度应分方向分别计算。

（二）运行速度与时分计算

1. 数值解法

数值解法就是根据列车运动方程式的直接积分式、近似积分式或数值积分式解算列车的运行速度与运行时分（同时可计算能耗和机械功）。列车在区间运行的速度受多种因素限制，司机需根据不同情况和条件，通过合理操纵机车改变列车的工况，使列车的速度符合要求。由于坡度变化直接影响列车的运行速度，因此，通常是以坡段为基本单元进行计算的。数值解法的关键在于确定合理的工况及其变化点。

根据列车运动方程式推导出列车运行时分、距离、机车牵引机械功和能耗的计算公式。由于单位合力、牵引机械功和能耗均为运行速度 V 的插值函数，故在计算中可采用插值公式（如拉格朗日三点插值公式）对插值进行一元三点不等距分段插值，并采用数值积分法（如高斯数值积分）求解上述各式。

图 2-15 绘出了相应的 $V=f(s)$ 及 $t=f(s)$ 曲线。

2. 均衡速度法

均衡速度法是假定列车在每一个坡段上运行时，不论坡段长短，也不论进入坡段时的初速高低，都按该坡道的均衡速度（或限制速度）做等速运行考虑。按这样的速度来计算列车运行能时消耗的方法称为均衡速度法。图 2-16 表示甲站至乙站的速度-距离曲线：虚线表示实际运行速度曲线，实线表示均衡速度法绘的速度曲线[每个坡段上均按均衡速度

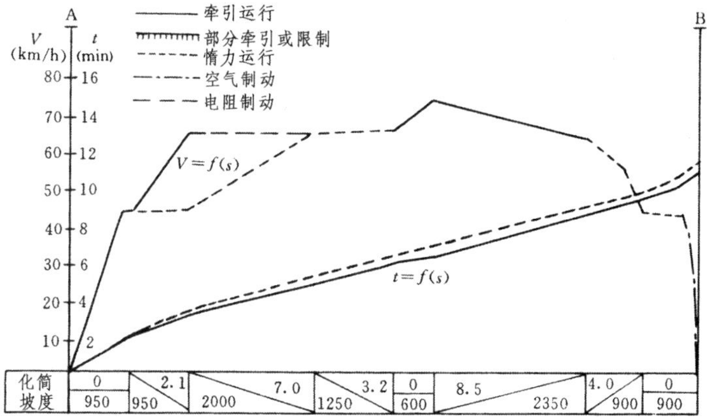

图 2-15　一个区间的 $V=f(s)$ 及 $t=f(s)$ 曲线

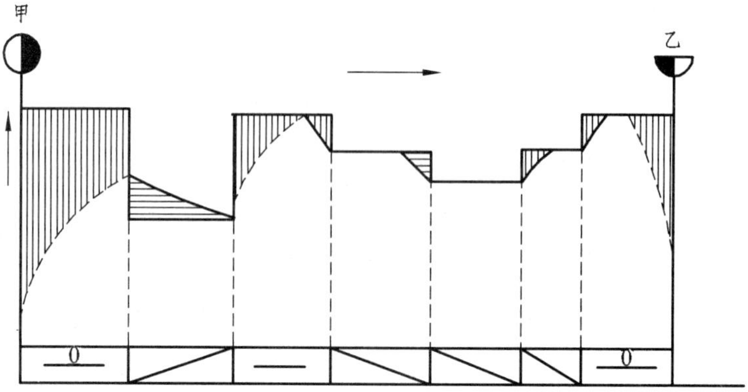

图 2-16　均衡速度法的 $V=f(s)$ 曲线

或限制速度等速运行，$V=f(s)$ 曲线均为水平线]，两者的走行时分是不同的。坡度变化不大时，均衡速度法中速度的超过部分（垂直影线部分）与其不足部分（水平影线部分）大体上可以抵消。只是在车站起动及进站停车时相差较大。所以，用均衡速度法计算时，要加起停车附加时分 t_q+t_t。当线路纵断面坡段很多，相邻坡段坡度差较大时，误差更大。故均衡速度法一般多用于概略计算。

图 2-16 中，甲站至乙站运行时，因考虑甲、乙两站均停车，运行时分为

$$t_{甲-乙}=\sum(t_i\times L_i)+t_q+t_t\ (\text{min}) \qquad (2\text{-}94)$$

式中　t_q，t_t —— 起车、停车附加时分，与牵引种类、牵引质量及进出站线路纵断面情况有关，一般客货共线铁路电力、内燃牵引时取 $t_q=1\sim3$ min，$t_t=1\sim2$ min；客运专线铁路起车附加时分不应大于 2.5min，停车附加时分不应大于 1.5min。

L_i —— 某一坡段的长度（km）。

t_i —— 某一坡段上的每千米的运行时分（min/km），上坡时 $t_i=60/V_{jh}$，V_{jh} 为在合力曲线图上查得的均衡速度（km/h）；下坡时 $t_i=60/V_x$，V_x 为下坡限速（km/h），货物列车可按公式（2-90）计算。

计算应分方向进行，是否附加 t_q+t_t，应根据是否在该站停车而定。

第三章　线路平面和纵断面设计

第一节　线路平面和纵断面概述

铁路是一条三维空间带状实体。一般所说的线路，是指铁路中心线在空间的位置，以线路构造物（路基、桥梁、隧道）横断面上距左轨（直线）或外轨（曲线）半个轨距的铅垂线 *AB* 与路肩水平线 *CD* 的交点 *O* 在纵向上的连线表示，如图 3-1 所示，简称为线路中线。

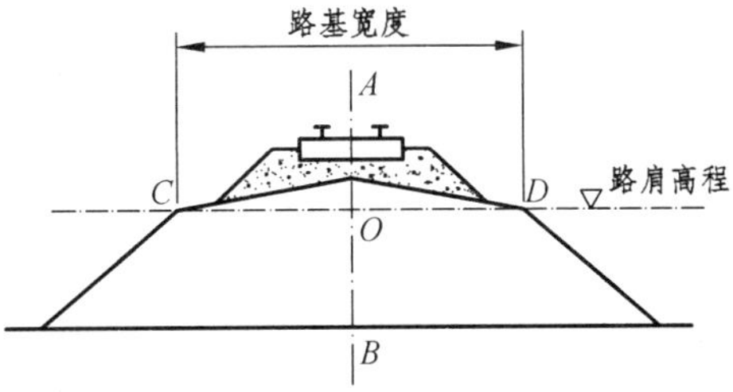

图 3-1　路基横断面

线路在空间的位置是由它的平面和纵断面决定的。线路平面是指线路中心线在水平面上的投影，表示线路在平面上的具体位置；线路纵断面是沿线路中心线所作的铅垂剖面在纵向展直后，线路中心线的立面图，表示线路起伏情况，其高程为路肩高程。

各设计阶段编制的线路平面图和纵断面图是铁路设计的基本文件。各设计阶段的定线要求不同，线路平面图和纵断面图的详细程度也各有区别，绘制时应遵循铁路行业制定的线路标准图式。图 3-2 为新建铁路简明的线路平面图和纵断面图，可应用于线路方案研究或（预）可行性研究阶段中的概略定线，它包含了线路设计的部分基本信息和资料。

简明平面图中，等高线表示地形和地貌特征，村镇、道路等表示地物特征。图中粗线表示线路平面，标出里程、曲线要素（转角 α、曲线半径 R 等）、车站和桥隧特征等资料。

简明纵断面图的上半部为线路纵断面示意图；下半部为线路基础数据，自下而上顺序标出线路平面、里程、设计坡度、路肩设计高程、工程地质概况等栏目。

线路平面和纵断面设计必须满足以下三方面的基本要求：

（1）必须保证行车安全和平顺。主要指：列车不脱钩、不断钩、不脱轨、不途停、不运缓与旅客乘车舒适等，这些要求反映在铁路设计相关规范所规定的技术标准中，设计时要遵守相关规定。

（2）应力争节约资金。即既要力争减少工程数量、降低工程造价；又要考虑为施工、运营、维修提供有利条件，节约运营支出。从降低工程造价考虑，线路最好顺地面爬行，但因起伏弯曲太大，给运营造成困难，导致运营支出增大；从节约运营支出考虑，线路最好又平又直，但势必增大工程数量，提高工程造价。因此，设计时必须根据设计线的特点，分析设计路段的具体情况，综合考虑工程和运营的要求，通过方案比较，正确处理两者之间的矛盾。

（3）既要满足各类建筑物的技术要求，还要保证它们协调配合、总体布置合理。铁路上要修建车站、桥涵、隧道、路基、道口和支挡、防护等大量建筑物，线路平面和纵断面设计不但关系到这些建筑物的类型选择和工程数量，并且影响其安全稳定和运营条件。因此，设计时不仅要考虑各类建筑物对线路的技术要求，还要从总体上保证这些建筑物相互协调、布置合理。

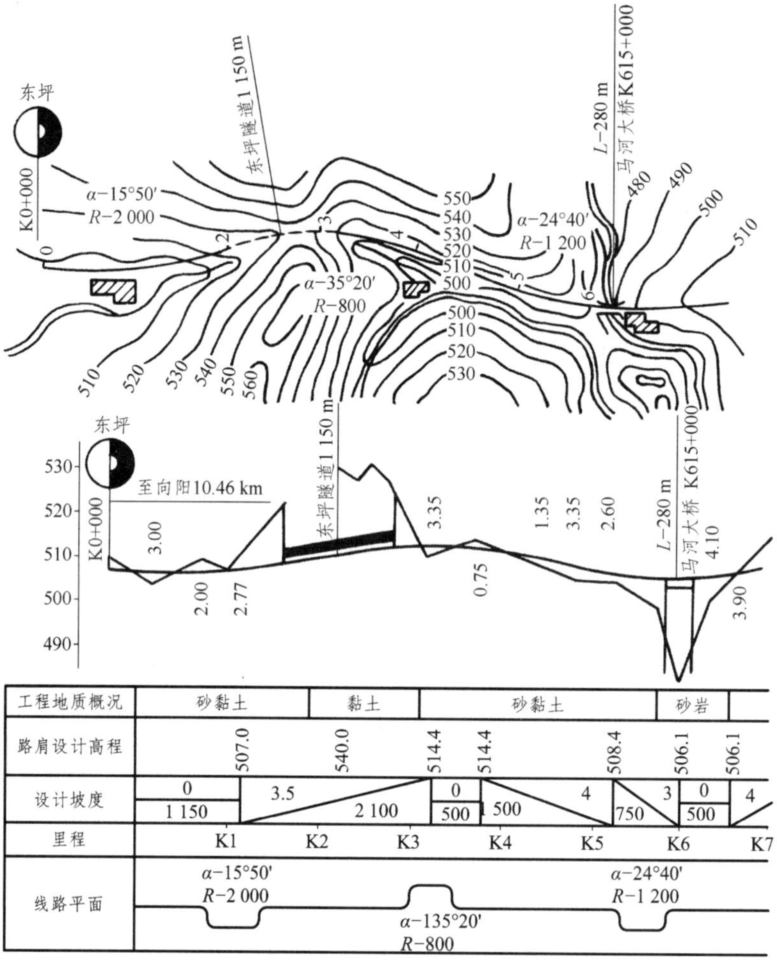

图 3-2　概略定线时的简明线路平面图和纵断面图

第二节　区间线路平面设计

一、平面组成及其基本线形

分析行驶中的铁路车辆导向轮旋转面与车身纵轴之间有三种关系，即角度为零、角度为常数和角度为变数。与三种状态对应的行驶轨迹线为

① 曲率为零的线形：直线；

② 曲率为常数的线形：圆曲线；

③ 曲率为变数的线形：缓和曲线。

线路平面设计，就是将这三种线形进行组合，以便为列车运行提供一个安全、平顺的运行轨迹。从这个意义上看，列车运行轨迹应当具有以下特点：

① 列车运行轨迹应当是连续且圆顺的，即在任何一点上不出现错头和破折；

② 其曲率是连续的，即轨迹上任一点不出现两个曲率变化的值；

③ 其曲率的变化率是连续的，即轨迹上任一点不出现两个曲率变化率的值。

满足上述三个条件的线路平面，是一个由曲线和与之相切的直线组成，且由圆曲线和缓和曲线构成的曲线的曲率连续的线路，如图 3-3 所示。

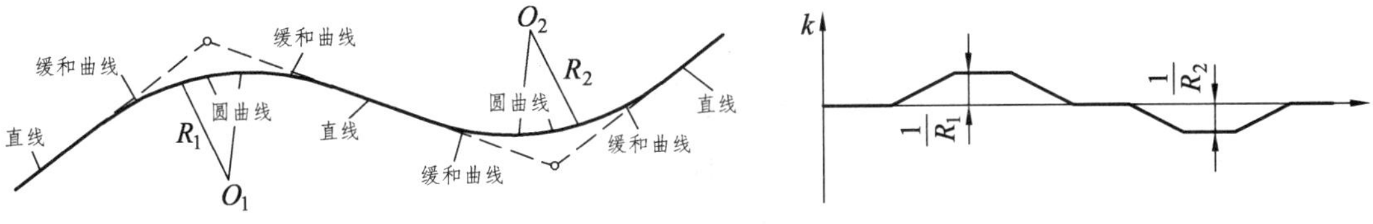

（a）平面线形　　（b）曲率变化图

图 3-3　曲率连续的线路平面

纸上定线时，在相邻两直线之间需用一定半径的圆曲线连接，并使圆弧与两侧直线相切。曲线半径的选配，可使用与地形图比例尺相同的曲线板，根据地形、地质与地物条件，由大到小选用合适的曲线板，决定合理的半径。若地势开阔，可先绘出两相邻的直线段，然后选配中间的曲线半径，如图 3-4（a）所示；若曲线毗连，则先在需要转弯处绘出恰当的圆弧，然后用切于两圆弧的直线连接之，如图 3-4（b）所示。选定曲线半径后，量出偏角，再计算曲线要素和起讫点里程。

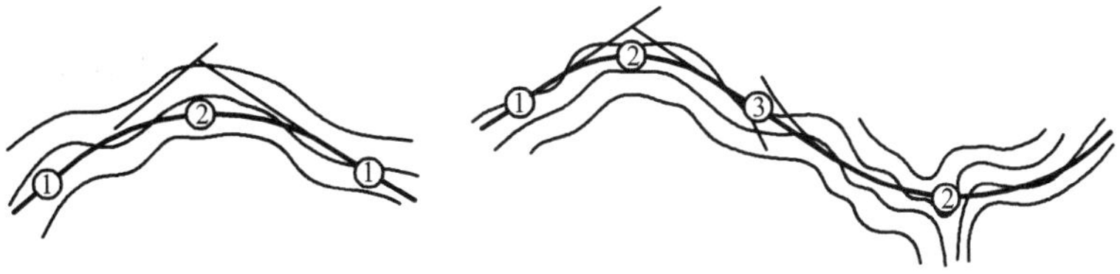

（a）　　（b）

图 3 4　纸上定线时曲线和直线的设置方法

二、直　线

（一）直线设计的一般原则

直线作为平面线形要素之一，具有短捷、直达、列车行驶受力简单和测设方便等特点，但过长的直线难于与地形相协调，也不利于城镇地区既有设施的绕避。因此，在选线设计中，应综合考虑工程和运营两方面的因素，合理选用直线线形。

（1）设计线路平面时，相邻两直线的位置不同，其间曲线位置也相应改变。因此，在选定直线位置时，要根据地形、地物条件使直线与曲线相互协调，线路所处位置最为合理。

（2）设计线路平面，应力争设置较长的直线段，减少交点个数，以缩短线路长度、改善运营条件。只有因遇到地形、地质或地物等局部障碍而引起较大工程时，才设置交点绕避障碍。

（3）选定直线位置时，应力求减小交点转角的度数。转角大，则线路转弯急，总长增大；同时列车行经曲线要克服的阻力功增大，运营支出相应加大。

转角 α 与每吨列车质量克服的曲线阻力功 A_r 的关系式为

$$A_r = w_r \times L_y = \frac{600}{R} \times \frac{\pi \times \alpha \times R}{180} = 10.5\alpha \text{（J/kN）} \tag{3-1}$$

式中　w_r—— 单位曲线附加阻力（N/kN）；

　　　L_y—— 圆曲线长度（m）。

（二）两相邻曲线间的夹直线长度

在曲线毗连路段，为了保证线形连续和行车平顺，两相邻曲线间应有一定长度的直线段。该直线段，即前一曲线终点（HZ_1）与后一曲线起点（ZH_2）间的直线，称为夹直线，如图 3-5 所示。两相邻曲线，转向相同者称为同向曲线，转向相反者称为反向曲线。

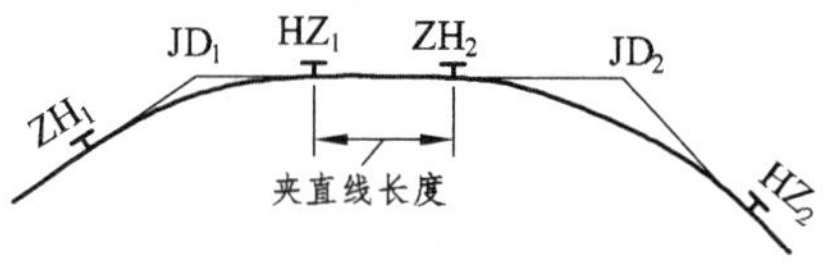

（a）同向曲线

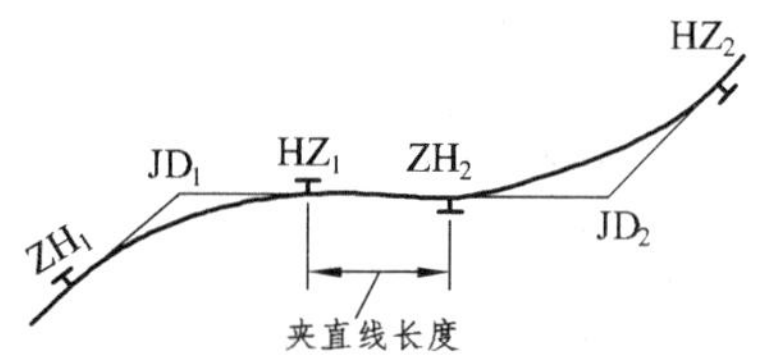

（b）反向曲线

图 3-5　夹直线

1. 最小夹直线长度

夹直线长度应力争长一些，为行车和维修创造有利条件。但是，在地形困难地段，为适应地形变化、减小工程量，可以设置较短的夹直线，但不应短于下列条件所要求的最小长度。

1）保证线路养护维修的要求

夹直线太短，特别是反向曲线路段，列车通过时，因频繁转换方向，车轮对钢轨的横向推力加大，夹直线的正确位置不易保持。同时，由于直线两端曲线变形的影响，夹直线的直线方向也不易保持。

维修实践证明：为确保直线方向，夹直线长度不宜短于 2～3 节钢轨，钢轨标准长度为 25 m，即 50～75 m；地形困难时，至少应不小于一节钢轨长度，即 25 m。

高速客运专线采用大型养路机械维修线路。轨道检查时，为判明直线或圆曲线，要求其线形必须有一定的连续性，此值一般应大于 50 m。同时，施工机具要求一定长度的线段定向，此长度不应小于 50 m。

2）车辆横向摇摆不致影响行车平顺

列车从前一曲线通过夹直线进入后一曲线的运行过程中，因外轨超高和曲线半径的变化，引起车辆横向摇摆和横向加速度变化，反向曲线地段更为严重。为了保证行车平稳、旅客舒适，夹直线长度不宜短于 2～3 节客车长度。我国 22 型和 25 型客车全长分别为 24.0 m 和 25.5 m，故夹直线长度不宜短于 48.0～76.5 m。高速动车组的长度一般为 25.0～27.6 m，相应的夹直线长度不宜短于 56～83 m。

3）车辆振动不致影响旅客舒适

列车通过夹直线时，要跨过夹直线前后的缓直点和直缓点。车轮在缓直点和直缓点处与钢轨冲击引起转向架弹簧的振动。为避免这两次振动的叠加，以保证旅客的舒适，夹直线应有足够长度，保证旅客列车以最大行车速度通过夹直线的时间 t 不小于转向架弹簧振动消失的时间 t_Z。如进一步考虑客车后转向架后轴在后方缓直点产生的振动，不与前转向架前轴在前方直缓点产生的振动叠加，则夹直线长度 L_J 中尚需减去客车全轴距 L_q 再计算时间。

由 $t \geqslant t_Z = n \times T$，得 $\dfrac{L_J - L_q}{V_{max}/3.6} \geqslant n \times T$

$$L_J \geqslant \frac{n \times T \times V_{max}}{3.6} + L_q \ (\text{m}) \tag{3-2}$$

式中 t_Z—— 弹簧振动消失时间（s），与车辆构造和弹簧装置性能有关；

n——转向架振动消失所经历的周期数，根据试验结果，一般取 1.5 ~ 2.0；

T——车辆振动周期（s），根据动力学仿真分析和试验结果，一般为 1.0 ~ 1.5 s；

V_{max}—— 旅客列车路段设计速度（km/h）；

L_q—— 客车全轴距。

考虑到车辆并非刚体，可取 $L_q = 0$，则式（3-2）可简化为

$$L_J = \tau \times V_{max} \ (\text{m}) \tag{3-3}$$

τ 为具有时间量纲的系数，可根据路段速度的高低和工程条件的难易程度确定。我国的取值为：客货共线铁路，当 V_{max} = 160 km/h，140 km/h 时，一般取 0.8，困难取 0.5；当 V_{max} ≤120 km/h 时，一般取 0.6，困难取 0.4；客运专线铁路，一般取 0.8，困难取 0.6。国外最高运营速度 200 ~ 350 km/h 的高速铁路，其夹直线的最小长度为（0.4 ~ 1.0）V_{max}。

L_J 的计算结果应取为 10 m 的整倍数。按式（3-3）计算确定的不同路段速度时的夹直线最小长度如表 3-1 所示。

表 3-1 夹直线及圆曲线最小长度（m）

铁路类型		客运专线				客货共线铁路					
设计速度（km/h）		350	300	200<V≤250	200	200	160	140	120	100	80
工程条件	一般	280	240	200	160	140	130	110	80	60	50
	困难	210	180	150	120	100	80	70	50	40	30

我国台湾地区对夹直线最小长度的规定为：同向曲线间，丘陵地区为 100 m，山岳地区为 60 m；反向曲线间，丘陵地区为 60 m，山岳地区为 30 m。

2. 夹直线长度的保证

线路平面设计时，在设置圆曲线和缓和曲线后，应检查夹直线长度是否满足相应的最小长度要求，即应保证

$$L_J \geqslant L_{J\,min} \ (\text{m}) \tag{3-4}$$

纸上定线时，有时仅绘出圆曲线而不绘出缓和曲线。此时，相邻两圆曲线端点（YZ_1 与 ZY_2）间直线长度 L_J 应满足下列条件

$$L_J \geqslant \frac{l_{01}}{2} + L_{J\min} + \frac{l_{02}}{2}\ (m) \tag{3-5}$$

式中 $L_{J\min}$—— 夹直线最小长度（m），按表 3-1 取值，当曲线超高顺坡延伸至直线范围内时，此长度应为直线上左端超高顺坡终点与右端超高顺坡起点间的长度；

l_{01}，l_{02}—— 相邻两圆曲线所选配的缓和曲线长度（m）。

夹直线长度不满足要求时，应修改线路平面设计。如减小曲线半径或选用较短的缓和曲线长度，或改移夹直线的位置，以延长两端点间的直线长度和减小曲线偏角 [见图 3-6（a）]。当同向曲线间夹直线长度不够时，可采用一个较长的单曲线代替两个同向曲线 [见图 3-6（b）]。

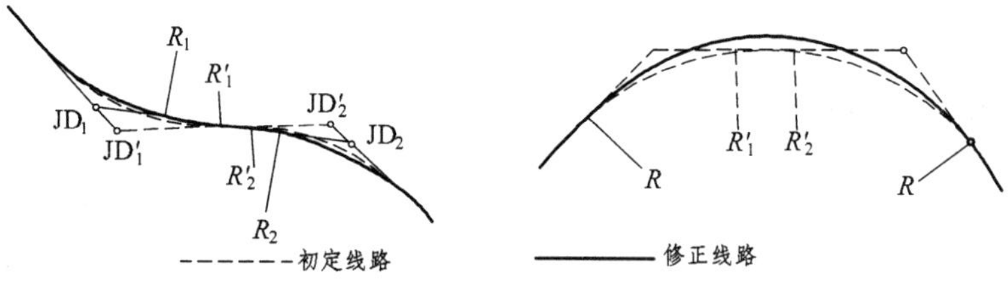

（a）　（b）

图 3-6 夹直线长度不够时的修正设计

三、圆曲线

（一）圆曲线的表达与曲线要素

概略定线时，简明平面图和纵面图中仅绘出未加设缓和曲线的圆曲线，如图 3-7（a）所示。

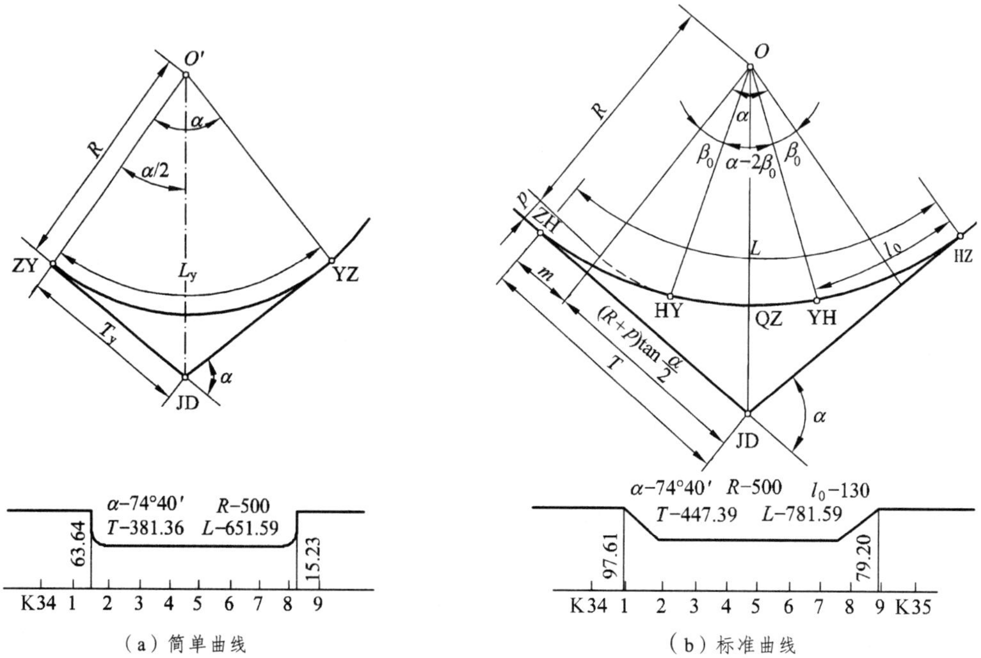

（a）简单曲线　（b）标准曲线

图 3-7 铁路曲线

圆曲线要素为：偏角α、半径 R、切线长 T_y、曲线长 L_y 和外矢距 E_y。偏角α在平面图上量得，曲线半径 R 系选配得出，切线长 T_y、曲线长 L_y 和外矢距 E_y 由下列公式计算

$$T_y = R \times \tan\frac{\alpha}{2} \text{（m）} \quad (3\text{-}6)$$

$$L_y = \frac{\pi \times \alpha \times R}{180} \text{（m）} \quad (3\text{-}7)$$

$$E_y = R \times \left(\sec\frac{\alpha}{2} - 1\right) \text{（m）} \quad (3\text{-}8)$$

曲线各起讫点（主点）里程可按下列方法推算：

ZY 里程，在平面图上量得。

YZ 里程 = ZY 里程 + L_y

详细定线时，平面图、纵面图中要绘出加设缓和曲线后的曲线，如图 3-7（b）所示。曲线要素为：偏角 α、半径 R、缓和曲线 l_0、切线长 T、曲线长 L 和外矢距 E。偏角 α 在平面图上量得，圆曲线半径 R 和缓和曲线长 l_0 由选配得出，切线长 T、曲线长 L 和外矢距 E 由下列公式计算

$$T = (R + p) \times \tan\frac{\alpha}{2} + m \text{（m）} \quad (3\text{-}9)$$

$$L = \frac{\pi(\alpha - 2\beta_0)R}{180} + 2l_0 = \frac{\pi \times \alpha \times R}{180} + l_0 \text{（m）} \quad (3\text{-}10)$$

$$E = (R + p) \times \sec\frac{\alpha}{2} - R \text{（m）} \quad (3\text{-}11)$$

式中　p——曲线内移距，$p = \dfrac{l_0^2}{24R} - \dfrac{l_0^4}{2\,688R^3} \approx \dfrac{l_0^2}{24R}$（m）；

m——曲线切垂距，$m = \dfrac{l_0}{2} - \dfrac{l_0^3}{240R^2} \approx \dfrac{l_0}{2}$（m）；

β_0——缓和曲线角，$\beta_0 = \dfrac{90l_0}{\pi R}$（°）。

曲线各起讫点（主点）里程可按下列方法推算：

ZH 里程：在平面图上量得

HZ 里程 = ZH 里程 + L

HY 里程 = ZH 里程 + l_0

YH 里程 = HZ 里程 − l_0

我国台湾地区铁路的圆曲线，目前仍用 20 m 弦长所对中心角的度数 α_{20} 表示。曲线半径 R 与 α_{20} 的关系为：$R = 10 / \sin(\alpha_{20}/2)$（m）。例如，2°，4°，6° 曲线的半径分别为 573 m，287 m，191 m。

（二）最小曲线半径

1. 最小曲线半径计算原理

1）曲线超高的设置及其允许值

• 曲线超高的设置

当列车通过曲线时，产生离心加速度 a_L。离心加速度的存在，使得列车受到一个指向曲线外侧的离心力的作用，将列车推向外股钢轨，加大了外股钢轨的压力，也使旅客感到不适、货物产生位移等。因此需要将曲线外轨适当抬高，使列车的自身重力加速度产生一个向心的水平分量，以抵消离心加速的作用，使内外两股钢轨受力均匀和垂直磨耗均等，满足旅客舒适感，提高线路的稳定性和安全性。曲线外轨抬高后产生的外轨顶面与内轨顶面的水平高度之差称为曲线超高，如图 3-8 所示。

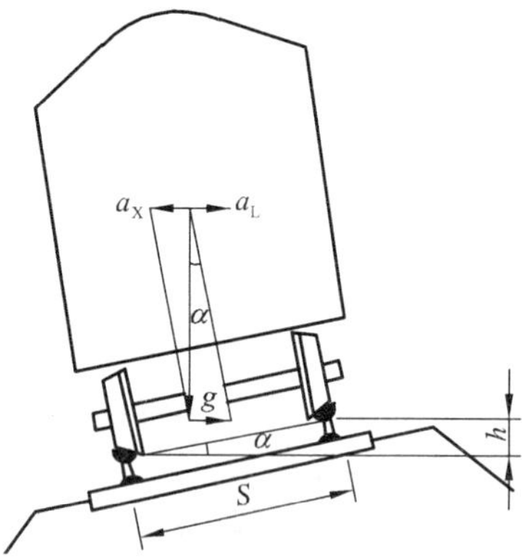

图 3-8　设置超高后作用在列车上的离心加速度和向心加速度示意图

曲线超高的设置方法主要有外轨提高法和线路中心高度不变法两种。外轨提高法是保持内轨高程不变而只抬高外轨的方法，为世界各国和我国铁路所普遍采用。线路中心高度不变法是内轨降低和外轨抬高各为超高值的一半而保证线路中心高程不变的方法，仅在建筑限界受到限制时才采用。

曲线超高在缓和曲线内过渡。对于有砟轨道，曲线超高在道床上实现；无砟轨道的曲线超高设置位置，视不同线下基础和无砟轨道结构形式，如表 3-2 所示，超高分别设置在支承层或基床表层或钢筋混凝土底座上。

表 3-2　曲线超高设置位置

无砟轨道	线下基础		
	路　基	桥　梁	隧　道
Ⅰ型板式	底　座	底　座	底　座
Ⅱ型板式	基床表层	底　座	支承层
双块式	基床表层	底　座	道床板（有仰拱） 底板（无仰拱）

底座最小厚度Ⅰ型板约为 120 mm，Ⅱ型板外股线约为 190 mm，内股线约为 180 mm。

• 曲线超高的计算

当列车通过曲线时，产生离心加速度 a_L，其值与列车通过速度的平方成正比，与曲线半径 R 成反比，即

$$a_L = \left(\frac{V}{3.6}\right)^2 \times \frac{1}{R} \quad (\mathrm{m/s^2})$$

式中　V——列车通过速度（km/h）；

　　　R——圆曲线半径（m）。

曲线上由于外轨超高 h，使重力加速度在圆心方向产生一个分量，称为向心加速度，其值为

$$a_X = g \times \tan\alpha \approx g \times \sin\alpha = g \times \frac{h}{S} \quad (\mathrm{m/s^2})$$

式中 g—— 重力加速度，$g = 9.81\ \mathrm{m/s^2}$；

h—— 外轨超高（mm）；

S—— 两根钢轨轨头中心线之间的距离（mm），对于标准轨距，$S = 1\,500$ mm。

若通过设置外轨超高产生的向心加速度正好平衡掉列车做曲线运动产生的离心加速度，列车的运动状态处于最理想的状态，则 $a_L = a_X$，即

$$\left(\frac{V}{3.6}\right)^2 \times \frac{1}{R} = g \times \frac{h}{S}$$

相应的曲线半径与外轨超高值的关系为

$$h = \frac{S}{g \times R} \times \left(\frac{V}{3.6}\right)^2$$

对于标准轨距铁路，有

$$h = \frac{1\,500 \times V^2}{3.6^2 \times 9.81 \times R} = 11.8\frac{V^2}{R} \quad (\mathrm{mm}) \tag{3-12}$$

可见，对于任一半径的曲线，随着速度的提高，可通过增大外轨超高值来平衡因速度提高而增大的离心加速度，其外轨超高值的大小与列车运行速度的平方成正比。以上述公式确定的超高 h，当列车以速度 V 通过曲线时，可达到最佳舒适度、内外轨磨耗均等和受力均衡状态，称之为平衡超高（或均衡超高）。实际线路上运行的列车种类不同，各种列车的运行速度也不相同，为了反映不同行驶速度和不同牵引质量的列车对于外轨超高值的不同要求，实际中，曲线外轨设计超高是根据平均速度确定的。

在既有线上，各类列车的数目、质量和速度可经过实测求得。平均速度取各次列车的均方根速度，均方根速度按下式确定

$$V_p = V_{JF} = \sqrt{\frac{\sum NMV^2}{\sum NM}} \quad (\mathrm{km/h})$$

式中 N—— 每昼夜通过的各类列车数；

M—— 各类列车质量（t）。

新线设计与施工时，平均速度可根据最大速度乘以速度系数概略确定，即

$$V_p = \beta V_{max} \quad (\mathrm{km/h})$$

式中 V_{max}—— 通过曲线的最大行车速度（km/h）。

β—— 速度系数，在客货共线的线路上总是小于 1。根据我国运营统计资料：一般地段采用 0.80，单线上、下行速度悬殊地段可采用 0.65；客运专线铁路根据运输模式和旅客列车设计速度确定，单一高速时取 1.0，高、中速共线运行时，取 0.55 ~ 0.80。

考虑平均速度的实设超高为

$$h = 11.8\frac{V_p^2}{R} \text{ (mm)} \tag{3-13}$$

● 实设超高最大允许值

低速列车行驶于超高很大的曲线轨道时，存在向内倾覆的危险。为了保证行车安全，必须限制外轨超高的最大值。

设曲线外轨最大超高度为 h_{max}，与之相适应的行车速度为 V，产生的惯性离心力为 J，车辆的重力为 G，J 与 G 的合力为 R，它通过轨道中心点 O，如图 3-9 所示。当某一车辆以 $V_1 < V$ 的速度通过该曲线时，相应的离心力为 J_1，J_1 与 G 的合力为 R_1，其与轨面连线的交点为 O_1，偏离轨道中心的距离为 e。随着 e 值的增大，车辆在曲线运行的稳定性降低，其稳定程度可采用稳定系数 n 来表示。

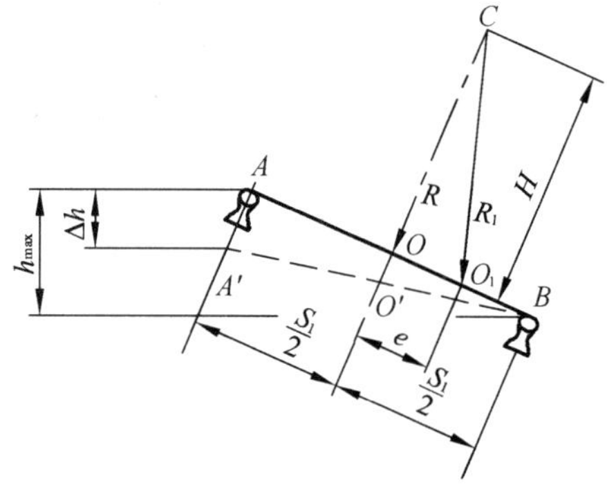

图 3-9　外轨最大超高计算图

令 $n = \frac{S_1}{2e}$，当 n=1，即 $e = \frac{S_1}{2}$ 时，R_1 指向内轨断面中心线，车辆处于临界稳定状态；当 n<1，即 $e > \frac{S_1}{2}$ 时，车辆丧失稳定而倾覆；当 n>1，即 $e < \frac{S_1}{2}$ 时，车辆处于稳定状态：n 值越大，车辆稳定性越好。

根据国内外铁路运营经验，为保证行车安全，n 值不应小于 3。对应的最大超高应满足：

$$h_{max} \leqslant \frac{S_1^2}{6H}$$

式中　S_1——两轨头中心线距离，轨距为 1 435 的标准轨距铁路，取 1 500 mm；

H——车体重心至轨顶面高，我国货车最大值为 2 200 mm，普通客车最大值为 2 057.5 mm，CRH 高速动车组重心高度如表 3-3。

表 3-3　CRH 系列常用车型的重心高度

动车类型	CRH_1	CRH_2	CRH_3	CRH_5	CRH380	最小值
重心高度（mm）	1 540	1 520	1 780	1 582	1 790	1 370

若取货车 H 为 2 200 mm，普通客车 H 为 2 057.5 mm，高速动车 H 为 1 790 mm，计算标准轨距铁路的最大超高值分别为 168 mm，182 mm，209 mm。若考虑 10%的侧向风和动态影响，相应的计算值分别为 151 mm，163 mm 和 190 mm。

在单线客货共线铁路上，上下行列车速度相差悬殊的地段，如设置过大的超高，将使低速列车对内轨产生很大的偏压并降低稳定系数。从工程经验出发，规定其最大超高度为 125 mm。

确定曲线最大实设超高还应考虑到当列车在曲线上停车时，旅客对处于倾斜车体中的舒适度反应，以及车辆处于倾斜状态时机构的可靠性条件等。我国铁道科学研究院于 1980 年所做的试验表明，当列车停在超高为 200 mm 及以上的曲线上时，部分旅客感到站立不稳、行走困难，且有头晕不适之感。

高速旅客列车由于对车辆结构和车内设施的优化，提高了舒适性；同时，高速客运专线运行的客车的速度比较一致，故其超高允许值可以比在客货共线运营时大大提高。日本东海道新干线实设超高允许值为 200 mm，其余新干线为 180 mm；法国 TGV 线为 180 mm；德国 ICE 高速客运专线，在有砟轨道路段最大超高为 150 mm，无砟轨道路段最大超高为 170 mm。

综合国内外的研究与实践，我国目前在制定相应规范和规则时，客货共线铁路的实设超高最大允许值取 150 mm，单线铁路上下行行车速度相差悬殊时，不应超过 125 mm；高速客运专线实设超高最大允许值取 170 ~ 180 mm。

2）未被平衡的超高度及其最大允许值

• 未被平衡的超高度

按 V_p 确定的外轨超高是一个变值，它所产生的向心加速度只能平衡一种速度的离心加速度。当列车实际通过速度 $V > V_p$ 时，会产生未被平衡离心加速度；当列车实际通过速度 $V < V_p$ 时，会产生未被平衡的向心加速度。未被平衡的离心加速度和向心加速度可以理解为由于外轨超高不足或外轨超高过大所产生，可以用欠超高和过超高的形式表示；当列车以 V_{max}（或 V_{min}）通过时，其值为

$$h_q = 11.8\frac{V_{max}^2}{R} - h \quad (mm) \tag{3-14}$$

$$h_g = h - 11.8\frac{V_{min}^2}{R} \quad (mm) \tag{3-15}$$

式中 h_q —— 欠超高值（mm）；

h_g —— 过超高值（mm）。

欠超高和过超高统称为未被平衡的超高。

• 未被平衡超高允许值

未被平衡的超高使内外轨产生偏载，引起内外轨不均匀磨耗，并影响旅客的舒适度。此外，过大的未被平衡超高度还可能导致列车倾覆，因此必须对未被平衡的超高加以限制。

① 欠超高最大允许值 h_{qy}。

欠超高允许值主要根据旅客列车的旅客舒适度来考虑。一般认为 100 mm（相当于 a_{Ly} 为 0.65 m/s^2）以内不致影响旅客的舒适度，最大不超过 153 mm（相当于 a_{Ly} 为 1 m/s^2）。行车速度越大，要求舒适度越高，允许欠超高应小些。我国在制定客货共线铁路的相关线路设计规范的规定时，采用值为：欠超高一般取 70 mm，困难时取 90 mm，既有线提速改造时可取 110 mm;《铁路线路修理规则》采用值为：一般应不大于 75 mm，困难情况应不大于 90 mm。

在高速客运专线铁路上，欠超高允许值主要取决于旅客乘坐舒适度要求。根据我国 1995 年在广深线进行的快速列车旅客舒适度调查结果，当列车通过曲线的欠超高 h_q = 110 mm 左右时，旅客只有轻微感觉，与 YZ22 型车在 h_q = 90 mm 时的舒适度相当，这是因为快速客车具有空气弹簧、横向减振器和抗侧滚扭杆，车辆性能优良。所以，在同样的欠超高情况下，不同结构性能的车辆中的旅客舒适度也不相同。国外高速铁路欠超高允许值，日本在 1980 年以后修建的新干线为 60 mm；法国后期修建的 TGV 线为 55 ~ 65 mm；德国高速铁路欠超高允许值采用标准较大。德国第三期高速铁路，科隆—莱因/美茵线，采用无砟轨道，欠超高允许值为 150 mm。

目前，我国考虑到高速铁路上过大的欠超高可能带来较大的维修工作量，因而在选择欠

超高允许值时尽可能留有一定余地。我国在制定高速客运专线技术标准时选定的欠超高允许值如表 3-4 所示。

表 3-4　客运专线欠超高最大允许值（mm）

舒适度条件	良好	较好	一般	较差
欠超高允许值 h_{qy}	40	60	70	100

② 过超高最大允许值 h_{gy}。

允许的最大过超高值主要由运行安全、乘坐舒适度和经济合理性三个条件确定。受车辆运行安全、乘坐舒适度要求的过超高值的确定，与欠超高值确定原理基本相同。区别仅在于后者是车辆向曲线外侧倾斜，而前者是向曲线内侧倾斜。据美国、日本等国的实验结果，可以认为欠超高的值与过超高的值相近。

客货共线铁路主要因铁路客货通过总质量的比重不同，过超高允许值有较大差异，国际铁路联盟（UIC）的推荐值为 30～90 mm；我国客货共线铁路的货运比重较大，宜采用较小的允许过超高。我国制定新建客货共线铁路线路设计规范的规定时，过超高允许值在 30～50 mm 取值。

对于高速客运专线铁路，过超高允许值的确定，主要考虑对中低速旅客列车旅客乘坐舒适度的影响。在高低速列车共线运行的客运专线上，列车车辆走行性能比货物列车要好得多，因而过超高引起的对内轨磨耗和对轨道的破坏要小，故其过超高允许值可以适当放宽。同时还考虑高低速列车共线运行的客运专线铁路是以高速列车为主，重点应保证高速列车的旅客乘坐舒适度，因此，我国目前在制定相关标准时，取过超高允许值与欠超高允许值一致，见表 3-4。

- 摆式车辆的补偿欠超高和舒适度

采用摆式列车是提高曲线限速的有效举措。摆式车辆通过曲线时，由于通过车体重心的离心力作用，车体会发生倾斜，能使重力和离心力的合力与车体底面大致垂直，这样，旅客几乎感觉不到未被平衡离心加速度的存在。

目前，世界上已有很多国家采用摆式列车，成功地提高了客运速度。著名的摆式列车有瑞典的 X-2000、意大利的 ETR-450、西班牙的 Talgo、日本的 381、德国的 6IIDMV 等。摆式客车的倾摆系统有两种：一是利用客车在曲线上运行产生的离心力，使车辆自动向曲线内侧倾摆的无源摆动，倾摆角度仅 3°～5°；二是当客车进入曲线时，利用液压或气压伺服系统，使车辆向曲线内侧倾摆的有源摆动,其倾摆角度可达 8°～9°。我国广深铁路公司 1998 年引进瑞典的 X-2000 模式列车为有源摆动，最大倾摆角度为 8.5°。

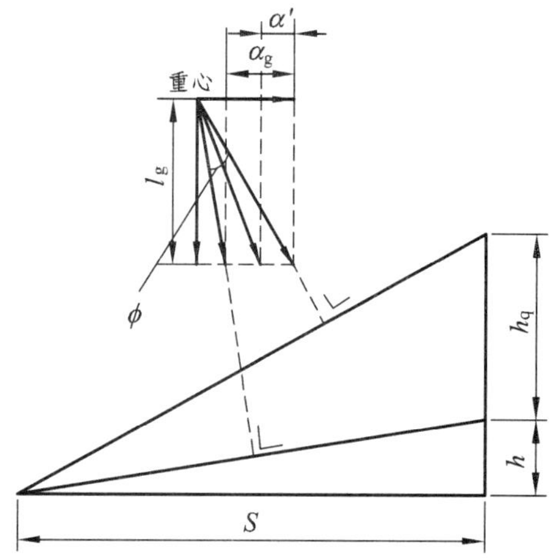

图 3-10　摆式车体离心加速度

从图 3-10 可见，采用摆式列车时，作用在旅客身上的未被平衡的离心加速度为

$$\alpha' = V^2/(R\times g) - h/S - \phi$$

又因为　　　　　$V^2/(R\times g)=(h+h_q)/S$

则　　　　　　　$\alpha'=h_q/S-\phi$

欲使作用在旅客身体上的未被平衡离心加速度为 0，则摆式列车摆动角为ϕ时，能补偿的欠超高为

$$h_q=S(\alpha'+\phi) \tag{3-16}$$

式中 V——通过曲线速度（m/s）;

R——曲线半径（m）;

S——轨距（mm）;

h——超高（mm）;

h_q——欠超高（mm）;

g——重力加速度（m/s^2）

α——未被平衡离心加速度（对车体）（g）;

α'——未被平衡离心加速度（对旅客）（g）;

ϕ——倾斜角（弧度）。

摆式车辆的倾斜角度和补偿未被平衡的离心加速度表示相同的意义，例如车体倾斜 5°补偿未被平衡离心加速度是 0.087g。从加在车体上的未被平衡离心加速度中减去 0.087g，剩余部分就是旅客所感受到的未被平衡的离心加速度。

3）最小曲线半径计算条件

满足旅客舒适度是铁路设计的基本要求。对于高、低速共线运行高速客运专线和客货共线铁路，铁路设计还应保证在列车以不同速度运行条件下，轮轨磨耗均匀和内外轨受力均等，以保证轨道的稳定和行车平稳。

- 旅客列车最高行车速度要求的最小曲线半径

最小曲线半径应保证旅客列车以最高速度 V_{max} 通过时，欠超高 h_q 不超过允许值 h_{qy}，以保证旅客舒适度。利用式（3-12），当曲线设置最大超高即 $h=h_{max}$ 时，可得满足旅客舒适条件的最小曲线半径 R_{min} 为

$$R_{min}=\frac{11.8V_{max}^2}{h_{max}+h_{qy}}\ (\mathrm{m}) \tag{3-17}$$

式中 V_{max}——旅客列车最高行车速度（km/h），高速客运专线为设计速度，一般取 200 ~350 km/h；客货共线铁路采用路段设计速度，一般取 160 km/h、140 km/h、120 km/h、100 km/h 和 80 km/h。

h_{max}——最大超高值（mm）。

h_{qy}——欠超高允许值（mm）。

其余符号意义同前。

- 高、低速列车共线运行条件下的最小曲线半径

对于高、低速列车共线运行客运专线或客货共线铁路，曲线外轨实设超高 h 应按各种列车的均方根速度 V_{JF} 确定。在实设超高下，高速旅客列车以速度 V_{max} 通过时，产生的欠超高不应超过允许值 h_{qy}，以保证旅客的舒适度和外轨不过分偏磨；低速列车（中低速旅客列车或

货物列车）以速度 V_D 通过时，产生的过超高 h_g 也不应超过允许值 h_{gy}，以免引起内轨的严重磨耗，加剧轨道破坏。相应的最小曲线半径计算式分别为

$$R_{min}=\frac{11.8(V_{max}^2-V_{JF}^2)}{h_{qy}}\ (\text{m}) \tag{3-18}$$

$$R_{min}=\frac{11.8(V_{JF}^2-V_D^2)}{h_{gy}}\ (\text{m}) \tag{3-19}$$

将式（3-18）与式（3-19）相加并整理后，得

$$R_{min}=11.8\frac{V_{max}^2-V_D^2}{h_{qy}+h_{gy}}\ (\text{m}) \tag{3-20}$$

式中 V_D——低速列车速度（km/h），对于高速客运专线，为中低速旅客列车设计速度。我国客运专线列车匹配速度一般为 350 km/h：250 km/h，350 km/h：200 km/h，300 km/h：200 km/h，250 km/h：200 km/h，250 km/h：160 km/h 和 200 km/h：160 km/h；对于客货共线铁路，为货物列车设计速度，与路段设计速度相对应，分别取 90 km/h、80 km/h、70 km/h、60 km/h 和 50 km/h。

h_{gy}——过超高允许值（mm）。

高、低速列车共线运行条件下的最小曲线半径 R_{min}，取式（3-18）至式（3-20）三式计算结果的最大者。

2. 最小曲线半径选定

最小曲线半径是一条铁路干线或某区段允许采用的曲线半径最小值。它是铁路主要技术标准之一，应根据铁路等级、速度目标值、铁路运输模式、旅客乘坐舒适性和运行平稳度等因素比选确定。

1）最小曲线半径选定的影响因素

（1）设计线的运输性质。客运专线主要追求旅客舒适度，重载运输线路重视轮轨磨耗均等，客货共线铁路则需两者兼顾。

（2）运行安全。为了保证机车车辆在曲线上运行安全，保证轮轨间的正常接触，车辆上所受的力应保持在安全范围内。最小曲线半径应保证车辆通过曲线的安全性、稳定性及客车平稳性的评价指标，符合《铁道车辆动力学性能评定和试验鉴定规范》的相关规定。

（3）设计速度：

- 旅客列车最高设计速度

旅客列车最高设计速度是设计线或某一路段旅客列车远期可能实现的最高速度。一条设计线各路段的地形条件不同，远期旅客列车能达到的最高速度也不同，拟定的最小曲线半径应满足各路段设计速度的需要。我国客货共线铁路目前推荐的设计速度分别为 200 km/h，160 km/h，140 km/h，120 km/h，100 km/h，80 km/h。客运专线最高设计速度目标值为 200～350 km/h；京沪高速铁路等“八纵八横”高速客运专线的设计速度目标值为 350 km/h。

- 中低速旅客列车设计速度

我国客运专线铁路，将实行高低速旅客列车共线运行模式。工程和运营实践表明，客运

专线的中低速列车和高速列车的速度之比小于 0.6 时，会增加基础工程建设投资，降低铁路输送能力。综合考虑我国目前的技术条件，中低速旅客列车设计速度，对于设计速度目标值为 300 ~ 350 km/h 的客运专线，按 200 km/h 及以上设计；设计速度目标值为 200 ~ 250 km/h 的客运专线，按 160 km/h 设计。

• 货物列车的通过速度

设计线各路段的坡度不同，货物列车的通过速度不同。坡度陡峻的困难地段，上坡时速度受机车牵引力制约，下坡时速度受制动条件限制，通过速度较坡度平缓路段为低。在曲线上因受允许过超高的制约，外轨超高值不能过大，从而影响最小曲线半径的大小。

我国《铁路主要技术政策》明确指出，货物列车的最高速度要逐步提高到 90 km/h。为了适应货物列车逐步提高的现实情况，我国新建客货共线铁路目前在拟定最小曲线半径标准中，推荐货物列车设计速度分别为 120 km/h，100 km/h，80 km/h，70 km/h，60 km/h，50 km/h。

（4）地形条件：

① 平原微丘地区，曲线半径的大小通常对工程量影响不大，为创造良好的运营条件和节省运营费用，应选定较大的最小曲线半径。

② 山岳地区地形复杂，曲线半径的大小对工程量影响很大，为适应地形减少工程，需要选定较小的最小曲线半径。

③ 客货共线铁路用足最大坡度地段，若选定 $R < 600$ m 或 500 m 为最小曲线半径，则因黏着系数降低、黏降坡度减缓而引起线路额外展长，从而增大工程费用。

④ 高速客运专线铁路引入大城市和枢纽区段，为绕避障碍物、减少拆迁，可根据行车速度选择限速地段的最小曲线半径。

综上所述，设计线的最小曲线半径可根据具体情况分路段拟定。必要时，可初步拟定两个以上的最小曲线半径，选取设计线的某些代表性地段，分别进行平面和纵断面设计，通过技术经济比较，并结合上述因素分析评价，确定采用的最小曲线半径。

2）最小曲线半径取值

根据采用的参数，按公式（3-17）、公式（3-20）计算，并结合我国铁路的工程和运营实践及科研成果，得到各级铁路不同路段设计速度的最小曲线半径值，如表 3-5 所示。

表 3-5　最小曲线半径值

铁路类型		客运专线						客货共线铁路					
最高设计速度 V_{max}（km/h）		350		300		250	200	200	160	140	120	100	80
轨道类型		有砟轨道	无砟轨道	有砟轨道	无砟轨道								
R_{min}（m）	一般	7 000	7 000	5 000	4 500	4 000	2 200	3 500	2 000	1 600	1 200	800	600
	（特殊）困难	—	（5 500）	（4 500）	（4 000）	（3 500）	（2 000）	2 800	1 600	1 200	800	600	500

注：括号内数字为特殊条件下，经技术经济比选后方可采用的个别曲线半径。

设计线选定的最小曲线半径，一般不应小于表 3-5 所列的规定值。

我国台湾地区甲级铁路的最小曲线半径，丘陵与山岳分别为 592.99 m 与 286.54 m。

（三）曲线超高设置范围及实设超高计算

1. 曲线超高的允许设置范围

高低速列车共线运行线路的曲线实设超高取决于高低速列车通过曲线的速度及最大超高和欠、过超高允许值等参数，影响行车速度、旅客舒适度和钢轨磨耗，甚至影响行车安全。高低速列车共线运行铁路的曲线超高设置应满足下列条件：

应不大于最大超高且不小于最小超高，即

$$h_{min} \leqslant h \leqslant h_{max} \tag{3-21}$$

使高速车不产生过超高和低速车不产生欠超高，即

$$11.8\frac{V_D^2}{R} \leqslant h \leqslant 11.8\frac{V_G^2}{R} \ (\text{mm}) \tag{3-22}$$

使高速车产生的欠超高和低速车产生的过超高不超过允许值，即

$$11.8\frac{V_G^2}{R} - h_{qy} \leqslant h \leqslant 11.8\frac{V_D^2}{R} + h_{gy} \ (\text{mm}) \tag{3-23}$$

保证式（3-23）能够成立的必要条件是，曲线半径应满足下列不等式

$$R \geqslant 11.8\frac{V_G^2 - V_D^2}{h_{qy} + h_{gy}} \ (\text{m}) \tag{3-24}$$

式中 h —— 曲线超高（mm）；

R —— 曲线半径（m）；

V_G，V_D —— 高速列车、低速列车行车速度（km/h）；

h_{qy}，h_{gy} —— 欠超高、过超高允许值（mm）；

h_{max}，h_{min} —— 允许的最大、最小超高（mm）。

式（3-21）至式（3-24）共同构成了曲线超高的允许设置范围，如图 3-11 中的阴影部分所示。

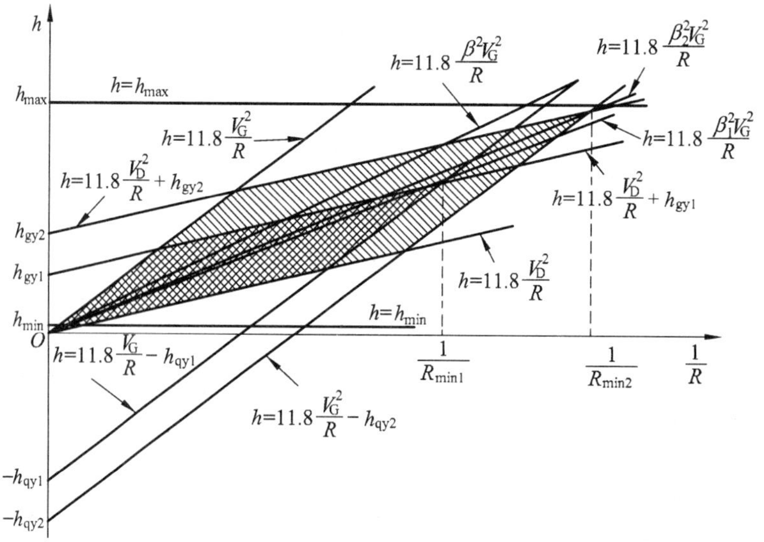

注：h_{qy1}，h_{qy2} 分别为一般和困难条件的欠超高允许值；
h_{gy1}，h_{gy2} 分别为一般和困难条件的过超高允许值；

图 3-11 曲线超高允许设置范围示意图

2. 曲线超高的计算

结合式（3-21）至式（3-24）和图 3-11，可得超高计算公式如下：

当 $R \geqslant R_{\min 1}=11.8\dfrac{V_{\mathrm{G}}^2-V_{\mathrm{D}}^2}{h_{\mathrm{qy1}}+h_{\mathrm{gy1}}}$ 时，

上界为 $h_{\sup}=\max\left\{\min\left[11.8\dfrac{V_D^2}{R}+h_{gy1}, 11.8\dfrac{V_G^2}{R}, h_{\max}\right], h_{\min}\right\}$（mm）

下界为 $h_{\mathrm{down}}=\min\left\{\max\left[11.8\dfrac{V_{\mathrm{G}}^2}{R}-h_{\mathrm{qy1}},\ 11.8\dfrac{V_{\mathrm{D}}^2}{R},\ h_{\min}\right],\ h_{\max}\right\}$（mm）

检算用的中间值为 $h_{\mathrm{chk}}=11.8\dfrac{\beta_1^2V_{\mathrm{G}}^2}{R}=11.8\dfrac{v_{\mathrm{G}}^2}{R}\left[\dfrac{(V_{\mathrm{D}}/V_{\mathrm{G}})^2h_{\mathrm{qy1}}+h_{\mathrm{gy1}}}{h_{\mathrm{qy1}}+h_{\mathrm{gy1}}}\right]$（mm）

当 $R_{\min 1}>R \geqslant R_{\min 2}=11.8\dfrac{V_{\mathrm{G}}^2-V_{\mathrm{D}}^2}{h_{\mathrm{qy2}}+h_{\mathrm{gy2}}}$ 时，

上界为 $h_{\sup}=\max\left\{\min\left[11.8\dfrac{V_{\mathrm{D}}^2}{R}+h_{\mathrm{gy2}},\ 11.8\dfrac{V_{\mathrm{G}}^2}{R},\ h_{\max}\right],\ h_{\min}\right\}$（mm）

下界为 $h_{\mathrm{down}}=\min\left\{\max\left[11.8V\dfrac{V_{\mathrm{G}}^2}{R}-h_{\mathrm{qy2}},\ 11.8\dfrac{V_{\mathrm{D}}^2}{R},\ h_{\min}\right],\ h_{\max}\right\}$（mm）

检算用的中间值为 $h_{\mathrm{chk}}=11.8\dfrac{\beta_1^2V_{\mathrm{G}}^2}{R}=11.8\dfrac{V_{\mathrm{G}}^2}{R}\left[\dfrac{(V_{\mathrm{D}}/V_{\mathrm{G}})^2h_{\mathrm{qy2}}+h_{\mathrm{gy2}}}{h_{\mathrm{qy2}}+h_{\mathrm{gy2}}}\right]$（mm）

（四）最大曲线半径

最大曲线半径标准关系到线路的铺设、养护、维修可否达到要求的精度，进而影响到轨道的平顺状态，间接成为限制列车运行速度，甚至是不安全的因素。

当曲线半径增加到一定程度时，再增大曲线半径，因行车速度不高，行车条件的改善并不显著；相反，因曲率太小，维修工作加大，曲线也不易保持圆顺。

轨道平顺状态的保持主要依赖于新线铺设初始状态的平顺良好和运营后对轨道状态的及时检测和保养维修。曲线的线形或轨道的平顺主要是依据绝对基准控制曲线的正矢值或偏矢（不等弦测量）来保持的。正矢值则与曲线半径成反比，与弦长的平方成正比，即：

$$f=\frac{1\,000l^2}{8R} \tag{3-25}$$

式中 f —— 圆曲线正矢（mm）；

l —— 弦长（m）；

R —— 圆曲线半径（m）。

当圆曲线半径大到一定程度后，正矢值将很小，测设和检测精度均难于保证极小的正矢值的准确。其后果是曲线半径过大，反而成为轨道不平顺的隐患。因此需根据轨道测设精度和检测精度决定圆曲线的最大半径允许值。

我国目前装备在普速及准高速轨道检查车上的检测设备均为当前世界上最为先进的设备（从美国引进）。根据对既有干线的检测情况看：在普速条件下，对 $R \leqslant 8\,000$ m 的半径检测结果均较准确；当 $R>8\,000$ m 后，轨检车记录常会自动打出"F"标记，表明对大半径曲线所测结果有疑问；若适当提高检测系统的处理功能，可准确检测半径为 12 000 m 左右的曲线的方向和曲率。

对于高速铁路，日本、法国等国的测设经验表明，在曲线地段沿线每隔 10 m 设置一基桩作为线路的绝对基准，线路基桩的点位误差控制在 1 mm。

在法国 TGV-PSE 线 80 km 长的试验段上，试验最大曲线半径为 10 000 m，可进行 345 km/h 以上的高速试验；在 TGV-A 线约 66 km 长的试验区段上，曲线半径从 6 000 m 到 15 000 m，试验速度可达 350 km/h。德国在汉诺威—维尔茨堡的 26 km 长的试验段上，曲线半径有两处为 5 300 m，三处为 7 000 m，一处最大半径为 32 000 m，创下了 345 km/h 运行速度的记录。日本在已修建的新干线中均未提出最大曲线半径限值问题，而在研究新建 350 km/h 高速铁路时，提出从线路保养维修方面考虑的最大半径值为 8 000 m（10 m 弦量测）的建议。

综合国内外的工程实践经验和科研成果，我国规定曲线半径的最大值：客货共线铁路为 12 000 m；速度 200～250 km/h 的客运专线，一般不宜大于 10 000 m，困难条件下不应大于 12 000 m，特殊困难条件时，经技术经济比较，最大曲线半径可取 12 000 m；速度 300～350 km/h 的客运专线铁路，一般不宜大于 12 000 m，特殊困难条件下，经技术经济比选后，可采用 14 000 m。

（五）曲线半径的选用

设计线路平面时，各个曲线选用多大的曲线半径，要考虑下列设计要求。

1. 曲线半径取值原则

为了测设、施工和养护的方便，曲线半径一般应取 50 m 和 100 m 的整倍数，特殊困难条件下，可采用 10 m 整倍数的曲线半径。双线铁路两线线间距不变的并行地段的平面曲线，宜设计为同心圆。双线同心圆的曲线半径可为零数。

2. 曲线半径选用原则

1）因地制宜、由大到小合理选用

曲线半径的选用，应在满足最小、最大曲线半径的条件下，因地制宜，合理选用。选用的曲线半径，既能满足行车速度和设置建筑物的技术要求，又能适应地形、地质、地物等条件，以减少路基、挡墙、桥隧工程量，少占农田，做到技术经济合理。

客运专线铁路位于大型车站两端加、减速地段或必须限速的站外引线上，由于行车速度较低，为减少工程，可选用与实际行车速度相适应的较小曲线半径。

对地形、地质条件困难及工程艰巨地段，不得不选用限制行车速度的较小曲线半径时，这些小半径曲线宜集中设置，形成设计速度相对较低的设计路段，从而便于司机操纵机车，避免因分散设置而导致的多次限速，使列车频繁减速、加速，增加能量消耗，且为今后运营中提速、改建提供方便。

2）结合线路纵断面特点合理选用

坡道平缓地段与凹形纵断面坡底地段，行车速度较高，应选配不限制行车速度的较大半径。在长大坡道地段、凸形纵断面的坡顶地段和双方向均需停车的大站两端引线地段，行车速度较低，若地形困难，选用较大的曲线半径引起较大工程时，可选用较小曲线半径。

用足坡度的长大坡道坡顶地段和车站前要用足坡度上坡的地段，虽然行车速度较低，但不宜选用 600 m 或 550 m 以下过小的曲线半径，以免因轮轨间黏着系数降低使坡度减缓，导致额外展长线路。

3）慎用最小曲线半径

为避免过度强调经济性、节约投资，无限制地使用最小曲线半径，导致降低旅客舒适度、恶化运营条件、增加线路养护维修工作量，曲线半径的选用应遵循“慎用最小曲线半径”的原则。

（六）曲线半径对工程和运营的影响

1. 曲线半径对行车速度的限制

旅客列车在曲线上运行时，要产生离心加速度，而曲线外轨超高产生的向心加速度要抵消一部分离心加速度。未被平衡的离心加速度值，不能超过旅客舒适允许的限度。

根据旅客列车以较高速度通过曲线时所产生的欠超高不超过旅客舒适度要求的允许值，可推导出准轨铁路的列车通过曲线时的运行速度与曲线半径、曲线超高及允许欠超高的关系如下

普通车体客车 $$V_R \leqslant \sqrt{\frac{h+h_{qy}}{11.8}\times R}\ (\text{km/h}) \tag{3-26}$$

摆式车体客车 $$V_R \leqslant \sqrt{\frac{h+h_{qy}+\Delta h}{11.8}\times R}\ (\text{km/h}) \tag{3-27}$$

式中 V_R —— 曲线限速，即旅客列车通过曲线时的允许速度（km/h）；

h —— 曲线实设超高（mm）（可按以下要求取值：① 既有运营线取实设超高；② 新线或改建线路设计时，$h=\beta^2 h_{max}$；β 的取值，客货共线铁路取 0.8；客运专线：单一高速列车运行时取 1.0，中、高速列车共线运行时取 0.82）；

h_{qy} —— 允许欠超高（mm），取值同前述；

Δh —— 摆式车体客车产生的附加超高，$\Delta h \approx 1\,500\times\tan 6.5° \approx 170$（mm）；

R —— 曲线半径（m）；

其余符号意义同前。

对于设计速度目标值为 350 km/h、近期采用 300/200 匹配模式共线运行的高速客运专线，最高设计速度不大于 160 km/h 的客货共线铁路，按前述超高、欠超高最大允许值取值标准，列车在曲线上运行时，其运行速度应满足表 3-6 的限速要求。

表 3-6 曲线限速条件

铁路类型	高速客运专线				客货共线铁路		
运行模式	单一高速		中、高速共线		普通车体		摆式车体
工程条件	一般	困难	一般	困难	一般	困难	
曲线限速条件	$4.5\sqrt{R}$	$4.7\sqrt{R}$	$3.9\sqrt{R}$	$4.2\sqrt{R}$	$3.8\sqrt{R}$	$4.0\sqrt{R}$	$5.4\sqrt{R}$

2. 曲线半径对工程的影响

地形困难地段，采用较小的曲线半径一般能更好地适应地形变化，减少路基、桥涵、隧

道、挡墙的工程数量，对降低工程造价有显著效果，但也会由于下列原因引起工程费用增大。

1）增加线路长度

对单个曲线来说，当曲线偏角一定时，小半径曲线的线路长度较采用大半径曲线增加，如图 3-12（a）所示，其增长的线路长度为

$$\Delta L_r = 2(T_D - T_x) + K_x - K_D \text{（m）} \tag{3-28}$$

式中 T_D—— 大半径曲线切线长（m）；

T_x—— 小半径曲线切线长（m）；

K_D—— 大半径曲线圆曲线长度（m）；

K_x—— 小半径曲线圆曲线长度（m）。

对一段线路来说，在困难地段采用小半径曲线，便于随地形曲折定线，从而增加曲线数目和增大曲线偏角，使线路增长，如图 3-12（b）所示。

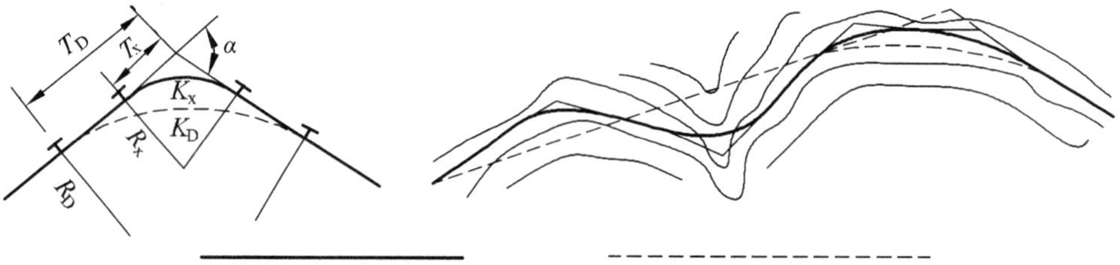

图 3-12 小半径曲线增长线路

2）降低黏着系数

机车在小半径曲线上运行，车轮在钢轨上的纵向和横向滑动加剧，引起轮轨间黏着系数的降低。根据试验，小半径曲线上的黏着系数 μ_r 随曲线半径 R（m）的减小而降低，如下式所示

$$\left.\begin{array}{ll} \text{电力机车} & \mu_r = \mu_j(0.67 + 0.000\,55R) \\ \text{内燃机车} & \mu_r = \mu_j(0.805 + 0.000\,355R) \end{array}\right\} \tag{3-29}$$

式中，μ_j 为计算黏着系数。

黏着系数的降低，导致机车黏着牵引力 F_μ 的降低。由式（3-29）可计算出，当电力机车 $R < 600$ m 时，内燃机车 $R < 550$ m 时，$\mu_r < \mu_j$，机车计算牵引力 F_j 可能受黏降后黏着牵引力 $F_{\mu j}$ 的限制，如图 3-13 所示。

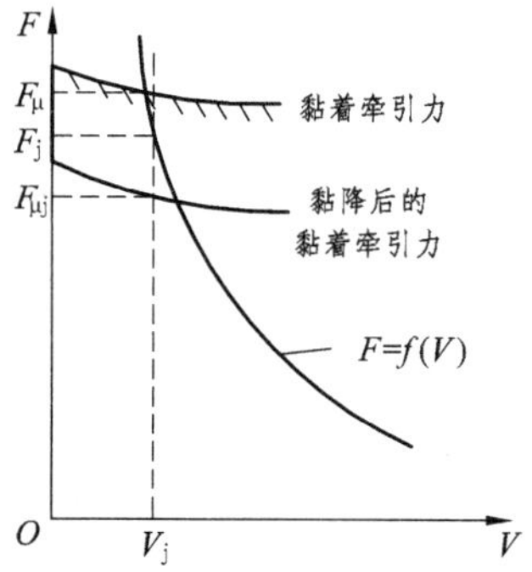

图 3-13 黏降后的机车牵引力

在用足最大坡度的持续上坡道上，若受黏降后机车黏着牵引力的限制，则必须在曲线范围内额外减缓坡度，因而引起线路的额外展长，其长度为

$$\Delta L_\mu = \frac{\sum (K_y \times \Delta i_\mu)}{i_D} \text{（m）} \tag{3-30}$$

式中 K_y—— 圆曲线长度（m）；

Δi_μ—— 相应的黏降坡度减缓值（‰）；

i_D—— 足坡路段的平均定线坡度（‰）。

3）轨道需要加强

小半径曲线上，车轮对钢轨的横向冲击力加大。为了防止钢轨被挤动而引起轨距扩大，以及整个轨道的横向移动，轨道需要加强。加强的方法是装置轨撑和轨距杆，加铺轨枕，增加曲线外侧道床宽度，增铺道砟，从而增大工程投资。

4）增加接触导线的支柱数量

电力牵引时，接触导线对受电弓中心的最大容许偏移量为 500 mm。曲线地段，若接触导线的支柱间距不变，则曲线半径越小，中心弧线与接触导线的矢度越大。为防止受电弓与接触导线脱离，接触导线的支柱间距应随曲线半径的减小而缩短，如表 3-7 所示，从而增加了导线支柱的数量。

表 3-7　导线支柱的最大间距

曲线半径 R（m）	300	400	500	600	800	≥1 000	∞
导线支柱最大间距（m）	42	47	52	57	62	65	65

3. 曲线半径对运营的影响

1）增加轮轨磨耗

列车经行曲线时，轮轨间产生纵向滑动、横向滑动和横向挤压，使轮轨磨耗增加。曲线半径越小，磨耗增加越大。

钢轨磨耗用磨耗指数（每通过兆吨总质量产生的平方毫米磨耗量）表示。运营部门实测的磨耗指数与曲线半径的关系曲线如图 3-14 所示。显然：当曲线半径 $R<400$ m 时，钢轨磨耗急剧加大；$R>800$ m 时，磨耗显著减轻；$R>1\,200$ m 时，磨耗与水平直线接近。车轮轮箍的磨耗，大致和钢轨磨耗规律相近，也是随曲线半径的减小而增大。

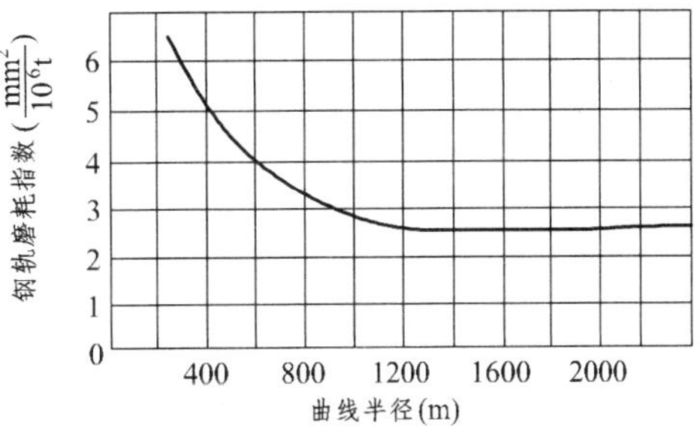

图 3-14　钢轨磨耗与曲线半径的关系曲线

另外，曲线路段的钢轨磨耗，还与坡度大小及机车类型有关。曲线位于平缓坡度上时，因速度较高、牵引力不大，且一般不需要制动，故轮轨间的相互作用力较小，磨耗相应减轻；曲线位于陡峻坡度上时，因上坡时牵引力大，下坡时往往需要制动，轮轨间的相互作用力大，因而磨耗加剧。既有线加强，蒸汽机车更换为电力机车时，$R\leqslant 400$ m 的曲线磨耗明显加大；这是因为蒸汽机车有导轮、动轮有横动量，且重心高对钢轨的横向推力小，因而磨耗较小；而电力机车无导轮、支轮直径小，转向架转向不灵活，且重心低对钢轨的横向推力大，因而磨耗较大。

为了减少钢轨磨耗，我国很多工务部门已在小半径曲线上铺设耐磨钢轨，或在钢轨头部内侧涂油；有的韶山 1 型电力机车上还装有自动涂油装置，可在通过小半径曲线时，自动向钢轨轨头内侧涂油，这些措施可有效地减轻轮轨磨耗。

国外铁路，除在小半径曲线上铺设耐磨钢轨或采用化学办法处理轨面等外，南非、加拿大等国还在货车转向架上加装径向臂，使车辆通过曲线时自动转向，减少冲击角和横向推力，使轮轨磨耗降低。高速列车多装有径向轴，客车通过曲线时，可使轮轴保持径向，既可降低磨耗，又可提高曲线限速。

2）维修工作量加大

小半径曲线地段，轨距、方向容易错动；采用木枕时，容易产生道钉孔扩大和垫板切入枕木等病害，钢轨磨耗严重；电力牵引时轨面更要出现波浪形磨耗，需要打磨轨面，倒轨、换轨。这样，必将增加维修工作量和维修费用。

3）行车费用增高

若小半径曲线限制旅客列车的行车速度，则列车在曲线前方要制动减速，曲线地段列车要限速运行，通过曲线后又要加速，如图 3-15 所示。这样，必然使机车额外做功，且增加运行时分和行车费用。

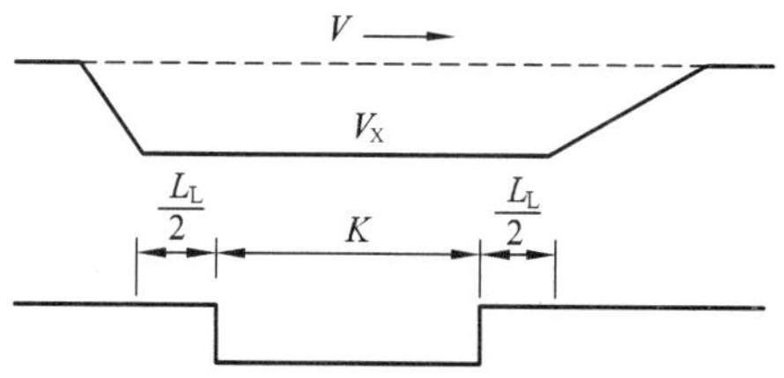

图 3-15　曲线限速示意图

采用小半径曲线，因线路加长、总转角增大，使要克服的曲线阻力功加大，也要增加行车费用。

综合以上分析，小半径曲线在困难地段，能大量节省工程费用，但不利于运营，特别是曲线限制行车速度时，影响更为突出。因此必须根据设计线的具体情况，综合工程与运营的利弊，选定设计线合理的最小曲线半径。

四、缓和曲线

曲率半径和外轨超高均逐渐变化的曲线，称为缓和曲线。为使列车安全、平顺、舒适地由直线过渡到圆曲线，在直线与圆曲线之间要设置缓和曲线。

缓和曲线的作用是：在缓和曲线范围内，其半径由无限大渐变到圆曲线半径，从而使车辆产生的离心力逐渐增加，有利于行车平稳；在缓和曲线范围内，外轨超高由零递增到圆曲线上的超高量，使向心力逐渐增加，与离心力的增加相配合；当曲线半径小于 350 m、轨距需要加宽时，在缓和曲线范围内，由标准轨距逐步加宽到圆曲线上的加宽量。

设计缓和曲线时，有线型选择、长度计算和选用三个问题。

（一）线型选择

1. 缓和曲线的线型

缓和曲线线型近似于缓和曲线曲率的二次定积分，而曲率又和超高具有一定的比例关系，所以缓和曲线线型可以形象地用外轨超高的顺坡形式表示。目前，国内外采用的超高顺坡有以下几种主要形式：

（1）直线形超高顺坡，平面为三次抛物线。我国和苏联、英、法、美、日等国客货列车共线运行的铁路（$V_{max} \leqslant 160$ km/h），都采用这种线型。

（2）S 形超高顺坡，德国在 $V_{max} < 200$ km/h 的线路上广泛采用。

（3）中间为直线、两端为二次抛物线的超高顺坡，缓和曲线称为 4-3-4 型，在法国 $V_{max} < 160$ km/h 的线路上采用。

（4）半波正弦形超高顺坡，在日本高速客运的新干线（$V_{max} = 210 \sim 260$ km/h）上采用。

（5）一波正弦形超高顺坡，于德国福赫海姆—班堡的高速试验线铺设。

此外，我国学者还提出五次式、七次式等缓和曲线线型。

2. 缓和曲线线型的选择

选择缓和曲线线型应综合考虑下列因素：

（1）在缓和曲线起、终点，超高顺坡的变化越平滑，则骤然产生的竖直加速度越小，车辆的冲击和振动也越轻微。各种形式的超高顺坡，力学指标理论上差异甚大；而实际上，由于轨道结构自然圆顺，线路与车辆结构具有一定弹性，因此能使列车运行条件相应改善。

（2）缓和曲线起、终点引起车辆的冲击和振动，并随着行车速度的提高而加剧，所以超高顺坡形式，要和最高行车速度相适应。

（3）超高顺坡和缓和曲线线型，需要有相应的轨道结构保持其稳定性，需要必要的维修设备保证其规则线形，同时还要考虑计算与测设的方便。

（4）选择缓和曲线线型，要考虑它对工程数量的影响。新线设计时，要注意缓和曲线的形式越高级，其长度往往越长，可能引起工程量的增加。既有线改建时，要注意缓和曲线的线型不同，内移距离也不同，改变缓和曲线线型，要引起既有线的额外拨动，可能导致路基加宽和桥隧改建工程。

（5）直线形超高顺坡的三次抛物线缓和曲线线型，具有线形简单、长度较短、设计方便、平立面有效长度长、易于铺设养护等优点。尽管直线形超高顺坡理论上在缓和曲线起、终点处一阶导数不连续，而实际上，由于轨道结构自然圆顺，线路与车辆结构具有一定弹性，因此能使列车运行条件相应改善。另一方面，可通过在维修中规定一定的维修精度，以维持其曲度连续变化。

对于客货共线普速铁路，国内运营实践表明，直线形超高顺坡缓和曲线能满足行车安全和旅客乘坐舒适度的要求。

对于高速客运专线，缓和曲线的设置应保证高速行车安全和旅客乘坐舒适度的要求。中国铁道科学研究院、西南交通大学等单位在 1990 年完成的《高速铁路线桥隧设计参数选择的研究》中，曾对三次抛物线型、三次抛物线余弦改善型、三次抛物线圆改善型、七次四项式、半波正弦型、一波正弦型六种缓和曲线进行了理论研究和实测对比分析。研究结果表明，只要缓和曲线长度达到一定要求，各种线型的缓和曲线均能保证高速行车安全和旅客乘坐舒适度的要求。

目前，国外运营的高速铁路采用的缓和曲线线型为：德国采用三次抛物线型，法国采用三改余弦型，英国采用三改圆型。他们的运营实践证明，高速条件下三次抛物线或其改善型缓和曲线同样能满足安全和舒适度的要求。

综合考虑以上因素，我国目前在客货列车共线运行的铁路上，采用直线型超高顺坡的三次抛物线型缓和曲线；高速客运专线铁路仍以三次抛物线型缓和曲线为首选。

3. 三次抛物线形缓和曲线

如图 3-16 所示，三次抛物线型缓和曲线的参数方程、直角坐标方程和外轨超高顺坡坡度的计算式分别为：

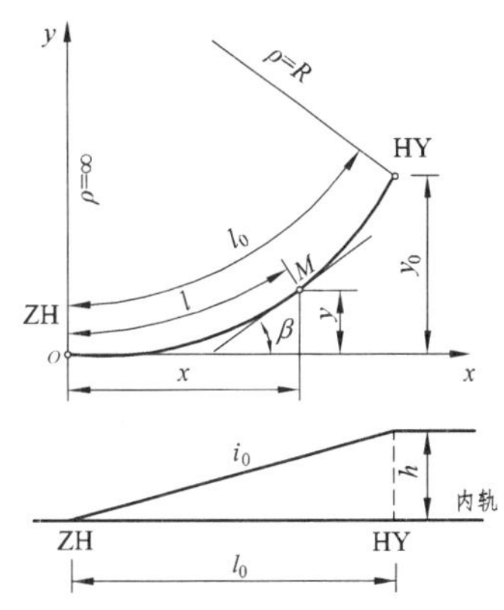

图 3-16　缓和曲线与外轨超高

参数方程

$$x = l\left(1 - \frac{l^4}{40R^2 l_0^2} + \frac{l^8}{3\,456R^4 l_0^4} - \cdots\right) \approx l \tag{3-31}$$

$$y=\frac{l^3}{6Rl_0}\left(1-\frac{l^4}{56R^2l_0^2}+\frac{l^8}{7\,040R^4l_0^4}-\cdots\right)\approx\frac{l^3}{6Rl_0} \tag{3-32}$$

直角坐标方程

$$y=\frac{x^3}{6Rl_0}\left(1+\frac{2x^4}{35R^2l_0^2}+\cdots\right)\approx\frac{x^3}{6Rl_0} \tag{3-33}$$

超高顺坡坡度

$$i_0=\frac{h}{l_0}\ (‰) \tag{3-34}$$

式中 x，y —— 缓和曲线上任意点 M 的横坐标、纵坐标；

l —— 缓和曲线上任意点 M 距 ZH 点的长度（m）；

l_0 —— 缓和曲线全长（m）；

R —— 圆曲线半径（m）；

h —— 圆曲线上的外轨超高（mm）。

（二）缓和曲线长度计算

缓和曲线长度影响行车安全和旅客舒适，拟定标准时，应根据下列条件计算并取其较长者。

1. 缓和曲线长度计算条件

1）超高顺坡不致使车轮脱轨

在缓和曲线上，由于外轨超高所引起的相对于内轨顶面的外轨顶面纵坡度为

$$i=\frac{\mathrm{d}h}{\mathrm{d}l}$$

对于直线型外轨超高顺坡的缓和曲线，在缓和曲线终点的外轨超高度为 h（mm），缓和曲线长度为 l_{01}（m），则

$$i=\frac{h}{1\,000l_{01}}$$

设缓和曲线的最大容许坡度为 i_0，要使 $i\leqslant i_0$，缓和曲线长度应满足

$$l_{01}\geqslant\frac{h}{1\,000i_0} \tag{3-35}$$

机车车辆行驶在缓和曲线上时，假设车辆无弹簧，轨道无弹性，则车架一端的两轮贴着钢轨顶面；另一端的两轮，在外轨上的车轮贴着钢轨顶面，而在内轨上的车轮是悬空的，如图 3-17 所示。要使车轮轮缘不致爬越内轨，内轨的悬空高度不应大于轮缘高度，所以超高递增坡度应满足

$$i_0\leqslant\frac{K_{min}}{D_{z(max)}}$$

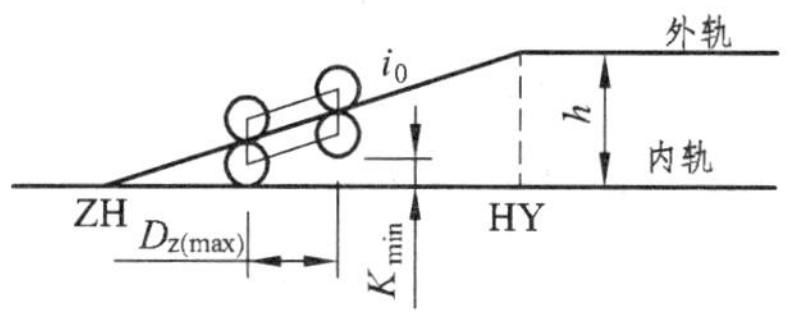

图 3-17　内轮悬空示意图

式中 K_{min} —— 最小轮缘高度（mm）；

$D_{z(max)}$ —— 机车车辆的最大固定轴距（mm）。

显然，轮缘高度越小，固定轴距越大，安全条件要求的缓和曲线超高顺坡越小。我国在

研究缓和曲线超高顺坡时，曾采用机车车辆中最大固定轴距值 6.5 m 进行分析和研究。若最大固定轴距取 6.5m，轮缘计算高度为轮缘陡峻部分的高度，一般取 20 mm，代入上式得

$$i_0=\frac{K_{\min}}{D_{z(\max)}}=\frac{20}{6\,500}=3.1\ (‰)$$

考虑到列车运行过程与车辆走行部分的振动、钢轨磨耗、轨道变形等众多因素有关，并考虑必要的安全系数，我国《铁路线路修理规则》规定，曲线超高顺坡坡度一般应不大于 1/（$10V_{\max}$），困难条件下不得大于 1/（$9V_{\max}$），且不得大于 2‰，即 i_0=1：500；国外铁路的缓和曲线超高顺坡允许值为 1：200 ~ 1：400。

目前我国客货共线铁路上运行的主型机车车辆的固定轴距不大于 3.0 m，因此，满足车轮不爬轨的最大超高顺坡均大于上述计算值。

客运专线动车组的固定轴距为 2.5 ~ 2.7 m，由脱轨安全条件所计算的缓和曲线长度显然不起控制作用。

超高顺坡率也不能无限小。超高顺坡率最小值的确定，应综合考虑施工工艺和养护维修检测设备精度的条件。

2）超高时变率不致使旅客不适

旅客列车通过缓和曲线，外轮在外轨上逐渐升高，其升高速度即超高时变率，不应大于保证旅客舒适的容许值 f（mm/s），即

$$\frac{h}{t}=\frac{h}{l_{02}/(V_{\max}/3.6)}=\frac{h\times V_{\max}}{3.6l_{02}}\leqslant f$$

故得

$$l_{02}\geqslant\frac{h\times V_{\max}}{3.6f}\ (\mathrm{m}) \tag{3-36}$$

式中 l_{02} —— 保证超高时变率不超限时的缓和曲线长度（m）；

$V_{\max}$ —— 旅客列车最高行车速度（km/h），可采用路段设计速度，但当曲线限速时应采用式（3-26）、式（3-27）的计算结果；

f —— 保证旅客舒适的超高时变率容许值率（mm/s）（其值与最高行车速度及工程条件有关。我国在制定相关标准时，超高时变率容许值取值为：客货共线普速铁路，一般条件下 32 mm/s，困难条件下 40 mm/s；城际铁路，一般条件下 28 m/s，困难条件下 35 mm/s；高速铁路，一般条件下 28 mm/s，困难条件下 31 mm/s）。

3）欠超高时变率不致影响旅客舒适

旅客列车通过缓和曲线，欠超高逐渐增加，其增加速度即欠超高时变率，不应大于保证旅客舒适的容许值 b（mm/s），即

$$\frac{h_q}{t}=\frac{h_q}{l_{03}/(V_{\max}/3.6)}=\frac{h_q\times V_{\max}}{3.6l_{03}}\leqslant b$$

故得

$$l_{03}\geqslant\frac{h_q\times V_{\max}}{3.6\,b}\ (\mathrm{m}) \tag{3-37}$$

式中 l_{03}—— 保证欠超高时变率不超限时的缓和曲线长度（m）；

h_q—— 旅客列车以最高速度通过圆曲线时的欠超高（mm）[可由式（3-14）计算）]；

b——保证旅客舒适的欠超高时变率容许值（mm/s）（可根据工程条件难易程度取值，工程容易时取小值，工程困难时取大值。我国在制定相关标准时，欠超高时变率容许值取值为：客货共线铁路，一般条件下 40 mm/s，困难条件下 45 mm/s；城际铁路和高速铁路，良好条件下 23 mm/s，困难条件下 38 mm/s）。

2. 最小缓和曲线长度计算

综上分析，缓和曲线长度 l_0 的计算公式为

$$l_0 = \max\ \{l_{01}, l_{02}, l_{03}\} = \max\ \left\{\frac{h}{i_0}, \frac{h\times V_{\max}}{3.6f}, \frac{h_q\times V_{\max}}{3.6b}\right\}\ (\mathrm{m}) \tag{3-38}$$

以图 3-11 所示的曲线超高允许设置范围及相应的超高计算公式，并按相关工程条件取 f 和 b 的值，按式（3-38）计算并检算，按缓和曲线长度进整为 10 m，不足 20 m 者取 20 m 等要求，结合我国铁路建设工程实际，得各种路段设计速度下常用曲线半径的最小缓和曲线长度如表 3-8、表 3-9 所示。

表 3-8　客货共线铁路常用曲线半径的最小缓和曲线长度

设计速度（km/h）		200		160		140		120		100		80	
工程条件		一般	困难	一般	困难	一般	困难	一般	困难	一般	困难	一般	困难
曲线半径（m）	12 000	40	40	40	40	30	20	20	20	20	20	20	20
	10 000	50	40	50	40	30	20	20	20	20	20	20	20
	8 000	60	50	60	50	40	20	30	20	20	20	20	20
	7 000	70	60	70	50	50	30	30	20	20	20	20	20
	6 000	80	70	70	50	50	30	30	20	20	20	20	20
	5 000	90	80	70	60	60	40	40	30	20	20	20	20
	4 000	110	100	80	70	60	40	50	30	30	20	20	20
	3 000	150	130	90	80	70	50	50	40	40	20	20	20
	2 800	170	170	100	90	80	60	50	40	40	30	20	20
	2 500	—	—	110	100	80	70	60	40	40	30	30	20
	2 000	—	—	140	120	90	80	60	50	50	40	30	20
	1 800	—	—	160	140	100	80	70	60	50	40	30	20
	1 600	—	—	170	160	110	100	70	60	50	40	40	20
	1 400	—	—	—	—	130	110	80	70	60	40	40	20
	1 200	—	—	—	—	150	130	90	80	60	50	40	30
	1 000	—	—	—	—	—	—	120	100	70	60	40	30
	800	—	—	—	—	—	—	150	130	80	70	50	40
	700	—	—	—	—	—	—	—	—	100	90	50	40
	600	—	—	—	—	—	—	—	—	120	100	60	50
	550	—	—	—	—	—	—	—	—	130	110	60	50
	500	—	—	—	—	—	—	—	—	—	—	60	60

注：当采用表列数值间的曲线半径时，其相应的缓和曲线长度可采用线性内插值，并进整至 10 m。

表 3-9　高速客运专线铁路常用曲线半径的最小缓和曲线长度

设计最高速度(km/h)		350			300			250		200	
工　程　条　件		最大	一般	最小	最大	一般	最小	一般	困难	一般	困难
曲线半径(m)	14 000	280	250	220	190	170	150	—	—	—	—
	12 000	330	300	270	220	200	180	120	100	50	50
	11 000	370	330	300	240	210	190	130	120	60	60
	10 000	430	390	350	270	240	220	140	130	70	60
	9 000	490	440	400	300	270	250	160	140	70	60
	8 000	570	510	460	340	300	270	170	150	90	80
	7 000	670	590	540	390	350	310	200	180	90	80
	6 000	670	590	540	440	390	350	250	230	120	100
	5 500	670	590	540	470	420	380	280	250	140	120
	5 000	—	—	—	500	450	410	300	270	160	140
	4 500	—	—	90	540	480	430	340	300	180	160
	4 000	—	—	100	570	510	460	370	330	200	180
	3 500	—	—	—	—	—	—	420	380	250	220
	3 200	—	—	—	—	—	—	450	400	270	240
	3 000	—	—	—	—	—	—	—	—	290	260
	2 800	—	—	—	—	—	—	—	—	320	280
	2 500	—	—	—	—	—	—	—	—	350	310
	2 200	—	—	—	—	—	—	—	—	390	350

注：当采用表列数值间的曲线半径时，其相应的缓和曲线长度可采用线性内插值，并进整至 10 m。

（三）缓和曲线长度的选用

线路平面设计时，缓和曲线长度应根据曲线半径、设计最高行车速度和工程条件按表 3-8、表 3-9 所列的数值选用，即应根据地形、纵断面及相邻曲线、高低速列车比例、货车速度、运输要求以及将来发展的可能等条件选用。有条件时宜采用较长的缓和曲线。具体选用原则是：

（1）各级铁路中地形简易地段、自由坡地段、高速列车比例较大路段和将来有较大幅度提高客货列车速度要求的路段应优先选用“一般”栏数值。

（2）各级铁路中地形困难、紧坡地段或停车站两端、凸形纵断面坡顶等行车速度不高的地段以及客货共线Ⅱ、Ⅲ级铁路中客车对数较少且货车速度较低的路段和对行车速度要求不高的路段，可选用“困难或最小”栏数值，或“困难或最小”栏与“一般”栏间的 10 m 整倍数的缓和曲线长度。

（3）条件许可时，宜采用较表中规定数值长的缓和曲线，如采用表中较高速度档次下相同半径的缓和曲线长度，以创造更好的运营条件，并为今后列车的提速创造有利条件。

（四）缓和曲线间圆曲线的最小长度

两缓和曲线间圆曲线的最小长度，应保证行车平稳，并考虑维修方便。

在线路平面设计时，为保证圆曲线有足够的长度，曲线偏角 α、曲线半径 R 和缓和曲线长度 l_0 三者间的关系应满足下式

$$\frac{\pi \times \alpha \times R}{180} - l_0 \geqslant L_{\mathrm{ymin}}\ (\mathrm{m}) \tag{3-39}$$

式中　L_{ymin}——圆曲线最小长度（m），采用表 3-1 中的数值。当圆曲线两端的超高顺坡延伸至圆曲线范围内时，此长度应为圆曲线上左端超高顺坡终点与右端超高顺坡起点间的长度。

在设计线路平面时，若曲线偏角较小，设置缓和曲线后，圆曲线长度达不到规定值，即式（3-39）得不到满足，则宜加大半径，增加圆曲线长度。如条件限制，不易加大曲线半径或加大后仍不能满足要求，则可采用较短的缓和曲线长度，或适当改动线路平面，增大曲线偏角。

五、线间距离

铁路并行修建第二线、第三线时，区间相邻两线中心线间的距离称为线间距离（简称线距）。线距根据限界拟定，曲线地段线距需考虑加宽。

（一）限　界

限界分为机车车辆限界、直线建筑接近限界、隧道建筑限界和桥梁建筑限界。隧道、桥梁建筑限界已在相应课程中介绍。

机车车辆限界是国家规定的机车车辆不同部位宽度和高度的最大轮廓尺寸线。一般情况下，机车车辆无论空、重状态，均不得超出机车车辆限界。机车车辆上部限界如图 3-18 所示。特殊情况下，列车装载的货物超出此最大轮廓尺寸线时，称为超限货物列车，超限货物列车也应按有关规定装载。

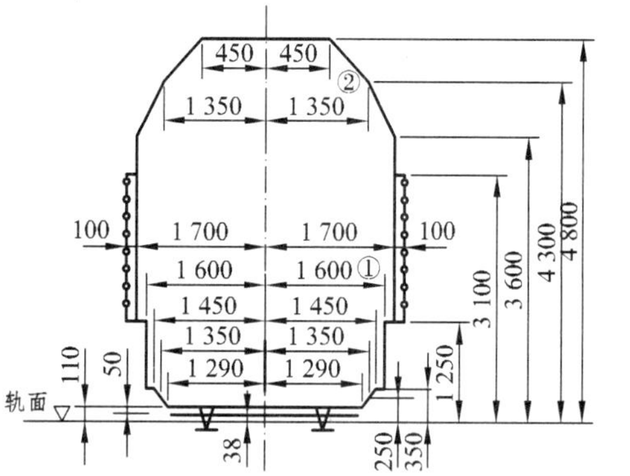

（单位：mm）

—o—o—o—o—　列车信号装置限界轮廓

① 新造电力机车为 1 675 mm

② 新造电力机车为 750 mm

图 3-18　机车车辆上部限界

基本建筑限界是铁路两侧建筑物和设备在任何情况下不得侵入的轮廓尺寸线（见图 3-19、图 3-20）。

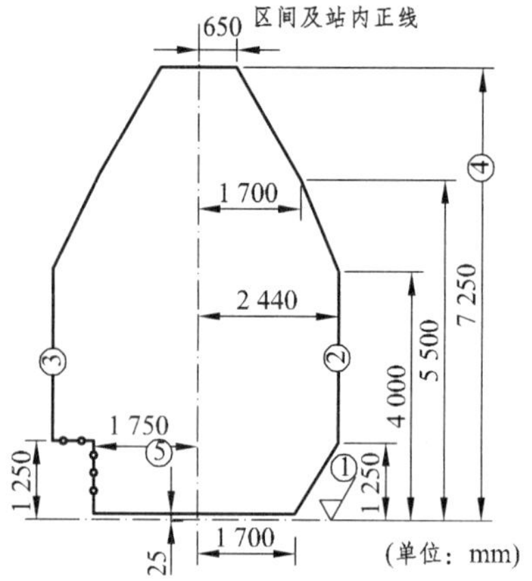

（单位：mm）

—o—o—o—　站台建筑限界（正线不适应）

———　各种建筑的基本限界

① 轨面高程

② 区间加站内正线（无站台）建筑限界

③ 有站台时建筑限界

④ 轨面以上最大高度

⑤ 站内侧线股道中心至站台边缘的宽度

图 3-19　客运专线铁路建筑限界

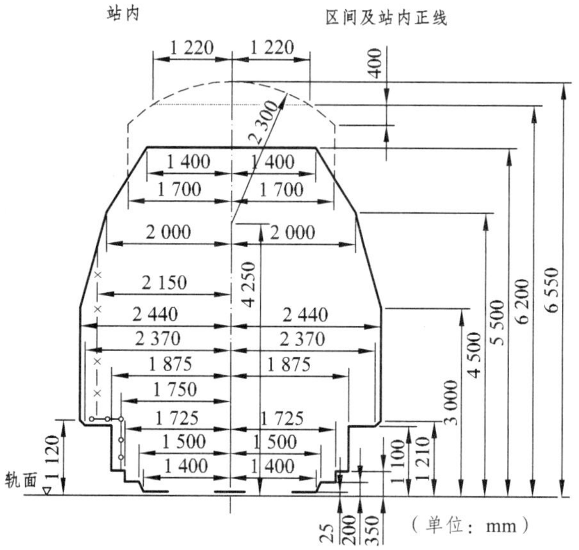

（单位：mm）

×—×—　信号机、水鹤的建筑接近限界（正线不适用）

o—o　站台建筑接近限界（正线不适用）

———　各种建筑物的基本接近限界

---　适用于电力机车牵引的跨线桥、天桥及雨棚等建筑物

图 3-20　客货共线铁路建筑限界

对于设计时速 160 km/h 的客货共线铁路，建筑限界高度应按 7.0 m 设计；远期有双层集装箱可能的铁路，建筑限界高度应按 7.1 m 设计。

（二）区间直线地段的线间距

在满足限界要求的前提下，影响线间距的主要因素是列车交会时产生的会车压力波。列车交会产生的会车压力波的大小，与交会列车的运行速度、流线型程度、列车宽度、列车长度和线间距有关。为此，多线铁路相邻线的线间距应有足够的间距，以保证会车的安全。

1. 第一、二线的线间距离

第一、二线间的最小距离由两列车的机车车辆半宽加安全净距 Y 而定，可按下式计算

$$D_{\min(1,2)} = Y + (B_1 + B_2) \tag{3-40}$$

式中 $D_{\min(1,2)}$——第一、二线间最小线间距（mm）；

B_1，B_2——两交会列车的机车车辆半宽（mm）[普通列车为半个机车车辆限界宽度加列车信号超出机车车辆限界的宽度，取 1 700 + 100 = 1 800（mm）；高速列车取动车半宽；我国在高速客运专线上运行的动车组主型车为 CRH 系列，其最大宽度为 3.38 m，因此动车组车计算宽度取 3.4 m，车辆半宽值为 1 700 mm]；

Y——区间两线交会列车机车车辆间的安全净距（mm）（其值大小与行车速度、车辆结构和状态、允许的会车压力波等因素有关。我国目前在制定相关标准时的取值见表 3-10）。

我国根据试验资料，并参考国外的研究与试验资料，拟定的线间距如表 3-10 所示。

表 3-10　区间正线第一、二线间最小线间距

铁路类型	客运专线				客货共线铁路		
最高设计速度 $V_{\max}$（km/h）	350	300	250	200	200	160	≤140
机车车辆间的安全净距（mm）	1 600	1 400	1 200	1 000	900	600	400
最小线间距（m）	5.0	4.8	4.6	4.4	4.4	4.2	4.0

客货共线双线铁路有超限货物列车通过时的会车条件规定：当两列车间最小距离大于 350 mm 时可不限速，在 300 ~ 350 mm 时行车速度不得超过 30 km/h；小于 300 mm 时禁止会车。因此，客货共线铁路，线距为 4.0 m（设计速度为 140 km/h 及以下）的双线铁路，若某一线开行一级超限货物列车（半宽 1 900 mm），另一线通行一般货物列车（半宽 1 700 mm，车灯限界为 100 mm），则两列车间距为 300 mm，故两列车以 30 km/h 限速在区间会车。若开行二级超限货物列车（半宽为 1 940 mm）或超级超限货物列车，则另一线均不得通行列车。

2. 第二、三线的线间距离

因为第二、三线间要装设信号机，因此，直线地段线间距应满足建筑接近限界的要求。第二、三线间的最小线距为

$$D_{\min(2,3)} = 2 \times B_{ZX} + B_X \tag{3-41}$$

式中　$D_{\min(2,3)}$——第二、三线间最小线间距（mm）；

B_{ZX}——半个建筑接近限界宽度（mm），取 2 440 mm；

B_X——信号机最大宽度（mm），取 410 mm。

第二、三线区间正线线距为：2 440 + 410 + 2 440 = 5 290（mm），取 5.3 m。

可见，第二、三线的线间距离不受列车交会运行时的空气动力作用的控制。对于客货共线铁路，满足上述线间距条件的两线可同时开行超限货物列车。

高速客运专线的正线与新建客货共线铁路、既有铁路并行地段的线间距均应满足上述第二、三线区间正线的最小线距要求，即不应小于 5.3 m。

（三）区间曲线地段的线间距离加宽

位于曲线地段的线路，由于车、线之间几何关系的变化，导致上述基本建筑限界及线间距离要比直线地段有所变化，因此，应根据需要考虑适当的线间距加宽。

1. 加宽原因

1）车辆的几何偏移量

车辆在曲线上时，车辆中部向曲线内侧凸出，其值为 W_1，而两端向外侧凸出，其值为 W_2，如图 3-21（a）所示。

当车体长为 L，转向架中心距为 Z 时，根据圆的几何关系，可求出这两项凸出值

$$W_1 \approx \frac{Z^2}{8R},\quad W_2 \approx \frac{1}{8R}(L^2 - Z^2)$$

式中　R——线路曲线半径（m）。

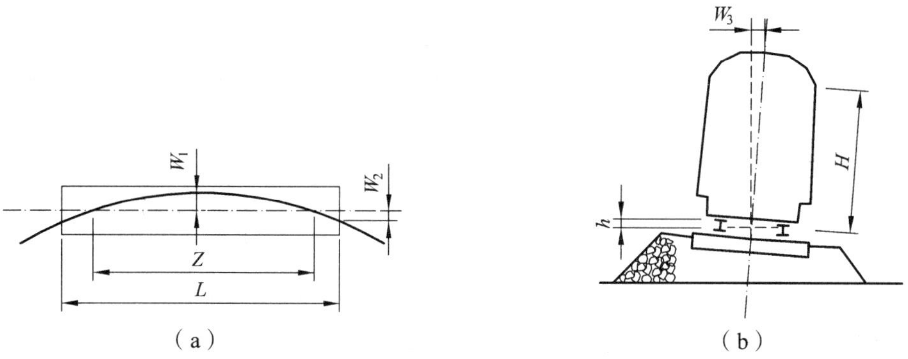

图 3-21　曲线上车体的凸出和倾斜

按我国车辆最大长度 $L = 26$ m，$Z = 18$ m 计算，则

$$W_1 = \frac{18^2}{8R} \times 1\,000 = \frac{40\,500}{R}\ \text{（mm）} \tag{3-42}$$

$$W_2 = \frac{26^2 - 18^2}{8R} \times 1\,000 = \frac{44\,000}{R}\ \text{（mm）} \tag{3-43}$$

2）外轨超高引起的车辆偏移量

当曲线设有外轨超高时，车体向内侧倾斜，如图 3-21（b）所示。在距轨面高度 H 处，车体向内侧倾斜值为 W_3（两轨中心距按 1 500 mm 计）。

因 $$\frac{W_3}{H}=\frac{h}{1\,500}$$

所以 $$W_3=\frac{H}{1\,500}\times h\ \text{（mm）} \tag{3-44}$$

式中 h —— 外轨实设超高值；

H —— 机车车辆限界图中计算点的高度，$H = 3\,850$ mm。

2. 加宽值计算

1）两端直线地段为最小线间距时曲线地段的线间距加宽值

（1）当外侧曲线的实设超高 h_W 等于或小于内侧曲线实设超高 h_N 时，曲线线距加宽值为

$$W=W_1+W_2=\frac{40\,500}{R}+\frac{44\,000}{R}=\frac{84\,500}{R}\ \text{（mm）} \tag{3-45a}$$

（2）当外侧曲线的实设超高 h_W 大于内侧曲线实设超高 h_N 时，曲线线距加宽值为

$$W=W_1+W_2+W_3=\frac{40\,500}{R}+\frac{44\,000}{R}+\frac{H}{1\,500}(h_W-h_N)$$

$$=\frac{84\,500}{R}+\frac{3\,850}{1\,500}(h_W-h_N)\quad \text{(mm)} \tag{3-45b}$$

按上两式计算并取整为 5 mm 的整倍数。

2）两端直线地段的线间距大于最小线间距时的线间距加宽值

此时，曲线线间距加宽值按下列公式计算确定

$$W'=(D_{min}\times10^3+W)-D\times10^3 \tag{3-45c}$$

式中 W' —— 曲线地段线间距加宽值（mm）（当小于或等于零时，可不加宽）；

D_{min} —— 直线地段最小线间距（m）；

D —— 曲线两端直线地段的线间距（m）；

W —— 直线地段为最小线间距时曲线地段的线间距加宽值（mm）（采用前述方法计算的值）。

3. 加宽方法

新建双线或增建第二、三线时，并行地段的内外侧两曲线按同心圆设计，曲线线距加宽可采用加长内侧曲线的缓和曲线长度的方法实现，如图 3-22（a）所示。因为圆曲线两端加设缓和曲线后，圆曲线起点 ZY、终点 YZ 向圆心方向移动，移动距离称内移距离 p。若加大内侧曲线的缓和曲线长度，可使其内移距离增大，从而使两线间的距离加宽。

为了在曲线上使线距由直线上的线间距 D 增大为 $\varDelta+D$，当外侧曲线设置缓和曲线后的内移距离为 $p_W=\dfrac{l_W^2}{24R_W}$（m）时，则内侧曲线的内移距离为

$$p_N=p_W+W'\times10^{-3}\ \text{（m）}$$

所以内侧曲线的缓和曲线长度应为

$$l_N = \sqrt{24R_N \times p_N} = \sqrt{24R_N(p_W + W' \times 10^{-3})}\ (\text{m})$$

其中 $$R_N = R_W - D - W' \times 10^{-3}\ (\text{m})$$

式中，D 为曲线两端直线地段的线间距（m）。

在曲线毗连地段，如果夹直线长度较短，或者曲线偏角过小，不能过多地加长内侧线的缓和曲线长度时，内外线可采用相同的缓和曲线长度，而加宽曲线两端直线段的线间距，使其满足曲线加宽要求，如图 3-22（b）所示。

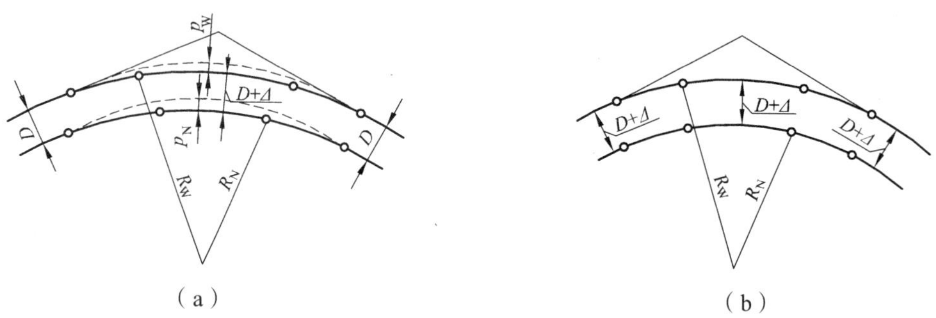

图 3-22 曲线地段线距加宽

4. 加宽条件

1）客货共线铁路

客货共线铁路应按上述方法进行曲线加宽。

2）高速客运专线不限制行车速度的曲线地段

曲线地段线间距加宽的目的，是保证两交会列车之间的最小安全净距。目前，我国规定的设计速度大于 200 km/h 的线间距，其安全净距比空气动力学要求的距离有较大的富余量，一般均大于 200 mm；而按上述方法计算各级高速客运专线的最小曲线半径时要求的线间距加宽均不大于 150 mm。因此，设计时速大于 200 km 的客运专线，可不考虑曲线线间距加宽；设计时速小于等于 200 km 的客运专线，应按上述方法进行曲线加宽。

3）高速客运专线限制行车速度的曲线地段

限制行车速度的曲线地段，通常由于工程条件等原因而采用小于最小值的曲线半径，此时，应按上述方法进行曲线线距加宽设计。

（四）区间线路线间距变更方法

1. 线间距变更方法

（1）车站两端和桥隧地段的线间距变更宜利用附近曲线完成。条件不具备时，可在第二线上采用反向曲线完成。

（2）客货共线铁路相邻两线采用反向曲线变更线间距时，如受圆曲线最小长度限制，可不设缓和曲线，但圆曲线半径不得小于表 3-11 规定的数值。

表 3-11 可不设缓和曲线的最小圆曲线半径

旅客列车设计行车速度（km/h）	160	140	120	100	80
最小圆曲线半径（m）	12 000	10 000	5 000	4 000	3 000

（3）客货共线铁路相邻两线采用反向曲线变更线间距，若受曲线偏角限制难以满足圆曲线最小长度标准时，对旅客列车设计行车速度小于 100 km/h 的地段，可采用较短的圆曲线长度，但不得小于 20 m。

2. 线间距变更地段线距计算方法

（1）直线地段线距，根据变更地段两端的线距，按线性内插方法计算。

（2）曲线地段线距，按第八章介绍的曲线地段线间距计算方法计算。

第三节　区间线路纵断面设计

线路纵断面是由长度不同、陡缓各异的坡段组成的。坡段的特征用坡段长度和坡度值表示，如图 3-23 所示。坡段长度 L_i 为坡段两端变坡点间的水平距离（m）。坡度值 i 为该坡段两端变坡点的高差 H_i（m）与坡段长度 L_i（m）的比值，以千分数表示，即 $i=\dfrac{H_i}{L_i}\times 1\,000$（‰），上坡取正值，下坡取负值。如坡度为 10 ‰，即表示每千米高差为 10 m。

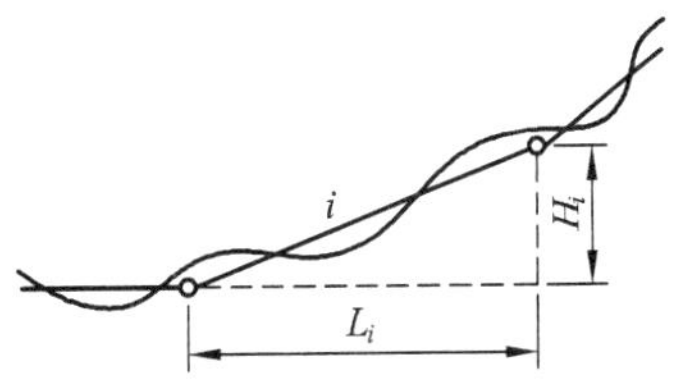

图 3-23　坡长与坡度示意图

线路纵断面设计，主要包括确定最大坡度、坡段长度、坡段连接与坡度折减等问题。以下分别阐述其设计要求、技术标准和相互配合问题。

一、线路的最大坡度

新建铁路的最大坡度是纵断面设计采用的设计坡度最大值。客货共线运行的铁路，线路的设计最大坡度是由货物列车牵引质量要求决定的，在单机牵引路段称限制坡度，在两台及以上机车牵引路段称加力牵引坡度，其中最常见的为双机牵引，称双机牵引坡度。客运专线采用大功率、轻型动车组，牵引和制动性能优良，能适应大坡度运行，一般情况下最大坡度不受牵引质量的限制，而应根据工程和运营两方面的技术经济条件，确定设计线的最大坡度。

最大坡度是一项具有全局性意义的铁路主要技术标准，它对设计线的输送能力、工程数量和运营质量具有重要影响，有时甚至决定线路的走向。

（一）客运专线最大坡度

高速客运专线的线路最大坡度，应根据动车组总功率、地形条件、列车平均走行速度，以及列车编组辆数等因素，经比选后确定。新建客运专线一般选用较大的最大坡度，以利于适应地形，降低线路高度，减少桥隧建筑物数量，并可能取直线路和缩短高速铁路与公路、既有铁路立交和桥梁引线的长度，从而大大节省工程量和工程造价。

1. 最大坡度值确定

1）机车（动车）功率确定的最大坡度

高速旅客列车，无论是采用动力集中型还是采用动力分散型，机力所确定的线路最大坡度值主要取决于高速列车的牵引功率、牵引特性和制动性能。

对于特定机车（或动车组），机车功率所确定的线路纵断面最大坡度按下式计算

$$i_{max}=\frac{(\lambda_y F_j-W_0)\times 10^3}{M\times g}=f_j-w_0\ (‰) \tag{3-46}$$

式中 M—— 列车质量（t）;

F_j—— 列车最大牵引力（kN）;

W_0—— 计算速度下列车的运行基本阻力（kN）;

λ_y—— 机车（动车）牵引力使用系数，取 0.9。

或
$$i_{max}=\frac{3\,600p_k-w_0\times g\times V_{max}}{g\times V_{max}}\ (‰) \tag{3-47}$$

式中 p_k—— 每吨列车质量所需功率（kW/t）

V_{max}—— 列车运行最高速度（km/h）;

w_0—— 最高速度时的列车运行单位基本阻力（N/kN）。

提高列车速度须通过提高列车单位质量牵引功率或系统地降低列车质量来实现。例如，CRH_3 动车组以 300 km/h 最高速度持续运行的最大坡度计算如下：

由表 1-5 查得，CRH_3 的吨均功率为 21.05 kW/t，单位基本阻力为

$$\begin{aligned}w_0''&=0.66+0.002\,45V+0.000\,132V^2\\&=0.66+0.002\,45\times300+0.000\,132\times300^2=13.275\ (\text{N/kN})\end{aligned}$$

则
$$i_{max}=\frac{3\,600p_k-w_0\times g\times V_{max}}{g\times v_{max}}=\frac{3\,600\times21.05-13.275\times9.81\times300}{9.81\times300}=12.47\ (‰)$$

可见，在给定编组条件下，CRH_3 动车组可在 12‰的坡道上以 300 km/h 的速度持续运行。

增加动车数量，可增加动车组总功率，从而提高吨均功率；减少编组辆数，可减少列车总编组辆数，从而达到提高吨均功率的目的。

因此，高速客运专线的最大设计坡度不受牵引功率的限制。

2）速度与坡度的适应性

在列车运行过程中，列车牵引功率必须满足牵引时起动加速能力及最高速度目标值时剩余加速度的要求，不同高速列车的阻力和牵引质量不同对功率要求也有差异。以下是给定功率下列车速度与坡度适应情况分析，见表 3-12。

表 3-12 列车速度与坡度的适应性分析

动车组最高速度（km/h）	单位质量牵引功率（kW/t）	速度值（km/h）	基本阻力（N/kN）	牵引力（N/kN）	剩余牵引力（N/kN）	平坡上运行剩余加速度（m/s^2）	匀速运行的坡道值（‰）
CRH_3/350	19.67	350	17.76	22.07	4.31	0.040	4.31
		300	13.33	25.75	12.42	0.115	12.42
		250	9.56	30.9	21.34	0.198	21.34
CRH_{2C}/300	19.68	300	13.37	24.07	10.70	0.099	10.70
		280	11.90	25.79	13.89	0.129	13.89
		250	9.87	28.89	19.02	0.176	19.02
		200	6.93	36.11	29.18	0.27	29.18

续表 3-12

动车组最高速度（km/h）	单位质量牵引功率（kW/t）	速度值（km/h）	基本阻力（N/kN）	牵引力（N/kN）	剩余牵引力（N/kN）	平坡上运行剩余加速度（m/s^2）	匀速运行的坡道值（‰）
CRH_1/200	13.80	200	8.04	24.00	15.96	0.15	15.96
		180	6.83	26.67	19.84	0.18	19.84
		160	5.72	30.00	24.28	0.22	24.28
CRH_2/200	13．34	200	6.93	24.48	17.55	0.16	17.55
		180	5.91	27.19	21.28	0.20	21.28
		160	4.99	30.60	25.61	0.24	25.61
CRH_5/200	12．19	200	7.78	22.28	14.5	0.134	14.5
		180	6.60	24.85	18.25	0.169	18.25
		160	5.46	27.96	22.50	0.208	22.50

注：功率利用系数采用 0.95，牵引力使用系数采用 0.9，暂不考虑曲线以及隧道附加阻力的影响。

由表 3-12 可见：最高速度为 350 km/h 的 CRH_3 列车在平坡上运行仍有 0.040 m/s^2 的加速度；在 12‰的坡道上能以 300 km/h 匀速运行；在 21‰的坡道上也能以 250 km/h 匀速运行。对于最高速度 200 km/h 的列车，CRH_1，CRH_2，CRH_5 分别在 24‰，25‰，22‰的坡道上能以 160 km/h 匀速运行，分别在 15‰，17‰，14‰的坡道上以 200 km/h 匀速运行。

3）国外最大坡度应用情况

国外高速客运专线最大坡度主要取决于高速列车的牵引功率、牵引特性和制动性能。法国高速铁路采用全高速模式，设计速度为 300 ~ 350 km/h，最大坡度为 35‰。日本新干线采用全高速模式，JR 东日本新干线标准坡度为 25‰以下；不得已时，考虑到列车的动力发生装置、动力传动装置、行车装置及制动器装置的性能，可采用 35‰以下的坡度。德国高速铁路采用客货共线运行模式时，最大坡度为 20‰；采用全高速模式时，最大坡度为 40‰。

显然，由于地形条件所限，灵活处理并应用较大的坡度，适当降低列车运行速度，是实事求是的选择。

2. 最大坡度选择

最大坡度标准的确定以适应地形、跨越控制高程的需要为主。就地形条件而言，我国近期修建的高速客运专线或城际铁路大多位于平原和低山丘陵区，沿线地形平坦，高程控制问题不太突出，无须采用大坡度。但高速铁路线路采用全封闭式的高架结构，即使在地形比较平坦的地区，也应该尽可能选择较大的纵断面最大坡度。这是因为高速铁路所经地区经济发达，人口稠密，居民点星罗棋布，公路交通发达，这些地区地形虽然平坦，但线路要通过居民区，跨公路，与其他建筑物干扰，因而立交结构很多， 如果纵断面最大坡度标准较小，整个线路的平均高度就可能增加，从而使工程造价剧增。在线路跨过需要立交的道路与通航河流时，因桥下要保证必要的净空而使桥梁抬高，若采用较大的坡度，可使桥梁两端引线缩短，桥梁支墩高度降低。

根据高速客运专线特点，在我国高速客运专线的设计中最大坡度选择在 12‰ ~ 30‰是适宜的。随着客运路网的形成，建设项目最大坡度标准的选择还应注意与相邻线路的协调统一，结合项目具体条件并经牵引计算检算来确定设计线的最大坡度标准。

（二）限制坡度

1. 限制坡度最大值计算

客货共线铁路限制坡度是单机牵引普通货物列车，在持续上坡道上，最终以机车计算速度等速运行的坡度。它是单机牵引区段的最大坡度，据此计算货物列车的牵引质量。对于给定的牵引质量标准，限制坡度最大值不应大于下式计算的值

$$i_x = \frac{\lambda_y F_j - (P \times w_0' + G_x \times w_0'') \times g}{(P + G_x) \times g} \text{（‰）} \tag{3-48}$$

式中 G_x——设计线拟定的牵引质量标准（t）；

w_0'——计算速度下机车的单位基本阻力（N/kN）；

w_0''——计算速度下货车的单位基本阻力（N/kN）；

其余符号意义同前。

【例 3-1】 客货共线铁路，韶山 3 型电力机车，牵引滚动轴承货车，求牵引质量为 3 500 t 时，设计线的最大限制坡度值。

【解】 查表 2-1 有：$V_j = 48$ km/h，$F_j = 317\ 800$ N，$P = 138$ t，则得

$$w_0' = 2.25 + 0.019 \times 48 + 0.000\ 32 \times 48^2 = 3.899 \text{（N/kN）}$$

$$w_0'' = 0.92 + 0.004\ 8 \times 48 + 0.000\ 125 \times 48^2 = 1.438\ 4 \text{（N/kN）}$$

$$i_x = \frac{0.9 \times 317\ 800 - (138 \times 3.899 + 3\ 500 \times 1.438\ 4) \times 9.81}{(138 + 3\ 500) \times 9.81} = 6.48 \text{（‰）}$$，取 $i_x = 6‰$。

2. 影响限制坡度选择的因素

限制坡度选择是涉及铁路全局的重要工作，应根据铁路等级、地形类别、牵引种类和运输需求，并应考虑与邻接铁路的牵引定数相协调，经过全面分析、技术经济比选，慎重确定。

1）铁路等级

铁路等级越高，则设计线的意义、作用和客货运量越大，更需要有良好的运营条件和较低的运输成本，因此宜采用较小的限制坡度。

2）运输需求和机车类型

铁路的输送能力必须能完成运输任务。

输送能力与货物列车牵引吨数有关，而牵引吨数是由限制坡度值与机车类型决定的。所以限制坡度的选择，应根据运输任务，结合机车类型一并考虑。力争选定的限制坡度与平均自然纵坡相适应，不引起额外展线。同时选择恰当的机车类型，满足运输要求。

设计线的客货运量是逐年增长的。选择限制坡度时，应尽量采用节约初期投资、逐期加强的方案，如初期采用内燃牵引、远期采用电力牵引，或初期采用小功率机车、远期更换大功率机车。这样，就有可能采用适应地形条件的较大限坡而又能满足运输要求，达到节省初期投资的目的。

3）地形条件

地形条件是选择限制坡度的重要因素，限制坡度要和地形相适应。既不能选择过小的限制坡度，引起大量人为展线；又不能选择过大的限制坡度，使该限坡得不到充分利用，节省工程的效果不显著，却给运营带来不良影响。

一条长大干线应力争选定同一限坡，以利直通列车的开行。但若各区段地形条件差别很大，亦不宜强求统一限坡。可根据各区段地形特点，分区段选定限坡，各区段采用不同的机车类型，统一全线的牵引定数。

线路跨越分水岭，自然纵坡陡峻的越岭地段，可采用双机牵引坡度，以减少展线。

线路由盆地上升到台地，或跨越分水岭，其两侧河谷纵坡相差很大时，应考虑分方向选择限坡的可能性。

4）邻线的牵引定数

当设计线与邻接铁路的直通货流量很大，或者设计线在路网中联络分流的作用很显著，则选择限制坡度时，应考虑与邻线牵引定数相协调，尽量使其统一。这样，直通货物列车可避免在接轨站的甩挂作业，加速货物运送，降低运输成本。

我国既有铁路干线的限制坡度，4‰ 者约占 1/4，6‰ 者约占 1/2，12‰者约占 1/4，少数干线为 9‰或 10‰，全国路网基本形成了 4‰，6‰与 12‰ 的限制坡度系统。应该说这与我国复杂的地形条件是不相适应的，其原因是过去因牵引动力与机车工业落后，不得已采用相同的限制坡度来统一相邻线路的牵引吨数。今后统一牵引定数的措施应以采用不同的机车类型为主。

5）符合《线规》规定

设计线选定的限制坡度，不应大于《线规》规定值，如表 3-13 所示。

表 3-13　限制坡度最大值（‰）

铁路等级		I			II			III		
地形类别		平原	丘陵	山区	平原	丘陵	山区	平原	丘陵	山区
牵引种类	电力	6.0	12.0	15.0	6.0	15.0	20.0	9.0	18.0	25.0
	内燃	6.0	9.0	12.0	6.0	9.0	15.0	8.0	12.0	18.0

限制坡度最小值在《线规》中未作规定，但通常取 4‰。这是因为限制坡度若小于 4‰，虽然按限制坡度算得的牵引质量很大，但受起动条件和到发线有效长度（一般最长取 1 050 m）的限制而不能实现，而工程投资却可能有所增加。所以，一般不采用小于 4‰ 的限制坡度。

我国台湾地区铁路的最大坡度，甲级线为 7‰～15‰，乙级线为 10‰～15‰，丙级线为 15‰～20‰。国外铁路的最大坡度：苏联Ⅰ级和Ⅱ级线为 15‰，Ⅲ级线为 20‰；法国干线为 8‰，支线为 20‰，山区为 35‰；德国干线为 25‰，支线为 66‰；英国为 27‰；美国没有明确规定，既有线上有 18‰～22‰ 甚至更大的坡度。

3. 分方向选择限制坡度

一般情况下，一条线路双方向的限制坡度是相同的，即双方向最大持续上坡道坡度值是相同的。但有些线路具备一定条件，可以在重车方向设置较缓的限制坡度（上坡坡度），在轻车方向设置较陡的限制坡度（上坡坡度），称为分方向选择限制坡度。

1）分方向选择限制坡度的条件

（1）轻、重车方向货流显著不平衡且预计将来也不会发生巨大变化。

（2）轻车方向上升的平均自然纵坡较陡，而重车方向上升的平均自然纵坡较缓，分方向选择限制坡度，可以节省大量工程。

（3）技术经济比较后证明分方向选择限制坡度是合理的。

具备上述条件，各级铁路均可按不同方向分别选择限制坡度，但Ⅰ级铁路多属路网中的重要干线，意义重大，分方向选定不同限制坡度时，应特别慎重，只有在特殊困难条件下，有充分技术经济依据时方可采用。

2）轻车方向限制坡度的限制

（1）轻车方向限制坡度不应大于重车方向限制坡度的三机牵引坡度值，这是为了将来货流发生变化、轻车方向货运量增大时，可采用三机牵引，达到重车方向的牵引吨数。为了保证重车方向货物列车下坡时的行车安全，还应进行下坡制动安全检算。

（2）根据双方向货流比，按双方向列车对数相同、每列车车辆数相同的条件，可估算出轻车方向货物列车的牵引质量 G_q，轻车方向限制坡度值 i_{xq} 不应大于根据 G_q 按式（3-49）计算的坡度值。因为轻车方向的限制坡度值 i_{xq} 若大于计算值，则每列车的牵引质量就要小于 G_q。这样，轻车方向的列车数反而多于重车方向，重车方向就会产生单机回空或附挂折返而虚糜机力，这是不合理的。

轻车方向限制坡度值按下式计算

$$i_{xq} \leqslant \frac{\lambda_y \times F_j - (P \times w_0' + G_q \times w_{0(p)}'')g}{(P + G_q)g} \text{（‰）} \tag{3-49}$$

式中 F_j——机车计算牵引力（N）；

λ_y——机车牵引力使用系数，取 0.9；

P——机车计算质量（t）；

w_0'——计算速度下的机车单位基本阻力（N/kN）；

$w_{0(p)}''$——计算速度下空重车的平均单位基本阻力（N/kN）；

G_q——轻车方向的牵引质量（t）。

轻车方向的牵引质量 G_q 和车辆平均单位基本阻力 $w_{0(p)}''$，可用下式计算

$$\left.\begin{aligned} G_q &= n(\lambda_{QZ} \times q_j + q_z) \\ w_{0(p)}'' &= \frac{\lambda_{QZ}(q_j + q_z) \times w_{0z}'' + (1 - \lambda_{QZ}) \times q_z \times w_{0q}''}{\lambda_{QZ} \times q_j + q_z} \end{aligned}\right\} \tag{3-50}$$

式中 n——轻车方向每列车的车辆数（其值与重车方向相同）；

λ_{QZ}——轻、重车方向的货流比；

q_j——每辆满载货车的平均净载质量（t）；

q_z——货车车皮的平均质量（t）；

w_{0z}''，w_{0q}''——重车、空车的单位基本阻力（N/kN）。

（三）加力牵引坡度

加力牵引坡度（简称加力坡度）是两台及以上机车牵引规定牵引吨数的普通货物列车，在持续上坡道上，最后以机车计算速度等速运行的坡度，它是客货共线铁路加力坡度路段的

最大坡度。该路段的普通货物列车牵引吨数，是按相应限制坡度上用一台机车牵引的计算值确定的。

一条客货共线铁路干线的某些越岭地段，平均自然纵坡很陡，若按限制坡度设计，会引起线路大量展长或出现较长的越岭隧道，使工程加大、工期延长。这种地段，可采用加力牵引，保持在限制坡度上单机牵引的牵引定数不变，从而可采用较陡坡度线。

采用加力坡度可以减少展线，缩短线路长度，大量减少工程，有利于降低造价和缩短工期，是在长大越岭地段克服巨大高差的一种行之有效的设计决策。当然采用加力坡度，也必然增加机车台数和能量消耗，在加力牵引的起讫站要增加补机摘挂作业时分，并要增建补机的整备设备。加力坡度太大时，对下坡行车也将产生不利影响。因此，是否采用加力坡度，应从设计线意义、地形条件以及节省工程和不利运营等方面全面分析，比选确定。

1. 采用加力坡度的注意事项

（1）加力牵引坡度应集中使用，使补机能在较长的路段上行驶，提高其利用率。

（2）补机要进行必要的整备作业，需要相应的机务设备。所以加力坡度的起讫站，宜有一个为区段站或其他有机务设备的车站，困难时也应尽量与这类车站接近，以利用其机务设备。

（3）补机要在加力坡度的起讫站摘挂，增加列车的停站时分。因之，与起讫站邻接的加力牵引区间的往返行车时分要相应减少，以免限制通过能力。

（4）加力牵引采用重联牵引或补机推送中的何种方式，与牵引质量、车钩强度有关。若车钩强度允许时，应采用重联牵引，以便各台机车的司机相互配合、同步操纵，充分发挥机车的牵引力，否则，应采用补机推送，此时补机的牵引力就不能充分发挥。

（5）重联牵引的车钩允许拉力 F_c 应大于列车工作拉力，即

$$F_c \geqslant \sum \lambda F_j - \sum P(w_0' + i_{JL})g \text{（N）} \tag{3-51}$$

式中 F_j——机车计算牵引力（N）；

λ——机车计算牵引力利用系数，与牵引种类、操纵方式有关；

P——机车整备质量（t）；

w_0'——机车计算速度下的单位基本阻力（N/kN）；

i_{JL}——加力牵引坡度值（‰）。

（6）采用补机推送时，补机前方要换挂成车重为 16 t 的四轴守车，因为重约 8 t 的二轴守车有被补机顶起而脱轨的可能。若货物列车取消了车长和守车，这个问题则不复存在。

2. 加力坡度的最大值

加力坡度的最大值取决于货物列车在陡坡上的运营条件，包括下坡的制动安全和闸瓦磨耗，上坡的能量消耗，以及车站技术作业对通过能力的影响等。电力、内燃机车都可用电阻制动控制下坡速度，但因电力机车的电阻制动较内燃机车的大，因而要分别规定其最大的加力牵引坡度。

1）内燃牵引的最大加力坡度

东风系列等内燃机车都装有电阻制动。内燃机车牵引的货物列车，在长大下坡道上，电阻制动与闸瓦制动可配合作用，闸瓦磨耗与发热问题大为好转，故规定内燃牵引的最大加力牵引坡度为 25 ‰。

2）电力牵引的最大加力坡度

电力机车如韶山系列的电阻制动力比内燃牵引的大，在 30‰ 的下坡道上，仅用电阻制动就可以控制下坡的速度。同时，在宝成线宝秦段 30‰ 的加力坡度上，采用电力牵引已取得成功的经验，故规定电力牵引的最大加力坡度为 30‰。

3. 加力坡度的计算

加力牵引坡度的坡度值 i_{JL}，可根据限制坡度上的牵引吨数、机车台数和加力牵引方式，按下式计算

$$i_{\mathrm{JL}}=\frac{\lambda_{\mathrm{y}}\sum\lambda\times F_{\mathrm{j}}-\left(\sum P\times w_0'+G\times w_0''\right)\times g}{\left(\sum P+G\right)\times g}\ (‰) \tag{3-52}$$

式中　G ——限制坡度上单机牵引的牵引质量（t）;

w_0'，w_0''——计算速度下机车、货车的单位基本阻力（N/kN）;

其余符号意义同前。

双机牵引坡度采用最广泛，两台机车类型一般相同，重联或推送的牵引方式由车钩允许应力决定。双机牵引坡度 i_{SJ} 的计算式为

$$i_{\mathrm{SJ}}=\frac{(1+\lambda)\lambda_{\mathrm{y}}\times F_{\mathrm{j}}-(2P\times w_0'+G\times w_0'')\times g}{(2P+G)\times g}\ (‰) \tag{3-53}$$

采用相同类型的机车加力牵引时，各种限制坡度相应的加力牵引坡度如表 3-14 所示。表中内燃牵引加力坡度未进行海拔与气温修正。

表 3-14　电力和内燃牵引的加力牵引坡度（‰）

<table>
<tr><th rowspan="2">限制坡度</th><th colspan="2">双机牵引坡度</th><th colspan="2">三机牵引坡度</th></tr>
<tr><th>电力</th><th>内燃</th><th>电力</th><th>内燃</th></tr>
<tr><td>4.0</td><td>9.0</td><td>8.5</td><td>14.0</td><td>13.0</td></tr>
<tr><td>5.0</td><td>11.0</td><td>10.5</td><td>16.5</td><td>15.5</td></tr>
<tr><td>6.0</td><td>13.0</td><td>12.5</td><td>19.0</td><td>18.5</td></tr>
<tr><td>7.0</td><td>14.5</td><td>14.5</td><td>21.5</td><td>21.0</td></tr>
<tr><td>8.0</td><td>16.5</td><td>16.0</td><td>24.0</td><td>23.5</td></tr>
<tr><td>9.0</td><td>18.5</td><td>18.0</td><td>26.5</td><td rowspan="8">25.0</td></tr>
<tr><td>10.0</td><td>20.0</td><td>20.0</td><td>29.0</td></tr>
<tr><td>11.0</td><td>22.0</td><td>21.5</td><td rowspan="6">30.0</td></tr>
<tr><td>12.0</td><td>24.0</td><td>23.5</td></tr>
<tr><td>13.0</td><td>25.5</td><td rowspan="4">25.0</td></tr>
<tr><td>14.0</td><td>27.5</td></tr>
<tr><td>15.0</td><td>29.0</td></tr>
<tr><td>16.0</td><td>30.0</td></tr>
</table>

（四）最大坡度对工程和运营的影响

1. 对输送能力的影响

客货共线铁路的输送能力取决于通过能力和牵引质量。在机车类型一定时，牵引质量即由限制坡度值决定。限制坡度大，牵引质量小，输送能力低；限制坡度小，牵引质量大，输送能力高。图 3-24 所示是韶山 3 型（SS_3 型）、韶山 4 型（SS_4 型）、东风 4B 型（DF_{4B} 型）和前进型（QJ 型）机车在各种限制坡道上的牵引质量，以及每天一对货物列车相应的输送能力图。可以看出，牵引质量、输送能力与限制坡度及机车类型间的关系密切。

客运专线铁路的输送能力取决于通过能力和动车组编组辆数。当动车组总功率一定时，为了提高运行速度，增大人均功率数，坡度越大，动车组编组辆数越少，相应的旅客输送能力减小。

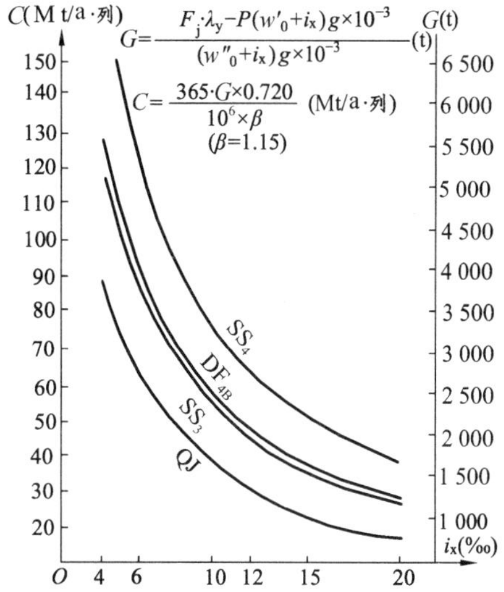

图 3-24　各种限制坡度的输送能力图

2. 对工程数量的影响

平原地区，最大坡度值对工程数量一般影响不大，但在铁路跨过需要立交的道路与通航河流时，因桥下要保证必要的净空而使桥梁抬高，若采用较大的最大坡度，可使桥梁两端引线缩短，填方数量减少。

丘陵地区采用较大的最大坡度，可使线路高程升降较快，能更好地适应地形起伏，从而避免较大的填挖方，减少桥梁高度，缩短隧道长度，使工程数量减少，工程造价降低，如图 3-25 所示。

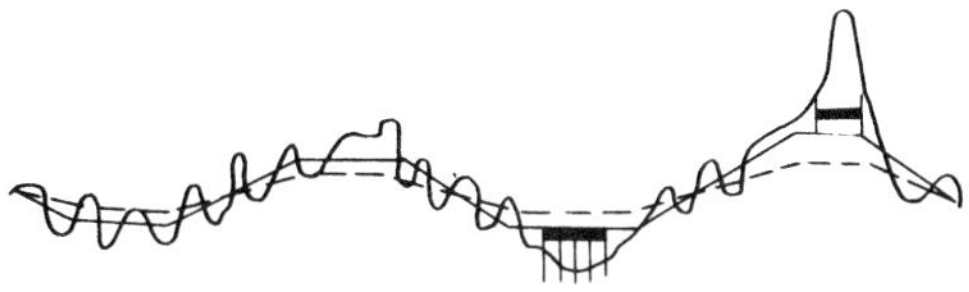

图 3-25　不同最大坡度的起伏纵断面

在自然纵坡陡峻的越岭地段，若最大坡度小于自然纵坡，线路需要迂回展长，才能达到控制点预定高程，工程数量和造价急剧增加。图 3-26 为宝成线宝鸡秦岭间展线示意图。宝鸡秦岭间直线距离 25 km，高差 810 m；30‰ 中选方案线路长 44.3 km，20‰ 比较方案线路长 61.9 km，土建工程的造价前者仅为后者的 56%。

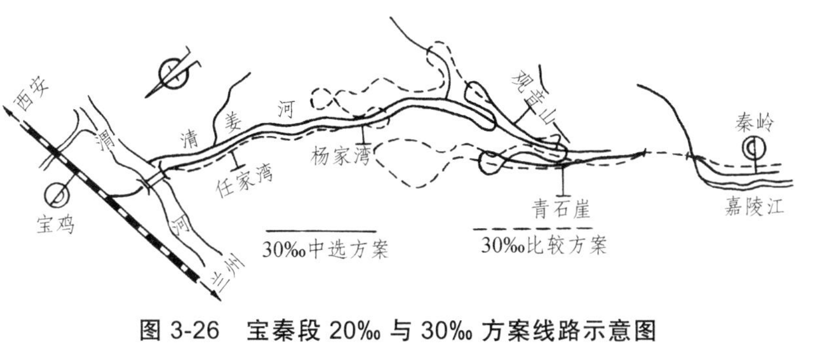

图 3-26　宝秦段 20‰ 与 30‰ 方案线路示意图

在越岭地段，若最大坡度大于平均自然纵坡 1‰～3‰（自然纵坡越陡，地形越复杂，其值越大），就可避免额外的展长线路。这种方案通常是经济合理的。

线路翻越高大的分水岭时，采用不同的限制坡度，可能改变越岭垭口，从而影响线路的局部走向。图 3-27 为成昆线双福至峨边段的越岭选线示意图。该段线路翻越峨眉山系，山势西北高东南低。原来采用 10 ‰ 的限制坡度，越岭地段采用 19 ‰ 的双机牵引坡度，线路可在龙池垭越岭，仅长 55 km；后因调查运量增大，限制坡度改为 6 ‰，双机牵引坡度为 13‰，线路方向随之改变，绕走百家岭垭口，展长为 86.6 km。

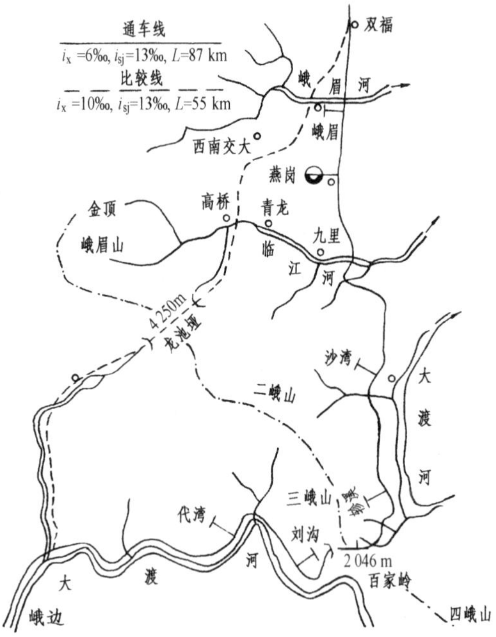

图 3-27　成昆线双福峨边间不同限坡方案

高速铁路线路采用全封闭式的高架结构，即使在地形比较平坦的地区，也应该尽可能选择较大的纵断面最大坡度。这是因为高速铁路所经地区经济发达，人口稠密，居民点星罗棋布，公路交通发达，这些地区地形虽然平坦，但线路要通过居民区，跨公路，与其他建筑物干扰，因而立交结构很多，如果纵断面最大坡度标准较小，整个线路的平均高度就可能增加，从而使工程造价剧增。在高速铁路线路跨过需要立交的道路与通航河流时，因桥下要保证必要的净空而使桥梁抬高，若采用较大的坡度，可使桥梁两端引线缩短，桥梁支承墩高度降低。例如，京沪高速铁路沿线经济发达，人口稠密，居民点星罗棋布，公路等其他交通发达，需要修建的通道桥涵及公路立交桥密度大。据统计资料，人行通道或拖拉机通道桥涵及公路立交桥，平均不到 1 km 就需设置一处。因此，为避免较多地增加工程数量和工程投资，应选用较大的线路纵坡。根据试验定线资料分析，沪宁杭地区地形平坦，若全部采用地上线路（地面线或高架线），最大坡度为 20‰便能满足爬坡要求。考虑到跨越特大江河时，有可能采用隧道方案，为了从高架线路尽快下降到要求的地下深度，需要采用较大的坡度；根据试验定线分析，最大坡度采用 40‰，便能满足定线要求。

3. 对运营费用的影响

在完成相同运输任务的前提下，客货共线铁路采用的限制坡度越大，则货物列车的牵引质量越小，需要开行的货物列车对数越多，机车台数增多，机车乘务组、燃料消耗、修理费用等加大，区间距离缩短，车站数目加多，管理人员和日常开支增加，列车区段速度降低，旅途时间加长，相应开支加大。总之，采用较大限坡，运营支出要相应增加，行车设备的投资也略有增加。

在平均自然纵坡陡峻地区，采用与自然纵坡相适应的最大坡度，可以缩短展线长度，大量降低工程投资。同时，因线路缩短，机车（动车）数、车站数目、旅途时间等也相应减少，虽然列车数目增多，运营开支总和也不致增加很多。所以平均自然纵坡陡峻地区，应采用与其相适应的较大的最大坡度，力争不额外展长线路。

二、坡段连接

（一）相邻坡段坡度差

纵断面的坡段有上坡、下坡和平坡。上坡的坡度为正值，下坡的坡度为负值，相邻坡段坡度差的大小，应以代数差的绝对值 Δi 表示。如前一坡段的坡度 i_1 为 6‰下坡，后一坡段的坡度 i_2 为 4‰ 上坡，则坡度差 Δi 为

$$\Delta i = |i_1 - i_2| = |(-6‰) - (+4‰)| = 10‰$$

1. 最大坡度差限制条件

相邻坡段的坡度差，都是以保证列车不断钩来制定的。客货共线铁路相邻坡段坡度差主要受货物列车制约。客运专线铁路上行驶的旅客列车质量小，且车钩采用密接式车钩，因此相邻坡段的坡度差不受限制。下面主要针对普通客货共线铁路讨论坡度差限制条件。

20 世纪 60 年代前后，我国沿用国外的经验，曾规定坡度差不能大于限制坡度值的一半，但实际调查中发现，不少大于限制坡度值的坡度差，运营中并未发生断钩事故，故 1975 年、1982 年的《线规》规定：坡度差不应大于重车方向的限制坡度值。20 世纪 90 年代，根据铁道科学研究院等单位的理论研究、模拟计算和现场试验，列车通过变坡点时的纵向力有如下规律：

① 列车纵向力随变坡点坡度差值的增大而有所增大。

② 凸形纵断面列车纵向拉力增大，压力减小；凹形纵断面拉力减小，压力增大。

③ 列车通过变坡点时的纵向力主要取决于列车牵引吨数（列车长度）、机车操纵工况和纵断面形式。

根据列车通过变坡点时产生的纵向力不大于车钩强度，即保证列车不断钩，进行计算，最大坡度差可以达到 2 倍限制坡度值。但考虑到远期列车牵引吨数可能增大，最大坡度差应留有适当余量。

2. 最大坡度差允许值

列车运动仿真计算结果表明，列车牵引质量的大小对列车纵向力起决定作用。而列车的牵引质量在机车功率可变的情况下，主要取决于车站到发线有效长度。故直接以远期到发线有效长度作为拟定坡度差的参数。客货共线铁路的最大坡度差的规定值如表 3-15 所示。

表 3-15 最 大 坡 度 差

远期到发线有效长度（m）		1 050	850	750	650	550
最大坡度差（‰）	一 般	8	10	12	15	20
	困 难	10	12	15	18	25

为保证行车安全，司机通视距离应不小于紧急制动距离。在凸形纵断面的坡顶，若坡度差过大，则司机的通视距离缩短，必要时加以检算。

（二）竖曲线

在线路纵断面的变坡点处，为了保证行车的安全平顺，设置的与坡段直线相切的竖向曲线称为竖曲线。

常用的竖曲线有两种线形：一为抛物线形，即用一定变坡率的 20 m 短坡段连接起来的竖曲线；另一种为圆弧形竖曲线。因圆弧形竖曲线测设、养护方便，目前国内外均大量采用。以下论述均以圆弧形竖曲线为主。

1. 竖曲线半径

1）竖曲线半径限制条件

圆形竖曲线的半径应根据以下五个条件拟定。

● 旅客舒适条件

旅客列车通过竖曲线时，产生的竖向离心加速度不应大于旅客舒适要求的允许值 a_{SH}。竖曲线的半径 R_{SH}，根据旅客列车的最高速度 V_{max} 用下式计算

$$R_{SH}=\frac{V_{max}^2}{3.6^2\times a_{SH}}\ (\mathrm{m}) \tag{3-54}$$

竖向离心加速度的允许值 a_{SH}，国外一般取 0.15 ~ 0.6 m/s²。

我国客货列车共线铁路取 a_{SH} = 0.15 m/s² 和 0.2 m/s²，则竖曲线半径应满足

$$R_{SH}\geqslant 0.5V_{max}^2 \text{ 和 } R_{SH}\geqslant 0.4V_{max}^2 \tag{3-55}$$

旅客列车最高速度 V_{max} = 160 km/h 时，R_{SH} = 12 800 m 和 10 200 m；旅客列车最高速度 V_{max} = 140 km/h 时，R_{SH} = 9 800 m 和 7 800 m。

高速客运专线，参考国外资料，取 a_{SH} 值一般为 0.4 m/s²，困难条件为 0.5 m/s²，则竖曲线半径应满足

$$R_{SH}\geqslant 0.2V_{max}^2 \text{ 和 } R_{SH}\geqslant 0.15V_{max}^2 \tag{3-56}$$

● 保证车轮不脱轨条件

列车通过凸形竖曲线时，产生向上的竖向离心力，使车辆有上浮倾向，上浮车辆在横向力作用下容易产生脱轨事故。

列车以速度 V 运行在半径为 R_{SH} 的竖曲线上时，产生的列车竖向加速度为 a_{SH}，相应的竖向离心力（或向心力）为 F_{SH}。F_{SH} 由下式计算

$$F_{SH}=m\times a_{SH}=\frac{m}{3.6^2\times R_{SH}}\times V_{max}^2$$

式中 a_{SH}—— 竖向加速度（m/s²）；

F_{SH}—— 竖向离心（向心）力（N）；

V_{max}—— 列车最高运行速度（km/h）；

R_{SH}—— 竖曲线半径（m）；

m—— 车辆质量（kg）。

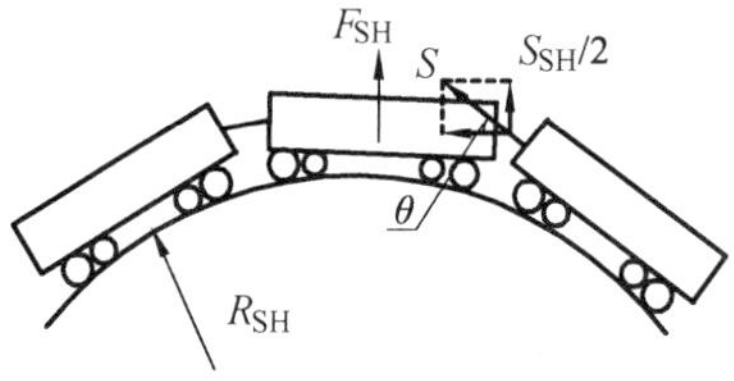

图 3-28 车辆在凸形竖曲线上受力示意

列车运行在竖曲线上所产生的离心力对列车运行的安全性有影响。

另一方面，列车运行于图 3-28 所示的凸形竖曲线上时，受到向上的竖向离心力 F_{SH} 的作用。考虑最不利运行情况，即假设此时列车进行制动，制动产生的列车纵向压力为 S，其向上的分力为 $S_{SH}/2$，即

$$S_{SH}=2S\times\sin\theta=\frac{l}{R_{SH}}\times S \tag{3-57}$$

这两个力的合力ΔW 对列车有减载作用，其大小计算如下

$$\Delta W=F_{SH}+S_{SH}=\frac{1}{R_{SH}}\left(m\times\frac{V^2}{3.6^2}+l\times S\right)$$

由此产生的减载率为

$$\frac{\Delta W}{W}=\frac{1}{m\times g\times R_{SH}}\left[m\times\frac{V^2}{3.6^2}+l\times S\right]$$

式中 W—— 车辆重力（N），$W=m\times g$；

g—— 重力加速度（9.81 m/s^2）；

l—— 车辆钩舌距（m）。

因为 $l\times S$ 远小于 $m\times\frac{V^2}{3.6^2}$，上式可简化为 $\frac{\Delta W}{W}=\frac{1}{m\times g\times R_{SH}}\times\left(m\times\frac{V^2}{3.6^2}\right)$

根据日本资料，从运行安全考虑，列车运行在竖曲线上时产生的垂直方向的离心力使轴重减载率不大于 10%，即$\Delta W/W\leqslant 0.1$，则从运营安全角度考虑的竖曲线半径应满足

$$R_{SH}\geqslant 0.08V_{max}^2 \tag{3-58}$$

此项安全要求在我国客货列车共线铁路上，对竖曲线半径不起限制作用。

• 保证列车不脱钩条件

普通客货共线铁路，列车通过线路纵断面变坡点时，当相邻车辆的连接处于变坡点附近时，车钩要上、下错动（见图 3-29），其值超过允许值将会引起脱钩。保证列车不脱钩的竖曲线半径可按下式计算

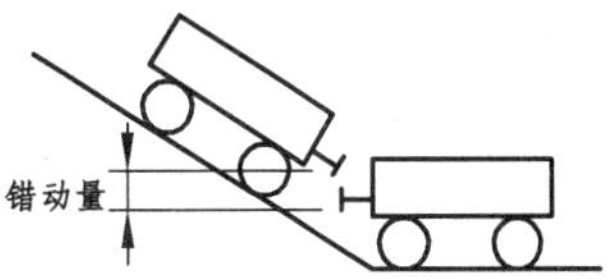

图 3-29 车钩错动示意图

$$R_{SH}=\frac{(L+d)d}{2f_R}\quad(\text{m}) \tag{3-59}$$

式中 R_{SH}—— 竖曲线半径（m）；

L—— 车辆两转向架中心距（m）；

d—— 转向架中心至车钩中心距（m）；

f_R—— 车钩中心线上下位移允许值，货车取 11 mm，客车取 16 mm。

中国铁路技术标准 GB 146.1—83 准轨铁道限界中规定的两种计算车辆中，L 分别为：货车 9.35 m，客车 18 m。d 按 1/2 转向架固定轴距加钩舌距离；我国最大轴距 4.8 m，车钩的钩舌内侧面距车体外缘约 469 mm，则 d 的最大值按 2.9 m 计，计算得竖曲线半径分别为：货物列车不小于 1 650 m，客车不小于 1 890 m。

• 附加纵向力限制的竖曲线半径

设置竖曲线可减小列车通过变坡点的附加纵向力。但是，对客货共线铁路的货物列车仿真计算结果表明，当竖曲线半径增大到 2 000 m 后，列车以不同工况通过变坡点的最大纵向力各趋于该工况下的稳定值。计算结果表明，当竖曲线半径为 10 000 m 时，牵引吨数不大于 5 000 t 的货物列车，通过限坡或双机坡构成的凹、凸形变坡点，各种运行工况产生的列车纵向力均不大于车钩强度的允许值，说明竖曲线半径大于等于 10 000 m，能保证附加纵向力的要求。

高速客运专线的竖曲线半径不受此条件限制。

• 养护维修条件

采用大的竖曲线半径，可提高列车通过变坡点的运行平稳性和旅客舒适度；但当竖曲线半径大到一定程度时，养护维修很难达到其设置要求。根据国外养护维修经验，最大竖曲线半径不宜大于 40 000 m。

2）竖曲线半径取值标准

我国在拟定相关标准时，参照国内外的研究与实践，拟定的竖曲线半径标准如下。

（1）最小竖曲线半径：综合分析限制竖曲线半径取值的各项因素可见，对竖曲线最小半径起控制作用的，是旅客舒适度条件，其值如表 3-16 所示。

表 3-16　竖曲线半径最小值

铁路类型	客运专线				客货共线	
设计最高行车速度（km/h）	350	300	250	200	200，160	≤140
R_{SH}（m）	25 000		20 000	15 000	15 000	10 000

我国台湾地区铁路仅规定竖曲线长度标准，丘陵地区：凸形为 $4\times\Delta i$（m），凹形为 $8\times\Delta i$（m）；山岳地区：凸形为 $2\times\Delta i$（m），凹形为 $4\times\Delta i$（m）。苏联按铁路等级规定竖曲线半径标准 Ⅰ 级为 15 000 m，Ⅱ 级和 Ⅲ 级为 10 000 m，Ⅳ 级为 5 000 m，Ⅴ 级为 3 000 m。法国按最高速度规定竖曲线半径标准：$V\leqslant 100$ km/h 时，$R_{SH}=5\ 000$ m；$V=100\sim120$ km/h 时，$R_{SH}=10\ 000$ m；$V>120$ km/h 时，$R_{SH}=20\ 000$ m。德国的竖曲线半径标准一般不小于 10 000 m。

（2）最大竖曲线半径：竖曲线半径不应大于 40 000 m。

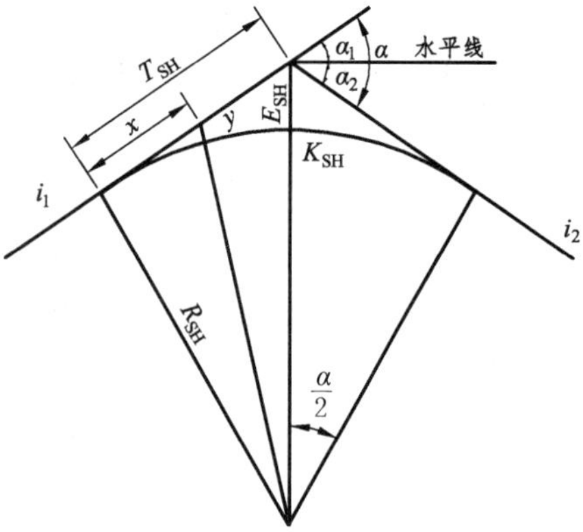

图 3-30　竖曲线

2. 竖曲线的几何要素

1）竖曲线切线长 T_{SH}

由图 3-30 可知

$$
\begin{aligned}
T_{SH} &= R_{SH}\times\tan\frac{\alpha}{2}\approx\frac{R_{SH}}{2}\tan\alpha=\frac{R_{SH}}{2}\times\tan|\alpha_1-\alpha_2| \\
&=\frac{R_{SH}}{2}\left|\frac{\tan\alpha_1-\tan\alpha_2}{1+\tan\alpha_1\times\tan\alpha_2}\right|\approx\frac{R_{SH}}{2}|\tan\alpha_1-\tan\alpha_2| \\
&=\frac{R_{SH}}{2}\left|\frac{i_1}{1\,000}-\frac{i_2}{1\,000}\right| \\
&=\frac{R_{SH}\times\Delta i}{2\,000}\quad(\text{m})
\end{aligned}
\tag{3-60}
$$

式中　α——竖曲线的转角（°）；

α_1，α_2——前、后坡段与水平线的夹角（°），上坡为正值，下坡为负值；

i_1，i_2——前、后坡段的坡度（‰），上坡为正值，下坡为负值；

Δi——坡度代数差的绝对值（‰）。

2）竖曲线长度 K_{SH}

$$K_{SH}\approx 2T_{SH}\ (\text{m}) \tag{3-61}$$

3）竖曲线纵距 y

因为 $(R_{SH}+y)^2=R_{SH}^2+x^2$

$2R_{SH}\times y=x^2-y^2$（y^2 值很小，可略去不计）

所以
$$y=\frac{x^2}{2R_{SH}}\ (\mathrm{m}) \tag{3-62}$$

式中，x 为切线上计算点至竖曲线起点的距离（m）。

变坡点处的纵距称为竖曲线的外矢距 E_{SH}，计算式为

$$E_{SH}=\frac{T_{SH}^2}{2R_{SH}}\ (\mathrm{m}) \tag{3-63}$$

变坡点处的线路施工高程，应根据变坡点的设计高程，减去（凸形变坡点）或加上（凹形变坡点）外矢距的高度。路基填挖高度应根据施工高程计算。

【例 3-2】 某客货共线 I 级铁路凸形变坡点 A 的地面高程为 476.50 m，设计高程为 472.36 m，相邻坡段坡度为 $i_1=6‰$，$i_2=-2‰$，竖曲线半径为 R_{SH}=10000m，求 A 点的挖方高度。

【解】 A 点的坡度差 $\Delta i=|6-(-2)|=8$（‰）

A 点的竖曲线切线长 $T_{SH}=\frac{10\,000\times\Delta i}{2\,000}=5\times\Delta i=40$（m）

A 点的竖曲线外矢距 $E_{SH}=\frac{T_{SH}^2}{2R_{SH}}=\frac{40^2}{2\times10\,000}=0.08$（m）

A 点的施工高程为 $472.36-0.08=472.28$（m）

A 点的挖方高度为 $476.50-472.28=4.22$（m）

3. 设置竖曲线的限制条件

1）需要设置竖曲线的最小坡度代数差

- 保证列车不脱轨条件

在线路纵断面上，若各坡段直接连接成折线，列车通过变坡点时，产生的车辆振动和局部加速度增大，乘车舒适度降低；当内燃、电力机车的前转向架中间轴机车车辆重心未通过变坡点前，机车前轮将呈悬空状态；当悬空高度大于轮缘高度时，将导致脱轨，所以必须在变坡点处用竖曲线把折线断面平顺地连接起来，以保证行车的安全和平顺。

脱轨要求的坡度差条件为

$$\Delta i\leqslant\frac{d_{min}}{L_Z} \tag{3-64}$$

式中 L_Z——车辆重心至前转向架第一轮中心的距离（m）；

d_{min}——轮缘高度（m）。

车辆重心至前转向架第一轮中心的距离取最大者 SS_4 型机车的值 5.6 m，轮缘高度取 0.025 m，则相应的坡度差为 4.5‰。

- 轨道自然柔顺条件

根据运营实践，普通轨道在纵距为 10 mm 左右而不设竖曲线时，在施工、养护时变坡点处轨面能自然形成竖曲线，据此可得相应竖曲线半径与最小坡度差的关系如表 3-17 所示。

表 3-17　竖曲线半径与最小坡度差的关系

R_{SH}（m）	25 000	20 000	15 000	10 000
Δi_{min}（‰）	1.8	2.0	2.3	2.8

• 国内外研究与实践

我国广深准高速铁路考虑到时速 200 km/h 行车对轨道的平顺性要求较高，一般要求在 2.5 ~ 5 m 弦长范围内铺设精度达 2 ~ 3 mm（方向、高低、水平），只有在坡度差≤1‰时，不设竖曲线，轨道的高低差才能满足要求。因此，不设竖曲线的坡度代数差定为 1‰。

日本新干线规定，所有变坡点均应设置竖曲线；法国高速铁路设竖曲线的起始坡度代数差为 4‰；德国高速铁路设竖曲线的起始坡度代数差为 1‰；美国铁路设竖曲线的起始坡度代数差为 4‰；苏联高速铁路设竖曲线的起始坡度代数差为 4‰。

• 相关规定

综合考虑各项影响因素，并参考国内外研究与实践，我国规定各级铁路需设置竖曲线的条件为：设计速度为 160 km/h 及以上的区段，按相邻坡段的坡度差$\Delta i \geq 1$‰时，设置竖曲线；设计速度小于 160 km/h 的区段，按相邻坡段坡度差Ⅰ、Ⅱ级铁路$\Delta i > 3$‰，Ⅲ级铁路$\Delta i > 4$‰时设置竖曲线，即在路基面上做出竖曲线线形。

2）竖曲线最小长度

与平面曲线原理类似，为了保证养护维修和列车运营平稳性，竖曲线长度不宜小于 25 m。

3）竖曲线不应与缓和曲线重叠

竖曲线范围内，轨面高程以一定的曲率变化；缓和曲线范围内，外轨高程以一定的超高顺坡变化。如两者重叠，一方面在轨道铺设和养护时，外轨高程不易控制；另一方面，外轨的直线形超高顺坡和圆形竖曲线，都要改变形状，影响行车的平稳。

为了保证竖曲线不与缓和曲线重叠，纵断面设计时，变坡点离开缓和曲线起终点的距离，不应小于竖曲线的切线长[见图 3-31（a）]。

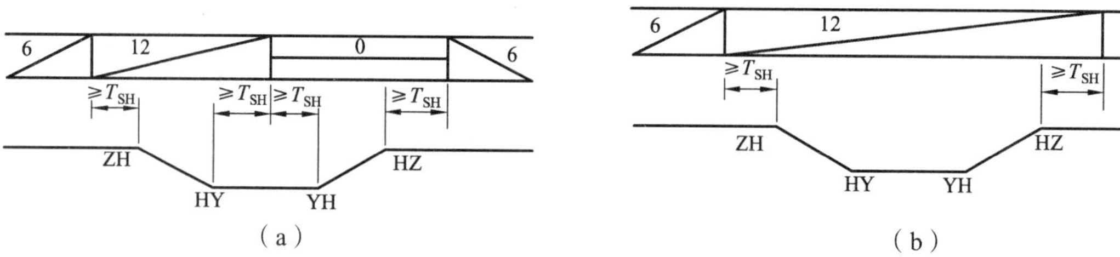

图 3-31　变坡点距缓和曲线起讫点的距离

对于高速铁路和城际铁路，为了保证列车通过空间线形变化点时产生的激振不叠加，竖曲线的设置还应使得竖曲线起（讫）点与缓和曲线讫（起）点之间保留一段直线段，一般条件下不小于 40 m，困难条件下不小于 20 m。

4）竖曲线不应设在明桥面上

在明桥（无砟桥）面上设置竖曲线时，其曲率要用木枕高度调整，每根木枕厚度都不同，若要按固定位置顺序铺设，则会给施工、养护带来困难。为了保证竖曲线不设在明桥面桥上，变坡点距明桥面端点的距离，不应小于竖曲会线的切线长。

5）竖曲线不应与道岔重叠

道岔的尖轨和辙叉应位于同一平面上，如将其设在竖曲线的曲面上，则道岔的铺设与转换都有困难；同时道岔的导曲线和竖曲线重合，列车通过道岔的平稳性降低。

为了保证竖曲线不与道岔重叠，变坡点与车站站坪端点的距离，不应小于竖曲线的切线长。

6）竖曲线不宜与平面圆曲线重叠

设计速度为 160 km/h 及以上的区段，竖曲线与平面圆曲线不宜重叠设置。因此，线路设计时，应尽量将同一平面曲线范围设置为一个坡段，如图 3-31（b）所示；若需要将一个平曲线设置为多个坡段，其相邻坡段坡度差不宜大于不设置竖曲线的最小坡度差。

三、坡段长度

相邻两坡段的坡度变化点称为变坡点。相邻两变坡点间的水平距离称为坡段长度。

从工程数量上看，采用较短的坡段长度可更好地适应地形起伏，减少路基、桥隧等工程数量（见图 3-32）；但从列车运行的平稳性要求出发，纵断面坡段长度宜设计为较长的坡段。因此，坡段长度的确定，既要满足列车运行的平稳性要求，又要尽可能地节约工程投资，使两者取得最佳的统一。

图 3-32 不同坡长的纵断面

客运专线铁路，为避免列车运营过程中的频繁起伏，提高舒适程度，不得连续采用“N”形短坡段。采用大坡度路段，宜避免采用“V”形纵断面。

（一）最短坡长限制

最短坡长的限制主要是从列车行驶平稳性的要求考虑的。

1. 车钩强度限制的最小坡段长度

普通客货共线铁路上，列车通过变坡点时，变坡点前后的列车运行阻力不同，车钩间存在游间，将使部分车辆产生局部加速度，影响行车平稳；同时也使车辆间产生冲击作用，增大列车纵向力，坡段长度要保证不致产生断钩事故。货车车钩强度允许的纵向力，拉伸力取 980 kN，压缩力取 1 960 kN。根据仿真分析计算结果，在可能设置的最大坡度代数差和列车非稳态运行（如紧急制动、由缓解到牵引）的不利工况下，设置或不设置分坡平段与缓和坡段，其最大纵向力均不会超过车钩强度限制值。在货物列车运行线路上，坡段长度所决定的车钩应力与列车牵引吨数有直接关系，牵引吨数用远期到发线有效长度表示。经过铁道科学研究院的理论计算与实践验证，最小坡段长度根据对 6 500 t 列车的计算结果，按 1/3 列车长度设置是合理的。

车钩强度限制的最小坡段长度如表 3-18。

表 3-18 车钩强度确定的最小坡段长度表

铁路类型	客货共线铁路					
设计速度（km/h）	200	160	≤140			
到发线有效长度（m）	1050	1050	1 050	850	750	650
最小坡段长度（m）	600（400）	400	400	350	300	250

客运专线铁路上运行动车组，列车采用密接式车钩，国内外相关研究与实践表明，坡段长度不受车钩强度条件限制。

2. 列车运行平稳条件要求的最小坡段长度

1）保证同坡段两端的竖曲线不重叠

从列车运行平稳性的角度考虑，最小坡段长度应保证同坡段两端所设的竖曲线不在坡段中间重叠，因此要求坡段长度满足：

$$l_{min} \geqslant \frac{R_{sh1} \cdot \Delta i_{max}}{2000} + \frac{R_{sh2} \cdot \Delta i_{max}}{2000} \text{（m）}$$

式中 l_{min}——最小坡段长度（m）；

Δi_{max}——相邻坡段最大坡度差（‰）；

R_{sh}——竖曲线半径（m）。

2）竖曲线上产生的车辆垂向振动不致影响旅客舒适度

从列车运行平稳性的角度考虑，最小坡段长度不仅应保证同坡段两端所设的竖曲线不在坡段中间重叠，同时在两竖曲线间还应有足够长的夹直坡长度，以确保列车在同坡段前一个竖曲线上产生的振动在夹直坡段范围内完全衰减，不与后一个竖曲线上产生的振动叠加。为此，两竖曲线间有一定长度的夹直坡段，如图 3-33 所示。

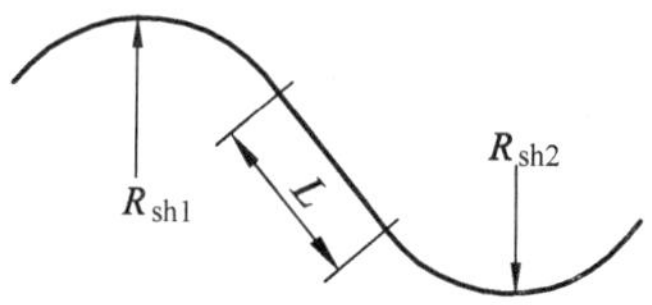

图 3-33　竖曲线间坡段长度

理论上列车垂向运行平稳、旅客乘坐舒适所要求的夹直坡段的最小长度由“列车在竖曲线出入口产生的振动不致叠加”而限制，它与列车振动、衰减特性和列车运行速度有关。根据实验结果，列车在竖曲线起讫点产生的垂向振动通常在半个周期前后达到反向最大，在一个半到两个周期内基本衰减完。假设车辆左右振动的周期为 T（s），则竖曲线间的夹直坡段最小长度：

$$L_J \geqslant \frac{T \cdot V_{max}}{3.6} \text{（m）} \tag{3-65}$$

式中 T——车辆振动衰减时间（s），可根据相关试验结果或仿真分析确定；

V_{max}——旅客列车路段设计速度（km/h）；

由国内外研究与工程试验结果可知，列车经过竖曲线所产生的振动需要 1.25 ~ 1.65 s 衰减完成，相应的夹直坡段长度为 $0.35V_{max} \sim 0.45V_{max}$。

则保证车辆振动不叠加的最小坡段长度应当满足：

$$l_{min} \geqslant \frac{R_{sh1} \cdot \Delta i_{max1}}{2000} + \frac{R_{sh2} \cdot \Delta i_{max2}}{2000} + (0.4 \sim 0.5)V_{max} \text{（m）} \tag{3-66}$$

式中 l_{min}——最小坡段长度（m）；

Δi_{max}——相邻坡段最大坡度差（‰）；

R_{sh1}，R_{sh2}——竖曲线半径（m）。

综合上述分析，根据式（3-66）可得保证列车运行平稳条件的最小坡度长度如表 3-19。

3）旅客列车不同时跨两个变坡点条件要求的坡段长度

为了提高旅客列车运行平稳性，应使旅客列车不同时跨两个变坡点，以免列车过变坡点的附加加速度叠加而影响旅客舒适，为此，坡段长度应大于远期旅客列车长度。考虑我国铁路发展趋势，大于 160 km/h 的旅客列车将逐渐采用动车组，因此，中速动车组长度起控制作用。例如，旅客列车按 16 辆编组，动车平均长度取 25.0 m，并考虑列车两端 15 m 的安全距离，则坡段长度宜大于 450 m。

表 3-19　保证列车运行平稳性的最小坡段长度（m）

设计速度（km/h）		350	300	250	200	160	140	120
竖曲线半径（m）		25000	25000	20000	15000	15000	10000	10000
最大坡度差Δi		30	30	30	30	18	18	18
夹直坡段长 L_{Jmin}（m）	一般	122.5	105	87.5	70	56	49	42
	困难	157.5	135	112.5	90	72	63	54
最小坡段长度（m）	与坡度差的关系	$12.5\Delta i$	$12.5\Delta i$	$10\Delta i$	$7.5\Delta i$	$7.5\Delta i$	$5\Delta i$	$5\Delta i$
	一般	497.5	480	387.5	191	191	139	132
	困难	532.5	510	412.5	225	207	153	144

3. 最小坡段长度限制

两变坡点之间的坡段长度由两段竖曲线切线长和中间夹直坡段长度两部分组成。由于高速客运专线的竖曲线半径一般不是定值，坡度代数差又不受限制，因此其切线长部分很难确定统一标准。对高速客运专线，更加科学合理的方法是拟定统一的最小夹直坡段长度。为此，高速客运专线的坡段长度应根据变坡点坡度代数差和竖曲线半径按下式计算确定：

$$l_{\min} \geqslant \frac{R_{\text{sh1}} \cdot \Delta i_{\max}}{2000} + \frac{R_{\text{sh2}} \cdot \Delta i_{\max}}{2000} + l_{\text{jmin}} \ (\text{m}) \tag{3-67}$$

不同速度高速铁路最小夹坡段长度可按下式计算确定，或按表 3-20 取值：

$$l_{\min} = \begin{cases} 0.5V_{\max} & \text{一般} \\ 0.4V_{\max} & \text{困难} \end{cases} \tag{3-68}$$

表 3-20　夹直坡段最小长度（m）

设计速度（km/h）		350	300	200<V≤250	200
工程条件	一般	175	150	125	100
	困难	140	120	100	80

综合安全、舒适、工程、运营等各种因素，各级铁路的最小坡段长度应满足表 3-21 条件：

表 3-21　最小坡段长度表

铁路类型		客运专线			客货共线铁路					
设计速度（km/h）		350	300	250	200	160	≤140			
到发线有效长度（m）							1 050	850	750	650
最小坡段长度（m）	一般	$12.5\Delta i+L_{\text{jmin}}$	$12.5\Delta i+L_{\text{jmin}}$	$10\Delta i+L_{\text{jmin}}$	600	400	400	350	300	250
	个别	600	600	600	450					

注：括号内数字为困难条件下的最小坡段长度值，采用困难条件下的标准。

4. 200 m 坡段长度采用条件

设计最高时速≤140 km/h 的客货共线铁路在某些行车速度较低的路段，为了因地制宜节省工程，坡段长度允许缩短至200 m。

（1）凸形纵断面坡顶为缓和坡度差而设置的分坡平段，其长度宜为 200 m，如图 3-34（a）所示；凹形纵断面底部为缓和坡度差而设置的分坡平段，其长度仍按表 3-15 取值，如图 3-34（b）所示。

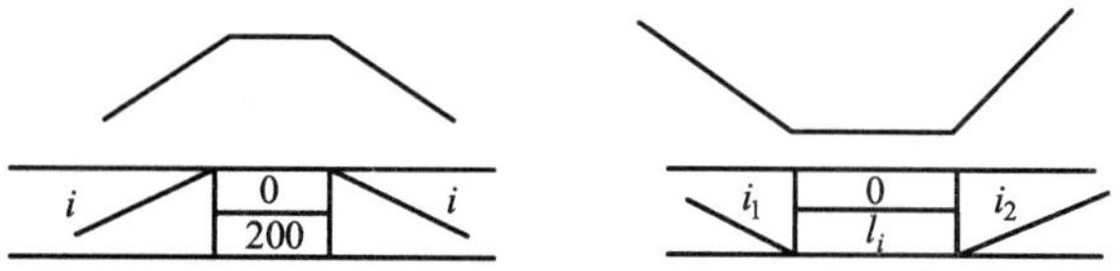

（a）　（b）

图 3-34　分坡平段的坡段长度

（2）因最大坡度折减而形成的如图 3-35（a）所示坡段，包括折减坡段及其中间无须折减的坡段，这些坡段间的坡度差较小，坡长可以缩短。

（3）在两个同向坡段之间为了缓和坡度差而设置的缓和坡段如图 3-35（b）所示。缓和坡段使纵断面上坡度逐步变化，对列车运行平稳有利，故允许缩短为 200 m。

（4）长路堑内为排水而设置的人字坡段如图 3-35（c）所示。人字坡段的坡度一般不小于 2‰，以利于路堑侧沟排水。

（5）枢纽疏解引线范围内的线路纵坡，因行车速度较低，且一般因跨线需要迅速升高（或降低）纵断面高程，可设计较短的坡段。

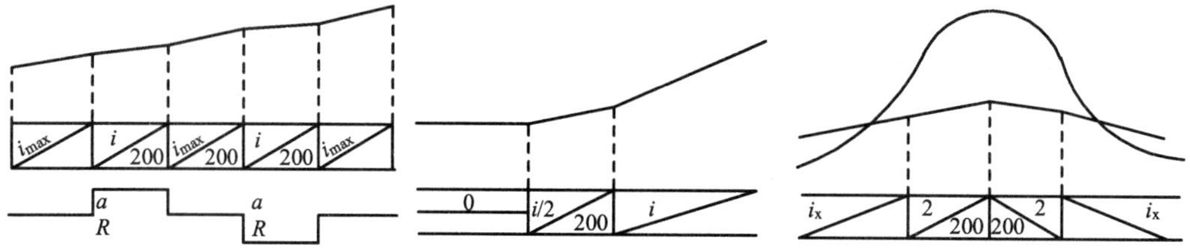

（a）　（b）　（c）

图 3-35　200 m 坡段

（二）最大坡长限制

1. 客货共线铁路

对客货共线铁路，货物列车在接近长大下坡道区间的车站时，列车自动制动机需进行持续一定时间的全部试验，从而增加列车在车站的停站作业时间。因此，纵断面设计时，应尽量减少长大下坡道的设置。根据我国目前列车自动制动机技术要求，客货共线铁路的长大下坡道指的是：线路坡度超过 6‰、长度为 8 km 及其以上者；线路坡度超过 12‰、长度为 5 km 及其以上者，线路坡度超过 20‰、长度为 2 km 及其以上者。

2. 客运专线

对于高速客运专线铁路，为了防止高速列车的牵引电机发生过热现象，当纵断面采用最大坡度时，宜限制最大坡度地段的坡段长度。

1）国外研究与实践

日本东海道新干线根据其停车后再起动主电机温升控制在 120 °C 以内的条件规定：最大坡度为 15‰，其坡道长度可达到 7 km；坡道长度短于 2.5 km 时，允许采用 18‰的坡度；坡道长度不超过 1 km 时，坡度可用到 20‰等。日本山阳新干线规定：在 10 km 路段内平均坡度不大于 12‰时，最大坡度可采用 15‰。

法国规定：对于小于 3 km 的坡段长度，其坡度值不应超过 18‰；对于 3 ~ 15 km 的长度，最大坡度不超过 15‰。法国建议在实际应用中，上述坡度再降低 2‰。对于坡度大于 25‰的线路，最大坡长为 4 km。

欧盟 2001 年年底编制了泛欧高速铁路互连互通技术标准。他们在坡段方面规定，10 km 范围内坡度≤25‰，6 km 范围内坡度≤35‰，40‰的坡度作为个案处理。

2）仿真分析

最大坡道上的坡段长度可根据在一定初始速度下，以不低于设计速度的 90%运行的坡段长度作为设计最大值采用，以确保运营速度在一定范围内，充分、合理地发挥基础设施的功能。对最高速度为 350 km/h、200 km/h 的动车组列车进行 15‰、20‰和 30‰的运行模拟，结果表明，在 15‰ ~ 30‰不同坡道上列车的运行速度可以达到设计速度目标值。

3）最大坡度地段最大坡段长度规定

综合国内外研究与实践，我国目前《高速铁路设计规范》建议：当采用最大坡度为 12 ‰时，最大坡段长度不受限制；当采用最大坡度为 15‰的坡度时，最大坡度地段的坡段长度不宜大于 9 km；当采用 20‰的坡度时，最大坡度地段坡段长度不宜大于 5 km。

四、最大坡度的折减

客货共线铁路，当平面上出现曲线和遇到长度大于 400 m 的隧道时，附加阻力增大、黏着系数降低。在需要用足最大坡度（包括限制坡度与加力牵引坡度）的地段，如果纵断面的加算坡度超过最大坡度，则按限制坡度计算的牵引吨数的货物列车，在该设计坡度的持续上坡道上，最终会以低于计算速度的速度运行，发生运缓事故，甚至造成途停，这是不允许的。所以线路纵断面设计坡度值加上曲线和隧道附加阻力的换算坡度值，不能大于最大坡度值。为此，纵断面设计时，需将最大坡度值减缓，以保证普通货物列车以不低于计算速度或规定速度通过该地段。此项工作称为最大坡度的折减。

（一）曲线地段的最大坡度减缓

1. 设计坡度

在曲线地段，货物列车受到的坡度阻力和曲线阻力之和，不得超过最大坡度的坡度阻力，以保证列车不低于计算速度运行。所以设计坡度 i 应为

$$i = i_{\max} - \Delta i_{R} \ (‰) \tag{3-69}$$

式中 $i_{\max}$ —— 最大坡度值（‰）；

Δi_{R} —— 曲线阻力的相应坡度减缓值（‰）。

2. 曲线地段最大坡度减缓的注意事项

（1）当设计坡度值和曲线阻力之和不大于最大坡度值时，此设计坡度不用减缓。

（2）既要保证必要减缓值，又不要减缓过多，以免损失高度，使线路额外展长。

（3）减缓时，涉及的曲线长度系未加设缓和曲线前的圆曲线长度；涉及的货物列车长度应取近期长度，因近期长度短于远期长度，按近期长度考虑能满足远期长度的减缓要求。

（4）减缓坡段长度应不短于且尽量接近于圆曲线长度，取为 50 m 的整倍数，且不应短于 200 m。通常情况下，所取的坡段长度还不宜大于货物列车长度。

（5）减缓后的设计坡度值，取小数点后一位。

3. 曲线地段最大坡度减缓的方法

（1）两圆曲线间不小于 200 m 的直线段，可设计为一个坡段，不予减缓，按最大坡度设计。

（2）长度不小于货物列车长度的圆曲线，可设计为一个坡段，曲线阻力的坡度减缓值为

$$\Delta i_{\mathrm{R}}=w_{\mathrm{r}}=\frac{600}{R}\ (‰) \tag{3-70}$$

（3）长度小于货物列车长度的圆曲线，设计为一个坡段，曲线阻力的坡度减缓值为

$$\Delta i_{\mathrm{R}}=\left(\frac{600}{R}\times\frac{K_{\gamma}}{L_i}\right)=\frac{600}{R}\times\frac{\pi\times R\times\alpha}{180L_i}=\frac{10.5\alpha}{L_i}\ (‰) \tag{3-71}$$

式中 α——曲线转角（°）；

K_{γ}——圆曲线长度（m）；

R——圆曲线半径（m）；

L_i——设计坡段长度（m），当其大于货物列车长度时，取货物列车长度。

（4）若连续有一个以上长度小于货物列车长度的圆曲线，其间直线段长度小于 200 m，可将小于 200 m 的直线段分开，并入两端曲线进行减缓，坡度减缓值按式（3-71）计算；也可将两个曲线合并折减，减缓坡段长度不宜大于货物列车长度，曲线阻力的坡度减缓值为

$$\Delta i_{\mathrm{R}}=\frac{10.5\sum\alpha}{L_i}\ (‰) \tag{3-72}$$

式中，$\sum\alpha$ 为折减坡段范围内的曲线转角总和（°）。

（5）当一个曲线位于两个坡段上时，每个坡段上分配的曲线转角度数，应按两个坡段上曲线长度的比例计算，相应的曲线坡度减缓值，按分配的曲线转角计算。

【例 3-3】 客货共线铁路设计线为电力牵引，限制坡度为 12‰，近期货物列车长度为 550 m，线路平面如图 3-36 所示，该地段需用足限制坡度上坡，路段设计速度为 100 km/h，试设计其纵断面。

【解】 设计纵断面坡度折减方法如下：

（1）将 ② 号曲线前后长度不小于 200 m 的两直线段，分别设计为长度 200 m 和 350 m 的坡段，坡度不予减缓，按限制坡度 12‰ 设计。

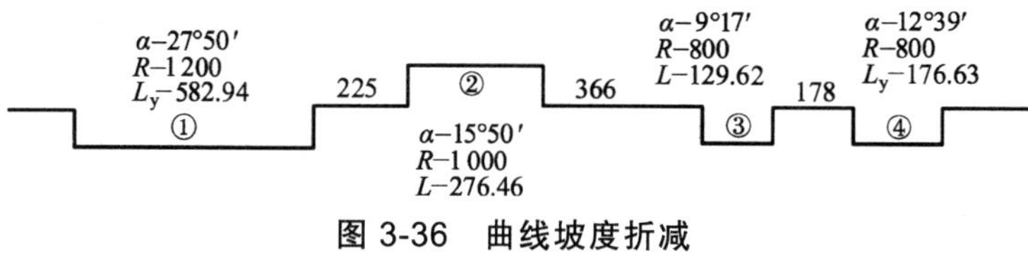

图 3-36 曲线坡度折减

（2）将长度大于近期货物列车长度的 ①号 圆曲线，设计为一个坡段，坡段长度取 600 m，设计坡度为

$$i = i_x - \frac{600}{R} = 12 - \frac{600}{1\,200} = 11.5\ (‰)，取为 11.5‰$$

（3）将长度小于近期货物列车长度的 ② 号圆曲线，设计为一个坡段，坡段长度取 300 m，设计坡度为

$$i = i_x - \frac{10.5\alpha}{L_i} = 12 - \frac{10.5 \times 15.83}{300} = 11.45\ (‰)，取为 11.4‰$$

（4）将长度小于近期货物列车的 ③、④ 两圆曲线，连同中间小于 200 m 的直线段，划分为长度各为 250 m 的两个坡度进行减缓，设计坡度分别为

$$i = i_x - \frac{10.5\alpha}{L_i} = 12 - \frac{10.5 \times 9.28}{250} = 11.61\ (‰)，取为 11.6‰$$

$$i = i_x - \frac{10.5\alpha}{L_i} = 12 - \frac{10.5 \times 12.65}{250} = 11.47\ (‰)，取为 11.4‰$$

也可将曲线③、④边同中间夹直线并为一个坡段，取为 500 m 进行减缓，则设计坡度为 11.5 ‰。

上述设计结果如图 3-37 所示。

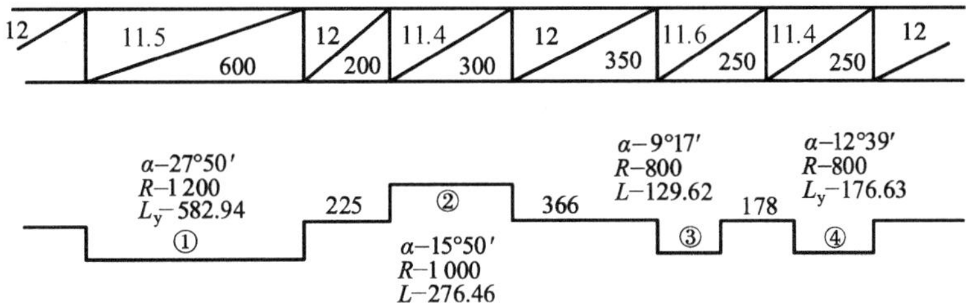

图 3-37　例 3-3 计算结果

（二）小半径曲线地段的最大坡度减缓

当货物列车以接近或等于计算速度通过位于长大坡道上的小半径曲线时，为了保证货物列车不低于计算速度运行，若黏降后的黏着牵引力 $F_{\mu j}$ 小于计算牵引力 F_j，还需要进行曲线黏降的坡度减缓。因此，需要用足最大坡度设计的位于长大坡道上的小半径地段，其设计坡度应为

$$i = i_{max} - \Delta i_R - \Delta i_\mu\ (‰) \tag{3-73}$$

式中，Δi_μ 为曲线黏降的坡度减缓值，可用下列方法推求

$$\begin{cases} F_j = (P+G)(i_{max}+w_0)g \\ F_{\mu j} = (P+G)(i+w_0+w_r)g = (P+G)\left[(i_{max}-\Delta i_R-\Delta i_\mu)+w_0+w_r\right]g \\ \quad = (P+G)(i_{max}+w_0-\Delta i_\mu)g \quad (因为\Delta i_R \approx w_r) \end{cases}$$

两式相除，得 $\dfrac{F_j}{F_{\mu j}} = \dfrac{i_{max}+w_0}{i_{max}+w_0-\Delta i_\mu}$，故有

$$\Delta i_{\mu}=\left(1-\frac{F_{\mu j}}{F_{j}}\right)(i_{max}+w_{0})\ (‰) \tag{3-74}$$

式中 i_{max}——最大坡度值（‰）；

w_0——计算速度时，列车平均单位基本阻力（N/kN）；

$F_{\mu j}$——计算速度时，小半径曲线黏降后的黏着牵引力（N），按下式计算

$$F_{\mu j}=1\ 000P_{\mu}\times g\times \mu_{r}\approx 10\ 000P_{\mu}\times\mu_{r}\ (N)$$

式中 P_{μ}——机车黏着质量（t）；

μ_r——小半径曲线计算速度下的黏着系数，根据牵引类型查表 3-22。

表 3-22 曲线上黏着系数计算式

牵引种类	μ_r	μ_j
电力	$\mu_r=\mu_j(0.670+0.000\ 55R)$	$\mu_j=0.24+\frac{12}{100+8v_j}$
内燃	$\mu_r=\mu_j(0.805+0.000\ 355R)$	$\mu_j=0.248+\frac{5.9}{75+20v_j}$

利用式（3-73）计算小半径曲线地段黏降减缓时，因为各种类型机车在计算速度下，黏着牵引力与计算牵引力比较，都有一定的富余量，但富余的百分比不同。在小半径曲线上，黏降后的黏着牵引力 $F_{\mu j}$ 和计算牵引力 F_j 的比值，也不相同，理论计算的黏降值Δi_{μ}也出入甚大。在拟定曲线黏降减缓值时，应考虑以下实际情况：

（1）目前内燃机车的黏着牵引力富余量比较大，故不需进行小半径曲线的黏降折减；若设计线近期采用内燃牵引而远期采用电力牵引时，其小半径曲线黏降减缓值应按电力牵引计算。

（2）电力牵引时采用黏着牵引力富余量为 5.5%。当 $R=500$ m 时，计算的 Δi_{μ} 值很小，可忽略不计；$R<500$ m 时，计算结果取为 0.05‰ 的整倍数，即得表 3-23 所列数据。

表 3-23 电力牵引小半径曲线黏降坡减缓值（‰）

R（m）	i_{max}（‰）							
	4	6	9	12	15	20	25	30
450	0.20	0.25	0.35	0.45	0.55	0.70	0.90	1.05
400	0.35	0.50	0.65	0.85	1.05	1.35	1.65	1.95
350	0.50	0.70	1.00	1.25	1.50	2.00	2.45	2.90
300	0.70	0.90	1.30	1.65	2.00	2.60	3.20	3.80

注：当 R 和 i_{max} 为表列中间值时，坡度折减值可采用线性内插得出。

（3）小半径曲线黏降的减缓范围，理论上只要机车进入曲线，黏着系数将立即降低，在曲线前方一个货物列车长度内，也应进行黏降减缓。但只要机车驶出曲线，黏降就不存在，

故又应在曲线末端一个货物列车长度内，不进行黏降减缓。为了简化设计，只在小半径曲线范围内进行黏降减缓。设计时，当所取坡段长度因取 50 m 整数而大于曲线长度时，应将整个坡段按 Δi_{μ} 减缓，以利安全。

【例 3-4】 客货共线铁路设计线为电力牵引，限制坡度为 9‰，近期货物列车长度为 650 m，线路平面如图 3-38 所示，该地段需用足限制坡度上坡。

【解】 设计纵断面坡度减缓方法如下：

（1）将左端直线段取 400 m 坡长，坡度不减缓，按限制坡度 9‰ 设计。

（2）第一个曲线的减缓坡度取为 700 m 坡长，设计坡度由下式计算，式中 Δi_{μ} 由表 3-23 查得。

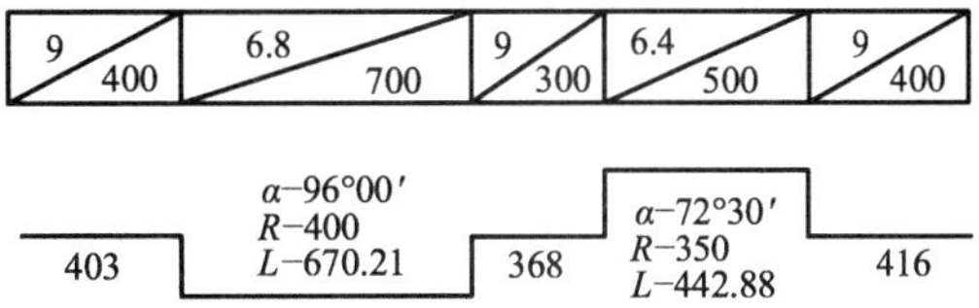

图 3-38 小半径曲线的坡度减缓

$$i = i_{\max} - \Delta i_{R} - \Delta i_{\mu} = 9 - \frac{600}{R} - 0.65 = 9 - \frac{600}{400} - 0.65 = 6.85\ (‰)，取为 6.8‰。$$

（3）中间的直线段取为 300 m 坡长，坡度不予减缓，按限制坡度 9 ‰ 设计。

（4）第二个曲线的减缓坡段取为 500 m 坡长，设计坡度

$$i = i_{\max} - \Delta i_{R} - \Delta i_{\mu} = 9 - \frac{10.5\alpha}{L_i} - 1.00 = 9 - \frac{10.5 \times 72.5}{500} - 1.00 = 6.48\ (‰)，取为 6.4‰。$$

（5）右端直线取为 400 m 坡长，坡度不予减缓，按限制坡度 9‰ 设计。

（三）隧道内的最大坡度折减

位于长大坡道上且隧道长度大于 400 m 的地段，最大坡度应进行折减。

1. 影响折减的因素

（1）隧道空气附加阻力。列车在隧道内运行，要产生隧道空气附加阻力，因此最大坡度要相应进行折减。隧道空气附加阻力 w_s，目前尚无可靠的公式计算，粗略估算可参考下列公式。隧道坡度折减值为 w_s（‰），即

$$w_s = \frac{0.003\,57 L_L}{P+G}\left[1 - \frac{1}{1+\sqrt{\dfrac{61.475+0.177(L_S - L_L)}{L_L}}}\right]^2 \times V_s^2 \ (\mathrm{N/kN}) \qquad (3\text{-}75)$$

式中 L_S —— 隧道长度（m）；

L_L —— 列车长度（m）；

P —— 机车计算质量（t）；

G —— 牵引质量（t）；

V_s —— 列车通过隧道的运行速度（km/h）。

（2）内燃牵引时，为防止油烟、废气进入司机室，要提高列车通过隧道的速度。根据《牵规》规定，内燃机车牵引列车通过长度小于或等于 1 000 m 的隧道时，最低运行速度不得小于机车的最低计算速度，隧道长度大于 1 000 m 时，不得低于机车计算速度 $V_J + 5$ km/h。为了保证列车的过洞速度，最大坡度 $i_{\max}$ 的折减值应为 $i_{\max} - i_v$。i_v 为规定的过洞速度下相应的

均衡坡度值（‰）。过洞速度下的单位合力值为 $f-w_0$（N/kN），$i_v=f-w_0$（‰）。

（3）隧道内黏着系数降低。隧道内轨面较为潮湿，且黏附有烟尘油垢，使轮轨间黏着系数降低，黏降百分率随隧道加长而增大。当黏降后的黏着力小于计算牵引力时，需要进行黏降的坡度折减。但因电力、内燃机车的黏着系数公式，已考虑了隧道内不利的轨面条件，因此可不必再考虑隧道黏降。

（4）内燃机车通过隧道时，若速度过低，因散热条件不良，将引起柴油机功率降低；当双机重联时，第二节机车的功率降低更为严重。目前用提高内燃机车过洞速度的办法，来减少功率降低，功率修正应通过试验确定。《牵规》规定：DF_{4B} 型内燃机车，通过长度 1 000 m 以上的隧道时，牵引力修正系数单机为 0.88，双机重联牵引时，第一台机车为 0.88，第二台机车为 0.85。

2. 最大坡度的折减系数与设计坡度

根据以上分析，电力牵引时，隧道内的最大坡度折减仅需考虑隧道空气附加阻力；内燃牵引除考虑隧道空气附加阻力外，还要考虑过洞速度的要求。

为了简化计算，隧道内的最大坡度折减值 Δi_s，可换算为最大坡度系数 β_s。它和设计坡度 i 的关系是

$$i=i_{max}-\Delta i_s=\left(1-\frac{\Delta i_s}{i_{max}}\right)\times i_{max}=\beta_s\times i_{max}\ (‰) \tag{3-76}$$

电力牵引时：$\beta_s=1-\dfrac{w_s}{i_{max}}$

内燃牵引时：$\beta_s=1-\dfrac{w_s+(i_{max}-i_v)}{i_{max}}=\dfrac{i_v-w_s}{i_{max}}$

式中 w_s—— 隧道空气附加阻力（N/kN）；

i_v—— 过洞速度下的均衡坡度（‰）。

按式（3-76）可计算出各种牵引的最大坡度系数。《线规》考虑了各种实际情况，将计算值适当修正后，得出的最大坡度系数如表 3-24 所示。

表 3-24 电力与内燃牵引隧道内的最大坡度系数 β_s

隧道长度（m）	牵引类型	
	电力牵引	内燃牵引
$400<L_S\leqslant1\,000$	0.95	0.90
$1\,000<L_S\leqslant4\,000$	0.90	0.80
$L_S>4\,000$	0.85	0.75

位于曲线地段的隧道，应先进行隧道折减，再进行曲线折减。

3. 折减范围

隧道坡度折减的主要因素包括隧道空气附加阻力和通过隧道的最低速度两项。隧道空气附加阻力中列车头部的压力，虽然在机车刚进入洞门时就突然产生，但列车四周与空气的摩阻力，却是随列车进入隧道的长度而逐步增大，列车全部进入隧道后才达到稳定值。而列车

尾部吸力则是在列车全部进入隧道后才产生，并逐步增大最后才趋于稳定。为简化计算，各种牵引的折减范围仅限于隧道长度内，并随折减坡段取值，进整为 50 m 的倍数。

为满足内燃牵引的过洞速度要求，按规定进行隧道坡度折减后，还应进行列车进洞速度检算，如达不到过洞的最低速度要求，则应在进洞上坡前设计加速缓坡，使机车进洞时速度达到规定值。

4. 加速缓坡的设计

内燃牵引时，若隧道长度所要求的过洞速度高于机车计算速度，则应在隧道上坡进洞前方设置加速缓坡。加速缓坡的坡段长度 L_{SJ}（见图 3-39），可按下式计算

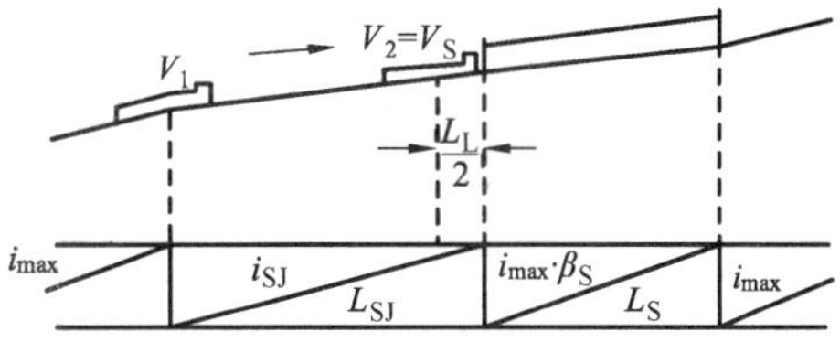

图 3-39　隧道前的加速缓坡

$$L_{SJ}=\sum\frac{4.17(V_2^2-V_1^2)}{f-w_0-i_{SJ}}+\frac{L_L}{2}\quad(\text{m})\tag{3-77}$$

式中　V_1——加速缓坡起点处的行车速度（km/h），在长大坡道上取机车计算速度 V_j；

V_2——机车头部达到洞口时的行车速度（km/h），即规定的过洞最低速度 V_s，若 V_1 与 V_2 的差值过大，应分为若干不大于 5 km/h 的速度间隔，分段计算后累计；

$f-w_0$——平均速度 $\frac{V_1+V_2}{2}$ 时的单位合力（N/kN）；

i_{SJ}——加速缓坡的坡度（‰），一般不大于隧道内的设计坡度，若在加速缓坡的坡段内，平面上有曲线，则 i_{SJ} 应为加算坡度值；

L_L——货物列车长度（m）。

计算的加速缓坡长度应进整为 50 m 的倍数，且不短于 200 m。

【例 3-5】　客货共线铁路设计线采用内燃牵引，限制坡度为 6 ‰，机车类型为 DF_{4B} 型，货物列车长度为 493 m，隧道长度为 1 300 m，线路平面如图 3-40 所示。该路段需要用足限制坡度上坡。

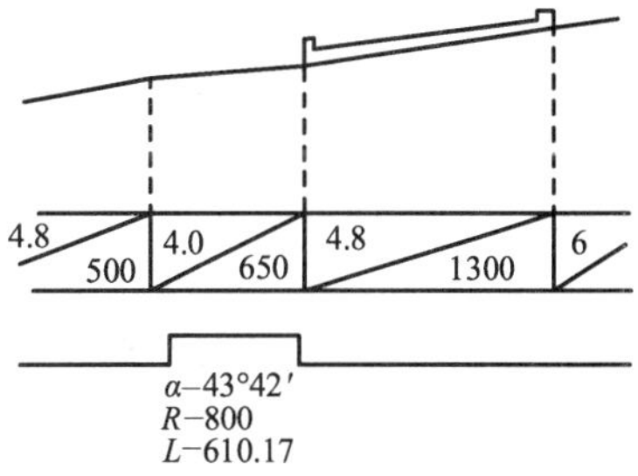

图 3-40　隧道路段的坡度折减

【解】　纵断面坡度设计的方法如下：

（1）隧道内的坡度折减长度 $L_S = 1\,300$ m，查表 3-24，得 $\beta_S = 0.80$，则

$$i = i_{max}\times\beta_S = 6\times0.8 = 4.8\ (‰)$$

（2）加速缓坡的设计：

$L_S = 1\,300$ m，DF_{4B} 型机车的计算速度 $V_j = 21.8$ km/h，过洞速度 $V_s = 26.8$ km/h，i_{SJ} 取与隧道内相同坡度 4.8 ‰。因隧道前方平面上有曲线，故 i_{SJ} 为加算坡度值。按下式计算加速缓坡长度为

$$\begin{aligned}L_{SJ}&=\sum\frac{4.17(V_2^2-V_1^2)}{f-w_0-i_{SJ}}+\frac{L_L}{2}\\&=\frac{4.17(26.8^2-21.8^2)}{f|_{V=24.3}-w_0|_{V=24.3}-4.8}+\frac{493}{2}=\frac{4.17(26.8^2-21.8^2)}{7.58-1.61-4.8}+247=1\,113.1\ (\text{m})\end{aligned}$$

取 $L_{SJ} = 1\,150$ m，分为 500 m 直线段和 650 m 曲线段。

i_{SJ}为加算坡度值，直线段取 4.8‰。曲线段的设计坡度为

$$i = 4.8 - \frac{600}{800} = 4.8 - 0.75 = 4.05（‰），取为 4.0‰。$$

五、坡段设计对行车费用的影响

（一）坡度大小对行车费用的影响

一条设计线的机车（动车）类型和最大坡度选定后，列车的质量、区间最大持续运行速度等随之确定。若设计坡度值较大，则上坡时，每千米的燃料或电力的消耗较多，行车时分加长；下坡时，制动限速越低，轮箍闸瓦的磨耗越严重，故行车费用增多。图 3-41 为当限制坡度为 12‰ 时，三种主要机型牵引的货物列车，在各种坡度上每万吨 km 的行车费用，其值随坡度增大而增加。

图 3-41 所示的行车费用曲线是假定列车在坡道上作等速运行的条件下求得的，没有考虑列车运行的特殊情况。但如图 3-42 中（a）与（b）所示，坡段长度与坡度大小是相同的，只是进出车站的上、下坡情况不同。（b）型纵断面，列车出站为下坡有利于列车加速，减少能量消耗；进站为上坡有利于列车减速，减少制动的轮箍闸瓦磨耗；并且区间的平均走行速度也较高。（a）型纵断面则相反。所以（a）型纵断面的行车费用高于（b）型纵断面，故车站宜设在纵断面的凸起部位。

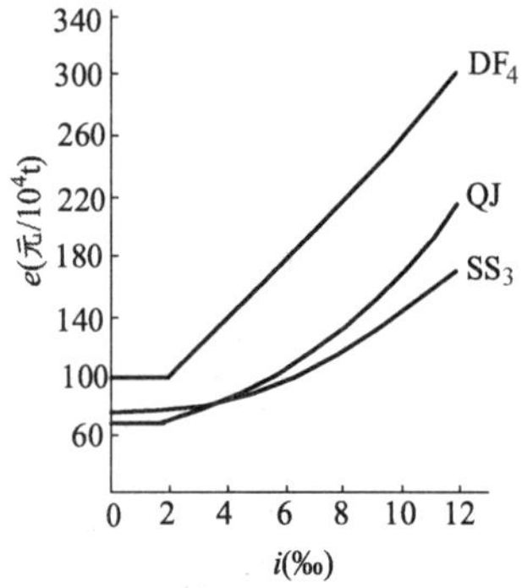

图 3-41 坡度大小与行车费用的关系

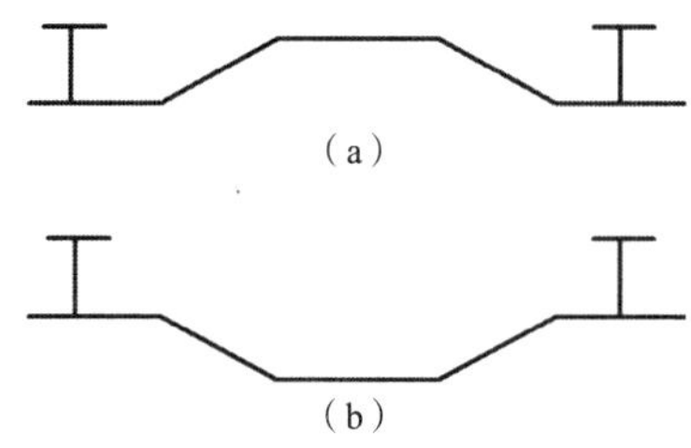

图 3-42 凸形、凹形区间纵断面

（二）有害坡段与无害坡段

列车在下坡道上运行时，可借助重力作用，不需机车牵引而向下滑行，坡度越陡，坡段越长，则列车最后滑行的速度越快。但是列车下坡的速度受制动条件限制不能过高，达到限制速度后，即需制动。这种需要制动的坡段，一方面使列车在坡顶具有的位能，因制动而消耗一部分，不能充分被利用；另一方面轮箍闸瓦因制动而磨损，增大行车费用，所以称为有害坡段。

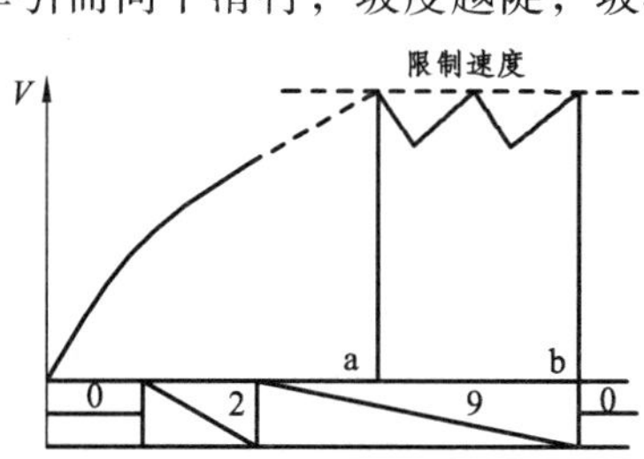

图 3-43 有害坡段的判定

若下坡的坡度不大，或者坡度虽大但坡段很短，列车借助重力向下滑行，速度达不到限制速度，因而不需要施行制动。这种不需制动的坡段，位能完全得到利用，又不会引起轮箍闸瓦的磨耗，不致增大

行车费用，所以称为无害坡段。

下坡坡道是否需要制动，与坡度大小、坡段长度和列车进入该坡段的初速有关，可绘制速度距离曲线来判断。如图 3-43 所示，$a \sim b$ 坡段为需要制动的有害坡段，其他坡段为不需要制动的无害坡段。

若某个坡度的坡道无论多长，列车在下坡道上滑行时，最后都能以限制速度作等速运行而无须制动，这种坡度称为最大无害坡度 $i_{wh(max)}$，其值可用下式计算：

因 $$P \times w_0' + G \times w_0'' = i_{wh(max)} \times (P+G)$$

故 $$i_{wh(max)} = \frac{P \times w_0' + G \times w_0''}{P+G} = w_0 \ (‰) \tag{3-78}$$

式中 w_0' —— 限制速度时机车单位基本阻力（N/kN）;

w_0'' —— 限制速度时车辆单位基本阻力（N/kN）;

w_0 —— 限制速度运行时的列车平均单位基本阻力（N/kN）。

根据我国客货共线铁路的制动限速和机车、车辆、牵引质量情况，按上式计算的最大无害坡度，重车货物列车一般在 2.5‰ 左右，空车货物列车一般在 4‰ 左右。

客货共线铁路纵断面设计时，通常将坡度大于 4‰ 且下降高度超过 10 m 的坡段，概略地定为有害坡段。若地形条件许可，应尽量消除有害坡段。

（三）克服高度

线路的克服高度为线路上坡方向上升的高度，又称拔起高度。上行与下行方向应分别计算（见图 3-44），a，b 两点间上、下行方向的克服高度总和分别为

$$\sum h_s = h_s' + h_s'' \ (m)$$

$$\sum h_x = h_x' + h_x'' + h_x''' \ (m)$$

克服高度影响列车能量消耗和运行速度。在线路长度不变的前提下，克服高度越大，则燃料或电力消耗越多，行车时分越长，行车费用越高。所以对不同线路方案进行比较时，应将克服高度作为技术指标之一，衡量方案优劣。

设计纵断面时，要适应地形起伏，也要力争减小克服高度，如图 3-45 所示，只要把纵断面坡顶的设计高程降低，改为虚线坡段，减小克服高度，则行车速度即可提高，行车费用也可降低。

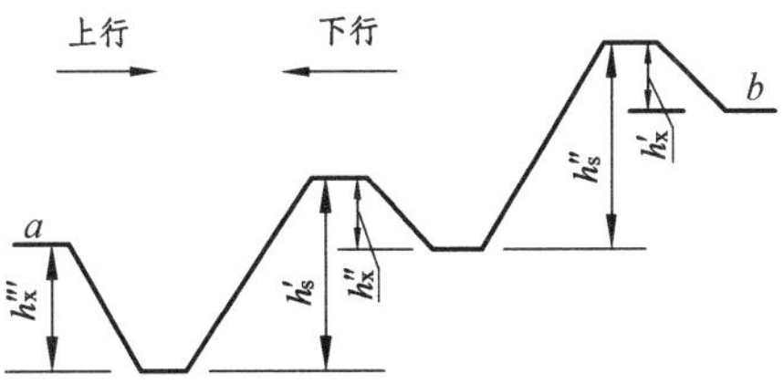

图 3-44 克服高度示意图

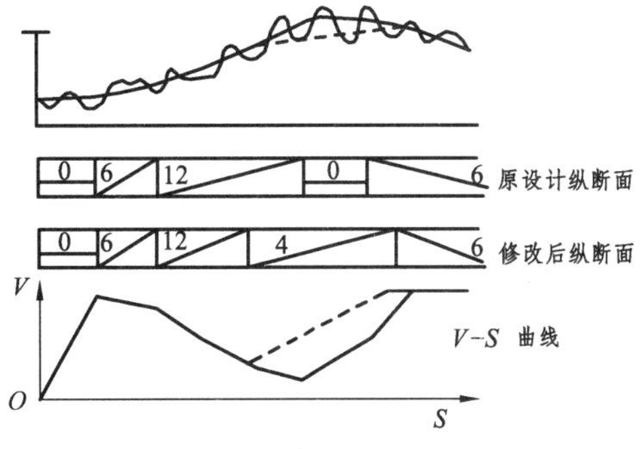

图 3-45 降低克服高度

第四节　桥涵、隧道、路基地段的平纵断面设计

一、桥涵路段的平纵断面设计

桥梁按其长度可划分为：特大桥（桥长大于 500 m）、大桥（桥长 101 ~ 500 m）、中桥（桥长 21 ~ 100 m）和小桥（桥长 20 m 及以下者）。涵洞孔径一般为 0.75 ~ 6.0 m。

（一）桥涵路段的平面设计

小桥和涵洞对线路平面无特殊要求。

特大桥、大桥、连续梁、钢梁及较大跨度的桥梁宜设在直线上，困难条件下必须设在曲线上时，宜采用较大的曲线半径。桥梁设在曲线上有以下缺点：桥梁结构设计和施工不便；更换钢轨和整正曲线比较困难；线路位置容易变形造成过大偏心，对墩台受力不利；曲线上行车摇摆对桥梁受力和运行安全均属于不利。

明桥面桥宜设在直线上。若设在曲线上，则因桥梁上未铺道砟，线路很难固定，轨距不易保持，影响行车安全；明桥面桥上的曲线外轨超高要用桥枕高度调整，铺设和抽换轨枕比较困难。确有充分技术经济依据时，方可将跨度大于 40 m、或桥长大于 100 m 的明桥面桥设在半径小于 1 000 m 的曲线上。

明桥面桥不应设在反向曲线上。因为如将桥梁设在反向曲线上，列车通过时，将产生剧烈摆动，影响运营安全；同时，线路养护不易正确就位，桥梁产生偏心，有害于桥梁受力，明桥面桥更为严重。所以只有道砟桥面的桥梁，在困难条件下，才允许设在反向曲线上，并应尽量采用较长的夹直线。

桥梁上采用的曲线半径，应不限制桥梁跨度的合理选用。常用定型梁的允许最小曲线半径，如表 3-25 所示。

表 3-25　常用定型梁的允许最小曲线半径值

梁的类型		钢筋混凝土梁			预应力钢筋混凝土梁		钢筋混凝土板梁与板梁结合梁	
		普通		低高度				
跨度（m）		≤4	20	≤20	23.8 24.0	31.7 32.0	32	40
允许最小曲线半径（m）	一般情况	350	400	600	400	600	300	500
	特殊情况	250	300		300	450		

连接大桥的桥头引线，应采用桥梁上的平面标准。如设计为曲线时，半径不应小于该路段的最小曲线半径，并应考虑采用架桥机架梁时，对桥头引线曲线半径的要求。

（二）桥涵路段的纵断面设计

涵洞和道砟桥面桥可设在任何纵断面的坡道上。

连续梁、钢梁及较大跨度梁的桥上纵断面设计应满足桥梁设计的技术要求。

明桥面桥宜设在平道上。设在坡道上时，由于钢轨爬行的影响，线路难于锁定，轨距也难于保持，给线路养护带来困难，同时影响行车安全。如果必须设在坡度上时，坡度不宜大于 4‰，以免列车下坡时，在桥上制动增加钢轨爬行，所以如将跨度大于 40 m，或桥长大于

100 m 的明桥面桥设在大于 4‰ 的坡道上，应有充分技术经济依据。

明桥面桥上不应设置竖曲线，以免调整轨顶高程引起铺设和养护的困难。所以纵断面设计时，应使变坡点距明桥面桥两端不小于竖曲线切线长，如图 3-46 所示。

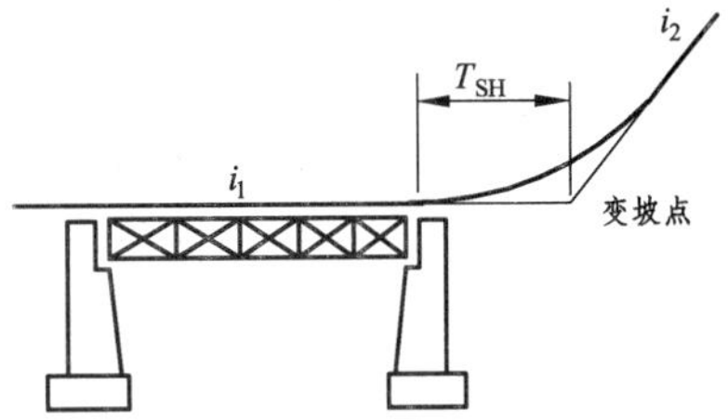

图 3-46 变坡点至明桥面桥的距离

桥涵处的路肩设计高程，涵洞处应不低于水文条件和构造条件所要求的最低高度。桥梁处应不低于水文条件和桥下净空高度所要求的最低高度。平原地区通航河流上的大型桥梁，为了保证桥下必要的通航净空，并使两端引线高程降低，可在桥上设置凸形纵断面。

客运专线铁路跨越其他铁路、公（道）路时，纵断面设计高程应满足其净高要求；跨越客运专线的立交桥，其桥下净高不应小于 7.25 m。客运专线下穿既有立交桥时，经技术经济比选，可采用较低的净高。

穿越通航河流的桥梁纵断面设计除应满足水文条件、桥梁结构要求外，还应满足通航净空的要求。

因跨越道路或地质条件较差地段而设置的高架线路，桥式主要采用跨度不大于 32 m 的简支梁或等跨连续箱梁，其高度一般不应大于 15 m。

二、隧道路段的平纵断面设计

（一）隧道路段的线路平面

隧道内的测量、施工、运营、通风和养护等条件均比空旷地段差，曲线隧道更为严重，所以隧道宜设在直线上。如地形地质等条件限制必须设在曲线上时，宜将曲线设在洞口附近，并采用较大的曲线半径。

隧道不宜设在反向曲线上。必须设在反向曲线上时，其夹直线长度不宜小于 44 m，以免两端的曲线加宽发生重叠，施工复杂。

当直线隧道外的曲线接近洞口时，应使直缓点或缓直点与洞门的距离不小于 25 m，以免引起洞口和洞口的衬砌加宽。

（二）隧道路段的线路纵断面

隧道内的线路纵断面可设置为单面坡或人字坡。单面坡能争取高度且有利于长隧道的运营通风；人字坡有利于施工中的排水和出渣。

需要用足最大坡度路段的隧道，为了争取高度，一般应设计为单面坡。

地下水发育的长隧道宜设计为人字坡。人字坡的长隧道，由于通风不良，内燃牵引时，双方向上坡列车排出的废气与油烟，污染隧道，恶化运营和维修工作条件，必要时应采用人工通风。

隧道内的坡度不宜小于 3‰，以利排水。严寒地区且地下水发育的隧道，可适当加大坡度，以减少冬季排水结冰堆积的影响。

三、路基对线路纵断面的要求

跨越排洪河道的特大桥、大中桥的桥头引线、水库地区和滨河地段、行洪及滞洪区以及低洼地带的路基，其路肩设计高程应不小于设计水位 + 壅水高度 + 波浪侵袭高度 + 0.5 m，且应满足国家防洪标准设计的相关要求。

小桥涵洞附近的路基，路肩设计高程应不小于设计水位 + 壅水高度 + 0.5 m。

长大路堑内的设计坡度不宜小于 2‰，以利侧沟排水。客货共线铁路当路堑长度在 400 m 以上且位于凸形纵断面的坡顶时，可设计为坡度不小于 2‰、坡长不小于 200 m 的人字坡。

路、桥分界高度应根据路堤地基条件、填料性质及来源、当地土地资源、城镇交通要求等，通过技术经济比较综合确定。

第五节　站坪的平面和纵断面设计

一、站坪长度

站坪长度 L_Z 由远期到发线有效长度 L_{yx} 和两端道岔咽喉区长度 L_{yh} 决定，如图 3-47 所示。站坪长度不包括站坪两端竖曲线的切线长度。

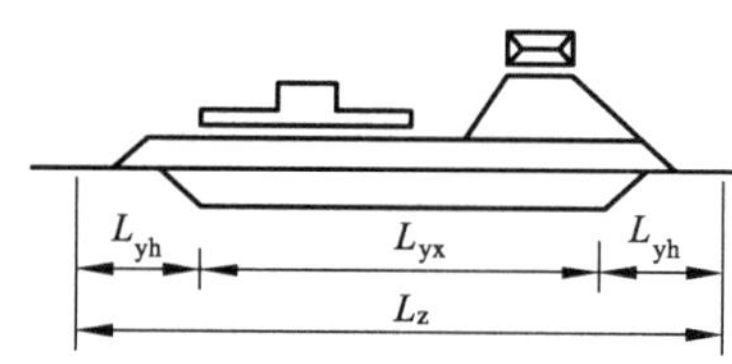

图 3-47　站坪长度示意图

1. 客货共线铁路

客货共线铁路站坪长度根据正线数目、车站类别、车站股道布置形式和远期到发线有效长度等条件确定。车站类别不同，股道数量不同，则站坪两端咽喉区长度不同；股道布置形式和到发线有效长度，决定站坪中段的长度。客货共线铁路站坪长度一般可采用不小于表 3-26 所列数值。

表 3-26　客货共线铁路站坪长度表

车站种类	车站布置形式	远期到发线有效长度（m）						
		1 050		850		750		650
		单线	双线	单线	双线	单线	双线	单线
会让站、越行站	横列式	1 450	1 700	1 250	1500	1 150	1 400	1 050
中间站	横列式	1 600	2 000	1 400	1 800	1 300	1 700	1 200
区段站	横列式	2 000	2 500	1 800	2300	1 700	2 200	1 600
	纵列式	3 500	4 000	3 100	3 600	2 900	3 400	2 600

表列站坪长度未包括站坪两端的竖曲线长度。站坪两端变坡点的坡度差大于 3‰（Ⅰ，Ⅱ级铁路）和 4‰（Ⅲ级铁路）时，变坡点应设在站坪端点外侧不短于竖曲线切线长之处。

表列的站坪长度，会让站、越行站、中间站和区段站的站坪长度，除越行站、双线中间站两端按各铺一组 18 号道岔单渡线确定外，正线上其他道岔全部是按 12 号道岔确定的。若条件不同，站坪长度应计算确定。

表列数值是按一般车站计算的。站内如有其他铁路接轨时，站坪长度应根据计算确定。复杂中间站、区段站的站坪长度，可按实际情况计算确定。

表列数值系单机牵引的站坪长度，双机或多机牵引时，应根据增加的机车台数和机车长度，相应增大有效长度和站坪长度。

2. 客运专线铁路

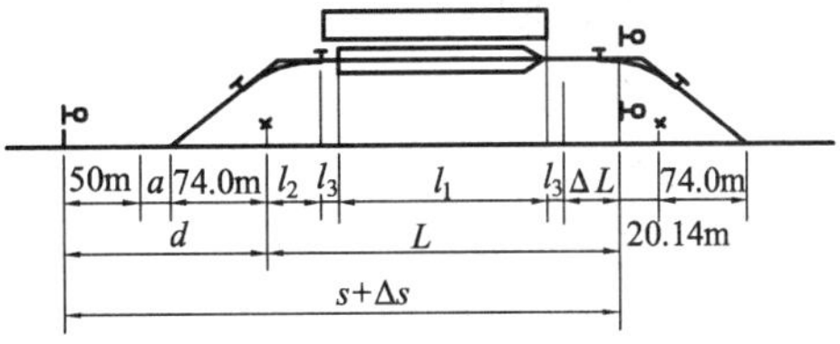

图 3-48　站坪长度示意图

客运专线站坪长度应根据到发线有效长度、远期车站布置形式及道岔类型等因素计算确定，如图 3-48 所示。客运专线车站布置形式、有无综合维修工区岔线和车站间不同数量和方向的渡线等条件不同，则车站咽喉区长度不同，从而导致车站站坪长度不同，如表 3-27 所示。

表 3-27　客运专线中间站坪长度表

无工区岔线		有工区岔线	
图型	站坪长度（m）	图型	站坪长度（m）
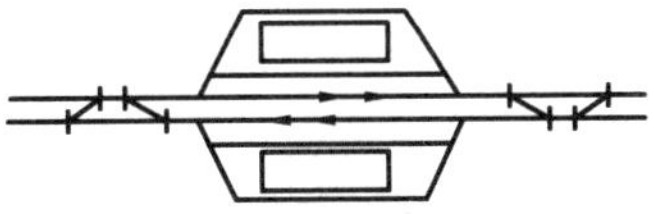	2 200	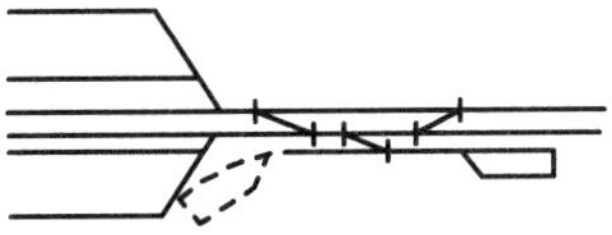	2 320
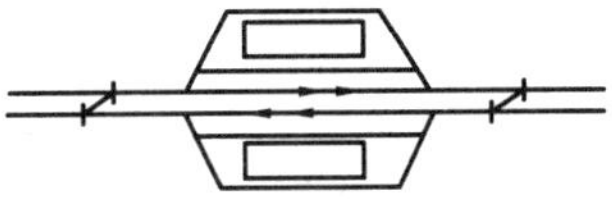	1 800		
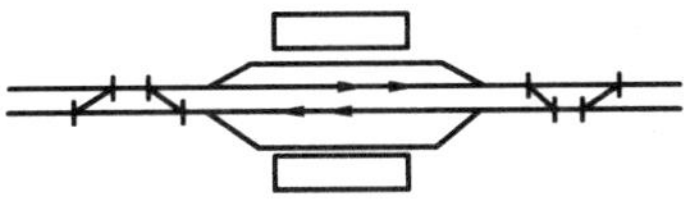	1 800		1 920
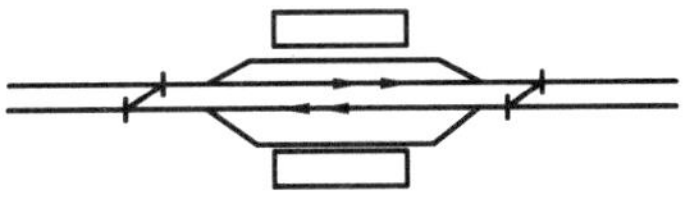	1 350		

（1）到发线按双向接发车条件不增加有效长，同一股道发车时反向发车信号关闭。进站信号机距第一位道岔基本轨缝为 50 m，距第一个正线旁警冲标 50 m。

（2）站坪长度为进站信号机至另一端进站信号机或最外道岔基本轨接缝之间的距离。不包括最外道岔基本轨接缝至曲线起点（缓直点）间的直线距离和正线竖曲线。

二、站坪的线路平面

（一）车站正线的平面标准

车站要进行技术作业，为了作业的安全和方便，站坪应设在直线上。但在特殊困难条件下，若受地形条件限制，设在直线上可能会引起大量工程时，允许将站坪设在曲线上，但曲线半径应符合相应技术条件确定的最小曲线半径值要求。

车站设在曲线上，在运营上有如下缺点：

（1）站内瞭望视线不良，使接发列车、调车和列检作业条件复杂化，不仅增加传递信号的时间、降低效率，有时还可能误认信号，影响作业安全。

（2）列车起动时，增加了曲线附加阻力。

车站的规模越大，作业越多，上述影响则越加严重。

1）客货共线铁路

车站平面设计应满足路段旅客列车设计行车速度的要求；若将车站设在曲线上，其最小曲线半径取值应满足如下规定：

① 设计时速为 200 km/h 的线路，站内曲线半径宜符合区间正线标准。困难条件下，可通过列车速度确定曲线半径，但不得小于 1 000 m。车站曲线宜采用较小的偏角。

② 区段站应设在直线上，特殊困难条件下，如有充分依据可设在曲线上，其曲线半径不得小于表 3-28 所列数值。

③ 中间站、会让站、越行站宜设在直线上；困难条件下需设在曲线上时，应采用较小的曲线转角和较大的曲线半径，最小圆曲线半径应不小于表 3-28 所列数值的规定。以保证远期旅客列车可以按设计速度通过车站。

表 3-28 站坪平面最小圆曲线半径（m）

路段旅客列车设计行车速度（km/h）		160	140	120	100	80
区段站		1 600	1 200	800		
中间站、会让站、越行站	一般	2 000	1 600	1200	800	600
	困难	1 600	1 200	800	600	600

2）客运专线铁路

车站应设在直线上。困难条件下，经技术经济比选，可将车站设在曲线上，但站内正线最小曲线半径应结合设计速度合理确定。所有列车均停站的车站，其最小曲线半径不得小于 1 000 m。车站设在曲线上时应满足下列要求：

① 且宜采用较小的曲线偏角及曲线长度。

② 在渡线及跨线旅客列车联络线等出岔地段，正线上缓和曲线与道岔前后接缝间的直线段长度应符合表 3-29 的规定。

表 3-29 站坪范围缓和曲线与道岔前后接缝间的直线段最小长度

设计最高行车速度（km/h）		350	300	250	200
直线段长度（m）	一般	210	180	150	120
	困难	140	120	100	80

（二）站坪设置在反向曲线上的规定

客货共线铁路的横列式车站不应设在反向曲线上，以免更加恶化瞭望条件，降低效率，影响作业安全。纵列式车站如设在反向曲线上时，则每一运行方向的到发线有效长度范围内，不应有反向曲线。

客运专线的车站不应设在反向曲线上。

（三）车站咽喉区的平面要求

车站咽喉区范围内有较多道岔，道岔设在曲线上有严重缺点，如：尖轨不密贴且磨耗严重，道岔导曲线和直线部分不好联结，轨距复杂不好养护，列车通过摇晃厉害且易脱轨；曲线道岔又需特别设计和制造。所以车站咽喉区的正线应设在直线上。

三、站坪的线路纵断面

（一）站坪的坡度

站坪宜设在平道上，以确保车站作业的方便和安全。但在自然纵坡较陡的地形条件下，为了节省大量工程或争取线路高度，允许将站坪设在坡道上，但设计坡度应满足车站作业、行车安全的要求。

1. 站坪坡度限制条件

1）保证车站停放的车辆不致溜逸的最大坡度

装有滚动轴承的车辆，若停放在大于车辆不溜逸的坡度的站坪上，当遇到大风、振动或碰撞时，就有可能溜逸。我国铁道科学研究院的试验研究表明，车站上停放的装有滚动轴承的货车，不致溜逸的坡度约为1.6‰；但是，运营实践中发现，在站坪为1.5‰的既有车站上，车辆连挂时仍有溜逸的现象。客车由于质量较货车小、惯性力小，因而不致溜逸的坡度还要小。

因此，保证车辆不溜逸的坡度应不大于1‰。

2）保证停站列车不溜逸所允许的最大坡度

列车在车站上停车时，一般处于施行制动状态。当列车实施制动停留在坡道上时，作用在列车上的力有下滑力和制动力。保证列车不溜逸的坡度为

$$i \leqslant (B+M\times w_0\times g)/(M\times g)=b+w_0\ (‰) \tag{3-79}$$

式中 B——列车制动力（kN）；

M——列车质量（t）；

w_0——列车单位基本阻力（N/kN）；

b——列车单位制动力（N/kN）。

- 高速列车不溜逸条件

高速列车在车站停车时按常用制动考虑，常用制动时黏着系数在0.02～0.06之间。分析计算所得不同的制动黏着系数下保证列车不溜逸的最大坡度见表3-30。

表3-30　高速列车溜逸最大坡度

黏着系数	0.02	0.03	0.04	0.05
i_{max}（‰）	25	35	45	55

可见，由于高速动车组制动性能高，列车可在较陡的坡道上安全停车。

- 普通中速列车不溜逸条件

普通中速列车在车站停车时实施空气制动，制动力为 $B=1\,000\sum K\varphi$，相应列车不溜逸的最大坡度为

$$i \leqslant \frac{1\,000\sum K\varphi+(Pw_0'+Gw_0'')\times g}{(P+G)\times g}=\frac{1\,000\sum K\varphi}{10\times(P+G)}+w_0 \tag{3-80}$$

式中　P，G——机车、列车质量（t）；

$\sum K$——机车换算闸瓦压力（kN）；

w_0——列车惰行时的单位基本阻力（N/kN）；

φ——车轮与闸瓦间的换算摩擦系数。

若采用104型制动机，制动力为330 kN，w_0取速度为5 km/h时的基本阻力1.8，换算摩擦系数取0.25，普通中速旅客列车的轴重取值为，机车20 t、车辆17 t，则i_{max}为7.7‰。

《线规》在综合考虑各项因素的基础上，建议列车不溜逸坡度取6‰。

3）站内调车作业条件

客货共线铁路的许多中间站，需办理列车调车、甩车和挂车作业。根据我国运营实践，车站设在6‰的坡道上，不能保证车站作业的安全；但车站设在2.5‰的坡道上，作业安全能得到保证。

4）国外铁路采用站坪坡度情况

国外铁路的站坪坡度，苏联规定不大于1.5‰，困难条件下不大于2.5‰；德国、前捷克规定不大于2.5‰，个别情况不大于10‰；日本规定站坪坡度不大于2.5‰，个别情况下不大于6‰；瑞典考虑采用滚动轴承车辆，站坪最大坡度为1.25‰，个别情况允许采用2.5‰。

2. 站坪坡度设计

综合各项影响因素，我国在相关规范中规定车站站坪坡度设计应满足以下规定：

站坪宜设在平道上，困难条件下必须把站坪设在坡道上时，坡度一般不宜大于1.0‰，以保证站内调车的安全与方便。

在特殊困难条件下，有充分技术经济依据时，客运专线允许将中间站设在不大于2.5‰的坡道上，越行站可设在不大于6‰的坡道上；客货共线铁路允许将会让站、越行站设在不陡于6‰的坡道上，以免列车进站下坡停车和出站上坡起动发生困难。但两个相邻的车站不应连续设置陡于6‰的坡道。这是考虑到沿线工农业不断发展，在相邻两个车站中远期至少有一个车站能办理甩挂作业，以方便地方运输。

我国台湾地区铁路的站坪坡度，一般不大于2‰，最大不得超过3‰。

客货共线铁路，设在坡道上的车站，应根据机车类型和牵引定数通过起动检查，确定列车能启动的坡度。

3. 列车起动坡度

客货共线铁路，当列车的机车类型和牵引定数一定时，可按下式计算列车的最大起动坡度$i_{q(max)}$

$$i_{q(max)}=\frac{\lambda_y\times F_q-(P\times w'_q+G\times w''_q)g}{(P+G)\times g}\ (‰) \tag{3-81}$$

式中　F_q——机车起动牵引力（N）；

w'_q——机车单位起动阻力，电力、内燃机车取5 N/kN；

w''_q——货车单位起动阻力，按式（2-52）、式（2-53）计算确定。

在列车起动范围内如有曲线时，则列车长度内包括曲线附加阻力的加算坡度值不应大于最大起动坡度。

若列车起动范围内设计为两个坡段，应考虑列车位于最不利的位置时，列车长度内的平均加算坡度不应大于最大起动坡度。

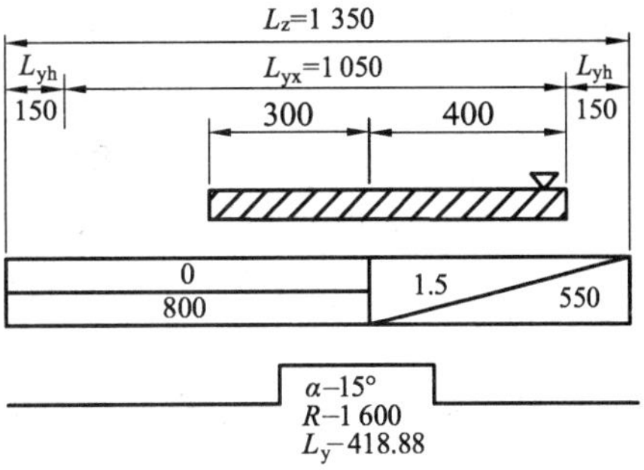

图 3-49 检算起动坡度

【例 3-6】 客货共线铁路设计线 $i_x=6‰$，采用 DF_{4B} 型机车（$F_q=442.2$ kN，$P=138$ t，$L_j=21.2$ m），$G=3\ 870$ t，列车长度为 700 m。某会让站的站坪平、纵断面如图 3-49 所示，检算安装滚动轴承的货物列车在图示的最不利位置时，能否顺利起动。

【解】 最大起动坡度 $i_{q(max)}$ 按式（3-77）计算

$$i_{q(max)}=\frac{\lambda_y\times F_q-(P\times w_q'+G\times w_q'')\times g}{(P+G)\times g}$$

$$=\frac{442\ 200\times0.9-(138\times5-3\ 870\times3.5)\times9.81}{(138+3\ 870)\times9.81}=6.57\ (‰)$$

列车位于图示最不利位置时，平均加算坡度 i_j 为

$$i_j=\frac{1.5\times400}{700}+\frac{10.5\times15}{700}=1.08\ (‰)$$

因为平均加算坡度小于最大起动坡度，故列车能顺利起动。

（二）站坪的坡段

站坪范围内，一般设计为一个坡段。为了减少工程，也可将站坪设计在不同的坡段上。

车站道岔咽喉区的正线坡度宜与站坪坡度相同。特殊困难条件下，可将咽喉区设在限制坡度减去 2 ‰ 的坡道上，这是因为咽喉区的道岔附加阻力大约为 2.0 N/kN。但区段站、客运站不得大于 2.5 ‰，中间站、会让站、越行站不得大于 10‰。

（三）旅客乘降所

客货共线铁路的旅客乘降所允许设在旅客列车能够起动的坡道上，但不宜大于 8‰；在特殊困难条件下，有充分技术经济依据时，可设在大于 8‰ 的坡道上。

四、站坪两端的线路平面和纵断面

（一）线路平、纵面设计标准

客货共线铁路车站两端正线的线路设计标准，应与区间线路相同。客运专线铁路车站在特殊条件下，可按下列条件设计：

（1）全部高速列车停车的车站两端加、减速地段，可采用与行车速度相适应的技术标准。

（2）部分高速列车停车、部分高速列车通过的车站两端，应根据线路所经地区的地形条件、城市环保要求、该站高速列车的停站比例等，经综合技术经济比选确定设计速度，并按相应速度的标准设计。

（二）竖曲线和缓和曲线设置

在纵断面上，竖曲线不应伸入站坪。站坪端点至站坪外变坡点的距离不应小于竖曲线的

切线长度 T_{SH}，如图 3-50 右端所示。

在平面上，缓和曲线不应伸入站坪。站坪端点至站坪外曲线交点的距离不应小于曲线的切线长度 T_1，如图 3-50 左端所示。若站坪两端的线路，在平面上有曲线，在纵断面上有竖曲线，则应考虑竖曲线不与缓和曲线重叠的要求，如图 3-50 右端所示，曲线交点距站坪端点的距离不应小于 $2T_{SH}+T_2$。

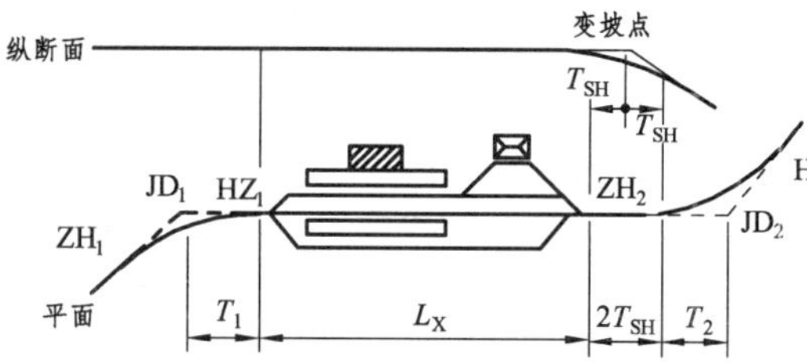

图 3-50　站坪两端的平纵面

客运专线站外缓和曲线与道岔前后接缝间的直线段长度应符合下列规定：

（1）渡线及跨线旅客列车联络线等出岔地段，应满足表 3-29 的规定。

（2）位于大型车站两端减、加速以及利用既有铁路等限速路段，站坪端点至站坪外曲线交点的距离不应小于：

一般条件下　$L \geqslant 0.6V$　（3-82）

困难条件下　$L \geqslant 0.4V$　（3-83）

式中　L——站外缓和曲线起迄点至道岔前后接缝间的直线段长度（m）；

V——计算路段的设计速度（km/h）。

（三）客货共线铁路进站起动缓坡

由于列车不正点到达车站，车站作业延误，车站设备临时性故障，加之线路不空闲、咽喉段占用等原因，往往造成进站列车在进站信号机前临时停车。为使上坡进站的列车停车后能顺利起动，需在进站信号机前方设置起动缓坡。根据检算结果表明：电力牵引时，在限制坡度上均可起动；内燃牵引时，在平缓限制坡道上，列车起动困难。故《线规》规定：限制坡度小于或等于 6‰ 的内燃牵引铁路，编组站、区段站和接轨站进站信号机前的线路坡度不能保证货物列车顺利起动时，应设置起动缓坡，除地形困难者外，其他车站也宜设置。

起动缓坡的坡度值，可按式（3-81）计算，其长度应不短于远期到发线有效长度。进站信号机一般设于距进站道岔尖轨尖端（顺向道岔为警冲标）不少于 50 m 的地点，起动缓坡设在进站信号机前方。

（四）客货共线铁路出站加速缓坡

车站前方有长大上坡道时，为使列车出站后能较快加速，缩短运行时分，当地形条件允许时，在站坪外上坡端设计一段坡度较缓的坡段，这种缓坡称为出站加速缓坡。当地形困难时，应绘制速度距离曲线进行检查，判断列车尾部进入限制坡道上时，是否能达到计算速度，如未达到计算速度，则需设置加速缓坡，以免列车运行困难。

计算表明，内燃机车的起动牵引力较大且计算速度较低，一般在站坪范围内即可加速到计算速度，不需要设置加速缓坡。电力机车因计算速度高，所以在站前为限制坡道上坡的不利情况下，通常需要设置加速缓坡。

（五）站坪与区间纵断面的配合

地形条件允许时，站坪尽可能设在两端坡度较缓、升高不大的凸形纵断面顶部，以利于列车进站减速和出站加速。设在凹形纵断面底部的站坪，不利于列车进站减速和出站加速，对运营是不利的。

第六节　线路平面图和详细纵断面图

线路平面图和纵断面图是铁路设计的基本文件。线路平面图全面、清晰地反映了铁路平面位置和经过地区的地形、地物等，纵断面图反映了线路的空间位置和起伏状态；线路平面图和纵断面图是设计人员设计意图的重要体现，在铁路工程项目提供部门审批、专家评议、指导施工和线路维护等方面都有重要作用。

在铁路生命周期的各个阶段都要编制要求不同、用途不同的各种平纵断面图，本节从教学需要出发，介绍线路平面图和详细纵面图的基本要求和图中数据计算的方法。

一、线路平面图和纵断面图的分类与比例尺

在铁路生命周期的各个阶段都要编制不同要求、不同用途的各种平纵面图，其比例尺、项目内容和详细程度均不相同。

预可行性研究需编制线路平纵断面缩图、线路方案平面图、线路平面图和线路纵断面图。可行性研究需编制线路平纵断面缩图、线路方案平面图、线路平面图和线路纵断面图。新建铁路可行性研究需编制线路方案平面缩图、线路方案平面图、推荐方案和主要比较方案线路平面图、推荐方案和主要比较方案线路纵断面图，客运专线还需编制联络线、动车组走行线等相关线路平、纵断面图。初步设计阶段需编制线路方案平面图、线路平面图和线路详细纵断面图。施工图设计阶段主要编制线路平面图、线路详细纵断面图和改移道路及平（立）交道设计图。

线路平纵断面缩图是表达线路基本走向的平纵面概略图，其比例一般是，平面：1∶50 000 ~ 1∶500 000，纵断面：横 1∶50 000 ~ 1∶500 000，竖 1∶1 000，1∶2 000，1∶5 000 三种。

线路方案平面缩图绘出推荐方案和各重大线路比较方案，填绘主要地质构造线和重大不良地质范围，比例一般为 1∶50 000。

线路方案平面图，预可行性研究，应标注控制线路走向的主要不良地质和环境敏感区；可行性研究，应绘出推荐方案和各重大线路方案、线路局部方案，填绘主要地质构造线和重大不良地质范围，并标出有关水利、城市、交通及环境保护特殊地区对线路设计的要求，比例一般为 1∶10 000 ~ 1∶50 000。

线路平面图是线路设计的主要成果，在不同阶段，其比例尺、项目内容和详细程度均不相同。绘出推荐方案和主要比较方案，标注控制线路走向或线路方案的主要不良地质和环境敏感区，填绘不良地质范围及性质。平面应贯通，包括车站和枢纽。平面图的比例：预可行性研究的平面图为 1∶10 000~1∶50 000；初步设计、施工图设计为 1∶2 000 或 1∶5 000。

预可行性研究和可行性研究，应编制推荐方案和主要比较方案的纵断面图，比例为横 1∶10 000 ~ 1∶50 000、竖 1∶500 ~ 1∶1 000。

初步设计和施工图设计，编制设计线的详细纵断面图，比例为横 1∶10 000、竖 1∶500 或 1∶1 000。

二、线路平面图

线路平面图，是在绘有初测导线和经纬距的大比例带状地形图上，设计出线路平面和标出有关资料的平面图，如图 3-51 所示。

1. 线路中线的展绘

线路平面图应展绘推荐方案和主要比较方案的线路中线，并宜绘在同一卷图内。图中应标注设计起终点里程、方案名称、接线关系。里程标注应在整 km 处标注线路 km 标，km 标之间标注百米标，里程桩号标注在垂直于线路的短线上，里程从左向右或由向左增加时，字头均朝向图纸左端。km 标应注写各设计阶段代号，可行性研究为 AK，初测为 CK，定测为 DK 等。其余桩号的 km 数可省略。两方案或两测量队衔接处，应在图上注明断链和断高关系。

螺旋线、回头曲线字头朝向的改变应符合线路展直后字头仍朝向图纸左端的规定。

新建双线应绘制左、右线并标注左线里程，注明右线绕行起终点里程关系、绕行线里程、段落编号和断链。线间距变换处应标注设计线间距数值。

2. 曲线要素及其起终点里程

当纸上定线比例大于、等于 1∶10 000 时，应绘制曲线交点，并应标注交点编号。定测放线时，应绘制曲线控制桩（曲线起讫点），并应分别编号。曲线控制桩标注应垂直于线路中心线引出，并应标注符号和里程。

新建单线曲线要素应标注在曲线内侧。

新建双线或预留第二线，曲线要素应按左线、右线分别标注，左线标注在左侧，右侧标注在右侧适当的位置。内业断链标注在曲线要素下方。

曲线交点应标明曲线编号，曲线转角应加脚注 Z 或 Y，表示左转角或右转角。曲线要素应平行线路写于曲线内侧。曲线起点 ZH 和终点 HZ 的里程，应垂直于线路写在曲线内侧。

3. 线路上各主要建筑物

沿线的车站、大中桥、隧道、平立交道口等建筑物，应以规定图例符号表示，并注明里程、类型和大小。如有改移公路、河道时，应绘出其中线。

4. 初测导线和水准基点

平面图应绘制初测导线，导线应标注导线点编号、里程、高程及导线的方位角或方向角，如图 3-51 中连续的折线。图中导线点符号为 C，脚注为导线点编号。图中还应绘出水准基点的位置、编号及高程，其符号为 BM。

三、详细纵断面图

1. 详细纵断面图的内容

详细纵断面图，横向表示线路的长度，竖向表示高程。

图中应标注主要技术标准、设计起终点里程、一次施工地段和第二线绕行地段的起终点里程、接线关系和断链。在纵断面起点和高程断开处应绘制高程标尺。图幅上部应绘制图样、下部绘制纵断面栏（见图 3-52）。图中应标注断链关系及水准点编号、高程、所在位置。详细纵断面图宜绘制地质图形符号。

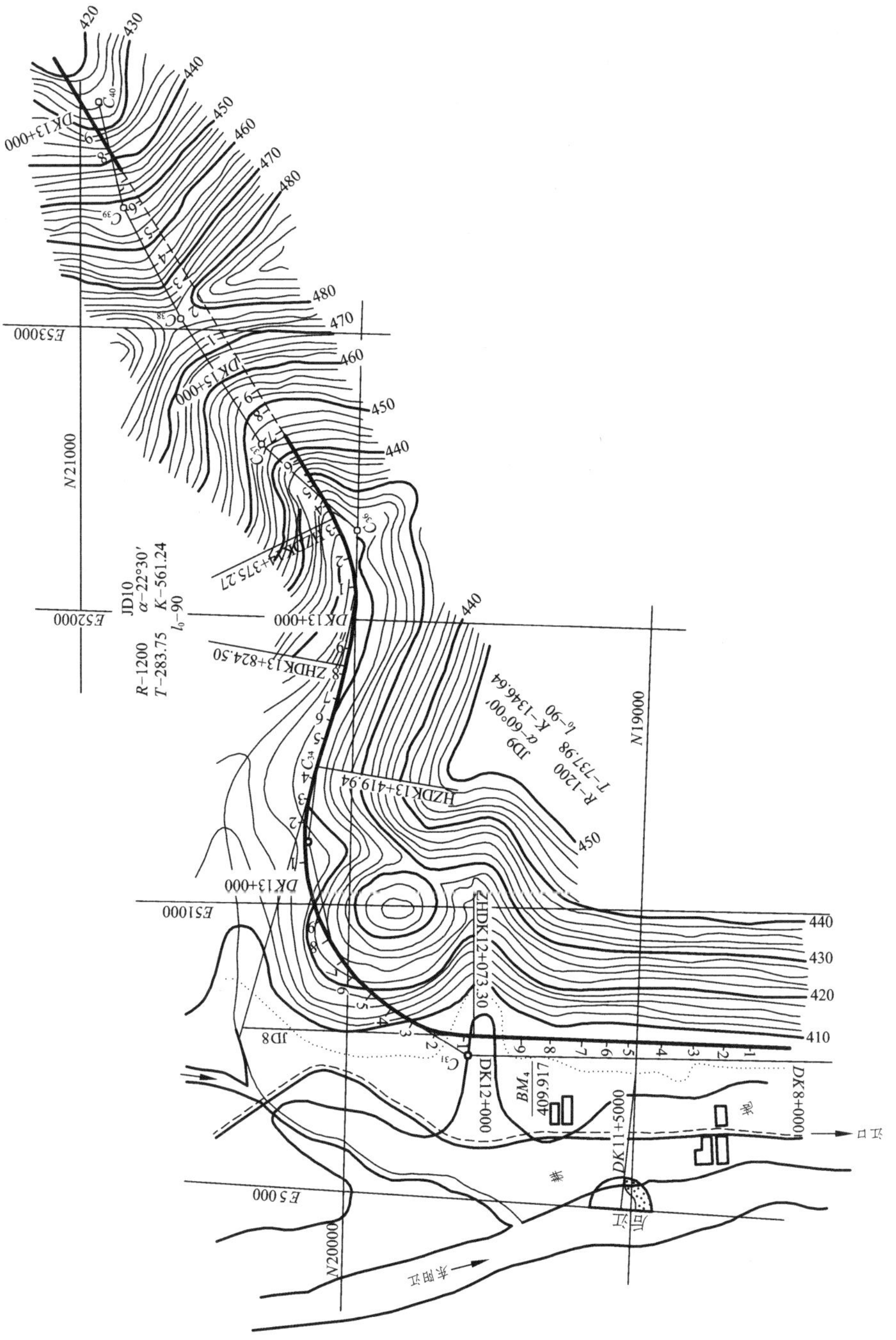

JD10
α=22°30′
K=561.24
l_0=90
R=1200
T=283.75
JD9
α=60°00′
K=1346.64
l_0=90
R=1200
T=737.98
JD8
N19000
N20000
N21000
E51000
E52000
E53000
ZHDK12+073.30
DK12+000
HZDK13+419.94
ZHDK13+824.50
DK8+000
409.917
410
420
430
440
450
460
470
480

图 3-51 线路平面图

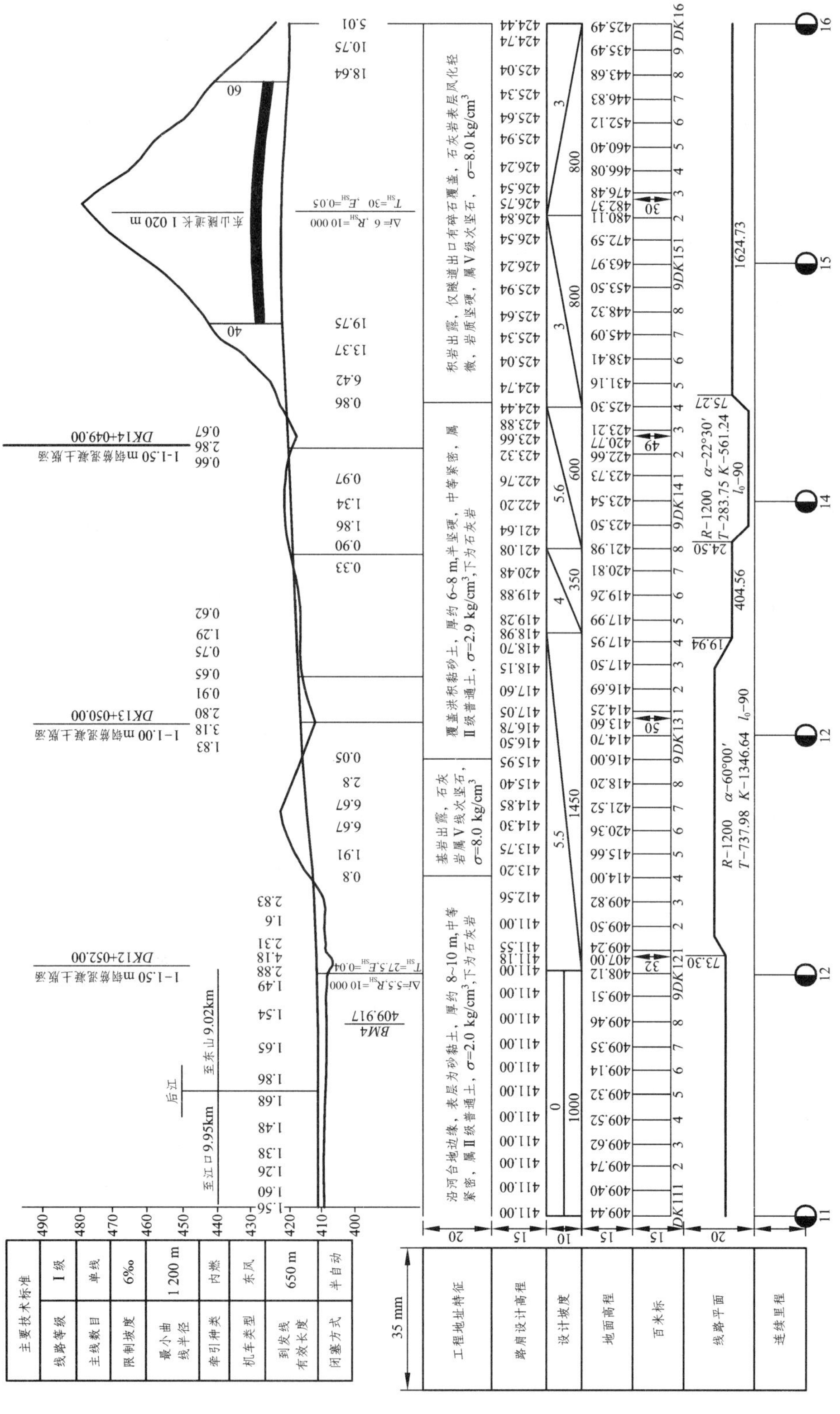

图 3-52 详细线路纵断面图

新建双线、增建第二线的纵断面图应按左线连续绘制。预留第二线的纵断面图应按第一线连续绘制。绕行地段和两线并行不等高地段均应绘制辅助纵断面图。

2. 纵断面栏目

纵断面栏目的内容及格式尺寸应根据建设项目的类别及设计阶段确定。该部分内容标注在图的下方。自下而上的顺序为：

（1）连续里程。一般以线路起点车站的旅客站房中心线处为零起算，在整 km 处注明里程。

（2）线路平面。它是表示线路平面的示意图。线路平面曲线应用凸起或凹下的折线绘制。凸起部分表示右转曲线，凹下部分表示左转曲线。凸起与凹下部分的转折点依次为 ZH、HY、YH、HZ 点。在 ZH 和 HZ 点处要注上距前一百米标的距离。曲线要素注于曲线内侧。两相邻曲线间的水平线为直线段，要标注其长度。

（3）百米标与加标。在整百米标处标注百米标数，加标处应标注距前一百米的距离。

（4）地面高程。各百米标和加标处应填写地面高程。在地形图上读取高程时，精度为十分之一的等高线距；外业测得的高程，精度为 0.01 m。

（5）设计坡度。向上或向下的斜线表示上坡道或下坡道，水平线表示平道。线上数字表示坡度的千分数，线下数字表示坡段长度（m）。

（6）路肩设计高程。图上应标出各变坡点、百米标和加标处的路肩设计高程，精度为 0.01 m。

（7）工程地质特征。扼要填写沿线各路段重大不良地质现象、主要地层构造、岩性特征、水文地质等情况。

3. 纵断面图样

图样绘于图的上方，表示线路纵断面概貌和沿线建筑物特征。图样中应绘制设计坡度线和地面线，如图 3-52 所示。图中细线表示地面线，粗线表示设计坡度线。

纵断面示意图的左方，应标注线路的主要技术标准。

车站符号的左、右侧，应写上距前、后车站的距离和前、后区间的往返走行时分。

设计坡度线的上方，要求标出线路各主要建筑物的名称、里程、类型和大小。

绘出断链标和水准基点标的位置和数据。

第四章　铁路定线

铁路定线，就是在地形图或地面上选定线路的方向，确定线路的空间位置。通过定线，我们可以决定各有关设备与建筑物（如路基、桥梁、涵洞、隧道、车站、机务段）的分布和类型。这些设备与建筑物所耗费的资金、材料、劳力以及占用土地情况，与所选定的线路位置是否合理有密切关系。

第一节　铁路选线的基本原则

一、影响铁路选线的自然条件

影响铁路定线的自然条件主要有地形、气候、水文地质、工程地质、土壤及植物等。

地形是影响选线方案的主要条件，并在很大程度上影响铁路的主要技术标准。按铁路经行区域内地形形态、相对高差、地面倾斜度及平整度等，可将地形分为平原、丘陵和山区。

1）平原地形

平原地区地形平坦，无明显起伏，地面自然坡度一般在3°以内。平原地区的河流，河湾顺直，地形开阔且有连续的宽缓台地。平原地区线路纵坡平缓或略有起伏。

2）丘陵地区

丘陵地区分微丘和重丘。微丘地形起伏不大，地面自然纵坡坡度在 20°以下，相对高差在100 m以下。其设计线一般不受地形限制。

重丘地形指连绵、起伏的山丘，具有深谷和较高的分水岭，地面自然纵坡一般在 20°以上。其线路平、纵面大部分受地形限制。

3）山岭地形

山岭地形指山脊、陡峻山坡、悬崖、峡谷、深沟等，地形变化复杂，地面自然坡度大部分在20°以上。其线路平、纵、横面大部分受地形限制。

高原地带的深侵蚀沟，以及有明显分水线的绵延较长的高地，地面自然纵坡多在 20°以上的地形，也属于山岭地形。

气候情况直接或间接地影响着地表水的数量、地下水位高度、大气降水量及其强度和形态、路基水温情况、泥泞期、冬季积雪和冰冻延续期，并在一定程度上限制施工期限和条件。

水文情况决定排水结构物的数量和大小，水文地质情况决定了含水层的厚度和位置、地基或路基岩层坍塌的可能性。

地质构造，决定地基及路基附近岩层的稳定性，确定有无滑坍、碎落和崩塌的可能；同时也决定土石方工程施工难易和筑路材料的质量。

土是路基的材料，它影响路基形状和尺寸，也影响结构的形式。

地面的植物覆盖影响暴雨径流、水土流失程度，并在一定程度上影响路基土壤的水理和热理情况。

所有上述自然情况，相互联系并相互制约，并且处于经常相互作用和不断变化的过程中。因此，进行铁路选线要细致调查、实地考察、充分考虑自然条件，并注意到今后自然条件变化对铁路建成后的影响，保证铁路在复杂的自然条件下的坚固稳定与交通运输的畅通无阻。

二、铁路选线的一般原则

线路是铁路的骨架，它的优劣关系到铁路本身功能的发挥和在路网中是否能起到应有的作用。选线要综合考虑各种政治、经济与自然条件，妥善处理好各方面的关系，做到所选线路在技术上可行，经济上合理，环境景观协调。

（1）在铁路设计的各个阶段，应运用各种先进手段对线路方案作深入、细致的研究，在多方案论证、比选的基础上，选定最优线路方案。

（2）线路设计应在保证行车安全、平顺和舒适度的前提下，做到工程量小、造价低、运营费用省、效益好，并有利于施工和养护。在工程量增加不大时，应尽量采用较高的技术指标。不要轻易采用极限指标，也不应不顾工程大小，片面追求高指标。

（3）选线应注意同农田基本建设相配合，做到少占良田，尽量不占高产田、经济作物田或穿过经济林园等。

（4）通过名胜、风景、古迹地区的铁路，应注意保护原有自然状态，其人工构造物应与周围环境、景观相协调，处理好重要历史文物遗址。

（5）选线时应对工程地质和水文地质进行深入勘察，弄清它们对铁路工程的影响。对严重不良地质路段，如滑坡、崩塌、泥石流、岩溶、泥沼等地段和沙漠、多年冻土等特殊地区，应慎重对待，一般情况下应设法绕避。当必须穿过时，应选择合适位置，缩小穿越范围，并采取必要的工程措施。

（6）选线应重视环境保护，注意减轻由于铁路修筑、运营所产生的环境影响和污染。

上述选线原则适用于各级铁路的选线。但在具体实施中，不同等级铁路会有不同侧重，比如，高速客运专线主要为起终点及中间重要控制点间快速直达交通服务。选线中应注意：

（1）不要偏离主方向过远，与沿线次级城镇的连接，宜采用联络线连接。对于以地方交通为主的铁路，在合理的范围内，应尽可能多联系一些城镇。

（2）选线设计宜避免高填、深挖和长路堑等路基工程。

（3）对受洪水影响大或河流冲刷严重的地段，或降雨量大、降雨强度高、降雨历时长的区域，客运专线选线应予以绕避。无法绕避时，应采用高架桥通过或选用其他适宜的工程处理措施。

三、选线的步骤和方法

铁路选线是铁路勘测设计中决定全局的重要工作。要做好选线工作，必须综合考虑多方面的因素，逐步接近地、分阶段地进行工作。每一阶段都应精心设计，多作方案比选。内容应从粗到细，从整体到局部，工作过程是从面到带，从带到线，直到确定线路的具体位置。

这种特点决定了铁路选线过程中内外业的关系：外业勘测与调查是内业定线的依据，而内业定线又指导下一阶段的外业勘测，经过多次反复，最后才将线路测设于地面。铁路选线设计按工作内容一般分三步进行。

1）走向选择

走向选择主要是解决起讫点和主要经济据点间线路的基本走向。此项工作通常是先在小比例尺（1：25 000～1：100 000）地形图上从较大面积范围内找出各种可能的方案，收集各可能方案的有关资料，进行初步评选，确定有比较价值的方案。然后进行现场勘察，通过多方案的比选得出最佳方案。当地形复杂或地区范围很大时，可以通过航空观察，或用遥感与航摄资料进行选线。

2）带状范围选线

在线路基本方向选定的基础上，按地形、地质、水文等自然条件选定出一些局部控制点，连接这些控制点，即构成线路带，也称窄带定线。这些细部控制点的取舍，应通过技术经济比选的办法来确定。带状范围选线一般应在 1：1 000～1：5 000 比例尺的地形图上进行。只有地形简单、方案明确的线路，才可以现场直接选线。

3）详细定线

经过上述两步的工作，线路初始方案已经明确。详细定线的任务就是根据主要技术标准和线路方案，结合有关条件在有利的定线带内进行平、纵、横综合设计，具体定出线路中线的工作。

本章详细介绍走向选择、车站分布和定线方法。

第二节　走向选择

选定铁路线路的基本走向是铁路线路设计中最根本的问题。线路走向是否合理，不仅直接关系到铁路本身的工程投资和运输效率，更重要的是影响到设计线在铁路网中所发挥的作用，即是否满足国家的政治、经济、国防的要求和长远利益。

在设计线起讫点间，因城市位置、资源分布、工农业布局和自然条件等具体情况的不同，常有许多可供选择的重要城镇或交通中心，这些设计线必须经过的点称为“经济据点”或“交通中心点”；把这些点连接成折线，就是设计线若干可供选择的线路走向方案。由路网规划和国民经济规划确定的设计线必须经由的“据点”所连折线成为设计线的基本走向。在两个据点之间由于自然条件，线路通常有许多不同的走法。如图 4-1 所示，若将线路起讫点和必须经过的城市 *A*，*B*，*C* 直接连接，则线路必须多次跨越大河，穿越较高的山岭和不良地质地段，不仅投资多，而且线路质量差、隐患大。为了降低工程造价，节约运营支出和消除隐患，可根据自然条件选择有利地点通过，如特大桥或复杂大桥的合适桥址 *D* 和 *E*，绕避不良地质的 *F* 和 *G*，垭口 *H* 和 *I*，这些点称为控制点。这样，控制点 *A*，*B* 之间就有两个可能走向：即 *ADFB* 和 *AGEB*；而控制点 *B*，*C* 间也有 *BHC* 和 *BIC* 两个可能走向；这些航空折线划定的方向，统称为线路走向方案。选线的基本任务之一，就是从中选出最合理的方案作为进一步设计的依据。

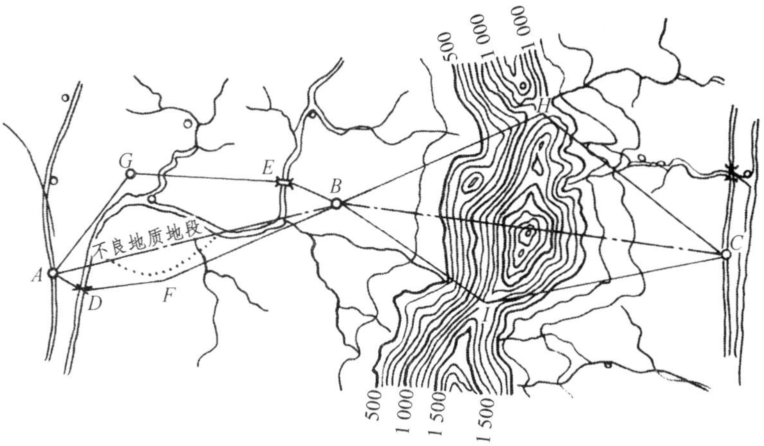

图 4-1　线路走向的拟定

一、影响线路走向的主要因素

影响线路走向的因素很多，主要可归纳为如下方面：

1）设计线的意义及与行经地区其他建设的配合

干线铁路的线路走向应力求顺直，以缩短直通客货运输距离和时间。地方意义的铁路，则宜于靠近城镇和工矿区，以满足当地客货运输的需要。走向的选择还应与路网规划及行经地区其他建设项目协调配合；要根据客货流向选好接轨站，力争减少折角运输。要有利于规划的干线或支线引入；要考虑与地区其他交通体系的合理衔接，并应满足国防要求。当线路经过较大城市时，线路走向和车站位置必须密切配合城市规划。

2）设计线的经济效益和运量要求

选择线路走向应尽可能为更多的工矿基地和经济中心服务，既加速地区国民经济的发展，又使铁路扩大运量，增加运输收入，争取较高的经济效益。

3）自然条件

地形、地质、水文、气象等自然条件决定线路的工程难易和运营质量，对选择线路走向有直接的影响。对于严重不良地质地区、缺水地区、高烈度地震区以及高大山岭、困难峡谷等自然障碍，选线时宜考虑绕避。

4）设计线主要技术标准和施工条件

设计线的主要技术标准在一定程度上影响线路走向的选择，同样的运输任务，采用大功率机车，则可以采用较大的最大坡度值，使线路有可能更靠近短直方向。

施工期限、施工技术水平等，对困难山区的铁路走向选择，具有重大影响，有时甚至成为决定性的因素。如成昆线沙木拉打隧道方案的选定，主要原因是当时工期紧迫，又缺乏特长隧道的施工技术和经验，不得不放弃其他技术经济指标较好的长隧道方案。

上述各项因素互为影响，应整体考虑才能得到较理想的线路走向。

二、线路走向选择要点

铁路线路走向是一条连接重要政治、经济中心点的折线。走向选择的关键，是选定各级重要控制点，即“经济据点”。由于线路从一个经济据点引向下一个经济据点，往往需跨越山脉、江河等自然障碍，因此不同的地形、江河跨越点，也会影响线路走向的选择。

（一）经济定线的影响

在确定铁路吸引范围之前，要先对设计线所服务的区域内的政治经济、资源分布及工矿企业分布进行初步调查。调查的范围较大，以便为经济勘测工作之组织及计划提供资料。同时，还要从技术经济观点出发概略地确定设计线的方向，商务作业站的分布，即所谓的经济定线。

从技术经济角度确定设计线的走向时，设计线的运输性质对线路走向的确定有重要影响。设计线的运输性质是指直达运输、地方运输和客货运比重等。一条铁路线如以直达运输为主，则线路力求短直，对某些地区经济据点就可能不再经绕，以减少运输费用和运输时间；至于以地方运输为主的铁路，就要力求满足地方需要，线路应尽量通过产生客、货运量的各个基地。客运量很大的铁路，重点要放在满足客运需要和提高行车速度方面；货运量大的铁路，则应选择运营指标高、运输成本低的平、直、短的线路方案。

例如，贵广（贵阳—广东）铁路走向选择。贵广铁路的直接吸引范围包括贵州、广西和广东三个省，间接吸引范围包括四川、重庆、云南和海南四省市。吸引范围面积 $158.8\times10^4\ km^2$，人口 343 百万人。吸引范围内，广州的人均 GDP 最高，达 63 100 元，而黔东南地区最低，为 3 747 元，仅为广州的 5.9%。经济水平和发展程度不均衡是该线沿线经济的主要特征。从长远来看，该线的建设将完善路网，并可根据沿线适当的发展，构建一个新的运输通道。近期，该线的建设将作为贵阳至柳州、广州至珠海之间的城际铁路。因此，贵广铁路应连接贵阳、黔南自治州、桂林、广西贺州、广东肇庆、佛山和广州等城市。这些主要经济据点决定了贵广铁路的基本走向。

（二）通过重要城镇的选定

线路走向的选定，不仅是铁路自身的问题，同时也是地区国民经济发展的组成部分；它既联结国家的政治、经济、国防和文化中心，也连接着城乡、工矿和港口。因此，一条铁路干线，一般都应尽量通过较大城镇。

如成昆铁路先后在成都至昆明间长达千余 km、宽约二百多 km 的范围内，经过方案研究、外业勘察，提出东线、中线和西线三大方案进行比较，如图 4-2 所示。

东线方案——在成渝线内江站接轨，经自贡、宜宾、盐津、彝良、威宁、越乌蒙山、经宣威、曲靖到达昆明，自成都起全长 1 112 km。

中线方案——自内江站接轨，经自贡、宜宾、绥江、巧家，沿普渡河至昆明（草测经东川，嵩明至昆明），自成都起全长 1 033 km。

西线方案——在成都接轨，经眉山、峨眉、峨边、普雄，穿越小凉山，经喜德、泸沽、西昌、蒲坝、米易、元谋、广通至昆明，全长 1 167 km。

内江、自贡、宜宾、东川等经济据点，确定了东、中线方案的基本走向。乐山、峨眉、西昌、攀枝花等主要经济、国防据点，就确定了西线方案的基本走向。为了适应国家对峨眉、西昌和攀枝花建设与发展的需要，成昆铁路选择了线路最长的西线方案。

另外，在成昆铁路西线方案的研究中，曾对经雅安和经峨眉两个方案进行比选。经雅安方案虽然经过川西政治经济要地雅安，但远离工业基地峨眉，且线路长、拔高大，加以工程艰巨，故予放弃。

再以京沪高速铁路徐州至上海段走向选择为例。京沪高速铁路徐州至南京段，最初拟定了取直和经蚌埠两个方案。取直方案与经蚌埠绕行方案相比，可缩短线路 23.8 km，节省投资约 9 亿元人民币。但蚌埠现有到发旅客达 800 多万人/年，预测年度运量达 1 800 万人/年。其衔接水家湖方向的线路进出客流 500 多万人/年。南京至上海段研究了经镇江既有铁路站方案和距离镇江 12 km 的两个方案。尽管经镇江既有铁路站方案比距离镇江 12 km 的方案线路长 5.9 km，增加投资 2 亿多元，但镇江站预测年度到发量达 2 000 万人/年。蚌埠、镇江两市地位均较重要。蚌埠是皖东北的重要门户，尚可开行高、中速客车至省会合肥市及安徽省其他城市，镇江具有扩大吸引客流范围至扬州等地的作用。尽管该两市不在短直方向上，京沪高速铁路仍将该两市作为通过的重要城市，都设高速站。

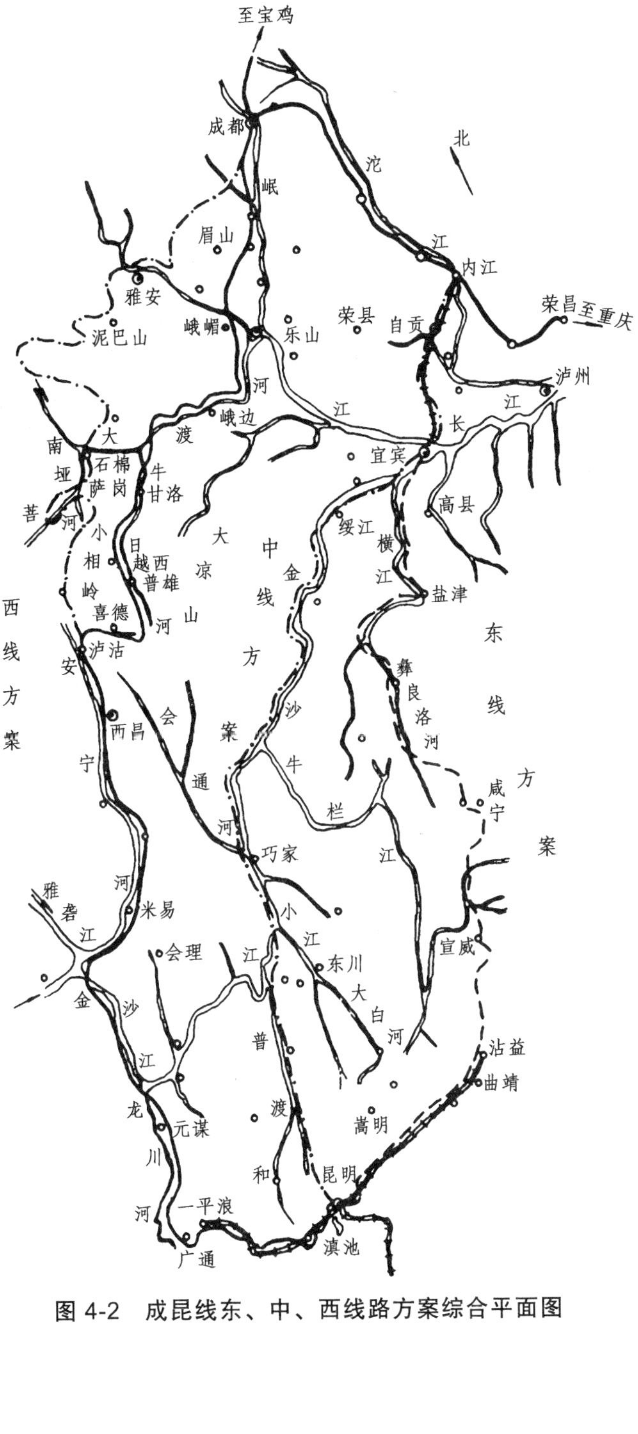

图 4-2　成昆线东、中、西线路方案综合平面图

京沪高速铁路天津至济南间线路走向，因经济据点临邑和德州地理位置的不同而形成两个不同的走向方案（见图 4-3）。经临邑方案线路短直，平面条件好，线路跨既有铁路和公路较少，桥梁工程相对较少，施工难度小，工程投资可节省约 14 亿元。但线路不经过主要客流集散地德州，客流吸引条件较差。经德州方案经过主要客流集散地德州，虽然线路较取值方案增长 20.891 km，跨越铁路、高等级公路较多，施工难度大，但线路所经地区在津浦铁路附近，对吸引客流及德州等城市的经济发展有利；预测经德州方案单方向将多吸引客流，2015 年为 48 万人，2020 年为 510 万人。线位符合德州市的城市规划，有利于旅客换乘，对德州等城市的经济发展有利。因此，推荐经德州方案。

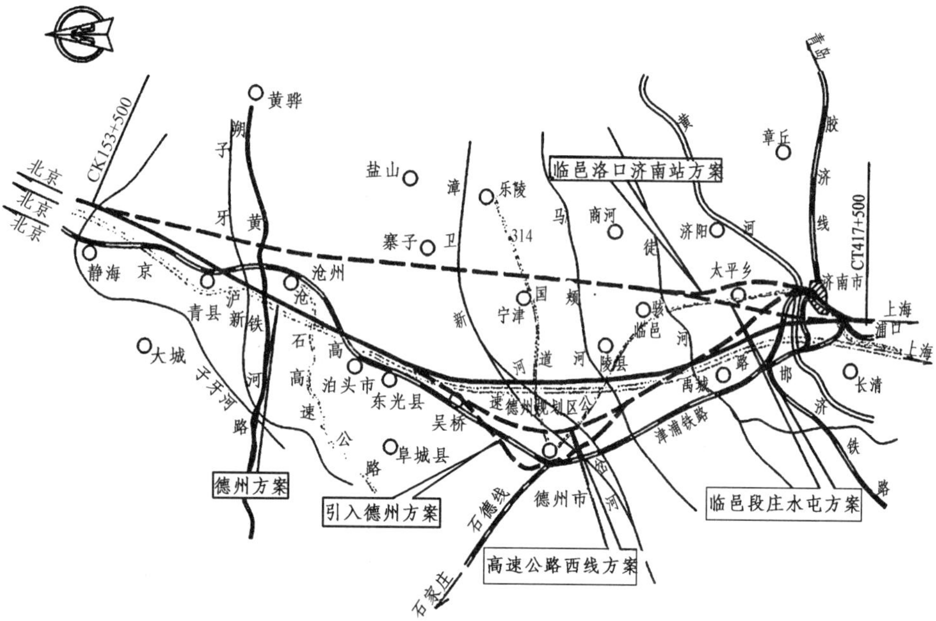

图 4-3 京沪高速铁路临邑洛口线路走向方案示意图

又如中山和江门两市均是广东省重要的经济据点，但其分别位于广-珠城际铁路主轴航空线的东西两侧，按短直方向选线，广珠城际铁路只能经由其中之一。为了满足两市经济发展和运输的需求，广珠城际铁路决定经由中山，并以支线方式与江门相连。

（三）通过工矿企业点的选定

设计线吸引范围内如有大的工矿企业点时，如何合理地联结各个工矿企业据点，使其与铁路线路走向相结合，也是选定线路走向的重要影响因素。以成昆铁路为例，1950 年代东川铜矿的开发，决定了中线方案的选择。当时认为中线最短，工程最省，又利于东川铜矿的开发，尽管在勘察中发现金沙江两岸地质不良，工程费大量增加，仍作为推荐方案。但根据国民经济的发展，随着东川铜矿下马，西昌卫星中心和攀枝花钢铁基地的拟建，中线方案已不能适应煤炭等主要资源开发和工业布局规划，决定放弃。西线虽建筑里程长，造价高，工程艰巨，但线路经行地区矿产资源丰富，适应钢铁基地及工业布局需要，经济据点多，吸引范围广，又通过少数民族地区，且地理位置适宜，有利于干、支线接入，发挥其在路网中的骨干作用，故确定采用西线方案。

又如京沪通道上的徐州至固镇间的宿州，是地区所在地，是一座煤城。铁路从徐州至固镇经宿州绕行与取直方案相比，线路增长约 12 km，京沪铁路绕经宿州县城设宿州站，对于发展地区工业与资源开发具有重要意义。当地政府强烈要求京沪高速铁路也经过该县并设高速站。但京沪高速铁路以客运为主，考虑到宿州客流量不大，且发展空间小；综合比较工程经济各方面利弊，京沪高速铁路舍弃经宿州方案，而选择徐州至固镇间取直方案。

（四）交通走廊选择

经济发达地区城市建设已具规模，各种人工建筑密集，交通设施纵横交错，线路走向应与城市规划相配合，尽可能沿交通走廊布线，以便与其他交通设施共用空间，减少拆迁和征地。在经济发达地区，中心城市之间通常已形成或规划了多个交通走廊，交通走廊的选择应与车站分布、控制点引线、路网连接等因素相配合。例如，沪杭城际铁路选线，在上海—杭州间已形成和规划的交通走廊有申苏浙皖高速公路、申嘉湖杭高速公路、沪杭高速公路与既有沪杭铁路、320 国道、杭浦高速公路等，图 4-4 为沪杭交通走廊示意图。若城际铁路上海站引入上海南站，则沿沪杭高速公路与既有沪杭铁路通道是最顺直的走向。但当上海综合交通枢纽设于上海虹桥机场后，虹桥机场成为城际铁路的必经点，申苏浙皖高速公路、申嘉湖杭高速公路通道成为具有同等比较价值的走向方案。

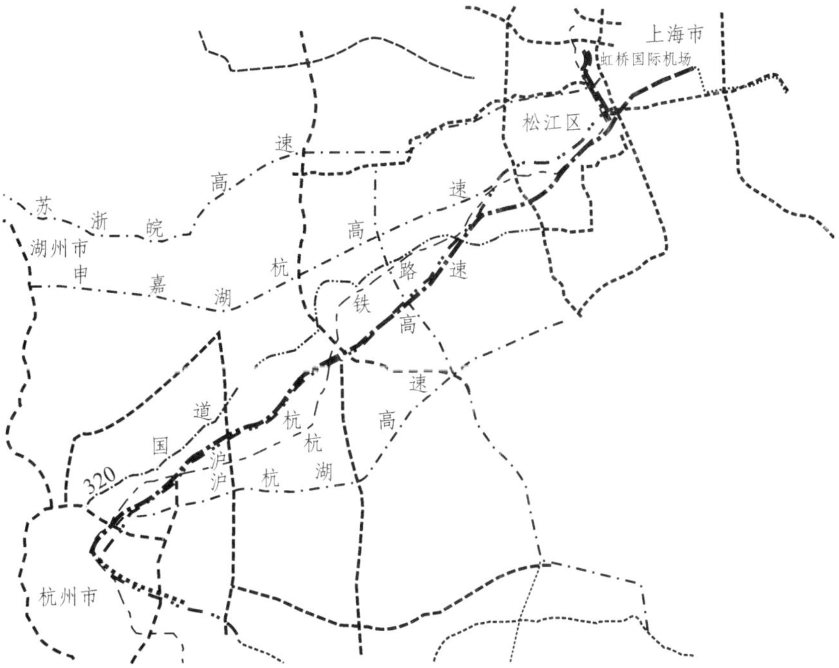

图 4-4　沪杭交通走廊示意图

（五）中间站站址的影响

在设计线起终点和重要据点之间，分布有大量的中间站。中间站站址选择，往往成为影响线路局部走向的重要因素。

例如，成昆铁路自成都车站起与成渝铁路分线后，经城东工业区，原可直下青龙场，但为设成都南站而绕至城南，虽展长了一些线路，但有利于工业建设和客货运输。又如成昆铁路昆明终点站，原勘测线路自羊方凹起顺山边经城北直达碧鸡关，为避免妨碍市区与工业区之间的联系和发展，改走城南，经滇池与市区之间通过，解决了通过滇池软土路基问题，也满足了城市规划和工业布局的要求。

高速铁路中间站站址选择对线路走向的影响明显。高速铁路中间站分布广泛，吸引沿线大量客流，是高速铁路直接为地方服务、方便旅客、服务于地方经济建设的重要窗口。高速铁路中间站是沿线的经济据点，是高速铁路选线的控制点。为了有利于吸引客流，高速客运专线一般沿城市布线。因此，一般情况下都是先有站址方案，再选择站址之间的具体线路走向。中间站的具体位置，需考虑吸引客流、工程条件、城市发展等诸多方面的因素，一般都需要经过多方案比选。站址方案不仅影响线路走向，甚至影响线路标准的采用。如京沪高速铁路徐州至上海间的镇江、常州、无锡、苏州、昆山、宿州、滁州等七个中间站，每个车站均有多个站址方案可供选择，从而导致多个线路走向方案。图 4-5 为京沪高速铁路镇江站站址方案示意图。镇江市位于长江南岸沿江地区，既有宁沪铁路在市区内设有镇江站。高速铁路为了照顾镇江、扬州地区旅客，欲使高速站址尽量靠近市区，又欲尽量减少高速线的绕行长度，减少投资，先后做了 5 个站址方案，并对①、②、③方案做了同精度研究。

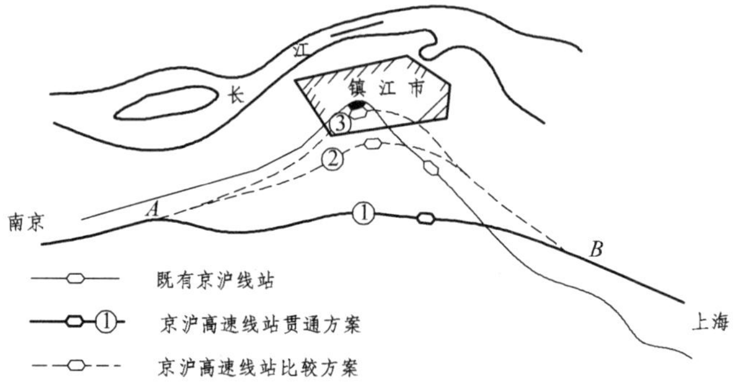

图 4-5　京沪高速铁路镇江高速车站站址方案示意图

如图 4-5 所示，方案①为镇江以南 6 km 设站方案，方案②为镇江以南 1.6 km 设站方案，方案③为过既有铁路镇江站方案。方案①线路顺直，拆迁较少，工程投资可节省 1.7 亿多元；但高速铁路离市区较远，城市需要配套与车站相适应的基础设施，增加城市建设投资。方案③过既有镇江站，旅客换乘方便，但需对既有设施进行改建，改建难度大。方案②离既有镇江站近，旅客乘车方便，城市配套设施完善，应是较理想的站位，但由于线位已被城市道路建设占用，而无法实施。因此，推荐方案①作为采用方案。

总之，铁路线路走向选择与铁路车站的分布和选址关系非常密切，选线中应点、线结合，通过多因素比选确定合理的中间站分布与选址方案。

（六）长大复杂桥址选定

长大复杂桥址，原则上应选在河流顺直、河床稳定、冲刷和淤积较少、浅滩不多和地质较好的河段，并力求线路垂直跨越河流。这类桥址，常常作为线路控制点，线路方向一般要服从这些控制工程的要求。例如，京沪高速铁路引入济南枢纽的方案主要受黄河桥位和高速站位的控制。综合分析各影响因素，有利的桥址有两个：一是在曹家圈黄河桥和泺口桥之间的王家庄新建黄河大桥配新建高速站，相应的线路方案称为西线方案；二是在泺口桥上游

80 m 处建黄河桥引入既有济南站方案，相应的线路方案为东线方案，如图 4-6 所示。经对两方案的线路、工程、运营、与规划的适应性等条件的综合分析比较，东线方案线路较长，工程投资大，施工对运营的干扰严重；尽管旅客换乘方便，但优势不明显。西线方案除旅客换乘条件不太有利外，其他各方面均有优势，且西线方案与城市规划结合较好，因此推荐采用西线方案。

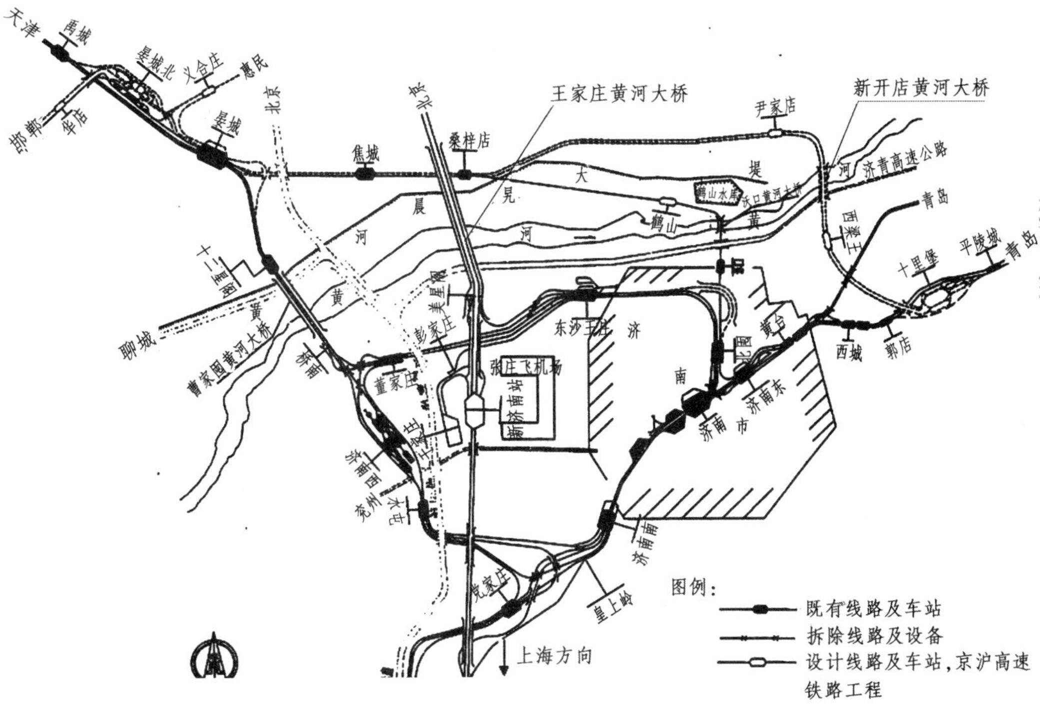

图 4-6　京沪高速铁路济南枢纽黄河桥位对选线方案的影响

又如，京沪高速铁路在南京跨越长江有上元门和大胜关两个桥址方案，两方案在长江南岸与经济据点镇江和丹阳组合，构成近十个局部走向方案，如图 4-7 所示。选线时，需对各方案进行技术经济比较，以选出较好方案。

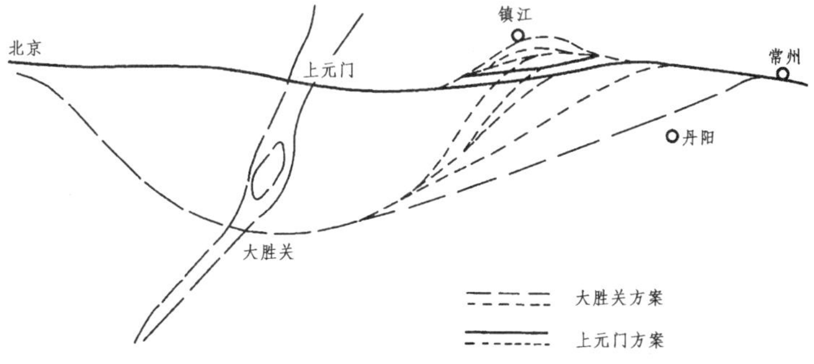

图 4-7　京沪高速铁路在南京跨越长江大桥桥址与线路走向的关系示图

（七）沿河越岭线位的选定

山区铁路一般都是从一条河的流域跨过分水岭进入另一条河的流域，因此越岭选线与河谷选择是山区选线的两个重要组成部分。在线路基本走向的主要据点之间，不同的越岭线位，往往导致线路局部走向的不同，选线时，应在对所有可能的垭口、河谷进行同精度比较的基础上，确定重要据点间的线路局部走向。越岭地区的选线知识在本章第六节介绍。

（八）地质条件的影响

线路方向的选定与沿线地质条件的关系密切。我国幅员辽阔，不同地区有截然不同的地质情况，当遇到有危害线路的严重不良地质地段，如滑坡、岩堆、崩塌、泥石流等，一般应尽量绕避。如无法绕避或穿越比绕避更合理时，则应采取彻底根治、不留后患的措施。但处理地质病害，必然会引起工程造价的大幅度增大。复杂地质地区选线方法见本章第七节。

第三节　接轨方案的选择

设计线与既有线的接轨方案是影响线路局部走向的重要因素，它关系到路网规划、运输效率、工程投资等一系列主要问题。接轨方案与线路走向相互影响，设计时应综合考虑。接轨点的选择要尽量与设计线的基本方向一致，避免因地形、地质、河流等不同自然条件的差异，直接影响铁路工程投资。选线设计中接轨站的选择主要是解决接轨点的选择和接轨方向的选择两个问题。

一、接轨点的选择

（一）影响接轨点选择的主要因素

（1）路网规划：通常，国家重要干线的接轨点已在路网规划中确定，选线设计时应充分考虑；一般干线和次要线路的接轨点，也应征求并尽量考虑各级规划部门的意见合理确定。

（2）线路走向：接轨方案与线路走向相互影响，设计时应综合考虑。

（3）主要客货流方向：接轨站应选在使主要客货流方向顺直，运程尽量缩短的车站。接轨点的选择要注意与客货流产生的主要城镇、工农业基地、水陆联运点、原材料产地与消费地区的联系，尽量采用运输联系最集中和运量最多的方向。

（4）既有区段站的分布及当地的接轨条件：接轨站应力求选在既有线的区段站上，这样既可减少列车编组作业设备和机务设备的投资，又可改善运营管理条件。

（二）接轨选择实例

1. 渝怀铁路东端接轨点选择

渝怀铁路在东端有怀化接轨和吉首接轨两大方案，如图 4-8 所示。吉首方案比怀化方案的建筑里程少 62.08 km（两方案限坡均为 6 ‰），但吉首—怀化利用焦柳线的一段必须增建二线才能满足运量要求，增建二线长 96.82 km，工程投资多 19 亿元；同时吉首又不是区段站，接轨条件较差，经过多方论证，最后选定怀化方案。

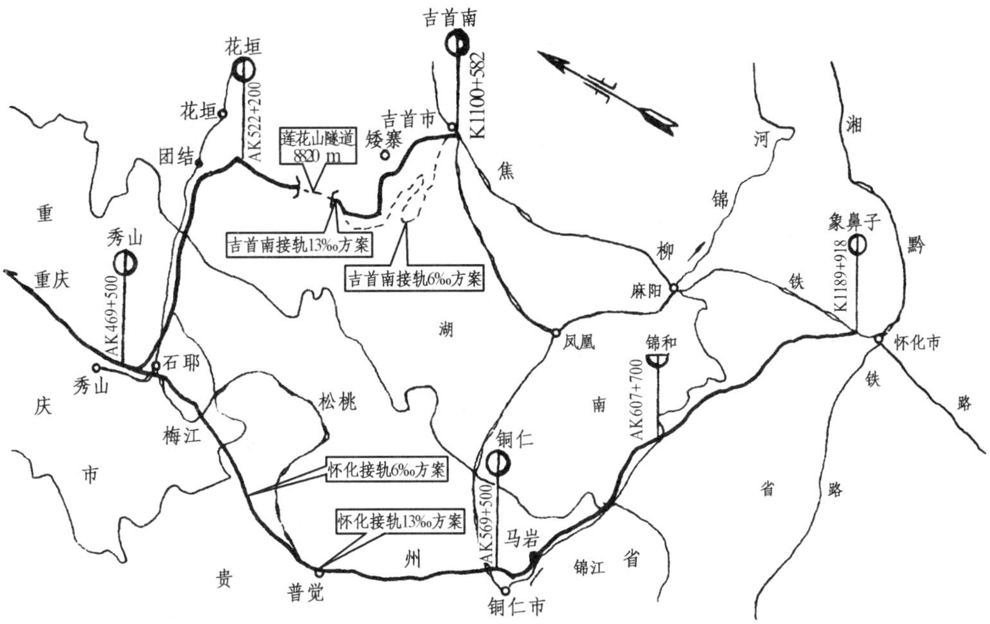

图 4-8　渝怀线东端接轨方案图

2. 宜万铁路宜昌地区接轨方案

宜万铁路作为沿江铁路[即重庆（成都）经武汉至南京（上海）铁路通道]西段中的一个部分，如何充分发挥既有路网功能，以及如何完善和优化路网结构，使沿江铁路通道客货运更为顺畅便捷和更好为地方经济发展服务，是线路方案选择的一个重要因素。在前期研究阶段，东西两端都做了区域通道线路走向的方案研究。

1）东端接轨线路方案选择

宜昌地区在 20 世纪 90 年代有既有焦（作）柳（州）铁路，焦柳铁路在宜昌枝城跨长江，设有枝城铁路长江大桥；在既有焦柳铁路鸦鹊岭车站至宜昌城区设有既有鸦宜铁路支线。研究初期，宜万铁路东端接轨计划在焦柳铁路长江以南的枝城车站接轨，以利用枝城铁路长江大桥，减少工程投资，本项目也就有了当时“枝万线”的建名；但线路经枝城接轨往东至武汉，运输径路折角绕弯。因此，设计人员在宜昌地区通过对枝城、枝江和宜昌等接轨方案在客货运主要流向、运输组织、区域经济发展和路网结构等方面进行了综合比较。推荐的宜昌花艳接轨方案需新建长江铁路大桥，投资较大，但缓解了枝城铁路长江大桥远期能力不足的矛盾，所形成的沿江铁路客货运最为顺捷，运输组织合理，而且有利于地方经济发展，优化和完善了路网结构。宜万线东端接轨方案平面示意见图 4-9。

2）西端接轨点线路方案选择

研究当时，项目西端既有路网有襄渝铁路、成达铁路、达万铁路和在建的渝怀铁路。西端接轨方案，从既要利用既有铁路，又要发展和完善路网结构出发，主要研究了万州、涪陵和黔江接轨方案。

黔江接轨方案，重庆经黔江至恩施方案运输径路最长，新建沿江快速铁路线路长，投资大。

万州接轨方案，成都经达州、万州至武汉运输里程最短，初期投资最少，而且贯通了达万尽头铁路，成为沿江铁路的通道之一，有利于川渝东通路的拓展和路网布局，并提高了既有铁路的经济效益和社会效益。

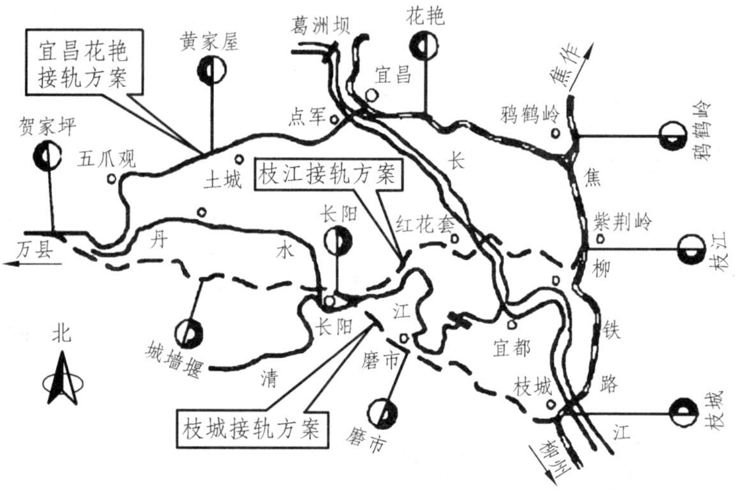

图 4-9　宜万线东端接轨方案平面示意

涪陵接轨方案，重庆经涪陵、利川至武汉运输里程最短，而且新建线路标准高，运输质量高，符合发展需要，但初期投资较大。通过研究分析，推荐初期在万州接轨，贯通达万铁路，拓展铁路通道；之后，适时建设涪陵至利川铁路及成都至重庆客运专线，提高沿江铁路整体运输质量，进一步完善路网结构。宜万线西端接轨方案示意见图 4-10。

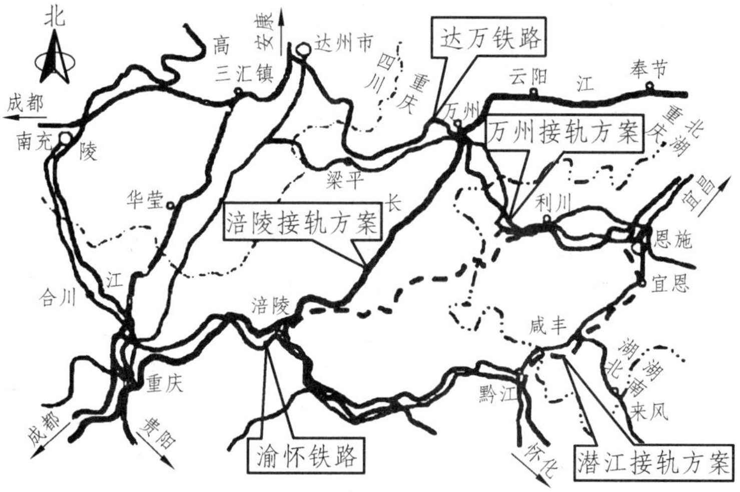

图 4-10　宜万线西端接轨方案示意

二、接轨方向的选择

在接轨点选定后，就要解决从接轨站的哪一端引入的问题。主要考虑以下两点：

① 主要客货流方向，应力求减少客货流的折角运输。

② 城市规划与新线引入的条件。一般城市居民密集，应力求减少拆迁工程量。

新线引入枢纽，不宜直接接轨于编组站，一般应在枢纽前方站或枢纽内适当车站上接轨。例如，石长铁路引入长沙枢纽，原设计在长沙站南边的黑石铺站接轨，并于 20 世纪 60 年代修建了湘江大桥的两座桥墩，后来考虑主要客货流方向是南通广州，同时根据城市规划，长沙市北面为经济开发区，长沙站北面的捞刀河站新线引入条件好，拆迁工程量比由黑石铺站引入要小得多，故选定由捞刀河站引入方案，如图 4-11 所示。

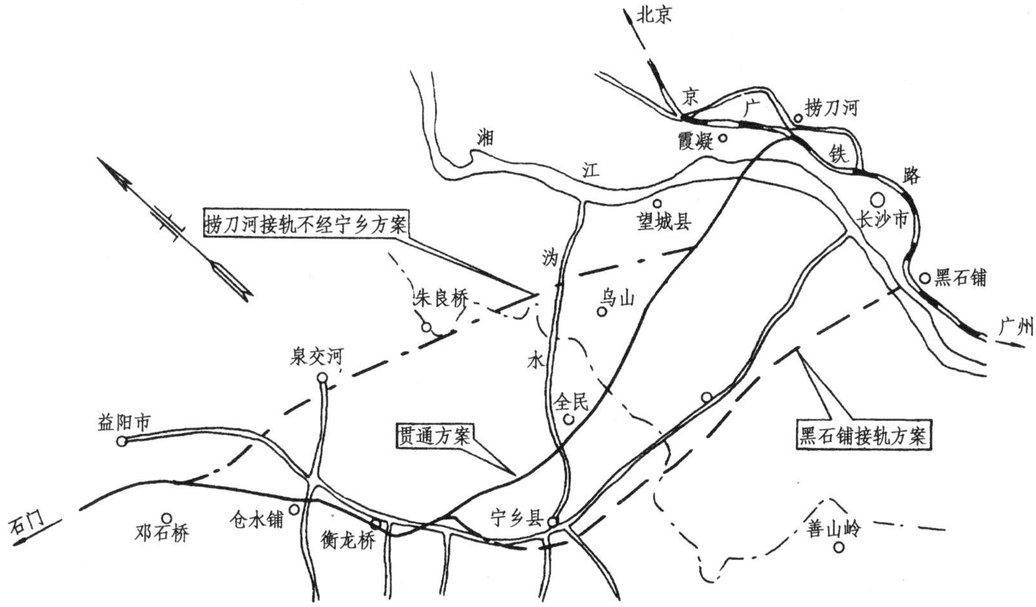

图 4-11　石长线引入长沙站接轨方案图

第四节　车站分布与选址

车站是有配线的分界点。铁路线路以车站（线路所）为分界点划分为若干区间。区间的界限，在单线铁路上以两个车站的进站信号机柱的中心为车站与区间的分界线；在双线铁路或多线铁路上，分别以各线路的进站信号机柱或站界标的中心线为车站与区间的分界线。为了提高线路通过能力，在自动闭塞区段又将一个区间划分为若干个闭塞分区，以同方向两架通过信号机柱为闭塞分区的分界线。

车站是铁路运输的基本生产单位，它集中了与运输有关的各项技术设备。车站按其作业内容及作业性质的不同，客货共线铁路可以分为会让站、越行站、中间站、区段站和编组站。高速客运专线铁路的车站分为：越行站、中间站和始发站。客运专线的中间站按车站客运量大小又分为大、中、小型车站。

车站分布和选址应在满足运输需要的前提下，结合地形、地质、工程难易程度，有无其他线接轨及接轨条件，方便地方客货运输等因素，综合考虑，比选确定。

一、车站分布

（一）车站分布的基本原理

为了保证铁路具有必要的通过能力并进行必要的技术作业，以及办理客货运业务，必须合理地分布车站。

为保证铁路线路具有一定的通过能力，沿铁路线划分若干区间。图 4-12 为单线铁路的区间示意图，以进站信号机作为区间的分界。单线铁路每区间只允许一列列车占用。

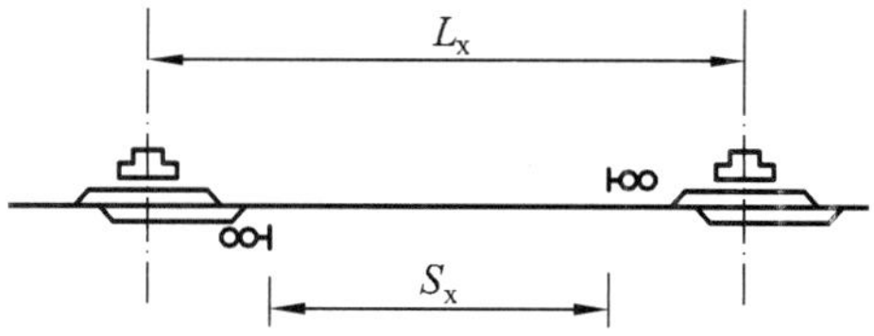

图 4-12　站间区间示意图

车站的分布对地区客货运输服务和国民经济的发展有密切的关系。车站（尤其是区段站以上的大型车站）的作业量大、人员多，因而有较密集的设备与建筑物，使车站投资大、占地广，且建成后难以迁移。

车站分布是铁路选线的重点问题之一，应将车站分布与铁路定线有机地结合起来。客货共线铁路，一般过程是：先结合机车交路的设计分布区段站，然后结合纸上定线，并保证需要的通过能力，分布一般的中间站、会让站或越行站。客运专线铁路，一般结合沿线城市分布情况，先分布有始发列车作业的大型站，再结合平面定线情况，分布中型站和小型站。总之，要点线结合，才能得到总体上较为理想的线路位置和适当的车站分布。

（二）客货共线铁路的区段站分布

区段站是客货共线铁路的重要技术作业站。区段站分布对客货共线铁路的线路的走向选择和工程、运营条件，特别是对机车的运用效率有很大的影响。因此，必须结合交路布置拟定若干个分布方案，认真进行技术经济比较，从中选出经济合理、运营方便的方案。

影响区段站分布的因素较多，主要有以下几个方面：

（1）区段站设置应和接轨站选择结合考虑，可利用既有线基本段，如图 4-13（a），（b）所示；或利用设计线新建基本段，在既有线区段站折返，如图 4-13（c），（d）所示。需根据车流情况、既有线机务段的负荷与改建条件比选确定。

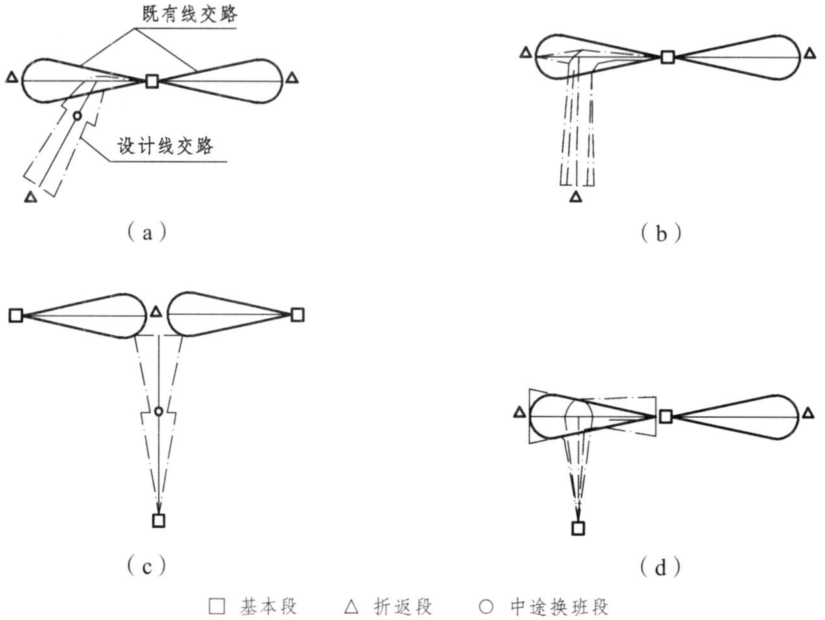

图 4-13　各种接轨情况下的交路和区段站设置示意图

（2）尽量靠近较大城镇和工矿企业所在地，以满足客货流集散的需要，并可改善铁路员工的生产、生活条件。站址位置应和城镇发展规划相配合。

（3）区段站应设在地形平坦、地质条件较好、少占农田、便于“三废”（废气、废水、废渣）的处理和水源、电源较为方便的地点。

（4）为减少列车改编设备和补机整备设备的投资，宜在列车换重点、补机摘挂点设置区段站。

（三）客运专线动车段（所）分布

客运专线的动车段（所）通常与有始发作业的高速车站设在一处。因此，动车段（所）的分布实质上是有高速列车始发、终到站的分布。动车段（所）的分布应遵从以下原则：

（1）动车段（所）分布应结合路网规划和沿线城市布局，结合有高速列车始发的车站分布进行布点，在高速客运专线的起点、终点站应设动车段，大型铁路枢纽和直辖市、省会市所在地的大型中间站，可分布动车维修所或运用所，如京沪高速铁路的北京站和上海站是始发站，而天津站、济南站和南京站是有高速列车始发终到的中间站。

（2）动车段（所）的布点，应结合列车开行方案和列车牵引动力分析计算，布点应利于动车组周转运行。

（3）动车段（所）布点应根据运输组织的需要，考虑沿线高速站晚间存放动车组的条件。

（四）中间站、会让站或越行站分布

1. 客货共线铁路

客货共线铁路的会让站、越行站和中间站分布的目的是保证铁路必要的通过能力，并为沿线城乡客货运输服务。这类车站的规模不大，但数量多，其分布对设计线的运营工作、工程投资及沿线工农业生产和居民的物质、文化生活具有较大影响。这类车站的分布要点如下：

（1）必须满足国家要求的年输送能力和客车对数。

（2）会让站和越行站应按通过能力要求的货物列车走行时分标准分布。即通过能力 N 必须大于需要的通过能力。新建双线铁路的车站分布，应根据不同的列车种类、客车对数和行车速度采用不同的标准。《线规》规定，站间货物列车单方向的运行时分不宜大于表 4-1 所列数值。

表 4-1　新建双线铁路站间货物列车单方向运行时分（min）

路段旅客列车设计行车速度（km/h）		160	140		≤120		
旅客列车对数（对/d）		—	≤30	>30	≤20	21～40	>40
机车种类	电　力	20	25	20	30	25	20
	内　燃	25	40	35	45	40	—

困难条件下，个别站间的货物列车运行时分可比上表规定值增大 1～2 min。

（3）办理客货运业务的中间站，应根据日均客货运量，结合该地区其他运输方式的发展情况合理分布，并与城市或地区规划相协调；有技术作业的中间站应满足技术作业要求。

单线铁路技术作业站相邻区间的列车往返走行时分，应比站间最大往返走行时分少，规定如下：

① 区段站相邻站间各减少 4 min；

② 其他技术作业站，如因技术作业时分影响站间通过能力，且将来不易消除其影响者，可根据需要减少相邻站间走行时分。

（4）应考虑站间通过能力的均衡性，可用均等系数 j 表示

$$j=\sum_{i=1}^{n}\frac{T_i}{nT_{\max}}$$

式中　n —— 站间数目；

T_i —— 第 i 个站间运行图周期（min）；

$T_{\max}$ —— 控制站间运行图周期（min）。

（5）应结合地形、地质、水文和铁路运营条件考虑。

（6）新建单线铁路的个别地段时，若设站引起巨大工程，经技术经济比较，可设计为双线，以延长站间距离，减少工程。

（7）远期为双线、近期为单线的新建铁路，宜按双线标准分布车站。近期单线不能满足通过能力的需要时，可采用增加会让站等措施过渡；如确有技术经济依据，也可按满足近期单线运量要求分布车站。过渡工程设计应远近结合，尽量减少废弃工程。

（8）新建铁路最小站间距离：单线不宜小于 8 km，双线不宜小于 15 km。枢纽内站间距离不得小于 5 km。站间距离太短，将使工程费、运营费增加，运营指标恶化。

（9）新建线路分期开设的车站，应按各设计年度客货运量要求的通过能力和地方运输需要分别确定。

（10）改建既有线或增建第二线时，在通过能力允许的情况下，宜关闭作业量较小的车站。

2. 高速客运专线

高速客运专线一般中间站分布应满足设计能力要求，便于运营管理，方便旅客乘降，应与城市总体规划相协调，与其他交通方式有机衔接，并应留有一定的发展条件。

1）站间距离

各国高速铁路平均站间距离差别悬殊。日本东海道新干线平均站间距离为 34.3 km，最长的区间为 68.06 km，山阳新干线最短的站间距离为 10.55 km。法国最长的站间距离超过 100 km，而最短的仅 9.9 km。我国高速铁路办理客运业务车站的站间距离，主要受城市分布、城市间距离的制约。京沪高速铁路宁沪段城市密度大，客运站平均距离约 40 km，徐宁段城市少，其平均距离约 66 km。京沪高速铁路全线客运站平均距离约为 55 km。此外，由于高速铁路客车运行速度并不相等，高速列车也需在距离较长的客运站之间增加越行站，使站间距离适当均衡。在一般情况下，包括越行站在内的平均站间距离以 30 ~ 50 km 为宜。当自然分布的客运站距离大于 50 km，如该区间通过能力不受限制时，其间可不加越行站，也可预留远期加站条件。

2）大型中间站的分布

客运专线上的大型中间站，一般设于铁路枢纽和直辖市、省会市所在地，是具有大量客运业务的客运站，如京沪高速铁路的天津站、济南站和南京站。大型中间站主要办理大量停

站高、中速列车到发和少量通过高、中速列车通过作业；还办理为数较多的高速列车始发终到作业。大型中间站规模较大，配设有高速列车运用维修所等机车、车辆设施。高速客运专线大型中间站的设置应注意与相邻或附近的既有铁路线或车站的联系，以便通过高、中速联络线，在车站或附近办理高、中速列车的转线或可能的中速车换挂机车作业。

3）一般中间站的分布

为了尽量吸引沿线大小城市客流，高速客运专线的一般中间站应结合沿线的省辖市、县城和县辖市进行分布。理论上，高速客运专线车站分布应有利于吸引沿线所有大小城市的客流，然而如果车站过多、过密，停站列车速度难以提高，通过列车运行于过密的咽喉区将影响旅客舒适度和增加不安全因素，也给养护维修增加难度。高速车站造价较高，特别是受客观因素控制时需要设高架站或拆迁大量建筑物，使得一个中间站的造价高达亿元以上。车站过密将增加大量投资。因此，要做到既要保证高速铁路有足够的客运量又要合理设置车站。从我国实际情况出发，高速客运站的设站条件应是具有较多的到发客运量和地市（省辖市）级城市，包括一些经济发达的县级城市。从京沪高速铁路所设办理客运站的情况看，车站宜设在具有预测年到发量客流均达到 200 万人/年左右的城市。

4）车站分布应考虑的其他因素

当高速铁路线路靠近既有铁路的联轨客运站（衔接既有多个方向及以上干线的既有站），具有较多的与高速线换乘客运量和地方到发量，宜在既有站附近设高速站。

根据国外高速铁路养护基地的分布，结合我国情况，沿线约 50 km 左右需设一处综合养护维修工区，车站分布宜结合工区分布，使综合工区的岔线尽量在高速站与正线连接，车站选址时应一并考虑综合工区的用地。

有条件时，考虑区间渡线分布与车站分布协调，使区间渡线有可能与车站咽喉渡线结合，以减少区间渡线。

二、中间站选址原则

1. 结合城乡布局，尽量满足地方客货运输需要

车站是直接办理客、货运输业务的地方，站址的选择应有利于最广泛地吸引客、货流。在满足国家要求的运输能力的前提下，适当调整区间走行时分，将车站设在城镇、大型工矿企业附近，以满足地方运输的要求。

高速铁路中间客运站一般规模较小，且车站建筑可与城市设施协调设计，融为一体，因此高速铁路可以深入市区设站，为城市居民提供极为方便的出行条件，从而更好地吸引客流。

当线路和车站难于靠近城市和工矿企业时，应根据具体情况作出靠近和不靠近而以支线或公路联运的方案，进行比选。

如衔接东海道和东北新干线的日本东京车站位于市中心区域，而成田机场远离市区 80 km 多，从机场到市区走高速公路的小车约需 1.5 h。如果从东京站坐高速列车 1.5 h 就已到达名古屋了。因此与高速铁路通达距离在 500 km 左右的大阪等市与东京之间的航空客流，绝大部分被吸引到高速铁路。其他国家也有类似情况。如巴黎市区共有 8 个铁路车站，有 6 个车站是在市中心 4 km 范围内。

前述京沪高速铁路徐州至上海段走向选择实例，考虑满足地方旅客运输要求，在蚌埠、镇

江两市都设高速站，且两站址均取符合城市规划和便于吸引客流的方案。

高速铁路中间站应将设于市区作为首选方案，当条件实在困难或代价过高时，应尽量设于市区边缘或尽可能靠近城市区。

2. 考虑地形、地质、拆迁改建等工程条件

车站占地广且建筑物和设备较多，因此车站站址应选在地质条件良好，地势平缓之处，应尽可能使线路与等高线平行，避免设在高填、深挖、高桥和隧道内，以利于节省工程，和运营管理和养护维修方便。车站选址时，还应注意考虑水源、电源等因素。

首先，客货共线铁路因满足能力要求，需在越岭地段垭口两侧设置会让站或越行站，车站位置应根据越岭地段的全貌，结合运输要求进行拟定。就工程角度而言，一般情况下，靠近垭口的车站应设在地形纵坡较缓，引线条件较好的一侧。当线路需跨越深沟、大河向下游展线时，如两岸地形、地质条件差异不大，则最好在跨沟之后设站，以利降低桥梁高度。

客运专线引入市区设置客运站时，应解决好修建车站与建筑拆迁的矛盾。离市区近的站址，往往进站引线拆迁量很大，工程条件很差。赔建城市房屋不但价格高，而且涉及十分困难的企事业单位和工厂搬迁、居民迁移等问题。其次，车站选址应处理好车站及其引线与城市道路、公路的矛盾。引入市区设站，往往由于与公路、道路交叉而导致整个线路高架，增加大量工程投资。因此，车站选址应综合考虑与市区的距离及工程条件的关系，通过与地方政府共同研究，选择工程条件合理的站址。

3. 充分利用既有铁路设施

客运专线在站址方案比选中，能否利用既有铁路设施应作为比选因素之一。紧靠既有站并列设置的高速站址，为充分利用既有铁路设施创造了条件。它可利用既有站房、候车室、广场等客运设施，还有可能利用既有地道、高架通廊等通道，以及利用站区生活服务交通设施，可以减少铁路和城市的双向投资。

4. 站址与城市规划相结合

作为城市对外联系的窗口，铁路车站和引线是城市基础设施的重要组成部分，它的用地和位置方案应是城市规划内容之一。要使铁路站位既与目前市区功能协调，也要适应城市数十年后的发展规划。

5. 车站选址考虑与区间正线工程的合理配合

为减少工程投资，选线在考虑各种因素的基础上尽可能顺直。然而经常遇到的情况是“好站址线不顺，而线顺则站址不好”。对此，需区别对待、因地而异。要衡量付出代价与取得效果之大小。有弊无利或弊大利小，只得舍弃。同时也要考虑城市的地位与重要性，以及是否有军事、政治等方面的特殊意义，要服从国家利益。事实上，在铁路建设中所表现出的企业利益与国家利益大多是一致的。

第五节　定线的基本方法

地形条件，特别是地面平均自然坡度的大小，对线路位置和定线方法影响很大。定线时应分两种情况区别对待：

（1）采用的最大设计坡度大于地面平均自然坡度（$i_{max} > i_{pz}$），线路不受高程障碍的限制。这时，主要矛盾在平面一方，只要注意绕避平面障碍，按短直方向定线，即可得到合理的线路位置。这样的地段，称为缓坡地段。

（2）采用的最大坡度小于或等于地面平均自然坡度（$i_{max} \leqslant i_{pz}$），则线路不仅受平面障碍的限制，更要受高程障碍的控制。这样的地段，称为紧坡地段。这时，主要矛盾在纵断面一方，这就需要根据地形变化情况，选择地面平均自然坡度与最大坡度基本吻合的地面定线，有意识地将线路展长，使之能达到预定的高程。

由于紧坡和缓坡地段的条件不相同，因此它们的定线方法也不相同。

一、紧坡地段定线

（一）紧坡地段定线要点

紧坡地段通常应用足最大坡度定线，以便争取高度使线路不至额外展长。当线路遇到巨大高程障碍（如跨越分水岭）时，若按短直方向定线，就不能达到预定的高度，或出现很长的越岭隧道。为使线路达到预定高度，需要用足最大坡度结合地形展长线路，称为展线。

在展线地段定线时，应注意结合地形、地质等自然条件，在坡度设计上适当留有余地。

展线地段若无特殊原因，一般不采用反向坡度，以免增大为克服高度引起的线路不必要的展长，同时增加运营支出。

在紧坡地段定线，一般应从困难地段向平易地段引线。因为垭口附近地形困难，展线不易，故从预定的越岭隧道洞口开始向下引线较为合适。个别情况下，当受山脚的控制点（如高桥）控制时，也可由山脚向垭口定线。

（二）展线方式

为克服巨大高差需要迂回展线时，应根据需要展长线路长度，结合地形和地质等条件，用直线和曲线组合成各种形式，如套线、灯泡线、螺旋线等来展长线路。

套线　当沿河谷定线时，遇到主河谷自然坡度大于最大坡度，而侧谷又比较开阔时，常常在侧谷内采用套线式的展线；简单套线由三个曲线组成，每一曲线的偏角均不大于180°（见图 4-14）。

图 4-14　套　线

灯泡线　在谷口狭窄的侧谷内，采用套线展线，在谷口往往需要修建隧道或深路堑引起较大工程。为了更好地适应谷口狭窄地形，可以采用灯泡形展线。它由三个或三个以上的曲线组成（若为三个曲线则中间一个曲线的偏角大于 180°而小于 360°）。从图 4-15 所示的平面和纵断面中可以看出，采用灯泡形展线（实线方案）比采用套线展线（虚线方案）可节省两座隧道和部分土石方工程。

螺旋线　在地形特别困难的地段，线路可以迂回 360°呈环状，称为螺旋线。在上、下两线交叉处，可以用跨线桥或隧道通过（见图 4-16）。

展线没有标准图式，应根据地形变化的实际情况，因地制宜地组合各种展线方式，并使之相互配合。

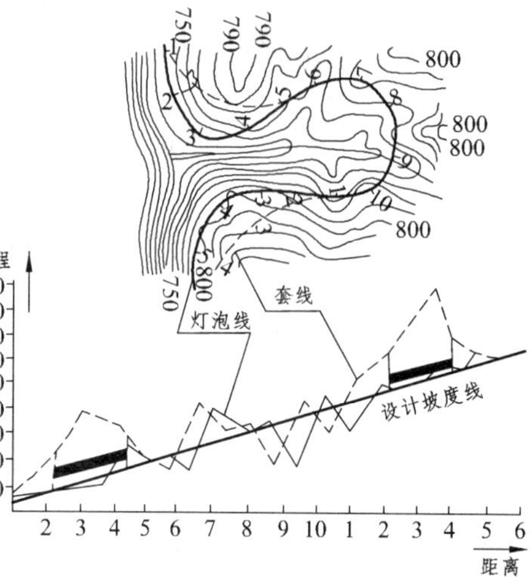

图 4-15　灯泡线

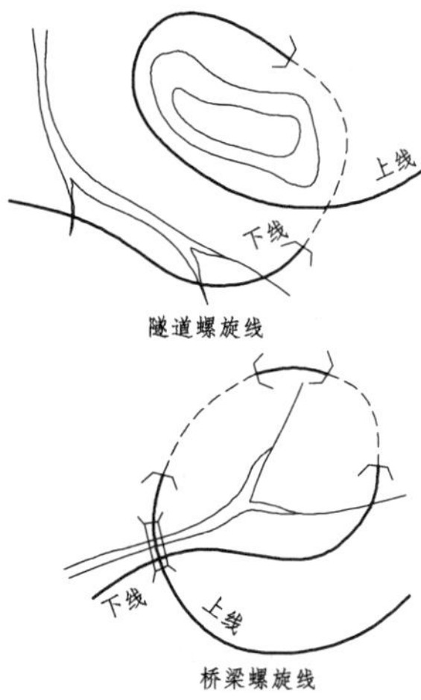

图 4-16　螺旋线

（三）导向线定线法

在紧坡地段，线路的概略位置与局部走向，可借助于导向线来拟定。导向线就是既用足最大坡度，又在导向线与等高线交点处填挖为零的一条折线。因此，它是用足最大坡度而又适合地形、填挖最小的线路概略平面。

导向线是利用两脚规在小比例尺地形图上定出来的，其定线步骤如下：

（1）根据地形图上等高距 Δh（m），计算出线路上升Δh 需要引线的距离——定线步距 Δl（km），即

$$\Delta l = \frac{\Delta h}{i_d} \text{（km）} \tag{4-1}$$

式中，i_d 为定线坡度，$i_d = i_{max} - \Delta i$（‰），Δi 为曲线和隧道坡度折减平均值，视地形、地质困难情况可取 $0.05i_{max} \sim 0.15i_{max}$。

（2）参照规划纵断面，在地形图上选择合适的车站位置，从紧坡地段的车站中心开始，向前进方向绘出半个站坪长度（$L_Z/2$），作为导向线起点（或由预定的其他控制点开始）。

（3）按地形图比例尺，取两脚规开度为 Δl，将两脚规的一只脚，定在起点或附近地面高程与设计路肩高程相近的等高线上，再用另一脚截取相邻的等高线。如此依次前进，在等高线上截取很多点，将这些点连成折线，即为导向线（见图 4-15 中 a，b，c，d，e，…）。在同一起讫点间，有时可定出若干条导向线，如图中虚线为另一导向线，因偏离短直方向较细实线远，线路增长，故可以放弃。

绘制导向线时，应注意以下几点：

（1）导向线应绕避不良地质地段，并使导向线趋向前方的控制点（或车站）。

（2）如果两脚规开度（定线步距）Δl 小于等高线平距，表示定线坡度大于局部地面自然坡度，线路不受高程控制，即可根据线路短直方向引线。遇到等高线平距小于 Δl 的地段，再继续绘制下一地段的导向线。

（3）线路跨越沟谷需要设置桥涵，故导向线不必降至沟底，可直接向对岸引线（如图 4-17 中 i 至 j 点）。线路穿过山嘴，要开挖路堑或设置隧道，导向线也不必升至山脊，可直接跳过山嘴。跨越沟谷或山嘴时，应根据引线距离是 Δl 的几倍，即表示线路要下降或上升几个 Δh，以便决定在沟谷或山嘴对侧的哪条等高线开始绘制导向线。

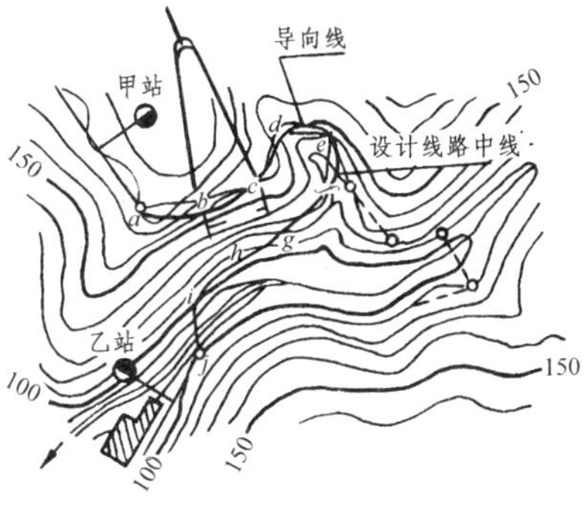

（a）

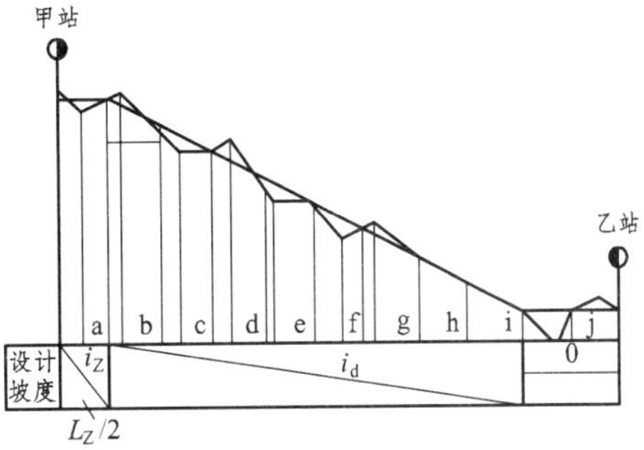

（b）

图 4-17　导向线定线

（4）导向线是一条折线，仅能表示线路的概略走向，为了定出线路平面，须以导向线为基础，借助铁路曲线板和三角板，在符合线路规范有关规定的前提下，圆滑、顺直地绘出线路平面图（见图 4-18）。

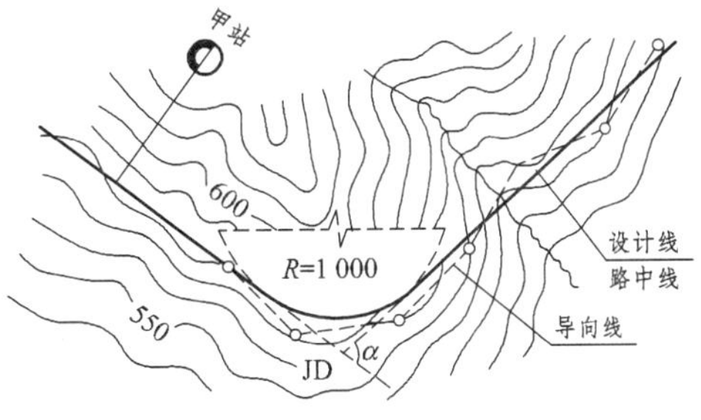

图 4-18　沿导向线定线及半径选配

二、缓坡地段定线

在缓坡地段，地形平易，定线时可以航空线为主导方向，既要力争线路顺直，又要节省工程投资。为此，应注意以下几点：

（1）为了绕避障碍而使线路偏离短直方向时，必须尽早绕避前方障碍，力求减小偏角。图 4-19 表示两种绕避湖泊的方法，虚线方案在全长范围内很少偏离短直方向，但将使曲线数目、总偏角和线路长度均较实线方案有所增加。所以，绕避障碍时，定线应从一个障碍尽早引向另一障碍。

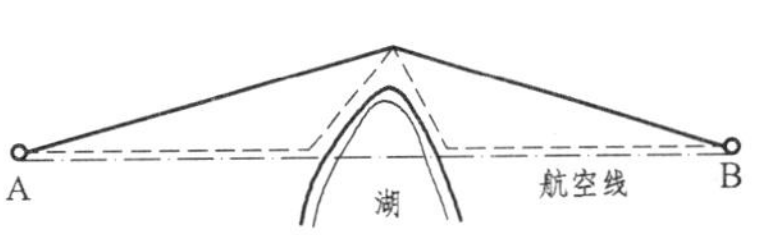

图 4-19　绕避障碍

（2）线路绕避山嘴、跨越沟谷或其他障碍时，必须使曲线交点正对主要障碍物，使障碍物在曲线的内侧并使其偏角最小。从图 4-20 中可见，曲线正对障碍物的实线方案比未正对障碍物的虚线方案的土石方数量少。

（3）设置曲线必须是确有障碍存在。曲线半径应结合地形尽量采用大半径。

在缓坡地段，线路展长的程度，取决于线路的意义、运量大小、地形、地质条件、路网干线等因素，应力求顺直；地方意义的铁路，则力求降低造价并靠近城镇。一般的展线系数是：平原地区约为 1.1，丘陵地区 1.2～1.3。

（4）坡段长度最好不小于列车长度，应尽量采用下坡无须制动的坡度——无害坡度。

（5）力争减少总的拔起高度，但绕避高程障碍而导致线路延长时，则应认真比选。

（6）车站的设置应不偏离线路的短直方向，并争取把车站设在凸形地段。地形应平坦开阔，以减少工程量。

如图 4-21 所示，甲站的设计高程为 600 m，在前方约 9.3 km 的地方需设乙站，其合理的设计高程约为 608 m。两站之间为平缓坡地。此时，两车站间的线路纵断面可设计成三种形式。

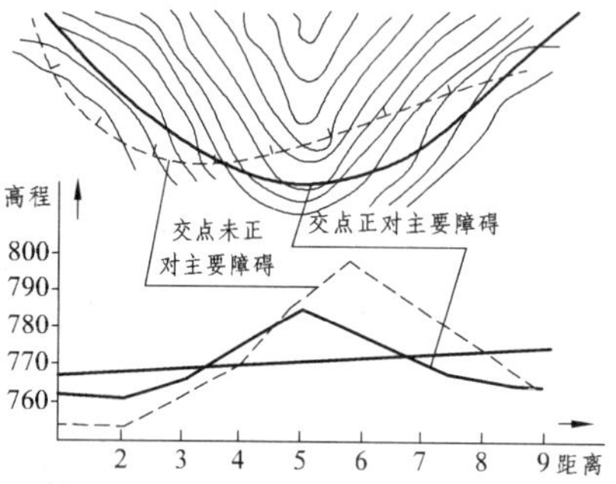

图 4-20　平面曲线的合理位置

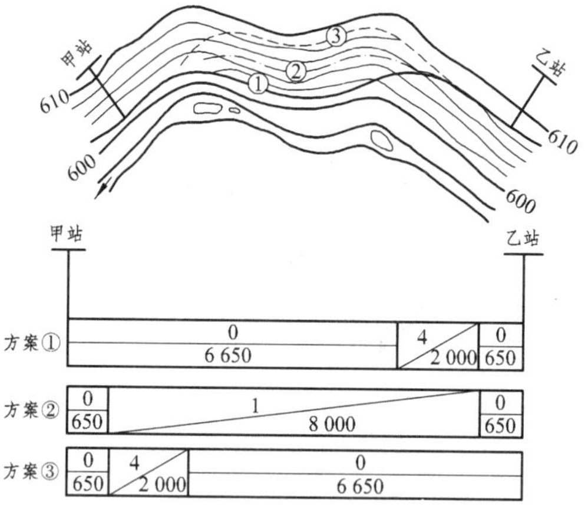

图 4-21　缓坡地段的站间纵断面设计

这三个方案的线路长度和工程量都很接近，但就列车出站加速和进站减速的条件而言，不论甲站或乙站，均以方案①最有利。所以，应按方案①的纵断面来考虑线路的平面位置，这样定线可以改善列车运行条件。

三、横断面定线

在横坡较陡地段和不良地质地段定线时，有时从纵断面上看，填挖高度并不大，平面也合理，但从横断面上看，则可能出现很大的工程，或者线路处于地质条件十分不利的位置。因此，定线工作不仅要使线路的平面和纵断面合理，同时还要使横断面也合理。这就需要在初步定出纵断面以后，进行横断面定线，其工作步骤如下：

（1）首先找出控制线路位置的横断面。在横坡较陡地段、不良地质地段、河岸冲刷严重地段以及有代表性的百米标处，测绘其横断面图。

（2）根据各控制断面原设计的路肩高程，确定线路中心在横断面上可以左右移动的合理范围。例如，在图 4-22（b）中，可以看出原定线路的路堤坡脚已伸入河流中，显然不合理，需要将线路中线向靠山方向移动。这时，可以设计两个路基横断面：一个是路堤坡脚伸到岸边，以不受冲刷为限，可得靠河一侧的线路中心位置点 P；另一个是尽量向靠山一侧移动，使路堑边坡高度等于最大容许值，可得靠山一侧的线路中心位置点 Q。P，Q 之间即为线路中心在图上可能移动的合理范围。

（3）将各横断面图上线路可能左右移动的边缘点（如 P，Q），按相应的距离和比例尺移到平面图上，连接各边缘点，即可得到在平面图上线路可能移动的合理范围，见图 4-22（a）中阴影部分。

（4）在平面图上线路可能移动的范围内，重新设计平面，并在两端和原定线路妥善连接，即得在平、纵、横三个面上均较合理的新的线路中线位置。

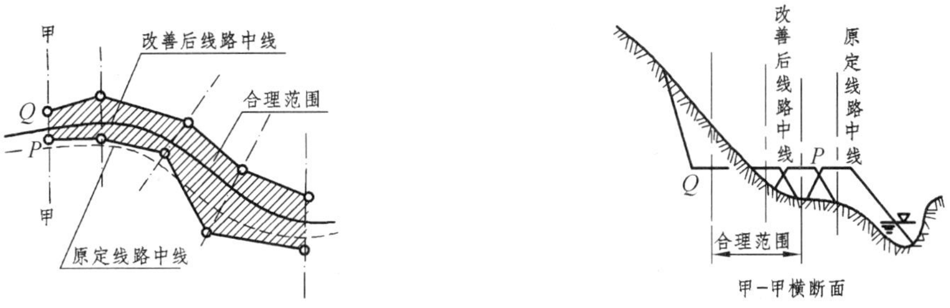

（a）　　（b）

图 4-22　横断面定线示意图

四、线路平面、纵断面的改善

对初步确定的线路平面和纵断面，进行研究分析，找出存在的问题及解决办法，进行局部修改。小的改动是凭经验判断，较大的改动需要通过技术经济比较确定。在设计过程中，平、纵、横断面三者相互影响、相互制约，对任一视图进行修改，均应检查其他二视图的合理性，以求设计的协调一致。

需要进行平、纵断面改善的问题通常有：

① 线路局部方案的比选；

② 减少填挖方及桥梁、隧道的工程数量；

③ 绕避不良地质；

④ 车站及桥涵分布的调整；

⑤ 改善某些工点的施工条件；

⑥ 改善局部地段的运营条件；

⑦ 改善采用规范容许最低标准的局部地段的设计；

⑧ 减少耕地占用及建筑物拆迁。

现以常见的修改平、纵断面以减少填挖方数量的几种情况为例，说明如下：

（1）原坡度设计不当，局部地段出现填挖方过大时，可改变坡段组合或设计高程以减少填挖方数量，如图 4-23 所示。

（a）　　（b）

图 4-23　改变设计坡度减少工程

（2）原设计坡度不宜改动（如已用足最大坡度），但在纵断面图上填挖高度由一端向另一端逐渐增大到不合理的程度时，则可根据具体情况改变线路平面位置，如将线路扭转一个角度（见图 4-24）。

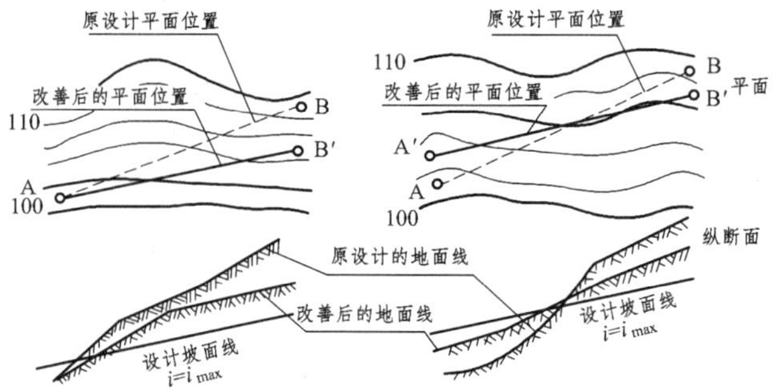

图 4-24　扭转切线减少工程

（3）原坡度设计合理，而在纵断面图上填挖高度由两端向中间逐渐增大到不合理的程度时，则可增设曲线或改变曲线半径以减少中间的填挖高度（见图 4-25）。

（4）当平面曲线和切线配合不当而引起工程增加时，应重新调整偏角和配置曲线，以减小工程量。如图 4-26 所示，原定线路的纵断面图上，两涵洞间一段挖方和右侧一段填方都很大。经在平面图上研究，发现在挖方处将线路往低处横向移动，填方地段往高处横向移动，即可减少挖方和填方。为此，改变了曲线半径和右侧的切线方向。

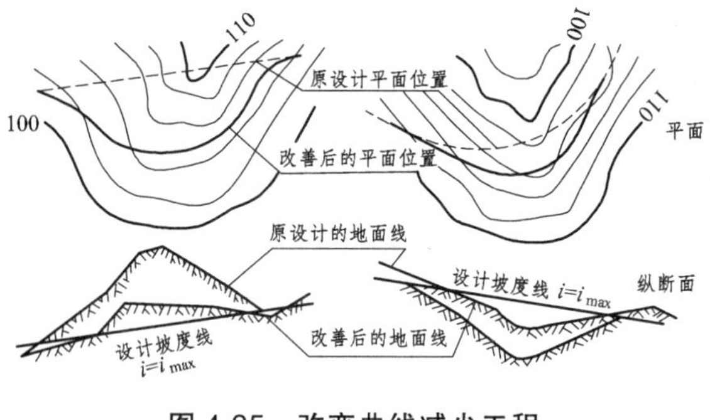

图 4-25　改变曲线减少工程

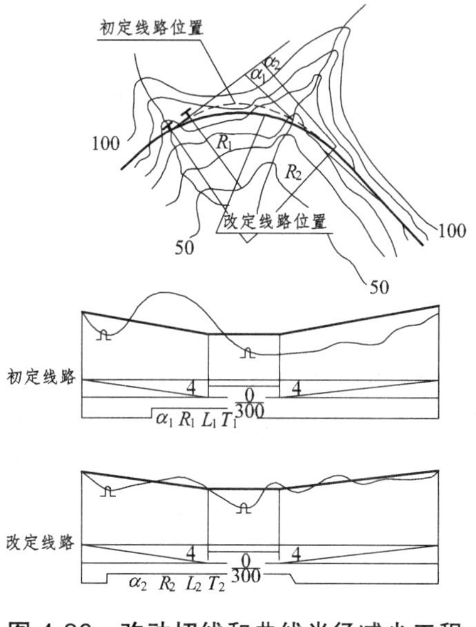

图 4-26　改动切线和曲线半径减少工程

第六节　主要自然条件下的定线

一、平原、丘陵地区的定线

平原地区地形平坦，丘陵地区丘岗连绵，但相对高差不大，一般工农业都比较发达，占地及拆迁问题比较突出，地质条件比较简单，但水文条件可能复杂。因此，在平原、丘陵地区定线，应着重注意解决好下列问题。

（一）线路尽量顺直

平原、丘陵地区定线，一般不受高程障碍控制，应循航空折线把线路尽量定得顺直。平原区选线，先把线路总方向内所必须经过或必须绕避的主要据点如城镇、工矿企业、文物风景区等作为大的控制点；然后在大控制点间确定经行区或绕避区，从而建立起一系列中间控制点。定线遵循控制点间连折线的原则；绕避障碍物及设置曲线，必须有充分理由。在不致引起工程量显著增加的前提下，尽量采用较小偏角、较大半径，以便缩短线路并取得较好的运营条件。

（二）正确处理铁路与行经地区的关系

（1）平原、丘陵地区城镇密布，工、农业发达，城镇内外的道路、沟渠、电力线路等纵横交错。选定线路位置时，应尽量减少拆迁和占地；在地形有利时铁路宜靠近山坡；并应尽可能减少现有道路、沟渠、电力及通信线路和管道系统的改移。

（2）车站（尤其大型客、货站）分布应结合城镇规划，既要方便地方客货运输，也要充分发挥铁路运营效率，设站不应过密，也不宜为靠近城镇而过分迂回线路。客运专线宜沿城市布线，站址选择要有利于吸引客流。

（3）为方便沿线交通并确保铁路行车安全，要认真布置好沿线的道口和立交桥涵，并以交通量为依据确定其修建标准。有条件时，可加大排洪桥涵孔径，并兼作立交桥涵使用。

（4）处理好铁路与学校、医院、厂矿企业、军事区、文物保护地段等的关系。对于医院和学校，应尽量绕避，若受车站位置或者其他因素影响，确实无法避开，应采用声屏障、隔声窗等措施，尽量减少对其影响。对于大型厂矿企业和军事区，应该作为关键控制因素，完全避开。

《中华人民共和国文物保护法》第十一条、第十三条、第十八条、第二十条规定：“文物保护单位的保护范围内不得进行其他建设工程，如有特殊需要，必须经原公布的人民政府和上一级文化行政管理部门同意。”在铁路选线过程中，要避开文物保护区域，特别是全国重点文物保护单位。对省、市和县级的文物保护单位，当线路确实无法避开时，要进行经济技术比较。因为经过这些区域，要经过该文物保护单位的行政管理机构严格而复杂的审批，整个审批过程漫长，审批完之后，需要对其进行勘探发掘或迁移的，要在工程开工以前全部完成，而且花费巨大，包括考古勘探、发掘、迁移以及配套设施、人工费等费用全部要列入工程总概算中。

（5）处理好新建铁路与既有铁路、高等级公路的关系。在平原地区内道路纵横，铁路和公路交叉重叠的现象时有发生，与不同等级的道路交叉，需要采取不同的方案。对于二级及二级以下公路，采取改移道路，使其上跨铁路或下穿铁路的方式比较节省工程投资；而对于一级公路和高速公路，由于道路交通量大，改移道路难度大，工程投资高，因此，在确定线路方案时，要充分考虑合理的线路方案。在不改动原道路或者尽可能少改动道路前提下立交，这样可以节省工程投资，也减少对公路交通的干扰。湘桂线与高速公路交叉 7 次，除与宜柳高速公路交叉时，其余均保证在高速公路不动的前提下立交。铁路线路和等级公路走向基本一致时，应尽量将铁路线位靠近公路，这样既利于土地的合理使用，又可以减少对土地的分割以及对环境的影响。

（6）处理好铁路与高压线的关系。高压输电线路按电压分为 10 kV、35 kV、110 kV、220 kV、

300 kV、500 kV 几种。铁路与其交叉干扰是铁路选线不可忽视的问题，特别是 220kV 以上的输电线是国家电网的主要干线，迁改高压线线路会对用户造成极大影响，特别是超高压，宜采取完全避让的原则。另外，高压输电线路由于自然灾害等原因引起的倒杆（塔）脱线等会严重的危及铁路行车安全，因此，铁路选线时应充分考虑。在不改变线路走向及增加线路长度的情况下应尽量躲避，避让不了的可以交叉通过，交叉点要选择在电线较高处。当线路从高压铁塔附近通过时，要满足倒杆距离即（1+1/3）杆长。

（7）处理好铁路与沿线非等级道路及水系的关系。平原地区往往为了节省投资，填挖高度小，桥隧比例小，路基地段多。路基全封闭后，原有道路及灌溉排洪系统被铁路割断。对于既有道路，仅可能按原路恢复，减少对老百姓生产和生活的影响，原来无道路地段，由于铁路线路封闭后，需适当增加一些过人过水通道，满足通行和灌溉需要。铁路线路通过大片农田地段，尽量以桥代路，减少铁路用地，保护基本农田。

（三）注意适应水文条件的要求

平原和低缓丘陵地区的土壤水文条件差，特别是河网湖区，地势低平，地下水位高，易受洪水泛滥的危害。选线时应尽可能沿接近分水岭的地势较高处布线。当线路遇到面积较大的湖塘、泥沼和洼地时，一般应绕避；如需穿越时，应选择最窄、最浅和基底坡面较平缓的地方通过，线路高程应高出规定值。

高速客运专线宜采用高架线穿越湖塘、泥沼区。

（四）处理好线路与桥位的关系

（1）大桥桥位常常成为线路的控制点。应结合线路走向，将大河桥址选在主流集中、河槽稳固和基础较好的河段。当线路通过洪泛区时，桥梁、路基应有足够高度，以免被洪水淹没；跨河桥梁孔径不宜压缩，路基应有足够的高度，并做好导流建筑物与路基防护工程。一般情况下，桥位中线应尽可能与洪水的主流流向正交，桥梁和引道最好都在直线上。

（2）小桥涵位置应服从线路走向。遇到斜交过大或河沟过于弯曲时，可采取改河措施或调整线路位置，以调整桥轴线与水流流向的夹角，以免过分增加施工困难和加大工程投资。

（3）桥涵设置要保证农田排灌需要，低洼地段虽无明显水道，亦应设置排涝桥涵。桥涵设置还应结合交通情况，有条件时宜将排洪桥涵孔径加大，以利于农村交通运输。对于运量大、运输繁忙或需要行驶高速列车的线路，一般应设立交桥以取代平交道口。

（五）车站设置

平原、丘陵地区的车站，应尽量靠近城镇和较大的居民点、工矿区，不宜片面强调区间通过能力的均衡性。地形条件允许时，应将车站设在起伏不大的凸形纵断面的顶部，以利于列车起动加速和进站停车。

（六）铁路选线应充分考虑线路与环境的影响

在平原地区，一般取土以填方通过，而平原地区最大的问题就是土地资源缺乏。取土常常采用以下两种方式：远运土和就近取土。不管是哪种取土方式，都会对环境造成影响。因此，对于取过土石后的取土场要及时防护，采取或植树，或喷播植草等方法，防止水土流失，有条件时，尽可能考虑恢复土质重新复耕。对于一些挖方路段和隧道的弃土场，也要做好恢复植被措施。

二、河谷区定线

山区河谷的主要造型是：流水的垂直侵蚀和旁蚀。只要河流一有很小的弯曲，在凹岸往往形成陡崖峭壁，而凸岸一侧就形成伸出的缓坡山嘴，由此而造成了某些部分的河曲及有冲积物组成的河漫滩。

沿河而行的线路称为河谷线。沿河谷定线具有下列优点：

（1）河谷纵坡为单向坡，可避免线路出现逆坡；在紧坡地段，可利用支流侧谷展线。

（2）多数城镇位于开阔的河谷阶地，铁路通过阶地，便于在阶地设站，可更好地为地方服务。既可提高铁路的效益，又方便了铁路员工的物质、文化生活。

沿河谷定线要着重解决好以下三个问题。

（一）河谷选择

山区的主河流及其支流的终端，都和山岭的垭口相连，往往有几条不同的河谷通向各个越岭垭口。在大面积选线时，为了选出合理的线路走向，要认真研究水系的分布，优先考虑接近线路短直方向的越岭垭口和垭口两侧的河谷，尽量利用与线路走向基本一致的河谷定线。

在选择河谷时，还要注意寻找两岸开阔、地质条件较好、纵坡及岸坡较平缓的河谷。

河谷纵坡的大小，对最大坡度（i_{max}）的选定有较大影响。各种河流的纵坡变化较大，一般情况下，上游河段比下游河段纵坡陡。因此，对于平缓河段，选用的限制坡度宜接近或略大于河谷纵坡；而对于个别纵坡较陡的河段，则可采用展线或加力坡度解决。

（二）岸侧选择

河谷两岸的自然条件常有差异，应结合地形、地质、水文、农田及城镇分布情况，选择有利岸侧定线。但有利的岸侧，不会始终局限于一岸，应注意选择有利的地点跨河改变岸侧。例如成昆线设计分别选用了 13 次跨牛日河，8 次跨安宁河，49 次跨龙川河，16 次跨旧庄河，使线路选在有利地形和避开了左、右岸较大的地质病害密集地段通过。图 4-27 是成昆铁路拉旧至黄瓜园左右岸方案示意图。在沿山区河谷定线时，遇到稍长一些的隧道，就可考虑与一次或两次跨河的方案比较。如在图 4-28 中，线路沿右岸设隧道或建桥改变岸侧就形成两个方案，应结合其他条件进行比选。

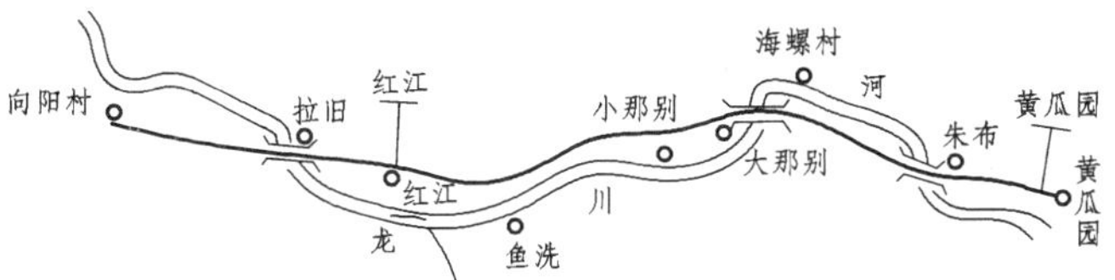

图 4-27　成昆铁路拉旧至黄瓜园左右岸方案示意图

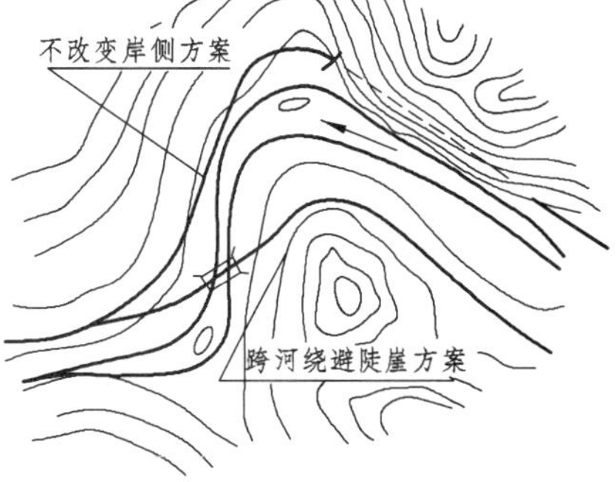

图 4-28　改变岸侧示意图

影响岸侧选择的主要因素有以下三点。

1. 地质条件

河流两岸的地质条件常为岸侧选择的决定因素。沿河线路如遇不良地质，应通过跨河绕避与整治措施的比较确定岸侧。

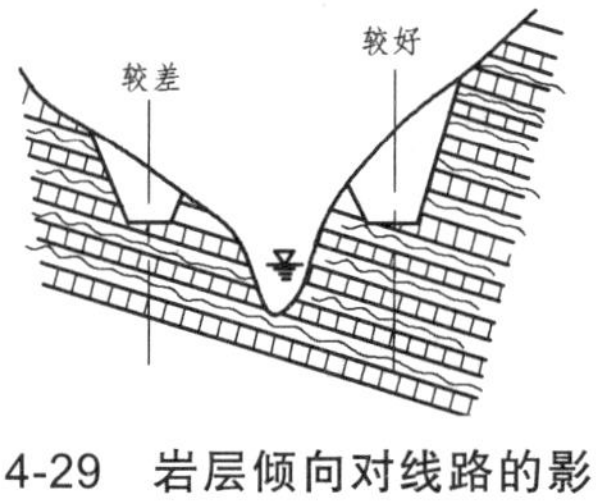

图 4-29　岩层倾向对线路的影响

在山区河谷中，如山体为单斜构造，应注意岩层的倾向。如图 4-29 所示，虽然左岸地面横坡较缓，但因岩层倾向河谷，容易产生顺层滑坡，反不如将线路设在横坡较陡，但山体稳固的右岸为好。

局部不良地质（如滑坡、崩坍、岩堆等）地段，影响岸侧选择，应进行综合整治、隧道绕避或跨河绕避等方案比较确定。

2. 地形条件

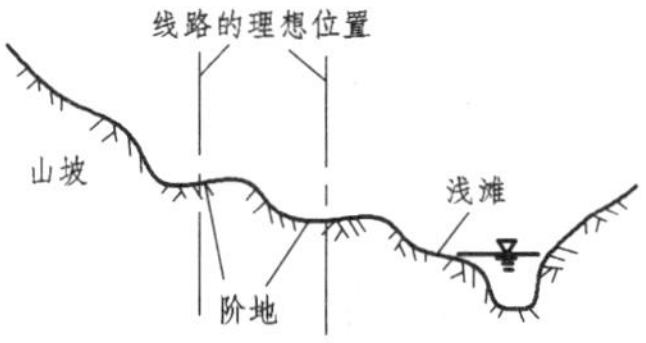

图 4-30　河岸上线路位置的选择

当河谷两岸地质条件较好或差异不大时，线路应选在地形平坦顺直、支沟较少和不受水流冲刷一岸的阶地上，如图 4-30 所示。当需要展线时，应选择在支沟较开阔，利于展线的一岸。

一般地说，河谷两岸的地形条件易于识别，但地质条件则较为隐蔽，若对地质条件疏忽，则可能造成不良后果。

3. 农田及城镇分布条件

线路一般应选择在居民点和工矿企业较多、经济较发达的一岸，使铁路便于为地方服务。但为避免大量拆迁民房和不妨碍城镇发展等原因，也可能需要绕避。应根据具体情况，征求地方意见，慎重取舍。河谷中遇有引灌渠道与线路平行时，若两岸地形、地质条件差不多，宜各走一岸，避免干扰。当必须选在同一岸时，线路位置最好设于灌渠上方。若铁路与公路频繁干扰，可改移公路或分设两岸。

（三）线路位置的选择

沿河谷定线，线路位置往往差异几十米甚至几米，就会对铁路的安全和工程量带来很大影响。线路合理位置的选择，可分以下情况加以分析研究：

（1）河谷较开阔，横坡较缓且地质良好时，理想的线路位置为不受洪水冲刷的阶地，如图 4-28 所示。

（2）河谷较宽，山坡不稳定地段，线路应选在靠河一侧，必要时做一些路堤防冲刷工程。

（3）河谷狭窄，横坡较陡，且地质不良时，线路应由避开山坡与外移建桥（顺河桥）的方案进行比选。

例如，成昆线铁马大桥位于牛日河左岸乃托站南端，原设计线路靠山，山坡高达 400 ~ 500 m，横坡达 30°以上，松散的碎石土较厚，基岩也比较破碎，山坡处于极限平衡状态，且有几处表土坍塌、古滑坡、冲沟，威胁施工及运营安全。最后决定将线路外移至河谷阶地上，建顺河桥通过，如图 4-31 所示。

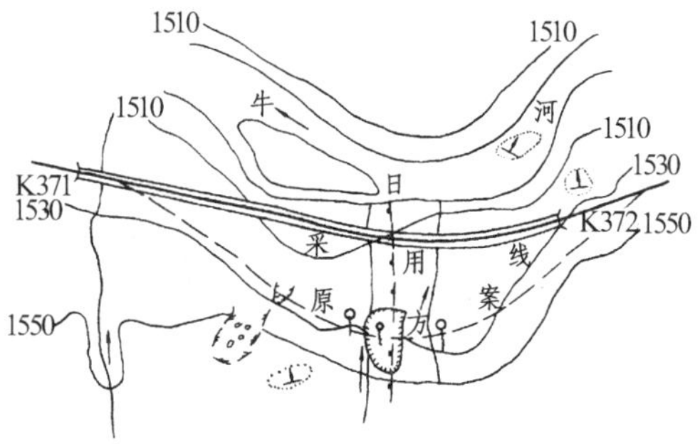

图 4-31　牛日河修建顺河桥方案

（4）河谷十分弯曲时，可根据山嘴或河湾的实际情况，采取沿河绕行或取直方案。

① 线路遇到山嘴时有两种定线方案：沿山嘴绕行，线路较长，在紧坡地段有利于争取高度，但易受不良地质危害和河流冲刷的威胁，线路安全条件差；以隧道取直通过，线路短直，安全条件好，对运营有利，但工程投资较大。两者应比选决定，如图 4-32 所示。

② 当线路遇到河湾时，有沿河绕行、建桥跨河及改移河道三种方案（见图 4-33）。沿河绕行方案，线路迂回较长，岸坡一般陡峭，水流冲刷严重，路基防护工程大，线路安全条件差；跨河建桥方案比较顺直，线路短，安全条件好，但两座桥的工程量较大；改河方案也可使线路短直，但改变了天然河槽，仅在地形条件好，能控制洪水流向，且土石方工程量不太大时才有利。方案的取舍应通过技术经济比较来确定。

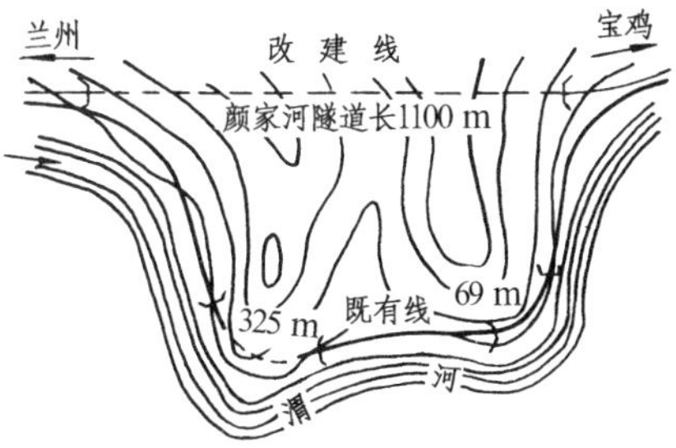

图 4-32　线路绕行与截弯取直

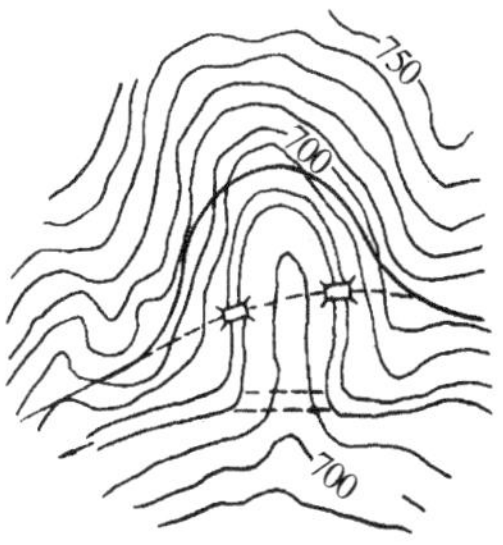

图 4-33　河湾地段定线方案

三、越岭地段定线

山岭是具有陡峭的山坡、沟谷和明显分水线的绵延较长的高地。垭口则是该绵延高地上的马鞍形低地，一般都存在于两条沟谷发源分水处。

当线路需要从某一水系（河谷）转入另一水系（河谷）时，必须穿越分水岭。如宝成线横越秦岭、川黔线过娄山山脉、成昆线翻越小相岭，都是越岭地区定线的实例。越岭地区高程障碍大，一般需要展线，地质复杂，工程集中，对线路的走向、主要技术标准（特别是最大坡度和最小曲线半径）、工程数量和运营条件等影响极大。所以应大面积选线，认真研究、寻找合理的越岭线路方案。

越岭线路通常由岭顶长隧道（或深路堑）、沿分水岭两侧河谷向下游的引线以及谷底桥梁（或高路堤）等三部分组成，如图 4-34 所示。理想的越岭线路位置是：两侧展线少，主要技术标准和地质条件都较好的位置。

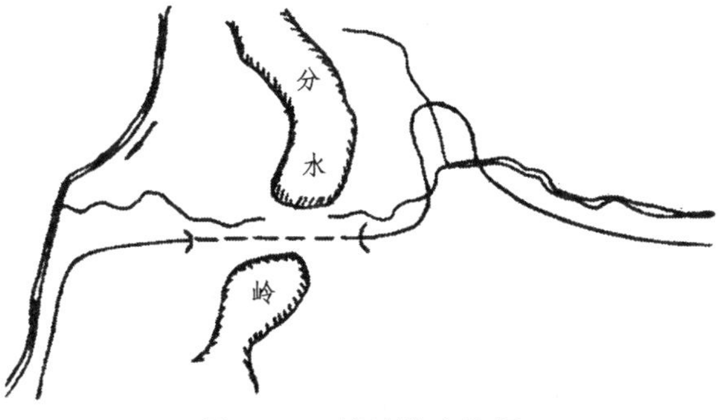

图 4-34　越岭线路选择

越岭展线除了山脚有特殊的工点如国防、经济或高桥等控制工点（位置、高程）外，一般都是顺沟谷从岭顶垭口由上而下地向下游方向展线。越岭线类型，随着自然地形变化情况可归纳为台阶形线路、锯齿形线路和凸形线路三种，如图 4-35 所示。

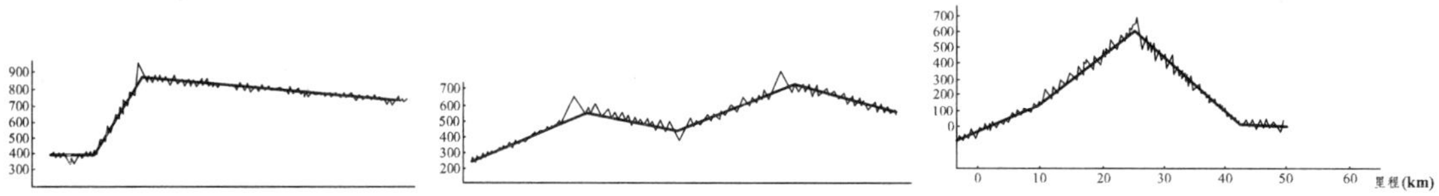

（a）台阶形越岭线路　　（b）锯齿形越岭线路　　（c）凸形越岭线路

图 4-35　越岭线类型示意图

越岭线路应解决的主要问题为越岭垭口选择、越岭高程选择和越岭引线定线三个问题。

（一）越岭垭口选择

垭口是越岭线路的控制点，选择越岭垭口，应注意以下几点：

1）选择高程较低、靠近线路短直方向的垭口

在大面积选线中，首先注意找出高程较低的垭口。低高程垭口克服高度小，可以缩短线路或采用较平缓的坡度，既节省了投资，又降低了运营费。

在实际中，常常是高程低的垭口偏离短直方向较远，而位于短直方向附近的垭口高程较高，展线较长；因而，应通过技术经济比较选定垭口。

2）选择山体较薄的垭口

垭口山体薄，有利于缩短越岭隧道的长度，或者能够降低越岭高程。当垭口高程虽高而山体较薄时，设置较长的越岭隧道，可缩短线路长度或减缓最大设计坡度，因而也是有比较价值的垭口。

3）选择地质条件较好的垭口

垭口往往是地质构造的薄弱地带，当越岭线路难以避开严重不良地质地段时，应另选地质条件较好的垭口，或者以长隧道方案避开地质条件不良的垭口。

4）选择引线条件较好的垭口

垭口选择时，应充分顾及河谷两侧的引线条件，一般要求：

① 定线的河谷（或沟谷）开阔、纵坡平缓，河谷方向与航空线方向基本一致；

② 引线的地质条件较好，不良地质易于整治或绕避。

同一垭口并非同时具备上述各条件，此时，应精心比选，找出最合理的越岭垭口。

（二）越岭高程选择

越岭垭口一般都用隧道通过，越岭高程选择，就是越岭隧道高程与隧道长度选择。

高程愈高隧道愈短，但两端引线愈长。对工程而言，理想的越岭高程应使引线和隧道总的建筑费用最小；就运营而言，越岭高程愈低、引线愈短愈有利。垭口两侧的地面坡度多为上陡下缓，故选择隧道高程多以地面坡度陡缓过渡部分作为研究的基础。有时，隧道高程过高，隧道缩短有限；而高程过低，则隧道急剧加长，且可能受洞口洪水位控制。

越岭隧道的合理高程与长度的选择，除取决于垭口的高程、地面自然坡度、地质条件外，还与设计线的运量、限制坡度（或加力坡度）以及隧道施工技术水平有关。

设计线的运量大、限坡小时，宜采用高程低的长隧道方案。

隧道施工的技术水平是越岭高程选择的重要因素。中华人民共和国成立初期，由于受隧道施工技术水平的限制，越岭隧道一般长度控制在 2 km 左右；随着施工技术水平的提高，隧道长度也不超过 6 ~ 7 km。因此，在越岭地区，常不得不采用大量的人工展线以争取高度，致使线路盘旋于崇山峻岭，桥隧工程密集，既耗费巨额工程投资，又严重恶化运营条件。到 20 世纪 80 年代，京广铁路南段修建第二线，对坪石乐昌间沿武水峡谷的一线路段裁弯取直，选定了长达 14.3 km 的大瑶山双线隧道，是我国特长隧道施工技术的新发展，为今后在越岭地区选线时合理选用高程低、坡度缓、运营条件好的长隧道方案提供了范例。

（三）越岭引线定线

越岭引线定线时，应注意下列几点：

（1）结合地形条件选择合理的最大坡度（限制坡度或加力坡度）。越岭地区高差大，为避免大量人工展线，除应研究低高程的长隧道越岭方案外，还应与采用较陡坡度（采用多机牵引或大功率机车）的方案进行技术经济比较。

（2）为了能控制合理的展线长度，应从垭口往两侧（从高处往低处）定线，以避免展线不足或过长。由于垭口两侧自然坡度上陡下缓，在上游应尽量利用支沟侧谷合理展线，使线路尽早降入主河沟的开阔台地。

（3）垭口附近，地形尤为困难，在有充分依据时，引线可合理选用符合全线标准的最小曲线半径。

第七节　复杂地质条件下的定线

工程地质条件是决定线路走向和具体位置的重要依据，对铁路建筑物的稳定性和经济合理性有决定性的影响；在铁路定线过程中，必须给予足够重视。

我国幅员广大，地质条件极其复杂。常见的不良地质现象有滑坡、崩塌、岩堆、溶岩、泥石流、冲沟、软土、沼泽、沙漠、盐渍土、永冻土、地震以及水库地区等。

在大面积选线和线路原则方案比选中，要了解区域地质情况，根据地质构造特征，慎重研究线路方案。线路行经不良地质地段时，要进行深入的调查研究，针对每段不良地质现象的规模、成因、发展状态、对铁路的危害以及整治的难易程度等，经过分析比较，确定采用绕避或整治措施。

针对地质条件特别复杂地段，需开展加深地质工作和针对重大复杂工点的专项地质工作；根据地质勘察成果具体指导线路方案的选择。加深地质工作主要采用综合勘探，包括卫星遥感、大面积地质调绘、水文地质调查、物探、钻探以及相关的测试（综合测井、地应力、瓦斯等）、试验（土石水样、水文）和观测（泉、暗河流量）等工作，以进一步查清控制线路方案的滑坡、暗河等重大工程地质、水文地质问题。

下面举例说明复杂地质条件下的定线要点。

（一）滑坡地区的定线

滑坡是山坡上的土体由于重力作用，沿山坡向下滑动的一种现象。滑坡的发生，在大多数情况下与地面水及地下水的作用有关。

滑坡区域定线时，应充分掌握工程地质和水文地质情况，查明滑动层的位置和形状，判明滑坡的稳定性。线路经行滑坡地区最好绕避。如无法绕避时，应对以下方案进行比选：

① 线路尽可能从滑坡上方以不填不挖或浅路堑通过；

② 以低路堤方式从滑坡下方通过；

③ 在滑动面以下以隧道通过；

④ 滑动层不太厚的滑坡地段，可采用大跨度高架桥通过；

⑤ 对于滑动面积和深度均不大的滑坡，可采用清除全部滑动土体，将路基置于稳定的土体上等方案。

线路从滑坡地区通过时，应采取上锚下挡、在上方设置天沟、整治地表水等治理措施。

宜万铁路选线中，通过初测前的地质加深工作，基本查明了槲坪至高坪、恩施至利川和齐岳山地区的地质构造、地层岩性、岩溶发育的基本特征，分析了影响线路方案的暗河系统、重大不良地质等主要工程地质和水文地质条件，研究了工程技术处理措施，对多种可能的线路方案进行了工程地质、水文地质和工程经济技术等综合分析和比较，并根据专项地质工作成果，不断完善和优化，进而选择安全、可靠、经济的线路方案。选择的线路方案绕避了滑坡、顺层、岩堆、暗河等多处重大不良地质体。槲坪至高坪段线路方案示意见图 4-36；恩施至利川段线路方案示意见图 4-37。

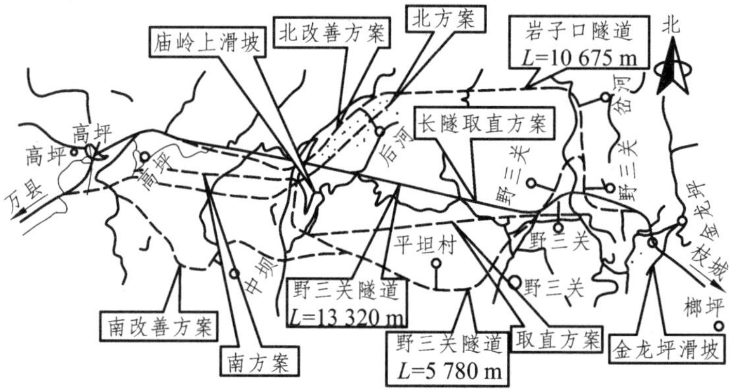

图 4-36 槲坪至高坪段线路方案示意

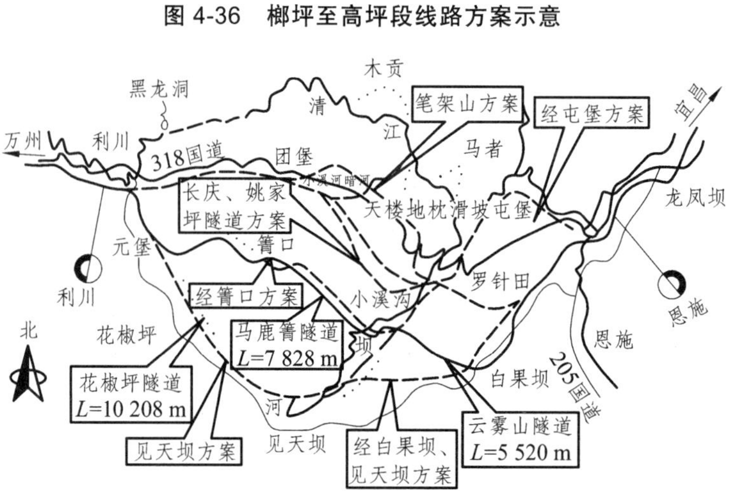

图 4-37 恩施至利川段线路方案示意

（二）岩堆地区的定线

陡峻坡上风化严重的岩层，风化破碎后在重力的作用下滚滑，在山脚下形成锥体堆积，称为岩堆。

线路经行岩堆地段时，应查明岩堆的活动程度。选定线路时，应设法绕避活动和不稳定的岩堆，尽可能将线路选在稳定的山坡上；对于外形稳定的岩堆，宜采用绕避方案。若必须通过时，应采用低路堤方案，且应加强路基支挡防护。

如宜万铁路线路出贺家坪车站后，于堡镇越岭设堡镇隧道。堡镇隧道处在灰岩与碎屑岩地层交界区域：南侧为灰岩地区，主要为泥灰岩；北侧为碎屑岩，主要为碳质页岩。在地质测绘和有关勘探工作的基础上，为避开灰岩地区岩溶问题对隧道的影响，堡镇隧道线位最终选择在碎屑岩一侧。在隧道施工中，由于隧道深埋，高地应力软岩大变形的问题十分突出。对于隧道高地应力软岩大变形问题，根据科研成果，设计采取了相应的分级高地应力隧道支护及衬砌结构；施工中，采取综合监测控测试手段摸清软岩高地应力大变形规律，根据综合测试成果，及时调整了隧道支护及衬砌结构，但施工工期受到影响。为满足项目总体工期需要，在隧道南侧的泥灰岩区域增设近 2 km 长的辅助导坑；由于辅助导坑地质条件较好，施工工期明显加快，也未出现岩溶不良地质的影响。因此，从施工的结果来看，堡镇隧道线位若往南侧靠，设在泥灰岩区域内，则投资和工期的效果可能要优于现实施的方案。堡镇隧道线位方案示意见图 4-38。

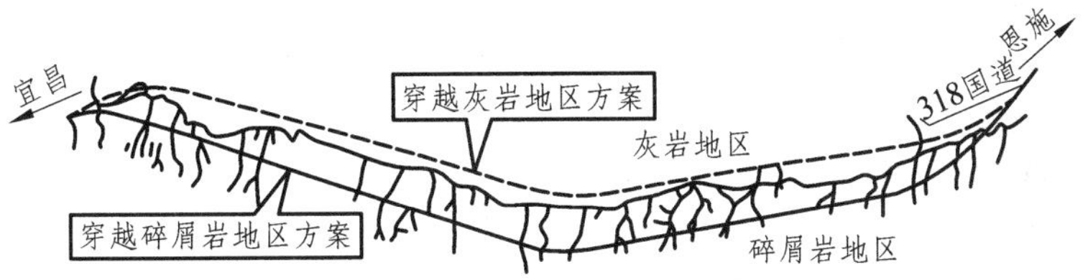

图 4-38 堡镇隧道方案示意

朔黄重载铁路恒山越岭段，根据危石的具体情况，采取清除表面危石，用水泥砂浆填充节理裂隙、挂网喷浆或浆砌片石填补等方法及设拦石措施，为了确保线路运营安全，在紧贴采空区边缘的情况下绕避危石，采用加长隧道方案改善线位，仅通过崩塌区Ⅵ区局部及Ⅶ区，长度仅为 280 m，清除、加固等方法处理危石的总量降至原来的 16.6%，基本达到了一次根治，不留后患的目的，经多年的运营实践，安全得到保障。线路方案示意见图 4-39。

（三）泥石流地区的定线

山区河流河谷纵坡较陡，山洪暴发时挟带大量泥石由山口涌出成为固体流，称为泥石流。它可能掩埋线路，冲毁桥梁，中断行车。

泥石流地段定线，线路应设在泥石淤积的上方以大跨度桥通过，并在线路上游流道内修建节流坝节流。从长远着眼，采取封山育林、水土保持的根本措施是至关重要的。

（四）冲沟地区的定线

黄土地区，因黄土的土壤结构特点，受水流冲刷后，被切割成深而范围很大的冲沟，其深度可达几十米。

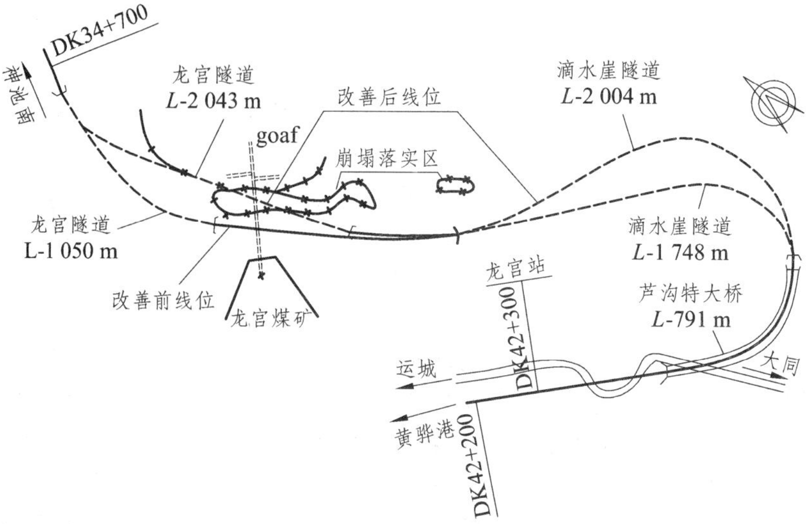

图 4-39　陡坡崩塌、落石地段线路方案示意图

线路通过分水岭的山坡时，应注意有无活动冲沟地区的不稳定地段。定线时，应避开冲沟地段。如果冲沟地区分布很广，不易完全绕避时，应采用沟内筑堤并用不透水层加固，在上游较窄处用桥梁通过的方式。这样可防止冲沟继续扩大，保证路基的稳定。

选线时，应查明黄土沟壑区的地层结构、地层岩性等特点，通过现场调查和勘探点，查明黄土的力学性质及地下水情况。

对于黄土滑坡发育地段，应以安全为第一，使铁路走在最为安全的通道上，不能怀有侥幸心理，将线路摆在不良地段。

如银（川）新（疆）铁拳经过的新庄地区；黄土滑坡主要发育在冲沟的中游，上游及下游黄土滑坡不发育，具体分布见图 4-40。

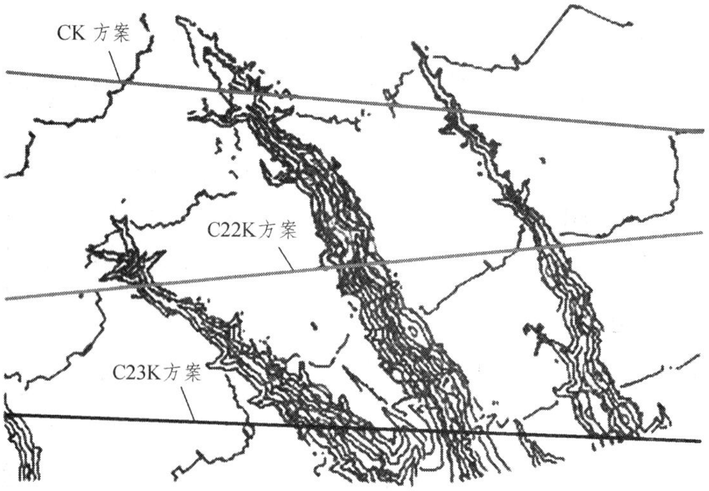

图 4-40　新庄地区黄土滑坡分布

本线初测阶段重点研究了塬上长隧道 CK 方案，塬边短隧道群 C22K 方案及沿泾河边行走的 C23K 方案。C23K 塬边短隧道群方案的洞口处理黄土滑坡的费用高，且无法保证处理后的洞口不会受到降雨的影响而产生次生的黄土滑坡，不能避免洞口边坡失稳，铁路安全难以保证；

C22K 沿泾河方案虽绕避了黄土滑坡，但大部分隧道高程刚好处于第四系黄土与白垩系基岩的分界面处，该接触面一般富水，对隧道影响较大，施工过程中易产生不良隐患，影响施工安全；经综合比选，最终放弃了 C22K 及 C23K 方案，选择了通过这一区域的 CK 方案。

（五）喀斯特（岩溶）地区的定线

在石灰岩地区常有严重的漏斗孔穴，即所谓的“喀斯特”。

由于这种陷穴现象是由深藏的地下水流溶解作用而形成的，在其发生的地区内修建铁路，是很危险的。线路经过溶解陷穴地区的选线方案，取决于陷穴现象的性质及其分布面积。如溶解地段范围大，则应尽可能绕避受溶解陷穴威胁的整个地段，若无法绕避，或绕避导致工程投资增加很多，也应从溶解陷穴较轻的地方通过，并采取必要的治理措施。

如宜（昌）万（州）铁路，受当时机车牵引力的限制，为满足铁路运输能力的需要和改善运营条件，降低运营成本，选择较缓的线路坡度，即限制坡度 9‰、双机加力坡 18‰。但在宜万铁路桥梁修建技术中，通过科技攻关和技术创新，采用了多座在铁路桥梁型式、跨度、高度都居世界、亚洲和国内领先地位的桥梁，铁路适应地形条件的能力更强，能更多地抬高线路高程，减少滑坡、岩堆、崩塌落石和深部水平发育岩溶等不良地质的影响。为防范风险和灾害，在施工过程中，对复杂岩溶隧道的施工地质超前预测预报进行了详细设计，并纳入了施工工序；创新开展了复杂岩溶隧道施工防灾报警系统设计、气象和水文观测设计。同时，对岩溶隧道基底和周边及岩溶路堑基底隐伏岩溶进行工后探查工作；并在探查、分析和研究的基础上，提出处理措施。

又如重庆至利川铁路（简称渝利铁路）位于云贵高原东北麓向四川盆地东缘过渡地区，线路东接宜万铁路。渝利铁路以余家隧道穿越齐耀山背斜，该背斜特点是褶皱紧密，岩层陡倾，各含水层岩组呈条带状展布，背斜轴部往往出露下三叠统大冶组（含页岩，为隔水层）及二叠统不纯碳酸盐岩；两翼为嘉陵江组纯碳酸盐岩、地表落水洞、溶蚀洼地、漏斗沿层面或纵张裂隙串珠状发育，丰沛的降水通过这些垂直岩溶通道和溶隙大量补给地下水，线路穿越可溶岩底层，隧道施工过程中面临突水、突泥及环境破坏等风险。

齐耀山背斜地下水主要为岩溶管道水，为地下水条状背斜横谷排水型，如图 4-41 所示。

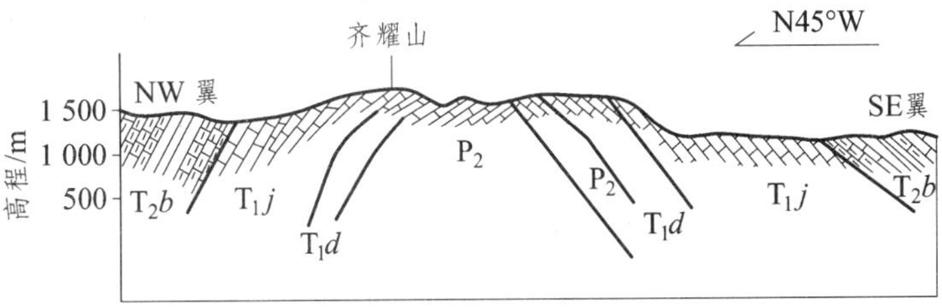

图 4-41　齐耀山背斜地下水流向示意图

经过对齐耀山背斜的地质构造、地下水特征、暗河体系的细致分析，结合地形地物、岩溶工程地质条件、龙洞特大桥桥位、星斗山国家自然保护区等地理、地质位置因素，对穿越齐耀山段线路着重比选研究了北线方案和南线方案，其重点研究了 75 m 高桥南线方案和 95 m 高桥南线方案，如图 4-42 所示。

南线方案研究了 75m 高桥南线方案和 95m 高桥南线方案。

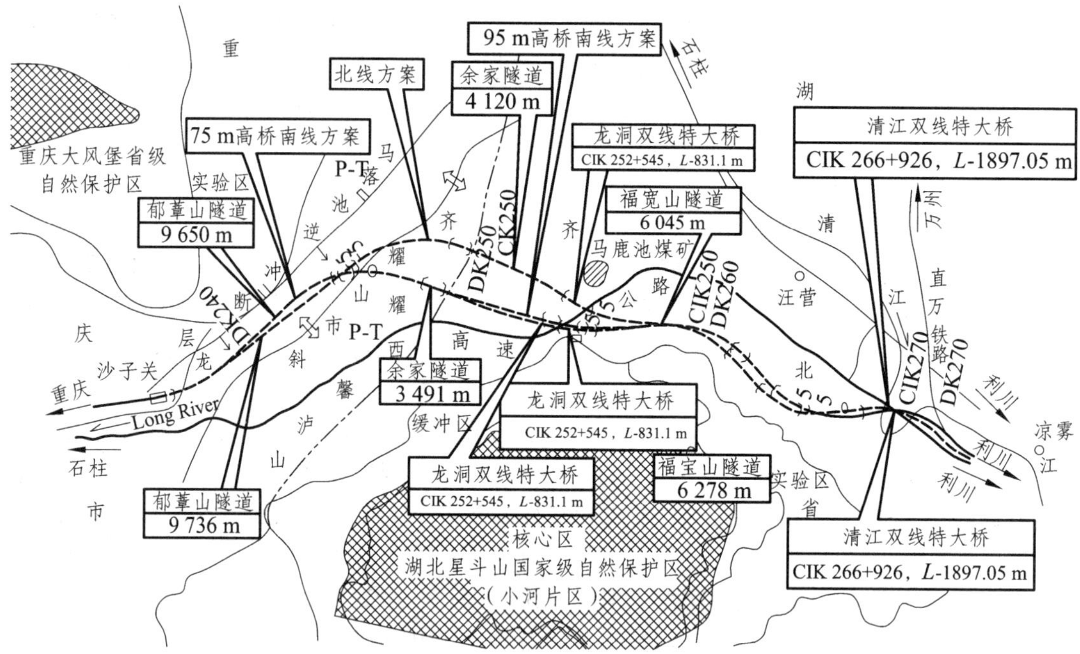

图 4-42　渝利线齐耀山地区线路方案示意图

南线 75 m 高桥南线方案的优点是龙洞双线特大桥墩高仅 67 m 左右，线路完全绕避了星斗山国家自然保护区。拟建余家隧道可借鉴沪蓉西高速公路齐耀山隧道的施工经验，减少施工风险，有利于安全施工，且投资较低。本方案的缺点是福宝山隧道穿越膨胀岩段落较长。

南线 95 m 高桥南线方案的优点是龙洞特大桥墩高较北线方案低，线路完全绕避了星斗山国家自然保护区。拟建齐余家隧道可借沪蓉西高速公路齐耀山隧道经验，减少施工风险，有利于安全施工。本方案的缺点是都亭山隧道进出洞位置地质条件较差，进口危岩落石发育，进口位于滑坡体边缘须处理，龙洞双线特大桥较 75 m 高桥方案桥墩高出约 8 m，桥梁跨度大、施工难度较高、投资较高。

北线方案的优点是线路完全绕避了星斗山国家自然保护区，福宝山隧道穿越膨胀岩段落较短。本方案的缺点是龙洞双线特大桥墩高达 127 m，施工难度大、投资高。余家隧道标高低于在建沪蓉西高速公路齐耀山隧道标高，且远离公路齐耀山隧道，施工风险加大，投资较高。

3 个方案通过的地形地貌、地层岩性、地质构造基本相同。方案都以大角度穿越齐耀山背斜，地下水主要为岩溶管道水。南线方案靠近沪蓉西高速公路齐耀山隧道，标高高于公路隧道，且位于地下水下游方向。公路隧道的施工在一定程度上揭示了该区的工程地质及水文地质条件，截排了流向线路方向的地下水，改善了拟建齐耀山隧道的施工条件，从环保、施工风险等方面考虑，南线方案优于北线方案。

结合工程地质情况，线路选线以线路尽量拔高，以路基通过齐耀山溶蚀沟槽，不会引起齐耀山溶蚀沟槽地下水位下降及地表水、泉点漏失，降低齐耀山隧道施工风险；同时以尽量降低龙洞桥墩高，尽量避开湖北星斗山国家级森林自然保护区为选线原则。由于 75 m 高桥南线方案龙洞双线特大桥桥墩仅 67 m 左右，线路方案完全绕避了星斗山国家自然保护区。拟建齐耀山隧道可借鉴施工中的沪蓉西高速公路齐耀山隧道施工经验，减少施工风险，有利于安全施工，工程投资省，故推荐 75 m 高桥南线方案。

通过对渝利线齐耀山地区岩溶隧道的选线研究，以及对施工过程中反馈信息的分析总结，可得如下山区岩溶地区选线基本指导原则：

（1）需对区域地质构造、岩溶地下水环境、地下暗河体系进行系统地分析研究，确定区域地质构造情况，找出地下水的活动规律以及地下暗河与地表水环境的相互关系。

（2）越岭地段线路标高应尽量抬高，以便于线路于山顶溶蚀槽谷地带出露，缩短隧道长度，使线路置于相对安全的岩溶水季节变动带之上。

（3）线路应避免在可溶岩与非可溶岩接触带延伸，必要时应以大角度通过。

（4）线路尽量靠近既有地下建筑物，充分利用既有建筑物形成的漏洞区，充分搜集和利用既有和在建地下建筑物的相关资料，为线路设计提供科学的参考或依据。

（六）沼泽地区定线

地面上，一年中大部分时间有着过饱和水分的地段，叫作沼泽。按所在位置的不同，沼泽可分为低地沼泽与高地沼泽。高地沼泽常出现在分水岭上，其一般是由在不透水地面上的大气降水所形成的。这种沼泽深度不大，所以对铁路修建不会产生严重影响。

低地沼泽之水源是地下水，多由生有植物的湖沼及旧河床所构成。此种沼泽大多深度大，有时还有地下水流。低地沼泽通常不能作为铁路路基的基底。

沼泽地区选线，应使线路在沼泽最窄最浅的地点通过，并且选用沼泽地没有横向坡度或坡度不超过 1∶20 的地段。

淤泥厚度不大时，一般采用通过方案较绕道方案经济；但淤泥层较厚时，应进行通过方案和绕行方案的比较。

（七）永冻地区的定线

在地面层下某种深度中，可能在相当长的时期内保持零下的温度，此种现象称之为“永久冻土”。永冻地带的选线，应综合分析永冻层土壤种类、融冻层的湿度、永冻层的含水程度及深度等条件。

（1）选线中应尽量避开高湿度土层地带，使线路从地势较高或较低台地的平缓山坡通过。

（2）永冻层含水越多，对修建线路越不利，尤其对设置车站影响更大。因此应尽量绕避永冻层含水多的地带。若绕避困难，应利用较厚的草皮保温层，以使冰层不致融化。

（3）对选线影响最大的是永冻层的深度。定线方案应考虑保持永冻层的自然状态，以便利用其作为线路的基底。线路不宜以路堑通过永冻层；若必须以路堑通过永冻层时，应以设计展开式的路堑为宜，并须有保温草皮层，且应保留覆盖植被作为保温层。

沿永冻地区的山谷或山坡定线时，最好选择太阳光较多、融冻层温度的变化较小的向南或向西的斜坡。

（八）沙漠地区的定线

沙漠和半沙漠地区气候的主要特征就是大风和一年四季内温度的变化大。在沙漠和半沙漠地区，铁路的定线，应考虑尽量减少沙埋的危险。定线时应注意以下问题：

（1）使线路顺着主要风向进行，同时应首先利用风沙较轻的地段。

（2）只要不破坏原覆盖层，线路可以从固定沙丘上通过。

（3）线路从半固定沙丘上通过时，可用临时防护措施稳固沙丘，通车后再种植防沙林带。

（4）通过沙丘地段的线路应尽可能采用路堑，避免采用路堤通过。

（5）活动沙丘应尽量绕避，必须通过时，要慎重研究防护办法；线路应与主导风向平行或成较小角度；线路少用曲线，以免积沙。

（九）高烈度地震区的定线

地震是地壳运动的现象。地震大部分发生在两个区域，即太平洋和阿尔卑斯— 高加索—喜马拉雅等折曲山系地区。地震可分为巨震和微震。巨震为人们所感觉，或称感震；微震则必须用仪器才能观测到。依据地震的强弱，在目前将地震分为十二级，一级是最微弱的，十二级是非常灾震，其破坏力量极大。

我国甘肃及云南西部是发生地震激烈的区域，其次新疆、安徽、四川、黑龙江、河北、台湾等地，也时有地震发生。

在地震区修铁路，必须考虑地震的影响。

同样的地震等级，破坏程度随地质条件、地下水饱和状态、建筑物性质等因素而有所不同。对于交通设施，首先受破坏的是桥涵、高填深挖路基、隧道及其他人工建筑物。隧道受破坏的程度比高大跨度桥梁和高填深挖路基相对小些。路基越高或路堑越深，则路基所受损害越严重。路基底面的土壤性质，对破坏程度有严重影响。在岩层土或密致岩石上修筑路基，受害较小；而在松软土壤上的路基，受害要大些。

地震区线路如果经过陡岸、冲沟、峡谷、滑坡、崩塌、岩堆、流沙等地区，或位于断裂层范围、附近地形强烈切割的地区，则线路工程结构物的稳固不能确保。

在高烈度地震山区进行铁路选线，应重视活动断层、不良地质等特殊场地的地震放大效应和近场区的地震近场效应。线路应尽量绕避大型不良地质发育地段、绕避地震及地震次生震害严重地段。当必须通过时，应以抗震能力高、灾后易修复的工程形式通过，并应遵从以下原则：

（1）线路应尽量绕避活断层，对于宽大活动断裂带，无法绕避时，应在查清区域性活动断裂结构和稳定性差异的基础上，选择相对稳定的部位通过。比如，选择活动性相对较弱的“安全岛”通过，或在断层宽度较窄处以大角度通过。

（2）线路不应在活动断层的主动盘迂回展线，大型工程应尽量布置在构造被动盘。在活动断裂的端点、拐角处，不宜设置高大桥梁、隧道、高填深挖路基等难以修复的大型建筑物。

（3）当线路穿越活动断层时，应从隧道结构、有利于救援的角度，选择合理位置通过。线路应避免短隧道群，双线铁路宜分修。隧道洞口应避开崩塌、滑坡、错落等不良地质发育地段和单薄的山脊、孤立山头等不利地段，洞口宜选择在坡面顺直、岩体完整地段。洞口位置的选择应贯彻“早进晚出”的原则。

（4）线路应尽量绕避断裂束，不得不通过时，在断裂束中不宜设置高大桥梁、隧道和高填深挖等大型建筑物。

（5）当线路采用路基工程时，线路应选择在非液化土层范围较窄的地段通过。用松软土壤修筑路基时，如系九级地震区，路堤高度不宜超过 12 m；在八级地震区，路堤高度不宜超过 15 m。

（6）在陡坡上不应修筑路堤。在陡峻的半山坡上，也不宜修筑路堤。石质半山坡上最好作半隧道，而不要作半填半挖路基。

（7）线路通过泥石流发育区时，应选择合理的平面位置和高程，从有利部位以合理工程类型通过，避免地震诱发泥石流灾害对铁路的破坏。

（8）线路应尽量绕避潜地震诱发次生地质灾害的地段，绕避潜在不稳定斜坡、松散的山坡堆积层、可能发生大规模滑坡和崩塌的不稳定悬崖深谷、高耸孤立山丘等易发生地震次生地质灾害的地段。

（十）水库地区的定线

水库地区的选线，除线路高程必须保证至少高出水库最高水位（加波浪侵袭高）0.5 m 外，还要研究水库坍岸、水库淤积和地下水壅升三个问题，并处理好铁路建设与水库规划的关系。

1）水库坍岸的处理

新建水库蓄水后，因风浪冲击、水流侵蚀和水位涨落等原因会引起库岸坍塌。定线前应判明可能产生坍岸的地段及影响范围，将线路定在坍岸范围之外，如图 4-43 所示。

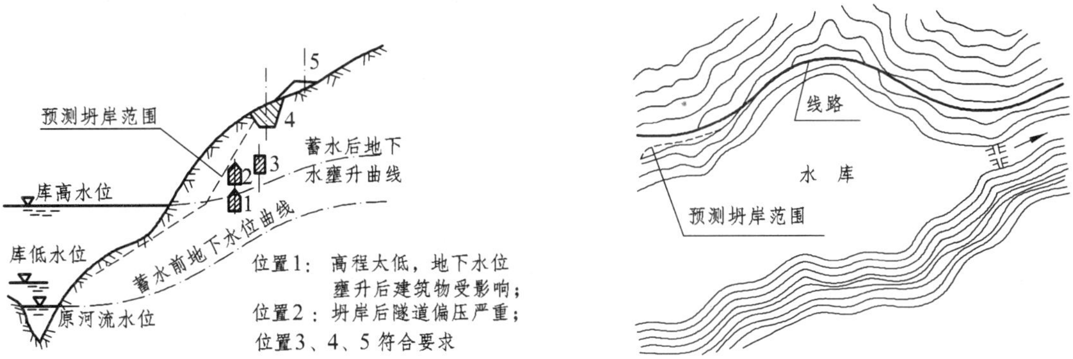

图 4-43 水库坍岸对线路的影响

当不能绕避时，应对可能发生坍岸的岸坡采取防护和加固措施，确保铁路安全。

线路跨越库岸支沟时，也应根据岩土性质和横坡大小，估计坍岸的可能性或可能出现的不良地质现象，结合桥涵布置，正确选定线路位置和路基防护、加固措施。

2）水库淤积的处理

水库回水范围内，因水流受阻而使流速变缓，导致大量泥沙淤积，特别是含沙量大的河流，淤积速度更快，使回水区内的水位抬高。因此，跨越水库回水区的线路，也要相应提高设计高程，以保证必要的路肩高度和桥下净空。

然而，水库岸边某些地段因水流由急变缓形成的淤积对库岸有防护作用，线路在这样的岸边通过对安全是有利的。

3）地下水壅升的处理

水库蓄水后，地下水位壅升，造成湿陷、翻浆、沼泽化或诱发滑坡、崩坍等不良地质产生，也有可能使建筑物基底承载力降低，从而使建筑物产生变形而遭到破坏。因此在水库区选线，应考虑地下水位壅升后的影响（见图 4-43）。

4）正确处理铁路建设与水库建设的关系

远期规划水库因工程尚未施工，为节约铁路投资，经比较可考虑暂按无水库影响进行选线，但需取得有关方面的同意。在水库修建计划已落实的情况下，宜配合水库建设的要求进行选线。

当线路从水库堤坝下游穿过而大坝采用的洪水频率标准又低于铁路标准时，为避免危及铁路安全，线路应尽可能远离坝址，或者和有关部门协商加固堤坝。若大坝采用的洪水频率不低于铁路的设计标准时，可不考虑溃坝的影响。但线路位于大坝下游时，仍应离开水坝有一定距离，以免集中冲刷引起河槽变形而危及铁路的安全。

第八节　桥涵、隧道及与道路交叉地段的定线问题

铁路沿线上要分布大量的桥梁、涵洞和隧道建筑物。线路与桥隧建筑物是互相依存的整体与局部的关系，必须在总体设计的基础上综合考虑。一般说来，特大桥和长隧道往往影响线路的局部走向，而数量众多的一般桥涵、隧道，则随所定线路而布置。为了保证这些建筑物的安全和经济合理，根据地形、地质和水文情况，有时也需将线路做局部移动。

一、桥涵地段

在铁路沿线，由于跨越江河、路基排水、农田灌溉等原因，需要修建跨越或过水建筑物。

过水建筑物有桥梁、涵洞、明渠、高架水槽等。另外，有时为了少占农田、采用旱桥代替高路堤；为了有利于交通安全，用立交桥代替平交道口。线位选定必须与桥涵分布和桥址选择密切配合。

（一）桥涵分布

大桥和特大桥，通常根据江河位置选定桥位，定线应服从桥位引线。

中、小桥和涵洞的分布，概略定线阶段，是利用平面图和纵断面图进行的，并在外业进行现场核对；详细定线阶段，应根据现场勘察资料，结合平面和纵断面图来确定。

原则上，每一自然水流应设一个桥涵，理由充分时，才可合并，即将两股距离较近的水道，在达到线路之前并成一股通过线路。两桥涵合并，必须充分估计到自然水流改道后，冲刷和淤积带来的危害。只有当两桥涵很近，本身汇水量又不大，改道工程量小且无冲刷路基的危险时才予以考虑。

在平坦地区，如果长距离中没有明显的水道，相隔一定距离也必须设一桥涵以排除地表水。在漫流地区，有时还应采用一河多桥的方案，并配合相应的导治建筑物，以策安全。

分布桥涵，应与平面定线和纵断面设计相结合，应使铁路线上游的地表水能顺畅地通过铁路，保障铁路和沿线人民生命财产的安全。

分布涵洞时，应力争不改变或少改变现有的灌溉系统，以免影响农用灌溉。灌溉涵洞的出水口高程应与当地农田水利部门协商确定。排洪涵洞还应考虑涵前积水不致淹没上游村庄和农田。交通涵洞应尽力满足当地交通需要。

（二）桥址选择

大、中桥的桥越范围较大，包括桥梁梁部及墩台、导治建筑物和桥头引线。桥址选择不但影响桥越本身，还常常影响与桥址毗连线路的定线。特大桥桥址的选择还可能影响线路的走向。

桥址选择所考虑的主要因素，可归纳为与最短线路方向偏离的程度、水文和地貌条件有利、工程地质条件较好以及桥头引线条件好等几个方面。

1. 与最短线路方向偏离的程度

一般来说，与最短线路方向偏离程度最小的桥址具有明显的优点，因此，有条件时，应尽量使桥址选择在偏离最短线路方向较小的地方。特别是对于预期运量很大的铁路的线路，为了使线路短而顺直，即使桥址处于较不利的地点，从工程和运营两方面综合分析，也有可能是合理的。

2. 水文和地貌条件有利

（1）桥址尽可能选在河床稳定、河道顺直和水流顺畅的河段，避开水流紊乱、流向多变、河床宽度急剧变化等冲淤作用复杂的河段。

（2）为了缩短桥长，桥位最好选在河床较窄的河段，避开沙洲、古河道和河汊。

（3）桥位避免设在较大支流汇合处，以免两河洪水涨落引起急剧多变的冲淤变化，危及墩台基础和桥头路堤的安全或导致排洪不畅；也避免设在容易为流冰与失控流放的木筏、木材堵塞处。山前河流、沟谷出口处，冲淤变化尤为剧烈，应多方案选择桥位，并辅以工程措施。

（4）桥梁应尽可能与河槽、河谷正交；必须斜交时，应尽量减小斜交角（桥梁中心的法线与水流方向的夹角），以利于排洪和缩短桥长。

3. 工程地质条件较好

桥址处河床的地质条件，不但影响基础类型、桥式、桥跨，而且影响桥梁造价，施工难易程度和运营的安全。选定桥址时应十分重视地质条件。

桥址应尽量选在基岩埋藏浅、岩性坚硬、整体性好、倾斜度不大的地段。如基础不能置于基岩时，则应选在土质均匀、容许承载力高、抗冲性强的河段。应尽量避免断层、岩溶、滑坡等不良地质处。

4. 合理选用大跨高桥以改善线路

大跨、高墩桥梁施工技术的进展，有利于在地形、地质复杂地区选择较理想的桥位。如峡谷地区山高谷深，线路穿越峡谷地区的较大河流时，桥梁往往位于纵断面凹形地段，桥高则线路顺直；桥低则需展长线路。采用大跨度桥梁可避开高墩和不良地质，而大跨高桥的采用，还可减少展线总长度。桥梁工程中新技术、新工艺和新型结构的应用，为大跨高桥方案的选用提供了有利的条件，在山区铁路的定线中，应结合具体情况考虑采用。

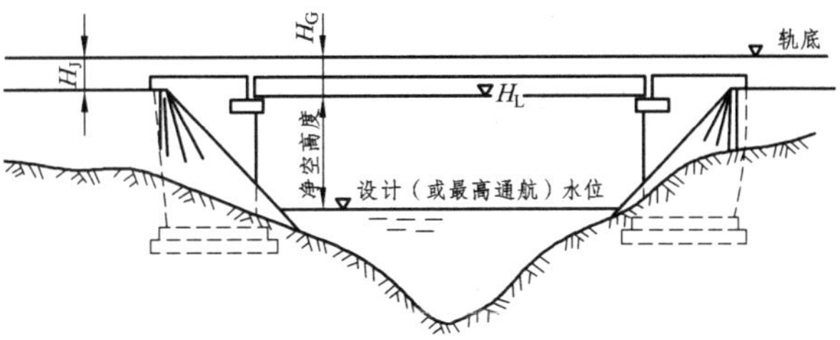

图 4-44　桥梁及桥头路基与水位关系

5. 桥头引线的设计要求

桥梁附近的路基设计高程如图 4-44 所示，应满足

$$H_{min} \geqslant H_L + H_G - H_J \tag{4-2}$$

式中　H_{min}——路肩设计高程（m）；

H_L——梁底设计高程（m），其值按规定的洪水频率（客运专线、客货共线Ⅰ、Ⅱ级铁路为 1/100，Ⅲ级铁路为 1/50）的设计水位与要求的净空高度决定，要求的净空高度可查有关部门颁发的标准；

H_G——梁底至轨底的高度（m）；

H_J——轨底至路肩的高度（m）。

在桥隧毗连地段，线路平、纵断面设计应与桥式方案选择综合考虑，如采用架桥机架设桥梁时，线路平、纵断面设计和隧道洞门的位置应考虑架桥机架梁时施工的安全与便利。决定设计高程时，除应满足桥下净空要求外，还应注意隧道施工弃渣的影响。

6. 涵洞处的路基条件

涵洞附近路肩设计高程应比规定洪水频率（客运专线、客货共线Ⅰ，Ⅱ级铁路为 1%，Ⅲ级铁路为 2%）的设计水位连同壅水高度至少高出 0.5 m，即要求路堤填土高度（$h_{\min}$）高出涵前积水高度（h_p）至少 0.5 m。

$$h_{\min} \geqslant h_p + 0.5\ (\mathrm{m}) \tag{4-3}$$

为了改善洞身受力状况，涵洞顶上应有一定厚度的填土，以保证涵洞结构条件所需的最小路堤高（h_j）。涵洞处自沟底起算的路堤填土高度（h_h）应满足

$$h_h \geqslant h_j\ (\mathrm{m}) \tag{4-4}$$

各种孔径涵洞相应流量的涵前积水高度和结构条件所需最小路堤高度，可从桥涵水文计算的有关手册中查取。

当纵断面设计的路堤填土高度不能同时满足上述两项要求时，可采取如下措施：

① 在满足设计流量的要求下，改用需要填土高度较小的涵管类型；

② 加大孔径、降低积水高度，改单孔为双孔以至多孔，但拱涵不得用三孔；

③ 适当挖低沟底，适用于出口有较深或纵坡较陡的沟床；

④ 改变纵断面坡度，提高路肩设计高程；或者改动线路平面，降低涵洞处地面高程。

二、隧道地段

铁路选线中，采用隧道是克服高程障碍、降低越岭高程、缩短线路长度和绕避不良地质的重要措施。合理设置隧道，是提高选线设计质量的重要环节。铁路定线时，遇到下述情况常用隧道通过：

线路翻越分水岭，在垭口修建隧道，即越岭隧道；沿河傍山定线，或要求裁弯取直或绕避不良地质而修隧道，即傍山隧道，如图 4-45 所示。

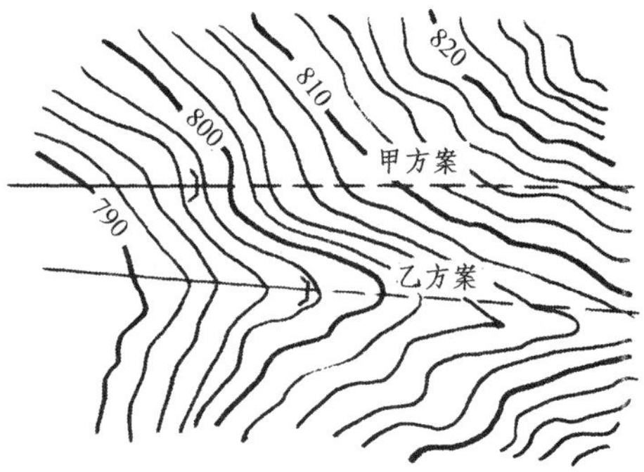

图 4-45　沟谷洞口位置比较

（一）隧道位置的选择

关于越岭隧道位置及高程选择，已在上一节介绍，不再赘述。下面说明傍山隧道的位置选择。

傍山隧道的位置选择应注意以下问题：

① 埋藏较浅时，线路宜向内移，以避免隧道偏压过大；

② 应避开岩堆、滑坡等不良地质以及河岸冲刷、水库坍岸范围；

③ 可结合当地的地形、地质情况和工程大小，进行裁弯取直的长隧道方案和沿河绕行方案的比较，如图 4-45 所示；

④ 地形曲折、地质条件复杂时，河谷线常出现隧道群。在决定线路平面位置与高程时，要充分注意隧道施工期间的弃渣、排水和便道运输之间的相互干扰，并尽量减少对现有的水利、道路等设施的影响。

（二）隧道洞口位置的选择

洞口是隧道的薄弱环节，洞口工程处理不当，易产生病害，危及行车安全。隧道地段定

线，应考虑下列因素，通过技术经济比较，认真选择洞口位置。

（1）选择洞口位置宜贯彻“早进洞，晚出洞”的原则；避免片面追求缩短隧道长度，忽视洞口边坡稳定的做法。

不宜用深路堑压缩隧道长度，以免洞口边坡、仰坡开挖过高。在一般情况下，边坡、仰坡开挖高度不宜超过 15 ~ 20 m，围岩较差时不宜超过 10 ~ 15 m，围岩较好时也不宜超过 20 ~ 25 m。

不应将洞口设在沟心；否则，不但工程地质条件差，且施工时排水和弃渣也较困难。因此，洞口线路一般选在河谷一侧，如图 4-36 甲方案所示。

（2）洞口应尽可能设在山体稳定、地质条件较好之处，以保证洞口安全；否则应修建挡护工程或延伸洞口，增建明洞。

（3）洞口宜设在线路与等高线正交或接近正交处；如采用斜交，则要修建斜交洞门或修建明洞。

三、铁路与道路交叉

当铁路与道路相交时，为保证行车和人身安全，应设置平交道口或立体交叉。交叉的形式应根据铁路设计速度、铁路与道路的性质、等级、交通量、地形条件、安全要求及经济与社会效益等因素确定。高速铁路、快速客运专线应按全封闭、全立交设计；普速客货共线铁路，一般应优先考虑设置立体交叉，减少平交道口。

（一）立体交叉的设置条件

（1）高速铁路、快速客运专线铁路与公（道）路交叉时，必须设置立体交叉。对密集的公（道）路应考虑适当合并改移后，设置立体交叉。

（2）客货共线铁路与高速公路、一级公路和城市道路中的快速路交叉，必须设置立体交叉。

（3）客货共线铁路与其他道路交叉，符合下列条件之一者应设置立体交叉：

① Ⅰ级铁路与其他道路交叉；

② 铁路与二级公路交叉；

③ 铁路路段旅客列车设计行车速度大于或等于 120 km/h 的地段；

④ 铁路与道路交叉，交付运营第 5 年的道口折算交通量大于或等于表 4-2 中规定者；

⑤ 结合地形或桥涵构筑物情况，有设置立体交叉条件者；

⑥ 确有特殊需要者。

表 4-2 设置立体交叉的道口折算交通量（万辆次/年平均昼夜）

瞭望条件	路段速度（km/h）	
	100	80
良　好	12.0	16.0
不　好	6.0	8.0

注：瞭望条件满足表 4-2 者为良好，否则为不好。

（二）铁路与道路立体交叉的建筑限界

（1）道路上跨客货共线铁路时，铁路的建筑限界应符合现行国家标准《标准轨距铁路建筑限界》（GB 146.2）的规定。有双层集装箱运输需求的铁路，应满足双层集装箱运输限界的要求。

（2）跨越客运专线的立交桥，其桥下净高不应小于 7.25 m。客运专线下穿既有立交桥时，经技术经济比选，可采用较低的净高。

（3）道路下穿铁路时，公路、厂外道路、城市道路的建筑限界应符合国家现行的有关部门标准和规范的规定。

（4）铁路与规划公（道）路交叉时，应考虑规划公（道）路的穿越条件。

（5）乡村道路下穿铁路时，乡村道路的净空应根据通道种类和交叉条件与有关单位协商确定，但不得小于表 4-3 所列的规定。

表 4-3　立交桥下乡村道路净空

通道种类	汽车及大型农机	机耕车和畜力车	人力车、人行通道
净宽（m）	5.0①	4.0	2.0
净高（m）	4.5②	3.0	2.5

注：① 特殊困难条件下，可减至 4.5 m；② 特殊困难条件下，可减至 3.5 m。

（三）道口设置条件

（1）道口宜设在瞭望视距不小于表 4-4 规定的处所。线间距小于或等于 5.0 m 的双线铁路道口，机动车驾驶员侧向最小瞭望视距应另加 50 m，多线铁路道口按计算确定。

表 4–4　最小瞭望视距

铁路路段速度（km/h）	火车司机最小瞭望视距（m）	机动车司机侧向最小瞭望视距①（m）
100	850	340
80	850	270

注：① 机动车驾驶员侧向最小瞭望视距为机动车在距道口相当于该等级的道路停车视距并不小于 50 m 处，应能看见两侧铁路上火车的范围。

（2）道口不得设在车站内，也不宜设在铁路曲线地段以及道岔、桥头和隧道口附近。

（3）道口间距离不应小于 2 km。

（4）铁路与道路平面交叉宜设计为正交，斜交时交叉角应大于 45°。

第九节　铁路环境选线

铁路环境选线，亦称“绿色选线”，是指将各种环境敏感问题的规避解决在铁路勘测设计的前期阶段，也就是在铁路选线中融入环保的理念。在线路方案选定中，从环境保护和可持续发展的角度，综合考虑地形、地质、水文等自然条件，特别要考虑风景名胜区、自然保护区及生态环境因素对线路方案的约束，多方案进行环境影响的综合评价，选择出对环境影响最小的方案。

一、与铁路选线相关的环境问题

铁路建设，对沿线的自然环境、人文环境、景观环境、生态环境等都带来不同程度的影响，相关的环境问题包括以下几方面：

1. 土地和耕地的占用

土地，尤其是耕地，是极其宝贵的自然资源。由于铁路建设要占用各种土地资源，这些土地就会失去其原有的功能。同时筑路占地会加速减少本已不多的耕地，加剧对剩余耕地的压力。

2. 诱发地质灾害

修建铁路，路基的开挖或堆填会改变局部地貌，这在地质构造脆弱地带易引起崩塌、滑坡、泥石流等地质灾害。

3. 对生态敏感地区的影响

铁路运输线路长，其间会穿越各种生态系统，如各类自然保护区、野生动植物保护及栖息地、水土流失重点防治区、森林公园、成片林地与草原、水源区、湿地等。铁路在穿越或接近这些地区时，有可能影响到这些地区的生态平衡，破坏自然资源。

4. 廊道效应

铁路是城市与城市的通道，是人类相互联系的廊道。而对生物来说，尤其是对地面动物，铁路就是一道屏障，起分离与阻隔的作用。由于铁路的这种效应，分割了动物的活动领地，甚至会截断有些动物的饮水路线，从而影响动物的生存环境。

5. 水土流失

铁路建设中，由于施工造成地表植被被破坏，使土壤表层裸露，土壤的抗蚀能力大为降低。此外，铁路工程建设中还会产生大量取土或弃土、弃渣，这些松散的岩土孔隙大、结构疏松，若不加以处理，也会导致新的水土流失。

6. 噪声、振动及电磁辐射

铁路列车运行时的噪声会干扰人们的正常生活和休息，影响身心健康；噪声还影响人们的学习和工作，使其效率降低、工作质量下降。铁路列车运行时产生的振动还会对人体、建筑物、精密设备和文物等产生影响。

从环保的角度考虑，列车牵引种类的选择以电力牵引为佳。电力牵引热效率高，能源利用合理，且可实现零排放、无污染，条件允许时，宜优先采用电力牵引。但选用电力牵引时，大功率传输导线中的强电流及集电弓与接触网的离合可导致对周围环境产生较强的电磁干扰，影响铁路通信、信号设备的正常工作，也对沿线精密电子设备和数字化自动控制设备的正常使用带来不利影响。电力牵引产生的干扰电平与机车运行速度、线路条件等多种因素有关。当电气化铁路列车时速提高到 140 km 以上时，无线电干扰强度将会有较大幅度增大，其影响范围势必随之扩大，尤其是当铁路通过城市两侧密集的居民区时，电气化铁路电磁辐射的影响不可忽视。因此，采用电力牵引时，应采取防电磁干扰措施。

7. 大气污染

铁路建设带来的大气污染，施工中主要是扬尘，投入运营后主要是由机车排出的气体污染物引起的。

内燃牵引需用昂贵的液体燃料；蒸汽牵引机车热效率低、能耗大。这两种牵引方式均排放有害气体，特别是蒸汽机车的烟尘、炉渣、油污、废水等是主要污染源。因此，采用内燃、蒸汽牵引时，应采取相应的环保措施。

8. 出行阻隔

铁路有利于其区域内的社会经济发展，但同时，由于环保、安全等方面的因素，铁路穿过地带将建成封闭的通道。由于铁路的阻隔，会对铁路线路两侧的社会、经济活动造成一定的分割，影响到线路两侧的信息传递、原料及成品的交流，以及居民的出行。

9. 景观资源的保护

景观资源，如奇特地貌、名木古树、珍稀生物、历史文物、峡谷、溪流等都是国家的重要景观资源。对于景观资源，在铁路的选线阶段应尽量予以避让，或采取工程技术措施加以保护。

10. 对其他基础设施的影响

铁路建设项目在施工中，有时会对铁路沿线的其他基础设施产生干扰，如通信设施、水利排灌设施、蓄水防洪工程、电力设施等。铁路选线应尽量避免与沿线的这些基础设施发生干扰。

二、铁路环境选线的一般原则

1. 新建铁路应提高与城市建设规划的协调性

线路走向选择应结合城乡建设规划配合城乡发展，注意保持规划用地的完整性，避免穿越密集的居民点、商贸中心区、重要文化科技园区。

2. 新建铁路应避免破坏自然景观、人文景观、文物古迹及民族文化遗产

铁路选线和选址宜绕避自然保护区、风景名胜区、饮用水源保护区、国家重点文物保护单位等环境敏感区；若必须经过环境敏感区时，应符合有关法律、法规规定，并应采取适宜的减缓不利影响的降噪减振措施。

3. 应注意资源保护

线路位置不宜覆盖矿产资源与生态资源。

4. 重视生态环境保护

注意保护铁路沿线动植物的生存环境和水土环境。为此，铁路选线应遵从以下原则：

1）节约土地原则

铁路建设规模很大，占用的土地多。在选线设计过程中应注意合理布设线路，合理选用铁路建设标准和技术指标，适当降低路基高度，减少两侧边坡占地及填挖方取土占地。对铁路临时用地应及时进行整治、恢复和利用。

当铁路经行位于平丘地形的生态、环境敏感区时，宜采用高架线路形式通过，以减少由于施工对地表的开挖而导致生态被破坏。施工完成后，通过在铁路两侧重造绿化带，可恢复绿色生态，保护生态环境。

在山岭、重丘地区选线，应尽量减少高填深挖工程，尽量减小铁路建设对沿线水土环境、生态环境的影响。为此，可采取如下选线方案：

（1）最大坡度与最小曲线半径标准应与地形相适应，以减少展线长度，减少高填深挖，从而减少铁路用地、少占良田、不过多破坏植被、减少局部水土流失、减轻对坡面稳定性的影响，以维护生态环境。

（2）适当降低铁路的线形要求。当线路经由生态和环境敏感地带时，若采用小坡度和曲线半径推荐值将导致高填深挖时，可适当降低线形要求，采用困难条件下的技术条件，以减少高填深挖，避免对环境、生态的破坏。

（3）在铁路选线中，遇到深挖路段时，根据地质条件，可适当增加隧道工程。

（4）路基地段宜填挖均衡，使路基土石方调配能移挖作填，减少取、弃土石方，少占耕地。路基两侧征地范围内宜植树种草，搞好绿化，维护生态环境。客运专线铁路路基边坡宜采用绿色植物防护与工程防护相结合的防护措施，并兼顾美观与环境保护、水土保持、节约土地等要求。

2）原有生态系统连续性原则

生态系统虽具有一定的自我修复功能，但其中任何一种成分或过程的破坏和变化，都将影响系统的稳定和存在。因此，铁路建设应尽可能保证原有生态系统的连续性，特别对一些自然保护区、湿地生态系统、野生动物保护区、水资源保护区采取相应的保护措施。

3）保护自然植被原则

生态系统中自然植被是可以调节系统的环境要素。因此，保护铁路沿线的自然植被以求生态系统稳态发展。

4）生态环境恢复原则

铁路建成以后，原有自然生态系统已被破坏，难以完全恢复，这时需要建立新的生态平衡体系。因此，选线需要定向设计，特别是绿化设计、环保设计。

5. 加强对河谷地段线位方案对沿河自然环境影响的评价

在河谷地区进行铁路选线时，应重点研究线位工程与河流的相互影响问题，不仅要研究沿河自然环境对线路的影响，而且还要研究铁路建成后线路工程反过来对自然环境的影响。对环境生态敏感点应贯彻“绕避为主，绕治结合”的选线理念，综合分析各种影响因素，选择与环境、生态协调的线位方案。河谷地区影响铁路环境选线的主要因素包括：

（1）工程与水文环境协调的线路方案选择，即线路的平纵面设计。

（2）工程对河流断面行洪能力的影响，即线路与河流相对的平面位置、高差、桥梁墩台和防洪工程设施对过水能力的改变。

（3）沿河自然环境对线路的影响，主要指线路工程如何面对洪水等的威胁或影响。

（4）线路工程对自然环境的影响，计算分析沿河走廊受影响程度，采取措施予以保护。

（5）河流水文因素变化预测，预测未来洪水涨落情况，了解河段流量与水位的变化规律。

（6）窄（峡）谷地段线位及高程，主要为特殊路基和顺河桥隧的位置及高程的选择。

（7）顺河桥及顺河路堤对河流行洪的影响，即线路工程占据了部分行洪通道的问题。

（8）跨河桥对桥位断面过流的影响，即当线路工程换岸时，跨河桥压缩了过洪断面。

（9）宽谷地段线位及高程，主要为不良地质路基和顺河路堤的位置及高程的选择。

（10）工程对自然河床的影响，是指由于施工对河流水文环境条件的改变。

（11）工程弃渣与河道采集砂石对河床的影响，即路堑弃方或隧道弃渣及路堤填筑取料。

（12）与线路相关的防洪工程布设及规划。

三、基于自然环境保护的铁路环境选线

自然环境是人类赖以生存和发展的基础。自然环境保护是我国的一项基本国策，铁路是

一项跨越区域漫长的带状结构物，铁路选线往往经过自然资源丰富、景观环境优美的区域，选线若不合理，必将破坏沿线自然环境，影响自然景观及原始风貌，增加大气、水源及噪声污染。铁路沿线自然环境保护就是解决铁路与沿线自然环境协调的问题。铁路应成为自然环境整体的一部分并与自然环境融为一体，减轻对自然环境的破坏，实现铁路与区域环境的可持续协调发展。因此，铁路选线应贯彻“更加安全、环保、经济”的总体设计指导思想。

基于自然环境保护的铁路选线思想，是指铁路线路在满足行车安全、平顺、舒适的条件下，更适合周边的自然环境和社会环境，更有利于自然风景、人文历史、美学景观和其他社会价值的保护；强调创新精神，主张灵活性设计；提倡多学科参与、多部门协同、多方案比较。选线设计过程中，在充分调查并分析研究铁路所经地区不同的地理环境、地质地貌状况、地域特点、矿产资源分布、自然和人文景观、水源保护、声环境等要素的基础上，使选线设计突出区域选线对环境影响的重点，并兼顾一般环境要素。同时，在当地政府、相关部门及居民的支持、协调和参与下，确定对自然环境的最大保护和最佳利用的选线方案。选线要点可归纳如下：

1. 沿线区域自然环境调查与分析

首先，对沿线区域自然与人文景观进行调查并分类。对沿线景观类型丰富的地段，运用基于背景的设计理念，将铁路融入自然和人文景观中，成为背景中的一个有机组成。分析线路影响环境、环境影响线路的相互作用关系，从而最大限度地保护和提升沿线自然和人文景观。

2. 铁路沿线自然环境敏感点线路走向确定

依据调查收集的资料，结合地形图和现场踏勘，基于背景设计理念，针对各路段特点，考虑线路对自然和人文景观、水源、植被、噪声、废气、占用耕地和拆迁、自然资源、历史文化遗存以及城镇发展规划等方面的影响程度来反映线路方案的优劣，综合分析并预测线路对环境敏感点的环境因子的现状影响和长期影响，经过多方案反复比较论证，得到综合影响程度最小的最佳路线设计方案。

3. 自然环境影响分析评价

运用相关技术和手段，将自然环境保护理念融入选线设计的全过程，就环境敏感点、段的选线方案对自然环境及景观的影响进行综合评价。评价指标包括：平纵面技术指标与环境和景观的协调程度、线路对自然河道的干扰程度、线路对河滩植被的破坏程度、高填深挖路段所占比重、铁路沿线人工防护和绿化与青山绿水的自然背景及景观协调程度、工程地质条件、水资源保护程度、环保工程难易程度、环保投资大小等。

第十节　计算机辅助选线设计

计算机辅助选线设计主要研究用计算机及其外围设备和图形输入输出设备帮助工程师进行铁路线路设计的技术；它是随着计算机及其外围设备、图形设备及其软件以及现代勘测技术及其设备的发展而发展的。用计算机辅助铁路线路设计对提高设计质量、节省人力和资金、加快设计速度均有明显的效益，对改革我国传统的选线方法和促进我国铁路勘测设计现代化将是一种行之有效的手段。

选线计算机辅助设计的主要内容包括：

① 建立数字地形模型；

② 线路局部方案走向选择；

③ 线路平、纵断面计算机辅助设计；

④ 线路纵断面优化设计；

⑤ 线路平、纵面联合优化设计。

一、数字地形模型

数字地形模型（Digital Terrain Model，简称“数模”或 DTM），是指表达地形特征的空间分布的一个规则排列或不规则排列的数字阵列，也就是将地形表面用密集点的 x，y，z 坐标的数字形式来表达。如果根据这批数据点的数据，建立一个数学曲面，使该曲面逼近实际地形表面，就可以根据该曲面内插出地面上任意一点的高程或其他地形信息。

用于铁路线路计算机辅助设计的数字地形模型的主要形式包括：方格网式数字地形模型、三角网式数字地形模型、鱼骨式数字地形模型、离散型数字地形模型和分块离散型数字地形模型。下面简单介绍方格网数字地形模型和三角网数字地形模型的有关知识。

（一）数字地形模型数据点采集

数据点是构成数字地形模型的基本元素，其作用相当于外业测绘等高线时的碎部点。采集构造数字地形模型的数据常用的方法有四种，即地面测量采集数据、既有地形图数字化、摄影测量采集数据和利用卫星信息采集数据。

野外常规数据采集是工程测量工作中，尤其是工程中大比例尺测图获取数据信息的主要方法。而采集数据的方法随着野外作业的方法和使用的仪器设备不同可以分为三种形式，即普通地形测图方法、使用测距经纬仪和电子手簿方法以及野外使用全站型电子经纬仪方法。

既有地形图数字化也成为数字化机助成图手段之一。数字化机助成图仅是近一二十年发展起来的，而逐渐形成生产规模则是近十年的事情。各生产部门原有的地形图（包括国家基本图）无一例外都是应用计算机绘成的。在工程中建立数字地面模型（DTM），还需要应用大量的原有地形图，为此，人们采用数字化仪来完成原有地形图的数字化工作。

摄影测量方法包括航空摄影测量和地面摄影测量。将所有的像对在立体测图仪上相对定向，并按已确定的模型比例尺进行绝对定向，在定向好的模型上用空间测标切准模型点，描绘地物的特殊线性结构或数学定义（例如等高线、纵断面线等）的线条，得到测绘的点位或线划图，并利用等高线、独立高程点，读出高程和注记。

利用卫星信息采集地形数据是 20 世纪 90 年代末期发展起来的新技术。其主要方法是利用摄影测量方法，通过地面卫星图片建立数字地面模型。2000 年以来国内外投入很大力量研究一种直接利用卫星信息获取数字地面信息，从而快速建立数字地面模型的方法。

当然，以上介绍的数字地形采集方法，只是在没有现成的地形信息数据库的情况下，才需要结合勘测设计任务进行相应的工作。西方发达国家，一般都建立了能提供各种比例尺的、多种存储格式的数字地图信息。我国目前已经建成了 1：250 000 比例尺的覆盖全国的地形信息数据库，并且正在研制 1：100 000，1：50 000 和 1：10 000 的地形信息数据库。一旦具备了国家中心数据库，设计部分就可根据工程建设项目，直接向国家地形信息数据库索取所需要的地形信息。

（二）数字地形模型的种类

用于铁路线路计算机辅助设计的数字地形模型的主要形式包括：方格网式数字地形模型、三角网式数字地形模型、鱼骨式数字地形模型。

1. 方格网式数字地形模型

1）数据点的布设形式

方格网式数模的数据点按正方形或矩形的规则形式分布，构成格网状，如图 4-46 所示。

这种形式的数模，只要将一定范围的铁路用地划分成相等大小的方格或长方格，按一定顺序读取网格点的地面信息即成。作为铁路设计用的带状方格网数字地形模型，常可根据地形类别的变化，在不同区段选用不同的格网步长，以提高内插精度。

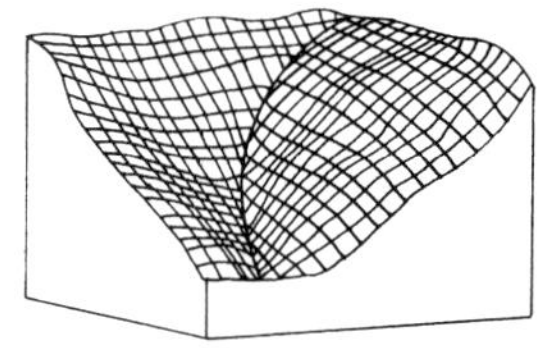

图 4-46　矩形格网

2）内插点的探索

由于方格网数模的数据是按方形或矩形排列的，其方格网平面坐标增量Δx，Δy 是常数，任何一点平面坐标可以根据数模的原点坐标 x_0，y_0，Δx，Δy 和该点所在格网中的行与列推算出来；反之，若已知某点的平面坐标，也能很快求出它所在网格中的行与列，从而内插出该点的地面信息资料。

若已知任意一点 P 的平面坐标为（x_P，y_P），P 点所在网格及该网格左下角 A 点的平面坐标（x_A，y_A）可按下式计算

$$\left.\begin{aligned} J &= (x_P - x_0)/L + 1 \\ I &= (y_P - y_0)/L + 1 \\ x_A &= x_0 + (J-1)\times L \\ y_A &= y_0 + (I-1)\times L \end{aligned}\right\} \tag{4-5}$$

式中　I，J —— P 点所在网眼左下角点所在行、列数；

x_0，y_0 —— 数模原点平面坐标；

L —— 正方形格网步距；

其余符号意义同前。

3）内插待定点地面信息

在方格网数模中内插待定点，其内插方法的选择对高程精度影响很小，因此可以选择一种比较简单的、运算速度高的方法，如常用的双线性内插法。

使用最靠近待求点的四个数据点组成一个四边形，使用下列公式求出待定点的高程 Z_P

$$Z_P = a_0 + a_1 x + a_2 y + a_3 xy$$

先利用四个数据点求解出四个系数 a_0，a_1，a_2，a_3，然后再根据待求点 P 的坐标 x，y，求出待定点的高程 Z_P。

2. 三角网式数字地形模型

1）数据点的布设形式

这种数字地形模型由所有三角形顶点的三维坐标组成，数据点分布在三角形顶点处，连接成三角形网络。这种数模的基础是假设具有足够精度的地面可以用平面有限数来代表，每一个平面用线性方程写出

$$Ax + By + Cz + D = 0$$

因而在划分三角网时，应尽量使三角形三周边以内的所有等高线都是相当直的，并且是相互平行的，是按固定间距布置的，如图 4-47 所示。

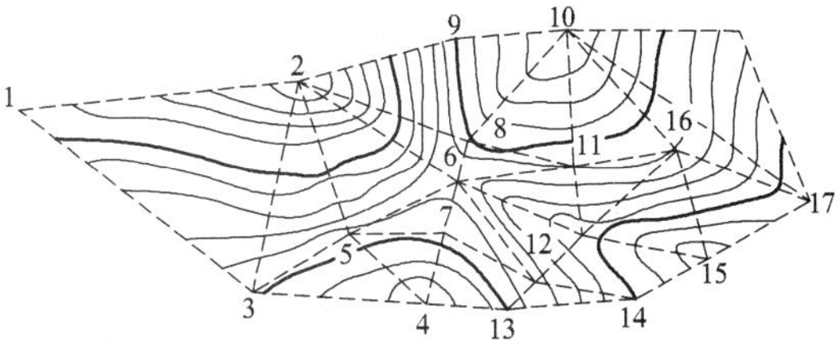

图 4-47　三角形网络

2）内插点的探索

为了便于查明某个三角形网眼和进行内插，三角网数模的信息应按一定的规律进行存储。将原始数据编制如表 4-5 所示。

表 4-5　三角网数模信息存储表

周边顶点编号	周边顶点坐标			三角形周边编号
	x	y	z	
1	2	3	4	5
1	35	44	383.5	123
2	45	55	381.4	123
3	47	52	380.1	123

表中 1～4 栏的含意明显，无须说明；第 5 栏，对计算机的每一个三角形都占有一个编号，这个号是由组成该三角形的顶点编成的。如果三角形顶点由 1，2，3 组成，则编号就写成 123。采用这种方法，在给信息时，就不需要多次重复相邻三角形每个公共顶点。

三角形的周边，是把存入存储器中的全部平面坐标，用逐一查看的方法来寻找的。为了判断待求点是否在某一三角形内，需先求出三角形各边的方程和三角形重心坐标。三角形每条边的方程式，可比照通过三角形相应顶点的直线方程来推导

$$\frac{y - y_1}{y_1 - y_2} = \frac{x - x_1}{x_1 - x_2}$$

并由此整理得　$M \times x + N \times y + L = 0$

令　$f(x,\ y) = M \times x + N \times y + L$

三角形周边的重心坐标为

$$x_{重心} = \frac{x_1 + x_2 + x_3}{3},\quad y_{重心} = \frac{y_1 + y_2 + y_3}{3} \tag{4-6}$$

将重心坐标和待求点坐标代入三角形每条边的方程式中，若数值符号均相同，则表明待求点和三角形重心点处在该三角形三条边的同一侧，也就是处于同一三角形内了。

3）内插待定点地面信息

三角网的每个三角形被认为是一个平面，其平面方程为

$$\begin{vmatrix} x & y & z & 1 \\ x_1 & y_1 & z_1 & 1 \\ x_2 & y_2 & z_2 & 1 \\ x_3 & y_3 & z_3 & 1 \end{vmatrix} = 0 \tag{4-7}$$

解此方程，即可得到带定点的内插信息。

二、计算机辅助线路设计的对象模型

对象模型指的是表示对象的数据组合及数据间的关系，反映设计中诸变量之间变化关系的数学式，用于描述设计参数、约束条件与目标函数之间的变化规律。

在铁路线路计算机辅助设计中，涉及的应用对象模型主要有线路平面、纵断面的模式、横断面模式、地形模型、目标函数及约束条件的数学表达式。

1. 线路平面模式

线路平面由曲线和与之相切的直线组成。平面曲线包括圆曲线与缓和曲线。平面设计变量可以是平面曲线半径和平面转点坐标，也可以是平面曲线半径和平面各计算段长度（直线段为该段直线全长，曲线段为该段曲线全长）。

2. 线路纵断面模式

线路纵断面包括地面线和设计坡度线。

地面线采用折线形模式，其数据结构由地面高程和地面坡段长度构成。采用数字地形模型，根据已知的线路平面百米标和加标点的平面坐标内插得到。

线路纵断面模式有折线形及函数类曲线形两种。在铁路线路计算机辅助设计中，多采用折线形模式。

折线形模式是由一系列直线段组成，设计变量可以是变坡点的位置和设计高程，也可以是坡段的坡度和长度。线路纵断面折线模式有不等长链式纵断面和满足最小坡段长要求的设计纵断面两种形式。

3. 地面横断面模式

在优化计算时，各变坡点设计高程一直随线路方案的变动而改变，利用折线形地面横断面线计算断面面积十分费时，因而优化程序中多半都预先将地面横断面处理成直线。国内研究的铁路纵断面优化程序把地面横断面处理成左、右双向横坡线。

4. 约束条件

线路平纵面设计应满足《铁路线路设计规范》（以下简称《线规》）的要求，须将《线规》及其他技术要求写成对变量的约束条件。

纵断面优化设计时变坡点位置应满足的约束条件：变坡点位置约束、坡段坡度约束、相邻坡段坡度差约束和高程约束条件等。

线路平面应满足的约束条件：

① 平面曲线半径、最小夹直线长、最小圆曲线长、站坪长度约束；

② 地质严重不良区域、文物保护区、水库、重点工程区域均按定线禁区考虑，禁区以划定区域边界的数据子串表示；

③ 指定站址、桥址按必经区考虑，必经区以区域边界子串表示；

④ 还有中间站坪约束和线路终端约束。

在平面与纵断面配合方面，应保证竖曲线和缓和曲线不重合。

5. 目标函数的数学模型

铁路线路计算机辅助设计中，一般将换算工程运营费作为分析计算和优化的目标函数。

三、走向选择的 CAD 模式

走向选择的 CAD 模式是模拟人工纸上定线过程来实现的。走向选择过程可划分为：

① 选定控制点；

② 生成走向方案。

1. 选定控制点

选线中的控制点包括初始控制点（initial control points）和其他控制点（additional control points）。初始控制点包括线路起点、终点、大的中间运输中心等。用直线连接这些控制点，可规划出线路可能经行的大概区域。铁路选线计算机辅助设计系统（以下简称 RLCAD）的任务是在规划的可行区域内确定诸如跨河点、垭口、山头、不良地形和地质区域以及次级交通中心等。基于 CAD 系统确定控制点的步骤如下：

① 分析“电子地形图”并选定可能的控制点；

② 捕获选定点的平面坐标并修改动态数据库；

③ 定选定控制点的属性（例如控制点类型，有关选定控制点周围的既有对象的信息等）；

④ 查询动态库，获取相应控制点的信息（数据和知识）；

⑤ 调用控制信息推理机，确定设计参数；

⑥ 修改知识库和动态数据库。

2. 生成可能的线路方案

用智能 CAD 方法将初始控制点和其他控制点进行不同的组合，并用直线连接成不同的链式折线，生成若干可能的线路走向方案；经过比选，确定桥、隧、支挡等个体工程的结构类型。

四、纵断面计算机辅助设计

首先在地形图上定出线路平面位置（人工纸上定线或在计算机图形终端上用图形交互方式定出线路平面位置），把平面转点坐标、平面曲线半径、有关的技术标准以及高程控制点里程和要求等数据存入数据库；依据设计线所经地区的带状数字地面模型，内插出地面纵断面和地面横坡等资料。根据内插所得地面纵断面，用计算机自动产生一条既满足约束条件和技术标准，又尽可能接近地面的纵断面设计线，用以作为初始纵断面。

从初始纵断面出发，用一种优化方法进行纵断面优化设计，从而给出一条在已定平面下工程费最小的最优纵断面；用自动分析计算和交互式图形技术相结合，将最优化链式纵断面整饰为设计纵断面。最后，借助计算机的外围设备——绘图仪绘制线路纵断面图。

铁路线路纵断面最优设计的数学模型可归纳为：

有一组设计变量 $x_1,x_2,\cdots,x_n$，求解下列问题

$$\left.\begin{aligned}&\text{目标} && F(x)\to\min\\&\text{约束条件} && G_i(x)\geqslant 0,\ i=1,2,\cdots,p\\& && H_j(x)=0,\ j=1,2,\cdots,q\end{aligned}\right\}\tag{4-8}$$

1. 自动生成初始纵断面

自动产生初值纵断面的方法基本有两种：

（1）确定由短坡段（链式坡段）组成的设计线，找到链式坡段的最优方案后，将其整饰成《线规》所容许的直线形坡段，如梯度投影法所采用的初值确定方法。

（2）用曲线类函数以最小二乘法解待定系数得初始解，如 B 样条法，用此方法确定初值。

在铁路纵断面优化设计方法中，用得较多的是以链式坡段为基础，通过逐步探索的方法生成不等长链式坡段组成的设计初值。该方法在程序中采用了人工选线的智能模拟。设计中，仅考虑高程约束、最大坡度、允许坡度差的限制，而对最小坡段长度不加限制。桥、涵处考虑控制高程。隧道座数、隧道位置、隧道长度由计算机自动设计确定，对违反设计标准和约束条件的地方进行调整。若各约束条件均能满足，则可得到一条既紧密配合地面线，又服从约束条件的初步纵断面线。此方法适用于一般地形自动拟定纵断面初值，也能较好地反映出紧坡地段和缓坡地段。

2. 纵断面优化

在计算机上设计最优纵断面的方法已有很多，如连续分析方案法、局部差分法、梯度法、共轭梯度法、梯度投影法等。这些方法的差别在于提出问题和实现优化方法的严格程度；所得解接近最优解的程度；考虑影响设计线位置的主要因素和充分程度；以及电子计算机的计算时间等。铁路纵断面优化设计的目标函数近于分段二次函数，可以认为是凸函数，而其约束都是一次式。梯度投影法正适合求解这类具有线性约束的非线性规划问题。至于目标函数的一阶偏导数，可用数值微分的方法计算。

梯度投影法的基本原理是：利用目标函数的负梯度 $-\nabla F(X_q)$ 在 X_q 点所属的那些约束曲面的交集上的投影来解约束最小化问题。

3. 链式纵断面整饰

所谓整饰就是将最优链式坡纵断面修饰成长坡段纵断面。其基本方法如下：

① 利用计算机图形技术，把最优链式纵断面分为各个紧坡与缓坡地段；

② 由计算机分别对各个紧坡地段和缓坡地段进行自动整饰；

③ 用交互式图形技术对自动整饰结果加以完善。

自动整饰的原则是：整饰后形成的长坡段纵断面在满足《线规》要求的前提下，使设计纵断面线上各 50 m 点与最优链式纵断面线上对应的点的高程差的平方和最小。

4. 纵断面图的绘制

线路纵断面图的横向表示线路长度，竖向表示高程。纵断面图由两部分内容组成：线路资料和数据、纵断面示意图。作为最后结果的纵断面图，应按《铁路线路图式》的标准格式生成图形；作为交互处理的中间结果，可在标准图式的基础上进行一些简化，比如仅绘出线路平面、设计坡度和路肩设计高程。

五、线路平面计算机辅助设计

以数字地形模型和“电子地形图”为基础，采用交互式图形技术和优化技术相结合，完成线路方案平面设计工作。

1. 生成线路平面初始方案

可采用人工拟定初始平面和计算机自动生成初始平面两种方法。

2. 线路平纵面联合优化

从平面初始方案出发，进行线路平纵面联合优化，为方案综合评选提供依据。

当纵断面以变坡点设计高程 Z 为设计变量，平面以平曲线半径 R 和转点坐标 X 和 Y 为设计变量时，平纵面联合优化设计的数学模型为

$$\begin{aligned}&\min \quad f(X, Y, R, Z)\\&\text{s.t.} \quad \left.\begin{aligned}&g_j(X, Y, R) \geqslant 0, \quad j=1, 2, \cdots, p\\&h_k(Z) \geqslant 0, \quad k=1, 2, \cdots, q\end{aligned}\right\}\end{aligned} \tag{4-9}$$

式中，平面设计变量 X，Y，R 均为 m 维向量，m 为平面交点个数；Z 为 n 维向量，n 为纵断面变坡点个数。

以换算工程运营费最小为目标函数进行平纵面联合优化，此时把平面曲线半径当作连续变量，纵坡为链式坡。相应的目标函数为

$$f = \Delta(f_1 + f_2 + f_3 + f_4 + f_5 + f_6) + E_1 + E_2 \tag{4-10}$$

式中，Δ，f_1，f_2，f_3，f_4，f_5，f_6，E_1，E_2 分别为投资效果系数、路基工程费、桥梁工程费、涵洞工程费、隧道工程费、与线路长度成正比的工程费、购地费、与行车量有关的年运营费、与线路长度成正比的年运营费。

按复合函数微分法，直接计算目标函数关于独立变量的梯度 ∇F。采用广义梯度投影法进行平纵面联合优化设计。

3. 线路平面图的绘制

有了等高线地形图后，设计线路平面图的绘制就是将线路的设计平面套绘在等高线地形图上。首先计算出线路特征点和百米标，加标的平面坐标，通过坐标变换，转换成图形坐标，再分别调用绘直线函数和绘曲线子程序，绘出线路平面，并标以符号和注字即成。用于绘制线路平面的数据结构包括：线路起讫点平面坐标、站坪长度、桥隧起讫点里程、车站类型标志（如中间站、区段站等）、线路平面转点坐标、圆曲线半径、缓和曲线长度、左右转曲线标志、曲线转向角、主点坐标及里程等。

第五章　方案技术经济比较

第一节　概　　述

一、方案技术经济比较的任务

铁路设计的总体目标，是以较低的投资实现所要求的运输能力，同时创造良好的运营条件，降低运营费用。此外，还应注意减少污染和美化环境，方便公众对客货运输的需要，创造良好的社会效益。实现一项设计目标，可提出各种技术决策供比较选用，每一种技术决策，都称为方案。例如，不同限制坡度的选择，河谷地段线路的岸侧选择等，构成不同的比较方案。线路设计时应根据实际情况提出各种可能的方案进行筛选，并对筛选出的几个方案进行计算、分析和对比，从中选出最佳方案。

各种设计方案采用的技术措施不同，其工程特征、运营特征和经济效益就会不同。各个方案都有其优缺点，需要进行全面的分析比较，从中找出最合理的方案。这就是方案技术经济比较的任务。

为了保证方案技术经济比较能够得到正确的结论，需要遵守下列原则：

① 完成规定的运输任务；

② 不遗漏有比较价值的方案；

③ 各方案应在同等精度的基础上比较。

二、方案技术经济评价的指标

在选线设计中，通常要从技术特征、工程条件、运营条件和经济效果等方面对方案进行评价和比选。比选的依据是反映上述各方面特征的技术指标和经济指标。

1. 技术指标

技术指标反映线路方案的技术特征，对线路的工程条件和运营条件具有重要的影响。

反映工程条件的技术指标有：线路建筑长度、展线系数、最大坡度、最小曲线半径、地质不良地段的数目和长度、车站数目、土石方及桥隧工程数量、劳动力投入、占地数量及建设工期等。

反映运营条件的技术指标有：运营长度、控制区间和全线的往返走行时分、拔起高度、通过能力、牵引吨数、输送能力、旅行速度、运用机车台数和车辆数、机车与车辆小时、机车与列车乘务组小时和能量、燃料消耗等。

2. 经济指标

线路方案的经济特征指标包括工程费、运营费、换算年费用、投资回收期、净现值、内部收益率等。

工程费指方案所涉及的土建工程费和机车车辆购置费的总和，反映方案对建设期内的资金投入量，以工程费（万元）表示；运营费指方案在运营期将发生的费用支出，在一定程度上反映了各方案运营条件的优劣，以每年的运营支出（万元）表示。

为综合体现方案在工程和运营两方面的经济性，可通过一定的折算方法将工程费和运营费换算为一定时期内的平均年费用，即换算年费用。该指标综合反映了方案在建设期和运营期的费用支出，其值较低的方案为优。

当不同的方案导致运量和运输收入不同时，方案的经济指标还应考虑收入的因素，投资回收期反映铁路运输收入冲抵包括工程投资和运营费在内的各种支出所需的年限。

净现值是铁路建设项目经济寿命期内各年度的现金流入和现金流出的差额（即净现金流量）考虑资金的时间价值进行折现后的总和。线路方案的净现值越高，在经济上越有利。从财务评价角度进行比选时，用财务净现值（简称 FNPV）指标；从国民经济评价角度进行比选时，用经济净现值（简称 ENPV）指标。

内部收益率是净现值等于零时的折现率。它代表建设项目实际达到的盈利率，用以衡量项目盈利的高低，其值越高，在经济上越有利。从财务评价角度进行比选时，用财务内部收益率（简称 FIRR）指标；从国民经济评价角度进行比选时，用经济内部收益率（简称 EIRR）指标。

三、方案的分类

在项目前期工作和进行铁路勘测设计的各阶段中，均有不同性质、不同规模的方案比较。归纳起来，可分为以下三类。

1. 网性方案

网性方案是对地区国民经济的发展和交通网的构成有重要影响的方案，如线路起讫点或主要经济据点间不同走向的比选，增建第二线与修建分流线的比选等。这类方案对地区国民经济服务的程度、工程投资和经济效益等方面可能有显著的差别。其比选牵涉投资决策问题，需要通过预可行性研究、可行性研究解决。

2. 总体方案

这一类方案对满足地区国民经济需要的程度大致相同，主要区别在于选择的主要技术标准（限制坡度、牵引种类、机车交路等）不同，或线路行经地区的局部走向不同。其比选结果，对线路的主要技术标准、工程条件、运营条件、投资和经济效益，具有决定性的影响。一般在可行性研究或初步设计中进行原则方案比选。

3. 局部方案

局部方案是指仅限于局部地段工程措施不同的方案，包括对局部地段的不良地质、平面障碍或高程障碍的绕避，平、纵断面设计的改善和小桥涵类型的选择等。其比选对于工程费、运营费、施工条件和运营条件等有一定的影响。局部方案比选，主要在初步设计阶段和编制施工图前的平、纵断面的改善设计中进行。

以上分类，只是为了讨论问题的方便，在实际工程中，常常不能截然分开。如网性方案，必然要结合主要技术标准的研究；又如原则性方案比选中的局部地段走向选择，对地区工农业的发展和交通网的建设，也具有一定的影响。在定线过程中也要考虑局部方案问题等。

四、方案技术经济比较的简要过程

概括地说，铁路选线的整个工作过程，也就是方案比选的过程。结合方案评比工作的特点，可将方案技术经济比较归纳为以下过程：

① 明确任务；

② 拟订方案，进行设计；

③ 计算和整理评比指标；

④ 方案的评价与选择。

在方案的经济比较中，对某些具体的工程设计问题，在满足约束条件的前提下，可按某一指定的评比指标建立目标函数，利用电子计算机从多方案中求解最优方案。

在一般情况下，铁路选线中重大决策的方案比较，牵涉的因素很复杂，除了各种各样的自然条件外，还有政策因素和社会因素，对方案评价影响很大，使寻求最优方案的问题复杂化。设计中只能就拟订的有限方案，进行力所能及的评价，从中选择出最合理的方案，习惯上也称为最优方案。

本章将扼要介绍前述过程中有关经济评比指标的计算和方案评价等内容。

第二节　经济比较的基础数据

方案经济比较的基础数据包括投资和运输支出等数据。这些数据是分析方案经济比较的依据，对方案比较的结论有决定性的影响，一定要在取得可靠的调查研究资料的基础上把这项工作做好。

一、投　资

（一）投资分类

铁路建设项目的投资，按照构成和用途可分为直接投资和相关投资两类。在方案技术经济比较中，通常只考虑直接投资，即计算工程费和机车车辆购置费。

（1）土建工程投资：包括土建工程、运输设施、施工准备与管理等费用，占项目投资的主要部分。

（2）机车车辆购置费：包括客运和货运机车、车辆、动车购置费。

（二）土建工程投资

方案技术经济比较的工程投资计算，在不同设计阶段，精度和深度要求不同。常用方法是先计算各项建筑和设备的工程数量，并采用相应的综合单价或分析单价，按下式计算工程投资

$$\text{工程投资}=\sum(\text{项目单价}\times\text{相应项目的工程数量})\ （\text{万元}）$$

铁路工程费包括以下几项费用：

1. 拆迁工程

拆迁工程包括拆迁建筑物、改移道路、迁移通信线路与电力线路等，可分项统计工程数量。

2. 路基工程

（1）路基土石方：一般用平均断面法计算路基土石方数量，再按每立方米土石方的综合单价估算其费用。详细计算时应根据地质资料确定土石成分，按路基横断面分别统计土方和石方数量，并以相应的分析单价或综合单价计算其费用。

（2）路基附属工程：包括路基附属土石方、加固、防护工程等，可按相应的数量和综合单价估算其费用。

（3）挡土墙：可根据其类型、高度分类统计其延长米，或根据各类挡土墙的圬工数量，按相应的单价计算工程费。

3. 桥涵工程

（1）桥梁：可按其类型和跨度根据梁的数量、墩台圬工数量和相应的单价计算；亦可根据水文资料和线路平纵断面图，估出每座桥梁的长度（必要时考虑桥高），统计其座数和总延长米，然后以每延米的综合单价估算其费用。

（2）涵洞：可按类型和孔径分别统计涵长横延米计算工程费。

4. 隧道工程

根据设计资料提供的隧道和明洞的长度，按长度分级统计其延长米数，采用相应的单价计算其费用。

5. 轨道工程

（1）正线铺轨：可按正线长度和相应轨道类型的单价计算其费用。

（2）站线铺轨：按轨道类型根据其铺轨长度、道岔组数和相应的单价计算。

6. 通信及信号工程

（1）通信：包括通信线路、通信设备等，可以公里、站、门为单位统计工程数量。

（2）信号：包括行车指挥设备、闭塞设备、联锁设备等，可以正线公里、组、站为单位统计工程数量。

7. 电力牵引铁路的供电设备

（1）电力：包括供电线路、电源设备等，可以正线公里、处、站为单位统计工程数量。

（2）电力牵引供电：包括接触网、牵引变电所、供电段等项目，可以正线公里、条公里、处为单位统计工程数量，根据工程数量和综合单价计算其费用。

8. 房　屋

房屋包括生产及办公房屋、居住及公共房屋等项目，可以平方米为单位统计工程数量。

9. 其他运营生产设备及建筑物

其他运营生产设备及建筑物包括给排水、机务、车辆、客货运、工务、其他建筑物及设备等项目，可以正线公里、处等为单位统计工程数量。

10. 其他间接费

其他间接费包括临时设施费、劳动保险基金、施工队伍转移费等，可以正线公里等为单位统计工程数量。

11. 其他费用

其他费用包括材料差价、计划利润、税金、器具及生产家具购置费、其他费等，可以正线公里为单位统计工程数量。

12. 预备费

预备费指在可行性研究、初步设计、施工图阶段投资估算、总概算、投资检算中难以预料的工程费用，一般按以上各项费用之和的百分数计列。

13. 工程造价增长预留费

工程造价增长预留费是考虑由设计概算编制年度到项目建设竣工的整个期限内，因材料、设备价格上涨和人工费标准提高，以及其他各项费用标准的调整，而导致总投资额的增加，所计入的预留费，一般按年平均涨价率计列。

局部方案一般只需计算上述 1～5 项工程费，称主体工程费。其他方案比较，也只需计算各方案间有差异的指标，而不必按上列项目逐一计算全部工程项目的工程费。

（三）机车、车辆购置费

1. 机车购置费

$$A_{\mathrm{j}} = (1+\gamma_{\mathrm{j}})\frac{\dfrac{t_1+t_2}{\beta_{\mathrm{L}}}+(t_{\mathrm{jz}}+t_{\mathrm{zz}}+2t_{\mathrm{jd}})\times n_{\mathrm{j}}}{1\,440}(N_{\mathrm{H}}+N_{\mathrm{K}})\times a_{\mathrm{j}}\ （万元） \tag{5-1}$$

式中　A_{j}—— 机车购置费（万元），当货机与客机机型不同时，应分别计算；

t_1，t_2—— 列车上、下行走行时分，不包括起停附加时分（min）；

β_{L}—— 旅行速度系数；单线铁路取 0.7～0.75，双线铁路取 0.85；

t_{jz}—— 机车在机务段整备作业时分（min）；

t_{zz}—— 机车在折返段整备作业时分（min）；

t_{jd}—— 机车等待列车时分（min）；

N_{K}，N_{H}—— 旅客列车、货物列车对数（对/d）；

n_{j}—— 机车交路数目；

γ_{j}—— 机车检修备用系数；内燃机车取 0.35，电力机车取 0.30；

a_{j}—— 机车价格（万元/台）。

2. 补机购置费

当全区段采用双机牵引时，补机的购置费与本务机车相同。局部地段采用补机时，其购置费可按下式计算

$$A_{\mathrm{bj}} = \frac{T_{\mathrm{bj}}}{1\,440-t_{\mathrm{zb}}}N_{\mathrm{H}}\gamma_{\mathrm{j}}a_{\mathrm{j}}\ （万元） \tag{5-2}$$

式中　A_{bj}—— 补机购置费（万元）；

T_{bj}—— 补机周转一次所需时分：

$$T_{\mathrm{bj}} = \frac{t_{\mathrm{b}}'+t_{\mathrm{b}}''}{\beta_{\mathrm{L}}}+2t_{\mathrm{jd}}\ （\mathrm{min}） \tag{5-3}$$

t_{b}'，t_{b}''—— 补机往、返走行时分，不包括起停附加时分（min）；

t_{zb}—— 每昼夜补机整备作业所需总时分，根据所需作业次数和一次作业时分估定(min)；

其余符号意义同前。

3. 车辆购置费

车辆购置费按下式计算

$$A_l = M \times a_l \times (1+\gamma_l)\text{（万元）} \tag{5-4}$$

式中 A_l—— 客车、货车、动车组车辆购置费（万元）；

γ_l—— 客车、货车、动车组车辆检修备用系数，货车 0.23，客车 0.16，动车组 0.16；

a_l—— 客车、货车、动车组车辆平均价格（万元/辆）；

M—— 客车、货车、动车组运用车辆总数：

货车
$$M_{\mathrm{H}} = (1+\gamma_l)\frac{\dfrac{t_1+t_2}{\beta_{\mathrm{L}}}+2t_{\mathrm{q}}n_{\mathrm{q}}}{1\,440}N_{\mathrm{H}}n\text{（辆）} \tag{5-5a}$$

式中 t_{q}—— 车辆在区段站停留时分（min）；

n_{q}—— 区段站数目；

n ——列车编挂辆数（辆/列）；

其余符号意义同前。

客车
$$M_{\mathrm{K}} = \frac{\dfrac{t_1+t_2}{\beta_{\mathrm{L}}}+(t_{\mathrm{S}}+t_{\mathrm{Z}})}{1\,440}N_{\mathrm{K}}n\text{（辆）} \tag{5-5b}$$

式中 t_{S}，t_{Z}—— 旅客列车在始发站、终到站停留作业时间（min）；

n—— 客车编挂辆数；

其余符号意义同前。

动车组
$$M_{\mathrm{D}V} = \frac{\dfrac{t_1+t_2}{\beta_{\mathrm{L}}}+\sum\limits_{n_{\mathrm{D}}}t_{\mathrm{Dj}}}{1\,080}N_{\mathrm{D}V}\text{（组）} \tag{5-5c}$$

式中 t_{Dj}—— 动车组在动车段（所）的整备作业时间（min）；

$M_{\mathrm{D}V}$—— 速度为 V 的高速动车组组数（组）；

$N_{\mathrm{D}V}$—— 速度为 V 的高速列车对数（对/d）；

1 080 —— 高速铁路每天运营时间，一般按 18 h 计算（min）；

其余符号意义同前。

二、运营费计算

用于方案比较的运营费可划分为“与行车量有关的运营费”和“固定设备维修费”两部分进行计算。

（一）与行车量有关的运营费

1. 计算原理

与行车量有关的运营费

$$E_y = 365N_L\left[N(e_1+\Delta e_4)+A_Q e_2+A_Z e_3+(e_5+e_6+e_7+e_8+e_9 m)\frac{T}{\beta_L}\right]10^{-4}\text{（万元/a）} \quad (5\text{-}6)$$

式中 N_L ——列车对数（对/d），按计算年度客、货运量分别计算（不计波动系数）；

e_1 —— 与能耗有关的机车、车辆、动车组维修费支出定额[元/（kW·h）或元/吨油]；

e_2 —— 与牵引功有关的机车、动车维修费支出定额[元/（kN·km）]；

e_3 —— 与阻力功有关的机车、车辆、动车维修费支出定额[元/（kN·km）]；

e_4—— 电力或燃料单价[元/（kW·h）或元/吨油]；

e_5 —— 与时间有关的机车、拖车维修费支出定额（元/h）；

e_6，e_7 —— 机车、列车乘务组小时工资（元/h）；

e_8 —— 列车运行小时支出定额（元/列车小时）；

e_9 —— 与时间有关的车辆、动车维修费支出定额（元/车辆小时）；

n —— 列车编组辆数；

β_L—— 旅速系数；

Δ —— 单位换算系数：电力、内燃牵引 $\Delta=1$；

N，A_Q，A_Z，T —— 每列车双方向能耗（kW·h 吨油或吨汽）、牵引功（kN·km）、阻力功（kN·km）、运行时间（h），按客货列车分别用牵引计算方法求得。

2. 运行能耗计算

1）电力牵引

电力牵引时，运行能耗 N 包括牵引运行耗电量 N_Q（kW·h）与惰行、制动及停站自用电量 N_0（kW·h）。

牵引运行耗电量 $$N_Q = \frac{U_W\sum[(I_p+I_{p0})t]}{60\times10^3}\text{（kW·h）} \quad (5\text{-}7)$$

式中 U_W—— 受电弓处电压，取 25 000 V；

I_p—— 每一速度间隔内的平均有功电流（A），根据 $V=f(s)$ 曲线上每一速度间隔的平均速度 V_p 查有功电流图；

I_{p0}—— 牵引运行机车自用电有功电流，四轴和六轴机车取 6 A，八轴机车取 7.5 A；

t—— 每一速度间隔所对应的牵引运行时分（min），可在 $t=f(s)$ 曲线上查得，或用数解法求得。

惰行、制动及停站自用电量 N_0 按下式计算

$$N_0 = \frac{U_W I_{p0}\sum t}{60\times10^3}\text{（kW·h）} \quad (5\text{-}8)$$

2）内燃牵引

内燃牵引时，运行能耗 N 包括牵引运行耗油量 N_Q（kg）与柴油机空转耗油量 N_0（kg）。

牵引运行耗油量 $$N_Q=\sum(e_y t)\text{（kg）} \quad (5\text{-}9)$$

式中 e_y—— 牵引运行单位时间燃油消耗量（kg/min），按手柄位及计算段的平均速度确定；

t —— 对应计算段平均速度的运行时分（min）。

内燃机车惰行、制动运行或在车站停留时，燃油消耗量均按柴油机空转燃油消耗量计算，即

$$N_0 = \sum(e_0 t)\ (\text{kg}) \tag{5-10}$$

式中，e_0 为柴油机空转单位时间燃油消耗量（kg/min），它与柴油机转速有关。计算时可查相应的表格。

3. 牵引机械功计算

牵引机械功就是机车（动车）牵引力在运行中所做的功，可用平均牵引力与走行距离的乘积计算。牵引机械功 A_Q 用以克服阻力机械功 A_Z 并积累列车的位能和动能，因此有

$$A_Q = \sum(F \times \Delta s) = A_Z + 1\,000 \times (P+G) \times g \times (H_2 - H_1) + 41.7 \times (P+G) \times (V_2^2 - V_1^2) \tag{5-11}$$

式中　A_Q——列车在甲、乙站间运行的牵引机械功（J）；

F——各计算段的平均牵引力（N）；

Δs——各计算段的距离（m）；

A_Z——阻力机械功（J）；

H_2——乙站中心高程（m）；

H_1——甲站中心高程（m）；

V_2——列车通过乙站时速度（km/h）；

V_1——列车通过甲站时速度（km/h）。

4. 阻力机械功计算

阻力机械功 A_Z 是转化为热能、对机车、车辆、动车和轨道磨损有害的阻力功，它是克服列车的基本阻力、曲线阻力和制动力等所做之功，可由牵引机械功减去列车的位能和动能而求得，即

$$A_Z = A_Q - 1\,000(P+G) \times g(H_2 - H_1) - 41.7(P+G) \times (V_2^2 - V_1^2)\ (\text{J}) \tag{5-12}$$

对高速动车组，上式中的 $P+G$ 以 M 取代。

5. 列车数的计算

1）旅客列车数 N_K

旅客列车对数根据需要的旅客输送能力和运输计算确定各种旅客列车数。通常采用客运量调查预测结果。旅客列车数可以按下式计算

$$N_K = \frac{\beta_K A}{365 \gamma_K}$$

式中　β_K——月间客流波动系数；

A——单方向（上行或下行）年度客流量（人）；

γ_K——列车平均定员数（人）。

2）货物列车数 N_H

货物列车数根据要求的年货运量分方向计算。

设 C_Z，C_Q 为重车和轻车方向的年货运量，G_Z，G_Q 为重车方向和轻车方向的满载列车牵引吨数（t），则

（1）$C_Z = C_Q = C$，$G_Z = G_Q = G$

$$N_H = \frac{C \times 10^6}{365G \times K_J}$$（对/d）（不计货运波动系数） （5-13）

式中 C——年货运量（Mt/a）；

G——牵引吨数（t）；

K_J——净载系数。

（2）$C_Z \neq C_Q$（或 $G_Z \neq G_Q$）

重车方向：$$N_{ZH} = \frac{C_Z \times 10^6}{365G_Z \times K_J}$$（列/d） （5-14）

轻车方向：若整列排空且两方向列车数目相同时，则

$$N_{QZ} = \frac{C_Q \times 10^6}{365G_Q \times K_J}$$ （5-15）

$$N_{PK} = N_{ZH} - N_{QZ}$$（列/d） （5-16）

若空重车混编时，则

$$N_{QH} = \frac{C_Q \times 10^6 + 365\,G_Z(1-K_J) \times N_{ZH}}{365\,G_{QZ}}$$（列/d） （5-17）

式中 N_{ZH}，N_{QZ}——重、轻车方向的列车数（列/d）；

N_{PK}——轻车方向排空列车数（列/d）；

N_{QH}——轻车方向空重混编列车数（列/d）；

G_{QZ}——轻车方向空重车混编列车的牵引吨数（t）。

6. 列车公里法计算与行车量有关的运营费

建设项目前期工作阶段或精度要求不高时，可用列车公里法计算与行车量有关的运营费。因该法是以均衡速度法为基础的，故应另加列车起停附加费用。

1）列车走行费

列车走行费采用列车公里法计算。

（1）货物列车单方向运行一次走行费

$$\varepsilon_1 = \sum e_i \times l_i + 0.010\,5\sum \alpha \times (P+G) \times a \times 10^{-3}$$（元/列） （5-18）

式中 e_i——各种坡度（按线路的设计坡度）每列车公里走行费[元/（km · 列）]；

l_i——各种坡度相应的坡段长度（km）；

a——每吨公里机械功能耗综合支出[元/（t · km）]；韶山 1 型机车为 0.53，韶山 3 型机车为 0.55，韶山 4 型机车为 0.54，韶山 7 型机车为 0.5，东风型机车为 0.75；

$\sum \alpha$——单方向牵引坡地段（机车牵引运行地段）曲线转向角总和（°）。

（2）年走行费

① 上、下行方向运量及牵引吨数一致时，双方向年走行费用为

$$\varepsilon_X = 365 \times (N_H + \eta \times N_K) \times \sum \varepsilon_1 \times 10^{-4}$$（万元/a） （5-19）

式中　ε_X—— 双方向年走行费之和；

$\sum\varepsilon_1$—— 每一货物列车往返一次走行费之和（元/列）；

η—— 旅客列车走行费换算系数，与客、货列车牵引吨数及机型有关；

其余符号意义同前。

② 上、下行方向运量不一致时，重车方向与轻车方向的年走行费应分别计算。

重车方向：

$$\varepsilon_{ZX}=365\times(N_H+\eta\times N_K)\times\varepsilon_1\times10^{-4}\text{（万元/a）}\tag{5-20}$$

轻车方向：

整列排空时$(G_Z=G_Q, N_{ZH}=N_{QZ}+N_{PK})$，

$$\varepsilon_{QX}=365\times(N_{QZ}+\mu\times N_{PK}+\eta\times N_K)\times\varepsilon_1\times10^{-4}\text{（万元/a）}\tag{5-21}$$

空重混编时$(G_Z\neq G_Q)$，

$$\varepsilon_{QX}=365\times(N_{QH}+\eta\times N_K+E_D\times N_D)\times\varepsilon_1\times10^{-4}\text{（万元/a）}\tag{5-22}$$

式中　E_D—— 单机单方向走行一次费用（元/次）；

N_D—— 单机每天走行次数。

双方向年走行费为 $\varepsilon_X=\varepsilon_{ZX}+\varepsilon_{QX}$（万元/a）

2）列车起停附加费

均衡速度计算的列车走行费为列车在车站不停车通过的运营费，但列车在线路运行时需要进行会让、越行、技术作业和商务作业，因此各类列车均需要在一定数量的车站停车。起停附加费是指列车因起停较通过而增加了运行时分、多耗费了能量所发生的附加费。

列车年起停附加费按下式计算

$$\varepsilon_{qt}=365e_{qt}K_{qt}(N_{ZH}+N_{QZ}+\mu\times N_{PK}+\eta\times N_K)\times10^{-4}\text{（万元/a）}\tag{5-23}$$

式中　e_{qt}—— 货物列车起停一次的附加费用（元/次），可查阅有关手册；

K_{qt}—— 货物列车平均起停次数（次/对），可查阅有关手册。

其余符号意义同前。

（二）固定设备维修费（含折旧费）

固定设备维修费 E_G 包括正线维修费、站线维修费、车站维修费、信联闭和通信设备维修费及供电设备维修费，可按下式计算

$$\begin{aligned}E_G=[&(e_{zx}+e_{xl}+e_w)\times L_{zx}+e_{df}\times L_{df}+e_{bz}\times L_{bz}+e_q\times L_q+\\&\sum e_c\times N_c+e_b\times N_b]\times10^{-4}\text{（万元/a）}\end{aligned}\tag{5-24}$$

式中　e_{zx}，e_{xl}，e_w—— 正线、信联闭与通信设备及接触网的年维修费定额（元/km）；

L_{zx}，L_{df}，L_{bz}，L_q—— 正线、到发线、编组线及其他线的长度（km）；

e_{df}，e_{bz}，e_q—— 到发线、编组线、其他站线的年维修费定额（元/km）；

N_c，e_c—— 各类车站数目及其年维修费定额（元/站）；

N_b，e_b—— 牵引变电所数目及其年维修费定额（元/所）。

（三）年运营费

年运营费可按下式计算

$$E = E_y + E_G\text{（万元/a）} \tag{5-25}$$

第三节　方案的经济评价方法

一、经济效益评价方法分类

（一）按时间因素分类

经济效益计算时，按时间因素可分为静态法和动态法两类。

（1）静态法：一定的货币额所代表的价值不随时间变化。

静态法不能反映延长建设工期占用资金的经济损失，也不能确切计算提前投产的经济效益。但静态法因略去时间因素，计算简单，适合于多方案比选中淘汰明显不合理的方案，以及局部方案的比选。

（2）动态法：一定的货币额所代表的价值随时间而变化。

动态法考虑了资金的时间价值，体现了经济社会的价值规律。它可以把不同时间的费用和效益折算成同一基准时间的价值进行计算和比较，能正确地反映方案的经济效益。

（二）按评价指标分类

按经济评价指标可分为：

（1）按最小费用评价方案，包括年换算工程运营费法、分期投资经济比较方法等。

（2）按费用—收益评价方案，包括投资回收期法、净现值法和内部收益率法等。

二、常用经济评价方法

经济评价中，可根据方案的特征及规模，选用下列所述方法评选方案。

1. 差额投资偿还期法

两个方案进行比选时，通常投资多的方案其年运营费较少。可用投资较多的方案每年节省的运营费来补偿该方案多投入的投资，补偿所需的年数称为差额投资偿还期。若差额投资偿还期小于基准偿还期 $T_{基}$，则投资大的方案有利。计算公式为

$$T = \frac{C_1 - C_2}{E_2 - E_1}\text{（a）} \tag{5-26}$$

式中　T——差额投资偿还期（a）；

C_1，C_2——方案 1、方案 2 的投资额，$C_1>C_2$；

E_1，E_2——方案 1、方案 2 的年运营费，$E_1<E_2$。

$T>T_{基}$时，方案 2 有利；$T<T_{基}$时，方案 1 有利。

考虑到铁路通车后运量是逐年增长的，年运营费也将逐年变化。为体现这一特点，差额投资偿还期可按下式解算

$$C_1 - C_2 = \sum_{t=1}^{T}(E_{2t} - E_{1t}) \tag{5-27}$$

式中　E_{1t}，E_{2t}——方案 1、方案 2 第 t 年的运营费。

进一步考虑资金的时间价值，则差额投资偿还期可按下式解算

$$\sum_{t=1}^{m}\frac{C_{1t} - C_{2t}}{(1+i_c)^t} = \sum_{t=m+1}^{m+T}\frac{E_{2t} - E_{1t}}{(1+i_c)^t} \tag{5-28}$$

式中　T——差额投资偿还期（年）；

i_c——铁路基准收益率；

C_1，C_2——方案 1、方案 2 的投资额，$C_1>C_2$；

E_1，E_2——方案 1、方案 2 的年运营费，$E_1<E_2$；

m——设计线建设工期（a）。

2. 年换算费用法

在投资偿还期法中，若取 $T=T_{基}$，则

$$\frac{1}{T_{基}}\times C_1 + E_1 = \frac{1}{T_{基}}\times C_2 + E_2$$

上式中的投资 C_1，C_2 乘以年度系数 $1/T_{基}$ 后，即换算为年度支出，分别与年运输支出 E_1 及 E_2 相加，即求得各方案的年换算费用。

系数 $1/T_{基}$ 可用 $\varDelta$ 表示，称为投资效率系数，也称为基准收益率。投资效率系数 $\varDelta$ 值与国民经济部门盈利及投资政策有关，过去在铁路方案比选中常用 0.10，现行《铁路建设项目经济评价办法》（第二版）规定为 0.06。如以 A 表示工程投资、K 表示年换算费用，则

$$K = E + \varDelta \times A$$

在多方案的经济比较中，以年换算费用 K 最小的方案最经济。该方法为静态经济比较法。

3. 最小费用法

线路长度基本相同且运输收入也基本相同的方案进行比较时，为简化计算，可采用最小费用法进行比较。费用计算包括各方案的投资总额和各方案在项目寿命期内的各种费用（主要为年运营费用）。费用最小的方案为最优方案，基本计算公式为

$$K_i = C_i + \sum_{t=1}^{n} E_{it} \tag{5-29}$$

式中　K_i——第 i 方案的总费用；

C_i——第 i 方案的总投资；

E_{it}——第 i 方案第 t 年的运营费；

n——计算期年数。

若进一步考虑资金的时间价值，则总费用的计算公式为

$$K_i = \sum_{t=1}^{n}\left(\frac{C_{it}}{(1+i_c)^t} + \frac{E_{it}}{(1+i_c)^t}\right) \tag{5-30}$$

式中　C_{it}—— 第 i 方案第 t 年的投资额；

E_{it}—— 第 i 方案第 t 年的运营额；

i_c—— 铁路基准收益率；

n—— 计算期年数。

若计算期结束时部分方案还存在固定资产余值，总费用的计算公式可作如下修正

$$K_i = \sum_{t=1}^{n}\left(\frac{C_{it}}{(1+i_c)^t}+\frac{E_{it}}{(1+i_c)^t}\right)-\frac{C_{yi}}{(1+i_c)^n} \tag{5-31}$$

式中　C_{yi}—— 第 i 方案在计算期末的固定资产余值。

4. 差额投资内部收益率法

以差额投资内部收益率作为评价指标的经济比较方法。差额投资内部收益率是两个方案各年度净现金流量差额的现值之和等于零时的折现率。由下列公式解算

$$\sum_{t=1}^{n}[(CI-CO)_{2t}-(CI-CO)_{1t}](1+\Delta FIRR)^{-t}=0 \tag{5-32}$$

式中　CI—— 现金流入；

CO—— 现金流出；

$(CI-CO)_{2t}$—— 投资大的方案在第 t 年的净现金流量；

$(CI-CO)_{1t}$—— 投资小的方案在第 t 年的净现金流量；

$\Delta FIRR$—— 差额投资财务内部收益率；

n—— 计算期。

从国民经济效益角度比较

$$\sum_{t=1}^{n}[(B-C)_{2t}-(B-C)_{1t}](1+\Delta EIRR)^{-t}=0 \tag{5-33}$$

式中　B—— 效益；

C—— 费用；

$(B-C)_{2t}$—— 投资大的方案的年净效益流量；

$(B-C)_{1t}$—— 投资小的方案的年净效益流量；

$\Delta EIRR$—— 差额投资经济内部收益率。

进行方案比较时，可按上述公式计算差额投资内部收益率，并与财务内部收益率 i_c（从企业效益角度比较时）或社会折现率 i_s（从国民经济效益角度比较时）进行对比，当$\Delta FIRR \geqslant i_c$或 $\Delta EIRR \geqslant i_s$ 时，以投资大的方案为优；反之，投资小的方案为优。

本方法适用于 2 个或 3 个方案进行比较。当方案较多时，为避免方案两两比较增加工作量，可采用净现值法进行比较。

第四节　方案的综合评价

方案的综合评价，是在取得各项技术经济评价指标的基础上，进行综合分析，评选最合理方案。

方案综合评价所依据的各种技术经济指标，主要包括技术特征、运营特征、工程数量和工程条件以及经济评价等几个方面的指标。

进行方案的综合评价，应根据方案之间的差别情况，选用广度恰当的指标体系，列表进行评比。现以新建铁路为例，将常用指标列在表 5-1 中。

表 5-1　新建铁路线路方案技术经济比较指标

序号	指　　标	名　　称	单　位	方　案	
				Ⅰ	Ⅱ
1	线路长度	建筑长度/运营长度	km		
2	展线系数				
3	牵引吨数		t		
4	往返走行时分	控制区间/全线	min/h		
5	通过能力		对/d		
6	输送能力		Mt/a		
7	最大坡度	限坡/双机坡	‰		
8	最大坡度地段长度	限坡/双机坡	km		
9	拔起高度	上行/下行	m		
10	最小曲线半径		m		
11	地质不良地段	处数/总长度	处/km		
12	车　站	区段站	个		
		中间站			
13	土石方	填　方	10^4m^3		
		挖　方			
14	桥　梁	总座数/总长度	座/m		
		其中，特大桥座数/总长			
15	涵　洞	总座数/总横延米	座/m		
16	隧　道	总座数/总长度	座/m		
		其中，长隧道座数/总长度			
17	施工劳动力		万工天		
18	用　地		10^3m^2		
19	投　资	工程费	万元		
		机车车辆购置费			
20	造　价		万元/km		
21	设计年度运营费		万元/a		
22	年换算工程运营费		万元/a		
23	设计年度资金利税率		%		
24	投资回收期		a		
25	净现值		万元		
26	内部收益率		%		

第六章　车站设计

第一节　会让站和越行站

一、会让站

（一）会让站作业和设备

设置在客货共线单线铁路上，主要办理列车的到发、会车、让车，也办理少量的客、货运业务的车站，称为会让站。会让站应铺设到发线并设置通信、信号、旅客乘降和技术办公房屋等设备。

（二）会让站布置图型

会让站布置图按其到发线的相互位置可分为横列式会让站和纵列式会让站两类。

横列式会让站图型如图 6-1（a）布置。横列式布置图型的特点是到发线横向排列。因此站坪长度短，工程投资小，车站值班员对两端咽喉有较好的瞭望条件，便于管理，到发线使用灵活，站场布置紧凑。

纵列式会让站是将两到发线纵向排列，并向逆行方向错移一个到发线有效长度，如图 6-1（b）布置。到发线纵向错列的纵列式布置，有利于组织不停车会让，便利超长列车的会车，车站值班员和停站列车的司机联系方便，站坪宽度小，在地形狭窄时可减小工程量。但是纵列式布置比较横列式布置，站坪长度较长，使紧坡地段延长线路，摘挂列车的调车作业走行路线长，道岔分散，不便管理。因此，一般只在地形狭窄又需要提高通过能力的区间或在组织不停车会让及超长列车运行的区段上采用。

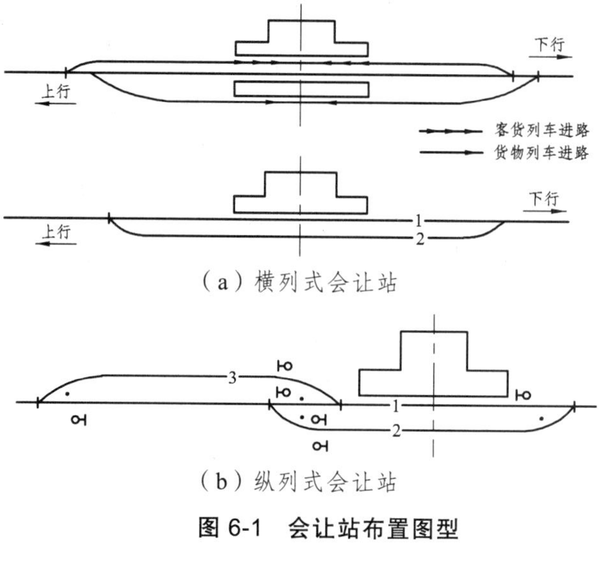

（a）横列式会让站

（b）纵列式会让站

图 6-1　会让站布置图型

会让站宜设两条到发线，使车站具有三交会的条件；当行车量较小时可设一条。为使运输秩序出现不正常情况时影响范围不致过大，便于调整运行图，设置一条到发线的会让站连续布置不应超过两个。

当会让站设一条到发线时，其到发线宜布置在运转室对侧。其优点是便于利用正线接发通过列车，车站值班员可不跨越线路，也不被停留在到发线上的其他列车隔开，在基本站台上就可以办理正线列车通过作业；经由正线接发的旅客列车可停靠在基本站台旁，而不经过侧向道岔，列车运行平稳，旅客比较舒适。

会让站一般不设中间站台。若旅客乘降较多且远期发展快时，可设中间站台，其位置应设在旅客站房对侧到发线与正线之间。

二、越行站

（一）越行站的作业和设备

设置在双线铁路上，主要办理同方向列车的越行的车站称为越行站。越行站的主要业务包括办理正线各种列车的通过，待避列车进出到发线、停站待避；客货共线铁路的越行站必要时还办理反方向列车的转线，也办理少量的客、货运业务。越行站应铺设到发线，并设置通信、信号及旅客乘降、办公房屋等设备。

（二）越行站布置图型

越行站一般应采用横列式布置（见图 6-2），其主要优点是站坪长度短，工程费小，节省定员，管理方便，到发线使用灵活，站场布置紧凑等。越行站一般应设两条到发线，分设于正线两侧，以便双方向列车都能同时待避 [见图 6-2（a），（b）]。特殊困难条件下，客货共线铁路可设一条到发线，设于两正线中间 [见图 6-2（c）]。

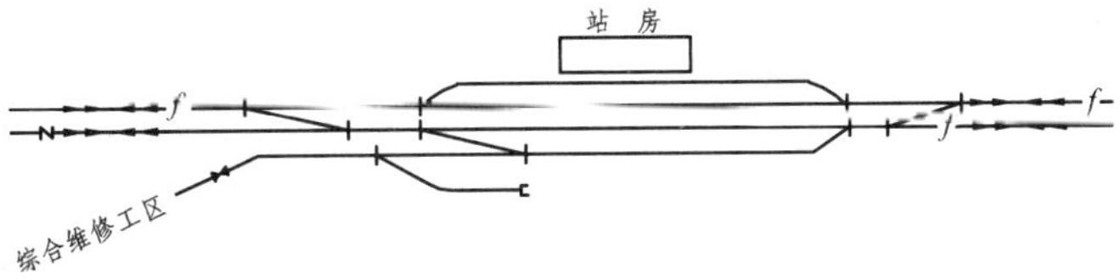

（a）客运专线越行站

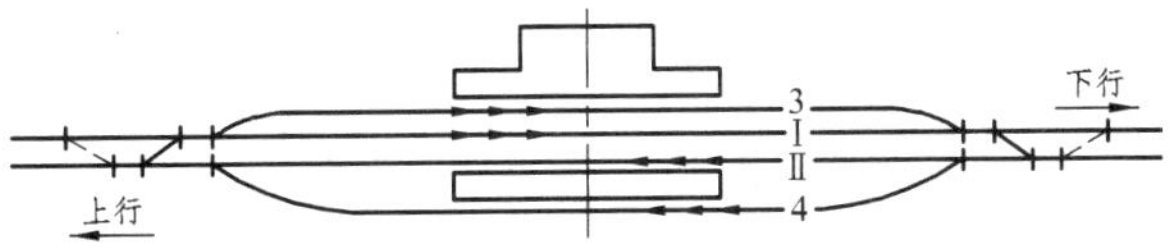

（b）两条到发线客货共线越行站

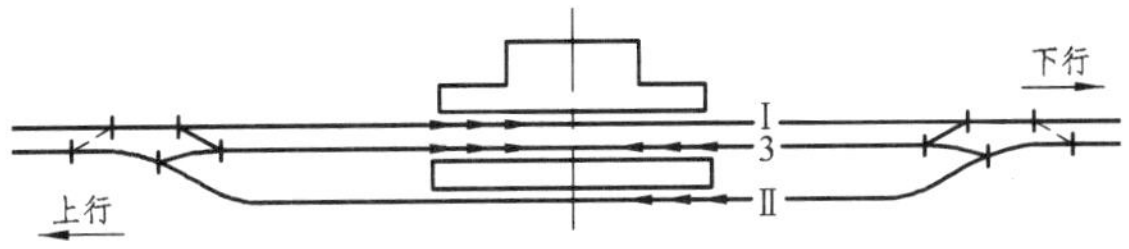

（c）一条到发线客货物共线越行站

图 6-2　越行站图型

越行站两端咽喉的两正线间应各设两条渡线，宜布置成“八”字形。特殊困难条件下，每端各设一条渡线时，渡线应朝向运转室，并应预留铺设第二条渡线的位置。交叉渡线养护维修不便，故仅在站坪长度受限制时采用。

第二节　中间站设计

铁路中间站的数量占绝大多数，做好中间站设计，对完成铁路运输任务和加强城乡联系有着重要意义。要做好中间站设计，必须对中间站的任务、作业内容及其对车站各项设备的要求，有全面清楚的了解。本节主要介绍客货共线运行铁路中间站设计方法，有关客运专线铁路中间站的知识将在本章第五节介绍。

一、中间站的作业和布置图型

1. 中间站的作业

中间站的作业有商务作业和技术作业两类。

（1）商务作业：出售客票，旅客乘降；行李和包裹的收发和保管；货物的承运保管和交付。

（2）技术作业：办理列车会让、越行和通过，摘挂、零担列车的调车、取送车及装卸作业；在双线铁路上还办理调整反方向运行列车的专线作业。在机车折返的中间站及补机始终点的中间站尚需办理补机的摘挂、待班和机车的转向和整备等作业。

2. 中间站的布置图型

中间站一般都采用横列式布置图型。单线和双线铁路上中间站常见的布置图型如图 6-3、图 6-4 所示。这两种图型具有保证旅客安全，零担货物装卸和车辆摘挂作业方便，列车待避条件好，有利于工务养护和方便改、扩建等优点。

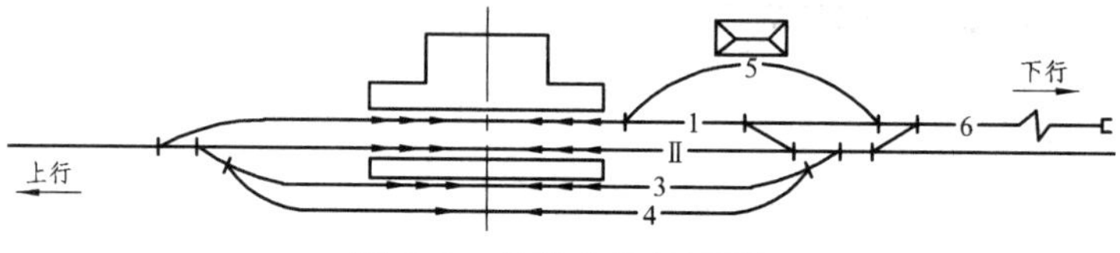

图 6-3　单线中间站图型

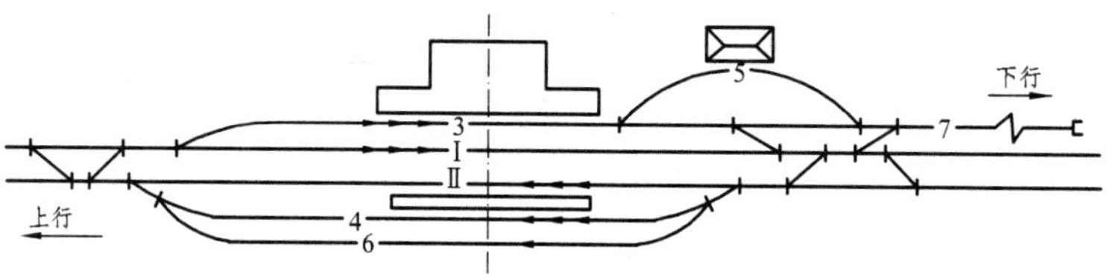

图 6-4　双线中间站图型

在双线铁路上，为满足调车作业、列车反方向运行以及双方向接发列车的需要，或因区间线路大修、线路临时发生故障和其他情况下采取运行调整措施，必须使一条正线上运行的列车转入另一条正线上继续运行，车站两端咽喉区应各设两条渡线。

为了解中间站的工作内容，下面结合图 6-3 介绍各种列车在站内的技术作业程序（注意我国铁路为左侧行车制）。

（1）接发通过的客货列车：车站值班员和邻站办理闭塞后，开通正线 1 道通过。

（2）接发停站的客货列车：办理闭塞后，旅客列车接入 1 道或Ⅱ道；1 道和Ⅱ道占用时，可接入 3 道，货物列车接入 1 道、3 道或 4 道。完成站内作业以及和前方站办理闭塞后发车。

（3）办理摘挂列车作业：下行摘挂列车（摘挂车辆在头部时）接入 1 道，车列摘钩以后，机车牵引到达本站的车辆驶入牵出线 6，然后倒退行驶，将车辆送入装卸线 5，办理装卸作业。如 5 道上已有装好的下行车辆时，则与刚送入的车辆联挂在一起，一并由机车拉出，经由牵出线 6 送入 1 道摘钩，然后机车再将到达本站的车辆经牵出线 6 送到 5 道货位上摘钩，机车经牵出线 6 退回 1 道，将刚才取回的车辆与列车联挂，准备发车。

上行摘挂列车（摘挂车辆在尾部时）多数接入 4 道，机车摘钩后沿某一空闲股道驶到列车尾部，将应摘车辆拉到牵出线 6，送入装卸线 5，机车带守车退至牵出线 6，将守车送回 4 道联挂，机车摘钩后再沿空闲股道迂回到列车头部挂上列车待发。如果 5 道已有装好的上行车辆，则取送情况与上述下行列车相似。

（4）不摘车装卸：利用列车会让、给水作业等停站时间，预先组织好人力、机具，在到发线上进行装卸。

从上述基本作业过程可以看出，摘挂作业程序还受列车编组的影响。其他的作业方法也不是固定不变的，每个车站都可以根据具体情况，制定切合实际的车站作业细则，规定各项技术作业程序。

二、中间站主要设备的配置

（一）客运设备

客运设备包括旅客站房、旅客站台以及平过道或跨线设备。

1. 旅客站房

旅客站房位置应配合城市和方便旅客进出站，应与城镇规划和车站总布置图相配合。旅客站房一般设在靠近城乡居民区的一侧，并尽量设在站场中部，以方便旅客乘降。旅客站房与最近的股道中心线应保持一定距离，使站房一侧有增加股道的可能，一般情况下，站房突出部分的外墙面至站台边缘宜采用 8 ~ 20 m，在困难条件下可采用较小距离，但应不小于基本站台的宽度。

旅客站房的地面一般应与基本站台面在同一高度上或高程相差很小 [线平式，图 6-5（a）]。地形困难时，在保证值班员瞭望的条件下，旅客站房的地面也可高于基本站台面 [线上式，图 6-5（b）] 或低于基本站台面 [线下式，图 6-5（c）]。

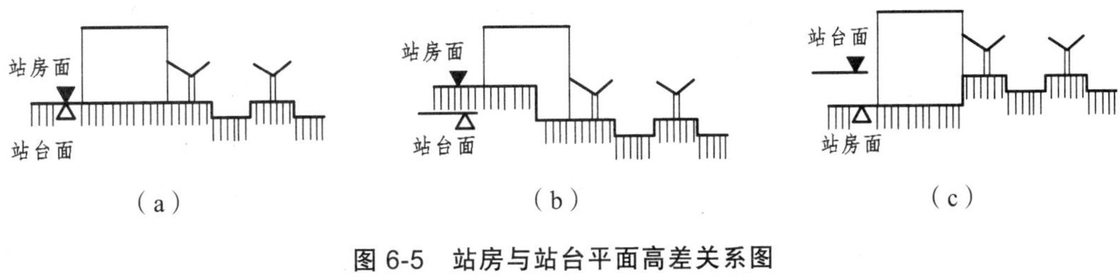

图 6-5　站房与站台平面高差关系图

旅客站房的规模，由同一时间内旅客最多候车人数决定。中间站旅客站房的规模多属中、小型，一般采用定型设计。常用的小型站房定型设计有容量为 50 人、100 人、200 人、400 人四种。

2. 旅客站台

旅客站台分为基本站台和中间站台两种，如图 6-6 所示。中间站台应与基本站台相隔两股道而设于Ⅱ道及 3 道之间，以提高利用效率，并便于养护（如设于 1，Ⅱ道之间，则难以抽换轨枕）。客运量不大时，中间站台可缓设。

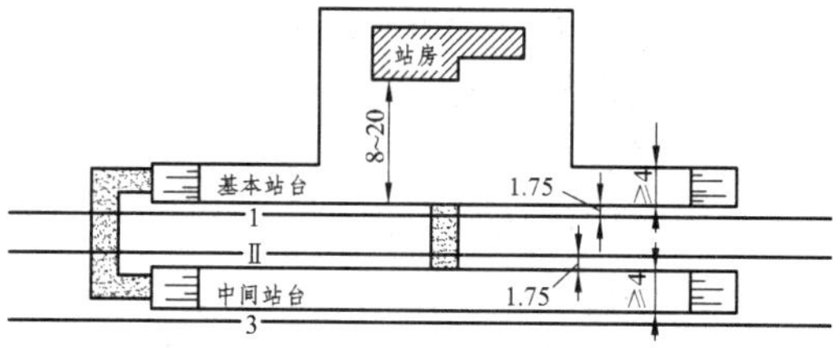

图 6-6 中间站客运设备

旅客站台的长度按近期客流量和旅客列车长度并考虑扩编需要确定，一般应设为 300 ~ 550 m，客流量较小、旅客列车较短时，站台长度可适当缩短。

旅客站台宽度应根据站台侧停靠旅客列车时的最大一次上、下车人数、行包邮件运输工具的类型和站台设置的建筑物和设备的尺寸确定。旅客基本站台的宽度，在站房范围内，由房屋突出部分的外墙边缘至站台边缘的距离不应小于 6 m，其余部分不应小于 4 m。中间站台宽度，单线铁路不应小于 4 m，双线铁路不应小于 5 m。站台上设有跨线设备时，站台应适当加宽。

旅客站台的高度，根据邻靠线路的关系和通行列车的要求，分为高站台、中站台和低站台。邻靠正线及通行超限货物列车的线路的站台，因受限界的限制，采用高出轨面 300 mm 的低站台，其他线路站台可采用高出轨面 500 mm 的中站台；仅在特殊需要时才采用高出轨面 1 100 mm 的高站台。

站台面为了排水而设的横向坡度不宜过大，一般采用向站台边缘倾斜 2% 的坡度。

3. 平过道及跨线设备

基本站台和中间站台之间为旅客通行应设平过道一处或两处，其宽度不小于 2.5 m。在客运量（即旅客乘降人数）较多的大型中间站，可根据需要修建天桥、地道等立交跨线设备。

（二）货运设备

客货共线铁路的中间站一般需设置货场，包括仓库、货物站台、货物堆放场、货物线、装卸机具及货运办公室等。

1. 货　场

中间站货场位置应按货物集散方向、货运量、地形地质条件并结合地方城镇规划合理选定。大多数情况下，货场宜选在站房同侧，如图 6-3 所示，可以方便货物取送，不需横越铁路，有利车站管理。当货物集散方向在站房对侧或虽在同侧但上行货运量较大，同侧布置又受地形、城镇发展规划的限制时，可把货场放在站房对侧中间或第三象限，但应有安全方便的通道。

货场布置图型根据货物线修成方式，有通过式、尽端式和混合式三类，如图 6-7 所示。

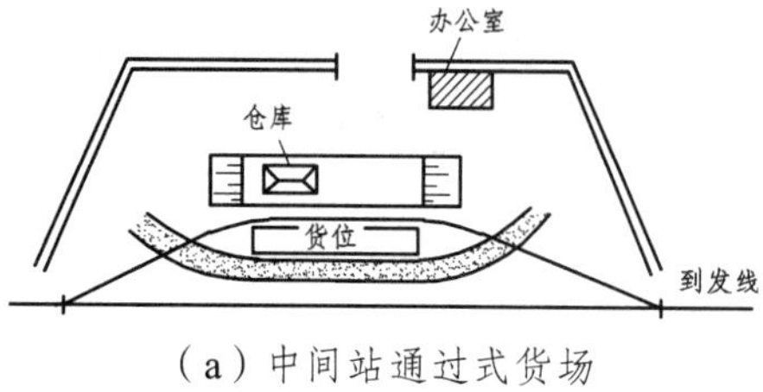

（a）中间站通过式货场

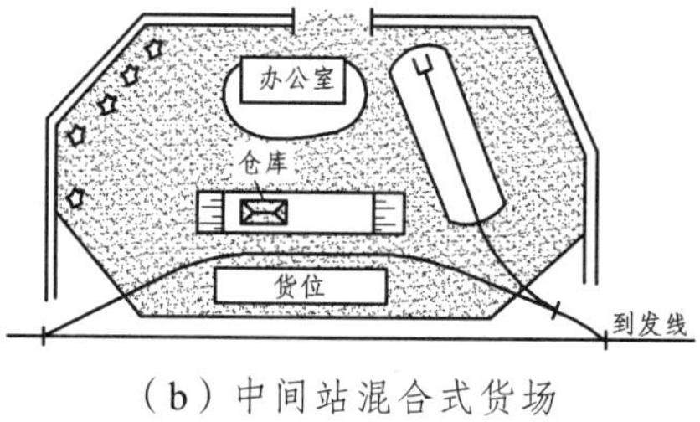

（b）中间站混合式货场

图 6-7 中间站货场布置

2. 货物站台

货物站台有普通站台和高站台两种。

普通货物站台高出轨面 1.1 m，其高度与车底板持平，有利装卸作业。高出轨顶 1.1 m 以上的站台为高站台，要因地制宜，根据货物装卸需要设计。站台宽度，有仓库时按仓库宽度加两边过道的尺寸设计。仓库宽度可选用 9 m，12 m，15 m，18 m，两边过道的宽度应方便装卸作业，在铁路一侧宜采用 3.5 ~ 4.0 m，在场地一侧宜采用 2.5 ~ 3.5 m，如图 6-8 所示。无仓库的露天堆放场，人工作业时宽度为 12 ~ 15 m；机械装卸作业时，应适当加宽。

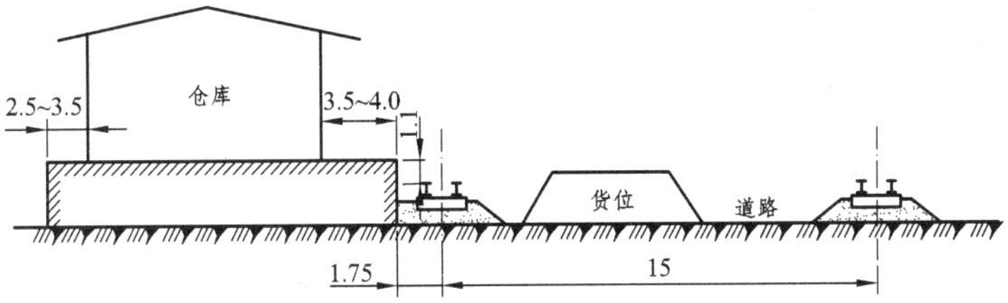

图 6-8 中间站货场横断面

3. 货物仓库

中间站的沿零仓库一般设在基本站台上靠站房附近，当沿零货物较少时，可设在站房内与行包房合并。

（三）车站线路

中间站的线路设备除正线外，还有站线（包括到发线、牵出线、货物线、存车线等）、岔线（包括支线、专用线和工业企业线）和特别用途线（包括行车安全线和避难线）。

1. 进路与联锁

车站是铁路上最繁忙的运输场所，每天 24 小时不分白天和黑夜，要进行大量的列车进站、出站和转线编组作业。在车站上，列车进站、出站和转线所经过的路线，叫作进路，要开通一条进路，必须先将这条进路内的所有道岔扳到正确的位置，然后再开放信号，使道岔和信号做到协调一致，保证列车安全运转。当一条进路开通后，所有与这条进路上有关联的道岔都应一律锁闭，使它不能扳动，同时，与这条进路有抵触的信号也应该关闭。这样才能保证列车运转安全。这种控制列车进路的设备，称为联锁设备。

车站联锁设备发展很快，从最早的机械集中联锁，非集中电气联锁，电气集中联锁，发展到今天的微机联锁。

微机联锁与传统的继电联锁相比，具有十分明显的优点，它体积小，工程投资少，维修性好，易于实现设备监测，而且具有进路储备，自动排列进路及车次显示等功能，设计简单，容易实现工厂化施工，控制与显示方式灵活，能大大减轻信号值班人的劳动强度和大大提高车站的运输工作效率，在继电联锁中，由于受继电器数量或接点的限制，而难以实现的某些应该检查的条件，在微机联锁中均能实现，因而，它大大地提高了联锁系统的安全性。

微机联锁系统，按其设备构成分为单机式和双机式两种，按其控制点与监控对象间的联系方式，又分为专线式和总线式两种。

2. 到发线

到发线是车站用于接发旅客列车或货物列车用的线路。

1）到发线数量

到发线数量应根据运量及运输性质确定。客货共线铁路，单线铁路中间站一般采用两股到发线，使车站有办理三交会的条件或适应某些特殊列车停留的需要。当地方货物作业量较大，即摘挂作业车较多的中间站，可视具体情况设 3 股或 3 股以上的到发线。双线铁路中间站一般设 2 ~ 3 股到发线，分别配置在上、下行正线两侧，使双方向列车能同时待避、越行。此外，在一些技术作业时间较长的中间站，如给水站、补机始终点站、长大下坡前的列车技术检查站、枢纽前方站、专用线接轨站等，到发线可酌情增加。到发线数量还和行车组织方式有关，在采用追踪运行的区段，到发线数量应适当增加。

2）到发线进路

到发线可以设计成单进路或双进路。单进路是指股道固定由一个运行方向（上行或下行）使用，双进路是指股道可供上、下行两个方向使用。按双进路设计，机动性大，但是需要增加信号联锁设备。

客货共线铁路，单线中间站到发线一般均应按双进路设计，使车站办理列车运行有较大的灵活性，提高股道使用效率。双线中间站有两股以上到发线时，为了到发作业安全，可以设计为单进路。

为了保证超限货物列车通过和交会，除站内正线须保证能通行超限货物列车外，在各区段内应选定 3 ~ 5 个中间站（包括给水站），单线铁路应另有一股道，双线铁路上、下行方向各有一股道能通行超限货物列车。通过超限货物列车的股道和相邻股道的线间距要求大些。通行超限货物列车的车站一般选择到发线数量较多的中间站，有利于超限货物列车和其他列车的会让和越行。设计这些中间站时，一般都是选择邻靠中间站台的到发线作为通行超限货物列车的股道（见图 6-9），以便利用站台两侧线路间距较大的特点，可以不再另行加宽，减少工程数量。

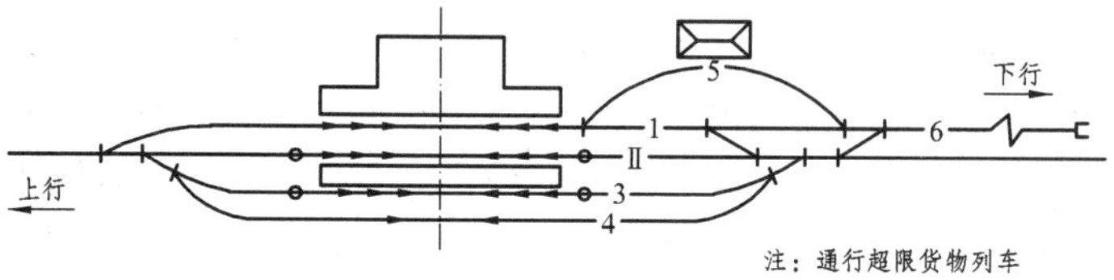

图 6-9　超限货物列车到发线布置

3. 牵出线

牵出线的设置，应根据衔接区间正线数、行车密度大小、车站调车作业量以及货场设置位置等因素确定。

摘挂作业较多的中间站，行车密度较大时，应设专用的牵出线进行调车作业。单线铁路平行运行图列车对数在 24 对以上，双线铁路采用半自动闭塞平行运行图列车对数在 54 对以上，采用自动闭塞平行运行图列车对数在 66 对以上，且调车作业量较大的中间站，或平行运行图能力低于上述规定的列车对数，而个别调车作业量很大的中间站，均应设置牵出线，如图 6-3、图 6-4 所示。当行车量不大或本站作业量较小时，可利用正线或专用线进行调车作业，但其平、纵断面及视线条件应适应调车作业的要求，并将进站信号机外移，外移距离不应超过 400 m。牵出线的有效长度应能满足调车作业的需要，一般不得短于货物列车长度的一半。

在困难条件下或本站作业量不大时，可酌情减短，但不应短于 200 m。牵出线应设在直线上，条件困难时可设在半径不小于 1 000 m 的同向曲线上，特别困难时，曲线半径也不应小于 600 m。牵出线的坡度一般设为平坡或面向调车线不大于 2.5‰的下坡道上。

4. 货物线

为了办理货物的装卸作业，客货共线铁路中间站应铺设货物线。货场内的货物线布置形式有通过式、尽头式和混合式。通过式的特点是两端均连通到发线，上、下行调车作业灵活，易于管理，如图 6-7（a）所示。尽头式货物线，一头伸入货场，只有一头和到发线连通，调车不够灵活，但线路布置可以多样化，线间距大，有效货位多，适合货物作业量较大、货物线较多的车站，如图 6-7（b）所示。在货运量大的中间站上，通常采用混合布置形式：按货物性质把货物线分别布置成通过式和尽头式，一般货物在通过式货物线上作业，大宗或特殊货物利用尽头线作业，如图 6-7（b）所示。

货物线有效长度应按货运量、取送车间隔时间确定，但最短长度不应小于五辆车长，即不短于 70 m。

货物线与到发线的间距应考虑货物线两侧堆放货物与装卸作业的需要，当线间有装卸作业时应不小于 15 m，无装卸作业时不小于 6.5 m。

5. 安全线

安全线是进路隔开设备之一。设置安全线是为防止岔线或站线上的机车车辆未经开通进路而与正线上的机车车辆发生冲突事故。安全线有效长应不小于 50 m，坡度宜设计为平道或面向车挡的上坡道。

下列地点需要设置安全线：

（1）岔线（包括专用线、支线）在区间与正线衔接处，如图 6-10（a）所示。

（2）岔线在站内与正线或到发线衔接处，如图 6-10（b），（c）所示。

（3）当进站信号机外制动距离内向进站方向为超过 6‰的下坡道时，为使车站能办理相对方向同时接车和同方向同时接发列车，应在接车线末端设置安全线，如图 6-10（d）所示，这样可以防止下坡进站的列车与其他列车碰撞。

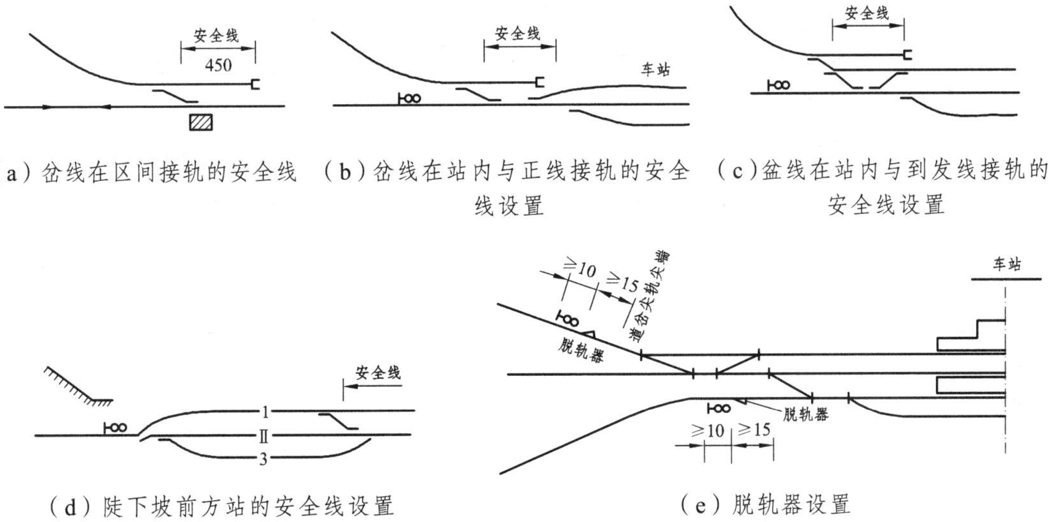

（a）岔线在区间接轨的安全线　（b）岔线在站内与正线接轨的安全线设置　（c）岔线在站内与到发线接轨的安全线设置

（d）陡下坡前方站的安全线设置　（e）脱轨器设置

图 6-10　安全线和脱轨器设置

安全线应避免将安全线尽端设在高填方、桥头或建筑物附近，以免发生机车车辆脱轨时造成更大损失。

岔线在站内与正线或到发线接轨，如受地形条件限制、或岔线进站方向为平道或上坡道时，可以设置脱轨器代替安全线。脱轨器设置位置如图 6-10（e）所示。

6. 避难线

为防止在陡长下坡道上列车因制动装置失灵失去控制，而发生颠覆或与前方车站上其他列车冲突，需设置避难线。

在相邻两车站站坪以外，区间线路的平均坡度大于或等于 15‰时才考虑设计避难线。而且还要根据线路平纵面，通过牵引计算进行失控列车的速度检算，以确定是否需要设置避难线，同时确定避难线的位置和长度。

进行失控列车速度检算时，按列车第一次制动有效、第二次制动失灵来考虑。列车在陡长下坡道制动失灵后，在重力作用下急剧加速，当机车采用制动以后，列车在区间速度达到颠覆速度或溜行到前方站仍不能停车时，即判定需设避难线。

所谓颠覆速度是指 100 km/h、区间曲线及道岔的三种颠覆速度之一。

区间曲线颠覆速度　$V_D = 7.63\sqrt{R}$（km/h）

道岔颠覆速度　$V_D' = 6.9\sqrt{R'}$（km/h）

式中，R，R'分别为区间曲线半径、道岔导曲线半径（m）。

避难线有尽端式、环形及砂道避难线等类型。由于尽端式避难线有结构简单，施工、维修方便等优点，故我国已建成的避难线几乎全属此类型。为了确保失控列车能在避难线末端停车，一般在尽端式避难线末端 30 ~ 50 m 范围内，在轨面匀铺砂道，增加运行阻力。

尽端式避难线的设置位置：根据失控列车的速度检算，若列车在区间或进站前达到颠覆速度，则应将避难线设在区间或进站道岔前方，如图 6-11 所示。若列车在区间尚未达到颠覆速度时，可将避难线设在出站端，如图 6-12 所示。在出站端设避难线的优点是避免下坡列车在避难线前信号机处的停车，同时利用站坪较缓坡度使失控列车速度下降，减少避难线的长度。但是每当有陡长下坡道方向开来列车时，必须保证通往避难线的股道空闲的情况下才能办理闭塞，因此，使站内股道使用受到影响，站内作业安全性也较差。所以站内作业繁忙的车站，可把避难线移设在进站端。

在区间及进站端设避难线时，应在避难线道岔基本轨接缝前方不小于 150 m 处装设信号机（见图 6-11），列车万一冒进信号也不至于冲进避难线，以免在陡坡上退行困难。

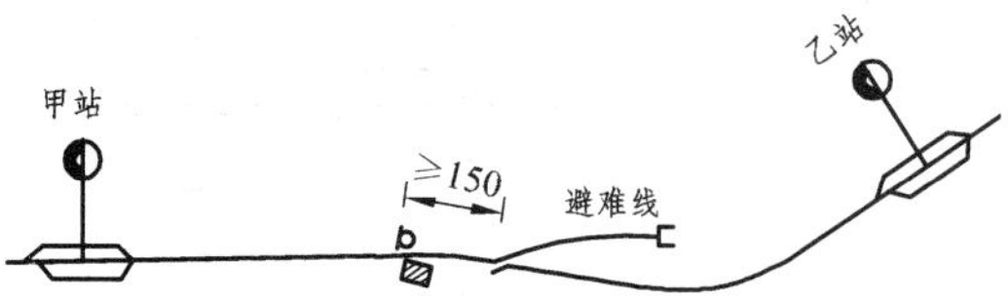

图 6-11　在区间或进站前端设避难线

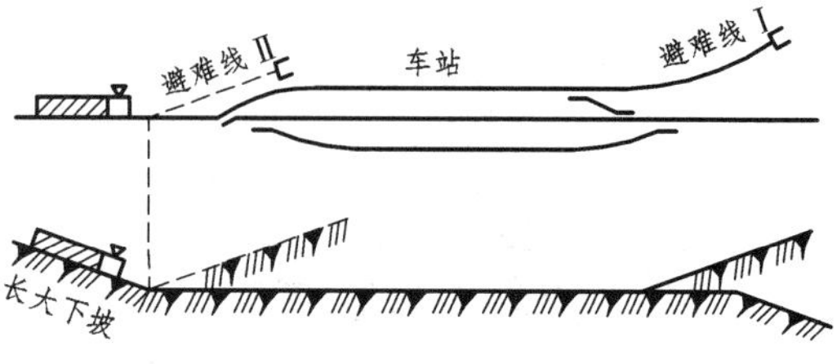

图 6-12　在出站端设避难线

根据失控列车进入避难线的速度，避难线的纵断面采用图解或解析法计算列车的速度变化，逐段设计计算，直至停车。纵断面常由坡度逐渐加大的短坡道组成，相邻坡道变坡率不大于 15‰，末端最大坡度一般不超过 100‰。

7. 专用线接轨

专用线在车站接轨时，应考虑专用线取送车方便，并尽量减少对站内行车和调车作业的干扰。

专用线与中间站接轨，一般是在车站两端咽喉区连接。当车站内有几条专用线接轨时，为便于调车作业和减少干扰，最好集中在车站的一个区域内，常与货场设在同一象限。在旅客列车停站较多的中间站上，专用线最好不在站房同侧的到发线上接轨，以免行车相互干扰。除此之外，城镇规划、厂矿企业位置、货流方向及地形条件等均影响专用线的接轨位置。因此，在确定专用线与中间站接轨方案时，应根据具体情况比选。

图 6-13 所示为几种接轨方案布置图。当厂矿企业位于站房同侧，且地形条件有利时，可采用Ⅰ或Ⅱ接轨方案，尤以Ⅰ方案为佳；当厂矿企业位于站房对侧，可采用Ⅲ或Ⅳ接轨方案。

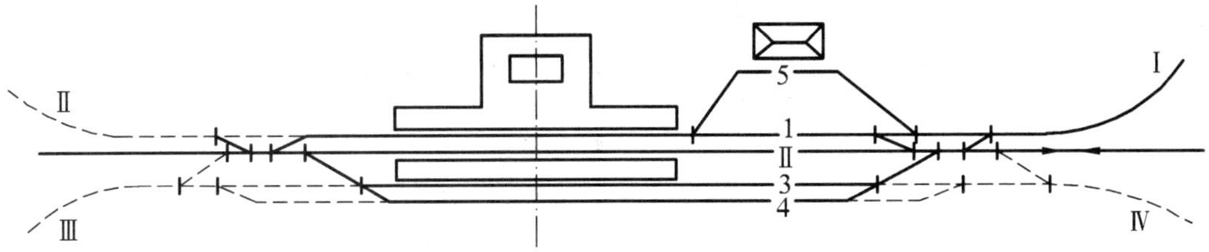

图 6-13　中间站专用线接轨方案

三、中间站的平面计算

中间站的设备和布置图型确定以后，还应进行平面计算，以进一步确定站内设备及相互关系的具体尺寸。

（一）股道、道岔编号

股道、道岔的号码按下列规定编排。

（1）股道编号：单线铁路从站房向对侧依次编号；双线铁路应从正线向两侧顺序编号，上行进路方向为双数，下行进路方向为单数。编号时，正线用罗马数字，站线用阿拉伯数字，如图 6-14 所示。

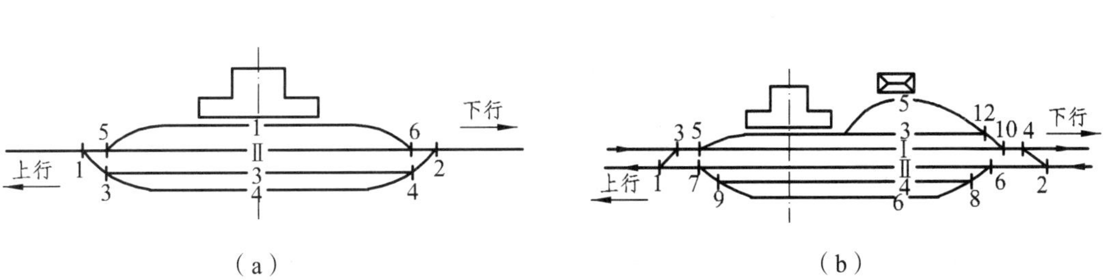

图 6-14　股道、道岔编号

（2）道岔编号：由上行列车到达一端开始顺序编为双数，下行列车到达端编为单数，以站房中心为界。先编列车进路，后编其他线路。渡线道岔及相连接的道岔应尽量编为连续号码，如图 6-14 所示。

（二）站内线间距离的计算

1. 直线地段线间距

在车站内，股道中心至建筑物的距离及相邻两股道中心线的距离，应能确保行车安全及车站工作人员进行有关作业的安全和便利。它们决定于下列因素：机车车辆限界，基本建筑限界（见图 3-18 至图 3-20），超限货物装载限界，在相邻股道间办理作业的性质。

例如，站内正线线距=2×（1 700+100）+1 400 = 5 000（mm）= 5.0（m）

式中 1 700 mm——半个机车车辆限界宽度；

100 mm——列车信号宽度；

1 400 mm——站内作业人员安全距离。

在站内直线地段，线路中心至建筑物（设备）的距离应符合表 6-1 的要求，站内线间距离应符合表 6-2 的要求。

表 6-1 主要建筑物（设备）至线路中心线的距离（mm）

序号	建筑物和设备名称		高出轨面的距离	至线路中心线的距离
1	跨线桥柱、天桥柱和接触网、电力照明等杆柱边缘	位于正线或站线一侧（下面两种情况除外）	≥1 100 及以上	≥2 440
		位于站场最外站线外侧	≥1 100 及以上	≥3 000
		位于最外梯线或牵出线一侧	≥1 100 及以上	≥3 500
2	信号机和水鹤边缘	位于正线或通行超限货物列车的站线一侧	≥1 100 及以上	≥2 400
		位于不通行超限货列车的站线一侧	≥1 100 及以上	≥2 150
3	货物站台边缘	普通站台	1 100	1 750
		高站台	≥4 800	1 850
4	旅客站台边缘	高站台	1 100	1 750
		普通站台	500	1 750
		位于正线或通行超限货物列车站线一侧的站台	300	1 750
5	车库门、转车盘、洗车架和专用煤水线、洗罐线、加水线、机车走行线上的建筑物边缘		≥1 120	≥2 000

注：车站改建确有困难，高柱信号机边缘距离可保留 2 100 mm，至到发线中心的距离可保留 1 950 mm。

表 6-2　车站线间距离（mm）

序号	名称		标准距离
1	正线间、正线与其相邻线间		5 000
2	到发线间（包括中间无站台的旅客列车到发线）、调车线间		5 000
3	次要站线间（换装线除外）		4 600
4	装有高柱信号机的线间	相邻两线均通行超限货物列车	5 300
		相邻两线只有一线通行超限货物列车	5 000
5	装有水鹤的线间	相邻两线均通行超限货物列车	5 500
		相邻两线只一线通行超限货物列车	5 200
		相邻两线均不通行超限货物列车	5 000
6	客车车底停留线间		5 000
7	客车整备线间	线间无照明和通信等电杆	6 000
		线间有照明和通信等电杆	7 000
8	货物直接换装的线路间		3 600
9	牵出线及其相邻线间		6 500
10	调车场各线间		6 500
11	调车场设有制动员室的线束间		7 000
12	梯线及其相邻线间		5 000
13	中间有或预留有电力机车接触网支柱的线间		6 500

注：① 客、货列车通过正线与有列检作业的相邻线间，线间距离应加宽至 5 500 mm，改、扩建车站时，在困难条件下，可采用 5 000 mm；

② 不配属调机的中间站的牵出线与相邻正线的线间距离可采用 5 000 mm，配属调机的牵出线（编组线除外）改、扩建困难时，与相邻线的线间距也可采用 5 000 mm，但线间设高柱信号机时不应小于 5 300 mm。

2. 曲线地段线距加宽

在车站线路的曲线地段，由于车辆在曲线上时，车辆中部向曲线内侧凸出，而两端向外侧凸出，以及当曲线设有外轨超高时，车体向内侧倾斜，上述基本建筑限界及线间距离要比直线地段加宽。建筑限界的加宽值为：

建筑物在曲线内侧时

$$W_N = \frac{40\,500}{R} + \frac{H}{1\,500} \times h \text{（mm）}$$

建筑物在曲线外侧时

$$W_W = \frac{44\,000}{R} \text{（mm）}$$

曲线地段线间距加宽值，应为内外侧加宽值之总和，即

$$W=\frac{84\,500}{R}+\frac{H}{1\,500}\times h\ (\mathrm{mm})$$

实际计算站内线间距加宽时，W 常按内外侧线路设置超高的情况分三种方式进行简化计算（式中 H 值按人身高 2 000 mm 计算）：

① 当外侧线路无超高或超高小于、等于内侧线路超高时

$$W=\frac{84\,500}{R}\ (\mathrm{mm})$$

② 当外侧线路超高大于内侧线路超高时

$$W=\frac{84\,500}{R}+\frac{1}{2}\left(\frac{H}{1\,500}\times h\right)=\frac{84\,500}{R}+\frac{2}{3}h\ (\mathrm{mm})$$

③ 当外侧线路有超高而内侧线路无超高时

$$W=\frac{84\,500}{R}+\frac{H}{1\,500}\times h=\frac{84\,500}{R}+\frac{4}{3}h\ (\mathrm{mm})$$

表 6-3 是按上述公式计算的曲线车站线距加宽及基本建筑限界加宽值，可供设计时查用。

表 6-3　曲线车站线距加宽及基本建筑限界加宽

曲线半径（m）			2 000	1 500	1 000	800	700	600
行车速度 $V_{max}=4.3\sqrt{R}\leqslant 120$ km/h			120	120	120	120	114	105
外轨超高 $h=7.6V_{max}^2/R\leqslant 150$ mm			55	75	110	135	150	150
车站线间距加宽值（mm）	外侧线路无超高或超高小于、等于内侧线路超高时		45	55	85	405	420	140
	外侧线路超高大于内侧线路超高时		80	105	155	195	220	240
	外侧线路有超高而内侧线路无超高时		115	155	230	290	320	340
建筑物突出部分至线路中心的加宽值（mm）	建筑物在曲线外侧时		20	30	45	55	65	75
	建筑物在曲线内侧、曲线无超高时		20	25	40	50	60	70
	建筑物在曲线内侧，且曲线有超高时，各高度处	H = 3 000 mm 处	130	175	260	325	360	370
		H = 1 100 mm 处	60	80	120	150	170	180
		H =（500 mm ~ 0.6h）处	35	50	70	90	100	110
		H =（300 mm ~ 0.6h）处	30	40	60	70	80	90

注：表中 0.6 h 表示因曲线外轨超高 h 引起的站台高度相对降低值。

曲线车站线距加宽方法：曲线车站各股道中心线一般均设计为同心圆曲线。由于正线有外轨超高并一定要设缓和曲线，而站线无外轨超高，既可设缓和曲线也可不设缓和曲线。因此，为满足上述曲线加宽要求，车站曲线可采用下列不同的设置方法。

站线不设超高时，当站线在正线外侧时，依靠调整、加长正线缓和曲线长度，使正线

缓和曲线内移量 p 满足线距加宽 W 的要求。此时直线部分线距不加宽；当站线在正线内侧时，外侧正线缓和曲线的内移量 p 使曲线线距减小，为使曲线线距加宽 W，直线线间距应加宽 $\Delta D = p + W$，使曲线部分线距正好加宽 W 值。

在站线设缓和曲线的情况下，无论是站线和正线之间或是站线和站线之间均可利用调整站线的缓和曲线长度，使内移量之差达到线距加宽要求。

（三）道岔与股道连接

1. 道岔选型

车站股道间连接的道岔号数，一般应根据列车的运行方式和路段旅客列车设计行车速度来确定。应按下列规定选择：

（1）用于侧向通过列车，速度超过 80 km/h 的单开道岔，不得小于 30 号。

（2）用于侧向通过列车，速度超过 50 km/h 的单开道岔，不得小于 18 号。

（3）用于侧向通过列车，速度不超过 50 km/h 的（AT 尖轨）单开道岔，不得小于 12 号。

（4）用于侧向接发停站旅客列车的单开道岔不应小于 12 号；在特别困难条件下，非正线上用于接发旅客列车的道岔，可采用 9 号单式对称道岔。

（5）位于正线上的单开道岔，在列车直向通过速度为 100 km/h 以下的路段内，除侧向接发正规列车的会让站、越行站、中间站的到发线及其他线路均不应小于 12 号外，其他车站及线路均可采用 9 号；在列车直向通过速度为 100 km/h 及以上的路段内，均不应小于 12 号，改建车站在特别困难条件下，区段站及以上大站可采用 9 号道岔。

（6）正线上不宜采用交分道岔，在困难条件下，需要采用时，不应小于 12 号并应满足该路段旅客列车设计行车速度的要求。

（7）用于其他线路的单开道岔或交分道岔不应小于 9 号。

（8）跨区间无缝线路上的道岔应采用无缝的单开道岔。

常用单开道岔主要尺寸见表 6-4。

表 6-4 常用单开道岔主要尺寸

道岔号数	辙叉角 α（°）	导曲线中心线半径 R（mm）	道岔始端至道岔中心距离 a（mm）	道岔中心至辙叉跟端距离 b（mm）	道岔全长 L_Q（mm）	侧向通过道岔允许速度（km/h）
9	6°20′25″	180 000	13 839	15 009	28 848	30
12	4°45′49″	330 000	16 853	19 962	36 815	45
18	3°10′12.5″	800 000	22 667	31 333	54 000	75
客专 60-18	3°10′47.4″	1 100 000	31 729	37 271	69 000	80
客专 60-42	1°21′50.13″	5 000 000	60 573	96 627	157 200	160
客专 60-62	0°55′26.56″	8 200 000	70 784	130 216	201 000	220

2. 道岔与道岔连接

车站平面设计，各相邻道岔的布置，应在保证规定的行车速度及作业安全的条件下，力求排列紧凑，使相邻两道岔中心之间的距离最短。这样，可以缩短车站咽喉区或股道连接的长度，减少机车车辆在站内走行的距离，节省工程及运营费用。为使机车车辆经过两相邻道岔地段平稳安全和减少道岔的磨损，两道岔之间必须插入一段短轨，其长度 f 随道岔排列形式和所在位置而有所不同，对于Ⅰ级和Ⅱ级铁路，不应小于表 6-5 中的数值。

表 6-5（a）　两相邻道岔间插入钢轨的最小长度（两对向单开道岔间插入钢轨的最小长度）（m）

<table>
<tr><th>道岔布置</th><th rowspan="2">线　别</th><th colspan="2">有正规列车同时通过两侧线时</th><th rowspan="2">无正规列车同时通过两侧线时</th></tr>
<tr><td rowspan="4">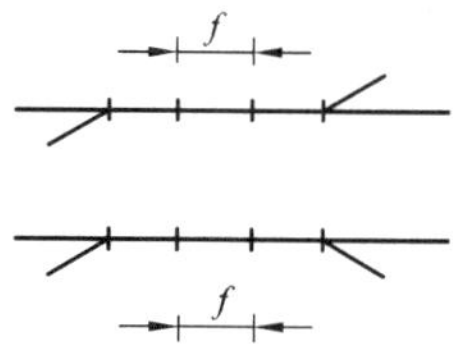</td><td>一般情况</td><td>特殊情况</td></tr>
<tr><td>正　线</td><td>12.50</td><td>6.25</td><td>6.25</td></tr>
<tr><td>到发线</td><td>6.25</td><td>6.25</td><td>0</td></tr>
<tr><td>其他站线和次要站线</td><td>—</td><td>—</td><td>0</td></tr>
</table>

注：正线上有正规列车同时通过两侧线时，18 号单开道岔间不应小于 25 m。

表 6-5（b）　两相邻道岔间插入钢轨的最小长度（两顺向单开道岔间插入钢轨的最小长度）（m）

<table>
<tr><th>道　岔　布　置</th><th colspan="2">线　　别</th><th>木岔枕道岔</th><th>混凝土岔枕道岔</th></tr>
<tr><td rowspan="4">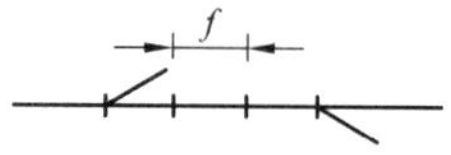</td><td rowspan="2">正线</td><td>直向通过速度等于或大于 120 km/h</td><td>12.50</td><td rowspan="6">6.25</td></tr>
<tr><td>直向通过速度小于 120 km/h</td><td>6.25</td></tr>
<tr><td colspan="2">到发线</td><td>4.50</td></tr>
<tr><td colspan="2">其他站线和次要站线</td><td>0</td></tr>
<tr><td rowspan="2">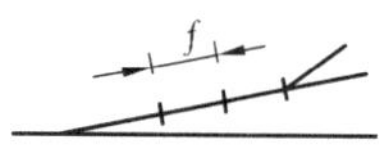</td><td colspan="2">到发线</td><td>4.50</td></tr>
<tr><td colspan="2">其他站线和次要站线</td><td>0</td></tr>
<tr><td>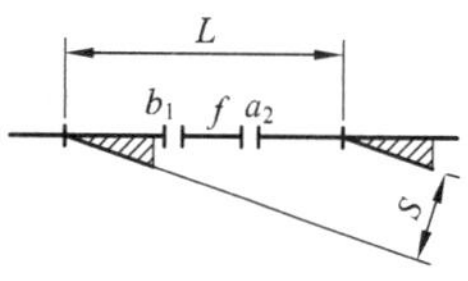</td><td colspan="4">$L=\dfrac{S}{\sin\alpha}$
$f=L-(b_1+a_2)$</td></tr>
<tr><td>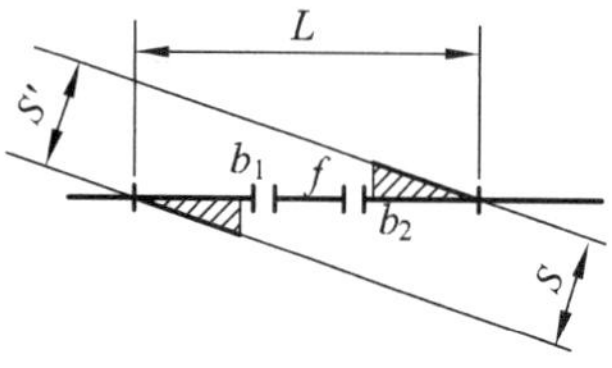</td><td colspan="4">$L=\dfrac{S}{\sin\alpha}$ （$S'>S$）
$f=L-(b_1+b_2)$</td></tr>
</table>

3. 道岔与岔后曲线连接

道岔应设置在直线上。为适应轨距的变化，必须在道岔和圆曲线之间插入一直线过渡段，如图 6-15 所示。直线过渡段长度应根据轨距加宽及递减率大小确定，其数值见表 6-6。如果连接曲线设有缓和曲线，可不插入此直线过渡段。

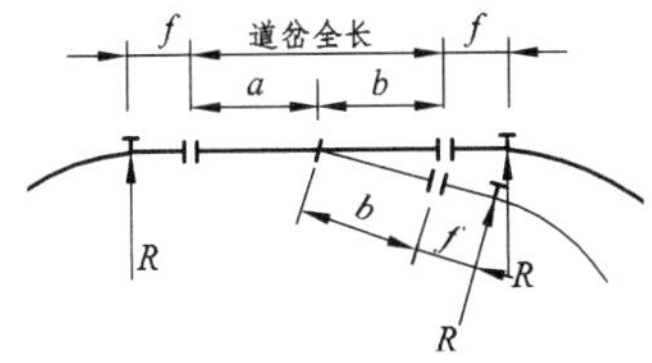

图 6-15 道岔和圆曲线的连接

道岔后的连接曲线，其半径不应小于道岔导曲线半径，通常选用 500 m，400 m，300 m，200 m，并尽量用大者，以改善列车运行条件。

通行正规列车的站线，两曲线间应设置不小于 20 m 的直线段；不通行正规列车的站线，两曲线间应设置不小于 15 m 的直线段；在困难条件下，可设置不小于 10 m 的直线段。

表 6-6 道岔与其连接曲线间夹直线过渡段最小长度（侧）

顺号	道岔前后圆曲线半径（m）	直线过渡段长度（m）	
		岔前	岔后
1	$R \geqslant 350$	0	2
2	$350 > R \geqslant 300$	2	4
3	$R < 300$	5	7

道岔应尽量避免布置在竖曲线范围内，当条件困难、必须设置在竖曲线范围内时，竖曲线半径在正线及到发线上不小于 10 000 m，在其他线路上不小于 5 000 m。

（四）车站线路全长、铺轨长度和有效长度

车站线路长度用全长、铺轨长度和有效长度三种形式表示。

全长是指车站线路一端的道岔基本轨接头至另一端基本轨接头的长度。如为尽头式线路，则为道岔基本轨接头至车挡的长度，如图 6-16 所示。

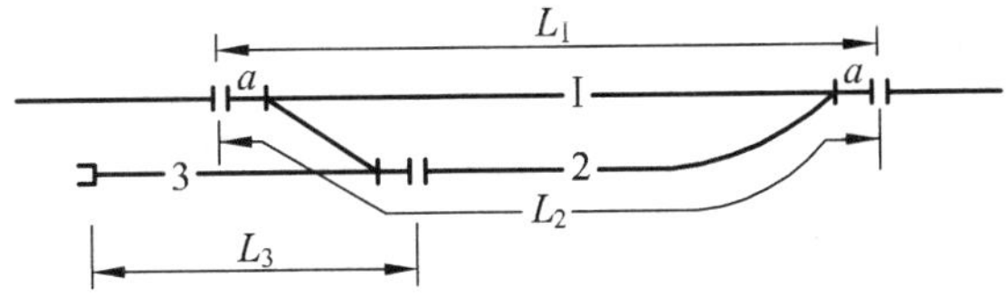

图 6-16 线路全长示意图

线路全长减去该线路上所有道岔的长度，叫作铺轨长度。

到发线或其他站线的有效长度是指可以停放列车、车辆而又不影响邻线办理行车进路的长度。控制有效长度的标志是：出发信号机、警冲标、道岔尖轨尖端（无轨道电路时）或道岔基本轨接头处的轨道绝缘缝（有轨道电路时）以及车挡等。

股道有效长度是按上、下行进路分别计算的。如图 6-17 中 1 道下行有效长度 $l_{1(x)}$ 是由下行出发信号机至另一端的警冲标，而上行有效长度 $l_{1(s)}$ 则是由上行出发信号机至另一端道岔基本轨接缝（有轨道电路）。Ⅱ道及 3 道的有效长度是相应方向的出发信号机至另一端警冲标。图中每股道的出发信号机设在出发方向的左侧，股道两边均有警冲标时受最近一处的控制。

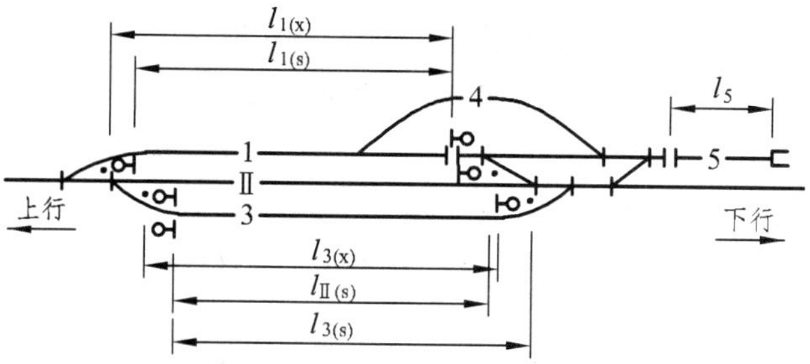

图 6-17 股道有效长度示意图

在初步设计时已确定远期和近期到发线有效长标准。中间站设计应根据选定的近期有效长来布置股道和道岔咽喉区，使每股到发线的实际有效长不短于选定的近期有效长。站坪长度是按远期到发线有效长设置的，这就从平纵断面的角度保证了股道将来延长的可能。

（五）警冲标及信号机位置的确定

警冲标及信号机既是车站上重要的行车指示设备，又是划分股道有效长的标志，因此，设计车站时，需要确定警冲标和信号机至道岔岔心的距离，并在图上标定它们的位置。它们又和轨道电路有一定关系。

1. 无轨道电路

1）警冲标的位置

警冲标安设在两股道汇合的地方，当机车车辆停在股道的警冲标内方时，其他列车可沿邻线安全走行。警冲标的位置，在直线段设在距离相邻线路中心各为 2 m 的地方，如图 6-18（a）所示。这是考虑到机车车辆的半侧限界 1.7 m、加上 0.3 m 富余间隙而定的。在曲线地段安设警冲标时，还应考虑曲线的限界加宽，所以警冲标至曲线线路中心的距离应为 $2 + W_1$（W_1 为曲线内侧的加宽值），如图 6-18（b）所示。

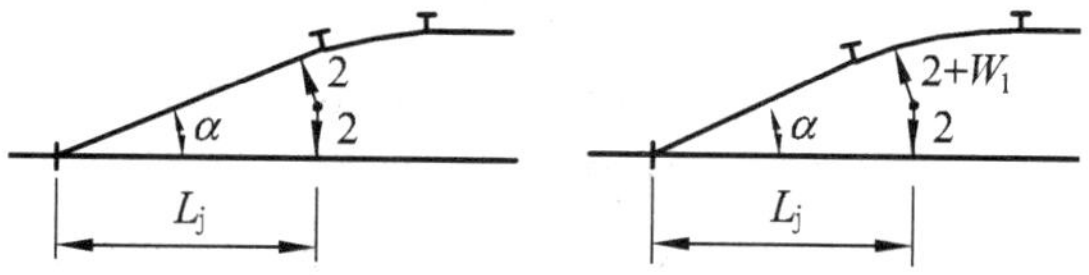

（a）在直线处　（b）在曲线处

图 6-18 警冲标的位置

警冲标至道岔中心距离，与道岔号数、线间距及连接曲线半径等因素有关，一般均将计算结果制成表格以备查用，如表 6-7 所示。

表 6-7 警冲标至道岔中心距离 L_j（m）

道岔辙叉号		9			12				18	
辙叉角度		6°20′25″			4°45′49″				3°10′47″	
连接曲线半径		200	300	400	350	400	500	600	800	1 000
警冲标位置		L_j 值								
股道间距	5.0	38.051	38.931	40.425	49.574	49.700	50.560	51.576	73.230	74.007
	5.5	36.897	37.486	38.320	48.550	48.704	49.090	49.588	72.277	72.581
	6.5	36.159	36.330	36.648	48.085	48.095	48.148	48.263	72.058	72.058
	7.5	36.110	36.113	36.166	48.084	48.084	48.084	48.084	72.058	72.058
	12.5	36.110	36.110	36.110	48.084	48.084	48.084	48.084	72.058	72.058

2）进站信号机的位置

车站均应设进站信号机。进站信号机应设于距进站逆向道岔尖轨尖端或顺向道岔的警冲标不小于 50 m 的地方，如图 6-19 所示。当需利用正线调车时，应将信号机外移，一般不超过 400 m。如因信号显示不良需要外移也不超过 600 m。

（a）　　　　（b）

图 6-19　进站信号机位置

3）出站信号机的位置

出站信号机设在每一发车线路运行方向左侧适当地点。出站信号机的位置除应满足限界要求外，还决定于信号机处道岔的方向。前方为逆向道岔时，信号机设在道岔尖轨尖端处，如图 6-20（a）所示；前方为顺向道岔时，信号机设在警冲标内方，其距道岔中心的距离应满足建筑限界的要求，按信号机距相邻股道中心的垂距来确定。

前方为顺向道岔时，高柱信号机距两侧线路中心的允许垂距，在直线地段 $P = 0.5b+B$，在曲线地段还应加上曲线加宽，$P = 0.5b + B + W_1$，如图 6-20 所示。

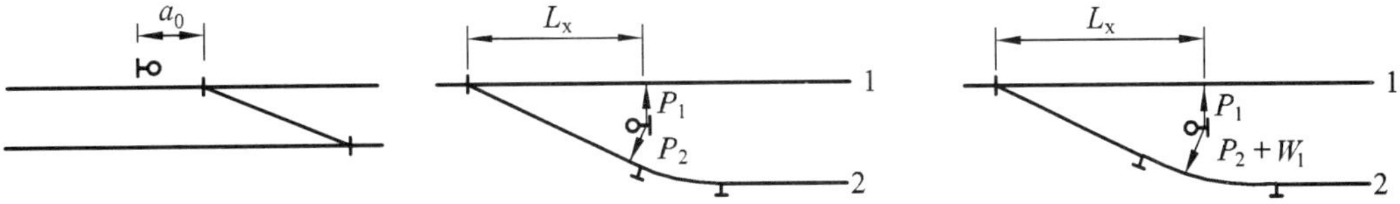

（a）逆向道岔　（b）顺向道岔在直线处　（c）顺向道岔在曲线处

图 6-20　出站信号机的位置

式中　b —— 信号机基本宽度，高柱信号机有 380 mm 和 410 mm 两种；

B —— 信号机的建筑限界，线路通行超限货物列车时 $B = 2.44$ m，不通过超限货物列车时 $B = 2.15$ m。

信号机距岔心的距离 L_x 可以先经计算，列成如表 6-8 所示的表格，供设计查用。

表 6-8　高柱信号机（$b = 380$ mm）至道岔中心距 L_x（m）

道岔辙叉号			9			12				18	
辙叉角度			6°20′25″			4°45′49″				3°10′47″	
连接曲线半径			200	300	400	350	400	500	600	800	1 000
信号机位置			L_x 值								
股道间距	两股道均超限	5.3	64.296	68.029	72.129	81.119	82.514	85.459	88.557	115.796	119.817
		7.5	47.611	47.869	48.291	63.253	63.284	63.396	63.583	94.756	84.754
	一股道超限，另一股道不超限	5.0	62.737	66.635	70.867	78.894	80.400	83.408	86.603	112.207	116.369
		6.0	46.697	47.555	48.995	61.135	61.408	62.081	63.054	90.605	91.337
		7.5	44.901	45.062	45.369	59.739	59.746	59.794	59.901	89.528	89.528
	两股道均不超限	5.0	49.116	51.125	53.967	62.644	63.452	65.377	67.587	91.480	94.145
		7.5	42.256	42.341	42.550	56.258	56.258	56.268	56.317	84.308	84.308

2. 有轨道电路

在半自动闭塞和自动闭塞区段及装有电气集中联锁的车站上，均装有轨道电路。此时，信号机和警冲标的位置除满足上述要求外还需和轨道电路的钢轨绝缘缝配合，具体要求为：

（1）信号机最好与钢轨绝缘缝设在同一坐标处，如图 6-21（a),（b）所示。由于绝缘缝受轨道长度的限制，当不能设在同一坐标处时，允许进站信号机处的钢轨绝缘缝在信号机前后各 1 m 范围内；出站信号机处的钢轨绝缘缝可在信号机内方 1 m 或外方 6.5 m 的范围内，如图 6-21（c),（d）所示。当钢轨绝缘缝在信号机内方时，也可将信号机内移至与绝缘缝同坐标处。

（2）警冲标与钢轨绝缘缝的相互位置应满足行车安全和轨道电路运用状态的要求。警冲标必须和内方的钢轨绝缘缝相距 3.5 ~ 4.0 m，如图 6-21（b),（c),（d）所示，这样才能既保证车轮停在绝缘缝内方时，车钩前端不致越过警冲标，又可防止列车尾部停在警冲标以内，而车轮仍占用道岔电路使邻线不能开通。

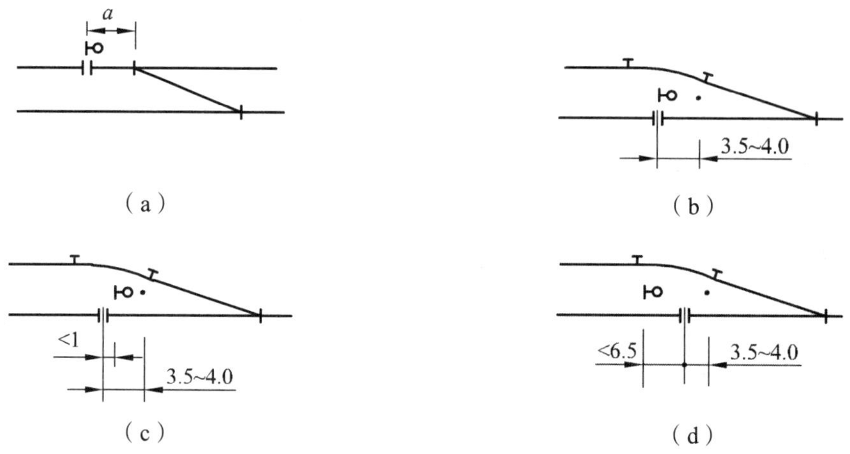

图 6-21　有轨道电路时出站信号机和警冲标

设计有轨道电路的出站信号机和警冲标先按表 6-7、表 6-8 分别查出警冲标和信号机距岔心的距离，然后根据现有钢轨缝考虑安设绝缘位置。如按现有轨缝不能满足上述要求时，可采用内移信号机或铺设短轨调整绝缘缝位置，最后再把警冲标内移至距绝缘缝 3.5 ~ 4.0 m 处。

【例 6-1】　如图 6-22 所示，1 道和Ⅱ道用 12 号道岔连接，岔后连接曲线半径 400 m，Ⅱ道通行超限货物列车，线间距 5 m。从表 6-7、表 6-8 查出警冲标计算位置 $L_j = 49.7$ m，出站信号机计算位置 $L_x = 80.4$ m。从图 6-22 可以看出，按现有轨缝，信号机距其内方轨缝 A 约 2.1 m，距外方轨缝 B 约 10.4 m，不合上述要求，信号机和警冲标可按下列两方案调整设置。

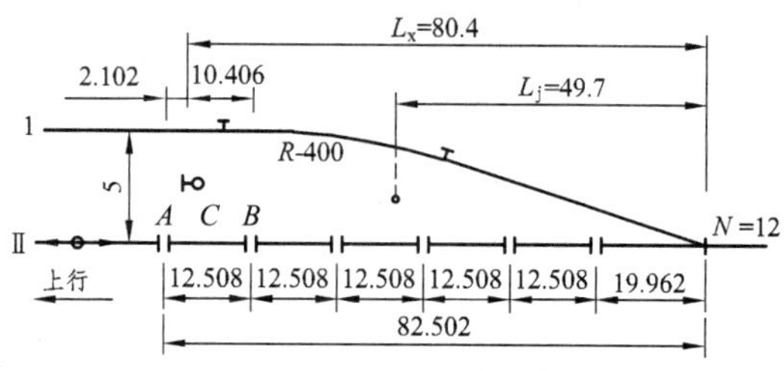

图 6-22　信号机和警冲标的布置

甲方案：因信号机距轨缝 A 约 2.1 m，稍大于规定要求的 1 m，可将信号机内移至 A 轨缝处，在 A 处安设绝缘，并将警冲标内移距 A 轨缝 4 m 处。由于 1 道和Ⅱ道为双进路股道，警冲标因绝缘缝内移，使有效长减少，甲方案使上行有效长减少（82.5 − 4）− 49.7 = 28.8（m）。

乙方案：如果有效长受到控制时，可铺一段 6.25 m 的短轨 *BC* 段，这可使信号机仍在计算位置（$L_x = 80.4$ m）不动，绝缘设在 *C* 轨缝，距岔心 76.25 m，距信号机外方 4.15 m，满足规定要求。警冲标内移，距 *C* 轨缝 4 m，使上行有效长比甲方案少损失 6.25 m。

（六）车站各主要点坐标计算及股道有效长计算

为了确定道岔、信号机、警冲标、水鹤、站台及各种房屋建筑的位置，需要计算站内这些主要点的坐标。如图 6-23 所示，中间站坐标计算是以正线中心线为基线（*x* 轴），从车站中心（一般以站房中心线为车站中心）分界，分别以两端正线上最外位道岔中心为坐标原点。*x* 轴向站内方向为正，向站外方向为负；*y* 轴方向只标明线间距离、站台边缘至线路中心距离以及各种建筑物的宽度。道岔后连接曲线应计算曲线交点的 *x* 坐标，并注明曲线半径及曲线长度。

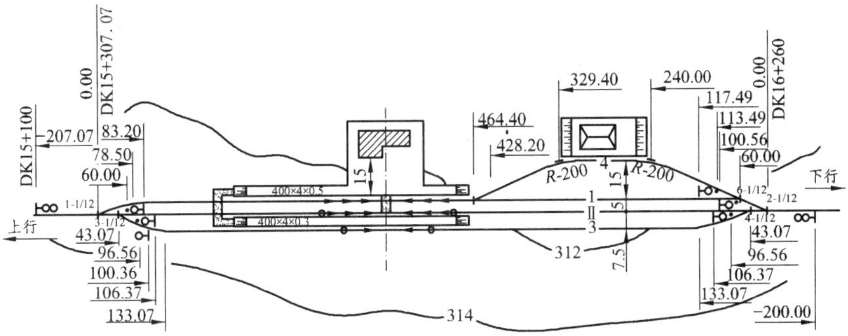

图 6-23 中间站平面计算示意图

第三节 区段站设计概要

区段站是铁路网上划分牵引区段的地点，除办理列车运转及客货业务外，主要任务之一是为邻接区段供应列车机车。因此，在区段站上均设有机务段（基本段或折返段），这是区别区段站和中间站的明显标志。

一、区段站的作业和站型

区段站除办理中间站所有的作业以外，还要办理下列作业：

（1）有关旅客列车运转的技术作业，如车列技术检查、更换机车、个别车辆的摘车修理和不摘车修理等。

（2）有关货物列车运转的技术作业，如车列检查及货运检查，更换机车及乘务组，区段、摘挂、零担列车的接发、解体、编组等。

（3）机车的整备（包括补充燃料、油脂及砂、清灰、转向等），机车修理及检查。

（4）车辆修理，包括货车车辆的摘车修和不摘车修。

为完成上述作业的区段站设备和中间站相比较有下列特点：有机务段和为更换机车用的机车走行线；有车辆检修线或车辆段；有专门的到发场和为解编区段列车、零摘列车而设的编组线或编组场，还有和中间站类似的客货运设备，只是规模更大些。

上述设备在区段站上的布置图形，应该根据车站的运量、运输要求、地形地质条件及城镇规划等具体情况分析确定。单线铁路区段站一般采用横列式布置，如图 6-24 所示；在双线铁路上，如果初期运量不大、方向不多时，也常采用横列式布置，如图 6-25 所示；如果运量比较大，又有合适的场地，双线铁路采用纵列式布置更为有利，如图 6-26 所示。

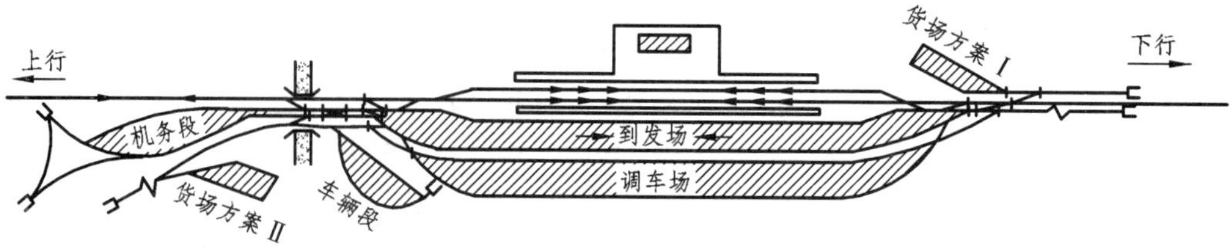

图 6-24　单线横列式区段站

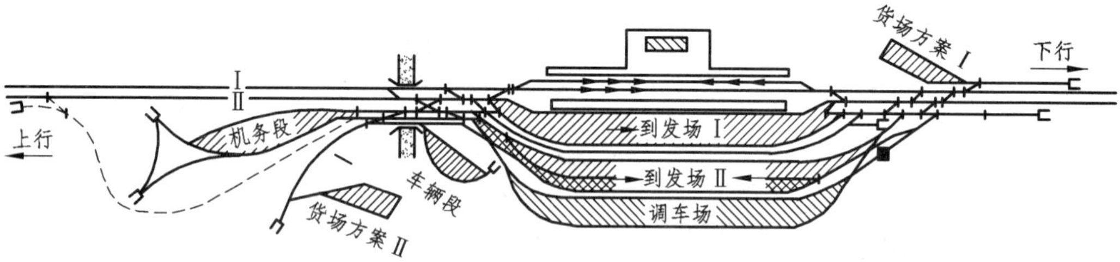

图 6-25　双线横列式区段站

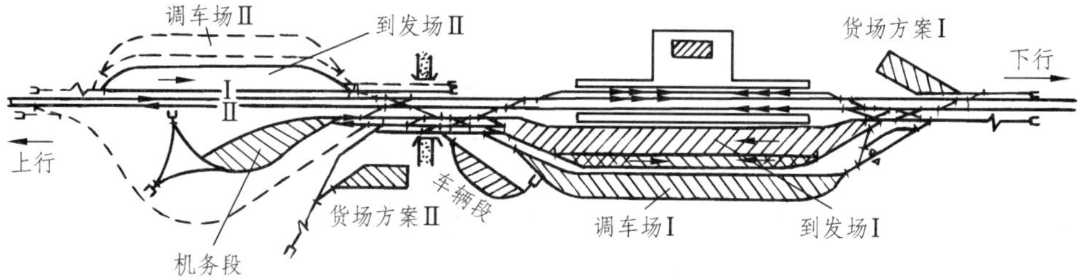

图 6-26　双线纵列式区段站

二、区段站主要设备的配置

（一）客运设备

区段站客运设备的基本要求和中间站相同。旅客列车不多时，一般不设专用的客车到发线，供旅客列车使用的到发线也兼作货物列车到发线，故在旅客站房同侧的到发线应与机务段及牵出线接通。

另外，由于区段站的客流量较大，常采用立交跨线通行设备，如地道或天桥等。

（二）货物列车到发场

区段站的主要任务是办理无调中转货物列车的到发作业，因此，货物列车到发场都是布置在站房对侧并靠近正线，以利于接发列车。中转货物列车在到发场更换机车后直接出发。区段列车及零摘列车，由调车机车从到发场拉到牵出线上，然后转入调车场解体，编成的车列再经牵出线转往到发场，挂上更换的牵引机车从到发场出发。因此，到发场应和调车场及机务段有直接方便的通路。

到发线股道数量应根据运量及运输性质确定，但不应少于表 6-9 所列数字。

表 6-9　区段站货物列车到发线数量

货物列车换算对数	<12	13 ~ 18	19 ~ 24	25 ~ 36	37 ~ 48	49 ~ 72	73 ~ 96	>96
双方向到发线数（正线及机车走行线除外）	3	4	5	6	6 ~ 8	8 ~ 10	10 ~ 12	12 ~ 14

（三）调车场和牵出线

调车场是为列车解体及编组而设。因此，常与到发场并列布置在外侧，以缩短列车转线的走行时间，减少对其他作业的干扰。

调车线的数量和有效长度，应根据衔接线路的方向数、有调车作业的车辆数、调车作业方法及列车编组计划等确定。

（1）在有解编作业的区段站上，其调车线数量为：

① 每一衔接方向应设一股，车流大的方向可酌量增加，其有效长度不应该短于到发线的有效长度；

② 同时还应设本站作业车停留线一股，待修车及其他车辆停留线一股，如车数不多可与前者共用一股，如有专用线接轨且车流较多可增加一股，有危险品车辆停留时，应设危险品车辆停留线一股。上述调车线的有效长度应按该线上所集结的最多车辆数确定。

（2）在无解编作业的区段站上，调车线一般设两股，为本站作业车辆停留及调车使用。

牵出线是区段站的主要调车设备。牵出线一般设在调车场两端，每端一股，并确定其中一股为主要的。主要牵出线的有效长度一般不应短于到发线有效长，但在困难条件下仅进行加减轴作业时可适当减短。次要牵出线可以短些，但不应短于到发线有效长的一半。如每昼夜调车作业量不超过 7 列时，可缓设次要牵出线。

为了便于调车机车出入机务段。调车场应与机务段接通。有时调车场内已编好的列车需要直接发车，因此、部分调车线应与正线连通。

（四）货　场

区段站货场的基本要求和中间站相同。由于区段站的装卸量比较大，设备较多，故应布置紧凑，常采用尽头式货场。货场一般应设于站房同侧的第Ⅰ象限，以便利城镇运输。但当来往于调车场和货场之间的取送车较多时，由于跨越正线影响车站作业，可将货场设在靠近调车场的第Ⅲ象限，与调车场的次要牵出线连通。此时，货场与城镇之间应有方便的交通道路，有条件时应修建立体交叉设备。

（五）机务段与机车走行线

机务段根据作业性质分为基本机务段和折返机务段。机车配属于基本机务段，在基本段和折返段之间往返牵引列车。基本段有机车整备设备和检修设备，折返段仅有整备设备。整备设备包括上燃料、上润滑油、上砂、上水等设备及检查机车的设备和线路。检修设备包括检修车库和修配厂。图 6-27 所示为电力机车机务段布置图。

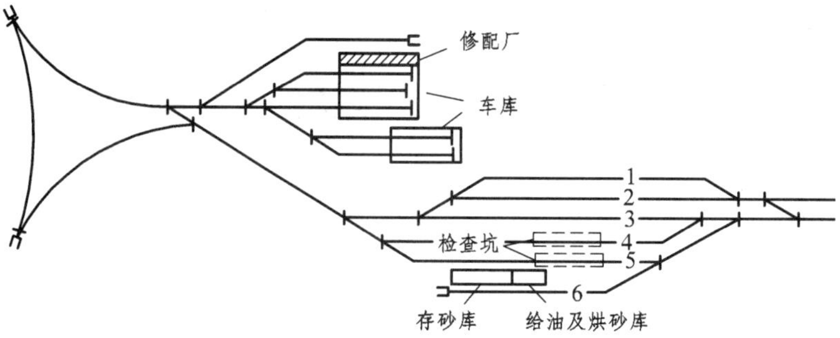

图 6-27　电力机车机务段布置图

机务段是区段站的重要组成部分，同时机务段内机车作业繁忙、声音嘈杂、环境影响严重，因此它的位置不仅要考虑车站作业及运输的要求，也要考虑地形、地质、水文、风向及城市规划等因素。从站内作业的观点出发，机务段应与到发场和编组场有方便的通路，使牵引机车和调车机车能够迅速出入。因此，横列式区段站，一般将机务段设在第Ⅲ象限，这样布置照顾到将来发展为纵列式时（见图 6-26），机车出入段方便；如果没有发展成纵列式的可能，也可将机务段放在第Ⅳ象限。

机务段和到发场之间一般设出、入段线各一股，当出入段机车每昼夜在 60 台次以下时，可缓设一股。在出入段线的站段分界处应有机车待班停留位置，其坡度不陡于 2.5‰，长度不短于两台机车长加 10 m 的安全距离。

为了减少机车出入段对站内其他作业的干扰，当每昼夜机车出入段在 36 次以上时，即需专设一股机车走行线。机车走行线的位置，应根据车站布置图确定，对于单线横列式区段站，机车走行线放在到发场中间，或放在到发场和编组场之间。区段站设有机车走行线时，应在机务段另一端的车站咽喉区设机待线。从机务段出来的机车先停在机待线上，以便列车到达后能够及时更换机车正点出发。机待线长度为机车长度加 10 m 安全距离。

（六）车辆检修设备

区段站上如设车辆段时，为方便编组场内待修车辆的取送，一般将车辆段设在编组场附近次要牵出线一端。有些区段站不设车辆段，设列车检修所。列车检修所的站修线一般布置在编组场外则。

三、区段站咽喉区布置

从车站两端最外方道岔的基本轨接缝起，分别至到发场最内方信号机（或警冲标）的范围，称车站的咽喉区，如图 6-28 所示。咽喉区集中有大量的道岔，构造复杂，是运转作业最繁忙的部分，也往往是车站通过能力的薄弱环节。布置咽喉区，应保证需要的通过能力，保证作业的安全，创造良好的运营条件，节省工程费用，并考虑到将来的发展。具体要求如下：

（1）保证必要的平行作业能力。咽喉区平行作业能力就是互不妨碍的进路具有的能同时进行作业的能力。图 6-28（a）所示的单线铁路区段站咽喉，可以保证列车出发（或到达）和调车同时进行，互不妨碍，具有列车到（发）与调车两项平行作业能力。图 6-28（b）所示的双线铁路区段站咽喉，具有列车到、列车发、调车三项平行作业能力，或列车到、机车出（入）段、调车三项平行作业能力。

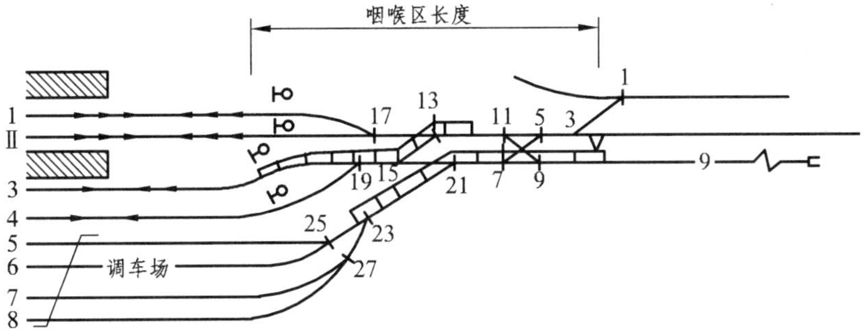

（a）单线区段站

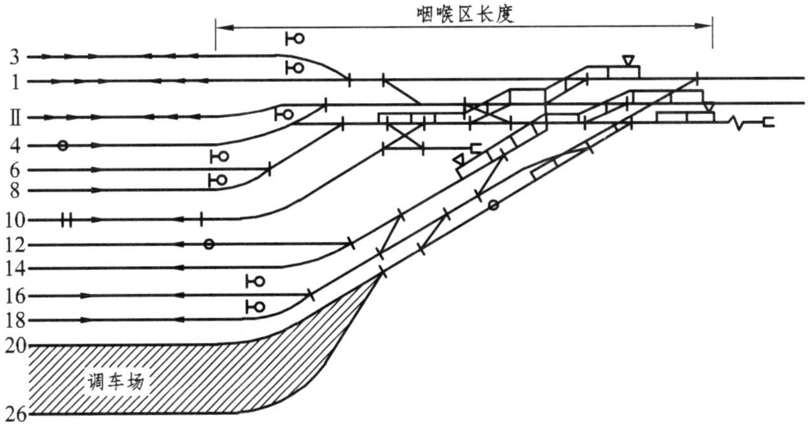

（b）双线区段站

图 6-28　区段站咽喉区布置及平行作业图

（2）保证作业的机动性。如调车场至少应有部分股道接通正线，保证必要时可以从调车场直接发车。各到发场应保证必要时可以反方向接发列车（例如上行到发场可以接发下行列车，或者下行到发场可以接发上行列车）。

（3）保证行车进路交叉最少，特别应避免与到达进路交叉。因为到达列车速度高，且列车到达时间车站不能准确掌握；必须提前开通进路，使到达进路占用时间长。

（4）尽量减少道岔数量，特别应减少正线上道岔的数量，避免铺设多余的道岔。

（5）尽量缩短咽喉区的长度，减少站内走行的时间。

图 6-28 是根据上述设计原则与要求设计的单线铁路和双线铁路横列式区段站咽喉区平面布置示例。

图 6-29 为图 6-28（a）的详图，即单线铁路横列式区段站布置详图。图中详细地画出了车站各股道及其相互连接。

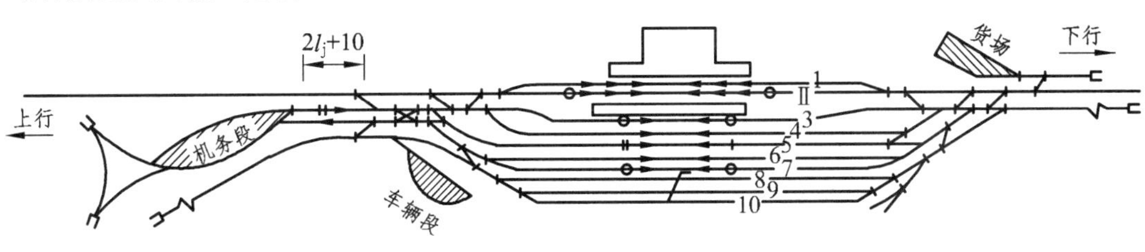

图 6-29　单线铁路横列式区段站布置详图

第四节 编组站与枢纽概述

一、编组站

为办理大量货物列车的解体和编组作业，设有比较完善的驼峰调车设备的车站，叫编组站。编组站与区段站比较，它们所办理的客货运业务和技术作业性质大体相同，都要办理列车的接发和改编、机车和乘务组的更换以及机车整备、车辆检修等作业。但在作业量方面则有明显的差别：区段站仅办理区段和零摘列车的解编作业，其作业量较小；而编组站要办理大量货物列车的解编作业，包括编组各种直通、直达、区段、零摘和小运转列车。因此编组站的调车设备（包括调车场）驼峰和牵出线，无论是数量上还是技术装备上都大大超过区段站。在现代化的编组站上都装备有机械化或自动化驼峰调车设备。

编组站图型分为单向和双向两类，每类按车场配列又可分为横列式、纵列式、混合式三种。这里所谓的单向和双向是指编组站驼峰分解方向而言。单向编组站只有一套调车系统，所有列车都在一个驼峰调车场内分解、编组。双向编组站使用两套分方向的调车系统，站内有两个不同分解方向的驼峰调车场。我国铁路上的编组站采用单向类型的较多，如图 6-30 所示。

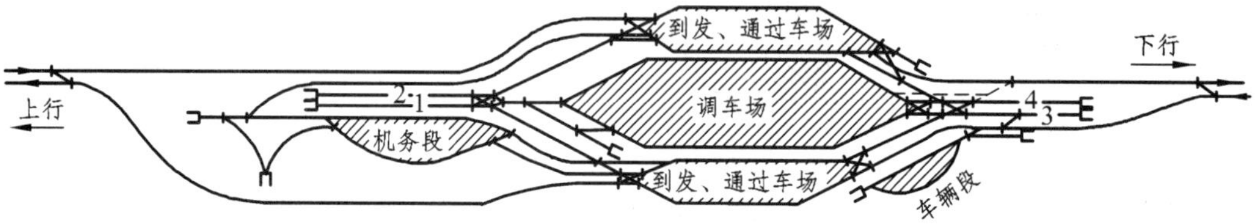

图 6-30 单向横列式编组站

驼峰是编组站的调车设备。它是利用其高差的位能，使车辆借助重力作用，自峰顶溜放到各调车线的预定位置，其平纵面如图 6-31 所示。驼峰分解作业过程包括推送、溜放、减速停车。

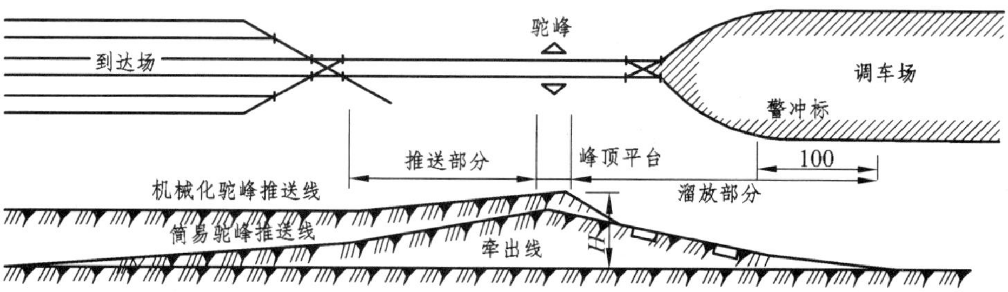

图 6-31 驼峰平纵面

目前我国铁路上比较广泛采用的车辆减速器为压力式钳形减速器和重力式减速器，另外还有减速顶、加减速顶和钢索牵引小车等调速和推送车辆的设备。

国内、外不少先进的驼峰调车场配有可调的车辆加速和减速设备，以电子计算机自动控制车辆溜放速度，大大提高了车辆解编速度，使驼峰调车场能力充分运用。

二、枢　纽

在铁路网的交汇点或终端地区，由各种铁路线路、车站以及其他为运输服务的有关设备组成的总体，称为铁路枢纽。

铁路枢纽是连接铁路干线、支线的中枢，是为城市、工业区或港埠区服务以及与国民经济各部门联系的重要环节，也是交通运输枢纽的主要组成部分。

铁路枢纽按其在铁路网上的地位和作用分为：路网性枢纽、区域性枢纽和地方性枢纽。

地方性枢纽承担的运输和车流组织任务，主要为某一工业区或港湾等地方作业服务，一般位于大工业企业和水陆联运地区，如大连、秦皇岛等。

区域性枢纽承担的客、货运输和车流组织主要为一定的区域范围服务，一般位于干线和支线的交叉或衔接的大、中型城市，办理管内的通过车流和地方车流，设备规模不大，如长春、鹰潭、柳州等。

路网性枢纽承担的客、货运输和车流组织任务，涉及整个铁路网，位于几条干线交叉或衔接的大城市，办理大量的跨局通过车流和地方车流，设有较多的专业车站，其设备的规模和能力都很大，如北京、郑州、沈阳、济南枢纽等。

图 6-32 所示是位于京沪、胶济和邯济三大铁路干线交汇处的济南枢纽示意图。

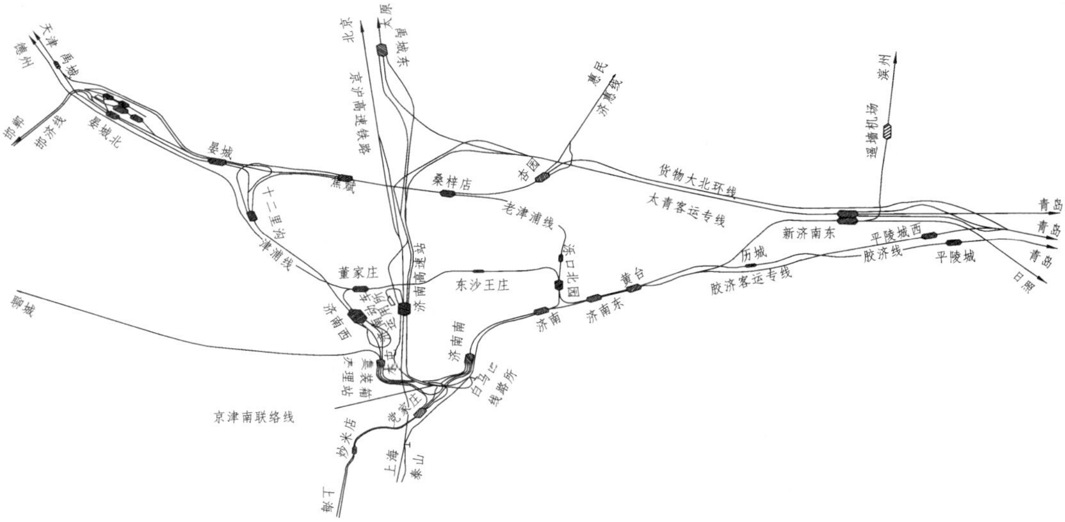

图 6-32　济南枢纽示意图

铁路枢纽内的主要设备包括：铁路线路、车站、疏解设备以及机务段、车辆段、客车整备所等。

各种车站是枢纽的主要组成部分。铁路枢纽内编组站的数目，应根据枢纽的车流量、车流性质和方向、线路引入情况以及路网中编组站的分工，结合当地条件比选确定。在济南枢纽内，济南西和晏城北编组站是组织列车运输的核心，大量货物列车的解编任务在这里进行。

客运站在枢纽内的配置，应方便旅客乘降，配合城市规划，与各引入线路方向有便捷通路，并应保证客运站与市区主要干道间有便利的交通联系。济南枢纽内的济南客运站、济南东客运站是枢纽内的客流集散中心，十里堡、东沙王庄等综合站也各自担负不同的客货运业务，既有分工，又有合作，形成一个整体。

枢纽内的联络线把铁路和铁路、铁路和车站、车站与车站连接起来，保证各铁路及各车站间有便捷的通路，并尽可能不改变运行方向，使枢纽在运用上有较大的机动性。图 6－32 中济南枢纽内的京济南、京沪南、北环至济南西上行场等联络线主要为沟通济南编组站和京沪铁路、胶济铁路、津浦铁路、邯济铁路、京沪高速、太济客专等铁路干线及各车站的联系，形成直接通路，使列车编解工作更为灵活。货物大北环联络线经过市区范围，修成迂回线，以分流通过的货物列车，减少铁路运输对城市的干扰。

第五节　高速车站设计概述

一、高速车站的作业

1. 越行站

越行站的主要作业内容包括：

（1）办理正线各种列车的通过。

（2）办理待避列车进出到发线，停站待避。

（3）高速铁路越行站宜预留未来办理客运业务的条件。

2. 中间站

中间站的主要作业内容包括：

（1）办理正线各种列车的通过。

（2）办理停站列车和越行列车进出到发线和旅客上下车。

（3）有立即折返列车的中间站，办理列车终到、始发作业。

（4）办理始发终到列车的客运整备（包括清洁、供应物品等）作业和旅客上下车。

（5）有综合维修管理区岔线接轨的中间站，在正常情况下，“天窗”时间内办理检测、维修等列车进出正线作业。特殊情况时，在某方向正线被封闭或按调度中心指令下办理维修列车进入该方向正线。

（6）与既有铁路（既有站）有联络线连接的中间站，办理来（去）自既有铁路进入（发出）高速中间站列车（包括高、中速列车，城际动车组）的接发作业。

（7）旅客列车上水作业一般应在始发、终到站进行，个别情况立即折返列车上水也有可能在中间站作业。

（8）有其他高速铁路衔接的高速接轨站，除办理以上各项作业外尚有可能办理旅客换乘。

3. 始发终到高速站

始发终到高速站只是相对于运行于同一条高速线的列车而言。对于跨越该线运行的列车，在始发终到站仍为通过列车，仅仅是通过的方式可能不同。始发终到站有终端式（如上海）和通过式（如修建北京至北京西间直径线后的两站）两种。

始发终到高速站除了办理上述全部中间站作业外，尚有以下作业：

（1）有较多的始发终到高速列车作业，白天在车站到发线上进行作业并立即折返，夜间到站停运后，配属本站的高速车底（亦统称动车组）通过走行线进入动车运用维修所（或运用所）进行日检（或小修）、存放。翌日早晨动车组从动车运用维修所进入车站到发线并准备发车。

（2）有可能进行中速列车列检、上水、更换本务机车（按机车交路）等作业。

二、高速车站的基本图型

高速车站的布置形式和设计规模应根据各站列车对数及列车作业性质具体确定。

影响车站图型设计的主要因素包括：本线、跨线旅客列车共线运行模式、车站性质、运营需求、动车段（所）、客车整备所的配置以及地形条件等。车站图型应在满足运营要求的前提下结合具体情况确定。通常，地形地貌和工程条件对中间站的图型影响不大，但对枢纽站或终点站可能影响较大，因此这类车站图型选择还应充分考虑工程条件和工程造价。

1. 越行站基本图型

越行站是专为办理本线旅客列车越行跨线旅客列车而设的车站，一般只办理速度较快的列车越行速度较慢的列车，不办理旅客乘降作业，故只需设两条待避用的到发线，如图 6-2（a）所示。

2. 中间站基本图型

中间站依据运输组织和接线条件的不同，又分为一般中间站、有立即折返作业的中间站和有第三方向引入的中间站。由于运输组织和作业的要求，设备配置也略有不同。

1）一般中间站

除办理列车通过、越行作业外，还要办理旅客乘降等客运业务。

到发线数量的确定：分析其作业时分，办理旅客乘降业务列车占用到发线的作业时分包括准备进路及接车 3 分钟 + 旅客上下 2 分钟 + 准备进路发车 3 分钟 = 8 分钟；到发线利用率按 0.5 计算，即每天利用 9 小时，则一条到发线可办理 67.5 列车；一般中间站办理旅客乘降业务的列车较少，上、下行系统各设一条即可，但如果客运量较大且某个方向需办理两列停站待避列车时，可增加一条到发线，如图 6-33 中虚线位置。另外，考虑不停站通过列车较多，为保证列车通过车站高速且安全（正线靠近站台对于旅客安全构成威胁，还需要增加站台宽度和安全设施），两条正线宜采用并行设计、正线两侧不设站台，如图 6-33 所示。

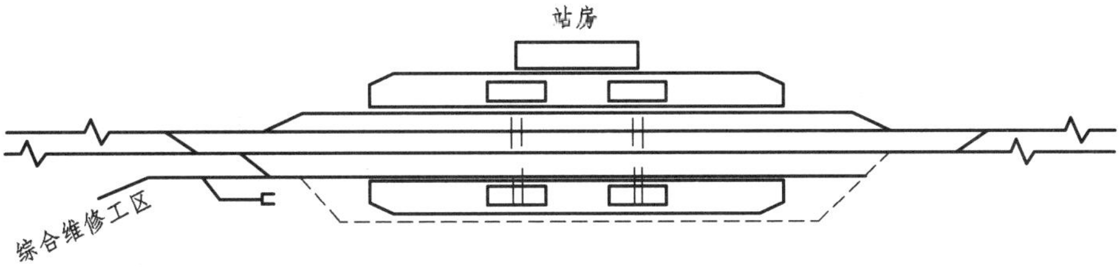

图 6-33　一般中间站基本图型

2）有立即折返作业的中间站

有列车折返作业的中间站需要开行立即折返的始发终到列车，除办理正线通过、停站通过作业，还有列车始发终到作业。这种车站从全线看属中间站，但还具有终点站性质。这类车站有可能成为未来全线能力控制点。折返用的到发线应根据折返列车到达时不切正线为原则。停站通过参照一般中间站每个方向设一条到发线；始发终到到发线数量参照始发站进行计算，可按每条到发线能够办理 30 列换算旅客列车列数计算，由于立即折返作业量一般较少，其上、下行系统各设一条始发终到到发线即可，但是，考虑预留发展和车站的灵活使用，可采用如图 6-34 所示布置形式。

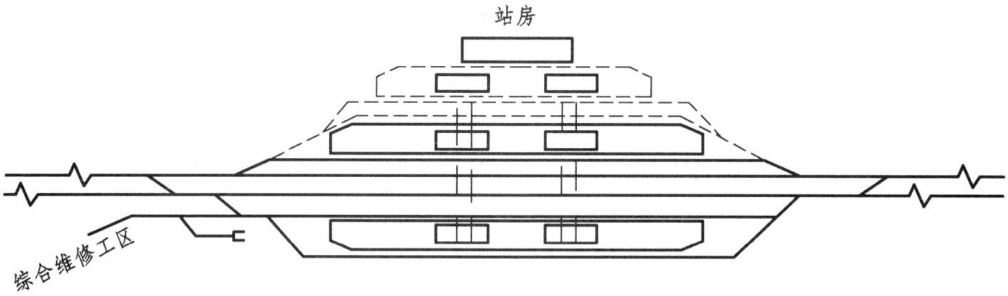

图 6-34　有立即折返作业的中间站基本图型

3）有第三方向引入的中间站

当本线与引入线一般不办理不停车通过作业时，宜采用图 6-35 所示布置形式，其第三方向与本线不贯通；当第三方向与本线大量办理不停车通过作业，则宜采用第三方向与本线贯通的布置形式。车站到发线数量可以考虑在本线作业需要基础上增加到发线数量。

4）两条客运专线交汇的中间站

一般可采用图 6-36 所示布置形式，线路分别以正线并行引入车站，正线条件受限制少，容易满足两干线本线通过列车高速通过车站的技术需求。

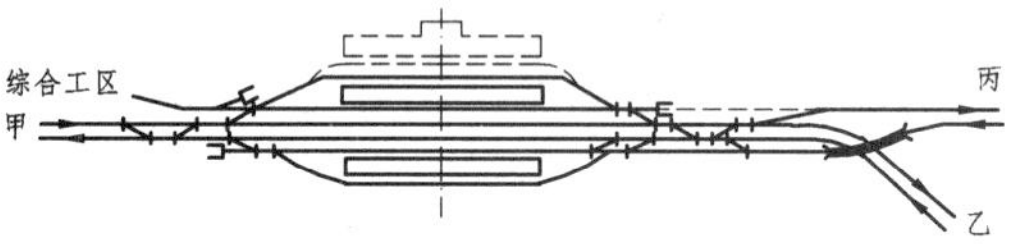

图 6-35　有第三方向引入的中间站图型

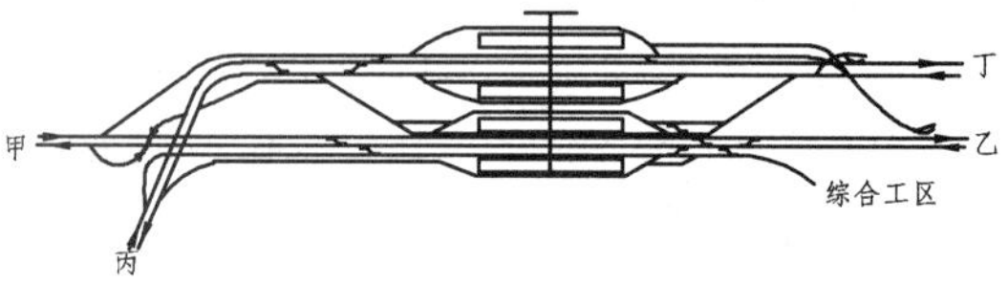

图 6-36　两条客运专线交汇的中间站图型

3. 始发站

始发站主要办理列车始发、终到作业及客运业务，列车在到发线上作业并立即折返，动车组进入动车段（所）进行检修、整备和存放。到发线数量可按计算确定，布置图型可考虑以下原则。

引入既有站的图型，应结合既有条件、具体情况确定。

新建始发站图型的选择一般应考虑：① 高速铁路网的规划，将来是否另有高速线引入的可能；② 城市站前广场和城市交通的规划情况；③ 动车段与车站的相互位置等因素。

始发站要对始发终到的动车体进行停放、编组、保养、检查和修理等，因此在始发站要设动车段（所）。为了减少动车段（所）与车站之间的走行距离，动车段（所）应尽量靠近车站，其位置应考虑各方面因素综合比选后确定。

当列车到发作业次数和终到作业次数较多时，为避免往返运行的列车转线作业和接发车作业的交叉干扰，动车段（所）和车站宜采用纵列布置形式。但当终到列车较少或受地形条件限制时，也可采用横列布置形式。

一般情况，通过式图型应是首选方案，若有部分列车停站、部分列车通过，站房和站台以通过式图型布置为宜，如图 6-37 所示。

若始发站基本上没有不停站通过列车，正线与到发线间可设中间站台，如图 6-38 所示。

有第三方向引入的始发站，宜采用方向别引入站型，如图 6-39 所示。

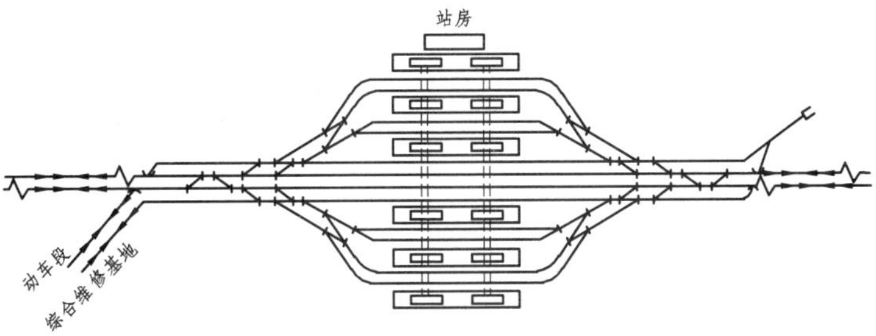

图 6-37　通过式始发站图型

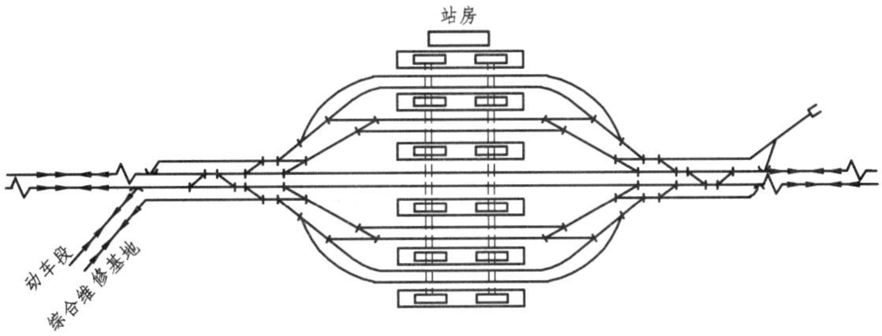

图 6-38　正线与到发线间设置中间站台的始发站图型

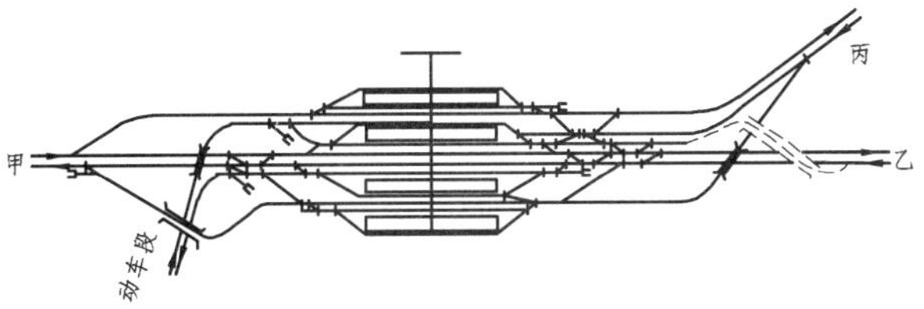

图 6-39　有第三方向引入的始发站图型

两条客运线交汇时，可选用图 6-40 所示的站型，并根据车流情况进行调整匹配。

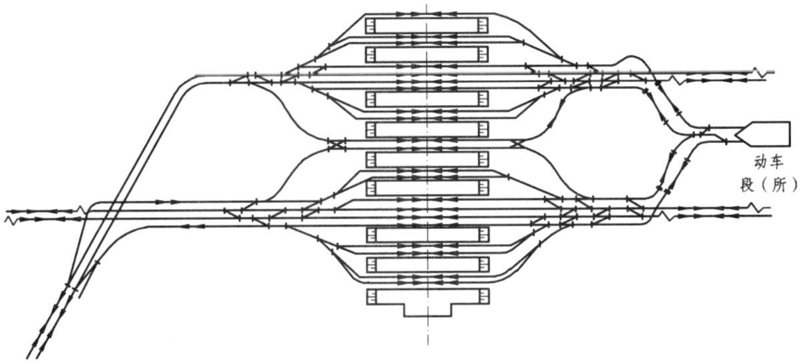

图 6-40　两条客运线交汇的始发站图型

第七章 铁路运输能力加强

随着国民经济的不断发展和人民生活水平的日益提高，对铁路运输的要求必将日益增长。因此，既有铁路的技术装备和输送能力，往往不能适应铁路现代化和运量增长的要求，需要进行技术改造和能力加强。同时，因时间价值和时间观念的增强，旅客对提高行车速度、节约旅行时间的要求日益增强，加之铁路面对其他运输方式的激烈竞争，为谋求铁路自身的发展，客观上也需要提高行车速度。本章将从既有线能力加强、客运提速、兴建高速铁路、发展重载运输等方面介绍提高铁路运输能力的方法。

第一节 既有铁路能力加强的措施

加强铁路能力的方案和时机，主要根据需要能力和现有能力的水平来确定。铁路输送能力由通过能力和牵引吨数决定。需要的通过能力根据未来需要开行的客、货列车数并考虑一定的后备能力进行计算，即

$$N_X = [N_H + \varepsilon_K N_K + (\varepsilon_{KH} - \mu_{KH}) N_{KH} + (\varepsilon_L - \mu_L) N_L + (\varepsilon_Z - \mu_Z) N_Z](1+\alpha) \tag{7-1}$$

$$N_H = \frac{10^6 \beta C}{365 \varphi G} \text{（对或列）}$$

式中，α为通过能力储备系数（单线$\alpha = 0.20$，双线$\alpha = 0.15$。其他符号意义见第一章有关内容）。

需要开行的旅客列车数可以按下式计算

$$N_{KX} = \frac{\beta_K A}{365 \gamma_K} \text{（对或列）} \tag{7-2}$$

式中 β_K——月间客流波动系数；

A——单方向（上行或下行）年度客流量，人；

γ_K——列车平均定员数，人。

既有线能力加强应从提高通过能力 N 和牵引吨数 G 两方面着手。对于既有铁路运输能力的加强措施，可归纳为运输组织措施、改革牵引动力和信联闭的措施和改造工程措施。而作为铁路现代化的标志技术，客运提速、发展重载运输和兴建高速铁路，却是提高铁路运输能力和服务水平最有效的途径。

一、运输组织措施

行车组织措施基本上不增加设备、不改建工程，而是采用特殊的行车方式，发挥既有铁路潜力，以提高通过能力，通常作为既有线改建前适应运量增长的过渡措施。

（一）缩短控制区间的运行图周期

编制列车运行图时，使进入控制区间为上坡方向的列车不停车，提高其行车速度，缩短走行时分。

当既有线采用电气路签（牌）闭塞时，可把控制区间两端车站上的路签（牌）机移到搬道房内，以节省车站值班员递送路签（牌）的走路时间，缩短会车间隔时分。或者允许控制区间的路签（牌）可以直接折返使用，以节省取送路签（牌）时间，缩短会车间隔时分。

当技术作业站相邻区间为控制区间时，若因技术作业如给水、摘挂机车等时间较长，增大运行图周期，可视具体情况，采用移动列车运行线的办法，缩短控制区间的运行图周期。

（二）在单线区段采用特殊运行图

1. 不成对运行图

当上、下行行车量不均衡时，可编制不成对运行图，使重车方向加开列车，轻车方向多余的机车，附挂在回程列车上折返。不成对运行图的通过能力，可按重车、轻车方向分别计算。

图 7-1（a）为非自动闭塞区段的不成对运行图，其通过能力为：

重车方向 $$N_Z=\frac{(1\,440-T_T)\beta}{(t_W+t_F+t_B+t_H)+(\beta-1)(t_W+t_L)}\ （列/d）\tag{7-3}$$

轻车方向 $$N_Q=\frac{N_Z}{\beta}\ （列/d）\tag{7-4}$$

式中 N_Z，N_Q —— 分别为重车、轻车方向的通过能力（列/d）；

t_W，t_F —— 列车在区间内往、返走行时分（min）；

t_H，t_B —— 列车会车与不同时到达的间隔时分（min）；

t_L —— 同向列车连续发车间隔时分（min）；

β —— 不成对系数，即重车方向与轻车方向列车次数之比值，$\beta=N_Z/N_Q$。图 7-1（a）中 $\beta=2$。

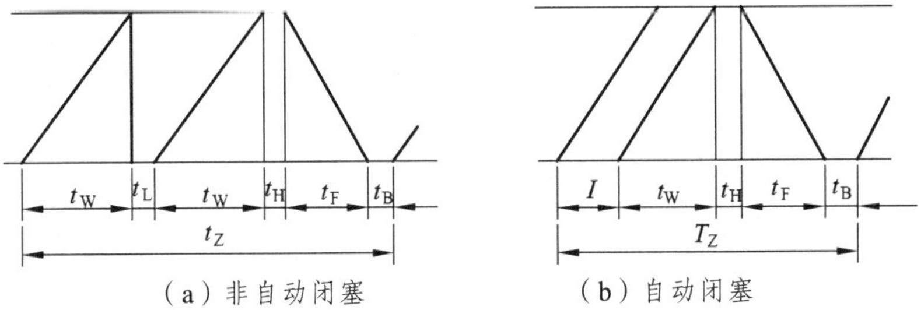

（a）非自动闭塞　　（b）自动闭塞

图 7-1　不成对运行图

图 7-1（b）为自动闭塞区段的不成对运行图，重车方向可追踪运行，其通过能力为：

重车方向 $$N_Z=\frac{(1\,440-T_T)\beta}{(t_W+t_F+t_B+t_H)+(\beta-1)I}\ （列/d）\tag{7-5}$$

轻车方向 $$N_Q=\frac{N_Z}{\beta}\ （列/d）\tag{7-6}$$

式中 I —— 追踪列车发车间隔时分，一般取 $I=10$ min 或 $I=8$ min。

2. 追踪与部分追踪运行图

在单线自动闭塞区段上，当中间车站的到发线数量较多，能够组织双方向追踪列车在车站上交会和越行时，可采用两列（或几列）车连续发车的追踪或部分追踪运行图，如图 7-2 所示。追踪运行图虽然可以提高通过能力，但由于列车交会停站时间加长，使区段速度降低，并需增加车站站线数量。为了缓和上述缺点，实际上多采用部分追踪运行图。

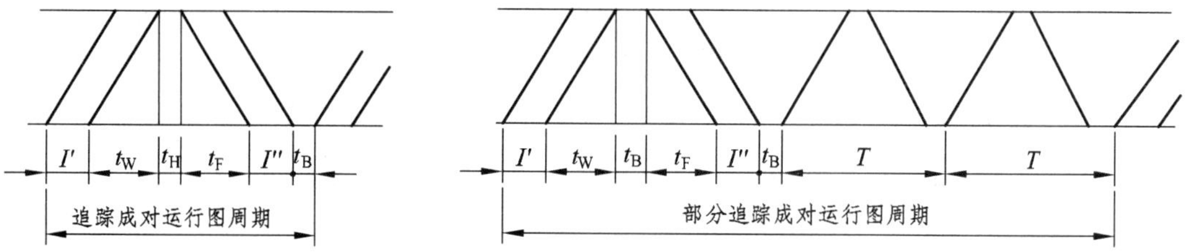

（a）追踪　　（b）部分追踪

图 7-2　追踪与部分追踪运行图

图 7-2（a）为两列车追踪运行图。其通过能力为

$$N=\frac{(1\,440-T_{\mathrm{T}})\times 2}{(t_{\mathrm{W}}+t_{\mathrm{F}}+t_{\mathrm{B}}+t_{\mathrm{H}})+(I'+I'')}\ （对/d） \tag{7-7}$$

式中　I'，I''——分别为上行、下行方向追踪列车发车间隔时分（min）。

图 7-2（b）为部分追踪运行图，其通过能力为

$$N=\frac{(1\,440-T_{\mathrm{T}})\times 4}{3\times(t_{\mathrm{W}}+t_{\mathrm{F}}+t_{\mathrm{B}}+t_{\mathrm{H}})+(I'+I'')}\ （对/d） \tag{7-8}$$

3. 加强通过能力的临时措施

1）开行续行列车

在非自动闭塞区段，不待前行列车到达前方和相邻车站，即以一定的时间间隔向区间发出同向列车，称为“开行续行列车”。为保证安全，一般规定续行列车只在昼间天气明朗条件下开行，且前后两相邻列车的发车间隔时间不少于 10 min，后行列车的运行速度不得超过前行列车。

2）在双线区段组织反方向发车

在双线区段组织反方向发车，通常用于调整列车运行。但是在上下行列车量不平衡，且行车量较大的方向的通过能力不足而反方向能力又有富余时，在短期内也可以规定行车量较大方向的部分列车经由反方向正向运行，如图 7-3 所示。

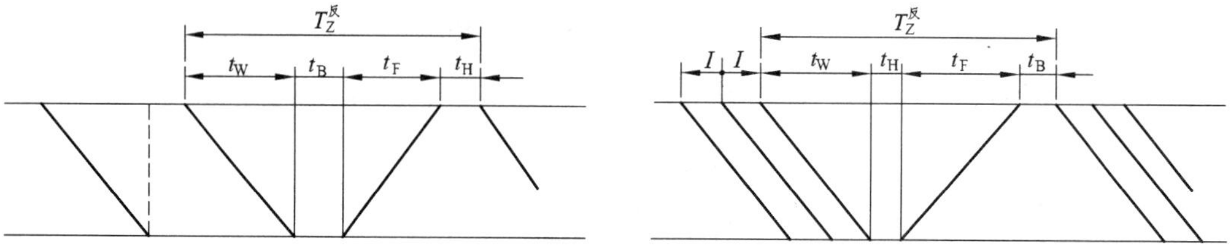

（a）半自动闭塞　　（b）自动闭塞

图 7-3　双线区段组织反方向发车

（三）减少旅客列车扣除系数

编制列车运行图时，若能使多数车站都要停车的普通旅客列车按货物列车运行线铺画，则可减小这些旅客列车的扣除系数，使线路通过能力有所提高。若能使旅客快车集中发车，也可减小这些旅客快车的扣除系数，提高通过能力。

（四）提高列车运行速度

提高列车运行速度可以减少列车占用各项铁路设备的时间，从而可以提高铁路通过能力。提高列车运行速度涉及众多的技术经济因素，是一个复杂的技术经济问题，相关知识将在本章第二、三节详细介绍。

（五）采用动能闯坡或补机推送

1. 利用动能闯坡

当一个区段内有个别陡而短的坡段限制了全区段的牵引吨数时，可采取适当措施，如使列车在陡坡前的车站不停车，借助司机的先进操纵技术，以提高陡坡前的列车速度和爬坡时的机车牵引力，使机车能牵引较重的列车，利用动能闯过陡坡，从而能提高全区段的牵引吨数。

采用动能闯坡时，通常应使列车到达坡顶的速度不低于机车计算速度，并据此确定动能闯坡的牵引吨数。牵引吨数可用图解法确定。其方法是先假定 2 ~ 3 个牵引吨数，根据线路平纵面，分别绘出速度距离曲线，得到 2 ~ 3 个相应的坡顶速度，据此可绘出牵引吨数与坡顶速度的关系曲线，如图 7-4 所示。在曲线上，可找到与机车计算速度对应的牵引吨数，即能以机车计算速度闯过坡顶的牵引吨数。必要时，允许将坡顶速度适当降低，但一般不宜低于 15 ~ 20 km/h。

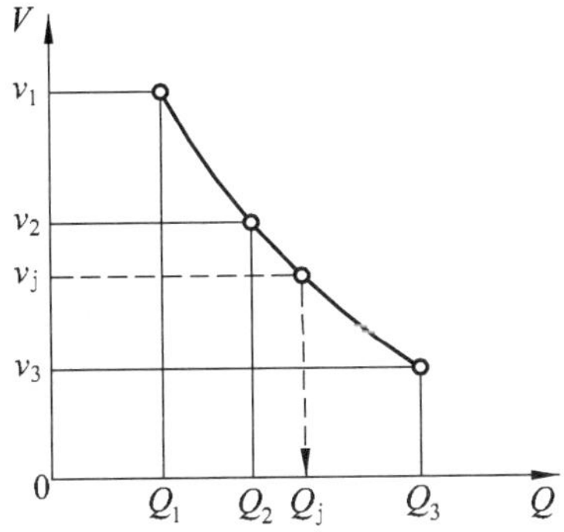

图 7-4　牵引吨数与坡顶速度关系曲线

2. 补机推送

若区段内个别位于车站附近的陡坡，限制牵引吨数且利用动能不能闯上坡顶时，可采用补机推送办法，以提高牵引吨数和行车速度。补机挂在列车尾部，可推送到下一车站，然后附挂在对向列车上，折回补机站；亦可将列车推送到陡坡坡顶，在区间摘钩折返。

补机推送可在单线区段和非自动闭塞的双线区段采用。其通过能力应根据行车组织和补机运行方式进行计算。

图 7-5 为单线区间补机推送运行图。其中（a）图为补机在全区间推送，（b）图和（c）图为补机在区间摘钩折返。（b）图中补机推送与折返时分之和 $(t_{BW}+t_{BF})$ 不大于上坡列车区间走行时分 t_W，（c）图中 $t_{BW}+t_{BF}>t_W$。图 7-6（a），（b），（c）的区间通过能力计算式分别为式（7-9）、式（7-10）、式（7-11）。

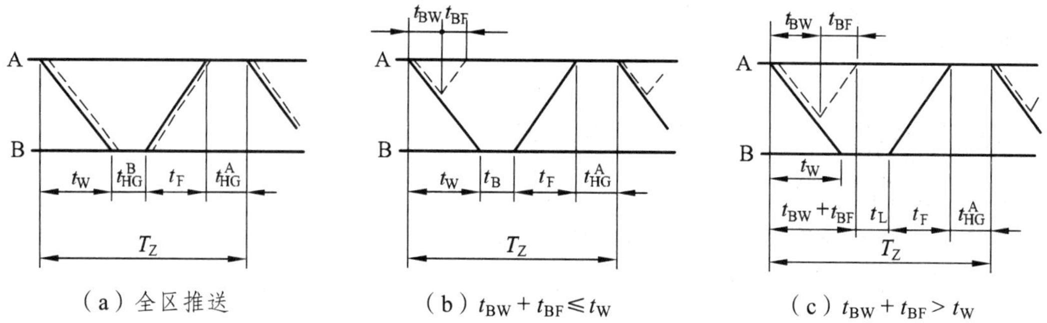

图 7-5 单线补机推送运行图

$$N=\frac{1\,440-T_T}{T_Z}=\frac{1\,440-T_T}{t_W+t_F+t_{HG}^A+t_{HG}^B}\ (\text{对/d}) \tag{7-9}$$

$$N=\frac{1\,440-T_T}{T_Z}=\frac{1\,440-T_T}{t_W+t_F+t_B+t_{HG}^A}\ (\text{对/d}) \tag{7-10}$$

$$N=\frac{1\,440-T_T}{T_Z}=\frac{1\,440-T_T}{(t_{BW}+t_{BF})+t_F+t_L+t_{HG}^A}\ (\text{对/d}) \tag{7-11}$$

式中 t_{HG}^A，t_{HG}^B——为 A，B 站换挂补机的作业时分（min）;

t_B——B 站作业的间隔时分（min）;

t_L——连发间隔时分（min）。

（六）开行组合列车，发展重载运输

两列货车合并运行，在运行图上仅占用一条列车运行线，而牵引吨数加倍，故可达到提高输送能力的目的。

开行组合列车是一种投资少、见效快、效益好的扩大运输能力的措施，但要根据各区段的不同技术条件和车流条件以及开行组合列车对通过能力影响的大小加以采用。

开行组合列车，应将起讫车站（区段站或编组站）一股到发线的有效长度加长一倍，供组合列车连挂出发和到达分开；一般车站不需延长站线，普通列车在侧线待避，组合列车在正线通过。区段内少数车站可将一股到发线延长，供旅客快车交会和越行组合列车时，组合列车停站之用；单线区段还可利用延长的站线进行双方向组合列车的交会。

二、改革牵引动力与信联闭的措施

（一）增大牵引功率的措施

增大牵引功率不但可以提高牵引吨数，并且可以提高运行速度，相应增加通过能力。牵引吨数提高后，车站到发线有效长度也要相应加长。

1. 采用多机牵引

在一个区段内，有连续几个区间为持续陡坡，限制牵引吨数时，可考虑在持续陡坡的路段内，采用多机牵引。这样，全区段的牵引吨数即可根据其他单机牵引路段的较缓坡度来决定，从而使全区段的牵引吨数得以提高。

多机牵引路段，因牵引力往往有富余，可以使行车速度提高。若原来控制通过能力的区间位于加力牵引路段内，则全区段的通过能力也可相应的提高。在多机牵引的起讫车站，因摘挂补机要增大车站作业的间隔时分，有可能使多机牵引的起讫区间通过能力降低，对此应加注意，并根据具体情况采取相应措施。多机牵引的起点站或终点站应设置补机的整备设备；有可能时宜将有机务设备的车站作为多机牵引的起讫车站。多机牵引路段的车站到发线有效长度，应较规定的有效长度增加一台机车的长度。

2. 采用大功率机车

在全线或个别区段采用功率较大的机车，既能提高牵引吨数，又可提高列车运行速度，缩短限制区间的运行图周期，从而可提高铁路线路的通过能力。采用大功率机车的效果和采用多机牵引相比，除能达到同样的目的外，且可获得节省机车台数和机车乘务组需要数的效果。

3. 采用电力或内燃机车

电力与内燃机车牵引力大、速度高、起动与制动性能好，可以大大提高牵引吨数、行车速度和输送能力。

电力、内燃机车整备一次可行驶很长距离，不需中途给水、加煤，可以大大延长交路距离，提高机车运用效率，提高区段速度，减少机务段数目，且乘务员具有良好的工作条件。所以采用电力、内燃牵引时，多改用轮乘制的超长交路，交路距离可延长到 300 km 以上。

采用电力、内燃牵引，牵引吨数提高，需延长到发线有效长度，并改造既有机务设备，拆除不必要的给水及转向设备；电力牵引还要修建供电设备，因建筑限界的高度提高可能引起隧道、桥梁与天桥的改建，既有的通信线路因供电系统交流电的干扰，也需要进行改建。

（二）改换信联闭设备

改善信号、联锁、闭塞设备，是保证行车安全、提高通过能力、改善运输工作指标的重要措施。采用较完善的信号、联锁、闭塞装置，可使列车在车站上交会、越行的作业时间缩短，从而提高通过能力。车站间隔时间缩短后，区段速度也相应提高；可加速机车车辆周转，降低运输成本。

电气路签闭塞，通过列车要在车站上交接路签，过站速度不能超过 40 km；装有路签授受器时可达 60 km/h。车站值班员接发停站列车，要办理闭塞手续并需向司机接送路签，加长了列车停站时间。电气路签闭塞时，一对列车在区间两端办理接发车的作业时分，通常需 8 ~ 10 min，通过能力相对降低。改建既有铁路时，一般不再保留路签闭塞，而应更换为半自动闭塞、自动闭塞或调度集中。

单线铁路由电气路签闭塞改为半自动闭塞，一般可提高通过能力 10% 左右；采用调度集中半自动闭塞，可提高通过能力 15% 左右。单线铁路单纯采用自动闭塞，提高通过能力约 25%；再安装调度集中并组织列车追踪运行时，通过能力可提高 35% ~ 40%，但要相应增加车站到发线数量并使列车区段速度降低。

复线铁路采用自动闭塞，追踪列车间隔时分采用 10 ~ 8 min，平行运行图的通过能力可达 140 ~ 180 对/d；而半自动闭塞的通过能力仅能达到 70 ~ 90 对/d。因此，复线铁路应尽可能采用自动闭塞；只有当运量增长较慢，或因线路条件限制不宜采用自动闭塞时，方可采用半自动闭塞。

三、改建工程设施的措施

从我国铁路现状出发，较常用的改建工程设施的措施有：延长站线、增设车站或线路所、削减超限坡度或减缓限制坡度、增建二线或多线等等。这些措施均是从提高列车质量、加大行车密度和提高行车速度几个方面来提高铁路运输能力。可以结合具体情况采用某种措施，或几种措施配合采用。

（一）增减车站或线路所

1. 增设车站或线路所

在既有单线铁路各区间通过能力不均衡的情况下，当少数控制区间的距离较长，且区间中段地形较平缓、设站不致引起巨大工程时，则可考虑在这些控制区间增设车站，以缩短行车时分，提高通过能力。这种措施，一般投资不多，而效果显著。

增设车站应当注意，车站之间距离不能过短。车站间最短距离，应按两站办理行车闭塞所要求的作业时间计算确定，如图 7-6 所示。

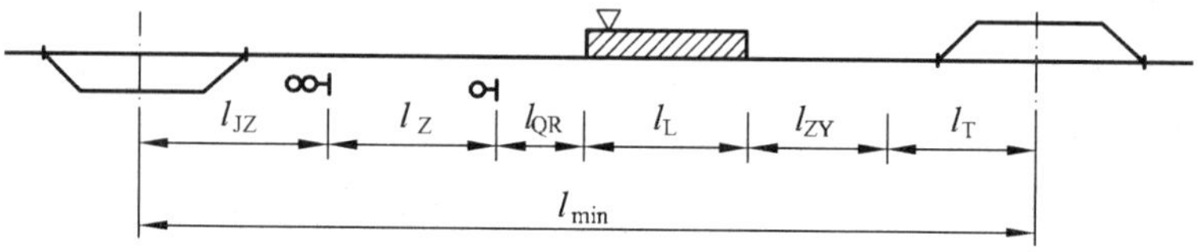

图 7-6　站间最短距离

$$l_{min} = \frac{1\,000}{60} \times \left[V_T t_T + V_P (t_{ZY} + t_{QR})\right] + l_L + l_Z + l_{JZ}\ \ (\text{m}) \tag{7-12}$$

式中　t_T —— 监督列车出发和通知邻站列车出发所需时间（min）；

V_T —— 在 t_T 时间内列车平均运行速度（km/h）；

V_P —— 列车在区间内的平均运行速度（km/h）；

t_{ZY} —— 车站办理接车进路和开放信号的作业时间（min）；

t_{QR} —— 司机确认信号显示的时间（min）；

l_L —— 列车长度（m）；

l_Z —— 制动距离（m）；

l_{JZ} —— 由进站信号机至车站中心线的距离（m）。

按我国目前的行车速度、列车长度、制动距离、闭塞方式等条件推算，站间最短距离一般不宜短于 6 km。

在未安装自动闭塞的区段，若控制区间设站困难，可考虑在两车站之间加设线路所，以组织连发列车，提高通过能力。在采用推送补机的单线区段，为减少或消除补机折返对通过能力的影响，通常也可以修建线路所，作为采用推送补机的辅助措施。

在单线区段设置线路所，不仅会增加相对方向列车交会的时间，从而降低旅行速度，而且在开设线路所后，其通过能力往往受其他区间的限制。因此，只有在地形条件不便增设会让站，且上下行方向的行车量显著不平衡的单线区段，才采用这种措施。

2. 关闭车站

改建既有线或增建第二线时，在通过能力允许的情况下，宜关闭作业量较小的车站。

在提速线路上，由于列车速度的提高，从而减少了两车站之间的列车走行时分。当两站间列车走行时分不满足式（7-12）的要求时，则需关闭一些只办理列车会让、越行作业的会让站和越行站。

（二）延长到发线有效长度

增大牵引功率和减缓最大坡度，目的都是使牵引吨数增大，列车长度增长。当既有车站到发线长度不足时，应根据需要予以延长。需要的到发线有效长度 L_{YX}，视守车是否取消，用下列公式计算：

有守车时
$$L_{YX}=\frac{G-q_s}{q}+n\times l_j+l_s+30\ (\mathrm{m}) \tag{7-13}$$

无守车时
$$L_{YX}=\frac{G}{q}+n\times l_j+30\ (\mathrm{m}) \tag{7-14}$$

式中　G——货物列车牵引吨数（t）；

q_s，l_s——守车的质量（t）和长度（m），对四轴守车：$q_s=16$ t，$l_s=8.8$ m；

q——货车每延米质量（t/m）；

n——牵引货物列车的机车台数；

l_j——机车长度（m）；

30——停车的安全距离（m）。

延长到发线有效长度，要相应改移信号机位置，改铺咽喉区道岔与联锁设备。站坪长度的相应延长，还要引起延长地段路基、挡墙、桥涵工程的改建；若进站引线坡度较陡时，因站坪坡度较小，还可能引起展线，工程甚大。改建车站的咽喉区，在特殊困难条件下，有充分依据时，可设在不大于限制坡度或双机牵引坡度的坡道上，但区段站不得大于 4‰，会让站、越行站和中间站不得大于 15‰。

货物列车牵引吨数提高后，不但需要延长沿线中间站、区段站的到发线有效长度，并且需要延长有关编组站到达场、编组场、出发场的股道有效长度。编组站股道有效长度的延长，往往拆迁量大，工程艰巨。所以，应积极发展大型货车和缩短型货车，提高每延米的货车质量，以减缓延长站线有效长度的压力。若改建设计选定的站线有效长度限制牵引吨数时，列车需欠轴运行，富余的机车功率可用来提高行车速度。

至于因延长到发线有效长度或其他原因需要改建既有车站时，在特殊困难条件下，如有充分技术经济依据，站坪正线的曲线半径和坡度可比新线标准降低，保留现状。

（三）削减超限坡度和减缓限制坡度的措施

为了提高牵引吨数或统一全线的牵引定数，在改建既有线时，可采用减缓最大坡度的措施。但落坡就要改线，往往造成大量废弃工程，投资巨大，干扰运营，且占用农田。因此既有线改造设计的原则应当是力争用牵引动力来提高牵引吨数，尽量避免落坡改线，节约改建投资，加快改造进程，减少运营干扰。

既有线的限制坡度一般不应改动，长大干线的限制坡度也不必强求统一；牵引定数的统一，宜用不同功率的机车去实现。既有线的双机坡度一般应予保留，不宜轻易采用削坡方案；改变牵引种类后，视具体情况可采用双机牵引，亦可用功率更大的单机或双机牵引实现规定的牵引吨数。

增建第二线后，通过能力可大大提高，即使采用同样的机车，输送能力也可达既有线的 3 ~ 4 倍。既有线保留较陡坡度，可以作为双线的下坡方向运行线，并不限制牵引吨数；必要时，还可更换牵引种类，进一步提高输送能力。所以既有线的最大坡度一般更无削减的必要。

若既有线仅有少量较短的超过限制坡度的陡坡坡段，限制了牵引吨数的提高，采用落坡措施改建工程量不大时，可以考虑将超限坡度削减，以提高牵引吨数。削减超限坡度，应根据改建地段的具体情况，采取相应措施。可以另修一段新线，采用展线方法减缓坡度；也可以在凸形纵断面的坡顶用隧道代替明堑，以降低爬坡高度；或在凹形纵断面的坡脚用高架桥代替填方，以减小下降高度。前一种改建方式，对既有线运营干扰较小，但要使线路长度增加；后两种改建方式，对既有线运营干扰较大，但不增加线路长度，且减小了克服高度，可使运营费用有所降低。

由于过去最大坡度折减的数据和方法与现行《线规》不同，引起的超限坡度的超限值一般不大，若按现行规定减缓坡度将引起巨大工程时，可以保留原设计标准不予改建。变更既有线的限制坡度或改为双机牵引坡度时，相邻坡段的坡度代数差本不应大于改建后的坡度差允许值，但如有充分依据，亦可保留原坡度代数差不予改建。

（四）增建第二线及其过渡措施

增建第二线是提高铁路能力最有效的措施，但造价很高。在运量增长不快的既有线上，应采用分阶段逐期加强的措施，如向控制区间延长站线，或在控制区间修建第二线，提高全区段的通过能力，最后再过渡到全线复线。这样，既可满足近期运量增长，节省了初期投资，又能在修建第二线时，充分利用初期增建的工程，不会造成废弃。

1. 向控制区间延长站线

当既有线各区间的行车时分不均等，出现控制区间，且不宜在区间增设车站时，可将车站站线向控制区间延长，缩短控制区间的运行图周期，以提高通过能力。

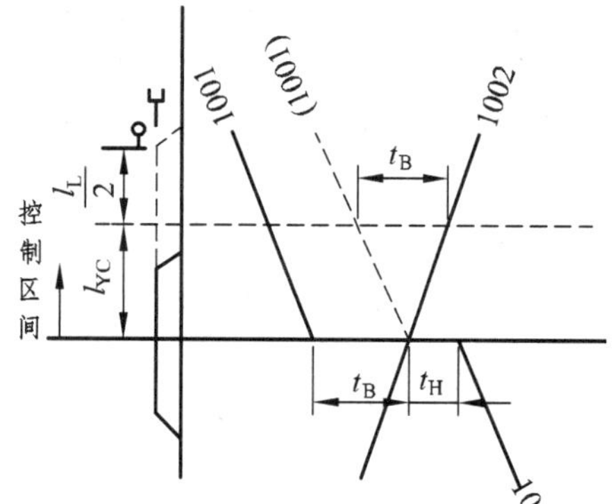

图 7-7　向控制区间延长站线

图 7-7 为把控制区间的运行图周期缩短一个不同时到达时分 t_B 的延长站线示意图。图中注出（1001）的虚线，系延长站线后 1001 次车的运行线。根据移动后的 1001 次车运行线（虚线）和 1002 次车运行线，可初步确定延长站线的长度 l_{YC}。

2. 修建双插段，组织不停车交会

若既有车站两相邻区间都是限制通过能力的控制区间，则可将车站站线向两端区间延长，使列车在此车站有可能组织不停车交会，如图 7-8 所示。

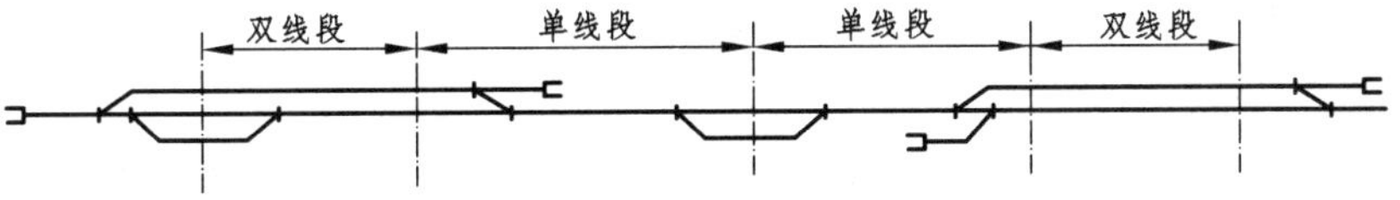

图 7-8　双线插入段图

修建双线插入段，组织不停车交会，应考虑到列车晚点的可能。图 7-9 系考虑下行列车晚点、计算车站左侧站线长度的示意图。当上、下行列车都能正点运行时，本应在理论会车中心线上交会；现假定下行列车晚点 t_{WD}（min），故上行列车到达理论中心线 N'时，下行晚点列车到达 P'点，理论会车中心线与 P'点的距离为 $16.7t_{WD}\times V_x$（m）。当下行列车尾部进入双线段，列车中心到达 P 点时，上行列车到达 N 点。此时，上行列车头部距出站信号机的距离应为：准备出站通路时间 t_{ZB} 上行列车走行的距离，司机确认信号时间 t_{QR} 上行列车走行的距离，与一个制动距离 S_{bs}（m）。据此，可用下列公式计算理论会车中心线至出站信号机的距离 L_x（m）

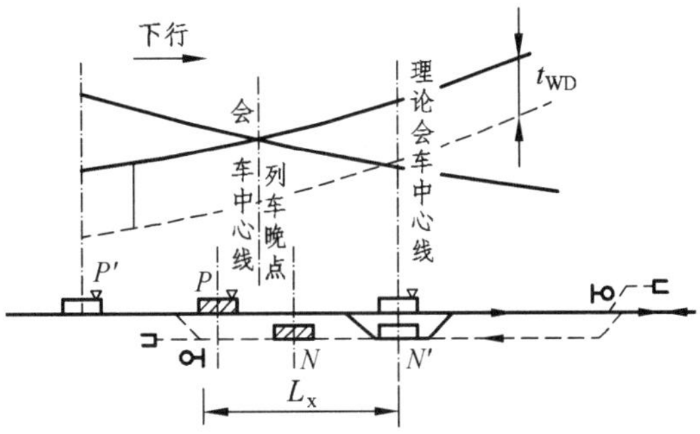

图 7-9　双插段长度计算示意图

$$L_x = NN' + \frac{L_L}{2} + 16.7(t_{ZB} + t_{QR})V_s + S_{bs} \quad (m)$$

$$NN' = 16.7V_s \times t^s_{NN'} \quad (m) \qquad (t^s_{NN'} = t^x_{PP'})$$

$$t^x_{PP'} = t_{WD} - \frac{L_x - \dfrac{L_L}{2}}{16.7V_x}$$

式中，$t^s_{NN'}$ 与 $t^x_{PP'}$ 为上、下行列车在 $N'N$ 与 $P'P$ 段的行车时分，两者相等。

将以上三式联立求解，可得 L_x，如（7-15）式。用上述同样方法，可得上行列车晚点时车站右侧的站线长度 L_s（m），如（7-16）式。双插段的全长 L 为 L_x 与 L_s 之和。

$$L_x = \frac{16.7(t_{WD} + t_{ZB} + t_{QR})V_s \times V_x}{V_x + V_s} + \frac{S_{bs} \times V_x}{V_s + V_x} + \frac{L_L}{2} \quad (m) \tag{7-15}$$

$$L_s = \frac{16.7(t_{WD} + t_{ZB} + t_{QR})V_s \times V_x}{V_x + V_s} + \frac{S_{bx} \times V_s}{V_s + V_x} + \frac{L_L}{2} \quad (m) \tag{7-16}$$

$$L = L_s + L_x \quad (m) \tag{7-17}$$

式中　V_s，V_x——上、下行列车在计算路段的平均速度（km/h）（可由计算确定。由正线通过的列车速度不受限制，接入侧线的列车，其速度受侧向过岔速度的限制）；

t_{WD}——列车晚点时分，平原地区取 1.5 min，丘陵地区取 2.0 min；

t_{ZB}——转换道岔和开放信号的准备通路时分，采用调度集中时，取 0～0.1 min，采用自动闭塞和电气集中时，取 0.1 min；

t_{QR}——司机确认信号时分，可取 0.2 min；

S_{bs}，S_{bx}——上、下行列车的计算制动距离，速度不大于 120 km/h 时，一般取 800 m；

L_L——货物列车长度（m）。

设计双线插入段，尚应注意下列问题：

（1）应保证列车在出发信号机前停车后能顺利起动，以及信号要有良好的瞭望条件。

（2）连接正线的道岔应设在直线上；道岔最好采用 18 号，以免列车进出侧线时严重限制行车速度。

（3）延长的站线与正线连接处，应设置安全线，以隔开进站与出站进路，保证行车安全。

（4）若车站两端区间行车时分相差很多，则可将理论会车中心线向控制区间移动。根据移动后的会车中心线，确定双插段的长度和位置。

至于在全区段修建均匀的双线插段，组织列车不停车交会的措施，因为我国在这方面的运营经验不多，且对列车按运行图准确运行要求甚高，一般认为不大容易实现，20 世纪 90 年代以来已很少采用。

3. 在控制区间铺设第二线

控制区间铺设第二线后，可在此复线区间组织不停车交会，以提高通过能力，并可作为全线复线的一个过渡阶段。

这种措施一般适用于下列情况：

① 控制区间为持续陡坡地段，增设车站与延长站线都比较困难时；

② 当向区间延长站线后，单线区间长度不足 3 km 时；

③ 控制区间的坡度陡长，既控制通过能力，又限制牵引质量时（可将既有线作为复线的下坡方向运行线，而第二线采用较缓的坡度作为复线的上坡方向运行线，这样，既增加了通过能力，又提高了牵引吨数）。

4. 增建第二线

当既有铁路的运量增长迅速，采用其他加强措施，只能将修建第二线的期限稍微推迟，为了减少频繁施工对正常运营的干扰，在全线一次修建第二线，往往是合理的。

复线自动闭塞的通过能力比单线提高 3～4 倍，区段速度比单线提高 30%左右，运营费用比单线降低 20% 左右。

（五）道口的改善与加强

随着公路运输的发展、农用机械的加多和铁路行车量的增大，既有线的原有道口可能需要改建。应参照道路交叉的有关规定，结合线路平纵面的改建，改造道口和完善道口设施，如修建立交桥、完善预报装置和自动栏木等，以确保安全。

在速度超过 160 km/h 的线路上，全线应按全封闭、全立交进行改造。列车速度小于 160 km/h 但大于 120 km/h 区段的平交道口应改造为立交，确实难以改为立交桥的无人看守道口，必须改为有人看守道口。尚未改立交的有人看守区间道口采用的道口信号、道口自动控制设备，应延长报警距离，并加装遮断信号、无线预警及防闯设备。

平交道口改为立交和增建立交桥涵，宜设在路堤较高或路堑很深的路段。

（六）轨道加强

随着既有线的运量增长，原轨道结构一般偏弱，致使维修工作量加大，大修周期缩短，干扰正常运营。既有线加强时，应结合线路改建，根据线路年通过总质量、最高行车速度选用相应的轨道类型（见表 7-1）。

表 7-1　正线轨道类型

项目				单位	特重型	重型		次重型	中型	轻型
运营条件	年通过总质量			Mt	>50	25~50		15~25	8~15	<8
运营条件	旅客列车最高设计行车速度			km/h	200~120	200~120	≤120	≤120	≤100	≤80
轨道结构	钢轨			kg/m	75	60	60	50	50	50
轨道结构	轨枕	混凝土枕	型号	—	Ⅲ	Ⅲ	Ⅱ或Ⅲ	Ⅱ	Ⅱ	Ⅱ
轨道结构	轨枕	混凝土枕	铺枕根数	根/km	1 667	1 667	1 667或1 760	1 667或1 760	1 600或1 680	1 520或1 640
轨道结构	碎石道床厚度	土质路基	单层 道砟	cm	35	35	35	30	30	25
轨道结构	碎石道床厚度	土质路基	双层 表层道砟	cm	30	30	30	25	20	20
轨道结构	碎石道床厚度	土质路基	双层 底层道砟	cm	20	20	20	20	20	15
轨道结构	碎石道床厚度	硬质岩石路基	单层 道砟	cm	30	30	—	—	—	—
轨道结构	无砟轨道	板式轨道、轨枕埋入式	混凝土底座厚度	cm	≥15					
轨道结构	无砟轨道	弹性支承块式	混凝土底座厚度	cm	≥17					

Ⅰ级铁路应铺设无缝线路，200 km/h 提速线路应采用 60 kg/m 淬火轨或微合金钢轨，应铺设跨区间无缝线路。

四、修建三线、四线、分流线

客货运输并重的双线铁路，绝对行车量可达 120 对左右。但是随着客货行车量的增大，单位运营支出亦将大幅增加。当旅客列车行车量达到 30 ~ 50 对时，双线的最有利行车量超过 95 ~ 110 对时，就应考虑新建分流线或增建第三、四线。

五、既有线加强的总体设计

既有线加强要根据客货运量的增长特点，既有线的工程、设备情况和地形条件，做好总体规划；要因地制宜尽量利用原有设施，采取综合措施，确定逐期加强方案，以达到投资少、能力大、经济效益高的目的。

（一）总体设计的工作内容

总体设计包括两方面的工作，一是协调既有线的综合输送能力，二是拟定逐期加强的措施。

既有线的综合输送能力体现在点、线协调上。提高既有线的输送能力，不仅是增加线路的牵引吨数和通过能力，还要使其他能力与线路能力相协调，如中间站的股道数目和有效长度，电力牵引的供电设备，有关机务段的检修能力，有关编组站的解编能力；以及既有线和其他铁路交叉处联络线的修建和枢纽的扩建。有时，既有线加强后，邻接铁路的能力可能成为限制因素。

逐期加强措施，应当在总体规划的指导下拟定。一方面使输送能力逐期提高，与运量逐步增长相适应，不宜毕其功于一役，造成能力过大，设施闲置，投资浪费；另一方面要使各期加强措施相互配合，既能充分利用原有的工程设备，又不致引起新的废弃工程。

（二）总体设计的原则

总体设计时，要千方百计利用原有的工程和建筑物，力争用新型的运输方式和先进的技术装备提高能力，尽量避免土建工程的改建，更不应大拆大改、大量废弃原有工程。以下几点应当注意：

1. 加强方式的选择原则

首先，要考虑运输组织上的革新挖潜，如货物组合列车，旅客列车扩大编组，补机牵引、特种运行方式等。在改建施工的过渡期间，为了完成运输任务，更应不受传统运输方式的约束，在运输组织上挖掘潜力。

其次，应考虑运输设备的加强，如信集闭的更新，牵引动力现代化，加设车站和线路所等。这种加强方式投资少、见效快，干扰较小，宜优先选用。

土建工程的改建，如落坡改线、增建二线等措施，投资大，干扰严重，必要时才应采用。

2. 加强规模的拟定原则

既有线加强应首先加强那些限制能力提高的薄弱环节，不应该一旦项目成立就进行全线普遍改建。电化改造只应当更新、改建那些与提高能力有关的项目。

修建第二线应逐步过渡，使能力提高与运量增长相适应，对运量增长快的线路，宜一次建成双线铁路。

3. 力争减小施工与运营的相互干扰

改建既有线和增建第二线，都是在正常的运营情况下进行施工，不可避免地要造成施工对运营的干扰，如封锁区间中断行车、列车慢行，以及工程运输对线路通过能力的影响等等。另一方面，当既有线改建时，为了保证正常运输和行车安全，又不可避免影响正常施工，因而运营又干扰施工。因此，在选择加强方案时，应充分考虑施工和运营的相互干扰，在设计上拟定相应措施，决定合理的施工期限，在施工组织上要根据运输需要安排施工顺序，争取尽早为运营提供有利条件。

在改建既有线、挖切路基（削减坡度或整治路基病害）、改建桥涵和隧道建筑物施工时，为了不中断行车，避免干扰运营，常采取修建便线以及其他一些维持临时通车的施工措施。这些措施，都或多或少会限制行车速度，影响运输，且造成一定的废弃工程。

（三）适应运量图

选定的各种加强措施，除必须满足其采用期间的运量要求外，还应具有一定的富余能力。富余能力不宜过大，以节约国家早期投资；同时，各期加强措施，一般要能够适应 5 年左右的运量增长，以免铁路经常处于改建之中，影响正常运营。

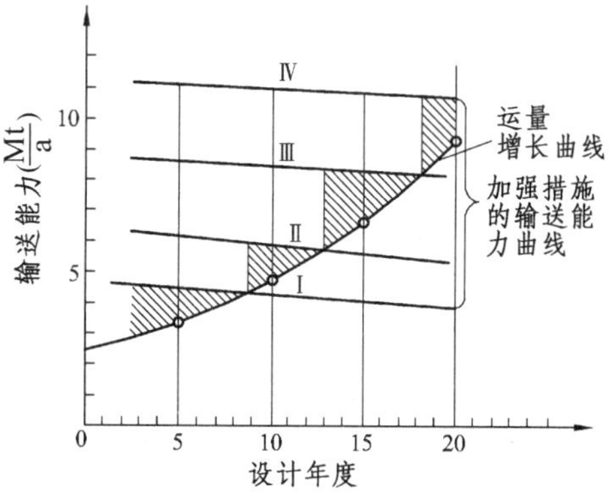

图 7-10 适应运量图

选择加强措施方案时，可绘出适应运量图，确定各种加强措施的适用年限，并研究各种加强措施逐步过渡的可能性与合理性，分析其技术经济效果，以决定其取舍。适应运量图（见图 7-10）中绘出的两组曲线：一组（仅一条）表示既有线各设计年度运量增长情况，它是根据运量预测取得的各年度货运量绘出的，由于货运量逐年增长，曲线亦不断升高；另一组（有几条）是各种加强措施可能完成的输送能力曲线，随着既有线的客运、零担、摘挂列车的逐年增加，直通货运通过能力的相应减小，输送能力也将随之减少，故同一加强措施的输送能力曲线呈下降之趋势。两组曲线的交点，表示该项加强措施能适应运量要求的年度。阴影部分表示富余的能力，亦称储备能力。

各阶段加强措施的改建时机，应早于铁路输送能力的饱和年度，以缓和施工和运营的相互干扰，降低施工干扰的费用。改建时机应根据改造工程的难易和运量增长的快慢来确定，以保证改建工程在能力饱和前交付使用。一般认为：线路能力利用率为 75%～85%，车站到发线能力利用率达 80%，编组站解编能力利用率为 85%～90%时，开始改建为宜。

（四）通过能力图

若各种加强措施的牵引吨数不变，则可绘制区段通过能力图，表示各期加强方案的通过能力和需要的通过能力间的适应情况。图 7-11 是修建第二线分期过渡的通过能力图。过渡措施有增站、控制区间修建双插段与局部区间复线并安装自动闭塞调度集中，最后全线修建第二线。

需要通过能力可用式（7-1）计算。

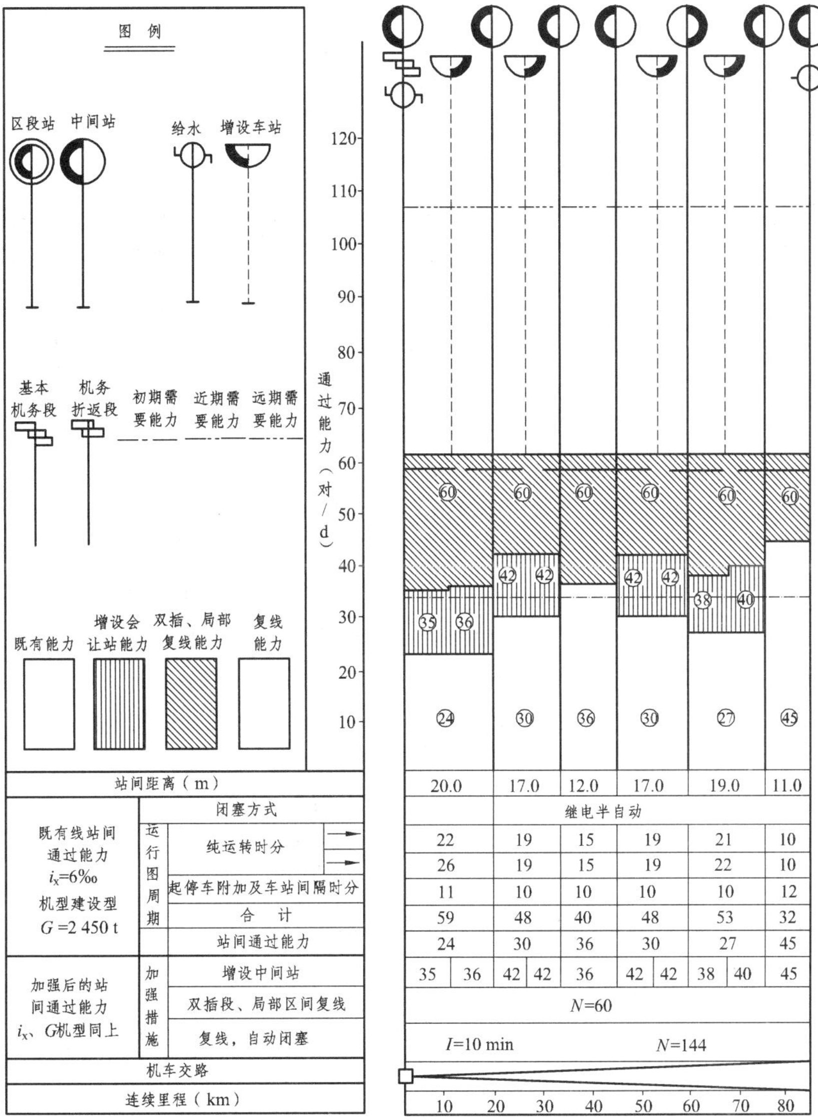

图 7-11 通过能力图

第二节　铁路客运提速

一、概　述

自有铁路以来，行车速度总是随着社会与经济的发展和技术装备的现代化而逐步提高。特别是第二次世界大战以后，世界发达国家经济复苏，对交通运输提出新的、更高的要求。1950 年以来，便捷的公路运输、高速的航空运输的发展，打破了铁路的垄断地位，从而使运输进入了一个竞争的时代。面对运输市场的竞争，铁路必须提高列车速度。自世界上第一条高速铁路——日本东海道新干线 1964 年开通以来，高速铁路因具有行车速度快、运输能力大、安全舒适、综合经济效益好、科技含量高的优势，呈现出蓬勃发展的态势。截止到 2008 年 12 月，全世界运营中的高速铁路营业里程总长达 7 785 km，计划或规划建设的高速铁路（不含中国内地）总长度达 19 500 km。

发达国家在修建高速新线的同时，为了充分发挥高速的优势，在与高速铁路接壤和延伸的既有铁路线上大范围地进行配套提速，实现铁路的快速运输，以满足高速列车下高速线在既有铁路上运行的需要，建立和扩大本国的和国际的快速（含高速）或高速（含快速）旅客列车系统。

铁路列车提速，不但可缩短列车在途时间，而且还可以提高通过能力，加速机车车辆周转，减少乘务人员。对货运来说，可以大大加速货物送达；对客运而言，可以缩短城市间和城乡间的“空间距离”，节省旅客的旅行时间。铁路提速不但可以缓解长期紧张的运输能力，加快国民经济发展的步伐，而且可以促进生产力的合理布局，有利于产业结构的调整。铁路运输速度提高还可为旅游业带来生机和满足人民生活水平的日益提高的要求。

我国铁路是运输业的主力，国民经济的大动脉。由于运能不足，铁路一直处于紧张状态，在运输市场上从没有出现市场虚靡现象，因而在运行机制上缺乏改革动力。列车速度长期徘徊，1995 年，旅客列车和货物列车平均旅行速度分别为 49.0 km/h 和 30.2 km/h，旅客列车最高速度不到 120 km/h，与世界水平相差甚远。1990 年中期开始，随着高等级公路的建设和航空运输的发展，我国运输市场发生了明显的变化，铁路在运输业中客货运量所占比重逐年缩小，以致在一些地区和线路上，铁路运输出现了供大于求的买方市场的局面，并在竞争中失去了一些市场份额。造成这一局面的原因很多，但是，带有根本性原因的却是运输速度问题。

面对运输市场的竞争，更主要的是为了满足我国国民经济发展对铁路运输的需求，20 世纪末以来，我国铁路大力开展客运提速，通过六次大面积提速，我国铁路已基本掌握了 160 km/h、200 km/h 等级的运输装备、线路、通信、信号及运营管理成套技术，提速线路达到 16 000 多 km。我国铁路既有线提速技术达到了世界铁路先进水平。

二、旅客列车提速目标值与提速实施方案的选择

（一）旅客列车提速目标值

列车速度是衡量铁路水平的重要指标，通常以最高速度与旅行速度为代表。

铁路最高速度是旅客列车发展的标志，其速度值大小决定于机车功率、机车车辆构造速度、制动性能、线路结构、道岔和信号设备等的水平。它是既有铁路技术改造和设备更新以

及新线建设技术标准的依据，也是各种装备和运输组织相互配合的综合指标。

铁路客货列车旅行速度（包含了列车在沿途各中间站停站及起停车附加的全部时间），是考核铁路各级组织对旅客列车始发、终到站间及货物列车在区段内运行与各种停站作业成绩的指标。即考核机车保养质量、司机操纵技术、工务线路维修质量、行车调度指挥等各部门，特别是机务部门及运输组织工作方面的综合水平。铁路旅行速度高低，直接关系到机车车辆周转、旅行时间的长短，从而影响到乘客能否快速旅行及货物能否快速送达。因此，列车旅行速度是铁路运营的重要指标之一，大幅度提高客货列车旅行速度，具有重要的现实意义。

普遍认为，提高列车速度的目的是：通过缩短旅行时间，提高与其他交通工具的竞争能力，增加铁路的收入。根据瑞士布莱顿博士等的观点，在飞机平均速度为 600 km/h（等待、换机和办有关手续等需 90 min），汽车平均行驶速度为 80 km/h，铁路的等待、换车时间为 30 min 的条件下，在近距离（300 km 以内）时，如果铁路的平均速度达不到 100 km/h，则无法与汽车竞争；在中距离（500 ~ 600 km），如果铁路的平均速度达不到 250 km/h 以上，将不能与飞机竞争。

1985 年 5 月，欧洲经济委员会（ECE）对铁路行车速度制定了国际定义，规定最高运行速度：客运专线高速铁路为 300 km/h；客货共线高速铁路为 250 km/h；既有铁路改造为 160 ~ 200 km/h。

根据美国、英国和苏联的既有繁忙干线（分别为华盛顿—波士顿的东北走廊、伦敦—爱丁堡的东海岸干线和莫斯科—列宁格勒，现改名圣彼得堡，下同）的提速实践经验证明，中长距离繁忙干线提速的目标值以 140 ~ 160 km/h 为宜（采用摆式车体除外）。如果要将目标值再提高至 200 km/h 时，需要相当大的投资。根据德国既有铁路提速经验，提速的建设费、更新改造费和维修费，在列车最高速度为 160 km/h 是一个转折点，上、下相差较大。如道口，列车速度在 160 km/h 以上比在 100 ~ 160 km/h 增加费用 20%以上。1994 年的新《技规》规定：在列车速度超过 160 km/h 的线路上，不允许存在平交道口；信号系统，需采用连续式速度控制装置，费用增加也很显著；接触网导线支出增加 1% ~ 2%；轨枕间距、轨枕长度以及钢轨重量在列车速度为 140 ~ 160 km/h 时，分别为 60 cm，250 cm 和 54 kg/m，而列车速度超过 160 km/h 时，则至少分别为 57 cm，260 cm 和 60 kg/m，其费用当然相差不少；还有曲线半径、道砟、线间距等都会因列车速度超过 160 km/h 而增加工程费用较大。采用摆式车体列车可在不改造或尽量少改造线路的条件下使列车最高速度达到 160 ~ 200 km/h 或更高，是近 30 年来开辟的既有铁路提速的一条新途径，意大利、西班牙、瑞典、瑞士等国都相继采用。繁忙既有干线旅客列车要求最高速度提高到 200 km/h，一般是高速列车下高速线或联络线等线路，德国、法国、日本、意大利等国都有这种线路。

在国外，既有铁路提高列车速度的主要目的是为在一定的距离范围内与公路和航空运输竞争具有优势，而其改造费用与获得的效益之比明显合理。因此，既有铁路提速的目标值大都选择旅客列车的最高速度为 200 km/h，对于货物列车，由于各国实际情况不同，其最高速度在 80 ~ 140 km/h 范围之内。

（二）既有铁路列车提速的分步实施方案

为了实现上述目标，各国大都采取两步走的方案。在初期，把旅客列车最高速度提高到

140 ~ 160 km/h，然后再把列车最高速度提高到 200 km/h。这是因为列车提速到 200 km/h 时其技术要求较高，设备改造的费用较大，提速效益并不占明显优势。

根据各国铁路的经验，在客货列车混运的既有铁路上，行驶快速旅客列车的要求条件如下：

1. 既有干线最高速度为 140 km/h 的提速改造

最高速度为 140 km/h 时，一般用既有运用的机车车辆、线路和通信信号设备，改造工程量较小，投资少，见效快。

2. 既有线最高速度为 160 km/h 的提速改造

最高速度为 160 km/h 时，可利用现有的技术设备，稍许改善线路平纵横断面，改进机车车辆的走行部分，提高牵引力和制动力，采用自动闭塞等；德国道口采用闪光信号灯加半栏木。

3. 既有线最高速度提高到 200 km/h 的提速改造

最高速度提高到 200 km/h 时，需对既有客货混运的线路，改善线路平、纵、横断面，采用多显示（四显示等）机车信号或增加信号显示。如日本和法国，当速度超过 160 km/h 时，用列车速度控制设备补充地面信号系统；德国铁路则采用连续式列车速度控制装置，它既能减轻司机瞭望信号的负担，又能为程序控制列车运行操作提供条件。这样，首先能提高各种速度列车混运线路的通过能力；另外，需更好地提高制动力，如采用电空制动和磁轨制动，还要将平交道口改为立交等。

繁忙既有干线旅客列车要求最高速度提高到 200 km/h，一般是高速列车下高速线或联络线等线路。

4. 新建高速客运专线

由于地区自然条件的差异和经济发展不平衡性等因素的影响，铁路客、货运量的增长突出地表现在位于人口稠密、工业集中、交通便利、经济发达的城市化地带，沟通国家重要经济大区的繁忙铁路干线上，即具有运量集中化的趋向。对于客货运输繁忙干线的技术改造，当其技术负荷达到一定水平之后，应当修建高速客运专线，实现客货运输分流和快速旅客运输，从而大大提高铁路运输能力。

根据国际铁路协会（IRCA）和国际铁路联盟（UIC）研究，就欧洲而言，在既有线客、货能力已经饱和的条件下，双向年客运量达到和超过 1 000 万人时，修建高速客运专线是有利的。根据德、法、比利时三国研究，在既有线能力饱和的条件下，当双向年客运量大于 500 万人时，修建客货共线的高速铁路是有利的。

三、提高客运速度的列车体系技术条件

列车体系指机车牵引式的机车车辆组合以及动车组式的动力车与拖车的组合，其相关技术条件包括牵引性能、制动性能（含动力制动等）、动力学性能和热力学性能（含能耗、空调等）等。列车体系是列车运行的重要组成部分，直接影响列车的安全、快捷、舒适和经济运行。

（一）提速对列车牵引性能的要求

在既有线上开行提速列车，需要机车提供足够的牵引力，以克服列车运行过程中因速度

提高而增大的各种阻力。在其他因素不变的情况下，牵引功率需要量的增长与速度的提高和列车阻力的变化成正比。列车阻力是一个随速度变化的变量，作为其主要成分的空气阻力也与速度平方成正比。

1. 列车最高速度与机车车辆构造速度

国内外实践表明，为保证列车最高运营速度的实现，机车车辆（或动车组）以及线路与桥隧的构造速度（设计速度）应高出 10% 左右或更多。

列车最高速度与构造速度比约为 0.9。如中长期最高速度值基本稳定不变时，此比值宜较大，以免设计能力靡费；但若预计最高速度值还要增大，则此比值应较小，即留有余地，保证中长期发展需求。此外，牵引动力的高效率速度区与恒功率速度范围一般也低于构造速度，这也是列车最高速度一般均低于构造速度的一个原因。

按速比 $T\approx 0.90$ 考虑，旅客列车提速到 140 ~ 160 km/h，列车体系的构造速度应达 154 ~ 176 km/h；旅客列车提速到 200 km/h，列车体系的构造速度应达 220 km/h；货物列车提速到 85 ~ 90 km/h，列车体系的构造速度应达 95 ~ 100 km/h 或更高。

考察对照我国生产的铁道机车车辆可知：旅客列车提速到 160 km/h，DF_{11}，DF_{10F} 以及 SS_8 型机车与 25Z 型准高速客车或双层客车能满足提速的基本要求。货物列车提速到 85 ~ 90 km/h，原有机车可以满足要求，采用转 8A 转向架的货车需要进行相应改造，以满足 85 ~ 90 km/h 的运行速度要求。采用 209 与 206 型转向架的 25G 与 25B 型客车可达 140 km/h；长客 CW-2 型转向架、四方 206 KP 型转向架的 25Z 型准高速客车与浦镇 209HS 型转向架的 25Z 型准高速双层客车能达到 160 km/h。

旅客列车提速到 200 ~ 250 km/h，需采用高速动车组。我国在引进国外先进技术基础上，自主制造的 CRH 系列动车组能够满足 200 ~ 250 km/h 的需要。

2. 牵引参数与保有加速度

为保证最高速度的实现，列车到达最高速度时，除克服相应运行阻力外，要求保有一定的加速余力。据此，列车所需的牵引性能可按三种方式考虑：一按平直道上到达最高速度时具有一定的保有加速度；二按在一定的上坡道上达到最高速度（或平直道上到达最高速度时具有一定的单位加速力）；三按增加一定百分数的最高速度考虑。第一、二种方式实质相同，即保有加速度 a（m/s^2），相当于可克服的线路坡度 i（‰）或单位加速力 f（N/kN），其关系为

$$i = f = 10^3 a / g \quad (‰)$$

式中，$g\approx 9.81\ m/s^2$ 为重力加速度。

据此可得需要的保有加速度与坡度的对应关系如表 7-2 所示。

表 7-2　保有加速度与相应线路坡度（或单位加速力）的关系

保有加速度 a（m/s^2）	0.1	0.05	0.03	0.02	0.01
对应线路坡度 i（‰）或单位加速力 f（N/kN）	10.2	5.1	3.1	2	1

保有加速度与列车种类有关，旅客列车较货物列车为高，快速列车最好稍高于一般旅客列车，高速列车宜较高。参考国外运营实践，推荐按表 7-3 选用保有加速度。

表 7-3　推荐的保有加速度

列车种类	高速列车	快速列车	一般列车
最高速度范围（km/h）	>200	120 ~ 200	80 ~ 120
保有加速度 a（m/s^2）	0.05 ~ 0.1	0.03 ~ 0.05	0.01 ~ 0.09

3. 客运机车或动车组牵引性能

旅客列车提速到 160 km/h，电气化铁路 SS_8 型机车以不超过牵引 12 辆双层客车或 14 辆客车为宜，非电化铁路 DF_{11} 型机车以不超过牵引 9 辆双客或 11 辆客车为宜。140 km/h 旅客列车，SS_8 为 15 辆双客或 18 辆客车，DF_{10F} 为 13 辆双客或 15 辆客车，DF_{11} 为 12 辆双客或 14 辆客车为宜。120 km/h 旅客列车，SS_8 为 20 辆双客或 24 辆客车，DF_{10F} 可牵引 17 辆双客或 21 辆客车，DF_{11} 可牵引 15 辆双客或 18 辆客车，DF_{10D} 可牵引 12 辆双客或 14 辆客车。

如降低保有加速度的要求，可以增加牵引重量和辆数。以 DF_{4D} 型机车为例。对应 120 km/h 的机车单位阻力为 4.97 N/kN，客车为 4.79 N/kN，按恒功率核算的机车牵引力约为 72.7 kN，这样当保有加速度 $a = 0.02\ m/s^2$ 时，DF_{4D} 型机车约可牵引 18 辆客车，$a = 0.01\ m/s^2$ 时为 22 辆客车。

4. 货运机车牵引性能

旅客列车提高速度，如果货物列车不相应提高速度，就会影响运输能力，提速反而降低效率。因此，必须在旅客列车提速的同时相应提高货物列车的速度。

国外研究和实践证明，既有铁路旅客列车速度的提高，使扣除系数急剧增加。因为列车速度不同，为会让快速列车要占用很多能力，要减少这种扣除，最有效的办法是提高货物列车的速度，更合理地铺画列车运行图。一些国家的主要铁路既有干线经改造后，在旅客列车最高速度达到 160 ~ 200 km/h 时，货车速度为 80 ~ 140 km/h，货运快车都在 90 km/h 以上。

我国货物列车提速到 85 km/h，双节 DF_4 型机车可牵引 5 000 ~ 5 500 t，DF_{10D} 型机车可牵引 4 500 ~ 5 000 t，DF_8 可牵引 3 500 ~ 4 000 t，DF_5 可牵引 3 000 ~ 3 400 t，电力机车功率较高，可牵引质量更大的货物列车。

5. 牵引动力起动性能

为保证列车起动加速能力，列车应具有足够的起动加速度。由于滚动轴承车辆的普遍采用，列车起动阻力一般不大，约 1.5 ~ 3.5 N/kN。为便于核定，将列车起动阻力略去，而在必要的起动加速度中合并考虑，这样起动牵引力 F_q（kN）与起动加速度 a_q（m/s^2）的关系是：$F_q \approx (1+\gamma) \times M \times a_q$，其中 M 为列车质量（t），γ 为回转质量系数，一般 $\gamma = 0.06$。

一般而言，高速列车的必需起动加速度较高，为 0.4 ~ 0.6 m/s^2。

三相交流异步传动与独立驱动径向转向架以及防空转、防滑行技术的应用与发展，动力车（或机车）的有效黏着系数可提高 10% ~ 20%，起动黏着系数可提高到 0.4 ~ 0.45 或更高，这对列车起动与持续牵引条件更为有利。

（二）提速对列车制动性能的要求

列车制动性能是机车（或动力车）与车辆（或拖车）制动系统的综合表现，是安全与提高制动减速度的保证条件，因而也是提高列车平均速度的基础。

随着最高速度的提高，制动距离的限制需要延长，而且这种延长值是在采用电空及复合制动和防滑系统的条件下达到的，如动力车一般采用盘形制动加动力制动，有时还加上旋转涡流制动；拖车一般采用盘形制动加磁轨制动或线性涡流制动。大体上紧急制动距离的限制随着制动初速的平方增长而延长。国外高速列车的紧急制动距离如表 7-4 所示。

表 7-4　国外高速列车紧急制动距离

V（km/h）	300	250	220	160	140
S_z（m）	3 500	2 700	1 700	1 400	1 100

列车在实际运行时，常用制动减速度只有紧急制动时的 50% ~ 80%，所以常用制动距离约为紧急制动距离的两倍。

制动方式的多元组合，制动系统的强化，导致紧急制动减速度的提高，也相应提高了常用制动减速度。国外有些列车紧急制动减速度达到 1.4 m/s^2，常用制动减速度也有 1.1 m/s^2。这样既有利于安全，有利于提速，也有利于信号机的布置。

提高列车下坡道（有时甚至是平道或小的上坡道）的制动限速，也是对列车制动性能的要求。一种现实有效的方案是合理提高列车换算制动率 100 ϑ_h（即每百 kN 列车重力的闸瓦力 kN 数）及延长紧急制动距离。

为确保安全，在自动闭塞区段紧急制动距离（含自停装置、列车运行监控装置或列车超速防护系统等作用时间影响）绝对应小于闭塞分区长度，即要严格限制列车通过黄色信号的速度，确保列车紧急制动时能停在红色信号之前，最好能在监控装置上增加控制列车通过黄色信号速度的功能。为尽量避免使用紧急制动和利于乘务员掌握，全区段可采取统一的分区长度限制速度（即列车通过黄色信号速度），如货物列车可取为 40 ~ 50 km/h，旅客列车可取 60 ~ 70 km/h。

（三）提速列车的牵引动力选型

1. 繁忙干线客运提速机车选型

（1）客运内燃机车选型。对繁忙既有铁路干线提速 160 km/h 的客运内燃机车，根据上述条件，目前我国有两种机型可供选择，DF_{11} 型机车牵引 13 辆、11 辆客车编组，最高速度可分别达到 160 km/h、170 km/h，从 0 加速到 160 km/h 需 11 分 30 秒和 8 分 30 秒。DF_{10F} 型机车牵引 20 辆、16 辆客车编组，最高速度可分别达到 140 km/h、160 km/h，牵引 20 辆，从 0 起动加速，在 11 分内可达到 140 km/h。

（2）客运电力机车选型。选用 SS_8、SS_9、SS_{7D} 型电力机车可满足提速 140 ~ 160 km/h 的运输的要求。根据 SS_8、SS_9、SS_{7D} 的牵引性能，牵引 20 辆客车，在平直道上可达到 160 km/h，就是在 6‰的坡道上也能达到 100 km/h，牵引 14 辆客车，速度可达到 170 km/h。

（3）动车组。客运动车组具有安全性好、旅行速度高、载客量大、舒适度高、能耗低、运营成本低、排放污染轻等优点。与机车牵引的旅客列车相比较，客运动车组机动灵活，可双向穿梭运行，可灵活编组，起动加速快，制动距离短，运用更可靠。

在我国客运提速有条件的区段可选择电动车组或内燃动车组，采取 2M4T，2M6T 等单元，根据需要灵活编组，远期也可采取 2M4T 两列组合的长编组形式。DD_{J1} 型电动车组“大白鲨”“新曙光号”“神州号”双层内燃动车组可满足 140 ~ 160 km/h 客运提速的需要。CRH 系列动车组可满足 200 ~ 250 km/h 高速客运列车的需要。

2. 繁忙干线货运提速机车的选型

为提高货运运输能力，开行重载列车或组合列车是现实有效地解决方式。按《铁路主要技术政策》中规定，在繁忙的干线上，重载列车的质量为 5 000 t 及其以上，货物列车的速度要达到 90 km/h。提高列车质量、实现重载运输和提高行车速度是提高运输能力的有效措施。在既有的线路上大量开行重载列车（5 000 t），提高货运列车的速度（最高速度达到 90 km/h），以解决运能和运量的矛盾。

选用 SS_4 型电力机车、DF_6、DF_8 型内燃机车双机牵引 5 000 t 重载列车，速度在 90 km/h 以上，可满足货物运输的要求。

四、提高客运速度的线路技术条件

（一）线路平、纵断面

1. 线路平面

1）曲线限速

普通客车的曲线限制速度计算式为

$$V=\sqrt{\frac{h+h_{qy}}{11.8}\times R}\ \text{(km/h)} \tag{7-18}$$

摆式客车的曲线限速计算式为

$$V=\sqrt{\frac{h+h_{qy}+\Delta h}{11.8}\times R}\ \text{(km/h)} \tag{7-19}$$

式中 h—— 实设超高（mm）；

h_{qy}—— 允许欠超高（mm），一般取 90 mm，困难取 110 mm；

Δh—— 摆式客车产生的附加超高，$\Delta h \approx 1\,500\times\tan 6.5° \approx 170$（mm）。

实设超高应保证货物列车以较低速度通过时，不致引起内侧钢轨的严重磨耗，一般可采用下述两种方法计算：

第一种方法，是通常采用的客货列车的均方根速度，计算式见第二章；

第二种方法，是按货物列车通过时，允许存在一定的过超高 h_{gy}，来计算实设超高。计算式为

$$h=\frac{11.8V_{H}^{2}}{R}+h_{gy}\leqslant 150\ \text{(mm)} \tag{7-20}$$

式中 V_H —— 货物列车通过速度（km/h），可取上、下行速度的平均值；

h_{gy} —— 允许过超高，一般取 30 mm，困难时取 50 mm。

按第二种方法估算实设超高，它取决于货物列车上、下行的平均通过速度。货物列车上、下行的平均速度，上坡时可由机车类型、牵引定数及线路坡度等条件计算，也可粗略按各种坡道上的均衡速度取值；下坡时取制动限速。

2）缓和曲线长度

旅客列车提速后，实设超高可能加大，曲线限速值也可能提高，若原有的缓和曲线长度不足，将会影响行车安全和旅客舒适。普通客车应按外轨超高顺坡不致使车轮脱轨、超高时变率不致影响旅客舒适、欠超高时变率不致影响旅客舒适三个条件检算，并取三者最大值。

采用摆式客车提高速度，缓和曲线长度需要加长，以保证旅客必要的舒适度。

3）圆曲线与夹直线长度

《线规》和《暂规》对圆曲线和夹直线的长度采用同一标准，是按列车通过圆曲线或夹直线的两端缓和曲线端部时，产生的振动不致叠加算得的。对提速线路来说，应尽量采用新线标准，以保证行车平稳。改建工程巨大时，保留既有线的标准，行车平稳性将有所降低。

4）复线铁路的线间距离

复线铁路两线并行地段，最小线间距离为 4.0 m。运营实践表明，当最高速度不大于 140 km/h 时，这个线距是可以适应的；当最高速度大于等于 160 km/h，两对向列车并行通过时，中间产生较大的压力波，非密闭客车的车窗玻璃有掉落、破损的危险。加宽线距工程巨大，对最高速度为 160 ~ 200 km/h 路段的旅客列车，宜采取列车流线型化等相应的安全措施。

2. 线路纵断面

线路持续陡坡地段，客货列车速度因上坡时受机车功率制约，下坡时受制动限速控制，会大幅度降低。曲线的实设超高因货物列车速度降低而减小；旅客列车速度降低后，所需要的曲线半径也可相应减小。研究提速线路的加强方案时，应根据线路纵断面情况拟定各路段的客货列车速度和曲线半径标准。

（二）轨道结构与轨下基础设施

1. 轨道结构

当旅客列车速度达到 140 ~ 200 km/h 时，应铺设 60 kg/m 无缝线路，在小半径曲线、长大坡道等钢轨严重磨耗地段，应逐步更换为全长淬火钢轨，换铺Ⅲ型轨枕与配套的弹条扣件。道床厚度与道床肩宽应适当加大。线路维修标准应较一般线路有所提高。

2. 道　岔

我国客货共线铁路正线道岔一般为 12 号普通道岔，其直向通过速度为 115 km/h；还有少量 9 号道岔，其直向通过速度仅 85 km/h。客运提速后应根据需要更换提速道岔，以免提速列车通过车站时，因道岔限速而频繁加、减速，导致达不到提速效果。

3. 平交道口

我国既有铁路平交道口很多，目前双线铁路一般为 3.0 km 左右（单线为 1.5 km 左右）既有道口一处。旅客列车提速后，若道口防护措施不配套，行车事故将会增加。

旅客列车速度达到 140 ~ 200 km/h 的路段，公路和铁路的平交道口应改建为立交；人行道口亦应安装闪动灯光和警铃设备。人口密集地段，宜在线路两侧安装封闭栅栏。

旅客列车速度在 120 km/h 以下的路段，繁忙道口也宜改建立交；改建工程很大的道口应完善防护设备并设人看守。

4. 路基工程

提速路段应对路基进行普查，对限速运行的路基病害，如基床下沉、翻浆冒泥等要进行彻底整治。路基弹性突变地段，如桥台过渡到路基、平交道口与刚性涵管前后，要引起轨道刚度的变化，容易造成线路不平顺和钢轨磨耗加大，应增加过渡段的长度并使其刚度均匀变化，以保证行车平稳。

5. 桥梁的检测与加固

我国既有干线的桥梁使用年代久远，基础、墩台和梁部都有不同程度的老化，能否满足客运提速的需要，应进行必要的检测和加固。

旅客列车速度达到 140 ~ 200 km/h 时，经有关部门测试，双梁式横向联结的 T 型钢筋混凝土梁要增设横向联结装置，以防止两片梁的横向振幅、振动相位不一致；32 m 铆接下承式板梁钢桥，当列车速度达到 160 ~ 200 km/h 时，可能会产生竖向共振；板式橡胶支座对钢架桥不可使用，对混凝土梁要增设横向限位装置。

五、信号装置

我国现有三显示自动闭塞装置，绿灯为运行信号，黄灯为警惕信号（预告下一信号机显示红灯），红灯为停车信号。《铁路技术管理规程》规定色灯信号机在正常情况下的显示距离不得小于 1 000 m。信号机间的闭塞分区长度一般不小于 1 200 m。这种自动闭塞装置可满足旅客列车最高速度 120 km/h 的行车需要。

当旅客列车速度达到 140 ~ 200 km/h 时，为了尽量发挥现有信号设备的作用，减少改造投资，一般认为可不改变信号机位置，而将现行三显示制式改为四显示制式。四显示制式增加一个黄绿（或绿闪）信号：绿灯为运行信号，黄绿（或绿闪）为警惕信号，黄灯为减速信号，红灯为停止信号。提速旅客列车行车速度控制可按 200—160（140）—110（100）— 0，货物列车可按 120—90—80（75）— 0 划分。

在浓雾、雨、雪天气，地面信号的显示距离受到影响，需要机车信号主体化；同时，超速防护的控制系统，也需要可靠的机车信号信息。我国现有的机车信号，在可靠性和安全性方面还有待改进，以适应提速列车机车信号主体化的要求。

六、客运提速对货运通过能力的影响

在提高客运速度时，应当重视其对货运通过能力的影响，力争使客货列车的速度与行车密度、列车质量协调配合，不致过多影响货运能力。

双线自动闭塞区段，在目前客货列车行车速度条件下，旅客列车的扣除系数ε_K与旅客列车数 N_K（列/d）及追踪间隔时分 I 有关。旅客列车数增多，ε_K 降低；追踪间隔时分缩短，ε_K 加大。客运速度提高后，当货运速度无显著变化时，客货速差增大，ε_K 会增大，将使货运通过能力降低；当货运速度相应提高，客货速度匹配时，ε_K 会减小，有利于增大货运通过能力。

单线非自动闭塞区段，在目前客货列车运行速度条件下，旅客列车的扣除系数为 1.1 ~ 1.3。客运速度提高后，既可使货运速度不变，旅客列车扣除系数一般也不致增大，不会对货运通过能力产生不利影响；当货运速度相应提高时，旅客列车扣除系数减小，有利于增加货运通过能力。

总之，提高客运速度应争取同时提高货运速度。一般认为，货、客列车速度比为 0.6 时比较合理。双线自动闭塞的繁忙干线，当客运最高速度为 160 km/h 时，货运最高速度以达到 90 ~ 100 km/h 为宜，这是目前开行快速列车的繁忙干线争取实现的速度目标。

第三节　修建高速铁路

铁路高速技术集中体现着牵引动力、车辆、线路与轨道结构、通信信号、行车组织及运营模式等领域的科技进步，是大幅度提高铁路旅客运输能力和服务水平最有效的途径。

一、高速铁路速度目标值与高速列车模式

（一）速度目标值

1. 高速铁路的经济速度

所谓经济速度即高速铁路盈利最高的速度。西欧各国在筹建高速铁路之初，都对其经济速度进行过研究。研究表明，提高速度可以节省旅途时间，但速度越高，因停车而增加的加减速附加时分就越长，所能节省的旅行时间相对减少；并且，最高时速增大，因建筑标准提高、技术装备先进，必然使铁路投资增加；同时对线路和机辆的维修质量要求提高；而且大量的能量消耗于空气阻力，又必然使运营费用增加，运输成本提高。

20 世纪 70 年代前后，西欧各国根据本国的具体情况，研究出各自的经济速度。英国为 230 km/h，法国为 280 ~ 300 km/h，德国为 270 km/h，国际铁路联盟（International Union of Railways）的研究结果则是 300 ~ 350 km/h。经济速度对各国拟定高速铁路的最高速度有指导作用，一般最高速度要略高于经济速度。

2. 选择速度目标值的依据

速度目标值是衡量高速铁路技术水平的最主要标志，也是高速铁路总体设计的决定性参数，其取值的高低将影响到铁路建设投资大小、新技术的采用、运营成本和经济效益等。速度目标值的确定应综合考虑以下因素：

1）对客流的吸引能力

速度目标值的选择应满足旅客运输快速安全、平稳舒适、票价适中、准确便利等要求；在中长距离旅客运输市场激烈的竞争中处于有利地位，能吸引大量的客流。

2）技术上的先进性和可行性

所确定的速度目标值应当具有先进性，并且在技术上应当是可行的。采用系统工程的方法寻求线路与机车车辆间的最佳总体配合，以降低工程造价和运营支出。

3）经济合理性

建设高速铁路需要大量资金投入，从而要求能够获得稳定而较好的直接经济效益、为广大旅客节省旅行时间带来巨大的时间效益，以及促进相关工业与沿线地区经济发展所带来的巨大间接经济效益和社会效益。

4）与国家和地区经济发展相适应

高速铁路速度目标值的拟定，应与国家和地区的国民经济发展现状和规划相适应，与总体交通发展战略相协调。不无畏追求过高速度。

国外经验表明，综合考虑各项因素及不同修建与运营模式，高速铁路的速度目标值主要有三种选择：

（1）新建高速客运专线，最高速度宜取 300 ~ 350 km/h。

（2）新建客货共用、分时运行的高速线，最高速度宜取 250 ~ 280 km/h。

（3）新建客货列车共线运行的高速线，最高速度宜取 200 ~ 250 km/h。

在客货混运的既有线上采用摆式车体开行高速列车，最高速度宜取 200 ~ 240 km/h。

（二）高速列车动力模式

高速列车是高速铁路的关键技术，各国由于国情和基本条件不同，客运专线上运行的高速列车采用了不同的模式，主要是动力分散式动车组、动力集中式动车组和摆式车体。

1. 动力分散型高速列车

动力分散型高速列车由若干动车和拖车组成单元，再由若干单元组成列车。其特点是轮轨相互作用轻，黏着和动力制动性能好，技术难度低，载客人数多，输送能力大；但受流条件较差，制造成本和维护费用较高，噪声及车体振动较大，舒适度较差。

日本新干线采用此类型的高速列车。

2. 动力集中型高速列车

动力集中型高速列车将动力集中编挂于列车首尾，即列车的两端为动力车，动力设备集中装设在动力车内，动力车之间为拖车；当动力车动力不足时，也可在邻近动力车的拖车上设置动力转向架。

动力集中型高速列车在高速受流、环境保护、制造成本和检修费用、减轻振动和噪声等方面优于动力分散型，但轴重较大，对线路结构要求较高，并将增大线路建设与检修养护费用。不过，随着技术的发展，动力集中型列车在减轻动力车和拖车重量、改善轮轨动力作用和充分发挥黏着作用等方面已有较大改进。

3. 摆式车体列车

摆式车体、径向转向架和交流电传动牵引技术是摆式车体列车的三大技术特征。摆式车体是当列车经过弯道时，车体接受计算机指令控制每一车辆通过液压伺服系统形成最大为 8°的向内倾斜角，使其与弯道的半径及列车的速度相适应，以克服列车经过曲线时所产生的离心加速度，保证旅客的舒适与安全。径向转向架是把装在转向架上的两根平行的轮轴，在经过曲线时成一夹角，其延长线交于圆心。在曲线半径大于 800 m 的情况下，列车速度可提高 40%左右。

摆式车体的制造和维修费用较高（约增加 20% ~ 30%），但可节省大量线路改造的费用，尤其是建设新线的巨额基建投资。

二、高速铁路的优越性与兴建条件

（一）高速铁路的优越性

高速铁路与其他交通运输方式相比较具有如下多方面的优势：

（1）送达速度快。从节省旅途消耗总时间看，若高速列车的最高运行速度分别为 200 km/h，250 km/h，300 km/h，则高速铁路在行程分别为 80 km，100 km，130 km 以上时优于高速公路的长途汽车，行程分别为 600 km，800 km，1 000 km 以内时优于航空运输。如果考虑到其他因素，高速铁路可以吸引旅程在 80 ~ 1 500 km 范围内沿线大中城市间的客流。

（2）运输能力大。以日本东海道新干线为例，高速列车每列车平均载客 1 000 ~ 1 300 人，日开行 300 列左右，年均可输送旅客 1.1 ~ 1.4 亿人次。高速铁路的运能远大于其他运输方式。

（3）能源消耗低。根据日本的统计，若以普通铁路每人公里的能耗为 1，则高速铁路为

1.43，公共汽车为 1.45，小汽车为 8.2，飞机为 7.44。

（4）占用土地少。一般四车道高速公路的路基面宽度为 26 m，而同等能力的双线电气化铁路的路基面宽度仅 14 m，即高速铁路比高速公路少占地 1/2 左右。航空运输的一个大型机场一般需占地 20 km^2，在 1 000 km 航空线上至少要有两个大型机场，其总的占地面积为铁路的 2～3 倍。

（5）综合投资省。同等运能各种交通运输设施的综合造价（包括用于固定设备和移动设备的全部投资），高速铁路与高速公路相当而显著低于航空运输。

（6）环境污染轻。电气化铁路线路清洁，列车没有废气，当电磁辐射控制在环保标准以下时，几乎不存在环境污染问题。至于噪声污染，比飞机和小汽车低 10 倍左右。

（7）安全舒适。根据日本和法国 10 多年的运营经验，高速铁路的安全性和可靠性比其他交通运输工具具有非常明显的优势。同时，高速列车为旅客提供的活动空间要比汽车和飞机大得多，而且列车运行平稳，振动和摇摆幅度很小，旅客可享受到较高的舒适度、减轻旅途疲劳。

（8）准确便利。高速铁路可全天候行车，线路为全封闭式、设有先进的列车运行与调度指挥自动化控制系统，能确保列车运行安全正点。在大城市中高速铁路的客站都深入到市中心区，旅客可通过地铁等市内快速公共交通工具集散，比去往市郊的长途汽车站或远郊的机场方便得多。

（二）高速铁路的修建时机与修建条件

从上分析可见，高速铁路具有多方面的优越性。但是，兴建高速铁路需要大量的基建投资，而要以最高的安全性、准确性和服务水平稳定地运营高速铁路系统，也需要相当大的支出。因此，财政上、经济上、技术上的可行性将是确定高速铁路兴建时机的关键因素。

1. 运输需求

高速铁路线的财政情况在很大程度上取决于该线所输送的客流量。有了客流量和票价就可预计出本系统的收入水平。根据所提供的服务设施可以预计投资额度及年度运营支出以及年度换算支出，进而拟定几个可能的修建方案并从中选择能吸引足够大客流量和达到预计收益目标的方案。

2. 主要技术标准

主要技术标准的选择通常对高速铁路的初期建设投资规模和交付运营后的运营支出起决定作用。在选择高速铁路修建方案时，必须考虑诸如：线路走向、最高设计速度、平均运行速度、线路结构、牵引动力配置、列车编成、列车总重、车辆类型等，以及各种技术装备的运用、保养、维修组织等因素的最佳匹配。为此，应拟定几种可能的匹配方案进行测算，从中选择最佳方案。

3. 经济效果与建设年度

修建高速铁路的目的是为了提供快捷的旅客运输服务，通过提高运行速度减少旅行时间；因此，由于缩短旅行时间而获得的旅客小时节约的效益，对修建高速客运专线的经济效果有很大影响。提高运营速度将增大投资额度和运营支出，只有大幅度减少旅途时间和规定合理的票价才能在激烈的运输市场竞争中吸引大量的客流和扩大高速铁路的旅客周转量。至于每一人小时的经济价值及合理的票价水平，则随国民经济与社会发展、沿线地区富裕程度及人均收入水平的提高而变动，即在不同的计算年度有不同的数值。

在速度目标值和运营模式已定的前提下，对于确定的投资规模，固定资产折旧和设备维修保养费水平一般约占总成本的70%左右，由此可以估算出保本运价水平和其所对应的保本运量水平的所在年度，评价该年度预计人均收入水平检查所吸引旅客对该票价的承受能力；如果能够接受，则可据此推算高速铁路的最早开始兴建年度。

4. 城市布局与高速网建设

国外研究与实践表明，高速铁路最有竞争能力的运程为 300 ~ 800 km，且客流密度与运程成反比。据此，国外的高速铁路一般都以相距 300 ~ 500 km 的两大城市作为其建设起讫点，并从经济带运输最繁忙地段开始分期分段进行修建和运营，最后联结成网。

三、高速铁路建设模式

（一）国外高速铁路的建设模式

高速铁路的发展已是当今世界铁路的重要趋势。但是，发展高速铁路采用什么途径？不同的国家根据本国的国情和路情，作出了不同的选择，归纳起来，修建高速铁路有如下几种模式。

1. 新建高速客运专线

在经济发达、人口密集、客货流稳定增长的方向上，虽已形成交通运输大通道，但客货运量高度集中、既有铁路通过能力已经饱和，应修建最高时速 300 ~ 350 km/h 的高速客运专线，实现客、货流分线运行，以满足快速发展的客、货运输的需求。高速客运专线的基础设施建设应一步到位，并从客运最繁忙区段开始，由段而线、由线而网逐步建设。

2. 新建客货混运高速铁路

在经济发达、人口较密集、客货流均稳定增长的方向上，若尚未形成密集的“交通走廊”，可将新建高速线路作为客货共线运行铁路网的一部分，不仅开行高速旅客列车，也运行货物列车。客货混运高速铁路可通过与既有铁路的接轨点进行运输调节，以增强通过能力。新建客货混运高速铁路上旅客列车的时速为 200 ~ 250 km/h，货物列车时速为 120 km/h。

3. 改建既有铁路干线

对连接经济发达地区中心城市和国家重要大都市的路网干线进行提速改造。其做法是对既有线进行加强取直，采用新型上部建筑和无缝线路，对小半径曲线进行裁弯取直，使绝大部分跨线运行的直达旅客特别快车的最高时速都可以达到 200 km/h 以上。

在改造既有线路的同时，在繁忙区段还可以增修并行（包括局部绕行线）的第三正线或第三、四正线，实行客货分线运行，或快客专线运行、慢客与货物列车混线运行。与新建高速客运专线相比，采用这种模式发展高速铁路具有上马快、投资省的优点，但也存在下列困难：

（1）既有线中间站较多，线路两侧居民稠密，将既有线调直增建三、四线，购地拆迁困难。

（2）在增建三、四线时，如中间站上一侧设有专用线或货场，另一侧的摘挂列车要穿越多条正线，作业不便。

（3）改造既有线将对日常运营生产干扰，给施工带来很大困难。

因此，这一建设模式适用于客货运量大、地处平原、线路技术条件较好的既有干线全线或某些大城市间的繁忙区段。至于采用三线并行方案，只有当货物列车很少，旅客列车很多的情况下才比较有利。

4. 对机车车辆进行改进

这种方式既不修建新线，也不需要对既有线进行大量改造，而是靠对机车车辆进行改进。比如，采用可控倾斜电动车组，即使在曲线上都能保持高速运行。摆式车体列车加速和制动性能良好，可解决客货共线且提高旅客列车运行速度的问题。但这种模式需要引进摆式电动车组，其造价较高，维修工作量大。

（二）我国高速客运网的结构体系

我国的国情具有幅员辽阔、各地区经济发展不平衡、大城市间平均距离长、客流源点相对分散、跨线直通客车开行对数多，以及建设资金相对紧缺等特点，因此，我国铁路客运高速化应因地制宜，分地区，分步骤逐步实施。

在 2004 年发布、2008 年调整的《铁路中长期发展规划》中，为满足快速增长的旅客运输需求，我国将逐步建立省会城市及大中城市间的快速客运通道，建设“四纵四横“铁路快速客运通道以及九个城际快速客运系统。建设客运专线 1.6 万公里以上。

（1）“四纵”客运专线，包括：北京—上海客运专线、北京—武汉—广州—深圳客运专线、北京沈阳—哈尔滨（大连）客运专线、上海—杭州—宁波—福州—深圳客运专线。

（2）“四横”客运专线，包括：徐州—郑州—兰州客运专线、杭州—南昌—长沙—贵阳—昆明客运专线、青岛—石家庄—太原客运专线、南京—武汉—重庆—成都客运专线。

（3）南昌—九江、柳州—南宁、绵阳—成都—乐山、哈尔滨—齐齐哈尔、哈尔滨—牡丹江、长春—吉林、沈阳—丹东等重要路段客运专线。

（4）九个区域城际客运系统：环渤海地区、长江三角洲地区、珠江三角洲地区、长（沙）株（洲）（湘）潭地区、成渝地区、以郑州为中心的中原城镇群、武汉城市圈、以济南和青岛为中心的关中城镇群、以福州为中心的海峡西岸城镇群等城际客运系统，覆盖区域内主要城镇。

按照我国铁路中长期发展规划，我国将铁路客运专线按经济社会发展需要和市场需求，分别定位为如下几类：

（1）时速 300 ~ 350 km 档次高速铁路（如“四纵四横”客运专线）。

（2）时速 200 ~ 250 km 以客为主兼顾货运（甚至是双层集装箱通路）档次（如甬福深、石太、宁合汉、昌莆等）。

（3）时速 200 ~ 250 km 城际轨道交通，如环渤海、长江三角洲、珠江三角洲地区的城际铁路，以及长吉、昌九等城际轨道交通。

（4）经过六次提速改造形成的提速线路。经过 1997—2007 十年间对既有铁路的提速改造，我国东、中部地区既有线已形成时速≤200 km 的线路。

以上线路构成了一张完整的快速客运铁路网，时速 200 ~ 250 km 动车组可上时速 300 ~ 350 km 的线路运行，时速≥120 km 客车可上时速 200 ~ 250 km 的线路运行。这样的旅客列车运行模式，可获得最高的运输效率和最大的运输效益。大量旅客列车跨线运行，是中国国情、路情、路网兼容性需要的，也正是中国铁路路网统一性的最大优势。

第四节　发展重载运输

一、铁路重载运输标准

铁路重载运输是指行驶列车总重大、行驶轴重大的货车或行车密度和运量特大的铁路运输。2005 年召开的国际重载运输年会上，对铁路重载运输作了最新定义。凡具备以下三个条件之二者，可视为铁路重载运输线路：

（1）经常、定期或准备开行总重最少为 8 000 t（以前为 5 000 t）的单元或组合列车。

（2）在长度至少为 150 km 的线路区段上，年计费货运量超过 4 000 万 t（以前为 2 000 万 t）。

（3）经常、定期或准备开行轴重 27 t（以前为 25 t）及以上的列车。

货运重载化是世界铁路发展的重要方向之一。铁路重载货物运输的主要特点是列车编组加长，重量加大，实现全程直达运输。通过采用大功率交流传动机车、大轴重和低自重货车、列车控制同步操纵等技术，使铁路运量大、成本低的优势更加凸显，大幅提高了铁路在中长距离、大宗货物运输市场的竞争力。自 20 世纪 60 年代以来，铁路重载货物运输在许多国家引起广泛重视。

我国疆域辽阔，东部工业发达、人口密集，而资源、能源都集中于中西部，这些客观因素决定了我国铁路大运量、长距离的运输特点。铁路货运量中，煤炭、石油约占 49%，钢铁、矿石约占 21%，矿建材料、木材、水泥约占 11%，粮食、化肥约占 6%，总量达 14 亿 t 以上，且货源稳定、流向集中。大宗货运为发展重载运输提供了可靠的货源基础。

我国铁路发展重载运输主要采用两个途径：一是对既有干线铁路进行配套改造，在既有主要繁忙干线上开行 5 000 t 级整列式重载列车；二是新建能力大、标准高的重载运输专线，如大同—秦皇岛双线电气化重载运煤专线。

二、铁路重载运输的组织形式

目前，国内外铁路开行的重载列车组织形式主要有组合式、单元式和整列式重载列车三种。

（一）组合式重载列车

组合式重载列车是由两列及以上同方向运行的普通货物列车首尾相接、合并组成的列车。这种重载运输方式始于 1964 年的苏联。

组合式重载列车既可作为线路大中修时封锁线路的应急措施，也可作为季节性货运量增长时的临时措施。作为常规运输方式，扩能效果较显著，在单线和双线铁路上均可采用。

组合列车有三种组合方法：① 在装车站组合的始发组合列车；② 在编组站组合的技术组合列车；③ 在技术站编成一列，在前方中间站再合并另一列的阶梯组合列车。单线区段上组织列车合并运行，应在起讫车站站外铺设复线插段，两列车的合并和分割在此复线插段上进行，并应将区段内少数中间站的一股到发线延长，以保证双方向的组合列车在车站上交会，或同方向的客运快车越行组合列车。一般车站不需延长站线，普通列车待避，组合列车通过就可以了。为不使延长站线的工程过大，线路坡度平缓时优越性更大。两列车合并运行，两个机车的操纵要协调配合，宜用无线电话或无线遥控解决，采用电力与内燃牵引时，同步操作更为方便。

开行组合列车的配套设施主要是待避站的分布、组合站与分解站的配置、同步操纵设备等，另外还需考虑组合列车对通过能力的影响。

（1）关于待避站的分布。繁忙双线客货列车对数多，特别是特快、直快旅客列车多，使组合列车的停站待避不可避免。组合列车待避就要设置待避站，其到发线有效长度要有一股加长一倍，一般由 850 m 延长为 1 700 m。待避站不宜设置过多，一个区段内一般宜设置 2 ~ 3 个，否则组合列车开行列数提高不显著，但却使投资增大。我国丰（台）沙（城）大（同）线与京秦（皇岛）线开行组合列车 10 对/d，全线长 600 多 km，有 12 个车站延长了股道，平均 50 多 km 有一个车站延长了股道。

（2）组合站与分解站的选定。繁忙双线的组合站可选在装车站、编组站或编组站的前方车站，分解站可选在卸车站、编组站或编组站的前后方车站。其到发线有效长度要有一股加长一倍。线路大，中修开行组合列车作为应急措施时，亦可在组合站和分解站的正线上进行组合和分解。组合列车的主机和中部机车在运行中，特别是在紧急制动时，应保证同步操纵。美国、加拿大等国都采用无线电遥控技术，加挂控制车，把主机的操纵变成电信号，通过控制车，控制辅机同步操纵，技术较先进。

（3）开行组合列车，应增加牵引变电站容量，加强轨道结构。

（4）组合列车的扣除系数一般在 1.15 ~ 1.50 之间，与追踪间隔时间有关，还受特快、直快旅客列车对数多少影响，追踪间隔时间为 10 min 时，扣除系数为 1.15 ~ 1.20；追踪间隔时间为 6 ~ 7 min 时，扣除系数约为 1.4 ~ 1.5。组合列车的开行对数，一般不宜超过 10 ~ 15 列/d，也与特快、直快旅客列车对数有关。

（二）单元式重载列车

单元式重载列车是以固定的机车车辆（大功率机车 + 一定编成辆数的同一类型的专用货车）组合成为一个运输单元，并以此作为运营计费单位，在装卸车站间循环直达运行的货物列车。这种重载运输方式运用范围广，经济效益显著。美国、加拿大、澳大利亚等国均采用此方式。我国大秦重载运煤专线上也有重载单元列车的开行。

单元列车可以大幅度增加铁路运力，提高运营效率，降低运输成本。适用于货流量大、运品单一、流向集中的铁路。除大同—秦皇岛线外，还有神木—黄华港线，大同—准格尔线都准备开行单元式重载列车。

单元列车采用固定车底，循环运转于某一固定径路上。两端车站要配备容量大、速度快的装卸设备，并采用适应卸车方法的车辆，可更好地加速车辆周转，提高运输效率。如在大型矿点铺设环行线，整列空车不分解，不停车，在装料漏斗下边徐行边装车，一般可保持每小时列车徐行 800 m，装料 7 000 t。有的卸车地点铺设环行线，采用底开门车辆在行进中卸车，如美国一个铁矿砂中转港接入一列 140 辆车的列车，只要 8 ~ 9 min 即可卸完。有的采用可翻转车钩的车辆，用翻车机卸车，每辆车的卸车时间仅为 15 s，甚至可缩短到 10 s。组织始发直达单元列车，运输效率大为提高。美国联合太平洋铁路在运距为 1 240 km 间运送煤炭，车辆周转时间可由混编列车的 16 ~ 20 d 缩短为 4 d。

单元式重载列车在固定径路上的专线上行驶，其运输组织和其他技术要协调配套。

在运输组织上，要处理好产、运、销之间的协调关系，加强装、运、卸三个环节和铁路本身点线之间的能力匹配，密切路矿、路港、路厂之间的协调。

（三）整列式重载列车

整列式重载列车是采用普通列车的组织方法，由挂于列车头部的大功率单机或多机牵引，由不同型式和载重的货车车辆混合编组，达到规定载重量标准的列车。在我国繁忙干线上开行的重载列车主要为这种模式。

整列式重载列车的到发、编组和装卸作业与普通货物列车完全一样，只不过列车重量有显著提高。列车由大功率的单机或双机牵引，在线路最大坡度和站线有效长度的可能条件下，最大限度地增大列车重量，在平原丘陵地区列车重量达到 5 000 t，山岳地区达到 3 000 t、4 000 t。它是大面积、大幅度提高繁忙干线输送能力的有效措施，是今后发展重载运输的主要形式。

整列式重载列车在编挂方式和行车组织上与普通货物列车相同，牵引吨数的制约因素仍是机车功率、车钩强度、制动能力以及线路的最大坡度和到发线有效长度。通常以机车计算牵引力和线路最大坡度所决定的牵引吨数为基础，并用其他制约因素加以检算，取最小的牵引吨数作为牵引定数。

电力、内燃机车目前一般都采用持续制牵引力计算牵引吨数，在持续大上坡道上不会发生电机过热问题；若采用小时制牵引力计算牵引吨数，则应对持续大上坡道上的机车电机温升进行检算。

多机牵引的超重列车，头部的机车数量受车钩强度的限制，因此超重列车就需要在中部与后部加挂补机，但因列车过长，主机与补机的操作不能很好地配合，故需采用无线电遥控。补机无人驾驶，由主机司机通过遥控盘将主机手柄位置变为无线电信号，借助遥控设备转换为补机的操作动作，从而使补机与主机同步操纵，避免断钩事故。同时减速与停车时，主机与补机能同时减压制动，也解决了长大列车制动主管过长、减压过程缓慢的问题。因此节省了补机乘务人员的开支，从而降低了运营支出。

开行重载列车尚需加强轨道结构，改铺重型钢轨。平交道口要尽量改建为立体交叉，京沪、京广、京沈等繁忙干线，正逐步将全部道口改建为立交。

随着重载列车牵引吨数的提高，站间距离有加长的趋势。目前大功率的电力机车、内燃机车，计算速度都较高，电力机车在 50 km/h 左右，内燃机车也在 25 km/h 以上，其技术速度会相应提高，可设置较长的站间距离。同时，站间距离较短时，重载列车停站减速与出站加速频繁，损失列车动能，增加能时消耗，既增加运营开支，也降低运输效率，加长站间距离是经济合理的。

三、重载运输对铁路技术装备的要求

铁路技术装备是发展重载运输的物质技术基础。世界各国铁路都在发展重载运输过程中，积极研究开发重载运输技术装备。

1. 重载运输对铁路工电设备的要求

- 重载运输对铁路工务设备的要求

为保证重载列车的安全运行，减少维修成本，必须强化重载线路和桥梁的承载能力，使其具有高度的耐久性、可靠性和平顺性。

- 重载运输对铁路供电设备的要求

根据重载运输的特点，重载运输要求发展完善电气化铁路。电气化铁路供电系统由“外网”（国家电力供电系统）和“内网”（牵引供电系统）两网组成。在外网供电能力充足的情况下，铁路部门要加强内网的改造，大幅度提高铁路供电设备供电能力。根据重载列车牵引重量标准、列车追踪间隔时分等对牵引供电的需求来设计变电所容量和供电臂长度，保持供电区间长度和行车区间大小的适配关系，便于运营和检修作业的配合。

2. 重载运输对铁路机务设备的要求

开行重载列车必须采用大功率的电力或内燃机车，牵引机车应采用电空制动方式、无线遥控同步运转的“locotrol”系统等技术方法及技术设备，同时还应具有能牵引或顶送重载列车的调车机车。

3. 重载运输对铁路车辆设备的要求

重载货车通常采用载重量大、强度高、自重系数小的大型四轴货车。货车车体大量采用耐腐蚀的钢结构和铝合金材料，高强度、低自重、浴盆式车体，低动力作用的转向架或径向转向架，装备新型的空气制动装置、高强度车钩和大容量高性能缓冲器。

（1）提高车辆轴重。国际重载协会于 1994 年把重载货车的轴重标准从 21 t 提高到了 25 t，有的国家已将货车轴重提高到 25 t，有的高达 35 t。更大轴重的货车经济性和适用性也在进一步研究之中。

（2）降低车辆自重。这是提高货车净载重的有效措施，主要是通过采用耐火钢、低合金钢及铝合金等轻型高强度的车体结构材料，以及采取改进车体承载型式和优化结构设计的手段来实现。

（3）降低货车动力作用。可通过车辆结构合理优化来实现。如采用铰接式转向架、自导向径向转向架、无间隙牵引杆新型结构设计、车体外形采用流线型设计、缩短车长等。

（4）提高车钩强度和缓冲器容量。加强货车车钩强度，从车钩材质的选取、结构的优化等方面提高车钩强度，从行车安全角度考虑，改善车钩纵向力，提高缓冲器的容量。

4. 重载运输对列车制动系统的要求

铁路重载货物列车要求其制动系统更高，世界各国都在进行技术研发和创新。随着微机控制技术的发展和应用，美国、德国、日本等国都研制了用于货物列车的电空制动装置。我国重载铁路目前已引进 ECP 重载列车电控空气制动系统并进行试验，动车组（客车）就采用电空制动装置。

5. 重载运输对铁路站场改造的要求

为保证重载列车正常的接发、通过、办理相关技术作业，重载运输相关车站的站场配置和线路有效长度应能满足列车牵引长度的要求，能保证重载列车的停靠和作业。如整列式重载列车的到、发、解、编和途中越行及技检作业；组合式重载列车的合并、分解和途中越行及技检作业；单元式重载列车的到发和装卸作业等。

第八章　既有线改建与增建复线设计

第一节　既有线改建设计

既有线的线路改建，包括平面、纵断面和横断面改建。

线路改建往往与其他加强措施，如更换牵引种类、延长到发线有效长度、加设车站等同时研究。第二线设计也是在既有线改建的基础上进行的。

既有线的改建设计，通常划分为初步设计和施工图设计两个阶段。既有线的改建设计，应符合《技规》和《线规》的基本要求和有关标准。但因既有线的标准往往较低，需要改建；而改建施工时，必须保证正常运营和行车安全，导致施工条件复杂，造价增高。为了节约资金应尽量利用既有建筑物与设备，允许改建设计的标准较新建铁路的设计标准降低。既有线改建设计是在完善的勘测资料基础上进行的，应做好如下工作：

（1）收集经济技术资料。首先进行经济调查，并了解既有线的运营情况，取得客货运量与行车组织等经济和技术资料，以研究提高铁路能力的措施，提出分期加强的方案。

（2）进行工程地质勘测。查明控制线路的不良地质及重点工程的地质条件，提出选定线路改建或绕行方案的意见（修建第二线时，还应包括第二线左右侧位置的意见）；提供桥、隧、路基各类工程设计所需的工程地质资料，以及砂、石等建筑材料的资料。

（3）线路测绘和调查。包括平面测绘、纵断面测量、横断面测绘、地形测绘和各种调查，这些是确定线路设计标准、研究线路改建方案和进行平纵面设计的基础。

（4）既有个体工程调查。对桥梁、涵洞、隧道、路基的设计、施工和使用情况，进行细致调查，以确定其利用、加固或改建的原则，并收集设计所需的资料；修建第二线时，还要收集第二线桥隧的边侧和要求线间距的资料。

（5）施工组织和概算资料的调查。以调查资料为依据编制概算，并在方案经济比较中计算工程费。

（6）收集有关图纸资料。

各项勘测调查的明细要求，可参看各设计院编写的勘测细则。

一、纵断面改建设计

（一）改建原因

既有线在运营过程中，个别路段的路基会因沉陷、冻害而变形，在经常维修过程中，由于更换道砟，起道，落道，也要引起轨面高程的改变。所以既有线轨面的纵断面多与原设计不同，而原设计标准又多偏低，不符合现行《线规》标准；延长站线而需加长站坪长度时，引起站坪两端纵断面的改建；削减超限坡度时，需要抬高或降低路基高程；线路受洪水威胁地段，则需加高路基。这一切都要引起线路纵断面的改建。

设计既有线纵断面时，应根据既有线轨面高程抬高或降低的大小，对施工中干扰正常运营的程度以及工程费用的多少等，进行技术经济比较，分别采用道砟起道、渗水土壤起道和抬降路基面的方法来完成。

（二）一般规定

1. 最大坡度与坡度差

（1）改建既有线时，对局部超过限制坡度的地段，若降坡将引起困难工程，且运营实践和牵引计算检算证明列车可以利用动能以不低于机车计算速度通过的坡度，可予以保留，但既有线为双线时，不应妨碍自动闭塞的采用。

（2）改建既有线的最大坡度地段，若按规定进行曲线和隧道折减将引起巨大工程时，可以保留原标准。

（3）改建既有线如有充分技术经济依据时，其相邻坡段的坡度差可保留原数值。

2. 坡段长度

改建既有线的坡段长度，当设计速度小于等于 160 km/h 的路段，在困难条件下可采用 200 m；设计速度为 200 km/h 的路段，最小坡段长度一般不宜小于 600 m，困难条件下不应小于 400 m，且连续使用时不得超过两个。

3. 竖曲线

（1）设计速度大于或等于 160 km/h 的路段，坡度代数差大于 1‰时，须设置圆曲线型竖曲线，且竖曲线最小长度不宜小于 25 m。竖曲线半径不得小于 15 000 m。

（2）设计时速不大于 160 km/h 的路段，如既有线相邻坡段采用抛物线型竖曲线连接时，在其顶点的曲率半径不小于新线规定标准的条件下，可保留原有连接方式。抛物线型竖曲线系由一定变坡率γ（‰）的 20 m 连续坡段组成，其线型与圆曲线接近，顶部的相应竖曲线半径 R_{SH} 为

$$R_{SH}=\frac{20\,000}{\gamma}\ (\text{m}) \tag{8-1}$$

例如，$\gamma=2$ ‰ 时，$R_{SH}=10\,000$ m；$\gamma=4$ ‰ 时，$R_{SH}=5\,000$ m。

改建既有线时，困难条件下，竖曲线的位置可不受缓和曲线位置的限制。旅客列车设计行车速度小于或等于 100 km/h 的地段，若改造竖曲线与道岔重叠处，引起困难工程，且竖曲线半径不小于 10 000 m 者，可予保留。

4. 纵断面高程基准

改建既有线纵断面设计，以轨面高程为准。轨面高程由线路纵断面测量测出。线路纵断面测量包括水准基点、百米标和加标的高程测量。百米标与加标的高程为既有线轨面高程：在直线路段为左侧钢轨的轨面高程；在曲线路段为内轨的轨面高程。

5. 施工方法的限制

改建纵断面的设计方案应与施工方法相结合。一般情况下，起道高度小于 50 cm 时，用道砟起道；起道高度为 50 ~ 100 cm 时，用渗水土壤起道；起道高度大于 100 cm 或落道后道床厚度小于于规定标准时，用抬降路基面来完成。

6. 对轨面高程的要求

设计中，为了方便施工及减轻对运营的干扰，一般不采用挖切路基的办法来降低轨面高程，仅在受建筑限界与结构物构造控制，以及为消除路基病害的路段方可采用。设计中，一般亦不宜降低既有线轨面高程，以免挖切道床影响正常运营；仅在个别路段，为避免改建桥隧建筑物，避免挖切路基，或为了减少线路改建工程，才允许挖切道床以降低轨面高程。道床厚度仅允许较规定标准减薄 5 cm，但最小道床厚度不得小于 25 cm。

（三）放大纵断面图

1. 放大纵断面图图式

既有线纵断面的改建设计，要求细致准确，以保证尽可能利用既有建筑物，减少改建工程，设计时应采用放大纵断面图。放大纵断面图的比例尺是：距离为 1∶10 000、高程为 1∶100（或 1∶200），以便细致地研究既有轨面高程的升降，将纵断面设计得更加经济合理。

放大纵断面图（见图 8-1）的下半部为纵断面设计的资料和数据。图中自下而上包括下

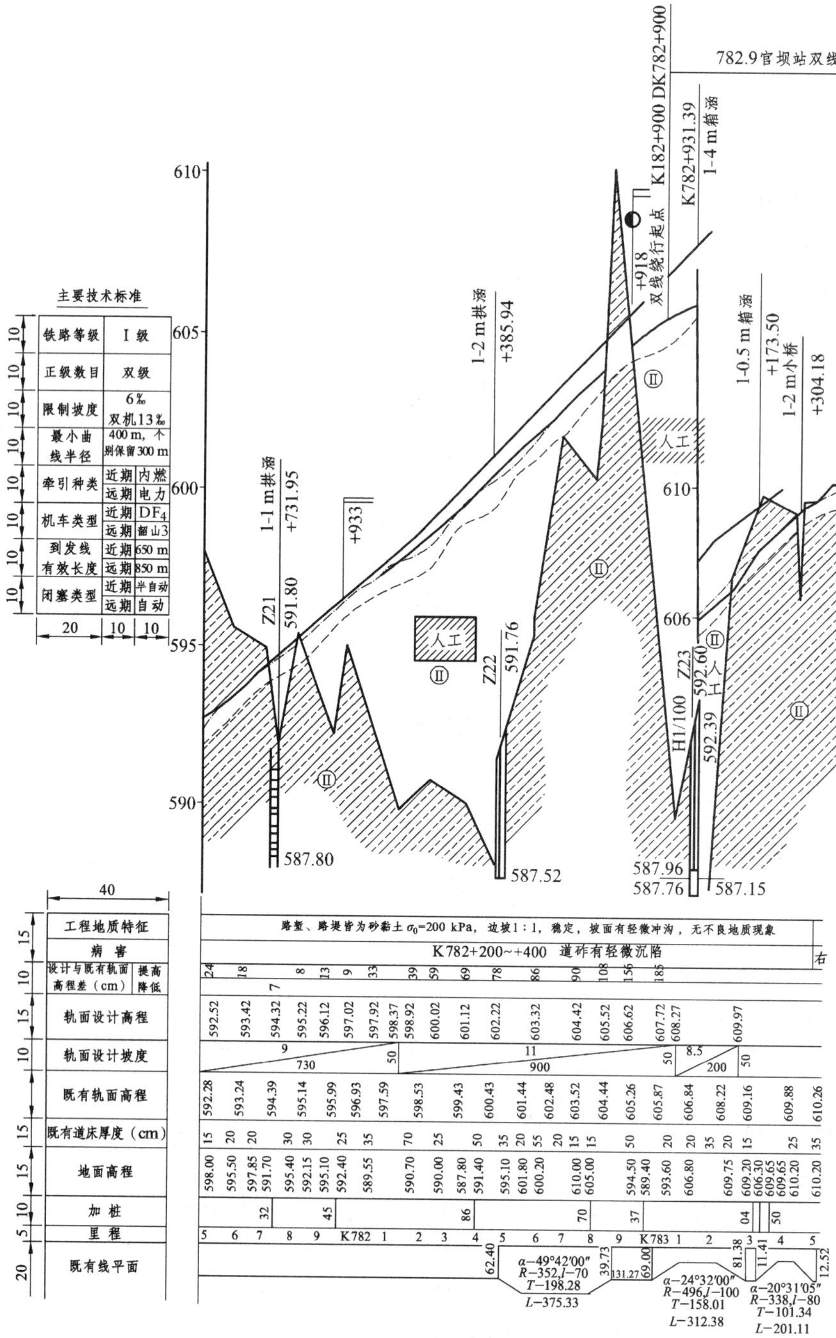

图 8-1 放大纵断面图

列各栏：既有线平面，百米标与加标；地面高程，既有道床厚度，既有轨面高程，轨面设计坡度，轨面设计高程，既有轨面高程抬降值，路基病害路段，工程地质特征。

放大纵断面图的上半部为线路纵断面图。应绘出地面线，既有道床底面线，既有轨面线，计算轨面线，设计轨面线；并应注明建筑物的特征，如车站，道口的中心里程，隧道洞门位置里程与长度，以及桥涵类型、孔径、中心里程与设计洪水位高程等。

2. 放大纵断面图的设计方法

既有线的纵断面设计，是先在放大纵断面图上设计轨面坡度，然后汇总各项设计资料绘制详细断面图。放大纵断面图的设计方法及步骤如下：

（1）根据外业勘查资料，填写既有线平面、百米标与加标、地面高程、既有道床厚度及既有轨面高程各栏数据，并标明路基病害路段与工程地质特征。

地面高程一般按线路前进方向左侧的路堑坡顶或路堤坡脚点的高程填写；增建二线时按靠第二线一侧既有线路堑坡顶或路堤坡脚点的高程填写；桥涵处按实际的河底或沟底高程填写；隧道处按地形图高程填写。

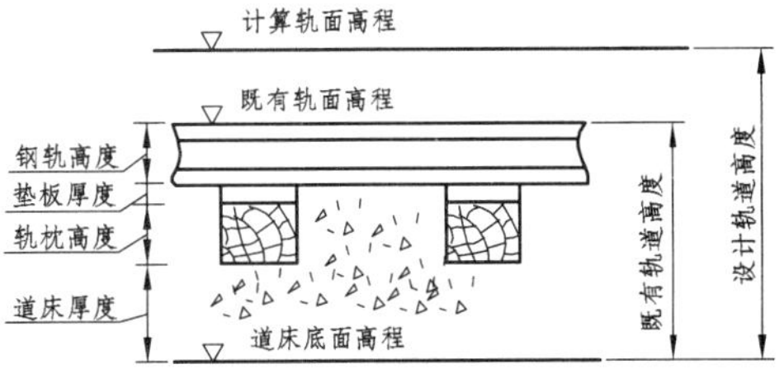

图 8-2　轨道高度示意图

（2）道床底面高程与计算轨面高程的计算，如图 8-2 所示。

道床底面高程 = 既有轨面高程 − 既有轨道高度

计算轨面高程 = 道床底面高程 + 设计轨道高度（包括钢轨高度，垫板厚度，轨枕高度与道床厚度）

（3）根据地面高程绘出地面线，根据既有轨面高程绘出既有轨面线，根据道床底面高程绘出道床底面线，根据计算轨面高程绘出计算轨面线。标明车站、道口的中心里程，隧道洞门里程与长度，以及桥涵类型、孔径与其中心里程。

（4）由桥梁、隧道与车站咽喉拉坡，按其所要求的设计高程，在放大纵断面图上初步绘出设计轨面线。设计轨面线应符合设计标准，并使其尽量接近但不低于既有轨面线与计算轨面线。低于既有轨面线，则施工时要减薄既有道床厚度，影响运营；低于计算轨面高程，则道床厚度要低于设计标准，轨道强度减低。若设计轨面线高出计算轨面线过多，则要垫铺过多的道砟，引起浪费。

个别路段有特殊需要，允许设计轨面线略低于计算轨面线，但其高程差不应大于 5 cm，以保证轨道的必要强度。若既有道床厚度远较设计道床厚度大，为了保证设计纵断面的平顺，亦可使设计轨面线低于既有轨面线，但在施工中要减薄道床，对正常运营有一定影响。

（5）根据初步绘出的设计轨面线，定出轨面设计坡度，坡度应取为 0.1‰的倍数；坡段长度通常采用 10 m 的倍数。

根据轨面设计坡度，标出各百米标与加标的设计轨面高程，高程准确至厘米。

变坡点的坡度代数差$\Delta i > 3‰$时，应设置竖曲线。竖曲线的要素（竖曲线半径 R_{SH}，竖曲线切线 T_{SH}，由于设置竖曲线使变坡点轨面升高或降低的数值 y）与设置竖曲线后的设计轨面高程 H，应填写在变坡点竖直线的两侧。

在改建路段的起点和终点处，应注意高程的衔接。

（6）最后，计算既有轨面高程抬高或降低的数值，即设计轨面高程与既有轨面高程的差数。设有竖曲线的变坡点，应按设置竖曲线后的设计轨面高程来计算抬高或降低值。

（四）改建既有线纵断面设计注意事项

1. 桥　涵

在有道砟桥梁上，一般应按计算轨面高程来设计纵断面。通常情况下，不允许落低既有轨面高程，以避免降低墩台顶面高，施工困难。必要时可用道砟起道的方法，提高轨面高程，这时，往往需要加高梁的边墙，以免道砟溢出。轨面抬高值，一般限制在 10 ~ 15 cm，以免加厚道砟后影响桥梁的应力与稳定性。当抬高值较大时，需加高墩台顶面高程，施工比较困难；加高墩台顶面高程时，当加高值在 0.4 m 以内时，一般可不进行检算，大于 0.4 m 时应进行检算。

在明桥面桥梁上，轨面高程的变动，必将引起抬降墩台顶面高程等困难工程，因此，应根据既有轨面高程设计纵断面。

在涵洞处，允许适当抬高或降低既有轨面高程。但抬高值过大时，往往需要改建涵洞的端墙与翼墙，甚至将涵洞接长；若需大量降低既有轨面高程并挖低路基时，则应保证涵洞顶到道床底面的最小填土高度。

2. 隧　道

在隧道内，当需要提高隧道净空，或削减隧道内的坡度时，一般采用落道方法，以免破坏现有隧道的拱圈；但降低值以不大于 0.4 m 为宜，以保护隧道边墙的基础。

3. 车站站坪

车站站坪范围内正线线路的纵断面，一般不宜过多的抬高或降低，以免引起站内建筑物如车站站线、咽喉区、站台、天桥、信号与给水设备等的改建。

当减缓站坪坡度、延长站坪长度、增设车站、或者削减限制坡度引起站坪纵断面的改建时，应全面考虑，使整个改建工程量减至最小。

当车站正线要抬高或降低时，可用车站站线作为施工时的临时通车线路。

4. 路　基

纵断面改建，将引起设计路肩高程变化。低洼地段与桥涵两侧的路肩高程，应高于百年周期洪水位加壅水高与波浪冲高的 0.5 m。但据此设计，往往要抬高桥梁加高路堤，引起大量改建工程。当经过充分论证后，可以用调查的历史最高洪水位，作为确定桥下净空和路肩高度的依据，以避免大量改建工程，历史上未发生水害的路段，不一定按百年周期的洪水进行改建。

在挡土墙、护坡路段，抬道时应考虑加宽路基后，不使其填土坡脚盖过挡土墙或护坡。必要时，可用干砌片石加陡边坡。

路基病害路段，如砂害、雪害，以及因毛细水上升引起的冻害或翻浆冒泥，均可考虑结合抬道来整治病害。

路基基床土质不良及道床排水不畅，引起道砟陷囊，一般可考虑结合落道来整治病害。

路堑路段落道时，应考虑施工时扩大路堑对行车的干扰，特别是石质路堑，需要放炮，干扰更为严重。此外尚应考虑路堑边坡的稳定与地下水位的高低。如设计的路肩高程低于地下水位，还应考虑降低地下水位的措施。

路堤段抬道时，应考虑加宽路基对路基稳定的影响，特别是高路堤路段，更应注意。

二、平面改建设计

（一）平面测绘与曲线改建方式

1. 平面测绘

平面测绘包括下列工作：

1）里程丈量

里程丈量应全线贯通，并与既有桥、隧、车站等建筑物里程核对。直线路段可沿左轨轨面丈量，曲线路段应按线路中心丈量。丈量分两组进行，两组丈量较差，不得大于 1/2 000。

直线路段每 100 m 设百米标；曲线路段每 20 m 设加标。车站中心、桥涵中心、桥台胸墙与后缘、隧道进出口、路基防护与加固工程起讫点、道口中心、路堤与路堑的最高最低点，以及地形突出变化点等处，都应设置加标，加标应记在专用记录本上。百米标与加标的记号和里程，应标记在左侧钢轨的外腰部。

2）设置外移桩

从勘测到施工总要间隔一段时间。在此期间内，既有线经过运营或维修，不免要发生错动，所以全线应设置与既有线平行的中线外移桩，作为控制既有线中心线的依据。

外移桩在直线段，按垂直于线路中心线的方向设置，一般设于线路前进方向的左侧；修建第二线时，设于第二线一侧。每个直线段的外移桩不应少于 2 个或 3 个，长直线路段每 400 ~ 500 m 设置一个。曲线路段按曲线的法线方向设置；曲线测量的置镜点处，应设置外移桩。

外移距离，一般为 2.50 ~ 3.00 m，位于道砟坡脚处；同一直线段上各外移桩的外移距离应力求相等。

3）线路调绘

对线路两侧 20 ~ 30 m 以内的建筑物，如路堤、路堑的分界点，各类轨道、桥梁、隧道、挡墙、护坡、路基防护工程的起讫里程和建筑物类型、线路标志、平立交道、通讯线、电力线、信号机，以及其他影响线路改建的地物，按线路里程及其距离线路中心的距离，进行调绘，记在记录本中，作为进行线路平、纵断面改建设计的依据。

4）曲线测量

既有曲线经过运营和维修，必然产生错动。测量的目的就是要测出既有曲线的几何形状，以判定其转角大小、曲线半径和缓和曲线长度，以便在此基础上，设计新的曲线半径和缓和曲线，并计算既有曲线拨正到设计曲线的拨动量。

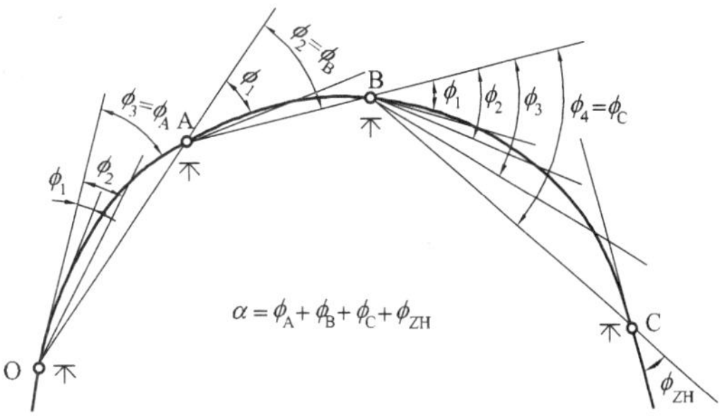

图 8-3　既有曲线测量

测量既有曲线，可采用偏角法或坐标法。

用偏角法测量既有曲线，如图 8-3 所示。在第一测段，要测出每个 20 m 测点的偏角，即切线方向与置镜点到各测点弦线间的夹角；移动置镜点后的各个测段，要测出置镜点间弦线与置镜点到每个 20 m 测点弦线间的夹角；最后一个置镜点，要测出置镜点间弦线与切线方向的夹角 ϕ_{ZH}。若各个置镜点处的夹角用 ϕ_A，ϕ_B，ϕ_C，…，ϕ_{ZH} 表示，则既有曲线的转角 α 等于上述各角的总和，即

$$\alpha=\phi_A+\phi_B+\phi_C+\cdots+\phi_{ZH}$$

第一个与最后一个置镜点，应设在曲线范围之外，在直缓点（ZH）与缓直点（HZ）外侧 0 ~ 60 m 的 20 m 测点上；第二个与倒数第二个置镜点，最好在缓圆点（HY）与圆缓点（YH）附近的 20 m 测点上。其余置镜点应保证通视与观测清晰，置镜点间距离一般不宜长于 200 ~ 300 m。

置镜点间的偏角，应正、倒镜各观测一次，其较差在 40′ 以内时，取平均值。曲线上有桥梁等控制既有线拨距的建筑物时，应将其中心点或起讫点（加标点）的偏角测出。

曲线测量通常沿外轨进行，也有沿线路中心线进行的；行车繁忙的线路上，为安全起见，也可在外移桩上进行。

2. 曲线改建方式

既有线的平面改建，主要是曲线及其毗邻路段的改建。应根据不同的改建原因采用相应的改建方式。

（1）线路整正：在运营过程中，一方面由于机车车辆的车轮冲撞钢轨，使曲线产生错动；另一方面由于维修时对线路拨动，使曲线偏离设计位置。改建时，需要将既有曲线拨正到设计位置，如图 8-4（a）所示。

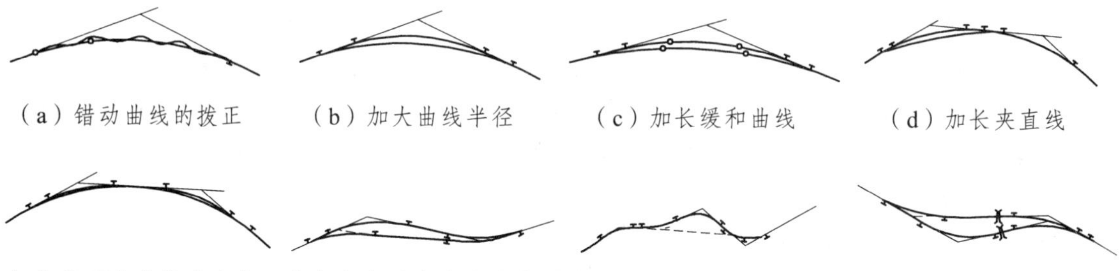

（a）错动曲线的拨正　（b）加大曲线半径　（c）加长缓和曲线　（d）加长夹直线

（e）将两个曲线改建为一个曲线　（f）加长反向曲线的夹直线　（g）取直线路的平面改建线　（h）桥址改移引起线路改建

图 8-4　平面改建示意图

（2）提高线路标准：因铁路运量日增，行车速度日高，改建线路的设计标准也要相应提高。如既有曲线半径需要加大，缓和曲线需要加长，夹直线长度需要加长，都会引起线路的改建。图 8-4（b），（c），（d）分别为加大曲线半径、加长缓和曲线和加长夹直线的三种图式；图 8-4（e）为同向曲线间夹直线长度不够而改建为一个曲线的图式；图 8-4（f）为反向曲线间夹直线长度不够，而用移动中间切线的办法以加长夹直线的图式。

（3）线路裁弯取直改建：某段线路标准过低或绕弯过甚，改建时往往裁弯取直，另修一段新线，如图 8-4（g）所示。线路上个别桥隧建筑物位置的改移，将引起附近线路的改建，如图 8-4（h）所示。

3. 平面改建的技术条件

1）曲线半径

既有线改建时，最小曲线半径应根据客货列车速度，结合既有线特征和工程条件比选确定。设计时速为 200 km/h 的改建地段，最小曲线半径一般为 3 500 m，困难条件下为 2 800 m；既有线保留地段半径 2 500 m 的曲线通过速度可为 200 km/h。设计时速不大于 160 km/h 的路段，困难条件下，按新线标准改建将引起巨大工程的小半径曲线，可经技术经济比选确定改建方案。

既有线的旅客列车最高速度应根据既有线的运输需求、地形和运营条件以及改建的难易，慎重确定路段设计速度。最小曲线半径不宜限制旅客列车速度。

在旅客列车速度不高的路段，如需要停车的大站两端，凸形纵断面的坡顶，连续陡坡路段（上坡速度受机车牵引力控制，下坡速度受制动条件限制）等，其曲线半径可小于规定的最小曲线半径。

限制速度的曲线半径，如改建特别困难或有充分依据时亦可保留原有曲线半径不予改建，而规定限速运行。

既有线的少量小半径曲线，如改建后能显著提高区间的行车速度，且工程不大时，或者改建后能缩短控制区间走行时分，提高全区段的通过能力时，改建这些曲线是必要的。

电力机车在小半径曲线上的横向推力很大。当 $R = 300 \sim 350$ m 时，会使钢轨磨耗和破损加剧、轨距扩大、轨距拉杆拉断、线路横移，坡度陡峻时因轨道爬行而更为严重。所以既有线电化时，最小曲线半径不宜小于 300 ~ 350 m。

2）复曲线

改建既有线，在困难条件下，为减少改建工程，可保留原有的复曲线。

保留复曲线时，应根据两个圆曲线的曲率差是否大于临界值 K，来决定是否设置中间缓和曲线

$$K = \frac{3.6L(b + 0.5f)}{11.8V_{\mathrm{m}}^3}$$

式中 L —— 车体长度（m），一般客车取 24 m；

b —— 欠超高时变率（mm/s），一般取 45 mm/s，困难条件下取 52.5 mm/s；

f —— 超高时变率（mm/s），一般取 32 mm/s，困难条件下取 36 mm/s；特殊困难条件下取 40 mm/s。

（1）当 $\left|\frac{1}{R_1} - \frac{1}{R_2}\right| \leqslant K$，可不设中间缓和曲线。此时，复曲线两端的缓和曲线长度，理论上应保证两个单曲线具有相同的内移距离，即 $p_1 = p_2$，或 $\frac{l_1^2}{24R_1} = \frac{l_2^2}{24R_2}$，故

$$\left.\begin{aligned} l_1 &= \sqrt{\frac{R_1}{R_2}} \times l_2 \quad (\mathrm{m}) \\ l_2 &= \sqrt{\frac{R_2}{R_1}} \times l_1 \quad (\mathrm{m}) \end{aligned}\right\} \tag{8-2}$$

设计时，可先选取一个缓和曲线长度，再用上式推算另一个缓和曲线长度。

（2）当 $\left|\frac{1}{R_1} - \frac{1}{R_2}\right| > K$，要设置中间缓和曲线。复曲线两端和中间缓和曲线，理论上应具有相同的缓和曲线半径变更率 C，即 $C = R_1 l_1 = R_2 l_2$。设计时，可先选定一个缓和曲线长度，然后按下式计算另一个中间缓和曲线长度

$$l_2 = \frac{R_1 \times l_1}{R_2},\quad l_1 = \frac{R_2 \times l_2}{R_1} \quad (\mathrm{m}) \tag{8-3}$$

$$l_Z = | l_1 - l_2 | \quad (m) \tag{8-4}$$

式中 l_Z——中间缓和曲线长度。

中间缓和曲线的长度应满足超高顺坡的要求，并根据计算确定。特殊情况下，可保留原复曲线。

3）缓和曲线与夹直线

缓和曲线长度若采用新线标准改建工程较大时，可采用较短的缓和曲线长度。其长度应按实设曲线超高和规定的超高顺坡率计算确定（见表 8-1）。

$$l_0 = \frac{h}{i} \tag{8-5}$$

式中，h 为外轨超高。曲线不限速时，$h = \frac{11.8V_{JF}^2}{R}$（mm）（$V_{JF}$ 为该路段均方根速度，单位：km/h）。

表 8-1　改建既有线和增建第二线的并行地段最大超高顺坡率

路段旅客列车设计速度（km/h）		160	140	120	100	80
最大超高顺坡率（‰）	一般地段	1/（10V）		1/（9V）		
	困难地段	1/（8V）		1/（7V）		

注：当按规定计算后的最大超高顺坡率大于 2‰时，采用 2‰，V 为路段设计速度，单位为 km/h。

曲线限速时，取最大超高值 150 mm，既有曲线受线路条件和建筑物限制，改建困难时，同一曲线的两端可采用长度不同的缓和曲线。

设计时速 200 km/h 改建地段，夹直线及圆曲线最小长度为 $0.7V_{max}$，困难条件下为 $0.5V_{max}$；既有线保留地段，困难条件下可为 $0.4V_{max}$。

设计时速不大于 160 km/h 的地段，既有曲线改变缓和曲线长度后，圆曲线和夹值线应满足新建铁路的设计标准。特殊困难条件下，对旅客列车设计行车速度小于 100 km/h 的地段有充分技术经济依据时，圆曲线长度和夹直线长度可不受新线标准限制，但不得小于 25 m。

4. 曲线改建的测设方法

改建线路的测设，可根据具体情况采用下述两种方法：

① 当既有线与改建线线间距离较大时，改建线可采用新线方法直接测设；

② 曲线及其毗邻路段的改建，通常是将既有线拨动到设计位置，设计时需要算出既有线每个测点拨动到设计位置的拨动量。

计算拨动量的方法较多，经常的维修与中修，一般采用绳正法；大修与改建，则利用渐伸线原理计算拨动量，本书主要介绍这种方法。

（二）既有曲线拨距计算

1. 渐伸线原理

1）渐伸线的线型

渐伸线的几何意义，可用图 8-5 说明。

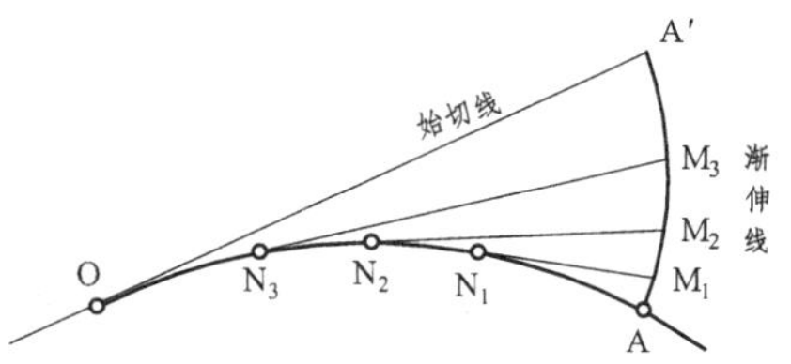

图 8-5　渐伸线

曲线 OA 表示任一曲线，将一条没有伸缩性的细线，一端固定于 O 点，把细线拉紧使其密贴于曲线 OA 上，然后把细线另一端点 A 自曲线 OA 拉开，使拉开的直线随时保持与曲线 OA 相切，A 点的移动轨迹为 $AM_1M_2M_3\cdots A'$，即为曲线 OA 之端点 A 的渐伸线。

渐伸线与 O 点的始切线相交于 A′点，AA′线段的长度就是 A 点对始切线 OA′的渐伸长度。

渐伸线的基本特性如下：

① 渐伸线上某一点（M_3）的法线（M_3N_3）是曲线 OA 相应点（N_3）的切线；

② 渐伸线的曲率半径是渐变的，渐伸线上某一点（M_3）的曲率半径，是该点法线与曲线 OA 相应切点（N_3）的长度（M_3N_3）；

③ 渐伸线某两点（M_3, M_2）间曲率半径的增量（$M_3N_3-M_2N_2$）等于曲线 OA 相应点（N_3，N_2）间弧长的增量（N_3N_2）。

2）计算渐伸线长度的公式

（1）渐伸线长度 E 为 OA 曲线的中心角 α（rad）在其对应弧段上的定积分（见图 8-6）。

渐伸线的曲率是逐渐变化的。当 $\Delta\alpha$ 极小时，ΔE 可视为圆弧长，当 x_2 点无限接近 x_1 点时，Δl，ΔE 的曲率半径为 ρ，则

$$\Delta E=\rho\times\Delta\alpha=(l_A-l)\Delta\alpha$$

$$E_A=AA'=\int_0^{\alpha_A}(l_A-l)\mathrm{d}\alpha=\int_0^{\alpha_A}l_A\mathrm{d}\alpha-\int_0^{\alpha_A}l\mathrm{d}\alpha=l_A\alpha_A-\int_0^{\alpha_A}l\mathrm{d}\alpha \tag{8-6}$$

因 l 为 α 的函数，对上式第二项进行分部积分，得

$$E_A=l_A\alpha_A-\left(l_A\alpha_A-\int_0^{l_A}\alpha\,\mathrm{d}l\right)=\int_0^{l_A}\alpha\,\mathrm{d}l$$

（2）OA 曲线的中心角 α_A（rad）为 OA 曲线曲率 K 在其对应弧段上的定积分（见图 8-7）。

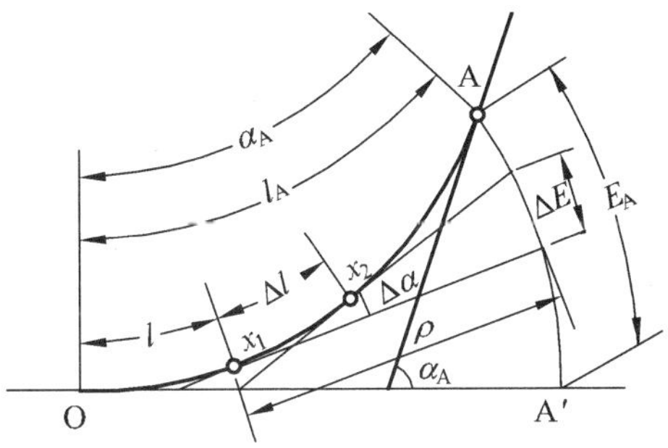

图 8-6 渐伸线长度与中心角的关系

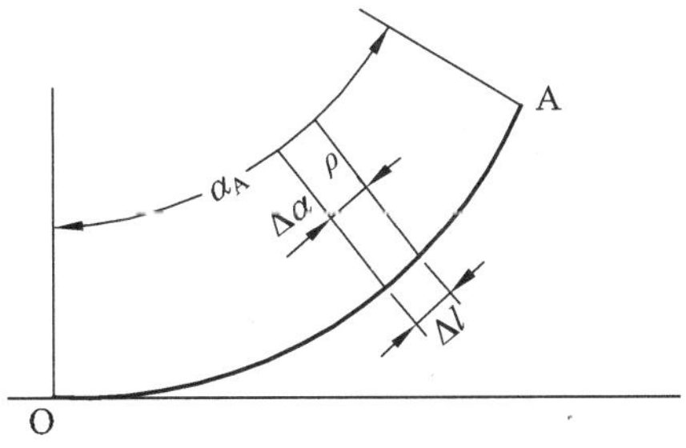

图 8-7 中心角与曲率的关系

$$\Delta l=R\times\Delta\alpha \qquad （R 为 OA 曲线计算点的半径）$$

$$\Delta\alpha=\frac{1}{R}\times\Delta l=K\times\Delta l \quad （K 为 OA 曲线计算点的曲率，K=1/R）$$

$$\alpha_A=\int_0^{l_A}K\mathrm{d}l \tag{8-7}$$

（3）圆曲线与三次抛物线型缓和曲线的曲率。

令 OA 曲线表示曲线路段的轨道中心线，则 OA 曲线由缓和曲线和圆曲线构成。圆曲线的曲率 K 为常数，$K=1/R$。缓和曲线的曲率 K 为变量，随计算点距 ZH（或 HZ）点的长度 l 而变化，$K=1/C$，$C=Rl_0$。C 为缓和曲线的半径变更率，R 为圆曲线半径，l_0 为缓和曲线长度。

（4）渐伸线长度计算式。

根据圆曲线和缓和曲线的曲率 K，按照公式（8-6）、公式（8-7）可推导出圆曲线和缓和曲线的渐伸线长度计算公式，如表 8-2 所示。

表 8-2　计算渐伸线长度的有关公式

物理意义		计算通式	内切圆曲线的计算式	缓和曲线的计算式
1	曲率 K	K	$K=\dfrac{1}{R}$	$K=\dfrac{1}{C}$
2	中心角 α（rad）为曲率 K 的定积分	$\alpha=\int_0^l K\mathrm{d}l$	$\alpha=\dfrac{L}{R}$	$\alpha=\dfrac{l^2}{2C}$
3	渐伸线长度 E 为中心角 α（rad）的定积分	$E=\int_0^l \alpha\,\mathrm{d}l$	$E=\dfrac{L^2}{2R}$	$E=\dfrac{l^3}{6C}$
符号意义		l——曲线长 K——曲率 α——中心角（rad） E——渐伸线长	R——圆曲线半径 L——计算点的圆曲线长	C——缓和曲线半径变更率，$C=Rl_0$ l_0——缓和曲线全长 l——计算点的缓和曲线长

（5）渐伸线长度的实用计算公式。

综合分析各段曲线的曲线特性，圆曲线两端加设缓和曲线，其渐伸线长度的实用计算式如表 8-3 所列。

表 8-3　渐伸线长度的实用计算式

测点范围	渐伸线长度计算式	符号意义
ZH—HY	$E=\dfrac{l^3}{6Rl_0}$	l＝测点里程－ZH 里程
HY—YH	$E=\dfrac{L^2}{2R}+p$	L＝测点里程－ZY 里程
YH—HZ	$E=\dfrac{L^2}{2R}+p-\dfrac{l^3}{6Rl_0}$	L＝测点里程－ZY 里程 l＝测点里程－YH 里程
HZ 以后	$E=X\cdot\alpha$	X＝测点里程－QZ 里程
其中，R——曲线半径（m），l_0——缓和曲线长（m），α——转角（rad），$p=\dfrac{l_0^2}{24R}$		

3）拨距的大小和方向

如图 8-8 所示，曲线拨正就是把既有曲线上各个 20 m 测点，如 b_1 和 b_2 拨正到设计曲线的 b_1'，b_2' 点上。其拨动距离分别为 b_1b_1' 和 b_2b_2'，也就是设计曲线渐伸线长 a_1b_1' 或 a_2b_2' 与既有曲线渐伸线长 a_1b_1，a_2b_2 之差。

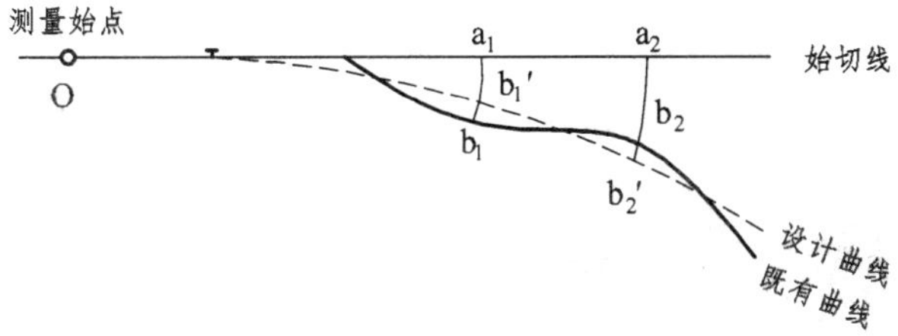

图 8-8　曲线拨正

b_1点的拨动距离 $b_1b_1' = a_1b_1' - a_1b_1$

b_2点的拨动距离 $b_2b_2' = a_2b_2' - a_2b_2$

所以　拨动距离 = 设计曲线的渐伸线长 − 既有曲线的渐伸线长

即　$$\varDelta = E_S - E_J$$

$\varDelta$= +值，如 b_2b_2'，表示向圆心方向拨动（曲线内压）；

$\varDelta$= −值，如 b_1b_1'，表示向切线方向拨动（曲线外挑）。

严格来说，拨动方向是沿着渐伸线方向拨动的。但是因为拨动量很小，在既有曲线附近很小的范围内，完全可以认为渐伸线方向与既有曲线的法线方向重合。所以，实际工作中，既有曲线拨正系沿法线方向拨动。

拨距计算时，假定曲线拨动前后曲线长度不改变。当然对某一测点来说，当测点外挑时线路增长，当测点内压时线路缩短。但是同一曲线内，有的测点外挑，有的测点内压，而且每个测点拨动量都不会很大。所以假定曲线拨动前后长度不变，是可以满足拨距计算的精度要求的。

拨距计算中，都是用 20 m 弦长来代替其所对的曲线长。因为曲线半径对 20 m 短弦来说要大得多，所以 20 m 短弦与其相对的曲线长是相差无几的，用 20 m 短弦代替其所对的曲线长，是不会影响计算精度的。

4）拨距计算的步骤

① 计算既有曲线各测点的渐伸线长度 E_J；

② 选定设计曲线半径 R_S；

③ 计算设计曲线各测点的渐伸线长度 E_S；

④ 求出拨动距离 $\varDelta$，$\varDelta = E_S - E_J$。

2. 既有曲线渐伸线长度的计算

在曲线外业测量中，已测出既有曲线上每个 20 m 测点的偏角，如图 8-3 所示。这些偏角是计算既有曲线渐伸线长度的出发数据。

1）计算公式的推导

（1）基本公式。

既有曲线已经错动，但其线型仍和设计曲线接近，仍可按缓和曲线与圆曲线的性质进行计算。根据表 8-2 中渐伸线长度的计算式，可知其基本公式：

① 圆曲线的渐伸线长度为

$$E = \int_0^L \alpha \, dL = \int_0^L \frac{L}{R} dL = \frac{L^2}{2R} = \frac{1}{2}\frac{L}{R} \times L = \phi L$$

式中，ϕ 为测点的偏角，$\phi=\dfrac{1}{2}\alpha=\dfrac{1}{2}\dfrac{L}{R}$。

② 缓和曲线的渐伸线长度为

$$E=\int_0^l \alpha\times \mathrm{d}l=\int_0^l \frac{l^2}{2Rl_0}\mathrm{d}l=\frac{l^3}{6Rl_0}=\frac{l^2}{6Rl_0}\times l=\phi\times l$$

式中，ϕ 为测点的偏角，$\phi=\dfrac{1}{3}\alpha=\dfrac{1}{3}\times\dfrac{l^2}{2Rl_0}=\dfrac{l^2}{6Rl_0}$。

③ 据此可知，既有曲线无论为圆曲线或缓和曲线，测点的渐伸线长度均为

$$E=\text{该测点偏角的弧度数}\times\text{该测点距置镜点的曲线长}$$

（2）置镜点位于不同位置的计算公式。

① 若置镜点设置在始切线上，如图 8-9 所示，基本公式亦可适用，误差很小。因为渐伸线长度 E_A 很短，E_A 和相应的圆弧长度近似相等，且曲线起始线段曲率很小，弦长 OA 也近似等于弧长 l_A。故

$$E_A\approx \mathrm{OA}\times\phi_A\approx l_A\times\phi_A$$

② 置镜点移至 A 点，如图 8-10 所示，测出 B 点偏角 ϕ_B，则 B 点的渐伸线长度 E_B 可用 $BB'+B'P$ 计算，BB′可用基本公式计算，B′P 为 OA 与 AB′的渐伸线长

$$\begin{aligned}E_B&=BB'+B'P=BB'+\int_0^{l_A+AB'}\alpha\,\mathrm{d}l=l_B\times\gamma_B+\int_0^{l_A}\alpha\,\mathrm{d}l+\int_{l_A}^{l_A+AB'}\alpha_A\mathrm{d}l\\&=l_B\times\gamma_B+E_A+l_B\times\alpha_A=E_A+l_B(\gamma_B+\alpha_A)\\&=E_A+l_B\times\beta_B\end{aligned}$$

式中　E_A—— 置镜点 A 的渐伸线长；

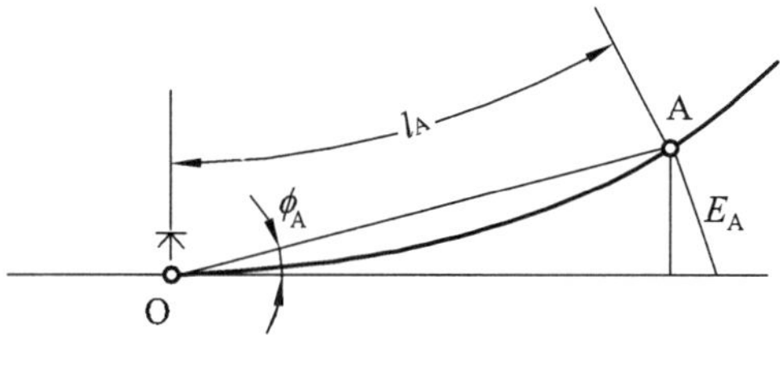

图 8-9　置镜点在始切线上

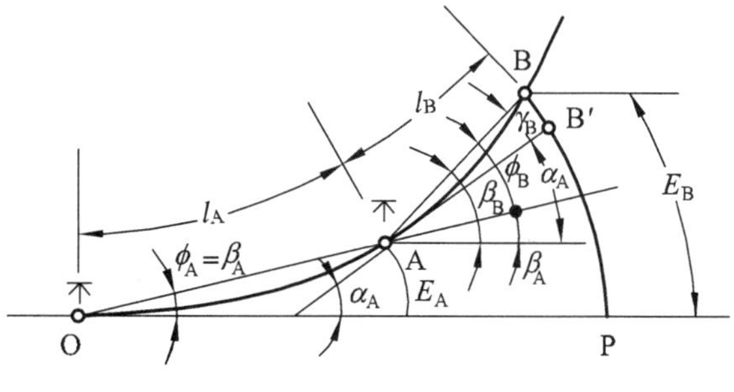

图 8-10　置镜点在曲线的 A 点上

l_B—— 置镜点 A 至测点 B 的曲线长；

γ_B—— 弦线 AB 与切线 AB′ 的夹角；

α_A—— 切线 AB′ 与始切线的夹角；

β_B—— 弦线 AB 与始切线的夹角弧度数，

$\beta_B=\beta_A+\phi_B=\phi_A+\phi_B$。

③ 置镜点移至 B 点，如图 8-11 所示，测出 C 点偏角 ϕ_C，则 C 点的渐伸线长度 E_c 可用 $CC'+C'P$ 计算，

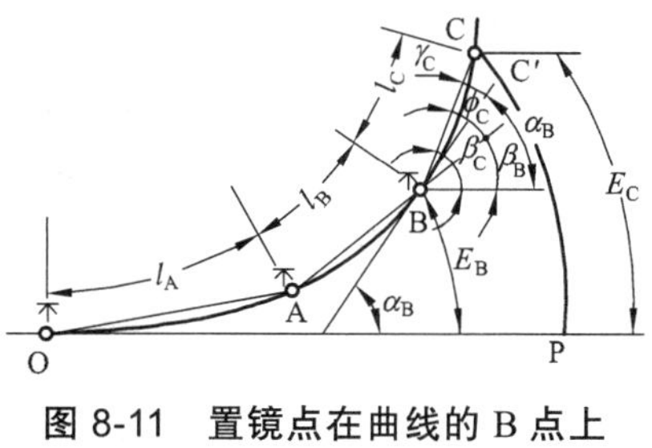

图 8-11　置镜点在曲线的 B 点上

CC′可用基本公式计算，C′P 为 OAB 与 BC′的渐伸线长

$$
\begin{aligned}
E_C &= CC' + C'P = l_C \times \gamma_C + \int_0^{l_A + l_B + BC'} \alpha \, dl = l_C \times \gamma_C + \int_0^{l_A + l_B} \alpha \, dl + \int_{l_A + l_B}^{l_A + l_B + BC'} \alpha_B \, dl \\
&= l_C \times \gamma_C + E_B + l_C \times \alpha_B = E_B + l_C(\gamma_C + \alpha_B) \\
&= E_B + l_C \times \beta_C
\end{aligned}
$$

式中 E_B——置镜点 B 的渐伸线长；

l_C——置镜点 B 到测点 C 的曲线长；

β_C——弦线 BC 与始切线的夹角或累加偏角的弧度数，$\beta_C = \beta_B + \phi_C$。

（3）通用公式。

根据置镜点设在 O，A，B 三点所推导的渐伸线长度计算公式，可归纳出第 n 个置镜点渐伸线长度 E_n 的通用计算公式为

$$
E_n = l_1\beta_1 + l_2\beta_2 + \cdots + l_n\beta_n = \sum_{i=1}^{n} l_i\beta_i \tag{8-8}
$$

式中 l_1，l_2，…，l_n——1，2，…，n 各置镜点至其前一置镜点间的曲线长度；

β_1，β_2，…，β_n——1，2，…，n 各置镜点至其前一置镜点间弦线与始切线间夹角的弧度数。

第 n 测段中各测点的渐伸线长度的通用计算公式为

$$
E_{nj} = E_n + l_j\beta_j \tag{8-9}
$$

式中 l_j——第 n 测段中置镜点至测点 j 的曲线长；

β_j——测点 j 至置镜点 n 间弦线与始切线间夹角的弧度数。

2）计算的步骤和方法

按照式（8-8）和式（8-9），即可根据测点的偏角资料，进行既有曲线各测点渐伸线长度的计算。计算时，应列表进行，如表 8-4 中第 1 ~ 8 栏所示。

3. 拨距计算

1）计算拨距的条件

本节介绍的拨距计算的基础理论和基本方法，适用于平面改建时一般曲线的拨正。下列几点，设计时应当注意。

（1）前提条件。

既有曲线拨正到设计位置，曲线长度应基本保持不变，才能保证必要的计算精度。所以下述方法仅适用于将错动的既有曲线拨正为规则线形，以及拨动前后曲线长度不会大量变化的改建设计。若既有曲线的转角较大，且要增大曲线半径，则改建后线路长度缩短；若采用一般方法计算拨距，就要产生很大误差，需要用特殊方法计算拨距。

（2）保证终切线不拨动。

首先，要保证既有曲线的转角不变动，以免终切线发生扭转。所以设计时应保证设计曲线和既有曲线的转角 α 相等。

表 8-4　既有曲线拨距计算

曲线编号 27　　　　转向：左

既有曲线测量资料			既有曲线渐伸线长度计算					设计曲线主要点里程	设计曲线渐伸线长度计算						拨距计算	
置镜点	测点里程	ϕ (° ′ ″)	β (° ′ ″)	β (rad)	l	$l\cdot\beta$	E_J		L 或 X	$\frac{L^2}{2R}$ 与 $X\cdot\alpha$	$p=\frac{l_0^2}{24R}$	l	$\frac{l^3}{6Rl_0}$	E_S	$\Delta=E_S-E_J$ +	$\Delta=E_S-E_J$ −
1	2	3	4	5	6	7	8	9	10	11	12	13	14	15	16	
不	K9+960															
	+980	0 00 10	0 00 10	0.0000485	20	0.001	0.001							0		0.001
不	K10+000	0 00 20	0 00 20	0.0000970	40	0.004	0.004	ZH = K9+999.992				0.01	0	0		0.004
	+020	0 01 30	0 01 30	0.0004363	60	0.026	0.026					20.01	0.027	0.027	0.001	
	+040	0 09 20	0 09 20	0.0027150	80	0.217	0.217	ZY = K10+049.992				40.01	0.213	0.213		0.004
	+060	0 24 50	0 24 50	0.0072237	100	0.722	0.722					60.01	0.720	0.720		0.002
	+080	0 49 00	0 49 00	0.0142535	120	1.710	1.710					80.01	1.707	1.707		0.003
不	K10+100	1 21 40	1 21 40	0.0237559	140	3.326	3.326	HY = K10+099.992	50.01	2.501	0.833			3.334	0.008	
	+120	5 31 00	6 52 40	0.1200399	20	2.401	5.727		70.01	4.901	0.833			5.734	0.007	
	+140	6 39 40	8 01 20	0.1400142	40	5.601	8.927		90.01	8.102	0.833			8.935	0.008	
	+160	7 48 30	9 10 10	0.1600370	60	9.602	12.928		110.01	12.102	0.833			12.935	0.007	
	+180	8 57 20	10 19 00	0.1800598	80	14.405	17.731	QZ = K10+189.618	130.01	16.903	0.833			17.736	0.005	
	+200	10 06 10	11 27 50	0.2000826	100	20.008	23.334		150.01	22.503	0.833			23.336	0.002	
	+220	11 14 40	12 36 20	0.2200084	120	26.401	29.727		170.01	28.903	0.833			29.736	0.009	
	+240	12 23 40	13 45 20	0.2400797	140	33.611	36.937		190.01	36.104	0.833			36.937	0.000	
	+260	13 32 20	14 54 00	0.2600540	160	41.609	44.935		210.01	44.104	0.833			44.937	0.002	
不	K10+280	14 41 00	16 02 40	0.2800284	180	50.405	53.731	YH = K10+279.244	230.01	52.905	0.833	0.76	0	53.738	0.007	
	+300	11 23 00	27 25 40	0.4787050	20	9.574	63.305		250.01	62.505	0.833	20.76	0.030	63.308	0.003	
	+320	12 17 00	28 19 40	0.4944130	40	19.776	73.507	YZ = K10+329.244	270.01	72.905	0.833	40.76	0.226	73.512	0.005	
	+340	13 02 20	29 05 00	0.5075999	60	30.456	84.187		290.01	84.106	0.833	60.73	0.748	84.191	0.004	
	+360	13 38 30	29 41 10	0.5181264	80	41.450	95.181		310.01	96.106	0.833	80.76	1.755	95.184	0.003	
	+380	14 05 30	30 08 10	0.5259744	100	52.597	106.328	HZ = K10+379.244	190.382	106.329				106.329	0.001	
不	K10+400	14 24 10	30 26 50	0.5314043	120	63.768	117.499		210.382	117.499				117.499	0	
	前视点	1 33 10	32 00 00	0.5585054												
备注	$\alpha=32°00'00''=0.558\,505\,4$ rad，$R_S=500$，$L_S=R_S\alpha=279.252\,7$，测量终点至 QZ 之距离 $X=210.382$，QZ = K10+189.618，$l_0=100$，$p=\frac{l_0^2}{24R}=0.833$															

其次，还必须使既有曲线测量终点的拨距为零，以免引起终切线的平行移动，所以设计时应使测量终点设计曲线和既有曲线的渐伸线长度相等，即 $E_S = E_J$。

（3）力争减小曲线路段改建工程量。

由于选配的设计曲线半径和缓和曲线长度不同，改建既有曲线时，要影响拨距的大小和方向，因此选用设计曲线半径和缓和曲线长度时，要考虑下列因素，力争减小改建工程。

① 如果曲线路段有永久性桥梁、隧道等建筑物，则应尽可能使桥隧处中线不拨动，或使其拨动量控制在 5 cm 以内，以免引起桥隧建筑物的改建。

② 如果路基一侧有挡墙、护坡或防护工程，则线路应向另一侧拨动，以免破坏原有工程。

③ 在深路堑、高路堤路段，拨动量应力求减小，免得引起大量土石方工程。在填挖方不大的路段，即使拨动较大，土石方工程也不会很大。

④ 如果既有线路基顶面宽度不够标准，则应向一侧拨动，以免在路基两侧进行加宽。如果路基修建在地质条件良好的斜坡上，路堤宜向斜坡上方拨动，以减少路基加宽工程。特殊情况下，应在横断面图上，结合路基本身的改建，决定拨动的方向和大小。

2）选配设计曲线半径

（1）估算既有曲线半径。

在选配设计曲线半径前，要估算出既有曲线的半径，以便根据既有曲线半径与路基等建筑物情况，选配设计曲线半径。铁路局的技术资料与实地的曲线标志所提供的既有曲线半径，可作为选配设计曲线半径的参考数据。

估算既有曲线半径的方法很多，但原理基本相同，限于篇幅，此处仅介绍三种。

• 平均偏角法

外业测量时，如果在圆曲线范围内有一置镜点 A，测出了圆曲线范围内各测点 a_1，a_2，⋯，a_n 的偏角 ϕ_1，ϕ_2，⋯，ϕ_n，如图 8-12（a）所示。两测点间的弦长为 $\Delta L = 20$ m，两测点间的平均偏角为 $\Delta\phi = \dfrac{\phi_n - \phi_1}{n-1}$。$\Delta\phi$ 为 ΔL 短弦所对之圆周角，应等于 ΔL 短弦所对圆心角 $\Delta\alpha$ 之一半，$\Delta\phi = \dfrac{1}{2}\Delta\alpha$。如图 8 12（b）所示，估算的既有曲线半径 R_J 为

$$R_J = \frac{\Delta L/2}{\sin\dfrac{\Delta\alpha}{2}} = \frac{10}{\sin\Delta\phi} \text{（m）} \tag{8-10}$$

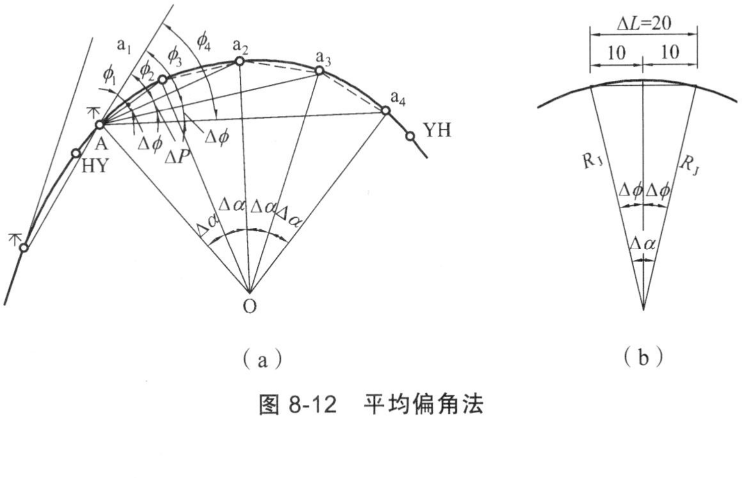

（a）　　　　（b）

图 8-12　平均偏角法

如表 8-4 实例，由 K10 + 100 至 K10 + 280 为圆曲线线段，$\phi_1 = 5°31'00''$，$\phi_9 = 14°41'00''$。

$$\Delta\phi = \frac{\phi_9 - \phi_1}{9-1} = \frac{14°41'00'' - 5°31'00''}{9-1} = 1°08'45''$$

$$R_J = \frac{10}{\sin 1°08'45''} = 500.07\ (\text{m})$$

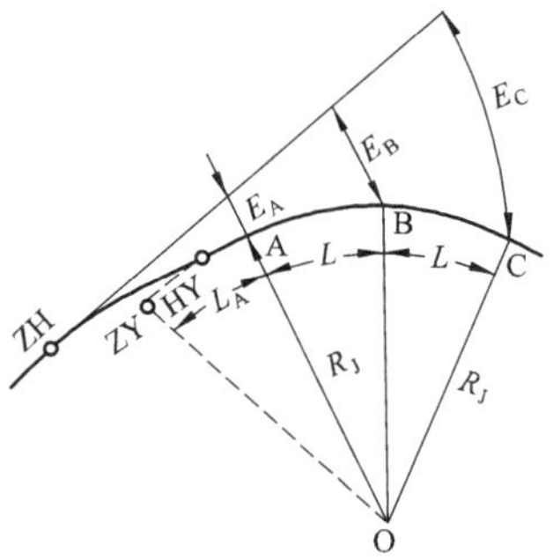

图 8-13　三点法

• 三点法

如图 8-13 所示，在既有曲线的圆曲线范围内，选取三个间距相等的测点 A，B，C，即 AB = BC = L，三个测点的渐伸线长度分别为

$$E_A = \frac{L_A^2}{2R_J} + p_J，\quad E_B = \frac{(L_A + L)^2}{2R_J} + p_J，\quad E_C = \frac{(L_A + 2L)^2}{2R_J} + p_J$$

$$E_B - E_A = \frac{(L_A + L)^2}{2R_J} - \frac{L_A^2}{2R_J}$$

$$E_C - E_B = \frac{(L_A + 2L)^2}{2R_J} - \frac{(L_A + L)^2}{2R_J}$$

$$E_C + E_A - 2E_B = \frac{(L_A + 2L)^2}{2R_J} + \frac{L_A^2}{2R_J} - 2\frac{(L_A + L)^2}{2R_J} = \frac{L^2}{R_J}$$

$$R_J = \frac{L^2}{E_C + E_A - 2E_B} \quad (\text{m}) \tag{8-11}$$

• 二阶差商法

上式的推导，实质上应用了二阶差分的概念。

因为三点法仅利用了三个测点的资料，不能全面体现既有圆曲线的概貌；若既有曲线严重错动，则所选的三点位置不同，求出的既有曲线半径就有所差异。为了反映圆曲线的概貌，可用圆曲线范围内各测点渐伸线长度二次差值的平均值，来估算既有曲线的半径。此时，各测点间的长度为 ΔL，ΔL = 20 m，二次差值的个数为 n，二次差值的平均值为 $\varDelta^2 E_p = \sum_1^n (\varDelta^2 E)/n$。既有曲线半径为

$$R_J = \frac{(\Delta L)^2}{\varDelta^2 E_p} = \frac{n \times (\Delta L)^2}{\sum_1^n (\varDelta^2 E)} = \frac{400n}{\sum_1^n (\varDelta^2 E)}\ (\text{m}) \tag{8-12}$$

如表 8-4 中实例，由 K10 + 100 至 K10 + 260 为圆曲线线段。用三点法，取 K10+100 为 A，$E_A = 3.326$；K10 + 180 为 B，$E_B = 17.731$，K10 + 260 为 C，$E_C = 44.935$；$L = 80$。则

$$R_J = \frac{L^2}{E_C + E_A - 2E_B} = \frac{80^2}{44.935 + 3.326 - 2 \times 17.731} = 500.04\ (\text{m})$$

根据（8-12）式，计算 K10+100 至 K10 + 260 共九个测点渐伸线二次差值，$n = 7$，$\sum (\varDelta^2 E) = 5.597$，则

$$R_J = \frac{400n}{\sum(\Delta^2 E)} = \frac{400 \times 7}{5.597} = 500.27 \text{（m）}$$

（2）估算曲线半径的取整。

设计曲线半径通常应尽量接近既有曲线半径，但应取为整数，以便易于计算和测设。取整时，可参考表 8-5 中数据。本节实例的设计曲线半径可取整为 $R_S = 500$ m。

表 8-5 曲线半径取整

转角度数（°）	<10	10～20	20～30	30～50	>50
曲线半径取整值（m）	±25	±10	±5	±2～±1	具体选定

3）计算 QZ 点里程

选定的设计曲线半径，可保证设计曲线圆弧和既有曲线圆弧接近，但尚未确定设计曲线的具体位置。为此，要计算设计曲线的 QZ 点里程。

QZ 点的里程应保证终切线不拨动，也就是拨动前后曲线的转角不变（$\alpha = \alpha_S = \alpha_J$），测量终点的拨距为零（$E_S = E_J$）。

测量终点设计曲线的渐伸线长度为 $E_S = X \times \alpha$，令 $E_J = E_S = X \times \alpha$，得

$$X = \frac{E_J}{\alpha} \text{（m）}$$

$$\text{QZ 里程} = \text{测量终点里程} - X \tag{8-13}$$

式中 X——测量终点至 QZ 点距离（m）；

E_J——测量终点既有曲线的渐伸线长度（m）；

α——曲线转角（rad）。

本节实例：曲线转角 $\alpha = 32°00'00'' = 0.558\ 505\ 4$ rad，测量终点里程为 K10 + 400，既有曲线渐伸线长度为 117.499，所以

$$X = \frac{E_J}{\alpha} = \frac{117.499}{0.558\ 505\ 4} = 210.382 \text{（m）}$$

4）选取缓和曲线长度

根据铁路局的技术资料或实地的曲线标志，可以得到既有曲线原定的缓和曲线长度，作为选取缓和曲线长度的参考。

在已经选定设计曲线半径的条件下，为了减小拨动量，可采用下列方法选取缓和曲线长度。

（1）计算设计曲线的圆曲线长：$R_S \times \alpha$，并根据 QZ 点里程计算 ZY 点里程

$$\text{ZY 里程} = \text{QZ 里程} - \frac{R_S \times \alpha}{2}$$

（2）选出 2、3 个位于圆曲线段的测点，它们的设计曲线渐伸线长度为：$E_S = \frac{L^2}{2R_S} + p_S$。

其中，L = 测点里程，为已知数；$p_S = \frac{l_0^2}{24R_S}$，因 l_0 待定，p_S 尚需推算。

（3）这 2、3 个测点的既有曲线渐伸线长度已经求出，可令各个点的 $E_S = E_J$，即可求出该点的 $p_S = E_J - \frac{L^2}{2R_S}$。

（4）将求得的 2、3 个 p_S 取平均值，因为 $p_S = \frac{l_0^2}{24R_S}$，故缓和曲线长度 $l_0 = \sqrt{24R_S \times p_S}$。

将 l_0 取为 10 m 的整数，就是选定的缓和曲线长度。缓和曲线长度通常应符合改建标准。

本节实例：$R_S = 500$ m，$\alpha = 0.558\ 505$ rad，QZ 里程为 K10 + 189.618。根据以下两个测点计算缓和曲线长度，K10 + 100，$E_J = 3.326$；K10 + 260，$E_J = 44.935$。

$$R_S \times \alpha = 500 \times 0.558\ 505 = 279.252$$

$$\text{ZY 里程} = \text{QZ 里程} - \frac{R_S \times \alpha}{2} = \text{K10} + 189.618 - 279.252/2 = \text{K10+49.992}$$

$$\text{K10+100：} L = 50.008,\quad p_S' = E_J - \frac{L^2}{2R} = 3.326 - \frac{50.008^2}{2 \times 500} = 0.825\ (\text{m})$$

$$\text{K10+260：} L = 210.008,\quad p_S'' = E_J - \frac{L^2}{2R} = 44.935 - \frac{210.008^2}{2 \times 500} = 0.832\ (\text{m})$$

$$p_S = (p_S' + p_S'')/2 = 0.829\ (\text{m})$$

$$l_0 = \sqrt{24R_S \times p_S} = \sqrt{24 \times 500 \times 0.829} = 99.74\ (\text{m})$$

所以，缓和曲线长度取为 100 m。

5）推算设计曲线各主要点里程

推算设计曲线各主要点里程，计算结果填入表 8-4 第 9 栏中，主要点里程接近哪一个测点里程，即填在该测点的行中。

6）计算设计曲线渐伸线长度

根据表 8-3 所列公式计算，步骤方法见表 8-4 第 10 栏至第 15 栏实例。

7）计算拨距

拨距 $\varDelta = E_S - E_J$，填入表 8-4 第 16 栏。第 16 栏数值 = 第 15 栏数值 − 第 8 栏数值。

$\varDelta$ = 正值，表示 $E_S > E_J$，测点向圆心方向拨动（曲线内压）；

$\varDelta$ = 负值，表示 $E_S < E_J$，测点向切线方向拨动（曲线外挑）。

（三）拨距计算方法的演变与发展

在线路维修中，目前国内、外都采用绳正法整正曲线。在绳正法的基础上，英、美等国研究出正矢法，用于曲线改建的拨距计算；和正矢法类似，有所谓曲率法。曲率和正矢有固定关系。我国已研究出利用既有曲线的曲率图，选配设计曲线半径和缓和曲线长度的方法，用各测点设计曲线曲率和既有曲线曲率的累加和计算拨距。

苏联从 20 世纪 40 年代末开始用角图法计算拨距。因为角图面积等于渐伸线长度，所以设计曲线与既有曲线的角图面积差等于拨距。用既有曲线的角图来选配设计曲线半径，可借助二者的角图面积差估计各测点的拨距，较为直观。我国有的设计单位，目前仍采用角图法计算拨距。

我国从 20 世纪 50 年代初引进苏联的角图法，使用了 20 多年，在原理和方法上都有所改进。到20世纪70年代末，逐渐形成了用公式直接计算渐伸线长度的方法。这种方法已在国内普遍采用。

我国自20世纪80年代初，随着计算机的广泛应用，拨距计算又在渐伸线原理的基础上，形成了各种各样的数解方法。利用计算机快速演算的优势，采用数解公式和试算办法，可以求出适合改建要求或拨量最小的曲线半径和缓和曲线长度。其原理和基本方法相同，但计算技巧各有千秋。教材限于篇幅，仅将一些计算方法的思路作简要介绍。

1. 等长缓和曲线的理论曲线半径

为减小整正曲线的拨动量，可假定曲线拨动后各测点正负拨距的总和相等，利用设计渐伸线图的面积和既有渐伸线图的面积相等的概念，推导出理论曲线半径的计算公式。理论曲线半径 R 为

$$R=\frac{\Delta L}{\alpha}\sqrt{\frac{24\sum E_{\rm J}}{\Delta L\times\alpha}-12\frac{X}{\Delta L}\left(\frac{X}{\Delta L}+1\right)-\left(\frac{l_0}{\Delta L}\right)^2-2}\ \text{(m)}$$

式中 ΔL——测点间的曲线长，$\Delta L=20$ m；

α——曲线转角（rad）；

$E_{\rm J}$——既有曲线各测点的渐伸线长（m）；

X——测量终点距QZ点的距离；

l_0——初选的设计缓和曲线长度（m）。

2. 不等长缓和曲线的理论曲线半径

若曲线两端的缓和曲线不等长时，理论曲线半径可用下式推算

$$R=\frac{\Delta L}{\alpha}\sqrt{\frac{24\sum E_{\rm J}}{\Delta L\times\alpha}-12\left(\frac{X}{\Delta L}+1\right)-\frac{1}{2(\Delta L)^2}(l_{01}^2+l_{02}^2)-2}\ \text{(m)}$$

式中 l_{01}，l_{02}——曲线前、后端的缓和曲线长度（m）。

3. 曲线上有控制点的试算法

当曲线上有桥隧、挡墙等建筑物，控制了有关测点拨正的方向和大小时，可根据不同类型的建筑物的技术条件，列出有关测点的允许拨正量（正负若干毫米）；以此作为约束条件，编出计算程序，增减曲线半径和缓和曲线长度，用计算机试算，以期得到符合要求的拨距。

4. 复曲线的拨距计算

可根据既有曲线的渐伸线长度，利用三点法或差分法选出各段圆弧的曲线半径，并选配恰当的缓和曲线长度；然后令曲线转角不变和测量终点拨距为零，求出设计曲线的起点（ZH）里程，再计算拨距。

5. 拨动前后曲线长度发生变化时的拨距计算

当既有曲线的转角较大、曲线半径很小时，改建设计要加大曲线半径和缓和曲线长度。此时，拨动前后曲线长度发生变化，不能用上述方法直接计算拨距；否则设计曲线的起终点将向曲线中部移动，计算的拨距误差也很大。拨距计算应分两步走，首先将既有曲线恢复为规则线型算出拨距；然后再计算既有整正曲线和设计曲线间的线距（计算方法见“第二线平面计算”）。既有错动曲线和设计曲线间的拨距为计算的拨距和线距的代数和。

三、横断面改建设计

横断面改建设计根据测绘的线路横断面进行。线路横断面指垂直线路中心线的路基横断面。在所有百米标及部分加标上，如地形变化点、不填不挖点、高填深挖点、桥梁两端、隧道洞口、道口中心等处，应进行横断面测绘。测出的横断面如图 8-14 所示。

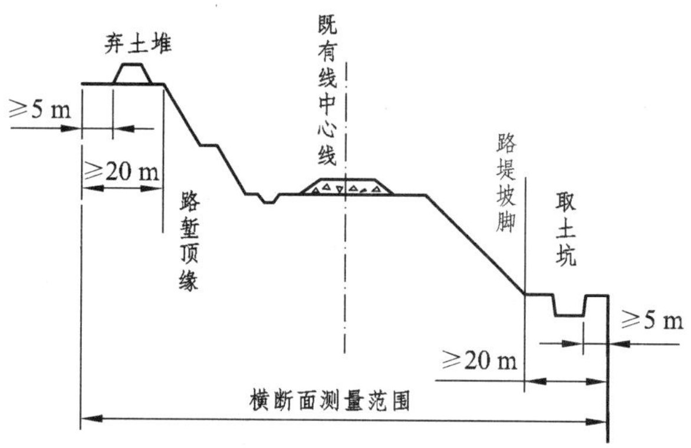

图 8-14 横断面

既有线的纵断面与平面的改建，往往需要变动线路轨面高程和使中心线侧移，因而需要改建既有线的横断面。横断面的改建设计，必须与纵断面及平面改建设计密切配合，才能得到经济合理的方案。

横断面改建设计类型，可根据既有线轨面高程抬降大小和中心线侧移多少，结合施工方法等具体条件拟定。下面按几种常见的典型情况，介绍其设计特点和方法。

（一）既有线中线不移动

1. 抬高既有线轨面高程

1）用道砟抬高轨面高程

当抬道高度小于 0.5 m 时，可用道砟起道，如图 8-15 所示，每次起道高度以 0.15 m 为宜，以便利用行车间隔施工，对运营干扰不大。用道砟起道，应保证必要的路肩宽度，一般情况下，路堤不应小于 0.6 m，困难时不小于 0.4 m；路堑不小于 0.4 m。不能保证时，应加宽路基，路堤加宽时，加宽部分的顶宽不应小于 0.5 m，底宽可按设计边坡要求确定，但不应小于顶部的加宽值。加宽前，原有路堤边坡应挖成 1 m 宽的台阶；如有护坡时，应先拆除。

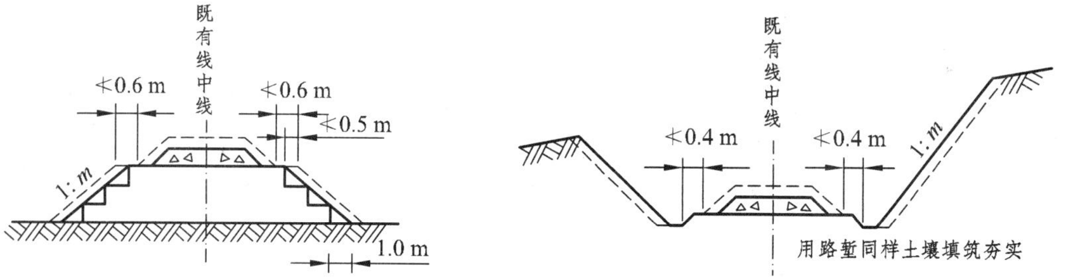

图 8-15 不移动既有线中线抬高轨面高程

2）用渗水土抬高路基

当抬道高度达到 0.5～1.0 m 时，一般可考虑采用渗水土抬道，如图 8-16 所示。因为采用普通土填筑路基来抬道，须先清除既有道床，中断行车，且夯实困难，易形成道砟囊。

用渗水土抬道，可利用行车间隔时间施工，每次起道高度不宜超过 0.15 m，以免给施工和运营造成困难。

用渗水土抬道，下面非渗水土路基面，应做成向外侧倾斜的 1%～4%排水横坡。

3）抬高路基

当抬道高度超过 1.0 m 时，采用渗水土抬道不经济，一般多采用普通土抬高路基。抬高路堤，一般需加宽原有路基，原路堤边坡应挖成 1 m 宽的台阶。如图 8-17 所示。施工前需清除既有道床和整治路基病害，为此首先应修建便线维持既有线通车。修建便线工程费用较高，且需限速行车。

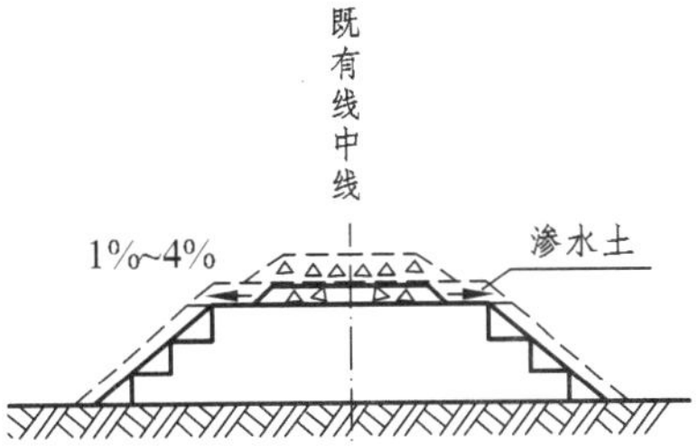

图 8-16　用渗水土抬高路基

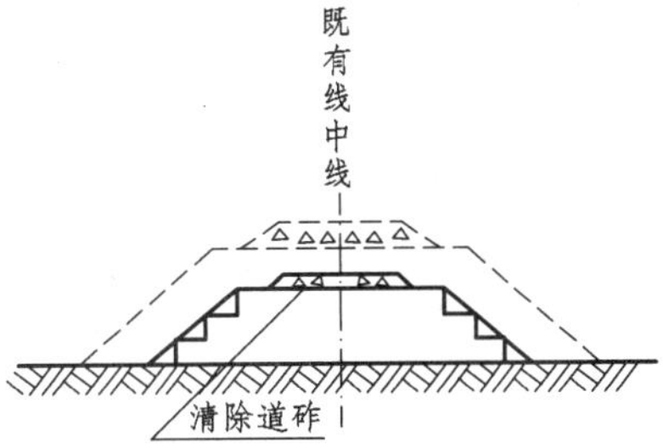

图 8-17　抬高路堤

2. 降低既有线轨面高程

1）减薄道砟层厚度

若轨面高程降低很少，且既有道砟层较厚时，可采用减薄道砟层厚度的方法来实现，以免挖切路基，造成大量工程。减薄道床路段的道床厚度允许较规定的标准厚度薄。最薄的道床厚度不得小于 25 cm。

2）挖切路基

当轨面高程降低较大，且减薄道床厚度不能满足要求时，则需采用挖切路基的方法，如图 8-18 所示。这种办法，需修建便线以维持临时通车，工程造价较高，一般不宜采用。

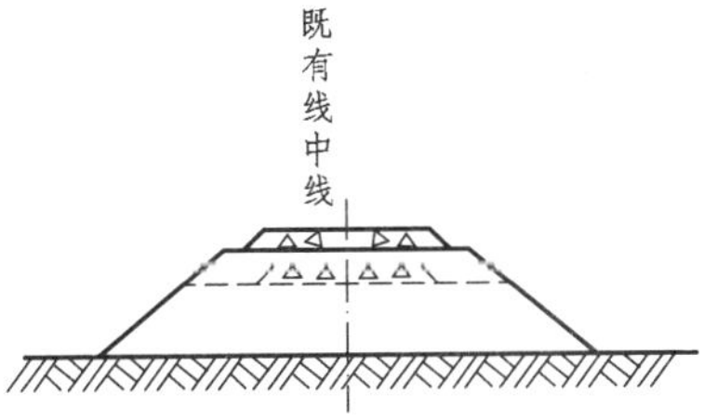

图 8-18　挖低路基

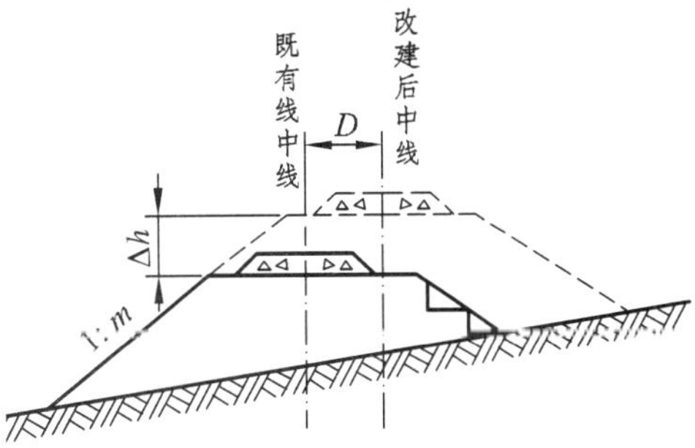

图 8-19　抬降路基

（二）移动既有线中线抬降路基

1. 保留一侧路基边坡不改建

图 8-19 所示的横断面设计类型，适用于轨面高程抬降数值较大，且需保留路基一侧边坡不改动的情况。既有线中线的侧移距离 D，由路基边坡率 m 与抬高值 Δh 决定，其值为 $D \geqslant m \times \Delta h$。这种改建方式，需要修建施工便线，以维持既有线临时通车。

2. 在正常通车的情况下抬降路基

为改建施工时不修建便线，以抬高或降低路基，一般可采用如图 8-20 所示的横断面类型。这种改建方式，优点是不影响正常通车，施工与运营干扰较小，节省便线工程；缺点是要废弃一部分既有路基土方，且需拆除既有轨道。

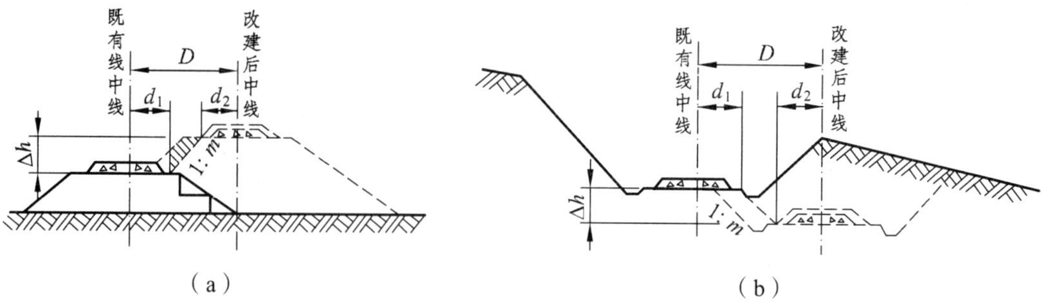

图 8-20　不修便线抬降路基

既有线中线侧移距离 D，可按下式计算

$$D \geqslant d_1 + d_2 + m \times \Delta h$$

式中 d_1—— 既有线路基靠改建线一侧的临时宽度，即为既有线道床底宽的一半再加 0.2 m 临时路肩宽度，一般约为 2.5 m；当抬高路基时，为了多利用一些既有线路基土方，在不妨碍既有线行车的情况下，d_1 值亦可适当减小；

d_2—— 改建路基一侧的临时宽度，可按最小路基宽度的一半考虑，一般约为 2.2 m（按道床厚度为 0.25 m，道床边坡为 1∶1.5，道床顶宽为 2.8 m，路肩宽 0.2 m 计）；当抬高路基时，为了避免以后再加宽路基（加宽部分即图中阴影部分），亦可按路基标准断面来计算 d_2 值；

m—— 两线间路基边坡率，如采用草袋或板桩以加固边坡，其值亦可适当减小；

Δh—— 路基抬高或降低数值。

（三）纵断面、平面与横断面的综合设计

纵断面、平面与横断面的改建设计是一个综合的整体，必须结合具体情况，统筹兼顾，全面考虑。一般应按下列步骤进行：

① 设计放大纵断面图，须充分考虑线路、车站、桥、隧、路基等建筑物对纵断面设计的要求；

② 根据抬道、落道的数值，选定横断面设计类型，计算出既有线中线必要的侧移偏离；

③ 平面设计应在符合设计标准的前提下，保证横断面设计必要的侧移距离；

④ 根据纵断面设计的抬落道数值及平面设计中线路中线的侧移距离，设计百米标及加标的横断面；

⑤ 综合分析纵断面、平面与横断面设计的技术经济合理性，发现问题，须进一步修改设计，使之完善；

⑥ 改建设计完成后，编制综合性设计图纸——详细纵断面。

第二节　第二线设计

修建第二线是提高既有线通过能力最有效的方法，但需要大量人力、物力和财力。因此

在研究加强既有线的方案时，应充分考虑其他加强措施的可能性，在选定修建第二线的决策时，应有充分依据。

增建第二线时，为了确保既有线的正常运营，减少施工运营的相互干扰，通常是先修建第二线，待第二线工程竣工通车后，再进行既有线的改建。本节介绍的方法，也适用于一次修建双线时第二线的设计。

一、第二线纵断面设计

（一）第二线限制坡度的选择

第二线的限制坡度通常与既有线限制坡度相同。为了避免降坡引起大量改建工程，既有线个别路段的超限坡度可以保留，供下坡方向的列车行驶；第二线修建在上坡方向运行的一侧，采用单线绕行，按限制坡度设计，供上坡方向的列车行驶。

当设计线双方向货运量不平衡，且既有线限制坡度不易变更时，则既有线限制坡度可保持不变，而将第二线设计在重车方向，采用较缓的限制坡度。设计时，应力求与邻线牵引质量统一，以减少接轨站的换重作业。

当设计线双方向货运量都很大，且既有线限制坡段的比率不高时，则可考虑将第二线设计为较小的限制坡度，而在第二线竣工通车后，再将既有线限制坡度减缓，使双线铁路上下行限制坡度一致。

（二）第二线纵断面的设计方法

1. 第二线与既有线并行等高

第二线与既有线的线间距不大于 5.0 m 时，两线修建在共同路基上，且轨面高程相同，称为并行等高。两线并行等高，不但可以减少占地和节省土石方工程量，还有利于路基排水、防止雪埋、线路维修及道口设置等。

两线并行等高路段，第二线的纵断面设计，应以既有线纵断面改建设计为基础，通常是在放大纵断面图上，用轨面高程进行设计。一般情况下，两线的轨面设计高程应力求相等，即第二线与既有线应采用相同的坡度、坡段长度和竖曲线形式。并应注意，纵断面设计必须与平面布置相配合，使坡度折减及变坡点的位置能同时满足两线的要求。

当既有线改建困难，保留个别超限坡段或其他较低标准，或因两线桥梁结构不同，而在桥梁或桥头引线上出现轨面高程差时，高程差不应大于 30 cm。

在易受雪埋的个别地段，应根据当地的降雪、风向、风力和地形等情况，合理确定两线的允许轨面高程差，但最大不得超过 15 cm。

道口处两线轨面高程最好相等；困难时，允许两线有不大于 10 cm 的轨面高程差。

并行等高路段第二线放大纵断面图的格式，与改建既有线放大纵断面图格式基本相同。

2. 并行不等高和第二线绕行

第二线与既有线并行而路基面高程不同，称为并行不等高。并行不等高地段，两线的路基横断面型式如图 8-21 所示。其缺点是，横向排水困

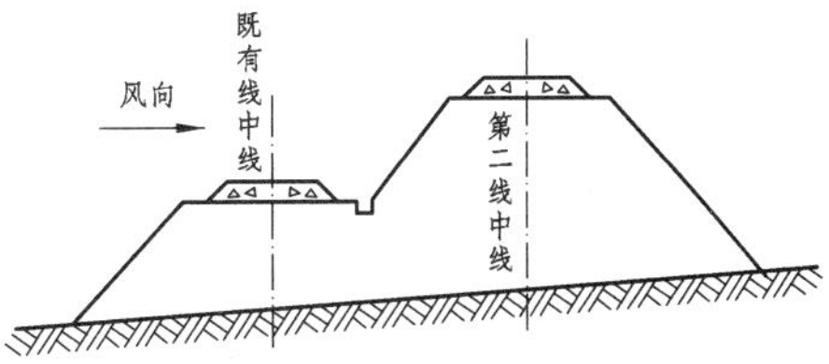

图 8-21　并行不等高横断面

难，由上方线路路基边坡流到下方线路路基面上的雨水，必须设置纵向排水沟引入渗水井，才能从下方线路路基排出，使工程增大且影响路基稳定；大风雪地区，下方线路易被雪埋，同时线路经常维修和大中修，都不如并行等高方便。因此，第二线设计，通常只有在削减超限坡度，变更限制坡度，以及桥梁隧道引线地段等特殊情况下，才把第二线与既有线的路基设在不同的高程上。

当第二线与既有线的线间距较大，需要分开单独修建路基时，即为第二线绕行。

在并行不等高及第二线绕行路段，第二线的纵断面设计应另绘辅助详细纵断面图，其图式及设计要求，与新建单线铁路相同，按路肩高程进行设计。

设计时，并行不等高及第二线绕行路段的起点和终点处，应注意坡度平顺连接，并考虑坡段长度内的断链关系。起点与终点处的路肩设计高程应根据该点的轨面设计高程推算：

路肩设计高程 = 轨面设计高程 − 钢轨高度（包括垫板厚度）−
轨枕高度 − 道床厚度 − 路拱高度

并行不等高与第二线绕行路段起点和终点的里程，应在放大纵断面图上注明。

3. 增建第二线的详细纵断面图

第二线与既有线并行等高路段的放大纵断面图与第二线并行不等高路段及第二线绕行路段的辅助纵断面图设计完成后，应汇总编制第二线的详细纵断面图。

详细纵断面图上应注明第二线并行不等高及绕行路段起点和终点的里程。

二、第二线平面设计

（一）并行与绕行地段的选择

增建第二线通常都与既有线并行。两线并行可以少占农田，节省路基土石方，便于运营管理。但是在减缓第二线限坡的地段，保留既有线超限坡度的地段，绕避既有线不良地质的地段，大桥与隧道的引线地段以及既有线标准很低、地形困难、不易改建的地段，都需要采用第二线的绕行方案。

一般认为两线中心线的线间距离大于 20 m 时，即作为绕行地段考虑，绕行有第二线单独修建的“单绕”和废弃既有线，两线都另行修建的“双绕”。

并行和绕行方案的选择，要与第二线的限制坡度选择、第二线的边侧选择以及第二线最小曲线半径选择等重大原则问题一起综合研究解决。方案确定后，再进行平面与纵断面的设计工作。

（二）第二线边侧的选择

第二线选在旧线的哪一侧，对既有线建筑物的稳定、第二线的工程数量、第二线施工期间和运营的干扰以及通车后的运营工作，都有重大影响。

若修建既有线时已预留第二线的位置，则可按预留位置决定第二线的边侧。但在通常情况下，设计既有线时，多未考虑第二线的位置，因此，就需要全面研究以下因素，比较各种方案的优劣，慎重选定第二线的边侧。

1. 既有线保留超限坡度时，第二线的边侧选择

在既有线超限坡度地段，应使超限坡道作为下坡运行线，新建的第二线采用较缓坡度，作为上坡运行线。这样，就可按左手行车的原则，确定第二线的边侧，如图 8-22 所示。

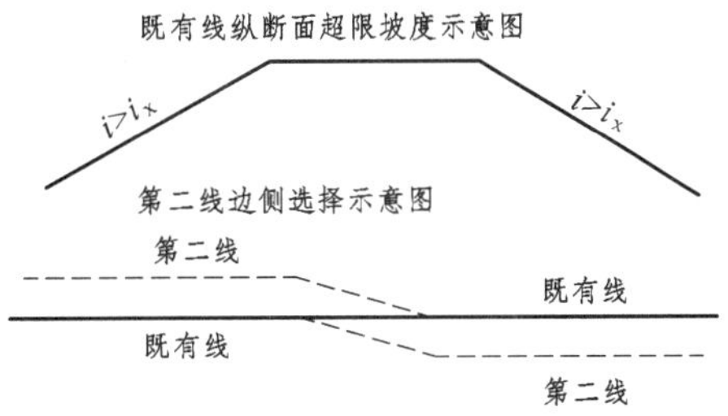

图 8-22　超限坡度地段第二线边侧选择

2. 主要货流方向对第二线边侧选择的影响

当设计线双方向货流量非常悬殊时，应将第二线设计在货流量大的那个方向。因为第二线的设计标准，一般较旧线高，其运营指标好，运输成本低，将第二线布置在货流量大的方向是有利的。

3. 车站内第二线的合理边侧

车站范围内第二线的合理边侧，应根据车站的类别与布置图决定。

在中间站范围内，一般宜将第二线布置在客运站房对侧，以保证原有的客运设备与货场不致改建，如图 8-23（a），（b）所示。

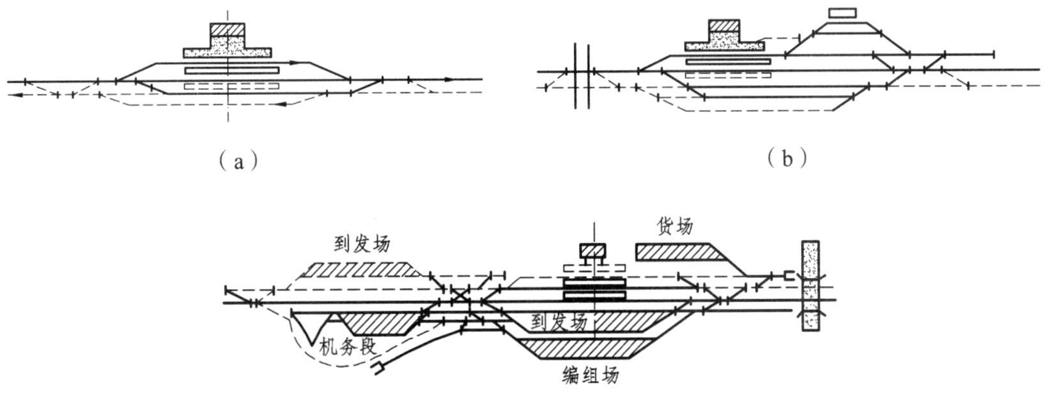

图 8-23　车站内第二线的边侧选择

在区段站范围内，最好把第二线布置在客运站房同侧，以保证对侧机务段出口处及较为复杂的咽喉区不致改建。如果区段站作业量较大，也可考虑将第二线布置在机务段外侧的外包线方案，以减少第二线的出发列车对道岔咽喉区的干扰，避免咽喉区的改建，如图 8-23（c）所示。

4. 区间第二线的边侧选择

在区间选择第二线的边侧，应考虑尽量少占农田，改土造田，尽可能保留原有工程，并根据地形地质条件，力争减少工程数量，保证路基稳定。大、中桥处，应以桥址的水文条件、基础的地质条件以及战备要求，作为选择桥址、决定第二线边侧的主要依据。当上述条件出入不大时，一般宜将第二线设在既有桥梁下游的一侧，以避免既有导流建筑物、桥头路基防护和桥墩破冰凌的废弃或破坏。

隧道处，第二线应尽量选在地质条件较好、隧道长度较短、施工方便的一侧。

在不良地质地段，第二线无法绕行避开时，应使第二线的选边不致扩大且有利于防治地质病害。图 8-24（a）为线路通过非活动性滑坡区时，第二线的合理位置示意图。

在路基病害地段，第二线的选边要有利于既有线的整修工作，力争结合第二线的修建来整治病害。图 8-24（b）为路基有道砟陷槽与路堑边坡塌滑地段第二线的合理位置示意图。

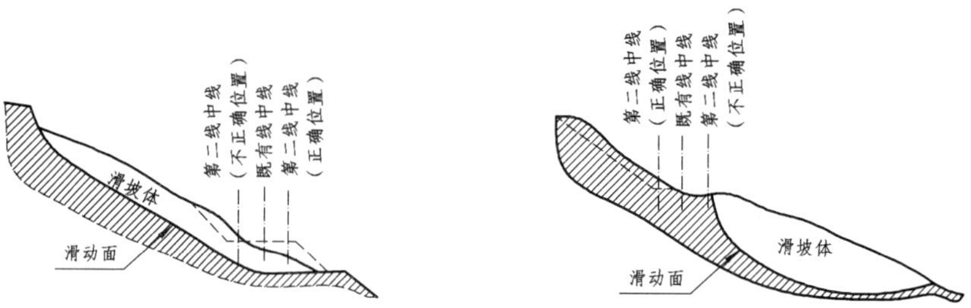

（a）滑坡地段第二线选边

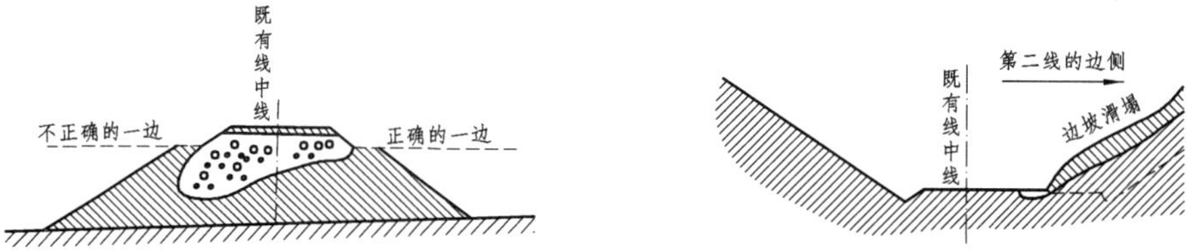

（b）路基病害地段的选边

（c）陡坡地段的选边

图 8-24　特殊路基地段第二线选边

在陡坡地段，如既有线为路堤，第二线宜设在山坡上方；如既有线为路堑，则应设在下方。这样，可使第二线土石方工程数量减少，如图 8-24（c）所示。

（三）第二线的换边

第二线边侧选定后，某一地段可能在既有线右侧合理；而在另一地段，又可能在左侧有利。这样，第二线就需要变换边侧。

第二线换边地点，宜选择在：

（1）低路堤或浅路堑处，使路基较为稳定；高路堤地段不应换边，以免新旧路基沉陷不同，影响路基稳定和行车安全。

（2）纵断面不抬高、不降低的地段，以保证施工中不修筑便线。

（3）曲线地段或双线绕行地段，可不致额外增加曲线，如图 8-25（a），（b）所示；直线上换边要增加一组反向曲线，仅在特殊情况下方可采用，如图 8-25（c）所示。

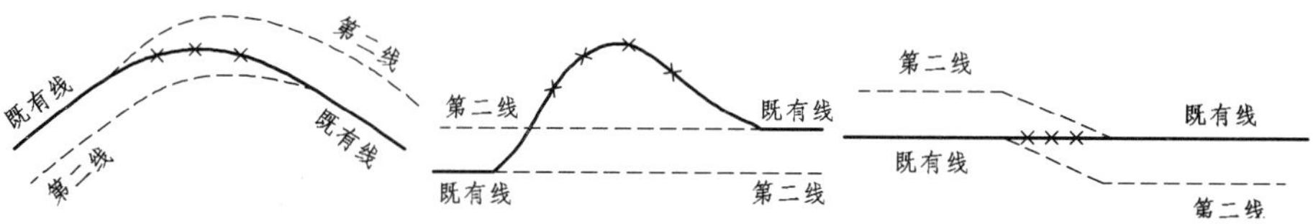

（a）曲线地段　（b）双绕地段　（c）直线地段

图 8-25　第二线换边

（4）在站外的曲线上，结合线距加宽进行换边，可以减小对施工运料和铺轨的影响，较为合理，如图 8-26（a）所示。如在车站内换边，将使通过列车因侧向过岔而减速，对运营不利，一般多不采用，如图 8-26（b）所示。

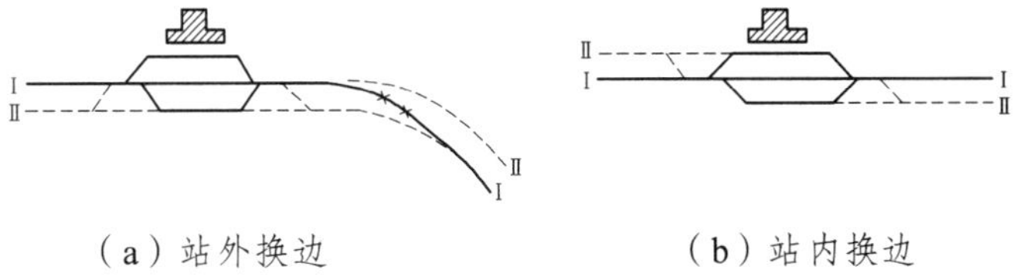

图 8-26　车站换边示意图

（四）第二线与既有线线间距离的确定

第二线的位置除绕行地段外，根据第二线中线距既有线中线法线方向上的距离决定。两线中心线间在既有线法线方向上的距离，称为线间距，直线地段的线间距根据机车车辆限界与限界间的安全距离决定，区间一般应满足表 3-10 的要求，即设计速度为 200 km/h 时，不得小于 4.4 m；设计速度为 160 km/h 时，不得小于 4.2 m；设计速度不大于 140 km/h 时，不小于 4.0 m。

在下列情况下，两线间的线间距离应当加宽。

1. 两端线距为最小线距的曲线地段

加宽方法采用本书第三章第二节介绍的方法。

2. 桥梁地段

桥梁地段第二线与既有线的线间距，应根据国防要求、通航条件、地质情况、基础类型以及施工方法等因素确定。

中小桥梁的两线最小线间距离，主要根据施工条件决定。在第二线桥梁基础施工时，要确保既有线路基与桥梁墩台地基的稳固，不致发生任何有害变形。

当两线桥梁基础均为坚实的基岩时，最小线距往往由方便第二线基础施工的条件决定。

当两线桥梁基础均为非岩石土壤，且第二线墩台基础采用明挖施工时，两线间的最小线距可参照下列方法计算。

1）不设板桩防护施工时 [见图 8-27（a）]

最小线间距为

$$D=\frac{B_1}{2}+\frac{B_2}{2}+m_1h_1+m_2h_2+0.5+1.0\text{（m）}\tag{8-14}$$

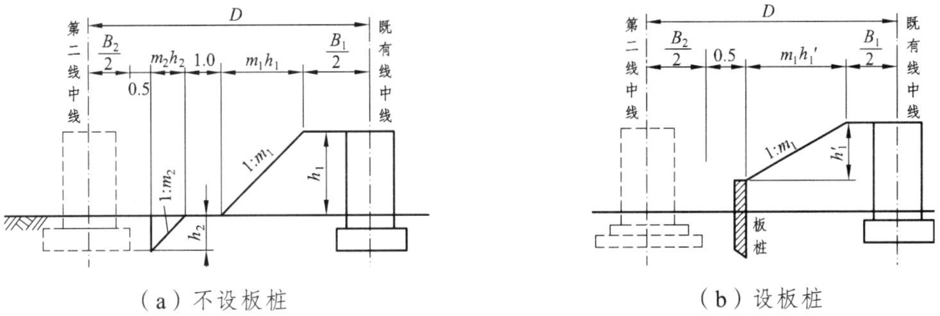

图 8-27　桥梁路段的线距

式中 B_1，m_1—— 既有线路堤宽度与其边坡率；

B_2，m_2—— 第二线基础宽度与基坑边坡率；

h_1，h_2—— 路堤高度与基础埋置深度；

0.5（m）—— 开挖基坑的富余量；

1.0（m）—— 基坑顶缘有动荷载所留之护道宽。

2）设置板桩防护时[见图 8-27（b）]

最小线间距为

$$D=\frac{B_1}{2}+\frac{B_2}{2}+m_1h_1'+0.5\ (\mathrm{m}) \tag{8-15}$$

式中 h_1'—— 路肩至板桩顶的高度。

其他符号意义同（8-14）式。

大桥和特大桥的两线最小线间距离，应根据第二线的桥址选择来确定，一般多为单线或双线绕行路段。

3. 隧道地段

增建第二线隧道时，应保证既有隧道的结构稳定和运营安全。两相邻隧道的最小线间距，应按围岩地质条件、隧道开挖断面、施工方法等因素确定。概略估算时，可参考表 8-6 中数据。

表 8-6 相邻单线隧道最小线间距离

围岩类型	围岩结构特征和完整状态	最小线距	
		直线	曲线
Ⅵ	硬质岩石被切割呈巨块状整体结构	13～16	15～18
Ⅴ	硬质岩石被切割呈巨块状整体结构；软质岩石被切割呈巨块状整体结构	17～20	20～24
Ⅳ	硬质岩石被切割呈块（石）碎（石）状镶嵌结构；软质岩石被切割呈巨块状整体结构	18～21	21～25
Ⅲ	硬质岩石被切割呈碎石状压碎结构；软质岩石被切割呈块（石）碎（石）状镶嵌结构；黏性土、砂类土、老黄土呈大块状压密结构；碎、卵石呈巨块状整体结构；大块石土、呈堆石状松散结构	24～27	27～31
Ⅱ	石质围岩呈角（砾）碎（石）状松散结构；非黏性土（包括一般碎、卵、砾石头土）呈散结构；黏性土及新黄土呈松软结构	29～44	43～49
Ⅰ	石质围岩呈泥消角砾状松散结构；黏性土呈塑性松软结构；砂性土呈潮湿的松散结构	>45	>50

4. 其他需加宽线间距离的地段

在进站引线、桥头引线、隧道引线和并行不等高地段，两线间的线距加宽较大，通常采用以下两种方法加宽线距。

（1）曲线地段，线距加宽不大，一般多采用加长内侧曲线缓和曲线长度的办法实现，如图 8-28（a）所示。

（2）若附近有曲线时，应在曲线上加宽线距；若附近无曲线可以利用时，亦可在直线上加设一组反向曲线来加宽线距，如图 8-28（b）所示。

采用反向曲线加宽线间距时，如受最小圆曲线长度要求的限制，可不设缓和曲线，但反向曲线的圆曲线半径一般不小于 4 000 m；困难条件下，可采用 3 000 m。

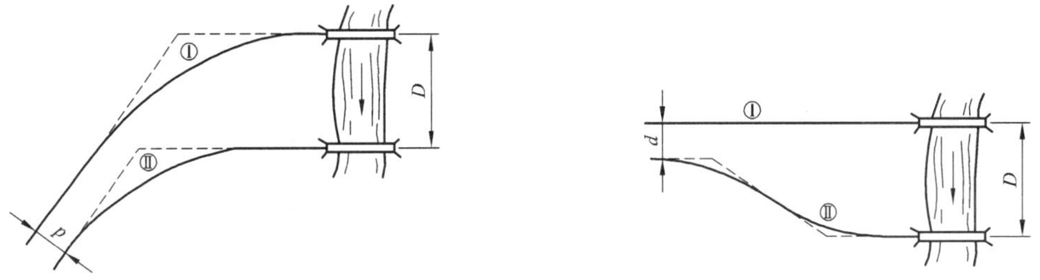

（a）　　　　（b）

图 8-28　加宽线距的方法

三、第二线横断面设计

增建第二线的路基横断面，有下列四种类型。设计时，应结合具体情况，选用横断面的合理形式。

（一）并行等高

第二线与既有线并行且轨面高程相同，称为并行等高。第二线的路基大多数都采用这种形式。施工中，一般是先修建第二线，建成后利用第二线行车，然后再改建既有线。

根据施工过程中，既有线中线是否移动，路基是否抬降，以及第二线是否拨动，而有三种横断面设计类型。

1. 既有线中线不移动，路基不抬降，第二线中线按设计位置施工

这类路基断面适用于中线不移动、轨面高程升高不多的情况，可用道砟起道，施工比较方便。

图 8-29 所示为既有线路基不需加宽的断面。增建第二线时，既有路基的路肩宽度，一般路堤不小于 0.6 m，路堑不小于 0.4 m；困难地段，路堤不可小于 0.4 m。第二线的路基面如为土质时，应有向外侧倾斜为 1%～4% 的排水横坡。

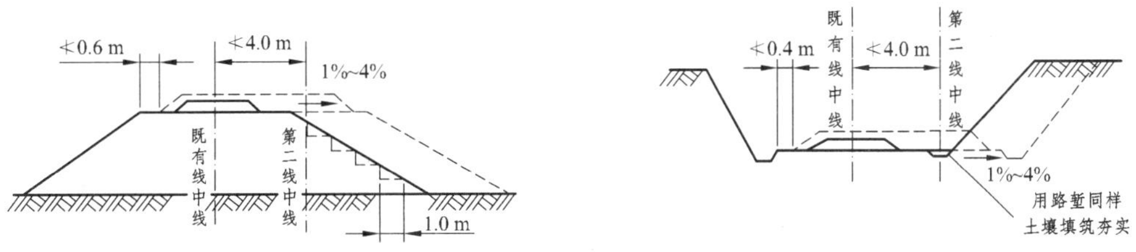

（a）路堤　　　　（b）路堑

图 8-29　既有线路基不加宽的横断面

图 8-30 所示为既有线路基宽度不足、需要加宽的断面。加宽既有路堤时，加宽部分的顶宽不应小于 0.5 m，底宽可按设计边坡要求确定，但不应小于顶部的加宽值。加宽前，原有路堤边坡应先挖成宽为 1 m 的台阶。如有护坡时，应先拆除。当第二线路基面高于既有线路基面时，其高出部分应采用渗水土壤填筑，以利排水；渗水土下面的上质路基顶面应修成向外侧倾斜为 1%～4% 的排水横坡。

2. 既有线中线移动，保留路基外侧边坡，第二线按设计位置施工

这类路基断面，既有线中线向第二线方向移动，可保留既有线路基外侧边坡。当既有线路基抬降较大时，为了保证第二线施工时既有线的正常运营，两线间应保持必要的临时线距，施工程序为先修建第二线，待其竣工后能维持通车时，再改建既有线路基。

图 8-31 所示适用于既有线轨面抬高不大、仅用道砟起道的情况。

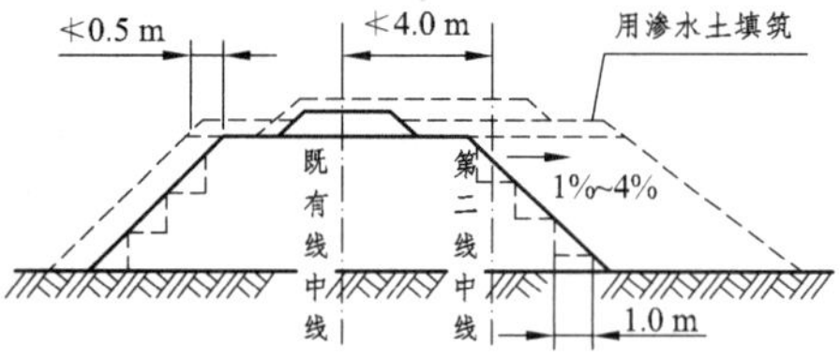

图 8-30　路基加宽的横断面

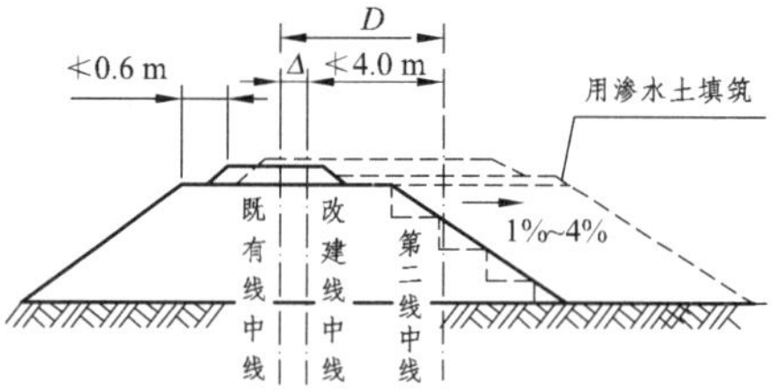

图 8-31　道砟起道

施工时线间的临时线距为

$$D = \varDelta + 4.0\ (\mathrm{m}) \tag{8-16}$$

式中　$\varDelta$——既有线向第二线一侧的拨动距离。

图 8-32 所示适用于既有线轨面抬高数值较大、需要填筑路基的情况；图 8-33 所示适用于既有线轨面降低数值较大、需要挖切路基的情况。施工时，两线间的临时最小线距为

$$D = d_1 + d_2 + m \times \Delta h\ (\mathrm{m}) \tag{8-17}$$

式中　d_1——既有线临时路基宽度的一半，一般约为 2.5 m；

d_2——第二线临时路基宽度的一半，一般约为 2.2 m；

m——路基边坡率，一般采用 1.53；

Δh——既有线路基面抬降高度（m）。

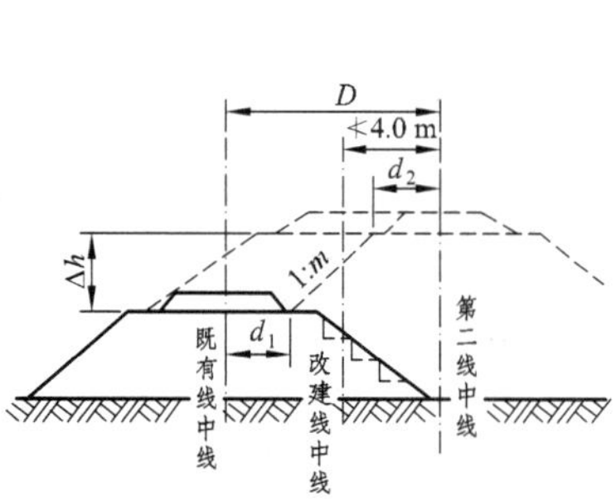

图 8-32　路基抬高

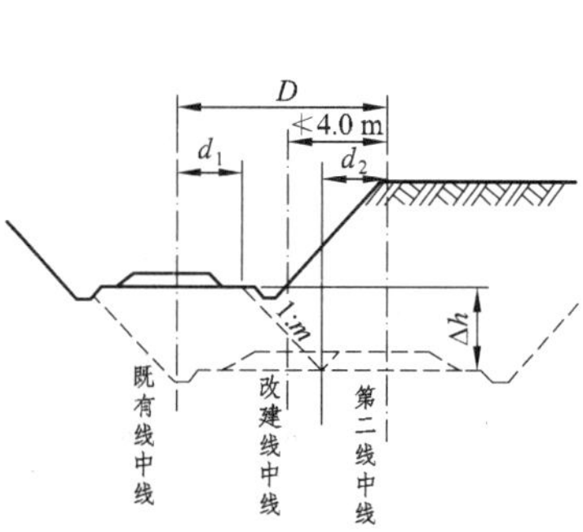

图 8-33　路基降低

3. 既有线中线不移动，但抬降较大；第二线中线先按临时位置施工，待既有线改建完成后，第二线再拨至设计位置

这类路基断面要废弃一部分土方，且第二线轨道需要重新拆铺一次。施工时，两线间的临时最小线距的计算，同（8-17）式。

图 8-34 所示为抬高路基面，图 8-35 所示为降低路基面。

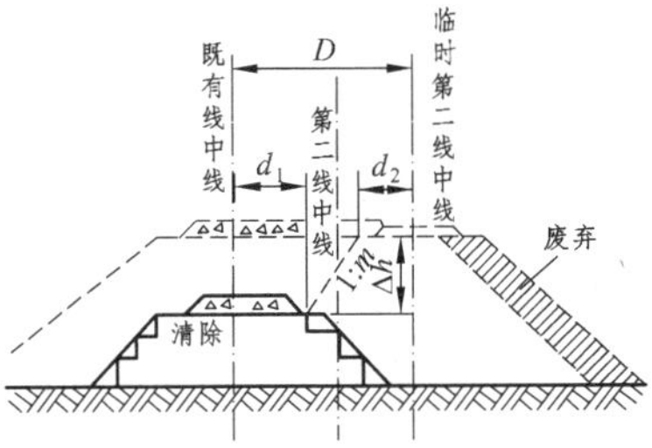

图 8-34　移动第二线抬高路基面

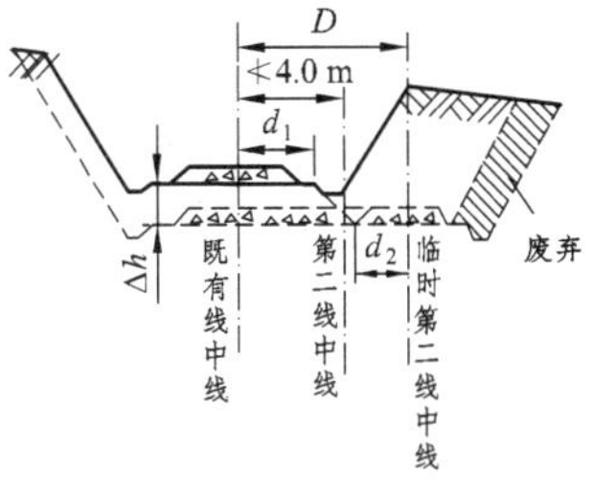

图 8-35　移动第二线降低路基面

（二）并行不等高

当第二线和既有线并行但路肩高程不同时，称为并行不等高。通常在两线坡度不同的路段采用。图 8-36 所示为几种常见的并行不等高的路基断面。

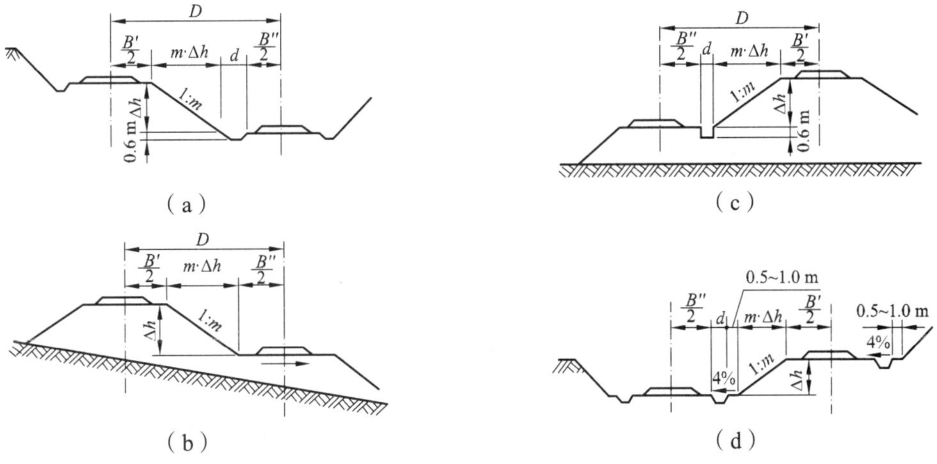

图 8-36　并行不等高的路基断面

因为这种线路的两线路基面高程不同，将使两线间排水困难，容易引起下方线路因积水而产生路基病害；大风雪地区，下方线路容易被雪埋没；下方线路抽换轨枕不便，且不能设置道口，并行不等高路段，两线的最小线间距离由两线间的路基面高差及路基边坡率 m 决定。在路堑地段，尚应考虑上线列车荷载的影响，适当放缓边坡；必要时，可加固上方路基的边坡或修建路肩墙，以减小线间距离。

根据路基构造要求，两线间最小线间距为

$$D=\frac{B'}{2}+\frac{B''}{2}+m\times\Delta h+d\ \ (\mathrm{m}) \qquad (8\text{-}18)$$

式中　$B'/2$ —— 上方路基宽度的一半，一般为 3.35 m；

$B''/2$ —— 下方路基宽度的一半，一般为 3.20 m；

m —— 路基边坡率，一般为 1.5；

Δh —— 两线路肩高程差（m）；

d —— 水沟宽度，水沟一般底宽 0.4 m，深 0.6 m 或 0.4 m，水沟边坡按 1∶1 设计，则 $d = 1.6$ m 或 1.2 m；若采用浆砌片石排水槽，则水沟宽度 d 可减为 0.4 m + 水沟一侧的边墙顶宽。

当两线间距受到限制，两线路基面高差不大，且路段较短时，可不设置两线间的排水沟（槽），但下方路基面应设置倾向外侧 1%～4% 的排水横坡，如图 8-36（c）所示。

在粗砂、中砂、黄土、易风化岩石和其他不良土质的路堑中，两线间排水沟的上方路基一侧应设置向水沟倾斜 4% 的平台，平台宽度视边坡高度和土壤的性质而定，一般为 0.5～1.0 m，如图 8-36（d）所示。采用这种路基横断面类型，两线间最小距离计算公式还应加上排水沟平台宽度。

（三）第二线修建单独路基与新建双线路基

在第二线单线绕行路段，以及桥隧引线与两线线间距较大需单独修建路基路段，应按新建单线铁路路基标准设计。双线绕行时，其路基断面按新建双线路基设计。

四、第二线平面计算

第二线的平面在直线地段，通常与既有线平行，线间距离为 4.0 m；在曲线地段，通常采用既有线的同心圆，两圆曲线的线间距离为 $4.0 + \varDelta$（m），$\varDelta$为曲线加宽值。只有在第二线与既有线线间距离变化地段(一般为在曲线地段改变线距),才需要进行两线的线间距离计算，也就是第二线的平面计算。第二线平面计算的方法，常采用三角分析法和坐标法等。

（一）平面计算的步骤和方法

1. 既有线的拨正计算

设计第二线平面时，首先需要进行既有曲线改建的拨正计算，其原理和方法已在第三节“二、平面改建设计”中阐明。

改建既有曲线时，应尽量避免桥隧等建筑物的改移，并力争曲线拨动最小，以减少改建工程量。既有线最好向第二线方向拨动，以避免既有路基向两侧加宽；特殊情况下，亦可向第二线的对向拨动，但必须在第二线交付运营以前，将既有线拨至设计位置，以免两线间的限界不足，发生行车事故。

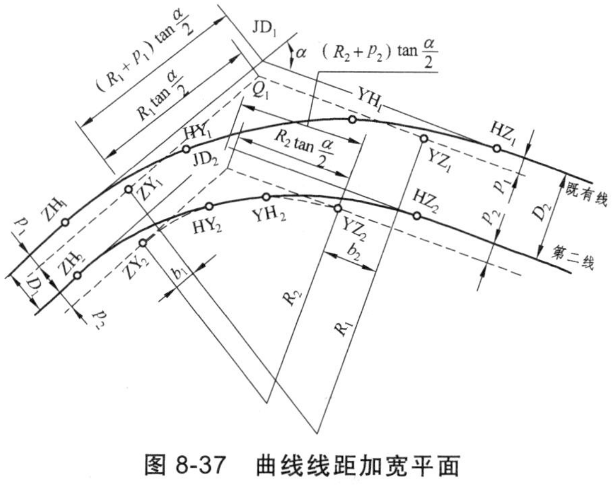

图 8-37　曲线线距加宽平面

第二线的平面，根据拨正后的既有曲线来进行设计。

2. 设计曲线的曲线要素计算

如图 8-37 所示，既有线在外侧，第二线在内侧，在曲线地段线距由 D_1 加宽

到 D_2；ZH_1—HY_1—YH_1—HZ_1 为整正后的既有曲线，ZH_2—HY_2—YH_2—HZ_2 为设计的二线曲线。根据几何关系，可求出第二线的曲线要素与内外侧两圆曲线起终点间的错动量 b_1 与 b_2。

既有线圆曲线起点 ZY_1 与终点 YZ_1 为既有线切线内移后之切点，切线内移距离为 p_1。ZY_1 点与 YZ_1 点距交点 JD_1 的切线方向距离为 $(R_1+p_1)\tan(\alpha/2)$，距内移切线的交点 Q_1 的切线方向距离为 $R_1\tan(\alpha/2)$ 整正既有曲线时，所算得的圆曲线起终点里程，即图中 ZY_1、YZ_1 的里程。

第二线圆曲线起点 ZY_2 与终点 YZ_2 为第二线切线内移后之切点，切线内移距离为 p_2，ZY_2 点与 YZ_2 点距交点 JD_2 的切线方向距离为 $(R_2+p_2)\tan(\alpha/2)$，距内移切线的交点 Q_2 的切线方向距离为 $R_2\tan(\alpha/2)$。

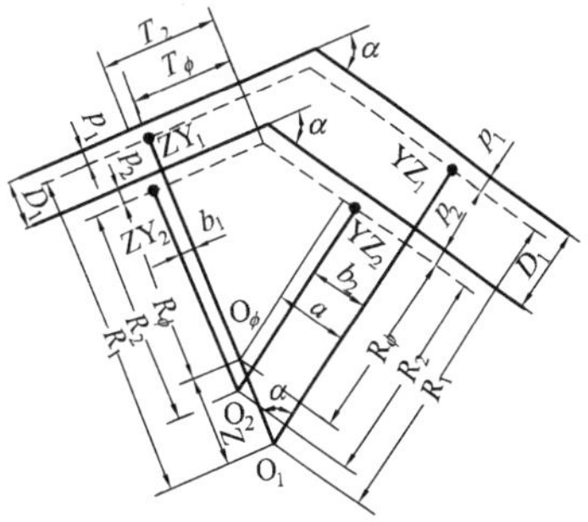

图 8-38 错动量的推求

1）选定第二线的圆曲线半径 R_2 与缓和曲线长度 l_0

首先求出假拟的圆曲线半径 R_ϕ，其曲线起点与既有圆曲线起点里程相同，据此，即可选出第二线的圆曲线半径。如图 8-38 所示，根据内、外侧圆曲线半径的相互关系，可列出以下两个方程式

$$R_1 = D_1 - p_1 + p_2 + R_\phi + Z \cdots\cdots\cdots\cdots\cdots\cdots ①$$

$$R_1 = D_2 - p_1 + p_2 + R_\phi + Z\cos\alpha \quad \cdots\cdots\cdots ②$$

式② - 式①，得

$$Z = \frac{D_2 - D_1}{1-\cos\alpha} \tag{8-19}$$

然后，计算 R_ϕ

$$R_\phi = R_1 - Z - (D_1 - p_1 + p_2) \tag{8-20}$$

在尚未选出 R_2 与 l_2 前，可假定 $p_2 = p_1$，求出概略的 R'_ϕ，将 R'_ϕ 取为 10 m 的整数，即第二线的圆曲线半径 R_2。

第二线圆曲线半径取整时，要保证两线间最小线距不小于 4.0 m，所以当两线间切线上的出发线距有一端为 4.0 m 时，则：

① 当第二线在内侧时，R_2 应进整为 10 m 整数，$R_2 > R_\phi$；

② 当第二线在外侧时，R_2 应舍去不足 10 m 的零数，$R_2 < R_\phi$。

然后，按照新建铁路标准，根据 R_2，选定缓和曲线长度 l_2。据此，可算出 $p_2 = \dfrac{l_2^2}{24R_2}$，即可按式（8-20）计算正确的 R_ϕ 值。

2）计算第二线圆曲线要素

α 与既有曲线相同，则

$$T_2 = R_2 \times \tan\frac{\alpha}{2}, \quad L_2 = R_2 \times \alpha, \quad T_\phi = R_\phi \tan\frac{\alpha}{2}$$

3）计算既有圆曲线与二线圆曲线的起点间与终点间的错动量 b_1 与 b_2（见图 8-38）

$$\left.\begin{aligned} b_1 &= T_2 - T_\phi \\ b_2 &= \alpha - (T_2 - T_\phi) = Z\times\sin\alpha - b_1 \end{aligned}\right\} \tag{8-21}$$

4）计算第二线设计曲线主要点的里程

第二线里程按投影到既有线上的里程推算为

$$\mathrm{ZY_2}里程=\mathrm{ZY_1}里程-b_1,\quad \mathrm{YZ_2}里程=\mathrm{YZ_1}里程-b_2$$

$$\mathrm{ZH_2}里程=\mathrm{ZY_2}里程-\frac{l_2}{2},\quad \mathrm{HY_2}里程=\mathrm{ZY_2}里程+\frac{l_2}{2}$$

$$\mathrm{YH_2}里程=\mathrm{YZ_2}里程-\frac{l_2}{2},\quad \mathrm{HZ_2}里程=\mathrm{YZ_2}里程+\frac{l_2}{2}$$

3. 内外侧圆曲线间线间距离的计算

内外侧圆曲线间距离计算如图 8-39 所示。

（1）两圆心连线在既有曲线起点法线方向上的投影长度为

$$B=R_1+p_1-D_1-R_2-p_2 \tag{8-22}$$

（2）两圆心距为

$$A=\mathrm{O_1O_2}=\sqrt{B^2+b_1^2}\quad 或\quad A=\frac{B}{\cos\theta}=\frac{b_1}{\sin\theta} \tag{8-23}$$

（3）两圆心连线 $\mathrm{O_1O_2}$ 的延长线与既有圆曲线起点法线方向间的夹角为

$$\theta=\arctan\frac{b_1}{B} \tag{8-24}$$

（4）既有圆曲线上任一点 M 到既有曲线起点的弧长所对之中心角为

$$\phi=\frac{L_1}{R_1}\times\frac{180}{\pi}$$

（5）既有圆曲线上任一点到第二线圆曲线的线间距离 MN 为

$$\begin{aligned}Y&=\mathrm{MN}=\mathrm{O_1M}-\mathrm{O_1N}\\&=\mathrm{O_1M}-(\mathrm{O_1F}+\mathrm{FN})\\&=\mathrm{O_1M}-\mathrm{O_1F}-\sqrt{|\mathrm{O_2N}|^2-|\mathrm{O_2F}|^2}\end{aligned} \tag{8-25}$$

所以

$$Y=R_1-A\cos(\theta+\phi)-\sqrt{R_2^2-A^2\sin^2(\theta+\phi)}$$

4. 缓和曲线范围内线间距离的计算

求出圆曲线间的线间距离后，如图 8-40 所示，在圆曲线两端还应计入缓和曲线的移动距离。根据测点所在的位置，可采用表 8-7 中所列公式，计算线间距离Δ。

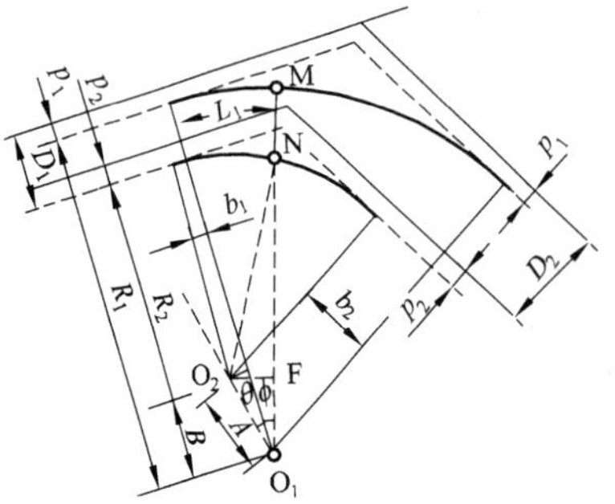

图 8-39 线间距离的推求

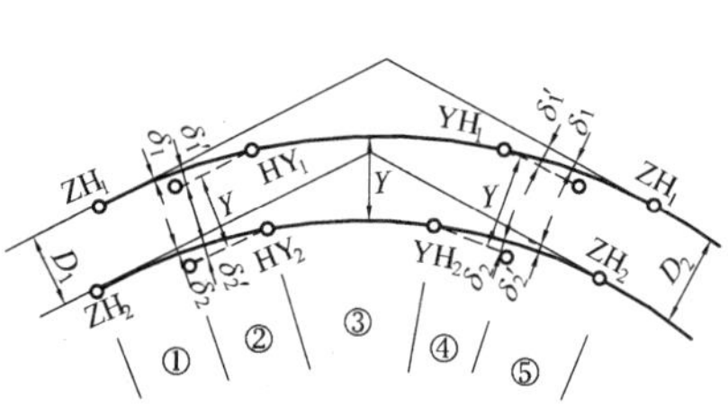

图 8-40 缓和曲线移动

表 8-7 线间距离计算式

测点范围	线间距离	δ_1,δ_1'	δ_2,δ_2'	l_1,l_2,l_1',l_2'
ZY 外侧，未计算 Y 值，测点在缓和曲线上	$\varDelta_0=D_1-\delta_1+\delta_2$	$\delta_1=\dfrac{l_1^3}{6C_1}$	$\delta_2=\dfrac{l_2^3}{6C_2}$	l_1 = 测点里程 − ZH_1 里程 l_2 = 测点里程 − ZH_2 里程
ZY—HY，已计算 Y 值，测点在缓和曲线上	$\varDelta_0=Y+\delta_1'-\delta_2'$	$\delta_1'=\dfrac{(l_1')^3}{6C_1}$	$\delta_2'=\dfrac{(l_2')^3}{6C_2}$	l_1' = HY_1 里程 − 测点里程 l_2' = HY_2 里程 − 测点里程
HY—YH，已计算 Y 值，测点在圆曲线上	$\varDelta_0=Y$			
HY—YZ，已计算 Y 值，测点在缓和曲线上	$\varDelta_0=Y+\delta_1'-\delta_2'$	$\delta_1'=\dfrac{(l_1')^3}{6C_1}$	$\delta_2'=\dfrac{(l_2')^3}{6C_2}$	l_1' = 测点里程 − YH_1 里程 l_2' = 测点里程 − YH_2 里程
YZ 外侧，未计算 Y 值，测点缓和曲线上	$\varDelta_0=D_2-\delta_1+\delta_2$	$\delta_1=\dfrac{l_1^3}{6C_1}$	$\delta_2=\dfrac{l_2^3}{6C_2}$	l_1 = HZ_1 里程 − 测点里程 l_2 = HZ_2 里程 − 测点里程

注：计算 δ_2,δ_2' 时，因 l_2,l_2' 系既有线上的投影长度，其方向亦非既有线的法线方向，理论上应有误差；但误差很小，能符合精度要求。

（二）三角分析法的计算通式

1. 曲线地段改变线距的基本类型

在曲线地段改变线距，用三角分析法计算线距，因第二线在内侧或外侧，线距由小变大或由大变小以及 R_1 与 R_2 的大小而有多种图式。各种图式的错动量计算式和线间距离计算式各不相同，但原理并无区别，初学者应绘出平面图，根据几何关系加以推导。绘图时，应在线距较小一端，使 R_1 与 R_2 的曲线端点法线重合，以便于合理的选配第二线的曲线半径。下面列出三种图式的计算式（推导过程略）。

（1）第二线在内侧，$D_1>D_2$（见图 8-41）

$$Y=R_1-A\cos(\theta-\phi)-\sqrt{R_2^2-A^2\sin^2(\theta-\phi)}$$

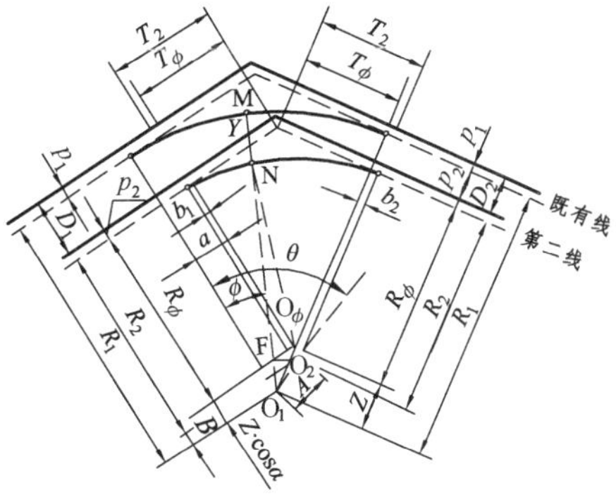

图 8-41 线距计算平面（一）

（2）第二线在外侧，$D_1<D_2$（见图 8-42）

$$Y=-R_1+A\cos(\theta-\phi)+\sqrt{R_2^2-A^2\sin^2(\theta-\phi)}$$

（3）第二线在外侧，$D_1>D_2$（见图 8-43）

$$Y=-R_1-A\cos(\theta-\phi)+\sqrt{R_2^2-A^2\sin^2(\theta-\phi)}$$

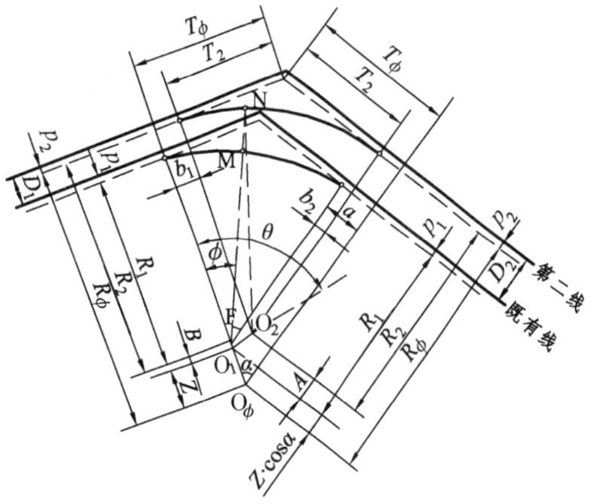

图 8-42　线距计算平面（二）

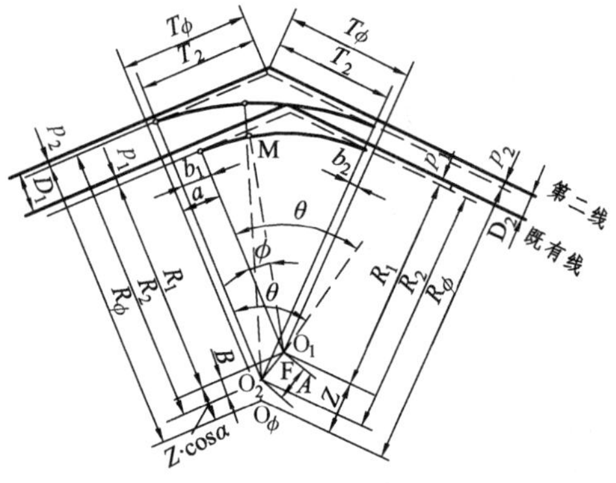

图 8-43　线距计算平面（三）

2. 计算内外侧圆曲线间线间距离的通用公式

计算线间距离时，按下述规定引入正负号，则可将多种计算式归并为一个通式。其方法如下：

（1）第二线在内侧，则出发线距 D_1、D_2 取正值；第二线在外侧，则出发线距 D_1、D_2 取负值。

（2）下列公式的计算值，引入正负号

$$Z=\frac{D_1-D_2}{1-\cos\alpha}$$

$$a=Z\sin\alpha$$

$|D_1|<|D_2|$ 时，$R_\phi=R_1+p_1-D_1-p_2+Z$，　$b_1=T_\phi-T_2$

$|D_1|>|D_2|$ 时，$R_\phi=R_1+p_1-D_2-p_2-Z$，　$b_1=a+T_\phi-T_2$

$$B=(R_1+p_1)-D_1-(R_2+p_2)$$

$$\theta=\arctan\frac{b_1}{B}\text{（若 }b_1=0\text{，则}\theta=0\text{）}$$

若 $B=0$，则当 b_1 为正时，$\theta=90°$；当 b_1 为负时，$\theta=-90°$

$$A=\frac{B}{\cos\theta}\text{；若}B=0\text{，则 }A=\frac{b_1}{\sin\theta}$$

$$\phi=\frac{L_1}{R_1}\times\frac{180}{\pi}\quad\text{(恒为正值)}$$

（3）法线长度计算式

$$Y=R_1-A\cos(\theta-\phi)-\sqrt{R_2^2-A^2\sin^2(\theta-\phi)}$$

Y 为正值，表示第二线在内侧；Y 为负值，表示第二线在外侧。

（4）线间距离按表 8-7 所列公式计算。

（三）坐标法计算线距

计算线间距离的方法，由于思路不同，选用的坐标系统不同，方法也不一样。下面以三角分析法的图式为基础，介绍比较简便的两种方法。

1. 以既有曲线圆心 O_1 为坐标原点的方法

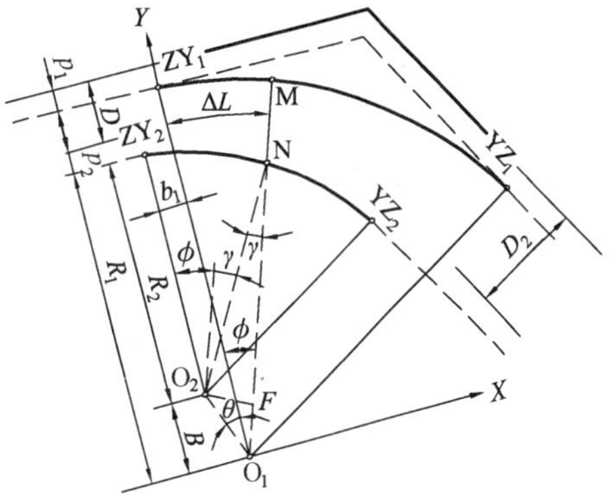

图 8-44　坐标法计算线距（一）

如图 8-44 所示，第二线在内侧，$D_1 < D_2$。既有曲线圆心 O_1 为坐标原点，O_1（ZY_1）为 Y 轴，与 Y 轴垂直指向曲线一侧的直线为 X 轴，各测点位于第一象限，MO_1 为既有曲线的法线方向。法线长 MN 的计算式如下：

（1）$Y = \mathrm{MN} = \mathrm{O_1M} - \mathrm{O_1N} = R_1 - \sqrt{x_{\mathrm{N}}^2 + y_{\mathrm{N}}^2}$

（2）$x_{\mathrm{N}} = R_2 \sin(\phi + \gamma) - b_1$

（3）$y_{\mathrm{N}} = R_2 \cos(\phi + \gamma) + B$

（4）$b_1 = T_2 - T_\phi$　或　$b_1 = R_2 \tan\dfrac{\alpha}{2} + \dfrac{D_2 - p_1 + p_2}{\sin\alpha} - R_1 \tan\dfrac{\alpha}{2} - \dfrac{D_1 - p_1 + p_2}{\tan\alpha}$

（5）$B = R_1 + p_1 - D_1 - p_2 - R_2$

（6）$\phi = \dfrac{\Delta L}{R_1} \times \dfrac{180}{\pi}$ (°)，$\Delta L = $ 测点里程 $-$ ZY_1 里程

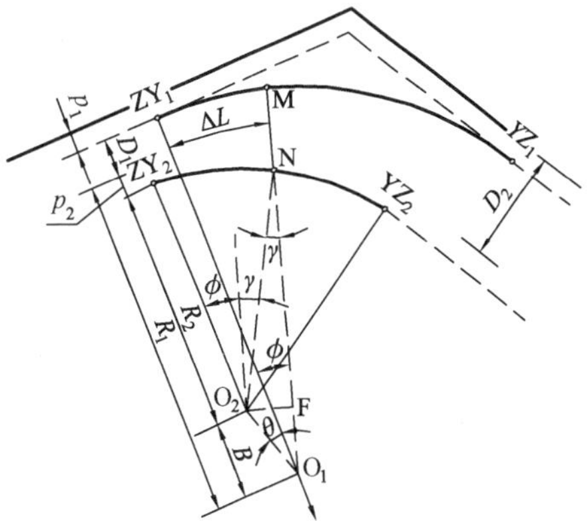

图 8-45　坐标法计算线距（二）

（7）$\gamma = \arcsin\dfrac{\mathrm{O_2F}}{R_2}$

（8）$\mathrm{O_2F} = \mathrm{O_1O_2} \times \sin(\theta + \phi) = \dfrac{b_1}{\sin\theta} \times \sin(\theta + \phi)$

（9）$\theta = \arctan\dfrac{b_1}{B}$

其他各种在曲线地段变更线距的图式，亦可绘出示意图，并推导出相应的计算式；还可规定有关符号的正负值，推导出计算通式。

2. 以既有曲线直圆点 ZY_1 为坐标原点的方法

如图 8-45 所示，第二线在内侧，$D_1 < D_2$。既有曲线直圆点 ZY_1 为坐标原点，始切线方向为 X 轴，法线方向为 Y 轴。法线长 MN 的计算，除（1）~（3）三式和上法不同外，（4）~（9）各式和上法完全相同。

3. 线间距离的计算

线间距离的计算式，仍可采用三角分析法中介绍的方法，如表 8-7 所列公式。

（1）$Y = \mathrm{MN} = \dfrac{y_{\mathrm{N}} - y_{\mathrm{M}}}{\cos\phi}$

$Y = \mathrm{MN} = \sqrt{(x_{\mathrm{N}} - x_{\mathrm{M}})^2 + (y_{\mathrm{N}} - y_{\mathrm{M}})^2}$

（2）$x_{\mathrm{M}} = R_1 \sin\phi$，$y_{\mathrm{M}} = R_1(1 - \cos\phi)$

（3）$x_{\mathrm{N}} = R_2 \sin(\phi + \gamma) - b_1$，

$y_{\mathrm{N}} = R_1 - B - R_2 \cos(\phi + \gamma)$

（四）平面线距计算方法的应用

1. 曲线地段线距加宽计算实例

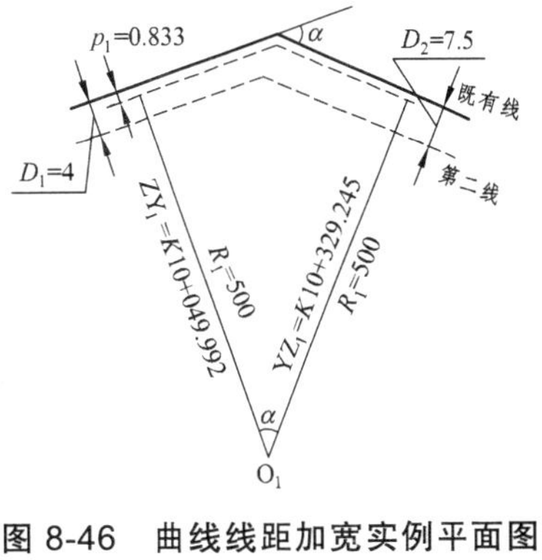

图 8-46　曲线线距加宽实例平面图

根据第三节中曲线拨距计算实例（见图 8-46），既有曲线拨距计算资料见表 8-4。线间距离计算结果见表 8-8。

表 8-8 线间距离计算

测点里程	法线长度计算						法线长度	线间距离计算						
	出发线距 D_1D_2	计算数据与公式						缓和曲线移动距离计算				线间距离		
		R_1	$\theta+\phi$	$A\cdot\cos(\theta+\phi)$	$A\cdot\sin(\theta+\phi)$	$\sqrt{R_2^2-A^2 ?\sin^2(\theta+\phi)}$		既有线		第二线		最后线距 $\varDelta_0$	临时线距计算	
			$\theta=8°08'39''$ $\phi_1=1°08'49''$ $\phi_{20}=2°17'30.6''$	$A=15.523$		$R_2^2=480^2=230\ 400$		l_1 l_1'	δ_1 δ_1'	l_2 l_2'	δ_2 δ_2'		既有线拨距 $\varDelta_1$	临时线距 $\varDelta_2$
1	2	3	4	5	6	7	8	9	10	11	12	13	14	15
K9+960	4.000											4.000	0	4.000
+980	4.000											4.000	−0.001	3.999
K10+000	4.000							0.008	0	17.207	0.014	4.014	−0.004	4.010
+020	4.000							20.008	0.027	37.207	0.138	4.111	+0.001	4.112
+040	4.000							40.008	0.213	57.207	0.500	4.287	−0.004	4.283
+060		500	9°17′28″	15.319	2.506	479.993	4.688	39.992	0.213	52.793	0.393	4.508	−0.002	4.506
+080		500	11°34′58″	15.207	3.117	479.990	4.803	19.992	0.027	32.793	0.094	4.736	−0.003	4.733
+100		500	13°52′29″	15.070	3.722	479.986	4.944			12.793	0.006	4.938	+0.008	4.946
+120		500	16°09′56″	14.909	4.322	479.981	5.110					5.110	+0.007	5.117
+140		500	18°27′30″	14.724	4.915	479.975	5.301					5.301	+0.008	5.309
+160		500	20°45′01″	14.516	5.500	479.968	5.516					5.516	+0.007	5.523
+180		500	23°02′31″	14.285	6.076	479.962	5.754					5.754	+0.005	5.759
+200		500	25°20′02″	14.030	6.642	479.954	6.016					6.016	+0.002	6.018
+220		500	27°37′32″	13.753	7.198	479.946	6.301					6.301	+0.009	6.310
+240		500	29°55′03″	13.454	7.742	479.938	6.608					6.608	+0.000	6.608
+260		500	32°12′34″	13.134	8.274	479.929	6.937			5.762	0.001	6.936	+0.002	6.938
+280		500	34°30′04″	12.792	8.793	479.919	7.289	0.755	0	25.762	0.046	7.243	+0.007	7.250
+300		500	36°47′35″	12.431	9.297	479.910	7.659	20.755	0.030	45.762	0.256	7.433	+0.003	7.436
+320	7.500							59.245	0.693	64.238	0.708	7.515	+0.005	7.520
+340	7.500							39.245	0.201	44.238	0.231	7.530	+0.004	7.534
+360	7.500							19.246	0.024	24.238	0.038	7.514	+0.003	7.517
+380	7.500									4.238	0	7.500	+0.001	7.501
K10+400	7.500											7.500	0	7.500
备注	$ZY_1=K10+049.992$ $ZY_2=K10+047.793$ $R_1=500$ $l_1=100$ $p_1=0.833$				$YZ_1=K10+329.245$ $YZ_2=K10+319.238$ $R_2=480$ $l_2=130$ $p_2=1.467$			$ZH_1=K9+999.992$ $HY_1=K10+099.992$ $YH_1=K10+279.245$ $HZ_1=K10+379.245$				$ZH_2=K9+982.793$ $HY_2=K10+112.793$ $YH_2=K10+254.238$ $HZ_2=K10+384.238$		

2. 曲线路段两线换边

在曲线路段两线换边，实际上是两个“曲线线距加宽”问题。如图 8-47 所示，左侧设计线对既有线来说，线距由 D_1 变为 0；右侧设计曲线由 0 变为 D_2。计算方法和曲线线距加宽相同。

3. 既有曲线半径由小改大

当既有曲线的转角较大，且曲线半径和缓和曲线较小，需要加大曲线半径和缓和曲线长度时，如图 8-48 所示，因拨动前后曲线长度变化，故不能用传统的拨距计算方法计算拨正量。计算拨正量需要利用线距计算方法，分三个步骤完成：

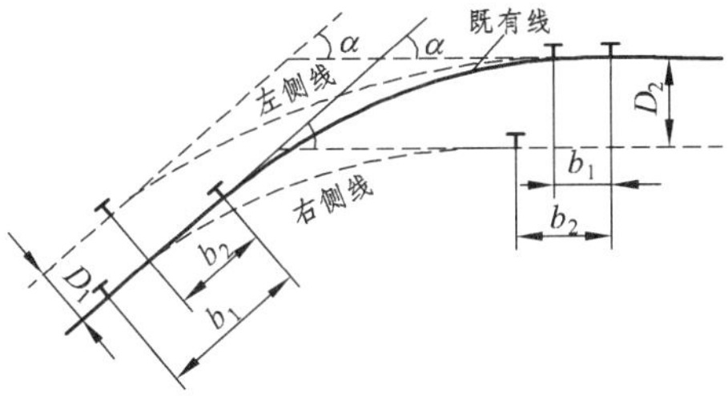

图 8-47　曲线换边

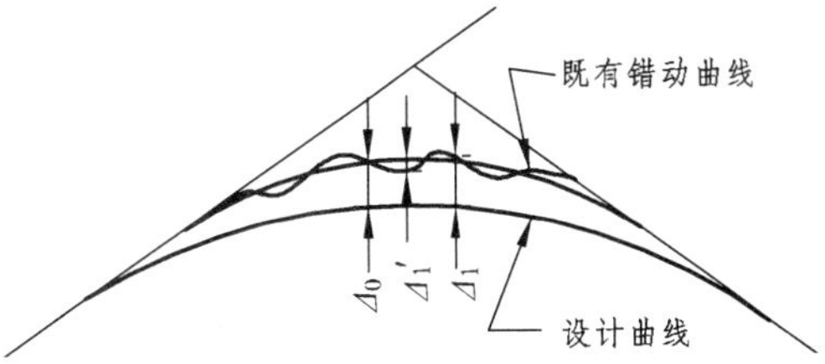

图 8-48　加大曲线半径

① 先将既有的错动曲线用传统的拨距计算方法，恢复为规则曲线，算出拨距 $\varDelta_1'$；

② 然后用线距计算方法，计算既有规则曲线和设计曲线间的线距 $\varDelta_0$，此时 $D_1 = D_2 = 0$；

③ 错动的既有曲线至设计曲线的拨距为 $\varDelta_1 = \varDelta_1' + \varDelta_0$。

4. 直线路段两线换边

在直线上换边，实际上是两个直线上加宽线距的问题。如图 8-49 所示，对既有线来说，左侧设计线线距由 D_1 变为 0，右侧设计线由 0 变为 D_2。计算方法同上。

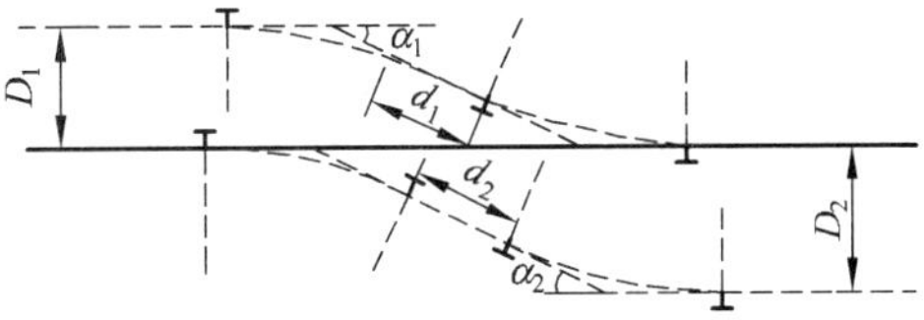

图 8-49　直线路段两线换边

5. 直线路段改变线距

直线路段改变线距，可以加设一组反向曲线，如图 8-50 所示。反向曲线的曲线半径，不应小于最小曲线半径；一般采用 4 000 m，困难条件下，可采用 3 000 m。通常情况下，应设置缓和曲线，如受最小曲线长度要求的限制，亦可不设置缓和曲线，两曲线间夹直线长度，不应小于最小夹直线长度，一般不小于 80 m。

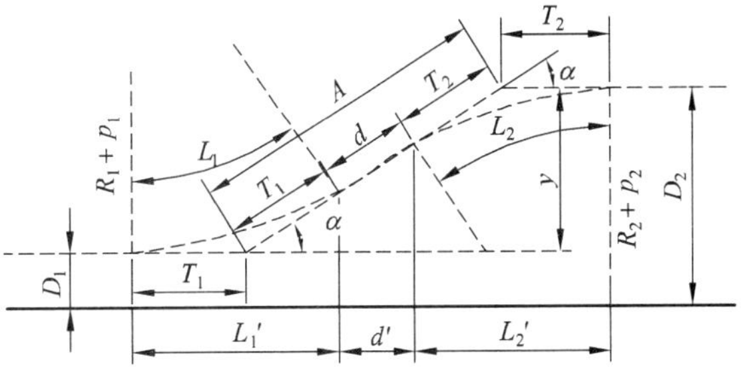

图 8-50　直线路段加宽

直线路段改变线距时，一般已知线距 D_1 与 D_2、曲线半径 R_1 与 R_2，夹直线长度。平面各主要部分与两线间线距的计算步骤如下：

1）计算转向角 α

令　　$y = D_2 - D_1$

因为　　$y = A\sin\alpha$

$$A = T_1 + T_2 + d = (R_1 + p_1)\tan\frac{\alpha}{2} + (R_2 + p_2)\tan\frac{\alpha}{2} + d$$

$$= (R_1 + R_2 + p_1 + p_2)\tan\frac{\alpha}{2} + d$$

又因为 $$\sin\alpha = \frac{2\tan\frac{\alpha}{2}}{1+\tan^2\frac{\alpha}{2}}$$

所以 $$y = \left[(R_1 + R_2 + p_1 + p_2)\tan\frac{\alpha}{2} + d\right]\frac{2\tan\frac{\alpha}{2}}{1+\tan^2\frac{\alpha}{2}}$$

将上式展开整理后，得

$$\tan\frac{\alpha}{2} = \frac{-d \pm \sqrt{d^2 + [2(R_1 + R_2 + p_1 + p_2) - y]y}}{2(R_1 + R_2 + p_1 + p_2) - y} \tag{8-26}$$

式中，d = 夹直线长度+相邻两端缓和曲线长度之半，若夹直线长度采用 80 m，则不设缓和曲线时，d = 80 m。

将求得的α值，舍去“秒”数，取整为“分”，其后计算，采用取整后的α。

2）计算曲线要素和两线里程差

$$A = \frac{y}{\sin\alpha}$$

$$T_1 = (R_1 + p_1)\tan\frac{\alpha}{2},\quad L_1 = (R_1 + p_1)\times\alpha$$

$$T_2 = (R_2 + p_2)\tan\frac{\alpha}{2},\quad L_2 = (R_2 + p_2)\times\alpha$$

$$d = A - T_1 - T_2$$

设计线实际长度为 $L_1 + d + L_2$

设计线在既有线上的投影长度为

$$L_1' + d' + L_2' = (1+\cos\alpha)T_1 + d\times\cos\alpha + (1+\cos\alpha)T_2$$

两线里程差为 $(L_1 + d + L_2) - (L_1' + d' + L_2')$

第二线圆曲线起终点在既有线上的投影里程为

$$\text{YZ}_1\text{投影里程} = \text{ZY}_1\text{里程} + (1+\cos\alpha)T_1$$

$$\text{ZY}_2\text{投影里程} = \text{ZY}_1\text{里程} + T_1 + (T_1 + d)\cos\alpha$$

$$\text{YZ}_2\text{投影里程} = \text{ZY}_1\text{里程} + T_1 + A\cos\alpha + T_2$$

3）法线长度的计算

第二线中线距既有线中线的法线长度，可用切线支距的公式计算，如图 8-51 所示。

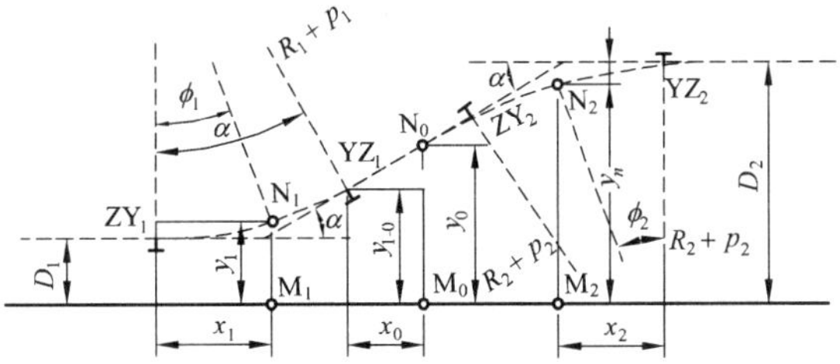

图 8-51　直线路段改变线距

① 在 ZY_1 与 YZ_1 之间：

法线长　$y_1 = M_1N_1 = D_1 + (R_1 + p_1)(1 - \cos\phi_1)$　（8-27）

式中　$\phi_1 = \arcsin\dfrac{x_1}{R_1 + p_1}$

x_1 = 既有线上测点 M_1 里程 − ZY_1 投影里程

YZ_1 点的法线长

$$y_{1-0} = D_1 + (R_1 + p_1)(1 - \cos\phi_1) \tag{8-28}$$

② 在 YZ_1 与 ZY_2 之间：

法线长　$y_0 = M_0N_0 = Y_{1-0} + x_0\tan\alpha$

$= D_1 + (R_1 + p_1)(1 - \cos\alpha) + x_0\tan\alpha$　（8-29）

式中　x_0 = 既有线上测点 M_0 里程 − YZ_1 投影里程

③ 在 ZY_2 与 YZ_2 之间：

法线长　$y_2 = M_2N_2 = D_2 - (R_2 + p_2)(1 - \cos\phi_2)$　（8-30）

式中　$\phi_2 = \arcsin\dfrac{x_2}{R_2 + p_2}$

x_2 = YZ_2 投影里程 − 既有线上测点 M_2 里程

4）线间距离的计算

ZH_1—HZ_1 间距离为　$D \approx Y + \delta_1$

HZ_1—ZH_2 间距离为　$D = Y$

ZH_2—HZ_2 间距离为　$D \approx Y - \delta_2$

式中，Y 为相应路段的法线长度；δ_1，δ_2 为加设缓和曲线后各测点的内移距离，若未设缓和曲线时，则 δ_1，δ_2 为 0。

第三节　修建三线、四线、分流线

在人口稠密、工业集中、经济发达的城市化地带和沟通国家重要经济大区的繁忙干线上，客货运量增长突出，为了适应这些地区运量快速发展的需要，对客货运输繁忙的双线铁路，当其技术负荷达到一定水平之后，就需要修建分流线或增建第三、四线作为进一步扩能的措施。

一、在枢纽地区繁忙区间或地段修建第三、四线或环线

在双线自动闭塞的基础上增建第三、四线或分流线，首先是适应毗邻大城市的市郊列车运行地段，或大枢纽内客货运输非常繁忙区间的实际需要，如哈尔滨—滨江—太平桥—三棵树、沈阳—浑河—苏家屯、丰台—马家堡—永定门、天津北—万新、南京东—兴卫村—南京，以及沈阳枢纽的于虎线、北京枢纽的东南环线、天津枢纽的北环线等。这些第三、四线和环线的修建，对于提高枢纽地区繁忙干线的通过能力、减少平面交叉干扰，以及减轻主要咽喉地段的负担，增进枢纽行车工作的灵活机动性都起到了良好的作用。

在枢纽地区繁忙区间修建第三、四线或分流线，其建设方案必须根据枢纽性质、车流结构、衔接方式、主要编组站、客货运站布局等方面的特点，本着有利于减少交叉干扰，提高通过能力，以及合理运用现有技术设备等要求，因地制宜地研究第三、四线或分流线的修建与使用方案，并适时地进行施工，才能获得预期的效果。

1）编组站正线外包

当编组站正线外包时，第三线宜建在两正线之间，并紧靠能力紧张的车场一侧，在区间内要紧靠有作业需要的一侧，以便同向客货列车能分线运行，保证前方站并线后客货之间的追踪时间不致过大，可降低旅客列车扣除系数，并可利用第三线作为通勤车停靠线，减少对正线的占用。

2）编组站位于两正线一侧

当编组站位于两正线一侧时，第三线宜建在靠近到发场和主要货流方向一侧，以减少对正线及站场咽喉的切割干扰，并可推迟跨线立交设施的修建。

枢纽内的环线，主要起分流作用，使直通车流走环线，既有正线主要供旅客列车、摘挂列车、小运转列车运行，既能减少列车公里，又可减轻枢纽通过能力紧张地段的负荷。

修建环线是加强大型铁路枢纽通过能力和机动性的重要措施之一，应按枢纽发展总体规划分阶段进行，同时，要解决好机车整备、列车车辆检修、乘务员公寓修建、机车交路调整等一系列问题，以免分工方案因受某一环牵制而不能实现，或是给运营工作带来某些困难和不便。

二、在整个区段或铁路线修建第三、四线或分流线

在客货运输特别繁忙的电气化自动闭塞双线铁路上，如运输密度大幅度增长，用其他加强方法又难以满足时，就需考虑修建第三、四线。修建第三、四线建设方案通常与修建分流线进行对比研究。也就是说，只有修建分流线不利的情况下，修建第三、四线才是合理的。通常，只有市郊列车行车量很大的区段才有必要由双线一次建成四线，在其他情况下，都应通过修建第三线逐步过渡到修建第四线铁路。

（一）修建第三线

修建第三线方案与建设施工方法、行车组织和通过能力等因素有关。

1. 绕行方案

根据运量及货流构成情况，如有分流条件时可采用第三线绕开既有双线的方案。绕行方案的优点是第三线与既有线分开，各自成为单独的系统，在行车调度指挥上较为方便，改建

拆迁工程量小，与城镇规划矛盾少，新线施工与旧线运营基本上无干扰。其缺点是，占用土地多，站场、客货运设施均须另建，工程投资大；由于自成系统，须多用运营管理人员，从而运营费用高。新建第三线一般主要供放行区段、直通货物列车使用，有条件时可组织开行组合列车。

2. 并行方案

在既有双线路基的一侧修建第三线，与绕行方案比较，其优点是占地省，如线间距按 5.5 m 计算，每公里仅占土地 9 亩，为绕行线的 30%，而且所占土地大部分都是铁路已征用地，土石方工程小，约为绕行方案的 70%，且可充分利用既有线的站场设备，或与旧有设备更新改造相结合，工程投资可以大大节省；运营人员增加较少，运营调整的灵活性较大；可根据客货运量增长的需要分段修建，逐步贯通。其缺点是，施工与运营干扰大，需要预留施工“天窗”，影响现有通过能力；拆迁工程量较大，与城镇规划的矛盾较多；调度指挥工作较为复杂，行车调车人员劳动强度大，如既有线技术标准低时，不利于以后的现代化技术改造。

根据客货流性质及行车量的不同，并行三线可以采取不同的分工方式：

（1）既有双线上下行正线运行条件不变，新建第三线按单线组织行车，将扣除系数较大的旅客慢车、摘挂列车、小运转列车，以及部分货物列车经由第三线运行。为此，第三线应根据沿线大多数中间站客货运设施特点及城镇通站公路的分布等条件，从方便旅客出入站上下车，并较少摘挂列车调车作业对正线行车的干扰等原则出发，修建在既有正线的左侧或右侧。该设计方案的优点是，方便中间站旅客乘车，减少了摘挂列车调车作业交叉干扰和乘务员超劳，不改变原有正线位置，不产生新旧路基不均匀下沉问题，便于线路维修养护。

该方案适用于开行慢客、市郊及摘挂列车较多的双线区段。

（2）双线改在两侧，中间正线装备双向自动闭塞构成三线系统，当其中的任一条正线线路施工时，整个区段仍可保证按正常的双线行车组织方式运营。但该方案必须改变原有的道岔配列、股道间距、信号联锁条件，施工比较复杂，对既有线运营干扰严重，特别是不适于区段管内客货运输量较大的现实情况。此时，并行三线的运用方式，可根据客货流具体情况选择以下两种模式：

① 货物列车和旅客慢车在双线基本上按平行运行图运行，利用第三线放行旅客快车和快运货物列车；

② 利用第三线组织双方向列车不停车越行，并因此而在正线之间铺设必要的渡线，装设整套行车指挥自动化设备，如图 8-52 所示。

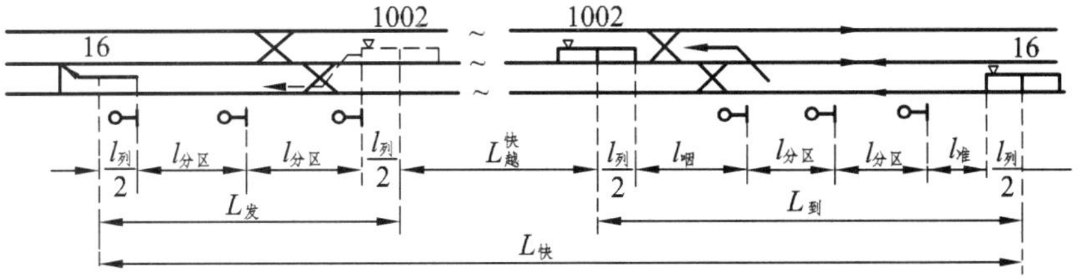

图 8-52　利用第三线组织双方向列车不停车越行示意图

（二）修建四线铁路

当铁路运量持续增长，一昼夜行车量达到 180 对以上时，就应修建四线铁路。四线铁路能实现客、货或市郊、干线分线运行，通过能力可达 300 多对，在美国、英国、德国、法国、荷兰、日本以得到广泛的应用，如英国，多线铁路已占铁路营业里程的 12%。多线铁路大多配置在大城市铁路枢纽的进出口处；如巴黎枢纽 16 条铁路的进路大部分为多线铁路；苏联不仅建设市郊四线，还建设干线四线，以加强既有双线或三线铁路的通过能力。

四线铁路的正线配置和使用方案主要有四种模式，如图 8-53 所示。

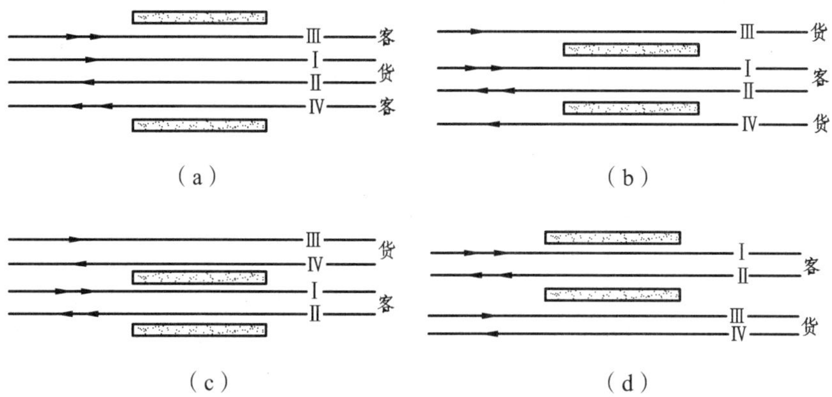

图 8-53　四线铁路正线配置及使用方案

（1）四线并列，两条下行线Ⅰ、Ⅲ在左，两条上行线Ⅱ、Ⅳ在右，如图 8-53（a），（b）。其线路使用方案：（a）为中间两条正线供货物列车使用，两边的两条正线供旅客列车使用；（b）为中间的两条正线供旅客列车或高速列车使用，两边的两条正线供货物列车或低速列车使用。由于线路使用方案不同，旅客站台的配置也随之而有所不同，前者布置在并列四线的两侧，后者布置在同方向两正线之间。这种线路布置的特点是：当一条线路施工时，仍可保持按双线方式组织列车运行，运营管理比较方便。由于实现了客货分线运行，排除了高速旅客列车对货物列车的越行。（b）方案排除了对低速旅客列车的越行，但乘坐低速旅客列车和市郊旅客列车的旅客进出站要跨越正线，从而要增加修建地道的投资。

（2）两条双线铁路并列，一条双线铁路（Ⅲ、Ⅳ）专供货物列车运行，另一条双线铁路（Ⅰ、Ⅱ）专供旅客列车运行，如图 8-53 中的（c），（d）所示。这种铁路布置方案的优点是增建施工对既有线运营的干扰最小，新建双线可以采取绕行方案，便于改进或提高新线的技术标准。缺点是当双线的一条线路施工时，另一条线路只可按单线行车，运营上的机动性较小。

上述几种四线铁路修建方案各有优缺点，应根据当地的具体条件选择。主要影响因素有：列流的构成和总行车量，枢纽内编组站和客运站的配置，各种列车的运行速度和快慢车的速度比值，列车的重量和编成，采用的列车运行图类型，牵引种类和机车性能，铁路技术装备的现代化程度，枢纽内疏解列车流所必需的进路数，以及行车管理上的方便程度等。在具体条件下选用的最优线路布置与使用方案应能保证列车运行和旅客人身的绝对安全，实现最大的通过能力和最高的旅行速度，以及最低的工程和运营换算费用。

四线铁路的修建，一般也应通过修建三线进行过渡。因而，在设计增建第三线时就应考虑将来发展为四线时的技术条件与运营要求，以免产生大量废弃工程，或不得不降低某些技术标准而不能充分发挥多线铁路的优越性。

（三）修建分流线

改造既有线和修建新线都是路网建设的重要组成部分，都是为了增强铁路运输能力，但又各具不同的作用和特点。繁忙干线的改造，基本上是增加正线数目，不扩大吸引范围，可以分期分段施工，边改造边投产，及早发挥投资效益，效果明显。但施工不可避免地会与运营发生干扰，影响当前的运输能力。如果改移拆迁工程过大，造价甚至高于新线，就应考虑和建设分流线和联络线相比选的问题。修建新的分流线和联络线则除增加运能外还可有其他作用。一般地，分流线路是在既有干线运输过于紧张而其潜力又较小的情况下所采取的用修建平行线的方法来扩能的措施，其主要作用是能分担原由既有线承担的部分直通车流，缓解限制区段通过能力紧张程度，同时可促进某些地区或工矿企业的发展，从而在整个路网中增大了吸引范围；联络线则主要是为了把两条干线用短线连通，用以增加通路、缩短运距，为合理运输创造条件。此外，建设新线还可起到优化路网结构和巩固国防的作用。修建新线的共同问题是投资大，工期长，必须在全部工程完工后才能形成能力，才可受益。为此，旧线改造和新线建设必须统筹安排。

修建分流线属于新线建设范畴，在方案比选时，必须确切掌握客货运量构成及其发展趋势，充分利用既有线扩能的潜力，综合考虑以下各方面的因素，进行正确决策：

① 方案所能提供的部门经济效益和社会经济效益；

② 单位运能所需资金；

③ 运营的合理性、可靠性；

④ 方案的可实现性，主要是对技术装备、资金来源、能源供应，以及有关配套设施等方面要求的满足程度；

⑤ 政治、国防等方面的意义等。

此外，修建分流线应掌握好施工时机，不致发生过早或过晚的失误。

第九章　城市轨道交通规划与线路设计

第一节　概　　述

一、城市轨道交通定义及分类

城市中使用车辆在固定导轨上运行并主要用于城市客运的交通系统称为城市轨道交通。当前，世界上已有40多个国家的140多个城市拥有或正在规划建设城市轨道交通，在构筑物形态、运营方式、车辆类型及运输能力等方面类型很多。

按构筑物的形态或轨道相对于地面的位置划分，城市轨道交通可分为地下铁路、地面铁路和高架铁路。

按列车运营组织方式划分，城市轨道交通可分为三类。

（1）传统的城市轨道交通：服务范围以中心城区为主的城市轨道交通，通常站间距在1 km以内。

（2）区域快速铁路：服务范围包括城市郊区的轨道交通系统，通常站距较大，含地面线路或高架线路。

（3）市郊铁路：指位于城市范围内、部分或全部服务于城市客运的城市间铁路。

按运能范围及车辆类型划分，城市轨道交通可分为地下铁道（Metro，the Underground）、轻轨交通（Light Metro，Light Rail Transit）、独轨交通（Monorail）、有轨电车（Tram，Tramway）、客运自动轨行车（Peoplemover）、自动导向交通（Automated Guided Transit）、微型地铁（Mini-Metro）、胶轮轨道交通（Rubber Tyred Metro）、索道（AeriaI Tramway）等类型，常用的是前四种。

二、城市轨道交通的发展

（一）国外城市轨道交通的发展

1804年英国人特雷维西克试制了第一台行驶于轨道上的蒸汽机车，1825年英国在大林顿到斯托克顿间修建了21 km的世界第一条铁路。至1863年伦敦第一条地铁线开通之前，铁路在欧、美等国迅速发展，总里程超过100 000 km。这个时期，尽管铁路没有直接服务于城市交通，但是它使得城市发展从靠水而建的约束中摆脱出来，其腹地范围迅速扩大，在半个世纪不到的时间中扩大了3～6倍，大大促进了城市交通需求的发展。美国的快速轨道交通采用了地上高架的形式。第一条高架快速轨道交通线在1870年开始运营，沿曼哈顿的格林尼治（Greenwich）大街及第9大道运行。1867年至1902年间，纽约建成了302 km的高架轨道交通网。自1892年起，芝加哥也大力修建高架铁道，至1902年达到174 km。

德国在柏林附近的Lichterfelde修建了世界上第一条电气化铁路线，于1881年投入运营。其后，北美城市建造了几条试验线，于1888年成功地试验出技术先进的电力机车技术。电气化铁路对快速轨道交通有决定性的影响。至 1890 年末，有轨电车迅速替换了马车铁道及缆车铁道，同时也替代了城市轨道交通中的蒸汽机车。由于电气化，到 1937 年美国的城市快速轨道交通里程增长到 1902 年的 4 倍，其中 90% 以上是在纽约与芝加哥，其余的在费城及波士顿。

英国的伦敦、法国的巴黎、德国的柏林、俄罗斯的莫斯科、日本的东京等城市，都是地铁发展较早且规模较大的城市。由于这些城市的城市间铁路非常发达，因此，在发展地铁的同时，市郊铁路也取得很大的发展，并在城市布局的发展及城市交通功能中占据重要地位。

据 1990 年统计资料，截止到 1989 年，全世界建成城市轨道交通并通车运营的国家和地区有 36 个，城市 108 座，其中有地铁的城市 79 座，有轻轨的城市 29 座，在建成地铁的城市中有 8 座建有轻轨交通，建成的地铁线路总长度约 5 000 km，轻轨交通线路总长度约为 1 250 km。

分析世界各国的城市轨道交通发展状况，各国（地区）的城市轨道交通建设分市区和大城市区（含郊区）。在市区，所有城市均建立了地铁交通系统，个别城市建有轻轨；大城市区（中心城市加周边城市）内，城市与城市之间修建市郊铁路。

（二）我国城市轨道交通的现状及发展前景

随着我国经济的发展和城市化进程的加快，我国大城市的数量和规模增长很快。大城市人口的增加和规模的不断扩大，使城市交通需求迅速增长，尽管近年来城市道路及车辆拥有量都有了大幅度的提高，但交通问题依然日益突出，表现为交通阻塞，车速降低，车祸频繁，停车困难，高峰时间交通拥挤，废气、噪声危害严重。尽管城市道路面积的增加使交通阻塞暂时有所缓解，但是由于新增道路处交通畅通，引来更多的车辆，时隔不久，新增或拓宽的马路又恢复到昔日的拥挤程度。而且道路的增长也是有限的，而城市交通量的增长却是无止境的。我国城市交通学者通过总结国内外城市交通发展的经验教训，越来越深刻地认识到交通需求与供给的矛盾，并达成共识：大城市的交通问题的解决必须依赖公共交通的发展，特大城市还必须建立一个以轨道交通系统为骨干、以公共交通为主体、多种交通方式相互协调的综合交通系统。

由于经济实力和技术水平的限制，中国大运量城市轨道交通建设起步较晚。北京是我国最早建设地铁的城市。1969 年 9 月 20 日，长 23.6km 的北京地铁第一期工程建成并正式通车。到 20 世纪 80 年代末，只有北京地铁一号线和环线共计 40km 线路建成运营。其后天津于 1980 年建成长 7.4 km 的地铁。80 年代以前，我国地铁的规划与建设，除了实现城市客运的功能之外，更重要的是考虑战备的要求。

进入 20 世纪 90 年代后，为适应城市快速发展的需要、缓解城市交通的紧张状况，我国政府加大了对城市交通基础设施的投入，开始强调轨道交通对城市交通系统和引导城市发展的作用，发展大运量轨道交通系统的理念开始显现。90 年代，上海、广州、深圳、大连开始了轨道交通项目建设。

在 2000 年以前，全国仅有北京、香港、上海、广州四个城市拥有轨道交通线路。进入 21 世纪以来，随着中国经济的飞速发展和城市化进程的加快，城市轨道交通也进入大发展时期，其中香港有完整的轨道交通网络，北京、上海也形成了地下、地面和高架立体轨道交通体系。截至 2009 年年底，我国城市轨道交通运营里程已经突破 900 km。我国的城市轨道交通行业步入了一个跨越式发展的新阶段，中国已成为世界最大的城市轨道交通市场。

根据各城市近期轨道交通发展规划，到 2012 年，北京轨道交通线网将全部覆盖中心城市，运营里程将达到 440 km；上海轨道交通将形成 13 条线路、300 多座车站、运营总长度超过 500 km 的轨道交通基本网络。

目前已经有城市轨道交通在运营的城市有北京、上海、广州、深圳、长春、大连、武汉、西安、成都、重庆等十多个城市；在建的城市也很多，如杭州、哈尔滨、苏州、宁波、昆明等，报建的城市有厦门、东莞、贵阳等。

截至 2014 年年底，全国城市轨道交通运营里程超过 3 100 km，提前一年实现“十二五”规划的 3 000 km 运营里程目标。全国共批准了 40 个城市的轨道交通建设规划，并已全部开工建设，总在建里程近 4 000 km。到 2020 年，我国将有近 50 个城市发展轨道交通，超过 7 000 km，覆盖中国主要大城市。

第二节　轨道交通路网结构分析

路网设计是在一定的路网规模条件下确定路网的形态及各条线路的走向。不同的路网形态对路网运营效率及城市发展都有非常重要的影响。路网结构分析包括路网线路间的基本关系分析、路网形态结构基本类型和路网形态结构的特征分析。

一、路网线路间的基本关系分析

线路是路网的基本组成要素，从线路的布置方式划分，路网可分为两种基本类型：

1. 分离式路网

各条线路在不同高程的平面上相交，在交叉处采用分离的立体交叉，路网中各条线路独立运营，不同线路上的列车不能互通，乘客必须通过交叉点处的换乘站中转才能到达位于其他线路上的目的地车站，如图 9-1（a）所示。

2. 联合式路网

各条线路在同一平面内交叉，在交叉处用道岔连接，因而各条线路之间可以互通列车，在整个路网上可以像城间铁路那样实行联运，乘客可以直接到达位于另一条线路上的目的地车站，如图 9-1（b）所示。

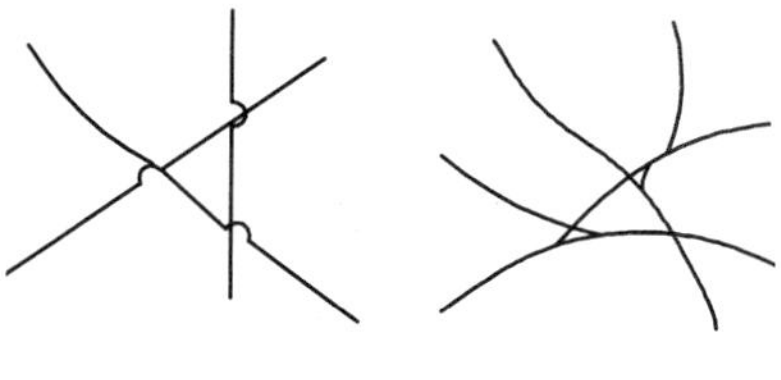

（a）分离路网　　（b）联合路网

图 9-1　按线路布置方式的路网类型

分离式路网比联合式路网有明显的优点，因为分离式路网能保证在完全安全的条件下最好地组织大频率和高速度的交通，其缺点是必须换乘和路线系统不可能发展。世界上多数大城市的轨道交通线路是按分离式路网修建的；也有少数城市是按联合式路网修建的，如纽约和伦敦；还有部分城市，如马德里，将这两者组合起来，即在主要线路方向上是相互分离的，而其他线路之间是相互联系的，试图兼备上述两种路网的优点。

我国已建地铁的城市，如北京、上海、广州，以及正在规划轨道交通路网的城市，如深圳、南京、武汉等，都是按分离式路网规划和建设的。因此，下面主要针对分离式路网进行轨道交通线路之间的形态关系分析。

从两条线路所构成的形态来看，按其交叉点的多少，可分为三类，即线路之间无交叉、线路之间交叉一次、线路之间交叉两次及两次以上。

1）线路之间无交叉（Ⅰ类）

轨道交通路网中，两条线路之间不交叉的情形大致有三种：

两条线路平行或近似平行布置、两条线路虽不平行但相距较远、由于河流等地理因素两条线路之间无法或尚未连通。

在这些情况下，两条线路之间无法实现直接换乘，其换乘通过与这两条线路都交叉的线路进行两次或两次以上的换乘来实现，或是通过其他出行方式来实现，因而这两线之间的客流转线很不方便。

2）线路之间交叉一次（Ⅱ类）

轨道交通线路之间交叉一次，即两线之间存在一个换乘站。线路交叉的形态呈“十”字形、“X”字形、“T”字形及“Y”字形四种。“十”字形交叉常见于方格式路网中；“X”字形交叉出现于含有三角形的放射式路网中；“T”字形或“Y”字形交叉则多见于一些树状网络中。线路之间交叉一次，使得两条线路之间可以实现直接换乘，但是当换乘客流很大时，容易引起换乘客流的相互干扰和混乱。

3）线路之间交叉两次及两次以上（Ⅲ类）

两条线路之向相互交叉两次，便构成两个交叉点，两者间的距离可以较远，也可较近，甚至是紧邻的两个站。

在交叉点相距较近的情况下，交点间的线路多为平行或近似平行式的布置，只是在两交点外侧才开始分开。在一些大城市的客流量很大的交通走廊上会采用这种情况。此外，当两条线路在某些地段的换乘客流量特别大，一个换乘站无法满足要求时，也会采用这种方式。交叉点相距较远时有两种常见的结构形态：一种是两条线路在市中心区的两端相交，交点之间的线路形成一包围 CBD（中央商务区）的小环，形同鱼状，即所谓的“鱼形”结构；另一种是两条线路之间交叉两次以上或多条线路交叉，除星形外，一般都会构成两个以上的交叉点，其形态特征是上述三种基本关系的组合。例如，三角形（Ⅱ类）、“日”字形（Ⅱ类+Ⅲ类）、“π”字形（Ⅱ类）、“大”字形（Ⅱ类）、放射-环形（Ⅱ类+Ⅲ类）等形式的路网。

二、路网形态结构基本类型

一个城市的轨道交通线路一般是三条以上，这些线路相互组合，并受各个城市具体的人文地理环境等条件制约，便形成了千姿百态的路网形态。轨道交通路网的线路越长及条数越多，所构成的路网形态就越复杂。将这些路网形态抽象、归类，可归结为图 9-2 所示的 18 种路网形态结构。这些路网形态结构的一个共同特点是：在城市的外围区轨道交通线路呈放射状，密度较低，形成主要的交通轴向；而在内城区轨道交通线路密度较高，形成以三角形、四边形为基本单元的形态多样的网络结构。图 9-2 所示的 18 种路网形态结构中，最常见、最基本的路网形态结构是网格式、无环放射式及有环放射式三种。

网格式路网的各条线路纵横交叉，形成方格网，如图 9-3 所示。网格式路网中的线路走向比较单一，其基本线路关系多为平行与“十”字形交叉两种。这种结构的路网线路分布比较均匀，客流吸引范围比例较高；线路按纵横两个走向，多为相互平行或垂直的线路，乘客容易辨识方向；换乘站较多，纵横线路间换乘方便，路网连通性好。此类路网的缺点，一是线路走向比较单一，对角线方向的出行需要绕行，市中心区与郊区之间的出行常需换乘，有时可能要换乘多次；二是平行线路间的换乘比较麻烦，一般要换乘两次或两次以上，当路网密度较小，平行线之间间距较大时，平行线间的换乘是很费时间的。

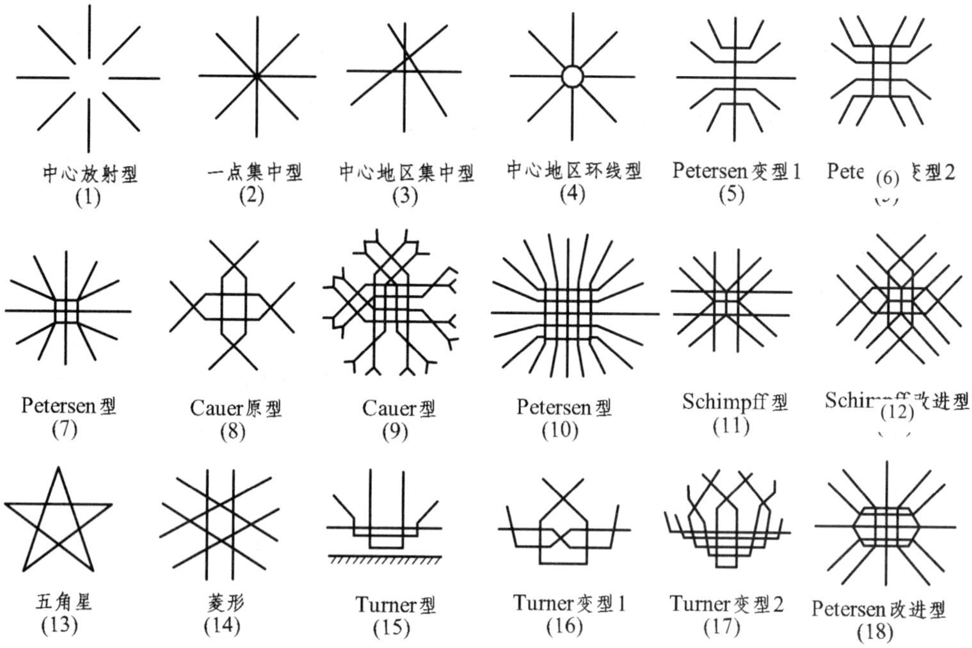

图 9-2　轨道交通路网形态结构类型示意图

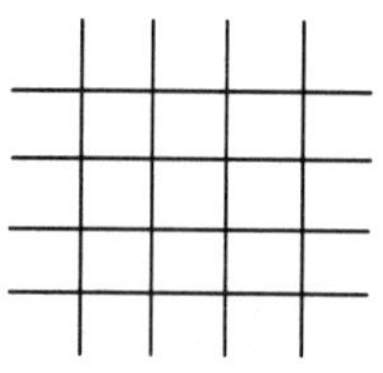

图 9-3　网格式路网结构示意图

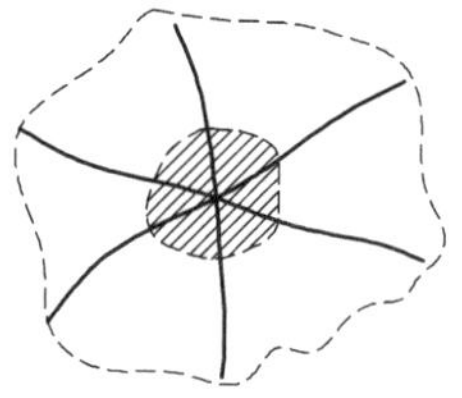

图 9-4　无环放射式路网结构的基本图式

无环放射式路网是由若干穿过市中心的直径线或从市中心发出的放射线构成，其原始形态如图 9-4 所示。这种类型的路网可使整个区域至中心点的绕弯程度最小，即全市各地至中心点的距离较短，因此其路网中心点的可达性很好，市中心与市郊之间的联系非常方便，有利于市中心客流的疏散，也方便了市郊居民到市中心的工作、购物和娱乐出行，有助于保证市中心的活力，维持一个强大的市中心。由于各条线路之间都相互交叉，任意两条线路之间均可实现直接换乘，因此路网连通性很好，路网任意两车站之间最多只需换乘两次。由于没有环行线，圆周方向的市郊之间缺少直接的轨道交通联系，市郊之间的居民出行需要经过市中心区的换乘站中转，绕行很长距离，或者需要通过地面交通方式来实现，交通联系很不方便，这种不便程度随着城市规模的扩大而增大。

当 3 条及以上轨道交通线路在同一点交汇时，其换乘站的设计、施工及运用都很困难，这种车站一般会在 4 层以上，旅客换乘不便，日常费用也高，同时庞大的客流量也难以疏解，因此，一般将市中心的一点交叉改为在市中心区范围内多点交叉，形成若干“X”字形、三角形线路关系，这样既有利于换乘站的设计与施工，又有利于乘客的集散，还有利于扩大市中心区的范围。

有环放射式路网由穿越市中心区的径向线及环绕市区的环行线共同构成，基本图式如图 9-5 所示。径向线的条数较多，走向多样，但都经过市中心区。在一些轨道交通路网规模不是很大或建设时期较短的城市，如北京、新德里等，环线一般只有一条，而在一些轨道交通路网规模较大、轨道交通发展比较成熟的城市，如莫斯科、东京等，会出现两条或两条以上的轨道交通环线。

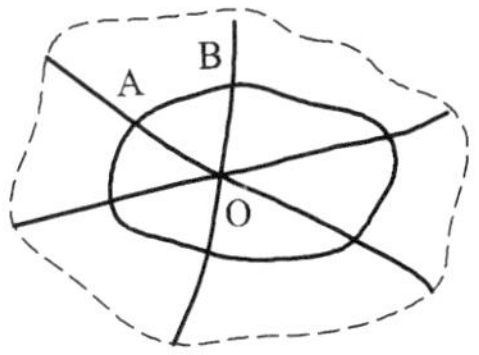

图 9-5　有环放射式路网结构

有环放射式路网结构是在无环放射式线路网结构的基础上加上环形线形成的，是对无环放射式的改进，因而既具有无环放射式路网的优点，又克服了其周边方向交通联系不便的缺点。例如，图 9-5 周边方向 A、B 间的出行，有环放射式路网可以利用环线便捷地出行，而无环放射式路网则要通过两条径向线绕行。因此，这种路网对城市居民的使用最为便利。当城市因其郊区发展成市区后，这种形式的路网便于路网有效地扩展。莫斯科、巴黎等许多城市的轨道交通路网都采用了有环放射式。

从现代大城市的车流和人流的分析可以看出，城市辐射方向（相对于市中心）的交通量最大。据此提出城市轨道交通路网的最佳图式如图 9-6 所示。辐射路线是最基本的，在市中心区相交，为了避免中心站超载，各条辐射线的交叉点不集中于一点，而在若干个车站相交。在大城市里，当沿城市边缘地区人口稠密时，应考虑用环线路线。

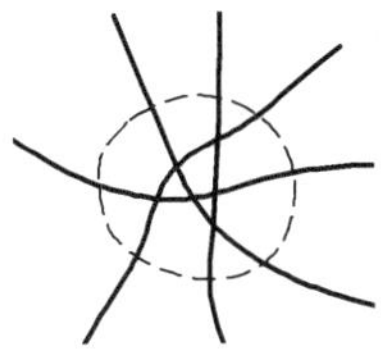
图 9-6　轨道交通路网最佳图式

第三节　轨道交通路网设计

一、路网设计的影响因素

城市轨道交通设施是城市建设的百年甚至千年大计，它对城市发展的形态、规模、产业布局、居民出行乃至生活方式都会产生深远的影响。设计城市轨道交通路网时，首先必须很好地分析和预测其相关区域内的客流需求，因为迅速有效地运送客流是轨道交通建设的直接且主要的目的；第二，要保证轨道交通能够顺利建成并正常投入运营，其线路位置必须满足城市地形、地质、历史文物等自然条件及人文地理条件的限制要求；第三，快速轨道交通建成后往往要使用百年以上，为了节省运输成本，减少旅客出行时间，提高路网运输效率，设计时应充分考虑轨道交通路网的运营特点。

（一）与客流有关的因素

1. 轨道交通客流基本概念

（1）客运量。轨道交通的客运量是指一条或多条路线上各个区段在单位时间内单程或往返运送的实际或预测旅客量。

（2）客流。客流又称客流量，是指某一区段上，在单位时间内单方向或往返的实际旅客量或预测旅客量。

（3）居民流动量。即一年内每个居民的平均乘行次数，表示居民流动的频繁程度，用一年内城市的客运量除以居民总数来计算。

（4）运程。为每个旅客一次乘行的平均距离，取决于城市大小、形状、现有的各种运输方式的运输网总长度、结构形态、运输组织方式等因素。一般大城市的平均运程在 6 ~ 10 km。

（5）客流密度。它是指每年经由每公里双线线路的旅客总数，用“人 km/km”表示。1975 年，莫斯科地铁约 11 000 万人 km/km，东京地铁 7 500 万人 km/km，北京地铁 5 100 万人 km/km，纽约和巴黎地铁约 2 900 万人 km/km。

2. 影响客流大小的因素

（1）城市性质及地位：城市现在及其所规划的性质与地位，在战略上决定着城市的人口、用地发展规模及潜力，也决定着对其外部区域的影响力。

（2）城市人口及土地利用的规模与分布形态：城市人口密度、房屋建筑密度、工作岗位及商业区的集中程度对客流的产生及其流向有重要影响，因此，要分析现状和规划的城市人口分布及大型客流集散点分布，包括重要的工业区、商业网点、文化中心、旅游点、住宅区等。

（3）市内公共交通枢纽及对外交通枢纽：城市内部公交枢纽、火车站、码头、航空港等是客流集散的重要场所，其现在及规划位置对城市客流的分布也有重要的影响。

（二）与环境及建设有关的影响因素

（1）城市自然地理条件：城市的地质、地形、地貌等自然条件会限制城市轨道交通的线路走向及位置。

（2）城市人文地理条件：必须遵守国家对历史文物、自然风景区等方面的保护性法规，当轨道交通的线路位置与之相抵时必须避让或重新确定线路走向。另外，城市既有的地面建筑物、地下建筑物、地下管线对轨道交通选线也有一定影响。

（3）城市经济基础：轨道交通建设需要花费巨大的投资，城市的经济实力影响着城市轨道交通路网规划规模的合理确定，以及规划路网的按期实施。

（4）轨道交通的建筑特点：轨道交通线路位于地下隧道内还是在高架桥或地面上，以及在地下隧道中，是浅埋还是深埋，所考虑的因素都有所不同。

地下隧道全部位于地下，对通风、照明、消防等设施的要求较高。地面线路及高架线路对通风、照明等设施的要求不高，但要防治噪声，考虑线路建筑形态与周围建筑环境的协调等问题。

地下隧道设施造价高昂、长久耐用，将来很难进行改建；地面及高架线路虽然改建比地铁隧道容易，但如不预先保留有关用地，当线路两侧逐渐建成高密度、难以拆迁的建筑群后，改建也是很困难的。因而必须在路网规划阶段就对路网各条线路的停车场、车辆段、各车站及其疏解客流的站前广场，以及各线路交叉处的换乘站等设施进行统筹规划，分期建设。

当区间隧道为浅埋（埋设深度在 12 m 以下）时，一般采用明挖法施工，这时区间隧道一般采用双线隧道，要求线间距采用最小值；如果车站采用岛式站台，则在靠近车站的地段需要将线间距加宽，形成一个喇叭状。

当区间隧道为深埋（埋设深度在 12 m 以上）时，区间隧道通常是两条独立修建的单线隧道，且两隧道间保持一定间距。当车站采用侧式车站时，此间距大于站上线间距，因此要在车站两端修建渡线室，用以把车站处的最小线间距加宽到区间线间距。

（三）与运营有关的影响因素

（1）路网结构：同样的线路长度按不同的结构组成的路网，对路网中各线路负荷的空间分布、运输效率以及路网的后续发展等都有影响。

（2）线路的起终点及换乘站的位置：线路的起终点决定线路的长度，影响线路的运营组织及效率，还在一定程度上决定车辆段及停车场的位置。同时，它又是特殊的车站，其周围的土地利用强度将大大提高。换乘站的位置将是人流集中的场所，对其周围的土地利用会产生重要的影响，必须要与城市规划很好地配合起来。例如，东京的新宿站在建成换乘站之前是个很一般的城市区域，但是在此建成换乘站后，大量的人流经由此地，逐渐使其发展成东京重要的副中心。

二、轨道交通路网设计的技术要点

综合分析影响快速轨道交通路网设计的因素，可归纳出轨道交通路网设计的技术要点如下：

（1）路网应在城市总体规划的基础上，根据远景客流预测分析，正确把握土地利用与交通之间的相互作用关系，合理选择路网布局，使之能适应城市将来的发展。

（2）轨道交通线路应考虑与其他城市地面公共交通、城市对外客运交通枢纽（火车站、轮船码头、长途汽车站、航空港）的联系，以适应城市总体规划的交通结构。如瑞士建立的高速城市交通系统，将地铁与欧洲高速铁路相连，在旅行时间、运输量、费用和安全方面取得了很好的效果。

（3）快速轨道交通线路要沿主要客流方向布设，并尽可能经过大型客流集散点，如主要工业区、大型住宅区、商业、文化中心、公交枢纽、机场、火车站、码头、长途汽车站等，便于乘客直达目的地，应尽量减少换乘，使其可达性好。

（4）为加强中心城对周围区域的辐射力及吸引力，线路应贯通市中心。一般贯通市中心的线路称为直径线，而一端终点位于市中心的线路称为半径线。从路网体系及线路运输效率方面来看以直径线为宜。

（5）线路尽量沿城市道路干线走向，一方面便于吸引沿线地面交通量，另一方面便于施工，因为无论是线路位于地上还是地下，线路的拆迁工程量较小，不会碰到高层建筑的桩基等麻烦，还有用地费便宜、线路易于维修管理等好处。另外，随着盾构法施工设备、工艺等技术水平的提高，在道路下方修建地下隧道不会对干线道路产生重大影响。

（6）力争多设换乘点，尽量使城市内任意起、终站点间的乘客出行至多换乘两次即可到达目的地，即尽量避免换乘两次及其以上的情况，因为这会使旅客在途时间大为增加。同时，为提高运输效率，换乘点应分散布置，不宜过分集中。

（7）选择线路走向要考虑城市的自然、人文、地理等制约条件，选择较好的地形、地质条件，注意历史文物保护，减少对重要地面建筑和地下构筑物的影响。

（8）线路经过中心城区时，宜以地下隧道为主，从而减少拆迁、噪音、振动及其与城市交通的相互干扰；经过郊区时，在不破坏自然风景的前提下宜选择地面或高架形式，以尽量降低建设成本。

（9）规划线路时要考虑车辆段、停车场的位置和连接两线路之间的联络线；若几条线路共用一个车辆段时，应设置连接两线的联络线。

（10）在现阶段规划我国城市轨道交通时，规划线路应涉及城市开发区及新的规划区域。因为我国现在仍是发展中国家，城市化水平还较低，城市的发展还要经历较长时期，城市地域规模快速膨胀，许多郊区地带虽然目前人流、车流都很少，但如果在这里规划一些大型集散点，如体育馆、游乐园、大型居民区等，在它们实施后就会引来大量的人流、车流。

三、轨道交通路网设计方法

如前所述，轨道交通网络设计的影响因素十分复杂，可以说直到现在路网设计仍然是经验占主导地位。但这并不是说轨道交通路网设计排斥定量分析工作，实际上，现在日益更新的定量分析手段正在成为帮助规划者获得经验的一种有效手段。有些研究者从某个侧面提出了路网设计的定量分析方法。

（一）轨道交通线网规划

轨道线网规划类似于其他线网（如常规公交线网）的规划，以路线效率最高为目标和原则，并考虑轻轨交通对附近居民生活区环境的影响。同时，由于轨道线网的建设投资大，建设期限长，因而在一定时期内，轨道线网规划就是轨道线路的规划。轨道线网规划中的一个基本假设是：车辆在独立的轨道上行驶，且线路走向基本与城市道路重合，以方便乘客进出站台。

轨道交通路网设计影响因素众多，又与其他交通方式一起承担城市交通任务，由于认识的局限性，光靠定性分析或少数的几次定量分析都难以获得满意的路网方案，必须切实有效地把定性分析与定量分析有机地结合起来，构成定性分析与定量分析的循环，在这种循环中逐渐推进规划者的认识深度。这种网络设计方法的基本步骤可归纳如下：

（1）在选择了轨道交通发展模式后，拟定路网规模。

（2）建立城市的初始研究对象——交通网络。该网络的线路包含主要的道路及现有的轨道交通线路，为简化计算分析工作，可以不包括那些次要的道路，因为它们对轨道交通客流分析影响很小。网络的节点也不包含所有道路交叉点，而主要是客流集散点及主要道路的交叉点。

（3）分析交通网络客流特征。收集历年的交通统计资料，进行必要的交通调查，进行城市综合交通的交通分布预测；建立交通方式划分及交通分配模型，对规划年度初始研究对象交通路网进行交通分配，了解路网各交通线路的主要客流走向、分布及大小。

（4）设计轨道交通初始路网方案。综合考虑城市主要客流分布、一定规模下的路网形态特征及其功能特点、城市地理、地形、地质、环境等因素，拟定一个或多个初始轨道交通路网方案。

（5）分析路网方案。对各方案进行定量分析和定性分析：定量分析是根据已建立的评价模型进行计算，获得某些定量评价指标；定性分析是对各方案的社会经济效益进行全面的分析。

（6）进行方案评价、比较和筛选。建立路网评价指标体系，对各路网方案进行比较和筛选。

（7）更新及优化方案。在上述分析、评价与比选的过程中，规划者不只是为了筛选出现的较优方案，更重要的是要通过分析和比较过程中获得的信息及领悟，更深刻地认识城市交通的现状及其发展变化规律，挖掘出那些被遗漏的、有比较价值的路网设计方案。对形成的新路网方案，连同本轮评价刚刚筛选出来的较优方案一起，进入下一轮分析评价与比选过程。如此循环往复，可以筛选出更有价值的方案。这是一个动态的过程，也是逐步趋优的过程。整个过程如图 9-7 所示。

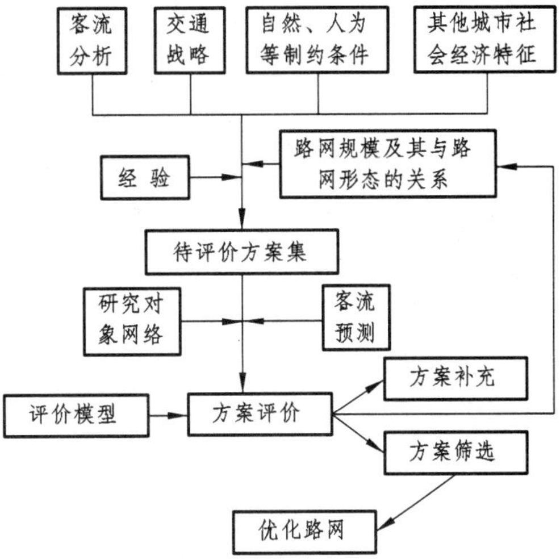

图 9-7　轨道交通路网方案设计过程示意图

（二）轨道交通线路布设

一般情况下，轻轨线路的起终点可根据交通小区的客流大小及城市综合运输系统中的交通换乘枢纽位置来确定，或通过线路布设后的运输效率来确定。因此，轻轨线路的布局规划可分为三种情况：

① 起、终站点确定的轻轨线路选线；

② 只有起（或终）站点的轻轨线路选线；

③ 不定起、终站点的轻轨线路选线。

1. 起、终站点确定的轻轨线路选线

对于这种情况，可采用“收敛扫描法”搜索轻轨线路。搜索的基本原理为：自确定的起点（小区）出发，根据路线效率最大的原则，向所有的邻接小区方向发展，再以该邻接小区为新的起点，继续向它的所有邻接小区发展，最后收敛于确定的终点（小区），其发展过程类似于一个纺锤形图。

从所有满足线长约束的分支路径中选出路线效率最大的一条或几条，作为最优轻轨线路集。

路线效率是指每条树状分支路径所能服务的直达乘客数与路径长度的比率，即

$$E_i=\frac{\sum_{j=1}^{n}\sum_{k=1}^{n}L_{ijk}}{L_i} \tag{9-1}$$

式中　E_i—— 第 i 条树状分支路径的路线效率；

L_i—— 第 i 条树状分支路径的长度；

L_{ijk}—— 第 i 条树状分支路径 j、k 站点间所能服务的直达乘客量；

n—— 第 i 条树状分支路径所经小区总数。

分支路径所能服务的乘客数，是多种交通方式按方式划分竞争的结果。当规划一条轻轨线路后，可以认为在原来的交通系统中加入了一种新的交通方式，从而引起各交通方式客流分担比例的变化。轻轨分担的客流量比例由下式计算

$$P_1=\frac{P_{\mathrm{p}}\exp[(\gamma_1-\gamma_{\mathrm{p}})/\bar{r}\ ]}{P_{\mathrm{p}}\exp[(\gamma_1-\gamma_{\mathrm{p}})/\bar{r}]+(1-P_{\mathrm{p}})} \tag{9-2}$$

式中　P_{p}—— 原常规公交在客流中的方式划分比例；

P_1—— 加入轻轨后，轻轨在客流中的方式划分比例；

γ_1, γ_p—— 分别为轻轨和常规公交车的服务特征值，一般为交通阻抗的倒数；

$\bar{r}$—— 平均服务特征值，$\bar{r} = (\gamma_1 + \gamma_p)/2$。

2. 只有起（或终）站点的轻轨线路选线

这种情况用普通扫描法。其路线搜索的基本原理是：自所给定的线路起点小区出发，向邻接小区发展，再以各邻接小区为新起点，继续向其邻接小区发展，直至满足长度约束。

在所有可行路径中找出一条或几条最优（路线效率最大）的路线放入轻轨线路备选集合中，作为轻轨路线推荐方案。

3. 不定起、终站点的轻轨线路选线

这种情况就是只定起点的轻轨选线问题。可将起点定在不同的交通小区，用普通扫描法，依次搜索出一系列只定起点的最优线路，这些最优线路中路线效率最大的一条即为所要搜索的最优轻轨线路。

通过以上三种情况及其对策的研究，可以看出，第一种情况最为简单，但人为因素的影响较多，在理论上，其最终的解不是最优路线的可能性最大，路线长度也不易控制；第三种情况由于是不定起点和终点，在全市区域内进行全面搜索，求出的路线一般是某种程度上的最优路线；第二种情况介于第一种和第三种两种情况之间，求出的解也有可能不是最佳路线。

还可以看出，以上介绍的 三 种方法在计算机上实现时都有可能会发生“组合爆炸”，如果以交通中区为基本单位进行轻轨线路搜索，则搜索次数将大大减少，但会使路线走向范围过大，难以满足精度要求，不能确定轻轨路线的具体走向。为此，可采用二阶段法，具体步骤如下：

步骤 1　以交通中区为基本单位进行轻轨线路搜索，一般找出 1 ~ 2 条最优线路。

步骤 2　根据搜索出的轻轨线路的走向，在图上画出轻轨线路具体布线时的可行范围，重新组合各交通小区的邻接状况。很显然，这个可行范围内的交通小区数目将远低于全市交通小区的总数，一般前者为后者的 1/3 ~ 1/2。

步骤 3　在可行范围内，以交通小区为基本单位进行具体线路搜索，直至找到最佳线路。

实验证明，二阶段法明显优于其他三种方法，一般搜索速度可提高 50 ~ 100 倍，且最优线路走向与全市范围内按交通小区一次性搜索的结果基本一致。

（三）换乘站在路网设计中的作用

轨道交通路网中，两条或多条线路构成交叉点，即换乘站，在路网设计中有着特殊重要的地位及作用。

从日常的路网运营现象看，线路之间的交叉点的个数、位置，决定着路网的形态，影响着路网中各换乘站客流量的大小、乘客的换乘地点、出行时间及方便程度，从而影响整个路网的运输效率。

从交通与城市发展的相互作用关系看，由于换乘站处有更大的客流要从这里上下，久而久之，会导致换乘站处土地利用价值的超常升值（与一般车站相比），并对换乘站周围的土地利用格局和规模产生深远的影响，最终可能会导致整个城市布局结构体系的变化及调整。例如，东京山手线上的新宿站，由于有七条以上的轨道交通线路在此交汇，不久便由一般的城市区域逐步发展成东京都重要的城市副中心。

因此，在轨道交通路网规划中，要非常慎重地选择换乘站的位置，而且光靠交通部门的努力是不够的，必须与城市规划部门一起紧密协作，从城市长远发展的战略高度上认识换乘站位置对城市规划结构的重要影响，合理选择换乘站位置，并对其周围空间进行长远而周密的规划。

第四节　轨道交通线路设计

一、轨道交通运输能力

轨道交通线建设应满足城市旅客运输的需求。其运输能力以通过能力或旅客输送能力表达。

1. 通过能力 N

通过能力也称通行能力，以 1 h 单方向通过的列车数来衡量，与列车行车间隔成反比，即

$$N=3\,600/I \quad （对/h） \tag{9-3}$$

式中　I —— 列车行车间隔，为两列车发车的时间间隔，通常单位用秒（s）。允许的最小行车间隔受信号设备限制，目前地铁最短可达到 75 ~ 90 s，轻轨可以短至 45 s。通常地铁采用的最小行车间隔是 90 ~ 120 s。当行车间隔时间 I 为 90 ~ 120 s 时，相应的通行能力为 40 ~ 30 对/h。

2. 输送能力 C

为 1 h 单方向所能运送的旅客数，有时也称运输能力，或称运能，由 1 列车的容量与线路通过能力的乘积来确定，即

$$C=V\times N=v\times n\times N \quad （人/h） \tag{9-4}$$

式中，V 为列车容量，是 1 列车能够运送的乘客数量，为车辆容量与列车编组数的乘积，即 $V=v\times n$（人）。

v 为车辆容量，为车辆容纳乘客的数目，取决于车辆的大小（长度及宽度）、站位与座位的比例、旅客舒适度标准。通常地铁系统车辆的宽度约 3 m，长度在 23 m 左右。每节地铁车辆的定员标准与舒适度标准有关。我国目前城市交通普遍紧张，虽然每节车辆的定员只有 150 ~ 310 人，但是实际运营中，尤其在高峰期拥挤时段，往往超员运行，每节车辆乘客人数可达 225 ~ 410 人。

n 为列车编组数，是 1 列车包含的车辆（动车、拖车）数量。编组数越大，输送能力越大，但列车长度会受车站站台长度的限制。在市郊铁路（如德国的 S-Bahn），列车长度可达 12 节，但在市区内的地铁，通常限制在 6 ~ 8 节，轻轨更少，限制在 3 ~ 4 节。香港及上海地铁多采用 6 ~ 8 节编组。

通过车辆容量、列车编组数及通过能力，可以估算线路的输送能力。如果每节车辆载客 150 人，8 节编组，30 对/h，则输送能力为 36 000 人/h。在西欧，由于舒适度标准较高，输送能力通常小于 25 000 人/h。

在美国和加拿大，舒适度标准为每位 0.5 m^2（5.4 ft^2），在通行能力为 30 对/h 时，现有的快速轨道交通系统高峰小时的输送能力为 20 000 ~ 34 000 人/h，轻轨约为 16 000 人/h。

在亚洲等人口密集的大城市，舒适度标准比欧美国家低，其快速轨道交通系统的运能较

大。香港地铁的高峰小时运量达到 80 000 人/h。上海地铁 2 号线，设计的最小间隔为 120 s，8 节编组，每节车辆载客量 310 人，每列车载客 2 480 人，高峰小时输送能力达到 74 400 人/h，超员运行可达 98 400 人/h；广州地铁 2 号线，设计的最小间隔为 120 s，6 节车辆载客 310 人，每列车载客 1 860 人，高峰小时输送能力达到 55 800 人/h。

二、线路设计标准

线路的设计必须满足行车安全、平顺与养护维修工作方便等要求并保证乘客一定的舒适度，符合有关设计规范的要求。由于我国轻轨交通的线路设计规范尚未制订，下面主要介绍地铁规范的相关设计标准。

城市轨道交通线路设计分平面、纵断面、横断面三个部分。从平面上看，线路是由直线和曲线组成。曲线包括圆曲线和缓和曲线。其平面设计的主要技术要素有最小曲线半径、夹直线最小长度、最小圆曲线长度、缓和曲线线型和长度。从纵断面上看，线路包括坡段及坡段间的连接。纵断面设计的主要技术要素有最大坡度、坡度代数差、竖曲线线型和曲线半径。横断面设计则要满足线路各个断面列车通过的限界要求。

与城市间铁路比较，城市轨道交通线路设计有如下特点：

（1）城市轨道交通的设计年限较长，近期为交付运营后第 10 年，远期应符合城市总体规划规定的年限，且不少于交付运营后 25 年。

（2）线路一般为双线，一般车站处只有 2 股道，通常每条线路设有 1 个车辆段和 1 个停车场。城市轨道交通客运量大，必须采用分方向追踪运行；线路车站设有经常性的调车作业，为节省用地，一般车站不设到发线，车辆集中停放在车辆段和停车场。

（3）运距短，站点密，停车频繁，中等运营速度。城市内客运的运距短，且全面地分布在整个城市区域内，为保证线路的客流吸引力，通常站距在 1 ~ 2 km。列车要起动加速到最高速度，再由最高速度制动使其在车站中心位置停下来，都需要一定的距离，其长度与最高速度成正比。目前国内外城市轨道交通系统实际上选用的车辆的最高运营速度都不超过 90 km/h，平均运营速度多为 30 ~ 45 km/h。

（4）列车长度较短。城市客流可容忍的等待时间较短，要求发车间隔时间不能太长，一般不大于 15 min。由于线路各站点的吸引范围小，在这段时间里聚集的客流量有限，因而列车编组长度比城间列车短，通常为 4 ~ 8 节车厢。这样，供乘客上、下车的站坪长度就短了，通常在 100 ~ 200 m。

城市轨道交通线路按其与地面的关系可分为隧道（地下线路）、地面线路、高架线路（地上线路）；按其在运营中的作用可分为正线、辅助线和车场线。正线是指列车正常运行的线路，一般为双线。辅助线包括车辆段出入线、停车场出入线、车站配线（存车线、渡线、折返线）及两线路之间的联络线。车场线简称场线，包括牵出线、车底（空车列）停留线、检修线及综合基地内各种作业线。

（一）平面设计

1. 圆曲线半径

小半径曲线具有限制车速、养护比较困难和钢轨侧面磨耗严重等缺点，特别是在地铁运量大、密度大的情况下，上述缺点更加突出。因此，最小圆曲线半径应有一定限制。地铁规范规定的线路最小曲线半径标准如表 9-1 所示。

表 9－1 地下铁道线路最小曲线半径标准

线路类型	正线	辅助线	车场线
一般情况(m)	300	200	110
困难情况(m)	250	150	80

由于轻轨交通运量较小，最小曲线半径视车型情况可采用比地铁线路更小的数值。

车站站台段线路应尽量设在直线上，因为站台上有大量旅客活动,直线站台通视条件好，有利于行车安全；而且城市轨道交通多为高站台，曲线站台与车辆间的踏步距离不均匀，不利于旅客上下车和乘车安全。在困难地段，站台段线路也可设在曲线上，为了保证行车安全和合理的踏步距离，其半径不应小于 800 m。

2. 夹直线与夹圆曲线长度

为避免一节车辆同时跨在两个缓和曲线上，对行车稳定性和旅客舒适度产生不利影响，夹圆曲线和夹直线长度应大于一个车辆全轴距；一般客车车辆全轴距为 20 m。另外，在线路维修工作中，一般采用绳正法，每 10 m 要测出一个正矢，为了圆曲线上或夹直线上不少于两个正矢桩，也需要圆曲线长度和夹直线长度不小于 20 m。地铁规范规定：正线和辅助线的圆曲线最小长度不宜小于 20 m；在困难情况下，不得小于一个车辆全轴距。正线及辅助线上的两相邻曲线间的夹直线长度，不应小于 20 m，车场上的夹直线长度不得小于 3 m。

3. 缓和曲线

在直线与圆曲线间设置缓和曲线的原因之一是，直线与圆曲线间曲率突变，其值大小与曲线半径成反比。据研究，当圆曲线半径超过 2 000 m 时，这种影响对地铁行车影响很小，可忽略不计。因此地铁规范规定：在正线上，当曲线半径等于或小于 2 000 m 时，圆曲线与直线间应根据曲线半径及行车速度设置缓和曲线。

4. 道岔区线路

道岔应设置在直线上。道岔端部至曲线端部的距离不宜小于 5 m，车场线可减少到 3 m。道岔宜靠近车站位置，但道岔基本轨端部至车站站台端部的距离不小于 5 m。

（二）纵断面设计

1. 坡　度

城市轨道交通线路主要用于客运，列车质量较小，不受机车牵引力的限制，因此没有限制坡度的概念。线路允许设计的最大坡度即为最大坡度。正线允许的最大坡度值主要受行车安全、旅客舒适、运营速度三方面影响，一般不大于 30‰。在困难地段（例如深埋线路从地下上升到地面段），若有充分理由，可将正线坡度设计到 35‰。辅助线的最大坡度不大于 40 ‰。随着各种城市轨道交通车辆性能的改进，允许的最大坡度值在增加。例如，新型的线性电机车允许的正线设计最大坡度达到 60‰。

为满足排水的要求，位于地下隧道内的线路，纵断面应设置不小于 3‰ 的坡度。在能借助其他辅助设施排水的地段，可不受此限制。位于隧道内的车站，站台段线路应设成单一坡道。坡度值宜采用 3‰，困难时可设在 2‰ ~ 5‰ 的坡道上。特殊情况下，站台也可设在平坡上，但应设置一定坡度的排水沟，以保证排水。

隧道内的存车线和车辆折返线的尽端应设置 2‰ 面向车挡下坡。道岔宜设在不大于 5‰ 的坡道上，困难地段可设在不大于 10‰的坡道上。

地面和高架桥上的车站站台段线路坡度宜设在平道上，困难地段可设在不大于 5‰ 的坡道上。地面或高架桥上车场线可设在不大于 1.5‰ 的坡道上。

2. 坡段长度

为了满足行车平稳和旅客舒适，线路坡段长度不宜小于远期列车计算长度。按每节车辆 19.11 m 计算，当用 8 节车厢时，约为 150 m；当用 6 节车厢时，约为 115 m；当用 4 节车厢时，约为 75 m。与城间铁路不同，城市轨道交通线路不要求坡段长度取 50 m 的整倍数，通常个位取整即可。

3. 不同坡段连接

1）坡度代数差

列车通过变坡点时，车钩产生附加应力，致使车辆的局部加速度增加，其值与相邻两坡段的坡度代数差成正比。坡度代数差太大，会影响旅客舒适度。虽然地铁规范没有对坡度代数差加以限制，但是根据国内外的传统经验做法，如两反向坡段的坡度值均超过 5‰ 时，通常采用一段坡度不大于 5‰ 的坡段连接。

2）竖曲线

在纵断面上，若各坡段直接相连则形成一条折线。列车运行至坡度代数差较大的变坡点处，容易造成车轮脱轨、车钩脱钩等问题。为避免这类情况发生，当坡度代数差等于或大于 2‰ 时，应在变坡点处设置竖曲线，把折线断面平顺地连接起来，以保证行车的安全和平稳。竖曲线一般采用圆曲线。地铁规范规定：对正线的区间线路，竖曲线半径一般取 5 000 m，困难情况下取 3 000 m；车站两端因行车速度较低，其线路的竖曲线半径可取 3 000 m，困难情况下可取 2 000 m。对辅助线和车场线，竖曲线半径可取 2 000 m。

车站站台和道岔范围内不得设竖曲线，竖曲线离开道岔端部的距离不应小于 5 m。渡线应设在 5 m 以内的坡度上，而且竖曲线不应伸入道岔范围之内。竖曲线起点至道岔基本轨起点的距离，或距辙叉跟端以外短轨端点的距离，均不应小于 5 m。

3）竖曲线夹直线

由于允许的坡段长度较短，而允许的坡度值又较大，因而实际设计时常会出现两条竖曲线重叠或相距很近的情形。为了避免或减轻列车同时位于两条竖曲线而产生的振动叠加，地铁规范规定，两条竖曲线之间的夹直线不宜小于 50 m。

地下隧道车站的纵断面设计，除了满足相应的坡度、坡段长度、坡段连接要求外，还要综合考虑隧道类型、拟采用的施工方法及运营特点等因素。

（1）对于浅埋隧道，一般采用明挖法施工，宜靠近地面，以减少土方工程量，简化施工条件。同时，又要考虑在隧道上面预留足够的空间来设置城市地下管道，有足够厚度的土壤层来隔热，使隧道内不受地面温度变化的影响。通常浅埋区间隧道衬砌顶部至地面距离不小于 2 m。由于车站本身要求的净空高度大于区间，因而浅埋车站一般位于凹型纵断面的底部。这种纵断面形式是进站下坡，出站上坡，导致列车进站制动和出站加速都需要耗费较多的能量，不利于运营。

（2）对于深埋隧道，通常位于比较稳定的地层内，其顶部以上的地层厚度要能够形成承载拱，为此应埋深一些。在保证车站净空要求的前提下，深埋隧道的车站应埋浅一些，尽量接近地面，因为这样设计的车站土建工程量较少，还可节省升降设备投资，乘客上、下地面的时间也相应减少。这种情况下，车站位于线路凸型纵断面顶部，便于进站减速，出站加速，节省运营成本。

（三）横断面设计

城市轨道交通线路及车站常设在地下隧道内或高架桥上，有时也设在地面上。

1. 地下隧道的横断面

地下隧道的单线区间横断面的常用形式有圆形、矩形和马蹄形，其具体尺寸应根据运营时所采用的车辆及设备的尺寸所决定的各种限界来设计，这些限界包括车辆限界、设备接近限界和建筑物限界，见图 9-8 至图 9-10。在双线地段，区间和车站地段的横断面有许多形状，其典型形状如图 9-11 所示。

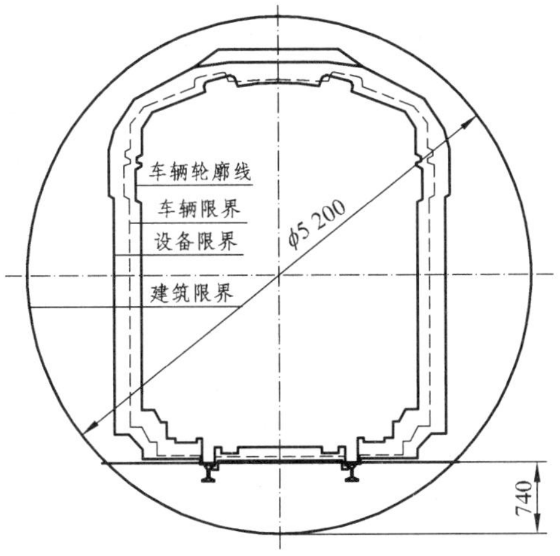

图 9-8　区间直线地段圆形隧道限界图

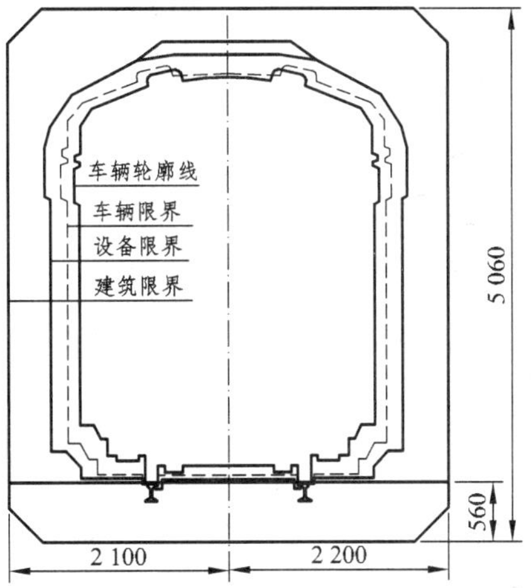

图 9-9　区间直线地段矩形隧道限界图

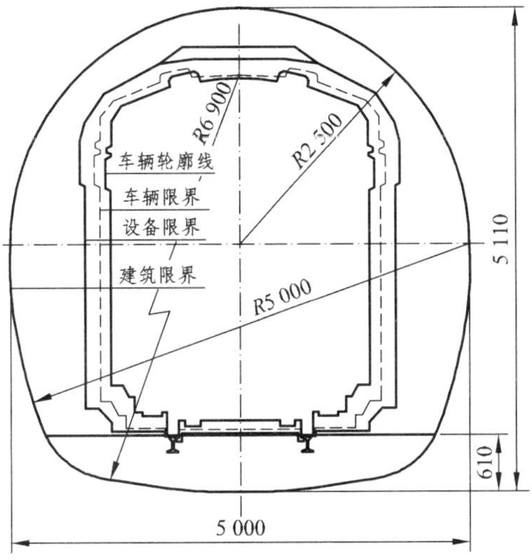

图 9-10　区间直线地段马蹄形隧道限界图

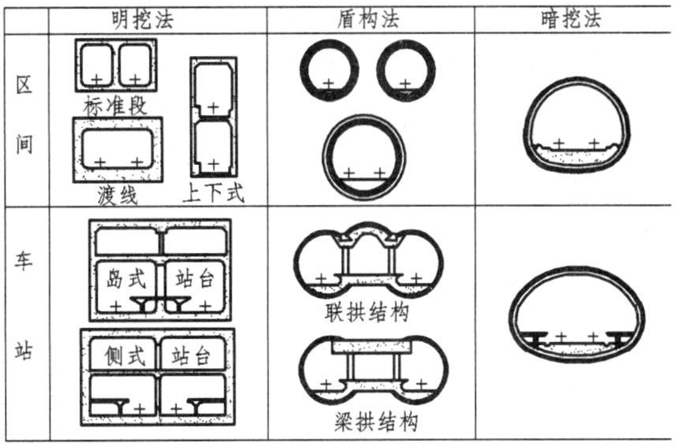

图 9-11　地下隧道典型横断面形状示意图

2. 地面及高架桥上的横断面

当线路位于地面或高架桥上时，其轨上部分的横断面需要满足如图 9-12 所示的限界要求，轨下部分的横断面形状视轨下结构而定，常见断面形式如图 9-13 至图 9-15 所示。

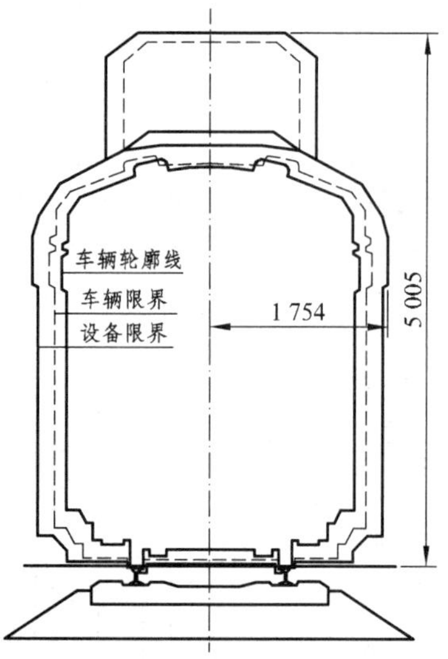

图 9-12 区间直线地段地面、高架限界图

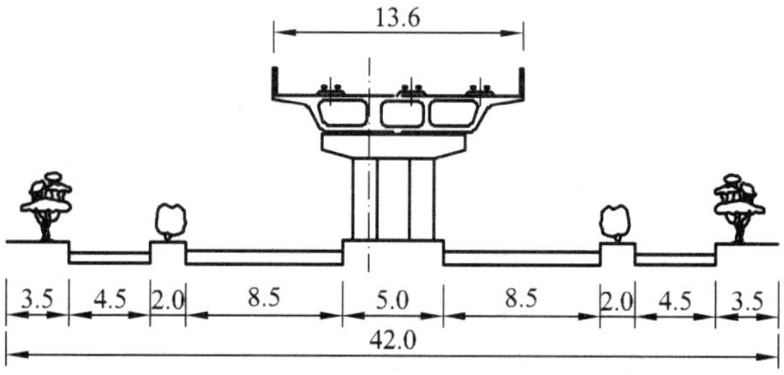

图 9-13 高架存车线路段横断面布置图

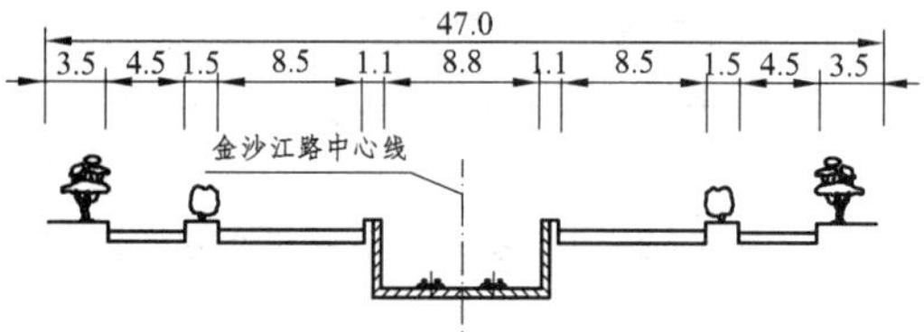

图 9-14 高架路段横断面布置图

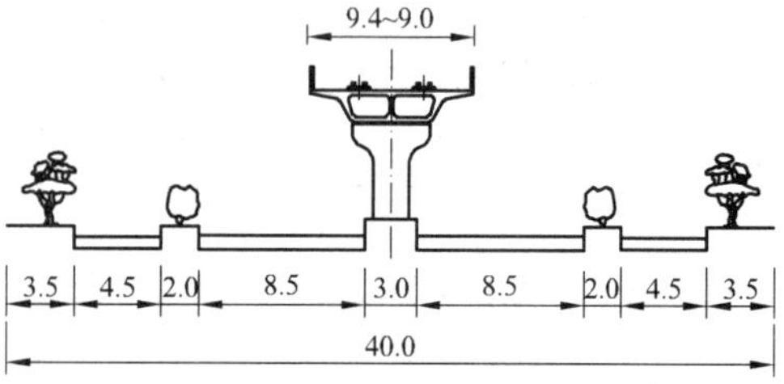

图 9-15 敞开段横断面布置图

三、线路走向选择及车站分布

（一）线路走向选择

线路走向选择的要点如下：

（1）城市轨道交通的基本功能是城市区内客运，城市轨道交通线路基本走向应沿主要客流方向布设。主要客流方向应根据城市客流现状及预测结果综合考虑。

（2）线路应力求通过或尽量靠近沿途附近的大型客流集散点，如工业区、大型住宅区、商业文化中心、公交枢纽、火车站、码头、长途汽车站等，以便乘客直达目的地，减少换乘，争取客流。

（3）在满足地质条件、历史文物保护、地面建筑和地下建筑物等制约条件下，线路尽可能按短直方向定线，以缩短线路长度，节省运营费用及运营时间。

（4）对于浅埋隧道、地面铁路或高架铁路，其线路位置通常是沿着较宽的城市干道布设，或是通过建筑物稀少的地区，这样可以减少线路穿越建筑群区域因避让桩基或拆迁房屋而增加的难度及费用，也为线路施工创造了良好的明挖条件，还为车站位置的选择增加了自由度。对于深埋隧道，其线路位置由车站位置决定，一般在其间取短直方向。

（5）线路在道路的十字路口拐弯时，通过十字路口拐角处往往会侵入现存的建筑区域，应使用小半径曲线尽量缩短线路通过建筑群区域的范围。此时如果改大半径曲线通过，虽然对运行速度、电能消耗、轨道养护、乘客舒适性等方面都有利，但会造成通过建筑群地带的长度增大，征地困难，用地费用增加，同时因隧道的设置，地面建筑物重量将受限制，还会伴随基础工程加固等困难同时出现。

（6）先期建设的线路应考虑与远期规划线路交叉点处的衔接，虽然暂时费用支出有所增加，但为未来路网中乘客的换乘方便创造了条件，这比未来改建线路、增设换乘设施要节省投资。

（7）选择线路走向要考虑车辆段、停车场的位置和连接两相邻轨道交通线路间的联络线。

（二）车站分布

1. 车站分布原则

（1）车站站址要满足城市规划、城市交通规划及轨道交通路网规划的要求，并综合考虑该地区的地下管线、工程地质、水文地质条件、地面建筑物的拆迁及改造的可能性等情况合理选定。

（2）车站总体设计要注意与周围环境的协调，如与城市景观、地面建筑规划相协调。随着社会的进步和人民生活水平的改善，人们对建筑艺术的要求日益提高。地处城市区域的车站，人流十分集中，作为一种永久性建筑物，在经济许可的前提下改善车站的建筑设计，与城市景观和地面建筑规划很好地协调，对美化城市环境、改善人民生活质量是很有意义的。

（3）车站的规模及布局设计要满足路网远期规划的要求。车站是乘客候车、上下列车及列车停靠的场所，站台长度、宽度、容量必须满足远期的旅客乘降和疏散要求；车站客流集中，一般都与地面交通有大量的换乘，车站布局设计应有效地组织人流集散，力求换乘路径便捷，减少乘客的换乘距离，给乘客带来便利。城市轨道交通路网建设是个渐进的长期过程，随着轨道交通线路数目的增加，线路交叉点数目亦增多，处在交叉点处的中间站，开始起换乘站的作用。由于轨道交通车站，尤其是地下车站，建成通车后的改建十分困难，因此这类车站应该在轨道交通路网的远景规划中加以规定，建设初期作必要的预留措施，以便未来能够在不中断行车的情况下，较方便地扩建必要的换乘设备。

（4）选择合适的车站形式，因地制宜，结合地面物业布置车站各类设备的空间，减少用地面积及空间规模，降低造价。

（5）贯彻“以人为本”的思想，车站需解决好通风、照明、卫生、防灾等问题，以提供乘客安全、快捷和舒适的乘降环境。

2. 从乘客总出行时间的角度，优化站间距

单从乘客利益出发，存在乘客总出行时间最短的站间距。考察乘客一次门到门的单程出行过程，包含下面几个部分：

① 步行至轨道交通车站；

② 等车；

③ 上车；

④ 列车离站，起动加速至稳定速度；

⑤ 列车以稳定速度运行；

⑥ 列车到站制动减速；

⑦ 中间站停站等候；

⑧ 下车；

⑨ 步行至目的地或换乘站换车。

由此推导出行总时间公式。设

L：平均每位乘客的在线行程（m）；

D：平均站间距（m）；

S：停站时间（s），包括在站的上车、下车、停站等候时间；

A：列车在起动加速及制动减速过程中所行距离（假设加速度与减速度相同）（m）；

B：起动及制动总时间（s）；

V：车辆运行的稳定速度（m/s）；

F：乘客平均到站速度（m/s）；

T：乘客平均到站行程（m）。

等车时间是行车间隔的函数，不直接受站距的影响，在此不予考虑。如果以步行作为集散（到站、离站）方式，则集散出行时间可以用到站时间乘以 2，出行总时间 TT = 到站行程时间 × 2+中间站的个数 × 停站时间+区间数 × 起动加速及制动减速时间+区间数 × 每个区间的稳定运行时间，即

$$TT=\frac{T}{F}\times 2+\frac{L}{D}\times S+\left(\frac{L}{D}-1\right)\times B+\left(\frac{L}{D}-1\right)\times\frac{D-A}{V} \tag{9-5}$$

对于某种确定的轨道交通系统，其最大运行速度、加速度一定，F，A，B，V 可以确定；对某个具体城市，乘客平均出行距离 L 也相对稳定；人的步行速度也相对固定；T 与车站的吸引范围有关，通常取 $D/48$。这样，式（9-5）最后可简化为只有平均站间距一个变量的函数。

站间距很小或站间距很大，总的出行时间都会很高。当站间距很小时，每位乘客在线路上的旅行会被很多中间站中断；站间距很大时，乘客到、离站的出行时间就会加长，并可能超过在线行程部分所节省的时间。一些行为研究的结果表明，若乘客的步行及等待时间约等于或超过旅行平均时间的 2 倍时，乘客就会感到有所损失，因而会改换其他出行方式。因此，在大、小站间距之间存在着某个总出行时间最短的最优站间距。下面我们通过实例来计算最优站间距。在此例中假定各参数取值如下

$$L=6\,000\text{ m};\ A=144\text{ m};\ B=24\text{ s};\ V=16\text{ m/s};\ S=20\text{ s};\ T=D/4\text{ m};\ F=1\text{ m/s}$$

将这些值代入式（9-5）中，得

$$TT=\frac{210\,000}{D}+0.42\,D+360 \tag{9-6}$$

对 D 求导得

$$\frac{\mathrm{d}TT}{\mathrm{d}D}=-\frac{210\,000}{D^2}+0.42 \tag{9-7}$$

令此式的值为 0，则可得使时间最小的 D 值为

$$-\frac{210\,000}{D^2}+0.42=0 \tag{9-8}$$

解得 $D=707$ m。

式（9-6）的曲线形态如图 9-16 所示，该曲线表明了这样的一种情形：当平均在线行程为 6 km、到离站方式为步行（平均速度为 1 m/s）、车辆的平均加速度为 1 m/s^2、稳定速度为 16 m/s（57.6 km/h）时，站间距大约是 707 m 时，出行总时间最小。

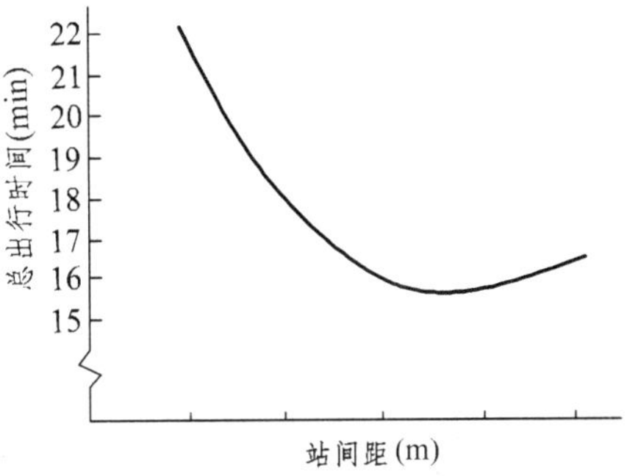

图 9-16 最优化站间距示意图

3. 最优站间距的变化

不同的城市，不同的轨道交通系统，在实际运营中，其乘客平均出行距离、到站方式及距离、车站内部走行距离、停站时间、车辆的起动、制动性能、车辆最高运行速度等因素都会有所差别。例如，莫斯科与圣彼得堡市中心区地铁乘客的平均出行距离各为 10.0 km，6.1 km；同一城市在市区与郊区的乘客的平均出行距离也有差别，莫斯科与圣彼得堡郊区的平均出行距离各为 14.0 km，9.5 km。同一城市同一轨道交通线路在市中心部分的运量较大，越接近于市中心，车站旅客上下车时间越长，这是因为中心区车站吸引范围内的人口密度大、工作岗位多，城市大部分客流集中到这里来，等等。这些因素的差异都会影响最优站间距的大小。

通过改变各种因素的数值，计算最优站距，可得到如下结果：

① 如果平均出行距离增大，则最优站距将增大；

② 如果加速度或减速度增大，则最优站距将缩短；

③ 如果稳定速度提高，则最优站距增大；

④ 如果集散速度（到、离站速度）增加，最优站距将增加；

⑤ 如果停站时间减少，最优站距将减小。

例如，利用停车—换乘（Park＆Ride）替换城市轨道交通的步行或公交集散方式，实际上可提高到、离站速度，因此可以增大最优站间距。美国在 20 世纪 70 年代建成的城市快速轨道交通系统，如费城的 Lindenwold 线及加州的 BART 线，都说明了这一趋势。

综上所述，车站的间距大小会对乘客出行时间、运营费、工程费以及车站在城市中的作用等多方面产生错综复杂的影响，应综合考虑，合理确定。一般城市轨道交通的合理站间距范围在 0.8 ~ 1.6 km 之间，城区用得小一些，郊区用得大一些。

车站可设在广场、干线街道交叉点、铁路车站、运动场或公园附近。在轨道交通线路交叉点（包括地铁线路与地铁线路、地铁线路与轻轨交通线路、地铁线路与市郊铁路之间的交叉点）上，最好设有车站，以便换乘。

在布设轨道交通车站时，除了考虑合理站间距的条件之外，还要注意：

① 站间距离要尽量均衡；

② 站位应设在汇集大量客流的重要场所附近，并能和其他交通方式方便换乘；

③ 设站要考虑该地区的发展，与城市规划相协调；

④ 具体站位还要考虑施工条件、道路状况、交叉口等道路形态及地面交通情况。

第五节 轨道交通车站设计概述

一、车站分类

车站是轨道交通中最复杂的一种建筑物，车站按运营特点可分为中间站、区域站、联运站、枢纽站、换乘站、终点站、车辆段和停车场。

1. 中间站

仅供乘客上、下车之用，是轨道交通线路中最常见的一种车站，尤其是在轨道交通路网建设初期，线路交叉点数目不多时。

2. 区域站

能使列车在站内折返或停车，是在车站内有尽端折返设备的中间站。图 9-17 是一种常见的区域站图式。有了区域站就可以在与之邻接的两个区段上组织不同密度的行车，一般至市中心区的那个区段密度较高，而至郊区的那个区段密度较低。

3. 联运站

可以同时供一条停车较多的管内运输线及一条快车线之用，是单向具有一条以上停车线的中间站（见图 9-18），其各站台之间可用天桥或隧道相联系，因此亦可起换乘站的作用。一般在线路上每隔几个中间站便设一个联运站。

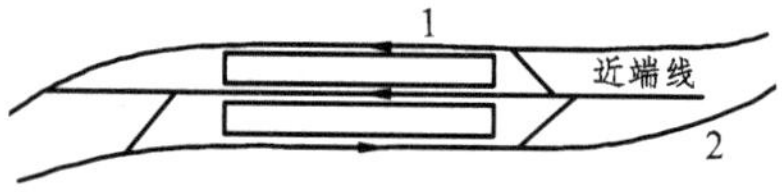

图 9-17 区域站示意图

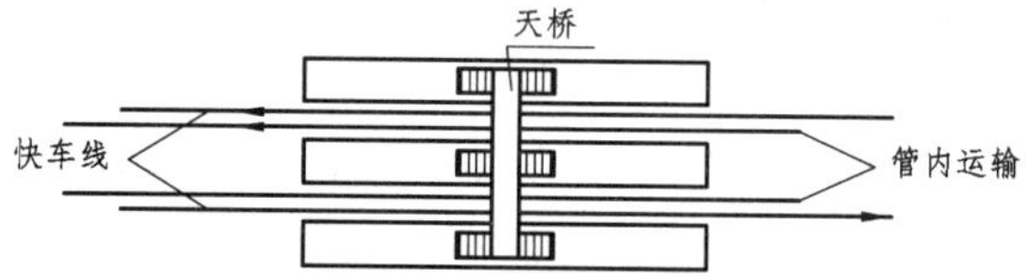

图 9-18 联运站示意图

4. 枢纽站

位于轨道交通线路分岔的地方，其中有一条是正线，可以在两个方向上接车和发车。图 9-19 所示为一种最常用的叉式枢纽站。在这种车站中，股道有两处在同一平面内交叉。因列车从同一车站出发，故 *A* 点没有撞车危险，而当列车经过 *B* 点后便进入了自动闭塞区间，故 *B* 点的交叉亦无危险。

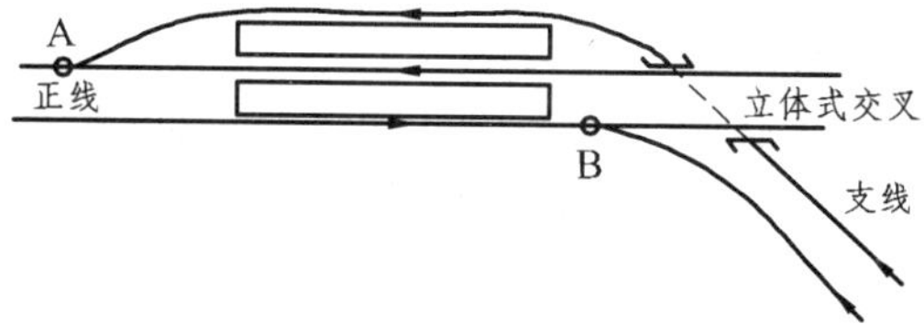

图 9-19 叉式枢纽站示意图

5. 换乘站

能够使乘客从一线到另一线转乘的车站。它除了配备供乘客上下车的站台、楼梯或电梯之外，还要配备供乘客由一线站台至另一线站台的设施，这些设施形式多样，在本节“三、换乘站概述”专门介绍。

6. 终点站

除了供乘客上、下车外，还用于列车折返及停留，因此终点站一般设有多股停车线。如果线路需要延长时，则终点站可作为中间站或区域站来使用。

7. 车辆段和停车场

轨道交通车辆段分为检修车辆段（简称车辆段）和停放车辆段（简称停车场）。在车辆段配备了必要的停车线及检修设备，列车可以在这里进行试运转、段内编组、调车、停放、日常检查、一般故障处理和清扫洗刷，还可以进行车辆的技术检查、月修、定修、架修和临修等作业。停车场是一种简易的车辆段，其与车辆段的差别是：线路数目较少，检修设备也较少，因而不能进行定修、架修和月修等技术作业。

二、中间站设计

（一）中间站布置图型

车站按站台形式可分为岛式车站、侧式车站两种基本类型。站台位于上、下行线路之间的车站称为岛式车站；站台位于线路两侧的车站称为侧式站台车站，简称侧式车站；在线路之间和两侧均设置站台的车站称为岛侧式车站，如图 9-20 所示。

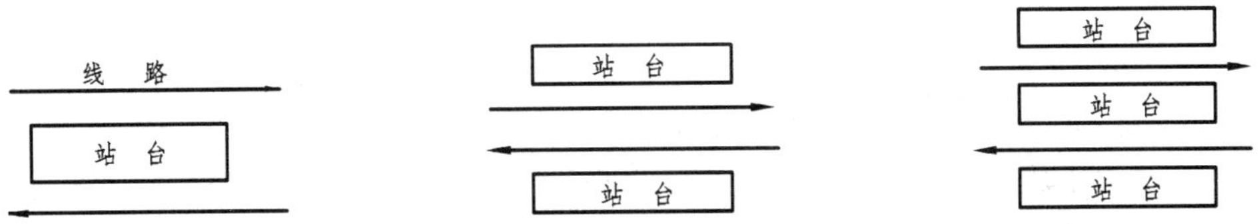

（a）岛式车站　（b）侧式车站　（c）岛侧式车站

图 9-20　不同站台类型的车站示意图

岛式车站站台位于上、下行线路之间，可供上、下行线路同时使用。站台两端有供旅客上、下的楼梯通至地面。当升降高度大于 5.5 m 时，一般要设自动扶梯。

当车站为深埋（埋设深度在 12 m 以上）时，车站内线间距（M）由站台宽度（B）决定，$M = B + 2.9$（m），区间线路的线间距一般等于车站处的线间距。这样，区间隧道可直接与车站隧道相连接。

当车站为浅埋（埋设深度在 12 m 以内）时，因为区间隧道一般皆为双线隧道，要求线间距采用最小值，所以靠近车站的地段必须将线间距加宽，形成一个喇叭状（见图 9-21）。

侧式车站站台位于线路两侧，线路用最小间距通过两站台之间。当区间线路为浅埋时，因区间和车站处的线间距相同，故不需修建喇叭口；当区间线路为深埋时，由于区间两条单线隧道间要保持一定间距，此间距大于站上线间距，因此在车站两端需要修建渡线室，以便把车站处的最小线间距加宽到区间线间距（见图 9-22）。

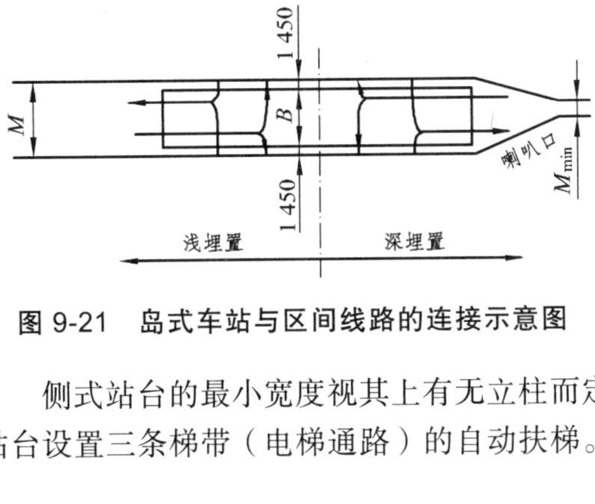

图 9-21　岛式车站与区间线路的连接示意图

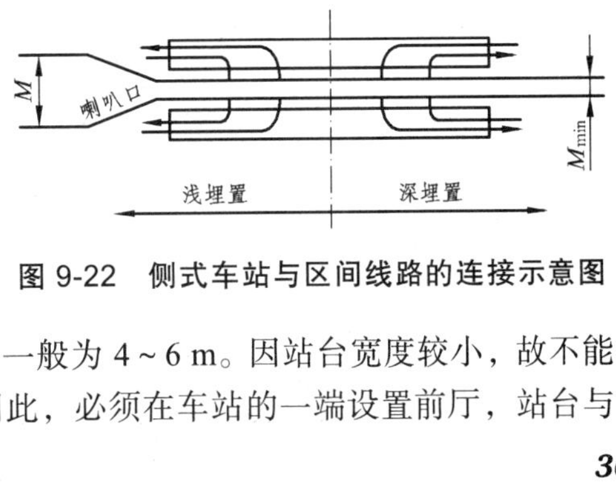

图 9-22　侧式车站与区间线路的连接示意图

侧式站台的最小宽度视其上有无立柱而定，一般为 4 ~ 6 m。因站台宽度较小，故不能在站台设置三条梯带（电梯通路）的自动扶梯。因此，必须在车站的一端设置前厅，站台与前厅用楼梯相连，前厅的出口用自动扶梯与地面相联系。必要时，也可在站台中心设置出入口。

岛侧式车站是岛式车站和侧式车站的组合形式。

（二）车站用地规模估算

在车站立面条件许可的情况下，车站用地规模取决于车站的长度和宽度。

1. 车站长度估算

车站长度一要满足站台长度的要求，二要满足车站设备布置的要求。

1）站台有效长度

站台是供乘客上、下列车的平台，其有效长度按列车编组加停车误差计算。

例如，某地铁线远期为 8 节编组，动车 22.8 m，拖车 22.14 m，停车误差取 8 m，站台有效长度设计成 186 m。

2）车站设备布置要求增加的长度

中间站一般是多层结构，设备的布置不一定全部布置在站台层面上。但是，由于技术上的要求或为了运用上的便利，有些设备必须布置在站台层面上。

表 9－2 列出了放在站台层上的设备用房面积，合计面积约为 1 100 m^2。除了设在站台有效长范围内的约 600 m^2 之外，约有 500 m^2 设备用房需设在站台之外。大约使车站长度增加 83 m。车站的其他设备布置在站厅层，常用的设备用房面积见表 9－3。

表 9-2　地下标准站站台层上设备用房面积参考表

代号	名　　称	面积（m^2）	代号	名　　称	面积（m^2）
51	迂回风道断面	44×2	47	蓄电池室	30
50	降压变电所	120+150	45	污水泵房	25
49	车站回排风室	30×2	53	废水泵房	30
48	SCADA（电力监控）室	12×4	43	副值班室	20
26	配电室	12×2	44	站台服务室	20
25	1301（自动灭火系统）室	12×2	46	电梯机房	7
42	雨淋阀室	8×4	54	电梯间	5
8	人行楼梯、电梯	100×4	35	清扫室	12
40	库　房	12			

表 9-3　地下标准站站厅层设备用房面积参考表

名　　称	面积（m^2）	名　　称	面积（m^2）	名　　称	面积（m^2）
信号设备室	60	环控机房	390×2	车票分类/编码室	25
警务室	12×2	环控电控室	60×2	冷水机组、水泵	150
小通风机房	60×2	问讯财务室	20	车站值班休息室	12
推力风机	84×2	生活用房	100～150	防灾报警设备室	20
区间通风机房	310×2	其　他	50～100		

3）确定车站实际长度

将站台有效长加上车站设备布置延长部分，车站实用地长度为 269 m。确定车站控制用地的实际长度，还应考虑由于施工等因素所增加的用地范围，一般增加 2 ~ 10 m。因此，一般地铁中间站的控制用地长度为 270 ~ 280 m，在 6 节或 4 节编组的轨道交通车站中，还可相应缩短。

2. 车站宽度估算

站台宽度应根据远期预测客流量、列车编组长度，站台上立柱的多少，以及站台与站厅之间楼梯（自动扶梯）布置形式等因素进行计算，并满足最小站台宽度。车站的站台类型对站台宽度有较大的影响。

1）岛式车站

岛式车站的站台宽度按下式计算

$$B_{\mathrm{d}} = 2q \times \frac{\rho}{L} + 2b + n \times \text{柱宽} + \text{楼梯宽} + \text{自动扶梯宽} \geqslant B_{\mathrm{dmin}} \quad (9\text{-}9)$$

式中 B_{d}—— 岛式站台宽度（m）；

q—— 远期每列车超高峰小时上、下车设计客流量之和（人），为远期高峰小时的 1.2 ~ 1.4 倍；

n—— 站台横断面方向的立柱数目；

ρ—— 站台上人流密度，$\rho = 0.33 \sim 0.75\ \mathrm{m^2}$/人，通常取 0.5 $\mathrm{m^2}$/人；

L—— 站台有效长度（m）；

b—— 站台边缘安全带宽度，地铁规范为 0.45 m；

B_{dmin}—— 岛式站台允许最小宽度，地铁规范为 8 m。

一般岛式站台宽度为 8 ~ 10 m，横向并列的立柱越多，站台宽度越大。

若站台宽度为 10 m，车站上两条线路的间距为 12.9 m，两侧线路中心线至边墙的宽度正好构成一个区间隧道的建筑限界。按较不利的 5.0 m 考虑，再加上两侧各 5 m 的结构物厚度及施工安全距离，这样使得岛式车站的占地宽度约为 27.9 m。

2）侧式车站

侧式车站的站台宽度按下式计算

$$B_{\mathrm{c}} = q \times \frac{\rho}{L} + b + b_1 \geqslant B_{\mathrm{cmin}} \quad (9\text{-}10)$$

式中 B_{c}—— 侧式站台宽度（m）；

b_1—— 乘客沿站台纵向流动宽度，取 2 ~ 3 m；

B_{cmin}—— 无柱式侧式站台允许最小宽度，地铁规范为 3.5 m。

其他符号意义同上。

一般侧式车站的站台宽度 4 ~ 6 m，无立柱时偏小，有立柱时偏大。

当每个侧式站台取 6 m 宽，两条线路中心线间距取 4 m，两条线路中心线至各自站台边缘的宽度各为 1.45 m，再加上两侧各 5 m 的结构物厚度及施工安全距离，这样，侧式车站的控制用地宽度约为 28.9 m，比岛式车站略宽。

因此，在规划阶段，无论是岛式车站还是侧式车站，车站的规划控制用地宽度可取 30 m，曲线车站需适当加宽。岛侧式车站需要在岛式车站宽度的基础上另外增加两侧站台的宽度。

地面车站因不需两侧约 10 m 的结构物宽度，故其本身占地宽度只需 20 m 左右，但要考虑与周围交通用地及建筑用地的协调。

高架车站在地面层的用地宽度只受桥墩宽度的限制，通常与地面道路协同设计，但在高架层面上需要 20 m 左右的实际占用宽度，为考虑噪声、振动等对周围建筑物的环境影响，通常要求其两侧的建筑物离得更远些。高架车站的结构形式有很多，一般要结合所在的道路及周围建筑物的情况综合设计。

三、换乘站概述

换乘站是路网中各条线路的交叉点，是提供乘客转线换乘的场所。除了供乘客上、下车之外，还要能实现两线或多线车站站台之间的人流沟通。换乘站可以由中间站补充换乘设备而成，或者一开始就建成供两条相交线路使用的联合车站。换乘站的形式按换乘方式分为同站台换乘、结点换乘、站厅换乘、通道换乘、站外换乘五种基本类型。下面按换乘方式分别介绍常用的换乘站类型。

（一）同站台换乘

同站台换乘的基本布局是双岛式站台的结构形式，可以在同一平面上布置，如图 9-23（a）所示，也可以双层布置，如图 9-23（b）所示。这两种形式的换乘站都只能实现四个换乘方向的同站台换乘，而另外四个换乘方向则要采用其他换乘方式。

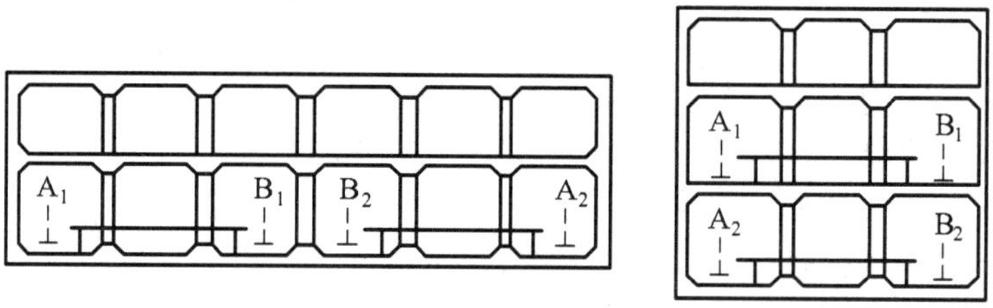

（a）同一平面布置　　（b）不同平面布置

图 9-23　同站台换乘车站形式

（二）结点换乘

在两线交叉处，将两线隧道重叠部分的结构做成整体的结点，并采用楼梯将两座车站站台连通，乘客通过该楼梯进行换乘。结点换乘方式依两线车站交叉位置的不同，有“十”、“T”、“L”三种形式。各种交叉方式又有不同的换乘方式，如“十”字形换乘中，常用的换乘站类型有岛式与侧式换乘、岛式与岛式换乘和侧式与侧式换乘，如图 9-24 所示。

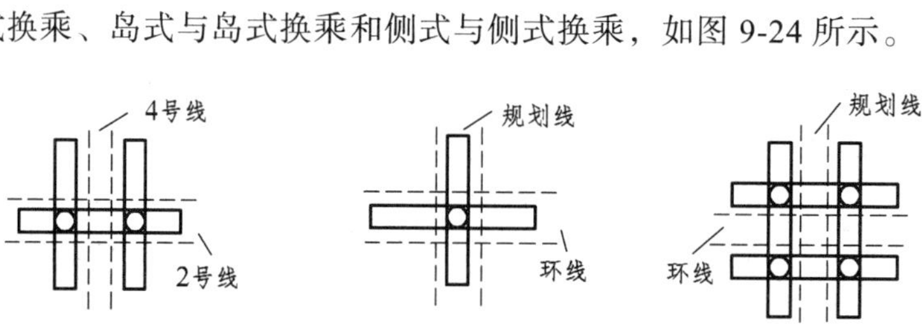

（a）岛式与侧式换乘　　（b）岛式与岛式换乘　　（c）侧式与侧式换乘

图 9-24　“十”字形结点换乘的三种形式示意图

（三）站厅换乘

这种换乘站设置两线或多线的共用站厅，或相互连通形成统一的换乘大厅。站厅换乘站可采用同层并列侧式站台、同层并列岛式站台和上、下层平行侧式站台形式，如图 9-25 所示。

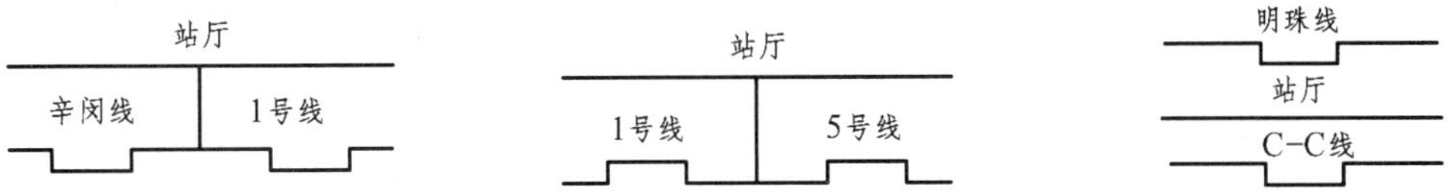

（a）同层并列侧式站台　（b）同层并列岛式站台　（c）上、下层平行侧式站台

图 9-25　站厅换乘的三种形式示意图

（四）通道换乘

在两线交叉处，车站结构完全分开，用通道和楼梯将两车站连接起来，供乘客换乘。连接通道一般设于两站站厅之间，也可以在站台上直接设置。

（1）当两条轨道交通线路在区间相交时，两线车站布置构成“L”形，两线上的轨道交通车站均应靠近交叉点设置，并用专用的人行通道相连接来完成换乘，如图 9-26 所示。

（2）当一条线路的区间与另一条线路的车站“T”形交叉时，可按图 9-27 所示的换乘站形式组织换乘。位置较高的车站 A 的集散厅可用一个人行隧道与一个地下站厅（前厅）相连接，该地下站厅则经由自动扶梯隧道而与位置较低的车站 B 相连接。

除上述四种基本的换乘方式之外，还可采用站外换乘及组合换乘来达到换乘的目的。

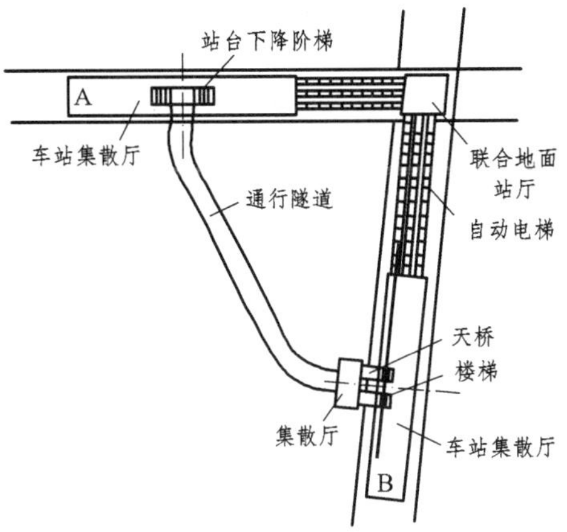

图 9-26　通道换乘方式的地下换乘站

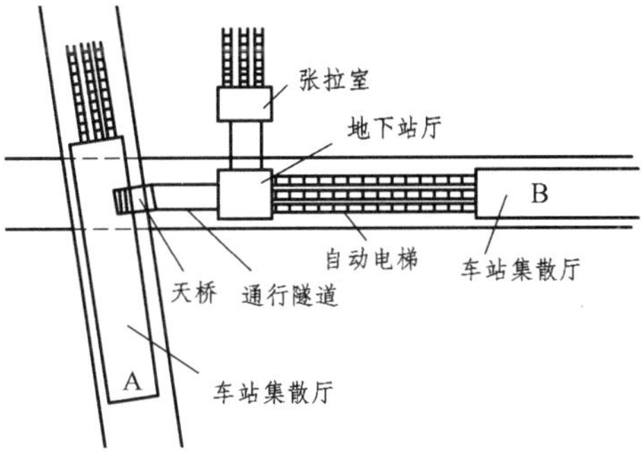

图 9-27　T 形交叉时的换乘站

四、车辆段与停车场

规划研究阶段车辆段及停车场设计的重点是根据快速轨道交通规划路网进行选址，确定各段、场的合理分工及建设规模，达到控制建设用地的目的。

（一）车辆段及停车场的布置

1. 车辆段及停车场的选址

一般每条轨道交通线设一个车辆段，若线路较长则增设一个停车场。

车辆段规划设计总体上主要分为三个部分：咽喉部分、线路部分及车库部分。

咽喉部分是车辆段的停车库、检修库与正线的连接地段，有出入段线和很多道岔，它直接影响整个轨道交通的正常运行。咽喉部分规划设计中既要注意保证行车安全、满足输送能力的需要，又要保证必要的平行作业，还要努力缩短咽喉区长度，尽量节省用地。

线路部分有各种不同用途的停车线、洗车线、牵出线、试运行线以及材料线等。

车库部分有停车库、定修库、架修库。停车库除了停放车辆外，还是日常检修保养的场所，所以设有检查坑；架修库、定修库作定期修车用。各库之间应有便捷的联系。车辆段选址的技术要点如下：

（1）从运营效率来看，车辆段设在线路中部较好。但是城市轨道交通线路一般都穿越市区，线路中部多为市中心地区，要征用车辆段这样的大规模用地很困难。因此，往往在郊外征用土地，采取在线路端部设置车辆段的方法。这种方式与线路起、终点在郊外，线路中部穿过市中心的情况相配合，早上车辆由车辆段向市中心方向发车，晚上往郊外方向入车辆段，配车的损失时间减少。

（2）车辆段、停车场及本线路上的折返线三方面总的停车能力应大于本线远期的配属车辆总数。为便于列车进出，一条停车线存放的列车数不应超过两列。

（3）由于车辆段上除了列车停车库外，还有试车线、车辆检修设备、综合维修中心等，为充分利用这些设备，减少车辆段用地总量，应尽量将车辆段集中于一处设置。若分散布置，则所需用地面积将会增大。在技术经济合理、城市用地规划许可时，两条线路可共用一个车辆段。当一条线的长度超过 20 km 时，为减少列车空走距离，及时对车辆进行检查，可以在线路的另一端设一个停车场。

（4）车辆段和停车场应靠近正线，且位于容易铺设较顺直的出入段线路的位置，以利于缩短出入线长度、降低工程造价、改善使用条件。

（5）车辆段及停车场的选址要考虑防火灾、防水害的要求，周围应有雨、污水排放条件。

（6）各车辆段线路应尽可能与地面铁路专用线相接，以便车辆及物资运输，部分车辆段不具备上述条件时，也可通过相邻线路过。

（7）各车辆段和停车场的任务分工必须从全网着眼，统筹规划，合理布局，有序发展。试车线长度应根据场地条件和城市规划要求设定。

（8）整个路网车辆的大修任务应集中统一安排，并集中设一处职工培训中心。

（9）各综合检修基地及车辆段用地规模应按规划分工所承担的作业量，并考虑将来技术发展及适当留有余地进行规划。

（10）车辆段和停车场用地性质应符合城市总体规划及环境保护要求。

2. 车辆段及停车场的布置形式

车辆段及停车场的平面布置应力求作业顺畅、工序紧凑合理，通常有贯通式及尽端式两种，如图 9-28、图 9-29 所示。停车场的平面布置形式如图 9-30 所示。

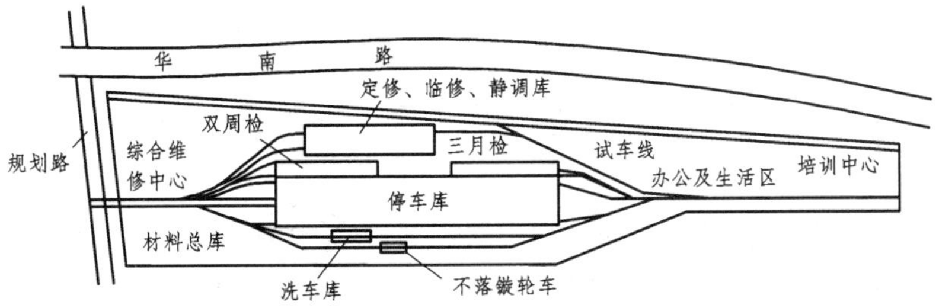

图 9-28　贯通式车辆段平面布置示意图

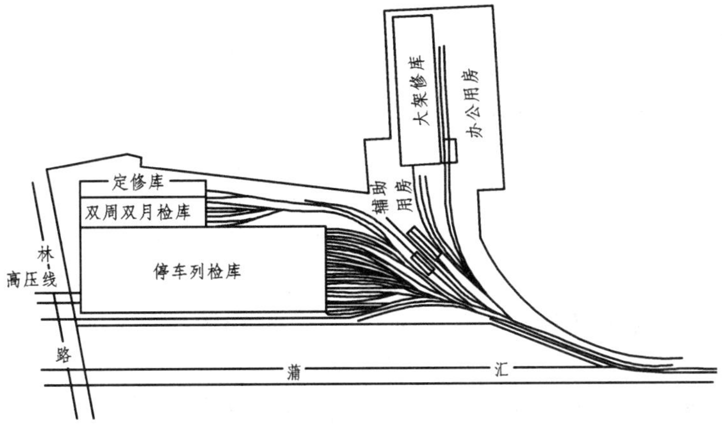

图 9-29　尽端式车辆段平面布置示意图

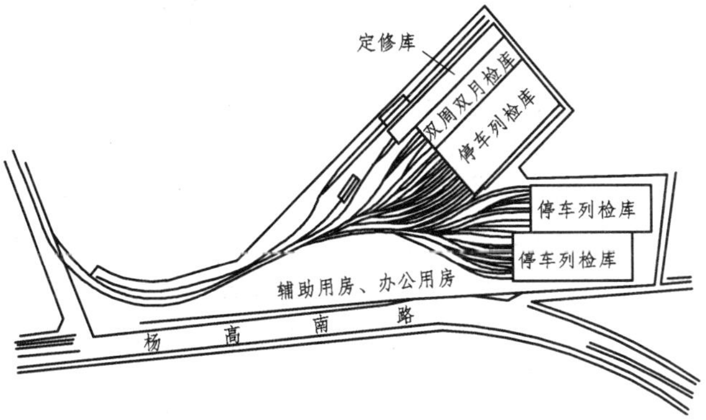

图 9-30　停车场平面布置示意图

（二）车辆段及停车场的用地规模

车辆段及停车场的用地规模与其所承担线路的长短、配属的车辆数、布置形式以及是否与其他设施综合布置等有关。车辆段的用地规模一般在 20 ~ 45 hm^2之间，约 0.20 ~ 0.45 km^2；停车场的用地规模一般在 5 ~ 20 hm^2之间，约 0.05 ~ 0.20 km^2。

参 考 文 献

[1] 郝瀛. 铁路选线设计. 北京：中国铁道出版社，1987.

[2] 易思蓉. 铁道工程. 3 版. 北京：中国铁道出版社，2015.

[3] 易思蓉. 铁路选线设计. 3 版. 成都：西南交通大学出版社，2009.

[4] 铁道第三、四勘察设计院. TB 16201—2014 高速铁路设计规范. 北京：中国铁道出版社，2014.

[5] 铁道部. 铁路技术管理规程. 北京：中国铁道出版社，1999.

[6] 孙中央. 列车牵引计算规程使用教程. 北京：中国铁道出版社，1999.

[7] 彭俊彬. 动车组牵引与制动. 北京：中国铁道出版社，2007.

[8] 徐瑞华. 轨道交通系统行车组织. 北京：中国铁道出版社，2005.

[9] 李芾等. 高速动车组概论. 成都：西南交通大学出版社，2008.

[10] 闵耀兴等. 既有铁路列车提速. 北京：中国铁道出版社，1997.

[11] 铁道部. 铁路线路设计规范. 北京：中国计划出版社，2006.

[12] 铁道部. 铁路线路修理规则. 北京：中国铁道出版社，2007.

[13] 铁道部经济规划研究院. 铁路轨道设计规范. 北京：中国铁道出版社，2006.

[14] 铁道科学研究院. 客运专线无碴轨道铁路设计指南. 北京：中国铁道出版社，2005.

[15] 铁道科学研究院. 新建时速 200 公里客货共线铁路设计暂行规定. 北京：中国铁道出版社，2005.

[16] 王炜等. 城市交通规划. 南京：东南大学出版社，1999.

[17] 田鸿宾等. 世界城市地下铁道. 北京：中国铁道出版社，1998.

[18] 叶霞飞，顾保南. 城市轨道交通规划与设计. 北京：中国铁道出版社，1999.

[19] 蒋银海. 阜阳至六安铁路线路走向方案设计. 铁道货运，2010（11）.

[20] 徐涛. 泛亚铁路玉溪至磨憨段元江桥位线路方案研究. 铁道标准设计，2012（1）：1-3.

[21] 胡子平. 复杂山区铁路宜昌万州线综合选线设计. 铁道标准设计，2010（10）：33-37.